国家哲学社会科学成果文库

NATIONAL ACHIEVEMENTS LIBRARY
OF PHILOSOPHY AND SOCIAL SCIENCES

社会主义核心价值观基本理念研究

吴潜涛 著

中国人民大学出版社
·北京·

策划编辑：杨宗元
责任编辑：罗　晶
装帧设计：彭莉莉

图书在版编目（CIP）数据

社会主义核心价值观基本理念研究 / 吴潜涛著 . --
北京：中国人民大学出版社，2023. 5
（国家哲学社会科学成果文库）
ISBN 978-7-300-31620-8

Ⅰ. ①社… Ⅱ. ①吴… Ⅲ. ①社会主义建设－价值论－研究－中国 Ⅳ. ① D616

中国国家版本馆 CIP 数据核字（2023）第 066504 号

社会主义核心价值观基本理念研究
SHEHUI ZHUYI HEXIN JIAZHIGUAN JIBEN LINIAN YANJIU
吴潜涛　著
中国人民大学出版社　出版发行
（100080　北京中关村大街 31 号）
涿州市星河印刷有限公司　新华书店经销
2023 年 5 月第 1 版　2023 年 5 月第 1 次印刷
开本：710 毫米 ×1000 毫米 1/16　印张：40.5
字数：529 千字　印数：0,001–2,000 册
ISBN 978-7-300-31620-8　定价：128.00 元
邮购地址 100080　　北京中关村大街 31 号
中国人民大学出版社读者服务部　电话（010）62515195　82501766

《国家哲学社会科学成果文库》
出版说明

为充分发挥哲学社会科学优秀成果和优秀人才的示范引领作用，促进我国哲学社会科学繁荣发展，自2010年始设立《国家哲学社会科学成果文库》。入选成果经同行专家严格评审，反映新时代中国特色社会主义理论和实践创新，代表当前相关学科领域前沿水平。按照“统一标识、统一风格、统一版式、统一标准”的总体要求组织出版。

全国哲学社会科学工作办公室

2023年3月

目 录

CONTENTS

第一章
社会主义核心价值观基本理念研究概述

社会主义核心价值观是由其基本理念组成的有机统一体，是社会主义价值思想的标志性概念和范畴。社会主义核心价值观基本理念，是以基本理念的形式对社会主义核心价值观具体内容的高度概括和集中表达。基本理念研究属于社会主义核心价值观研究的基础理论问题，是学界关注的重点与难点问题，也是不断深化与持续发展的学术热点问题。

新时代以来，培育和践行社会主义核心价值观作为一项系统工程，其理论与实践不断深化，经历了从“广泛弘扬”到“广泛传播”再到“广泛践行”的实践演变历程。与这一实践发展历程相对应，社会主义核心价值观基本理念不断深入人心，逐步转化为全体人民日常生活的价值遵循。具体说来，从党的十八大到党的十九大这五年，社会主义核心价值观在全社会范围内得到了广泛弘扬；再经过从党的十九大到党的二十大这五年的理论与实践探索，社会主义核心价值观实现广泛传播，其所包含的基本理念深入人心、落地生根，这也构成了新时代十年历史性变革的重要内容；党的二十大报告提出了“广泛践行社会主义核心价值观”的重要命题，标志着社会主义核心价值观建设进入广泛践行的实践阶段，更加注重在实践中践行其价值理念的系统性和深刻性。这充分表明，我们党对于社会主义价值思想的探索是一以贯之并与时俱进的，培育和践行社会主义核心价值观始终是一个富有生命力的课题，社会主义核心价值观基本理念的研究有着深厚的实践基础与丰富的现实资源。

图 1-1 培育和践行社会主义核心价值观的实践历程

新时代以来，社会主义核心价值观建设取得了历史性成就，主要体现为社会主义核心价值观的理论形态走向成熟，以及培育和践行社会主义核心价值观的实践探索取得重要突破。一方面，从理论创新的角度看，以基本理念为表现形态的社会主义核心价值观的内在结构稳定、理论体系完备，其同中华优秀传统文化、资本主义核心价值观、全人类共同价值的关系得到厘清，展现出其所具有的强大逻辑魅力与先进价值品格；社会主义核心价值观基本理念的话语体系、学术体系基本形成，并推动马克思主义理论与思想政治教育学科体系的发展。另一方面，从实践创新的角度看，培育和践行社会主义核心价值观取得了重大实践突破，以教育引导、实践养成、文化熏陶、舆论引导、制度保障为主要载体的社会主义核心价值观实践深入推进，社会主义核心价值观基本理念在以中国式现代化全面推进中华民族伟大复兴的实践中发挥价值引领作用，为社会主义物质文明、政治文明、精神文明、社会文明、生态文明协同发展的人类文明新形态实践提供了坚实的价值遵循，推动全体人民在理想信念、价值理念、道德观念上紧紧团结在一起，推动社会主义核心价值观基本理念从“价值理念”的观念形态转变为“价值实践”的客观力量。这些理论与实践的创新突破，源源不断地为社会主义核心价值观基本理念研究提供了新的理论增长点。

社会主义核心价值观基本理念研究，在推动建构中国自主知识体系中发挥着重要作用，深化着人们对于社会主义价值取向、当代中国价值观的认识。长期以来，价值观研究领域的很多概念、范畴、理论都来自西方，以至于研究中出现了“言必称西方”的研究倾向，缺乏体现中国价值观建设实践需要和具体实际的概念、范畴、理论。社会主义核心价值观基本理念，作为社会主义价值思想探索的重要组成部分，深化其研究能够从理论上、学术上回应当代中国特色社会主义发展的重要价值课题。经过不懈探索，学界现有的社会主义核心价值观基本理念研究成果多、内容深入、阐释视角多样，呈现出如下特点：第一，整体与部分的有机统一。学界的相关研究既关注社会主义核心价值观基本理念的整体性，又关注其具体组成部分的内涵、特征及特殊性，从而比较全面地把握了社会主义核心价值观基本理念的科学内涵。第二，历史与现实的有机统一。学界的相关研究既关注社会主义核心价值观基本理念的历史渊源、历史生成、历史演进，又关注其在新时代的守正创新，实现了历史视角、理论视角与现实视角在社会主义核心价值观基本理念研究上的贯通。第三，学术与政治的有机统一。学界的相关研究进一步深化了对社会主义核心价值观基本理念的学术探索，提出了很多富有时代性、创新性的学术观点，同时也致力于站稳研究政治立场、把握研究政治方向，从社会主义意识形态的高度开展社会主义核心价值观基本理念研究，做到了学术与政治的统一、知识与价值的统一。

以《社会主义核心价值观研究》《马克思主义研究》为主要代表的专门性学术刊物主动设置学术议题，推出了一系列研究社会主义核心价值观基本理念的高质量文章，为探讨社会主义核心价值观基本理念提供学术平台。以社会主义核心价值观协同创新峰会等学术会议为主要代表，一系列专门性的学术会议为社会主义核心价值观基本理念研究搭建了高端学术平台，聚合起了一批研究力量，推动了社会主义核心价值观基本理念研究的高质量发展。

第一节 社会主义核心价值观基本理念内涵的探索与研究

什么是社会主义核心价值观基本理念？这是开展社会主义核心价值观基本理念研究首先必须追问与探讨的理论问题，可以说构成了这一研究的“元”问题。社会主义核心价值观基本理念内涵丰富，具有自身特有的本质属性。学界现有研究成果主要从三个视角把握社会主义核心价值观基本理念的内涵：一是聚焦于社会主义核心价值观基本理念及其相关概念辨析的研究；二是聚焦于社会主义核心价值观基本理念凝练依据的研究；三是聚焦于社会主义核心价值观基本理念主要内容与内在逻辑的研究。这三个“聚焦”是社会主义核心价值观基本理念研究的主要方面，体现出这一研究领域的基础性、前沿性与发展性。

一、关于社会主义核心价值观基本理念及其概念辨析的研究

作为一种崭新的价值观形态，社会主义核心价值观有着不同于其他价值观形态的内在规定性。从学理阐释的角度看，厘清社会主义核心价值观基本理念的内涵、本质与特征，将其与相关概念进行辨析，才能准确把握社会主义核心价值观基本理念的内在规定性。

第一，社会主义核心价值观基本理念的内涵界定。界定社会主义核心价值观基本理念，首先要把握“基本理念”这一概念的内涵。丁存霞提出，“基本理念就是指基本的理论观念。关注基本理念有利于加深对社会主义核心价值观的理解，这是深化研究社会主义核心价值观的基础和前提”[1]。从认识论的角度看，基本理念是理解与把握社会主义核心价值观的前提性条件。就现有的社会主义核心价值观相关研究成果而言，学者们广泛使用的“基本理念”“基本价值理念”“核心价值理念”“24 字价值理念”等相关概念，都是

1 丁存霞：《论社会主义核心价值观的基本理念》，见王仕民主编：《德育研究》第 4 辑，中山大学出版社，2017，第 166 页。

指代社会主义核心价值观基本理念。不同相关概念的“名”有所差异，但所指向的“实”是一致的。吴潜涛认为，党的十八大提出的“富强、民主、文明、和谐”“自由、平等、公正、法治”“爱国、敬业、诚信、友善”，就是社会主义核心价值观基本理念[1]，“核心价值观是社会核心价值体系基本理念的统一体，直接反映核心价值体系的本质规定性，贯穿于社会核心价值体系基本内容的各个方面”[2]。戴木才、田海舰认为，社会主义核心价值观体现为具有特殊规定性的价值理念，“社会主义核心价值观，是指那些在社会主义价值体系中居统治地位、起指导作用，从最深层次科学回答‘什么是社会主义’这一根本问题、在马克思主义理论体系中占据核心地位的价值理念”[3]。总的看来，基本理念是社会主义核心价值观的主要内容与呈现方式，一个社会的核心价值观总是需要以理念、命题等方式表达出来。正因如此，目前学界关于社会主义核心价值观的学术研究，基本上是围绕着社会主义核心价值观基本理念展开的。

第二，社会主义核心价值观基本理念的本质界定。界定本质，是把握一种价值观理论形态的根本方式。学界关于社会主义核心价值观基本理念本质的探讨，主要是从社会主义思想道德体系、社会主义社会关系、中国特色社会主义的特殊规定性等视角切入。一是社会主义思想道德体系视角。吴潜涛认为，“在我们倡导的社会主义核心价值观这面旗帜上，闪烁着‘人民至上’‘集体主义’的耀眼字眼，体现着社会主义核心价值观的根本属性”[4]。社会主义核心价值观基本理念，反映出无产阶级和人民群众的利益诉求与价值诉求，始终站立在社会主义集体主义的价值立场上。二是社会主义社会关系

1 吴潜涛：《思想政治教育主阵地的守望与探究》，人民出版社，2020，第 17 页。

2 吴潜涛：《深刻理解社会主义核心价值观的内涵和意义》，《人民日报》2013 年 5 月 22 日。

3 戴木才、田海舰：《论社会主义核心价值体系与核心价值观》，《中国党政干部论坛》2007 年第 2 期，第 37 页。

4 本刊记者：《培育和践行社会主义核心价值观的几个理论前沿问题——访清华大学文科资深教授吴潜涛》，《马克思主义研究》2020 年第 12 期，第 21—22 页。

视角。价值总是与“关系”紧密联系在一起，价值观是价值关系的观念体现。王泽应从社会主义社会关系入手，提出“社会主义核心价值观是反映社会主义基本的、长期稳定的社会关系及价值追求的价值观”[1]。人的本质在其现实性上表现为一切社会关系的总和，社会主义核心价值观基本理念的本质蕴含于社会主义的社会关系之中。三是中国特色社会主义的特殊规定性视角。刘建军强调，我们所讲的“24 字表述”的社会主义核心价值观“从实质上讲，却是中国特色社会主义的核心价值观，因而它属于特殊的社会主义核心价值观”[2]。这便是说，把握社会主义核心价值观基本理念的本质，必须坚持普遍性与特殊性的统一，特别是要看到其“中国特色”的一面，尚不能将其视作全世界所有社会主义制度形式的核心价值观。

第三，社会主义核心价值观基本理念的特征。对于这一问题的学理阐释，主要有“核心要素说”“三要素说”“四要素说”“六要素说”等代表性观点。一是“核心要素说”。林培雄、王玉周认为，“实践性是社会主义核心价值观的本质特征”[3]。二是“三要素说”。王泽应提出，社会主义核心价值观基本理念的特征在于普遍性、民族性、崇高性[4]；袁银传、白云华则将人民性、民族性、时代性[5]视作社会主义核心价值观基本理念的特征。三是“四要素说”。包心鉴将社会主义核心价值观基本理念的特征总结为时代性、传承性、实践性、人民性。[6]四是“六要素说”。倪素香以六个要素构成的“三个统一”来凝练社会主义核心价值观基本理念的特征，即政治性与科学性的

1 王泽应：《社会主义核心价值观之本质规定性及路径选择》，《湖南师范大学社会科学学报》2007 年第 5 期，第 43 页。

2 刘建军：《“社会主义核心价值观”的三种区分》，《思想理论教育导刊》2015 年第 2 期，第 70 页。

3 林培雄、王玉周：《社会主义核心价值观根在实践》，《求是》2013 年第 10 期，第 46 页。

4 王泽应：《社会主义核心价值观的基本特征》，《光明日报》2007 年 4 月 3 日。

5 袁银传、白云华：《论社会主义核心价值观的内在规定、基本特征和功能定位》，《社会主义核心价值观研究》2020 年第 1 期，第 18—20 页。

6 包心鉴：《社会主义核心价值观：本质特征 · 功能定位 · 路径选择》，《山东高等教育》2014 年第 10 期，第 27—30 页。

统一、普遍性与时代性的统一、民族性与开放性的统一。[1]除此之外，还有学者从具体命题出发把握社会主义核心价值观基本理念的特征。[2]总的看来，学界对于社会主义核心价值观基本理念的特征形成了一定的共识，但也存在着一定的差异。共识与差异的存在，反映出社会主义核心价值观基本理念特征的多维面向，反映出这一论题的理论生命力。

第四，社会主义核心价值观基本理念与社会主义核心价值观、社会主义核心价值体系的关系。对于三者之间的关系，学界取得了较为一致的意见和看法，但不同学者在具体阐释上有不同侧重。吴潜涛从现实逻辑与理论逻辑相统一的视角对三者之间的关系进行了学理阐释，他指出，“社会主义核心价值观是适应社会主义核心价值体系大众化的需要而诞生的，它是用基本价值理念的形式对社会主义核心价值体系基本内容的高度概括和凝练，最直接地反映社会主义核心价值体系的本质规定性，集中体现了社会主义核心价值体系的实践诉求和基本特征，是社会主义核心价值体系的‘内核’，或者说是社会主义核心价值体系这座理论大厦的基石和逻辑起点”[3]。这一观点强调，基本理念是社会主义核心价值观的表现形式，也实现了对社会主义核心价值体系基本内容的高度概括与凝练。江畅、张媛媛也提出类似的观点，认为“核心价值理念是社会主义核心价值观和核心价值体系的基本内容，也是中国特色社会主义建设事业所致力于追求的主要价值目标”[4]。焦国成认为基本价值理念是核心价值体系的集中表达，他指出，“每种成熟的价值观总是由其核心价值体系为主要的构成部分，而价值观的核心价值体系总是要集中地

---

1 倪素香：《论社会主义核心价值观的基本特征》，《学校党建与思想教育》2017 年第 9 期，第 4—7 页。

2 郝清杰将社会主义核心价值观基本理念的基本特征以命题的形式总结为：“社会主义的本质要求，我国优秀传统文化的传承与创新，世界文明有益成果的扬弃和吸纳，体现着鲜明的时代精神，寄托着中国人民的理想和信念，承载着我们每个人的美好愿景，是统一于中国特色社会主义伟大实践之中的理论整体。”（郝清杰：《论社会主义核心价值观的基本特征》，《伦理学研究》2016 年第 1 期，第 1 页）

3 本刊记者：《培育和践行社会主义核心价值观的几个理论前沿问题——访清华大学文科资深教授吴潜涛》，《马克思主义研究》2020 年第 12 期，第 20 页。

4 江畅、张媛媛：《中国梦与中国价值》，武汉出版社，2016，第 166 页。

表达一定的基本价值理念，并把它作为自己的旗帜”[1]。戴木才、田海舰认为，“社会主义核心价值观是社会主义核心价值体系的内核和最高抽象，体现社会主义的价值本质，决定社会主义核心价值体系的基本特征和基本方向，引领社会主义核心价值体系的建构”[2]。总体看来，现有的研究成果比较清晰地阐释了社会主义核心价值观基本理念与社会主义核心价值观、社会主义核心价值体系之间的互动关系。

二、关于社会主义核心价值观基本理念凝练依据的研究

社会主义核心价值观基本理念的凝练，不能是“空中楼阁”，需要有坚实的依据，才能说服人，才能真正感召大众。对此，众多学者从理论与实践的诸多方面找寻凝练社会主义核心价值观基本理念的依据，其研究成果主要集中在实践依据、理论依据与方法依据这三个层面。

第一，凝练社会主义核心价值观基本理念的实践依据。“价值观源于实践，是实践经验、实践智慧的理念结晶”[3]。准确凝练社会主义核心价值观基本理念，必须着眼于实践。中国特色社会主义实践是社会主义核心价值观基本理念的来源。吴潜涛指出，“党的十八大报告倡导的‘24 字’的基本价值理念……体现了中国特色社会主义伟大实践的创造”[4]；林培雄、王玉周指出，“社会主义核心价值观是在中国特色社会主义实践中形成和发展起来的核心价值目标和价值理念”[5]。以上观点都认为，凝练社会主义核心价值观基本理念，必须体现出中国特色社会主义实践的内在规定性。

第二，凝练社会主义核心价值观基本理念的理论依据。社会主义核心价

---

1 焦国成：《试论社会主义核心价值体系的基本理念》，《道德与文明》2007 年第 1 期，第 8 页。

2 戴木才、田海舰：《社会主义核心价值体系与核心价值观》，《中国党政干部论坛》2007 年第 2 期，第 36 页。

3 吴潜涛：《思想政治教育主阵地的守望与探究》，人民出版社，2020，第 36 页。

4 吴潜涛、本刊记者：《积极培育和践行社会主义核心价值观的若干问题——访清华大学高校德育研究中心副主任吴潜涛教授》，《思想理论教育导刊》2014 年第 11 期，第 11 页。

5 林培雄、王玉周：《社会主义核心价值观根在实践》，《求是》2013 年第 10 期，第 46 页。

值观基本理念能否“立起来”，能否“逻辑自洽”“言之有据”，关键在于找准凝练的理论依据。学界对凝练社会主义核心价值观基本理念的理论依据的学理探讨，主要集中在其必须体现社会主义的本质要求、中国特色社会主义制度的本质要求、马克思主义的理论要求等方面。

一是要体现社会主义的本质要求。柯缇祖从性质的厘定入手，强调了社会主义的本质要求之于凝练社会主义核心价值观基本理念的基础性意义，认为“社会主义核心价值观，首先是社会主义的价值观，而不是别的什么主义的价值观，‘社会主义’是对其最基本也是最重要的界定”[1]。

二是要体现中国特色社会主义制度的本质要求。社会主义核心价值观基本理念必须反映、体现中国特色社会主义的制度规定性。陈延斌、邹放鸣提出，“社会主义核心价值理念应该集中体现中国特色社会主义制度的本质要求”[2]。焦国成阐释了社会主义核心价值观基本理念必须体现中国特色社会主义的制度规定性的原因，他认为“我国实行的是有中国特色的社会主义制度，实行的是社会主义的人民民主专政，人民是国家的真正主人。这决定了社会主义的核心价值理念与资本主义的核心价值观具有本质的不同”[3]。

三是要体现马克思主义的理论要求。马克思主义在凝练社会主义核心价值观基本理念的过程中必须居于指导地位、发挥指导作用。李春秋、秦丽君从哲学的维度加以审视，认为“马克思主义关于社会意识的理论是我们认识价值问题、确立社会主义核心价值体系、凝练社会主义核心价值观的哲学依据”[4]。田海舰、赵晓莉从指导思想的角度出发，提出“马克思主义为社会主

1 柯缇祖：《社会主义核心价值观研究》，《红旗文稿》2012 年第 2 期，第 4 页。

2 陈延斌、邹放鸣：《社会主义核心价值体系若干问题研究》，《南京师大学报（社会科学版）》2008 年第 4 期，第 17 页。

3 焦国成：《试论社会主义核心价值体系的基本理念》，《道德与文明》2007 年第 1 期，第 12 页。

4 李春秋、秦丽君：《社会主义核心价值观的理论与实践依据》，《光明日报》2012 年 5 月 5 日。

义核心价值观建设提供了正确的世界观和方法论”[1]。

第三，凝练社会主义核心价值观基本理念的方法依据。凝练社会主义核心价值观基本理念，需要遵循一定的方法。柯缇祖强调，凝练社会主义核心价值观基本理念不能“另起炉灶”，而是要充分挖掘已有的价值理念，“社会主义核心价值观，应该从党和国家长期坚持、广泛宣传、已经深入人心、群众耳熟能详的思想理念及提法中提炼，而不应该去重新编创一套全新的表述语”[2]。黄蓉生、白显良提出思想内涵深刻、表达通俗简洁、中国特色鲜明、群众广泛认同这四个层面的提炼要求[3]，分别指向理论性、民族性、简洁性、认同感的凝练要求。陈延斌、邹放鸣从社会主义核心价值观基本理念的传播规律和传播诉求出发，提出“社会主义核心价值理念在表述上应做到思想深邃凝练，内涵广泛普适，形象鲜明，义约言丰，成为激励和引领广大社会成员为中国特色社会主义建设共同奋斗的一面猎猎作响的旗帜”[4]。总体看来，学界对方法依据的探讨大多指向了实际操作层面、传播层面，旨在让社会主义核心价值观基本理念更好地走向大众、深入人心。

三、关于社会主义核心价值观基本理念主要内容与内在逻辑的研究

社会主义核心价值观基本理念研究，经历了从“学术自发”到“学术自觉”的历程，实现了数量由“少”到“多”、视域由“窄”到“广”的跃升。在社会主义核心价值观基本理念主要内容与内在逻辑的研究上，学界的研究可以划分为两个阶段：一是围绕社会主义核心价值观基本理念的选取进行学术争鸣的阶段。在党的十八大以前，学者们就社会主义核心价值观基本理念

1 田海舰、赵晓莉：《论建构中国特色社会主义核心价值观的学理依据和现实基础》，《湖北省社会主义学院学报》2008 年第 2 期，第 52 页。

2 柯缇祖：《社会主义核心价值观研究》，《红旗文稿》2012 年第 2 期，第 5 页。

3 黄蓉生、白显良：《提炼社会主义核心价值观若干问题思考》，《思想理论教育》2011 年第 3 期，第 8—9 页。

4 陈延斌、邹放鸣：《社会主义核心价值体系若干问题研究》，《南京师大学报（社会科学版）》2008 年第 4 期，第 17 页。

的具体内容展开了广泛而深入的探讨，提出了丰富而又多样的学术观点，为党中央凝练社会主义核心价值观基本理念建言献策。二是围绕党的十八大报告提出的社会主义核心价值观基本理念进行学术阐释与比较研究的阶段。党的十八大以来，学者们对“24字”基本理念及其内在逻辑关系作出了学术解读和细化研究，并结合培育和践行社会主义核心价值观实践的开展，进一步拓宽社会主义核心价值观基本理念的研究视域。

（一）党的十八大以前，理论界、学术界对于社会主义核心价值观基本理念的争鸣与探讨

学界对于社会主义价值观的探讨由来已久。特别是20世纪末以来，社会主义价值观研究的理论与实践意义不断凸显，一批高质量学术成果相继问世，其中，产生较大学术影响力（引用量较大）的文章有：于光远于1981年在《中国社会科学》上发表的《社会主义建设与生活方式、价值观和人的成长》，吴潜涛于1999年在《道德与文明》上发表的《价值观多样化势态与坚持社会主义集体主义价值观导向》，等等。在早期探索中，许多学者探讨了诸如“社会主义价值观的核心理念”[1]“社会主义价值观的核心”[2]等理论问题，此时还没有形成稳定的社会主义核心价值观概念，但对于这一问题的实质性探索已然展开。

随着实践的发展与理论讨论的深入，社会主义核心价值、社会主义核心价值观作为完整学术命题被提出，并引发学界的广泛关注。2005年1月7日，俞可平在《人民日报》上发表题为《社会主义的核心价值之一》的文章，认为社会公平是社会主义核心价值之一。[3]《科学社会主义》2005年第2期发表了题为《构建中国特色社会主义核心价值观——访李忠杰教授》的访谈文

1 张维祥：《能力本位是社会主义价值观的核心理念吗？》，《北京大学学报（哲学社会科学版）》2000年第2期，第5页。

2 李德顺：《为人民服务：社会主义价值观的核心和最高原则》，《党政干部学刊》2001年第5期，第6页。

3 俞可平：《社会主义的核心价值之一》，《人民日报》2005年1月7日。

章。在这篇文章中，李忠杰尝试性地提出了他对社会主义核心价值观基本理念的看法，着重强调了发展、富裕、民主、文明这四个价值理念，并提出理论界应当关注中国特色社会主义核心价值观的研究课题。[1]

总体来看，学界对社会主义核心价值观基本理念的概括，主要有“两个字组合”“四个字组合”“命题式组合”“多种组合”等形式。

“两个字组合”形式。韩震认为，民主、公正、和谐体现了中国化马克思主义的价值追求、中国特色社会主义制度的本质要求、中国精神和中国特色社会主义道德规范，既继承人类历史的积极价值又反映人类历史的前进方向，可以作为社会主义核心价值观。[2]李培湘基于社会主义的本质要求和中国特色社会主义建设的各方面布局，认为公正、富强、民主、文明、和谐是社会主义核心价值观的基本理念。[3]

“四个字组合”形式。田心铭强调社会主义核心价值观基本理念并不是被“发明”出来的，而是从理论、实践和人民当中“发现”出来的，据此，他提出以人为本、实事求是、独立自主是社会主义核心价值观的基本理念。[4]陈静、周丽提出将以人为本、共同富裕、公平正义作为总体性范畴，对社会主义核心价值观基本理念作出概括，三者分别对应社会主义核心价值观的基点、目标与追求。[5]方爱东也提出了类似观点，她从“一般”与“特殊”相统一的视角出发，认为社会主义核心价值观的“具体”在当代中国表现为以

1 本刊记者：《构建中国特色社会主义核心价值观——访李忠杰教授》，《科学社会主义》2005 年第 2 期，第 7 页。

2 韩震：《“民主、公正、和谐”体现了社会主义的核心价值追求——兼论社会主义核心价值观的凝练及其原则》，《红旗文稿》2012 年第 6 期，第 11—12 页。

3 李培湘：《构建中国特色社会主义核心价值观的探索》，《科学社会主义》2009 年第 5 期，第 72—74 页。

4 田心铭：《中国社会主义核心价值观：以人为本，实事求是，独立自主》，《马克思主义研究》2011 年第 11 期，第 35—42 页。

5 陈静、周丽：《社会主义核心价值观基本内涵探要》，《马克思主义研究》2007 年第 6 期，第 87—88 页。

人为本、共同富裕和公平正义。[1]何建华以一元理念的形式对社会主义核心价值观基本理念作出概括，提出公平正义是社会主义的核心价值观，并从社会主义最核心的价值追求、社会主义实践的价值目标、社会主义和谐社会的价值准则三个层面加以论证。[2]

“命题式组合”形式。吴倬对于社会主义核心价值观基本理念的总结是以命题的形式呈现的，他将其概括为五个方面，分别是建设中国特色社会主义，共产主义的社会政治信仰或理想，为人民服务的人生观，坚持真理、崇尚科学的科学观，集体主义道德观，真善美相统一的健康、高尚的审美观。[3]高国希从马克思主义的理论逻辑出发，立足于经典作家的原著原典，提出社会主义的核心价值就是为了每个人的自由全面发展，并且强调这也是科学发展观中所强调的“以人为本”。[4]

“多种组合”形式。多种组合形式，即不限定基本理念表达的字数，采取两个字、四个字、命题等形式来总结社会主义核心价值观基本理念。钟明华、黄荟认为社会主义核心价值观是由四个方面构成的价值观念体系，包括以人为本、共同富裕与公平正义、爱国主义与改革创新、社会主义荣辱观，四个层面分别对应指导思想、共同理想、与时俱进、具体道德规范。[5]田海舰、戴沐提出将富强、民主、文明、和谐和人的自由全面发展作为社会主义核心价值观的主要内容。[6]陈伟、罗仲尤认为爱国主义、以人为本、和谐、责任是社会主义核心价值观的基本理念，这四个基本理念分别对应社会主义

1 方爱东：《社会主义核心价值观论纲》，《马克思主义研究》2010 年第 12 期，第 127—135 页。

2 何建华：《公平正义：社会主义的核心价值观》，《中央社会主义学院学报》2007 年第 3 期，第 64—68 页。

3 吴倬：《关于社会主义核心价值观问题的理论思考》，《教学与研究》2008 年第 6 期，第 94—96 页。

4 高国希：《马克思人的自由全面发展理论与社会主义核心价值观》，《中州学刊》2007 年第 6 期，第 139—141 页。

5 钟明华、黄荟：《社会主义核心价值观内涵解析》，《山东社会科学》2009 年第 12 期，第 17—18 页。

6 田海舰、戴沐：《社会主义核心价值观初探》，《道德与文明》2007 年第 1 期，第 63—67 页。

核心价值观的基础、主体、灵魂、底线。[1]

纵观党的十八大以前学界对社会主义核心价值观基本理念的凝练概括，学界在一些基本理论与概念表述上形成了一定的共识，但在具体理念的选取上可以说是众说纷纭。这些可贵的理论探索，都为党的十八大对社会主义核心价值观基本理念作出权威概括与界定提供了有益参照和智力支持。

（二）党的十八大以来，理论界、学术界关于社会主义核心价值观基本理念主要内容与内在逻辑的研究

党的十八大对社会主义核心价值观基本理念作出权威概括，此后，学界主要从整体与部分相统一、抽象与具体相统一、历史与现实相统一的多重视角，对社会主义核心价值观基本理念的主要内容展开了深入的学术研究。

追溯社会主义核心价值观基本理念主要内容的来源与性质。刘书林对社会主义核心价值观基本理念主要内容的来源与性质进行了理论探讨，他认为第一个层面的基本内容来源于社会主义初级阶段的基本路线的总目标，第二个层面的基本内容具有科学社会主义和中国特色社会主义的形态特点，第三个层面的基本内容来源于 2001 年《公民道德建设实施纲要》中对于公民基本道德规范的表述。[2] 刘建军认为第一个层面的基本内容是我国社会主义现代化建设目标的固定表述，第二个层面的基本内容可以从党的十七大报告中找到权威表达，第三个层面的基本内容是从我国公民基本道德规范中挑选出来的。[3]

探究社会主义核心价值观基本理念主要内容的内在逻辑。吴潜涛从三个层面的本质规定性出发，提出“富强、民主、文明、和谐”是从价值目标层面对社会主义核心价值观基本理念的凝练，“自由、平等、公正、法治”是

---

1 陈伟、罗仲尤：《社会主义核心价值观与大学思想政治教育》，《思想工作》2008 年第 1 期，第 11 页。

2 刘书林：《论社会主义核心价值观的几个重要关系》，《思想理论教育导刊》2014 年第 9 期，第 63—66 页。

3 刘建军：《社会主义核心价值观的内在逻辑》，《中国教育报》2016 年 3 月 10 日。

从社会层面对社会主义核心价值观基本理念的凝练，“爱国、敬业、诚信、友善”是从公民个人行为层面对社会主义核心价值观基本理念的凝练。[1]孙伟平等认为社会主义核心价值观的三个层面兼顾了国家、社会、个人三者的价值愿望和追求，实现了政治理想、社会导向、行为准则的统一，实现了国家、集体、个人在价值目标上的统一。[2]

社会主义核心价值观基本理念的具体内容有待进一步凝练与探索。吴潜涛对社会主义核心价值观基本理念进行了时代反思，从其内在规律出发，提出“社会主义核心价值观也必然是随着社会实践的发展而不断与时俱进的，是在同来自社会方方面面的挑战中、克服种种危机的过程中不断深化其研究、丰富其内容、完善其理论体系的，这是社会主义核心价值观发展的基本规律之一”[3]。戴木才对“三个倡导”的表述进行了再思考，认为“‘三个倡导’24个字的表述是一种开放而非结论、定论式的表达，‘倡导’也并不就等同于‘定型’，它为进一步深入研究、概括总结、高度凝练社会主义核心价值观的科学内涵留下了空间和余地”[4]。总而言之，社会主义核心价值观基本理念是一个与时俱进的重大课题，在内容挖掘与内涵凝练上还有很大的学术增长空间。

第二节　社会主义核心价值观基本理念思想资源的探索与研究

任何一种价值观理论形态的形成，都离不开思想资源的理论支持。社会

1 吴潜涛、本刊记者：《积极培育和践行社会主义核心价值观的若干问题——访清华大学高校德育研究中心副主任吴潜涛教授》，《思想理论教育导刊》2014年第11期，第10—11页。

2 孙伟平、刘宇飞：《社会主义核心价值观的基本内容和逻辑关联》，《价值论研究》2021年第2期，第115页。

3 本刊记者：《培育和践行社会主义核心价值观的几个理论前沿问题——访清华大学文科资深教授吴潜涛》，《马克思主义研究》2020年第12期，第21页。

4 戴木才：《对社会主义核心价值观几个基础理论问题的思考》，《马克思主义与现实》2017年第4期，第175页。

主义核心价值观基本理念，植根于人类文明发展史、中华民族发展史、社会主义发展史的文明大道，从各种思想资源中汲取推动自身发展的有益养分。对于这一问题的研究，学界主要聚焦于以下三个方面：中华优秀传统文化中蕴含的思想资源；西方价值文化优秀成分中蕴含的思想资源；马克思主义价值思想中蕴含的思想资源。

一、中华优秀传统文化中蕴含的思想资源

中华优秀传统文化中蕴含着丰富的价值思想资源，积淀着中华民族独特的价值追求。学界在社会主义核心价值观基本理念的中华优秀传统文化资源这一学术课题中，主要围绕两个主题展开研究：其一，关于社会主义核心价值观基本理念与中华优秀传统文化的关系辨析问题；其二，社会主义核心价值观基本理念的中华优秀传统文化基因的具体内容问题。

在社会主义核心价值观基本理念与中华优秀传统文化之间的关系上，学界达成了比较一致的共识，即中华优秀传统文化是社会主义核心价值观基本理念的源泉与基础，二者间存在着继承与发展的关系，但在具体分析视角上也存在着一定的差异。具有代表性和特色的说法有：一是“历史根源说”与“文化命脉说”。陈来概括式地指出，“中华优秀传统文化是社会主义核心价值观的历史根源、文化命脉，社会主义核心价值观建设必须自觉地把中华优秀传统文化作为重要基础和源泉”[1]。二是“文化土壤说”。王新刚认为，中华优秀传统文化为社会主义核心价值观基本理念提供了生长的文化土壤，后者是前者在现时代的延续，体现了对中华优秀传统文化的积极扬弃、全面分析、发展与创新。[2]肖贵清从“涵养”“滋养”“营养”三个关键词入手，认为中华优秀传统文化涵养了社会主义核心价值观，为社会主义核心价值观提

1 麻省理：《中华优秀传统文化及传统价值观的传承和发展——访清华大学国学研究院院长陈来教授》，《高校马克思主义理论研究》2016 年第 4 期，第 10 页。

2 王新刚：《论中华优秀传统文化与社会主义核心价值观的内在契合》，《思想理论教育导刊》2018 年第 12 期，第 76—81 页。

供了丰厚的滋养，培育和弘扬社会主义核心价值观要吸收中华优秀传统文化中的营养。[1]

学界认为，挖掘社会主义核心价值观基本理念的中华优秀传统文化基因，建立在对中华优秀传统文化核心价值理念的创造性转化与创新性发展之上。例如，“民主”价值理念是对中国古代“以民为本”价值理念的批判性发展，“公正”价值理念是对中国古代“天下为公”价值理念的批判性发展，“和谐”价值理念是对中国古代“天人合一”“和而不同”价值理念的批判性发展，等等。中华民族的传统价值文化要想适应现代社会的发展，就必须剔除其中的糟粕成分，保留其中的精华成分。例如，“爱国”剔除了中国古代“忠君”思想中的糟粕成分，等等。[2]

二、西方价值文化优秀成分中蕴含的思想资源

自古希腊以来，西方社会形成了丰富的价值思想，其中包含着对价值现象的深刻认识以及对价值理想的不懈追求，构成了人类价值理想探索的重要组成部分。在西方价值文化优秀成分蕴含的思想资源这一学术议题上，学界主要围绕两个方面展开研究：一方面，是社会主义核心价值观基本理念与西方核心价值理念之间的关系；另一方面，是社会主义核心价值观基本理念吸收西方价值文化优秀成分的内容。

在社会主义核心价值观基本理念与西方核心价值理念之间的关系这一学术议题上，“批判说”与“超越说”是学界的主流观点，即认为社会主义核心价值观基本理念是对西方价值文化的反思、批判与超越。首先，社会主义核心价值观基本理念与西方核心价值理念有着本质上的不同。西方核心价值

---

1 肖贵清：《中华优秀传统文化与社会主义核心价值观的内在联系——学习习近平系列重要讲话精神》，《南京师大学报（社会科学版）》2015 年第 6 期，第 7—9 页。

2 吕晓芹、刘文清、张旭敏：《社会主义核心价值观与中华优秀传统文化的辩证关系》，《理论视野》2019 年第 11 期，第 30—34 页；冯东山：《中华优秀传统文化与社会主义核心价值观内在关联研究》，《广西社会科学》2018 年第 2 期，第 34—37 页。

理念是资本主义意识形态在价值观领域的体现，是与资本主义制度相适应、相吻合的价值理念。其中，“普世价值”是西方价值文化的产物，是西方社会中具有代表性与影响力的价值理念。社会主义核心价值观基本理念与作为西方价值文化代表性成果的“普世价值”在理论基础、逻辑结构、特点和结果上有着根本的不同，特别是在理论基础上，“社会主义核心价值观基于唯物史观，西方‘普世’价值基于抽象人性论”[1]。韩震强调了中西方概念术语虽然相似，但是实质却不同，“社会主义核心价值观所倡导的自由、平等、民主等价值，尽管概念术语与资本主义的核心价值相同，但其外延和内涵却根本不同”[2]。其次，社会主义核心价值观基本理念是对西方核心价值理念的彻底批判与根本超越。郑丽平则从“现代性”的视角出发展开分析，认为社会主义核心价值观是在批判资本主义核心价值观的基础上产生的，从根本上是对资本主义核心价值观的超越，是现代性价值追求的最新诠释。[3]

在社会主义核心价值观基本理念吸收西方价值文化优秀成分的内容这一学术议题的探讨上，韩震从社会主义同资本主义的关系视角切入价值论层面的分析，他认为“社会主义是作为资本主义的替代物出现的，同资本主义有着千丝万缕的联系，二者的关系也深刻地反映在价值观领域。社会主义核心价值观是在吸收包括资本主义文明成果在内的一切文明成果的基础上发展起来的，代表了人类进步的价值理想。这样，在‘三个倡导’中，出现‘自由、平等、公正、法治’等字眼也就不难理解了”[4]。西方价值文化优秀成分为社会主义核心价值观基本理念所吸收，体现出后者的先进性。在具体内容

1 李健:《社会主义核心价值观与西方“普世”价值的四大区别》,《思想理论教育导刊》2015 年第 3 期，第 63 页。

2 韩震:《中西方核心价值观有何不同》，见本书编写组编:《普世价值　公民社会　西方新闻观　质疑改革开放和质疑中国特色社会主义辨析》，学习出版社，2017，第 20 页。

3 郑丽平:《现代性视域中的社会主义核心价值观》,《江西社会科学》2014 年第 11 期，第 183、186 页。

4 韩震:《中西方核心价值观有何不同》，见本书编写组编:《普世价值　公民社会　西方新闻观　质疑改革开放和质疑中国特色社会主义辨析》，学习出版社，2017，第 19 页。

上，陈怀平等认为可以“适当吸收西方文化中有关‘个体利益’、‘民主权利’与‘法治意识’等理念的合理成分”[1]，等等。

三、马克思主义价值思想中蕴含的思想资源

与前两种思想资源不同的是，马克思主义的思想资源在社会主义核心价值观基本理念形成与发展过程中发挥的作用具有根本性。在社会主义核心价值观基本理念的马克思主义价值思想资源的挖掘与探索研究上，学界同样是围绕两个方面进行研究：其一，社会主义核心价值观基本理念与马克思主义价值思想之间的关系；其二，社会主义核心价值观基本理念的马克思主义价值思想资源的具体内容。

学界认为，马克思主义是我们立党立国、兴党强国的根本指导思想，同时也是社会主义核心价值观基本理念的根本指导思想。江畅以“真正源头”发问，认为“当代中国正致力于构建的主流价值观即中国特色社会主义价值观的真正源头在哪里？答案应是不言而喻的，是马克思恩格斯创立的马克思主义”[2]。何萍从哲学基础的角度出发，认为“作为价值认识，社会主义核心价值观的哲学基础只能是马克思主义哲学，而且是中国化了的马克思主义哲学”[3]，这里突出强调了中国化马克思主义对于社会主义核心价值观基本理念的指导作用。沈贺展开了具体分析，认为马克思主义的意识形态理论为社会主义核心价值观基本理念提供了直接理论来源、间接理论来源，“社会主义核心价值观中的一些价值观念虽然没有直接在马克思主义的经典著作中出现，但也与马克思主义所设想的价值原则、价值实现路径是一致的”[4]。方晓春从价值原则与思想方法两个层面进行探讨，提出“马克思主义价值理论是

---

1 陈怀平、廉永杰：《共通、异质与升华：当代中西方核心价值观辨析》，《中国特色社会主义研究》2011 年第 1 期，第 58 页。

2 江畅：《当代中国价值观的源与流》，《光明日报》2015 年 2 月 11 日。

3 何萍：《论社会主义核心价值观的哲学基础——基于中国化马克思主义哲学的视角》，《马克思主义哲学研究》2015 年第 2 期，第 180 页。

4 沈贺：《马克思主义与社会主义核心价值观关系辨析》，《思想教育研究》2015 年第 8 期，第 52 页。

社会主义核心价值观的理论根源，不仅社会主义核心价值观的核心价值原则来源于马克思主义的社会主义价值原则，而且其思想方法也来源于马克思主义的唯物论、辩证法和历史观”[1]。

学界从两个方面展开对社会主义核心价值观基本理念吸收马克思主义价值思想资源的内容这一学术课题的研究。一方面，学界从马克思主义理论的组成部分着手，探讨马克思主义价值思想中蕴含的社会主义核心价值观基本理念的思想资源，具有代表性的观点有马克思人的自由全面发展理论、人的本质理论与劳动理论。高国希从马克思人的自由全面发展理论着手，认为“马克思的人的自由全面发展理论，亦即以人为本的价值观，是社会主义这一新的社会形态的核心价值取向”[2]。王学安认为，马克思人的本质理论对于社会主义核心价值观具有本质奠基作用。[3]张庆熊认为，应当以马克思主义劳动理论建构社会主义核心价值观，“在马克思历史唯物主义的思想体系中，人类社会历史发展的实然规律与指导人生的价值观念通过劳动统一起来……劳动光荣在各项价值中处于头等重要的地位。劳动光荣引领一切其他价值观念，对整合社会主义核心价值体系能起到提纲挈领的作用”[4]。另一方面，学界从社会主义核心价值观的具体价值理念入手，探讨其中蕴含的马克思主义价值思想资源。以自由价值理念为例，江国华、彭超认为“马克思主义自由价值观是社会主义自由价值观的内核……自由是对‘必然’的认识，其本质内涵是‘创造性实践活动’”[5]。

---

1 方晓春：《社会主义核心价值观与马克思主义价值理论的逻辑关系》，《毛泽东思想研究》2018 年第 1 期，第 86 页。

2 高国希：《马克思人的自由全面发展理论与社会主义核心价值观》，《中州学刊》2007 年第 6 期，第 139 页。

3 王学安：《社会主义核心价值观的四个来源》，《党政干部论坛》2014 年第 11 期，第 1 页。

4 张庆熊：《“劳动光荣”：以马克思劳动价值理论建构社会主义核心价值观》，《毛泽东邓小平理论研究》2015 年第 1 期，第 63—64 页。

5 江国华、彭超：《马克思主义自由价值观：内涵与道路——对社会主义核心价值观中自由的理解》，《青海社会科学》2016 年第 3 期，第 72 页。

第三节　新时代社会主义核心价值观基本理念研究的重要突破

新时代以来，社会主义核心价值观基本理念研究取得了新进展，学界在社会主义核心价值观基本理念与中华民族伟大复兴、与国家治理现代化、对社会思潮的引领、与人的全面发展，以及其传播研究和域外镜鉴等学术论域取得了重要的学术进展，实现了社会主义核心价值观基本理念研究的重要突破。

一、社会主义核心价值观基本理念与中华民族伟大复兴

习近平在庆祝中国共产党成立100周年大会上指出："一百年来，中国共产党团结带领中国人民进行的一切奋斗、一切牺牲、一切创造，归结起来就是一个主题：实现中华民族伟大复兴。"[1] 习近平在党的二十大报告中明确定位了新时代新征程中国共产党的使命任务，强调："从现在起，中国共产党的中心任务就是团结带领全国各族人民全面建成社会主义现代化强国、实现第二个百年奋斗目标，以中国式现代化全面推进中华民族伟大复兴。"[2] 社会主义核心价值观基本理念的宣传、研究与阐释，必须服务于实现中华民族伟大复兴的历史主题。学界聚焦于这一历史主题，深入探讨社会主义核心价值观基本理念对于民族复兴的价值引领作用，深入分析实现中华民族伟大复兴对于社会主义核心价值观基本理念的时代要求和内在规定，等等。

社会主义核心价值观基本理念对于实现中华民族伟大复兴具有重要的价值引领作用。一个民族的复兴，必然离不开精神与价值的支撑。陈秉公以"中华民族伟大复兴的铸魂工程"来阐释培育和践行社会主义核心价值观的重大意义，他认为，社会主义核心价值观构成了价值观念的整体，体现着

1《习近平谈治国理政》第4卷，外文出版社，2022，第4页。

2 习近平：《高举中国特色社会主义伟大旗帜　为全面建设社会主义现代化国家而团结奋斗——在中国共产党第二十次全国代表大会上的报告》，人民出版社，2022，第21页。

社会主义制度精神，发挥着灵魂指引与统摄作用，规定了国家、社会、个人生存与发展的价值方向，为中华民族伟大复兴提供有力支撑。[1]宇文利认为，中华民族伟大复兴不仅包含政治、经济、科技等方面的内涵，还包含文化特别是价值观强盛的内涵，中华文化与中国价值的复兴是民族复兴的题中应有之义。具体看来，社会主义核心价值观实现了价值观自觉、自信和自强这三种思维形式的综合，遵循着人类发展、社会建设和政党执政三种规律的实践尺度，融会了传统文明、普遍价值和先进思想三种优势资源，呈现出支撑民族复兴的思想优势。[2]段永清认为，社会主义核心价值观基本理念与中华民族伟大复兴使命目标之间具有内在一致性，“培育和践行社会主义核心价值观为实现中华民族伟大复兴奠定了价值坐标体系，并通过价值认同汇聚最大化合力，是实现中华民族伟大复兴的重要途径”[3]。

社会主义核心价值观基本理念为培育担当民族复兴大任的时代新人提供价值遵循。戴木才立足于党的十九大报告中“以培养担当民族复兴大任的时代新人为着眼点”这一重要论断，指出“担当民族复兴大任”极大地增强了社会主义核心价值观的吸引力、凝聚力，凝聚了中国特色社会主义新时代价值共识的“最大公约数”，是中国特色社会主义新时代社会主义核心价值观的价值体认，为培育和践行社会主义核心价值观提供了新的重要遵循。[4]这是立足于新时代的历史高度，从中华民族伟大复兴的战略全局出发，对社会主义核心价值观基本理念的时代价值作出的分析与思考。

1 陈秉公:《论支撑中华民族伟大复兴的铸魂工程——解读十八大报告提出的“积极培育和践行社会主义核心价值观”》,《中国高等教育》2013 年第 2 期，第 24 页。

2 宇文利:《社会主义核心价值观与中华民族复兴》,《社会主义核心价值观研究》2020 年第 2 期，第 26—33 页。

3 段永清:《中华民族伟大复兴视域下社会主义核心价值观的培育和践行研究》,《毛泽东思想研究》2015 年第 6 期，第 109 页。

4 戴木才:《培养担当民族复兴大任的时代新人——党的十九大报告关于社会主义核心价值观的重要论述》,《道德与文明》2017 年第 6 期，第 5—7 页。

二、社会主义核心价值观基本理念与国家治理现代化

从国家层面看，社会主义核心价值观基本理念在治国理政中发挥着重要的功能与作用，是推动国家治理现代化的价值遵循。

社会主义核心价值观基本理念为国家治理提供了价值资源，奠定了价值基础。段立国使用了“价值治理”这一概念范畴，并将其界定为在社会价值领域内开展的治理活动，他从要素的视角出发，认为价值治理构成了国家治理的重要领域，是国家治理体系的重要内容和国家治理能力的重要构成。[1]双传学则以“软实力”的范畴为中介，认为社会主义核心价值观是国家治理所倚重的一种软实力，其蕴含于国家的制度、法律与规范之中，在国家治理中发挥着实现价值整合、凝聚价值共识、巩固执政地位的重要作用。[2]严国萍探讨了社会主义核心价值观基本理念与国家治理现代化之间的内在逻辑关系，认为“践行社会主义核心价值观与推进国家治理现代化之间互为表里、相辅相成，前者为后者提供价值引领和道德支撑，同时通过后者的实践来表达和实现自身”[3]。

国家治理现代化必须以社会主义核心价值观基本理念为导向，这既是理论上的规定，又顺应着历史与实践的要求。李兰芬认为，以社会主义核心价值观基本理念为引领，建构立体、高质量的治理效能体系，形成整体、高效能的治理能力，能够“突破利益樊篱，凝聚多元利益主体、协同分层治理机制、整合散落社会资源”[4]。李建华从制度取向、制度整合、制度评价、制度修正四个视角出发，认为社会主义核心价值观对国家治理体系现代化具有定

1 段立国：《国家治理现代化与社会主义核心价值观的内在关联》，《湖北社会科学》2015 年第 4 期，第 157—163 页。

2 双传学：《社会主义核心价值观与国家治理现代化的契合性——基于软实力的一种考察视角》，《中国特色社会主义研究》2014 年第 6 期，第 41—45 页。

3 严国萍：《社会主义核心价值观与国家治理现代化》，《马克思主义与现实》2018 年第 3 期，第 163 页。

4 李兰芬：《以社会主义核心价值观引领国家治理效能体系建设》，《社会主义核心价值观研究》2020 年第 1 期，第 24 页。

向导航作用、凝心聚力功能、评价判断功效、调节规范效果，同时，他又具体深入到社会主义核心价值观的 12 个基本理念，认为国家治理体系现代化内含社会主义核心价值观基本理念的要求，二者之间具有目标上的一致性。[1] 黄力之则从历史视角与结构视角出发，强调“今天中国的国家治理体系对核心价值观建设的重视，是在中国历史传承、文化传统、经济社会发展的基础上长期发展、渐进改进、内生性演化的结果”[2]。

党的十九届四中全会提出“坚持以社会主义核心价值观引领文化建设制度”，强调“完善弘扬社会主义核心价值观的法律政策体系，把社会主义核心价值观要求融入法治建设和社会治理”[3]。而后，社会主义核心价值观的制度建设问题得到学界的广泛关注。佘双好、马桂馨从三个层面探讨了推进社会主义核心价值观制度化建设的方式，一是毫不动摇地坚持和巩固社会主义核心价值观的相关制度，二是与时俱进地完善和发展社会主义核心价值观的相关制度，三是不遗余力地遵守和执行社会主义核心价值观的相关制度。[4] 吴增礼、黄春凤立足于践行社会主义核心价值观的制度保障这一视角，提出应引入负面清单制度，着力疏通社会主义核心价值观落地效能的重要通道口，加快建设和完善践行奖惩机制，建立践行负面清单动态管理机制。[5] 除此之外，学界还专门就社会主义核心价值观基本理念融入法治建设的问题进行了研讨。刘志刚等指出，二者的融合发展“应通过宪法实施、立法、执

---

1 李建华：《积极培育和践行社会主义核心价值观 推进国家治理体系现代化》，《光明日报》2014 年 2 月 10 日。

2 黄力之：《国家治理与社会核心价值观建设的关系》，《思想理论教育》2014 年第 6 期，第 37 页。

3《中共中央关于坚持和完善中国特色社会主义制度 推进国家治理体系和治理能力现代化若干重大问题的决定》，《人民日报》2019 年 11 月 6 日。

4 佘双好、马桂馨：《推进社会主义核心价值观常态化和制度化建设的思想指导——党的十九大以来习近平总书记关于社会主义核心价值观的重要论述》，《社会主义核心价值观研究》2020 年第 5 期，第 31—32 页。

5 吴增礼、黄春凤：《构建社会主义核心价值观践行的负面清单制度》，《马克思主义研究》2020 年第 1 期，第 98、105 页。

法、司法、守法路径展开，其中宪法实施与立法是主要依托方式”[1]；李瑞奇具体探讨了实现二者融合的关键环节，即“全面推进社会主义核心价值观融入立法修法、执法司法与守法普法三大实践领域，精确聚焦于德法深层转化、法律具体适用与法治信仰教育等关键环节”[2]；等等。除此之外，学界还聚焦于文化强国建设、社会治理、网络治理等领域，探讨社会主义核心价值观基本理念在国家治理现代化过程中的重要作用。[3]

三、社会主义核心价值观基本理念对社会思潮的引领

社会主义核心价值观基本理念属于社会意识形态的范畴，不可避免地会受到来自各种社会思潮的影响乃至挑战。学界深入分析社会思潮的实质，在社会思潮对社会主义核心价值观基本理念的影响、社会主义核心价值观基本理念引领社会思潮等学术议题上取得了重要研究进展。

把握社会思潮对培育和践行社会主义核心价值观基本理念的影响。一方面，从群体特点入手，探讨社会思潮对培育和践行社会主义核心价值观基本理念的影响。例如，吕云超聚焦于大学生群体，总结社会思潮对大学生核心价值观形成的影响，这主要体现在影响的全面性与个体差异性共存、影响的积极因素与消极因素共存、影响的深入性与有限性共存等方面。[4]另一方面，从社会思潮的具体表现形态入手，关注错误社会思潮对于社会主义核心价值观基本理念的危害。胡媛媛、王岩探讨了“普世价值”对于社会主义核心价

---

1 刘志刚、郭威：《社会主义核心价值观与法治建设的融合发展及实现路径》，《社会主义核心价值观研究》2022 年第 2 期，第 21 页。

2 李瑞奇：《社会主义核心价值观融入法治建设的实践意蕴》，《社会主义核心价值观研究》2021 年第 2 期，第 55 页。

3 比较具有典型性的文章有：沈壮海：《构筑社会治理创新的价值基础——当代中国的社会主义核心价值观建设》，《社会主义核心价值观研究》2016 年第 1 期，第 51—57 页；贾兆帅、吴满意：《社会主义核心价值观融入网络综合治理：目标、原则与路径选择》，《社会主义核心价值观研究》2020 年第 5 期，第 56—65 页；等等。

4 吕云超：《论社会思潮对大学生核心价值观形成的影响》，《思想理论教育导刊》2015 年第 5 期，第 95 页。

值观的危害，其主要包括威胁社会主义核心价值观的主导地位、分裂社会主义核心价值观的社会认同、消解社会主义核心价值观的凝聚力这三个方面。[1]

探讨社会主义核心价值观基本理念引领社会思潮的方式。苗瑞丹总结了社会主义核心价值观基本理念所具有的引领、整合、凝聚的作用，“作为社会主义价值体系中占主导地位的价值观，社会主义核心价值观具有价值引领、观念整合与凝聚共识的作用”[2]，其为坚持马克思主义在意识形态领域的指导地位、确保文化建设的性质和方向提供价值支撑。陈秉公认为用社会主义核心价值观引领社会思潮主要有四种方式，分别是“理论魅力”引领、“价值共识”引领、“价值整合”引领与“价值信念”引领。[3]基于当代中国社会思潮的新变化，王成提出以社会主义核心价值观引领社会思潮的三种主要方式，即坚持尊重差异性和包容多样性的原则、坚持马克思主义的指导地位以及依托先进文化整合社会思潮。[4]从意识形态工作的实际视角出发，左鹏等认为用社会主义核心价值观引领高校社会思潮是高校意识形态工作的重要内容，并着重强调了阐释与解决重大理论和现实问题、利用与管理网络新媒体、团结与引导高校教师、教育与帮助大学生是用社会主义核心价值观引领高校社会思潮的四个关键环节。[5]

四、社会主义核心价值观基本理念与人的全面发展

人的全面发展是贯穿于社会主义核心价值观基本理念的价值追求。新时代以来，社会主义核心价值观基本理念研究进一步加强了对“人”的关注，

---

1 胡媛媛、王岩：《“普世价值”思潮对社会主义核心价值观的危害及应对》，《思想教育研究》2018年第3期，第76—77页。

2 苗瑞丹：《文化强国视阈下社会主义核心价值观引领作用探析》，《马克思主义研究》2021年第5期，第135页。

3 陈秉公：《论社会主义核心价值观引领社会思潮的基本方式》，《新长征》2014年第4期，第53—55页。

4 王成：《以社会主义核心价值观引领社会思潮新变化》，《人民论坛》2014年第30期，第38页。

5 左鹏、厉彦龙：《社会主义核心价值观与高校社会思潮引领》，《思想理论教育》2014年第11期，第17—18页。

特别是关注人的美好生活需要、人的全面发展等重要理论问题。

从现实视角看，社会主义核心价值观基本理念有助于推动人的全面发展。宇文利从“德性人格”概念入手，认为社会主义核心价值观可以用于塑造现代德性人格，其具体方式包括统领社会思潮和人们的价值选择，打造与社会主义核心价值观相匹配的综合性的当代中国文化教育模式，用权益和权利来引领并调控人们的社会行为习惯。[1] 陈新夏认为从人的发展视域入手，有助于把握社会主义核心价值观的社会主义属性，即体现了社会主义的根本价值指向和价值目标，这个价值指向就是人的自由全面发展。[2] 荣光汉认为社会主义核心价值观正确审视了当前人的发展所面临的突出问题，对于重塑价值体系、实现人的全面发展具有重要意义。[3]

从逻辑关系角度看，社会主义核心价值观基本理念研究探讨了社会主义核心价值观基本理念与人的全面发展之间的内在关系。包心鉴认为，“弘扬人的主体价值、实现人的全面发展，是社会主义核心价值观的核心价值取向”[4]。汪盛玉基于马克思主义人学思想的视角，认为社会主义核心价值观以“现实的人”为前提、以“人性完善”为标准、以“人生需要”为基础、以“人民主体”为动力、以“人的实践”为保障、以“人的发展”为宗旨，促进当代中国人自我教育、自我熏陶、自我塑造、自我完善，从而实现更高、更好、更美的发展。[5]

---

1 宇文利：《社会主义核心价值观与现代德性人格培育》，《社会主义核心价值观研究》2018 年第 2 期，第 23—25 页。

2 陈新夏：《人的发展视域中的社会主义核心价值观》，《马克思主义理论学科研究》2019 年第 3 期，第 42—43 页。

3 荣光汉：《社会主义核心价值观与人的全面发展》，《思想政治教育研究》2016 年第 5 期，第 52 页。

4 包心鉴、吴俊：《弘扬人的主体价值和实现人的全面发展是社会主义核心价值观的核心价值取向——访济南大学政法学院包心鉴教授》，《社会主义核心价值观研究》2017 年第 1 期，第 15 页。

5 汪盛玉：《社会主义核心价值观的人学之维——基于马克思主义人学思想的视角》，《教学与研究》2016 年第 5 期，第 56—61 页。

五、社会主义核心价值观基本理念的传播研究

社会主义核心价值观基本理念要“飞入寻常百姓家”，就必然要涉及传播问题。党的二十大报告把新时代十年来培育和践行社会主义核心价值观的成就总结概括为“社会主义核心价值观广泛传播”[1]。广泛传播何以实现，是值得探讨的重要理论问题。从现有的研究成果来看，学界主要围绕社会主义核心价值观基本理念传播的现实困境和传播策略两个维度展开学术探究与应用研究相统一的探讨。

在国内传播场域，学界聚焦于社会主义核心价值观基本理念传播的受众对象、路径、体制机制等方面展开研究。金晓艳基于文献计量学视角，分析2007—2019年我国社会主义核心价值观传播研究现状，指出当前我国社会主义核心价值观传播研究的焦点包括内容、路径、有效性、机制及受众群体等方面。[2] 朱莉涛、陈延斌认为，为推动社会主义核心价值观的有效传播，应确立领导体制引领、民主体制助推、法律体制辅助等制度体系，构建合力凝聚与递升机制、舆论调研与反馈机制、媒体资源整合与互动机制、网络信息管理与干预机制等有效机制。[3]

社会主义核心价值观基本理念的国内传播面临着特殊的传播环境，机遇与挑战并存。譬如，陈宸分析了全媒体时代社会主义核心价值观面临的新机遇，其主要表现在高效性传播、多元化表达和亲民性塑造这三个方面；同时分析了全媒体时代社会主义核心价值观面临的新挑战，其主要表现为话语权集中度分散、权威性消减、稳定性削弱。[4] 又如，苗瑞丹认为，在全息媒体

1 习近平：《高举中国特色社会主义伟大旗帜　为全面建设社会主义现代化国家而团结奋斗——在中国共产党第二十次全国代表大会上的报告》，人民出版社，2022，第10页。

2 金晓艳：《我国社会主义核心价值观传播研究现状分析（2007—2019）——基于文献计量学视角》，《山东师范大学学报（社会科学版）》2021年第1期，第133—146页。

3 朱莉涛、陈延斌：《社会主义核心价值观传播体制机制论略》，《马克思主义理论学科研究》2019年第1期，第149—158页。

4 陈宸：《全媒体时代社会主义核心价值观话语权提升路径探析》，《新闻爱好者》2021年第6期，第88—90页。

传播中，涌现出多种传播平台和多样化的传播形式，网络空间呈现信息传播内容多样化的发展态势。在此态势下，如何有效引导和监管信息传播内容，进行立体化、沉浸式、互动式的传播等，是进一步提升社会主义核心价值观吸引力和感召力面临的新挑战。[1]再如，潘静认为，社会主义核心价值观图像化传播是培育和践行社会主义核心价值观基本理念的重要举措，需秉承科学化的传播原则、高质量的传播文本、分众化的传播策略。[2]

在国际传播场域，学界探讨了社会主义核心价值观基本理念国际传播的现实意义与基本遵循。吴潜涛从社会主义核心价值体系的整体视角出发，强调必须理直气壮、毫不含糊地推进社会主义核心价值体系的国际传播，不断增强社会主义核心价值体系的国际话语权，使中国风格、中国气派的社会主义核心价值体系为当今世界文明的进步发展作出其应有的贡献。[3]朱霁认为，社会主义核心价值观的国际传播有助于树立中国良好的国际形象，提升中国的话语优势，加强社会主义意识形态的主导权和话语权，提高中国化马克思主义在国际社会的影响力。[4]

当前社会主义核心价值观基本理念的国际传播仍然存在一定困境，也基于此，众多研究者从应用与理论相统一的视角出发，探寻了对应的传播策略。当前社会主义核心价值观基本理念国际传播的不足之处，主要包括国际比较研究匮乏、国际关注度不够、认知认同欠缺以及国际吸引力和话语权不强等。[5]在传播策略上，项久雨、雷洲认为，增强当代中国价值观念的域外传播，要从丰富传播主体、明确传播对象、优化传播媒介、完善传播环境四

---

1 苗瑞丹：《文化强国视阈下社会主义核心价值观引领作用探析》，《马克思主义研究》2021 年第 5 期，第 138 页。

2 潘静：《社会主义核心价值观图像化传播论析》，《学校党建与思想教育》2020 年第 23 期，第 39 页。

3 本刊记者：《培育和践行社会主义核心价值观的几个理论前沿问题——访清华大学文科资深教授吴潜涛》，《马克思主义研究》2020 年第 12 期，第 20 页。

4 朱霁：《论社会主义核心价值观的对外传播及其实践路径》，《马克思主义研究》2016 年第 8 期，第 102—104 页。

5 李蕊：《国际视野中的社会主义核心价值观研究》，《科学社会主义》2015 年第 5 期，第 16—19 页。

个进路着手。[1] 杨增宗认为，应采取立足中国实际，展现中华文化风貌，明确话语表达，整合传播资源和拓展传播渠道，树立受众本位与精准传播意识，积极推动不同国家间民众的友好交流等策略。[2] 李嘉莉认为，要构建政府主导和多方参与的立体传播机制、"走出去"与"引进来"的双向互动机制、依托国际组织和平台的多方对话交流机制、民间文化交往与官方外交的多层互补机制。[3] 杨希燕探讨了社会主义核心价值观国际传播的人才支撑，提出要进一步强化培养方案的制定，以增强外语专业学生价值观自信为核心，以完善外语专业人才的培养环节为重点。[4]

此外，学者们多援引成功例证进行分析说明。胡绪明、田雪源以"一带一路"倡议为例证，分析其蕴含的传播策略，具体包括构建话语体系、创新传播思路、拓展传播路径、建立传播机制等。[5] 邓国峰、张程程以 Facebook（脸书）账号《中国三分钟》节目为例证，分析其隐含的传播策略，具体包括提炼把握特色定位，直面应对关键议题，提高精准化策略设计，完善国际传播系统，等等。[6]

六、培育和践行社会主义核心价值观基本理念的域外镜鉴

域外镜鉴是培育和践行社会主义核心价值观基本理念不可或缺的重要视角。关于社会主义核心价值观基本理念域外镜鉴的学术探讨，学界主要集中

1 项久雨、雷洲：《当代中国价值观国际传播的多向进路》，《社会主义核心价值观研究》2021 年第 6 期，第 32—41 页。

2 杨增岽：《新时代社会主义核心价值观国际传播的三个基本问题论析》，《社会主义核心价值观研究》2019 年第 1 期，第 92—94 页。

3 李嘉莉：《社会主义核心价值观国际传播机制研究》，《社会主义核心价值观研究》2019 年第 6 期，第 51—58 页。

4 杨希燕：《论社会主义核心价值观国际传播的人才支撑》，《思想理论教育导刊》2017 年第 4 期，第 79—82 页。

5 胡绪明、田雪源：《"一带一路"倡议的价值意蕴及其传播策略》，《社会主义核心价值观研究》2018 年第 6 期，第 61—66 页。

6 邓国峰、张程程：《社会主义核心价值观国际传播典型案例的效果评析——以〈中国三分钟〉(CHINA MOSAIC)Facebook 账号为例》，《广西社会科学》2017 年第 11 期，第 30—33 页。

在宏观研究与国别研究两个方面。其中，宏观层面的研究主要集中于路径与方式、经验与启示两个方面，区域国别研究则聚焦于英国、美国、法国、俄罗斯、新加坡等国家核心价值观培育的实践经验。

在路径与方式方面，学界对国外价值观教育的比较研究、借鉴研究，成果相对比较丰硕。从主体的角度看，杨威指出政府、家庭、宗教组织、民间组织、公立学校等构成了西方国家核心价值观培育的多主体系统，各主体间的协作促进了西方国家核心价值观培育的细化与深入。[1]从产业的角度看，文化产业是国外传播核心价值观的重要载体，周凯认为“一个国家发展文化产业，不仅可以带来可观的经济利益，还能在‘润物细无声’中传播本国核心价值观和主流意识形态。多年来西方国家正是通过将其价值观念全面渗透到文化产业链中，使核心价值观与文化产品进行有机融合和高效传播，从而达到向其他国家推销其核心价值观的目的”[2]。从教育的角度看，高峰认为公民教育是西方国家培育核心价值观的路径，“公民教育通过传授公民知识、训练公民技能、培育公民品性，实现了公民对核心价值观的理性认同、实际践行与情感内化”[3]。

在经验与启示方面，高峰认为国外核心价值观教育的经验基本可归总为：植根历史传统，铸造人文精神；构建开放机制，营造参与氛围；体现宪法精神，强化法治环境。[4]崔志胜分析了国外核心价值观建设对我国培育和践行社会主义核心价值观的启示，包括坚持开展马克思主义理论教育，坚定社会主义理想信念，坚持进行爱国主义和集体主义价值观教育，重视公民道德和价值观建设以及其中的多渠道教育作用，积极构建“学校—社会—家

1 杨威：《西方国家核心价值观培育的多主体系统及其协作——以美国、英国、澳大利亚为主要分析对象》，《社会主义核心价值观研究》2016 年第 5 期，第 58—65 页。

2 周凯：《西方国家如何通过文化产业传播核心价值观》，《红旗文稿》2016 年第 1 期，第 35 页。

3 高峰：《西方国家核心价值观培育路径及启示》，《社会主义核心价值观研究》2016 年第 6 期，第 62 页。

4 高峰：《国外核心价值观教育的经验与启示》，《思想理论教育》2015 年第 12 期，第 58—61 页。

庭”一体化的教育网络，正确对待外来文化，积极培育民族精神和时代精神，等等。[1]

核心价值观教育的区域国别研究取得了重要进展。在俄罗斯核心价值观教育研究方面，雷蕾等认为“俄罗斯自2000年进入‘普京时代’以来，社会各界力量通力协作，积极建构有效融合俄罗斯民族文化、传统价值理念与时代要素的俄罗斯核心价值观，并通过聚焦‘德育空间’建构、国家政策建设、传统教育载体复归助推价值观教育发展”[2]。在美国核心价值观教育研究方面，周斌、陈延斌从理论前导、政治社会化等角度对美国核心价值观教育进行了分析，指出“培养公民的民族情感、宗教意识和法治观念，是美国核心价值观融入国民教育的理论前导。政治社会化是美国核心价值观融入国民教育的重要途径，政治参与是美国公民践行核心价值观的重要方式，有助于提升公民的民主、权利等价值理念”[3]。

1 崔志胜：《社会主义核心价值观基本问题研究》，中国社会科学出版社，2014，第256—263页。

2 雷蕾、〔俄〕叶·弗·布蕾兹卡琳娜：《普京时代俄罗斯核心价值观建构及价值观教育》，《比较教育研究》2019年第3期，第3页。

3 周斌、陈延斌：《美国核心价值观融入国民教育的方法与途径》，《上海师范大学学报（哲学社会科学版）》2015年第4期，第146页。

第二章
社会主义核心价值观基本理念的科学内涵

马克思主义理论体系中的任何思想、命题和观点都是时代呼唤的产物。社会主义核心价值观同马克思主义理论的任何一种观点和命题一样，都产生于实践的需要，都有其生成的时代背景，都有其与时代问题相对应的具体内容。因此，把握社会主义核心价值观基本理念的科学内涵，应当依据马克思主义理论的实践性特征，立足于社会主义核心价值观基本理念形成的历史背景，从社会主义核心价值观与社会主义核心价值体系的有机联系中，来正确认识社会主义核心价值观基本理念的本质属性，科学理解社会主义核心价值观基本理念的应有之义。

第一节　社会主义核心价值观基本理念的本质属性

研究、把握社会主义核心价值观基本理念的本质属性，不能望文生义地理解，不能用脱离实际的查字典的方法解决问题，更不能把社会主义核心价值体系的本质属性的研究成果生硬地照搬过来，应从其自身的内在规定性及其与社会主义核心价值体系的关系来审视，应从历史发展的维度、时代背景的维度来把握。

一、社会主义核心价值观与社会主义核心价值体系

党的十八大报告从高举中国特色社会主义伟大旗帜、全面建成小康社会的战略高度，强调指出："倡导富强、民主、文明、和谐，倡导自由、平等、公正、法治，倡导爱国、敬业、诚信、友善，积极培育和践行社会主义核心价值观。"[1]这一论述，明确了社会主义核心价值观的基本理念和具体内容，指出了社会主义核心价值体系建设的现实着力点，标志着党对社会主义核心价值体系的认识达到了一个新的高度，也是党对社会主义核心价值体系建设的新部署、新要求。准确界定社会主义核心价值观与社会主义核心价值体系之间的关系，对于深刻把握社会主义核心价值观基本理念的本质属性，深刻把握培育和践行社会主义核心价值观的必要性，具有重要理论意义和实践价值。

（一）社会主义核心价值观是社会主义核心价值体系建设不断深入的必然产物，标志着党对社会主义核心价值体系的认识达到一个新的高度

任何一个社会都有与其社会形态、制度形式相适应的核心价值观和核心价值体系。二者是实践的产物与结晶，是在人们长期实践、反复酝酿的基础上形成与发展的。社会主义核心价值观的提出是与社会主义核心价值体系建设的实践紧密联系在一起的。回溯社会主义核心价值观形成的历史过程，可以看出，社会主义核心价值观是马克思主义价值思想同中国具体实际相结合、同中华优秀价值文化相结合的产物，是社会主义核心价值体系建设过程中凸显出来的重大理论问题和实践问题，是社会主义核心价值体系建设深入发展的重要成果。

伴随着社会主义市场经济的发展，各式各样纷繁复杂的价值观念在社会中并存，正确与错误、先进与落后、积极与消极相互交织、相互激荡，是非不分、美丑不分、善恶不分的现象层出不穷，导致社会生活中频频出现价

1 中共中央文献研究室编：《十八大以来重要文献选编》上册，中央文献出版社，2014，第 25 页。

值上的冲突与矛盾，这对我国经济社会的发展、中国特色社会主义制度优越性的发挥产生着消极影响。实践中出现的新问题，迫切要求大力加强社会主义核心价值体系建设，充分发挥其主导、统领、整合作用，从而做到统一思想、达成共识、凝聚力量。在这一过程中，我们党坚持两手抓、两手都要硬，深入推进社会主义精神文明建设与思想道德建设，深入推进社会主义价值思想的探索。

党的十六届六中全会首次提出社会主义核心价值体系的重大命题，标志着社会主义价值思想的探索进入了体系化、系统化的阶段。“马克思主义指导思想，中国特色社会主义共同理想，以爱国主义为核心的民族精神和以改革创新为核心的时代精神，社会主义荣辱观，构成社会主义核心价值体系的基本内容。”[1]党的十七大报告进一步明确，“社会主义核心价值体系是社会主义意识形态的本质体现”[2]，对社会主义核心价值体系的性质定位等作出进一步阐释。建设社会主义核心价值体系成为理论界、学术界广泛关注的重大理论问题和实践问题。社会主义核心价值体系建设在理论和实践层面都取得了突破性进展，我们对于社会主义核心价值体系的本质、特征、内容、功能、作用、建设途径等重要问题的认识不断深化。与此同时，社会主义核心价值体系的力量在中国特色社会主义实践中得到生动彰显，得到全国人民的广泛认同，在实践中显示出强大的生命力、影响力、凝聚力。实际上，社会主义核心价值体系建设的主旨就在于使人民群众在认知、认同社会主义核心价值体系的基础上，自觉地把社会主义核心价值体系内化为人们坚定的信念，并执着地付诸实践。因此，随着理论界、学术界对社会主义核心价值体系认识的深化，随着社会主义核心价值体系研究逐渐趋于完善，用社会主义核心价值体系教育人民、武装头脑，推进社会主义核心价值体系大众化，就作为社

1《中共中央关于构建社会主义和谐社会若干重大问题的决定》，人民出版社，2006，第 22 页。

2 中共中央文献研究室编：《十七大以来重要文献选编》上册，中央文献出版社，2009，第 26 页。

会主义核心价值体系建设的一个重要课题而凸显出来。在实践中，有部分群众反映社会主义核心价值体系不易懂、不易记，不利于宣传普及，也不利于人们转化为日常生活的价值遵循。基于此，普及社会主义核心价值体系学习教育，增强社会主义核心价值体系学习教育的实效性，迫切需要用简明扼要、便于传播的形式来反映社会主义核心价值体系的丰富内容。无论是实际工作者还是理论界、学术界的研究者，对于提出社会主义核心价值观的呼声都很高、期待热切。

提炼社会主义核心价值观，就是要用简明扼要、便于传播的价值理念来反映社会主义核心价值体系的基本内容，增强社会主义核心价值体系学习教育的实效性。在这种时代问题的呼唤下，以社会主义核心价值体系的建设与发展为坚实基础和必要条件，社会主义核心价值观的理论命题应运而生。哲学社会科学界开始以基本理念的形式对社会主义核心价值体系的基本内容进行总结概括。党中央在广泛调查研究的基础上，融会哲学社会科学诸多学科的理论智慧，吸纳社会方方面面的意见和建议，从国家层面、社会层面、个人层面对社会主义核心价值观基本理念进行了精辟概括，在党的十八大报告中正式提出了以 12 个基本理念为主要内容的社会主义核心价值观。这是以基本理念的形式对社会主义核心价值体系的凝练表达，符合大众化、通俗化、日常化的要求，便于阐发、便于传播。

总体而言，从社会主义核心价值体系建设和社会主义核心价值观形成的历史过程来看，社会主义核心价值观适应社会主义核心价值体系学习教育的需要，是社会主义核心价值体系建设的最新理论创新成果，是社会主义核心价值体系建设工程的一个重要组成部分。从一定意义上说，没有社会主义核心价值体系，就不会提出凝练社会主义核心价值观基本理念的问题和需要，就不会有社会主义核心价值观基本理念的产生和发展。

（二）社会主义核心价值观是对社会主义核心价值体系的具体内容和实践要求进行高度凝练的结晶，是社会主义核心价值体系的内核

社会主义核心价值观，既适应于社会主义核心价值体系大众化的需要，又反映着社会主义核心价值体系自身发展完善的需要。社会主义核心价值体系，既反映社会主义基本的、稳定的社会关系及其价值追求，是社会主义价值体系中最核心、最基础、最主要的部分；又反映我国革命、建设和改革历程中逐步形成与发展起来并指导社会主义发展的价值目标和价值理念，是中华民族长期秉承的反映社会主义本质与建设规律的根本原则和价值理念的理性集结体，对社会主义经济、政治、文化、社会、生态等领域都具有价值引领功能和作用。社会主义核心价值体系的基本内容决定了其是社会主义意识形态本质的体现，是社会主义制度在价值层面的本质规定，是社会主义制度的内在精神和生命之魂。社会主义核心价值体系命题的提出，深刻表明我们党对“什么是社会主义、怎样建设社会主义”根本问题的认识已经从理论层面、制度层面深化到价值层面，已经从真理性认识深化到真理性认识与价值性认识相统一的层面。

社会主义核心价值体系由基本原则、核心理念、基本内容、基本特征、总体目标等诸多元素构成，是一个内容极为丰富的理论体系。马克思指出：“理论只要说服人［ad hominem］，就能掌握群众；而理论只要彻底，就能说服人［ad hominem］。所谓彻底，就是抓住事物的根本。”[1]依据社会主义核心价值体系的基本内容，从基本理念的视域对社会主义核心价值体系基本内容进行抽象概括，凝练出社会主义核心价值观，体现社会主义核心价值体系的根本性质和基本特征，反映社会主义核心价值体系的丰富内涵和实践要求，对社会主义核心价值体系内容实现高度凝练和集中表达，其主旨就在于追求

1《马克思恩格斯文集》第 1 卷，人民出版社，2009，第 11 页。

理论的彻底性。社会主义核心价值体系所包含的四个方面的基本内容，是一个系统性、总体性的框架。而社会主义核心价值观所强调的“三个倡导”，则更加具体、更加简洁地揭示了这个价值体系的内核和精髓，确立了当代中国的核心价值理念。社会主义核心价值观强调的“三个倡导”指向十分明确，每个层面都有具体的价值导向，都有实实在在的价值要求，其指引性、规范性和实践性都很强，便于培育和践行，为进一步深入推进社会主义核心价值体系建设明确了切入点和着力点，有利于更好地把建设社会主义核心价值体系的各项任务落到实处。如果说社会主义核心价值体系是一座理论大厦的话，就可以说社会主义核心价值观是社会主义核心价值体系的理论基石；如果说社会主义核心价值体系是一个逻辑整体的话，就可以说社会主义核心价值观是社会主义核心价值体系的逻辑起点。

与社会主义核心价值体系相比，社会主义核心价值观更加突出核心要素，更加注重凝练表达，更加强化实践导向。它不仅阐释了社会主义核心价值体系四个方面的基本内容及其特点和功能，而且从价值理念层面对其进行哲学考问，为社会主义核心价值体系奠定价值观基础。只有这样，才能使社会主义核心价值体系更加完善、更具理论逻辑魅力，也才能使其更好地为社会、为群众所把握。同时，正是由于社会主义核心价值观是社会主义核心价值体系的内核和高度概括，体现社会主义的价值本质，决定社会主义核心价值体系的根本性质、基本方向和基本特征，其还能够发挥引领与主导社会主义核心价值体系理论内容完善和建构的作用。因此，从这个角度来理解，社会主义核心价值观是从属于社会主义核心价值体系的范畴，从国家层面、社会层面和个人层面概括出的社会主义核心价值体系的基本理念，准确体现了社会主义核心价值体系的根本性质和基本特征，推动了社会主义核心价值体系的自我完善和自我发展。

（三）社会主义核心价值体系与核心价值观都源于中国特色社会主义的实践需要，共同服务于以中国式现代化全面推进中华民族伟大复兴的历史进程

归根到底，一个社会的核心价值体系与核心价值观，都是服务于改变世界、改造社会的实践需要的，对实践活动的开展有着鲜明的价值引领功能。这种价值引领功能，也是有层次、有差异、有侧重的。从社会主义核心价值体系与社会主义核心价值观的功能来看，二者各有侧重，既相互联系又相互区别，共同服务于社会主义现代化建设。社会主义核心价值体系，从价值层面反映着社会主义基本的、稳定的社会关系，对社会主义经济、政治、文化、社会、生态等领域都具有价值引领的功能和作用。从总体功能的意义上看，社会主义核心价值体系是“兴国之魂”。如上所述，社会主义核心价值观适应广大人民群众学习实践社会主义核心价值体系的需要，是凝练社会主义核心价值体系基本内容的价值理念的统一体，最直接地反映着社会主义核心价值体系的本质规定性。从社会主义核心价值观在社会主义思想文化中的地位来看，社会主义核心价值观具有铸魂育人的强大功能，在这种意义上我们可以说，社会主义核心价值观是“育人之魂”。“兴国之魂”与“育人之魂”是有机统一的，在实践导向上各有侧重、相辅相成，共同在实践中孕育着强大的价值力量。

理解社会主义核心价值体系与社会主义核心价值观的关系，除了从理论形态自身的变革与发展来分析之外，还必须从“大历史”的尺度中加以历史地、全面地审视，从实践需要的角度来深化理解，从社会主义发展史、中华民族发展史的历史逻辑与实践逻辑中把握二者的价值意蕴、价值变革、价值力量。

从社会主义发展史的角度看，一部世界社会主义运动史，就是一部先进价值理想与伟大实践运动相结合的历史。从空想到科学、从理论到实践、从一国到多国，社会主义已经发展了 500 多年，社会主义价值理想的探索也走

过了 500 多年的历史。在世界社会主义运动中，社会主义作为先进的价值理想始终感召着人们，其在与资本主义斗争中逐步取得影响并实现自身的发展，形成了一种强大的价值力量与精神力量。在以苏联和东欧为代表的诸多社会主义国家的建设过程中，核心价值体系与核心价值观一度没有得到应有的重视和系统的建设，甚至被搁置在不受重视的位置。由此，一方面，社会主义实践缺乏必要的价值引领，人民群众逐渐产生了对社会主义的价值迷茫和价值困惑，进而产生了对社会主义国家执政党的信任危机；另一方面，这也为资本主义核心价值观的渗透提供了可钻空间和可乘之机，使西方资本主义“和平演变”的图谋在意识形态与价值观层面成为可能。最终，苏联等社会主义国家建设偏离了社会主义的实践轨道与价值轨道，走向了歧途，葬送了社会主义事业。这是值得我们吸取的深刻历史教训。历史一再证明，一个国家、一个民族的兴衰存亡，无不同核心价值体系与核心价值观息息相关。任何一个国家、一个民族，都不能没有核心价值体系与核心价值观，因为它们是国家、民族在思想上和精神上的旗帜。我们必须充分吸收社会主义价值思想探索进程中形成的宝贵历史经验，吸取一些社会主义国家不重视核心价值体系与核心价值观建设的历史教训，下大力气破解社会主义核心价值体系与核心价值观的重大理论和实践课题，并不断推动其发展。

从中华民族发展史的角度看，鸦片战争后，中国逐步沦为半殖民地半封建社会，国家蒙辱、人民蒙难、文明蒙尘，移植西方的器物、制度、价值观都不能解决中国面临的问题，都无法为中华民族擘画光明的未来。许多有识之士开始从马克思主义中寻找改变世界的价值理想资源，并将其与中国具体实际结合起来，开展了价值思想的探索。正是在这个关键的历史节点，中国共产党的诞生作为“开天辟地的大事变”，推动中国人民从精神被动转向精神主动、从价值被动转向价值主动。从诞生之日起，中国共产党就始终高度重视意识形态建设，坚持马克思主义在意识形态领域的指导地位，重视吸收人类文明发展的先进价值成果，逐步推进价值思想的探索。新民主主义革命时期，中国共产党价值思想的探索立足于共产党人的政治品格和革命道德，聚焦于共产党人的革命人生观和价值观，形成了中国共产党为人民服务价值观。社会主义革命和建设时期，中国共产党价值思想的探索进入了新阶段，我们党深入推进思想道德建设，从国民公德建设层面进一步拓宽了中国共产党价值思想的理论视野与实践视野。改革开放和社会主义现代化建设新时期，适应于社会主义市场经济的发展，我们党不断推进社会主义精神文明建设，从公民道德建设、社会主义核心价值体系建设等层面推进了价值思想的探索。中国特色社会主义进入新时代，社会主义核心价值观以基本理念的表现形式提出，社会主义核心价值观建设进入守正创新的历史阶段，价值观建设自信自强的时代特征更为显著。这些成就的取得充分表明，中国共产党对社会主义价值思想的探索是逐步深化、与时俱进的，社会主义价值思想中所蕴含的价值力量在革命、建设、改革不同历史阶段发挥着重要作用，具有不可替代的地位，从价值维度引领着中华民族站起来、富起来、强起来的历史进程。

习近平在党的二十大报告中提出“以中国式现代化全面推进中华民族伟大复兴”[1]的历史任务，强调要“增强实现中华民族伟大复兴的精神力量”[2]。增强实现中华民族伟大复兴的精神力量，必然需要发挥作为“兴国之魂”的社会主义核心价值体系和作为“育人之魂”的社会主义核心价值观的作用。社会主义核心价值观和社会主义核心价值体系，与实现中华民族伟大复兴的历史主题是紧密关联在一起的。在新时代中国特色社会主义实践中，二者共同成为全民族共同奋斗、奋发向上、团结和睦的精神动力和价值纽带，使我

---

1 习近平：《高举中国特色社会主义伟大旗帜　为全面建设社会主义现代化国家而团结奋斗——在中国共产党第二十次全国代表大会上的报告》，人民出版社，2022，第 21 页。

2 习近平：《高举中国特色社会主义伟大旗帜　为全面建设社会主义现代化国家而团结奋斗——在中国共产党第二十次全国代表大会上的报告》，人民出版社，2022，第 43 页。

们的国家、民族、人民在价值观和精神状态上“强起来”，不断推动全体人民增强做中国人的志气、骨气、底气。社会主义核心价值观和社会主义核心价值体系，与全面建设社会主义现代化国家的发展诉求相适应，从不同层面为中国式现代化指引价值方向，推动更好地坚持中国道路、弘扬中国精神、彰显中国价值、凝聚中国力量，推动培育担当民族复兴大任的时代新人，成为实现中华民族伟大复兴的强大价值引领。

总而言之，从历史逻辑、理论逻辑和实践逻辑三个维度看，社会主义核心价值观是适应社会主义核心价值体系大众化的需要而诞生的，是社会主义核心价值体系建设不断深入的必然产物；是用基本理念的形式对社会主义核心价值体系基本内容的高度概括和凝练，最直接地反映社会主义核心价值体系的本质规定性，集中体现社会主义核心价值体系的丰富内涵；是社会主义核心价值体系最深层的精神内核，或者说是社会主义核心价值体系这座理论大厦的基石和逻辑起点。社会主义核心价值观还是社会主义核心价值体系建设的落脚点和归宿，二者相辅相成、有机统一，共同构成了社会主义思想文化体系的理论“硬核”，共同展现出社会主义价值思想探索的历史成果，指引着以中国式现代化全面推进中华民族伟大复兴的历史实践。

二、社会主义核心价值观与社会主义核心价值观基本理念

从党的十八大提出以“三个倡导”为主要内容的社会主义核心价值观以来，在一些人那里存在着对社会主义核心价值观的错误认识，即认为社会主义核心价值观和“普世价值”没有什么差别，因为它们在表述形式上使用的很多价值理念都是相似的。这种认识误区，是同其没有从根本上理解社会主义核心价值观基本理念的具体诉求、没有正确认识社会主义核心价值观与其基本理念之间的关系相联系的。准确理解社会主义核心价值观与其基本理念之间的关系，有助于我们更加深入准确地认识和理解社会主义核心价值观的本质规定性。

社会主义核心价值观总是需要以一定的形式表现出来，进而为大众所理解、把握与践行。党的十八大正式提出社会主义核心价值观之前，理论界、学术界围绕着如何凝练社会主义核心价值观展开了广泛而又深入的探讨。在这场以社会主义核心价值观为主题的大讨论中，以基本理念的形式凝练社会主义核心价值观，逐渐成为理论界、学术界的普遍共识与主流意见。理论界、学术界的学术争鸣主要集中在社会主义核心价值观基本理念的选取上。实际上，从历时性与共时性相统一的视角来看，古今中外许多重要的价值观类型往往都以基本理念作为表现形式，如中国古代核心价值观、新加坡“共同价值观”，等等。以基本理念的形式概括社会主义核心价值观，能够更加简约地揭示社会主义核心价值观的理论精髓，能够更加直接地推进社会主义核心价值观的大众化，能够更加鲜明地展现社会主义的价值规定性，能够更加明晰地表达国家、社会、公民层面的价值追求，能够更加自信地在世界舞台上彰显中国价值、中国智慧与中国形象。

社会主义核心价值观是由基本理念组成的有机整体，基本理念是社会主义核心价值观的表现形式与基本内容。社会主义核心价值观与其基本理念构成一个统一整体，二者之间具有内在统一、不可分割的有机联系。党的十八大提出的“三个倡导”“24 字”是社会主义核心价值观的基本理念与基本内容，更精准地说，应是社会主义核心价值观内容的“最大公约数”。“24 字”基本理念是内容与形式的有机统一体，蕴含着社会主义核心价值观的内容与形式。任何一种价值观都是内容与形式的有机统一。社会主义核心价值观也不例外。“24 字”基本理念简洁、精辟、生动地概括出社会主义核心价值观的核心要义与理论精髓。

社会主义核心价值观的“24 字”基本理念不是客观实在的价值观，只有赋予理念内容，理念才能成为价值客体，才能成为价值力量。价值力量是活生生的存在，不同于作为价值形式的理念。因此，要把握好价值理念向价值实践转化的规律，把社会主义核心价值观基本理念转化为支撑中国式现代化建设的强大价值力量。尤其需要我们特别关注的问题是，我们与其他国家共同的一些价值理念，如自由、平等、公正、诚信、友善，等等，其中与我们民族相联系的内容是容易理解的；但有些价值理念是改革开放以来对国外的一些优秀成果的借鉴，如民主，等等，虽然中国传统文化中也有这样的理念，但作为社会的价值理念，还是在很大程度上受到西方的影响。在一定意义上可以说，西方发达国家较早地把自由、平等、公正作为社会核心价值理念，并结合自己的国情在经济、政治和文化等方面加以贯彻，在国际社会产生了影响，在大多数国家形成了价值共识。这些价值理念的话语形式在各个国家的价值观中都是一样的，那么如何把这些价值理念变成实践，变成中国特色社会主义的实践，这是我们面临的严峻挑战。正如一台电脑只有输入系统才能活起来，美国的“价值观电脑”有了自己的输入系统，我国的“价值观电脑”也要有自己的输入系统，使其活起来，能够在意识形态竞争博弈中彰显优势。这样我们就需要掌握价值系统转换的规律，不仅使价值理念活起来，还要使其超越西方的价值系统，显示中国特色社会主义制度的优越性。这就需要我们把握价值理念向价值实践转化的规律，把抽象的价值形式转化为客观的价值力量。

由此可见，对社会主义核心价值观基本理念的把握不能流于外在形式，要看到社会主义核心价值观是由相互联系的 3 个层面、12 个基本理念构成的，要从 12 个基本理念来加强对社会主义核心价值观具体内容的理解，否则社会主义核心价值观就成了空洞的外壳；同时对 12 个基本理念的理解，不能脱离社会主义核心价值观的整体统摄，必须深化对社会主义核心价值观基本理念的根本属性的认识，正确理解 12 个基本价值理念所蕴含的中国特色社会主义的根本诉求。诚然，“三个倡导”“24 字”的社会主义核心价值观的提出，是我国社会主义核心价值观研究领域的重大理论成果，但它还不是社会主义核心价值观的成熟形态，应该说更加简洁、更加精练的社会主义核心价值观提炼仍然在路上。

三、社会主义核心价值观基本理念的特点

特点指的是一事物的特别之处、独特之处。社会主义核心价值观基本理念的特点，指的就是社会主义核心价值观基本理念区别于其他价值理念的独特之处。习近平指出，社会主义核心价值观“把涉及国家、社会、公民的价值要求融为一体，既体现了社会主义本质要求，继承了中华优秀传统文化，也吸收了世界文明有益成果，体现了时代精神”[1]。《关于培育和践行社会主义核心价值观的意见》也强调，以“三个倡导”为主要内容的社会主义核心价值观基本理念“与中国特色社会主义发展要求相契合，与中华优秀传统文化和人类文明优秀成果相承接，是我们党凝聚全党全社会价值共识作出的重要论断”[2]。总的看来，社会主义核心价值观基本理念具有民族性、科学性、时代性、先进性、实践性、人民性的基本特点，展现出其作为一种独特价值理念形态的理论品格。

第一，社会主义核心价值观基本理念具有民族性，脱胎于中华优秀传统文化。一个社会的核心价值观是与其民族的历史文化发展密切相关的，它蕴含了民族文化的特点。任何一种价值观形态要想生生不息、薪火相传、蓬勃发展，都必须具有民族性。没有民族性的东西，是不可能长久的。中华民族上下五千年的发展历程孕育出璀璨的价值文化，展现出中华民族独特的价值追求、精神境界与文化品格。习近平指出：“在5000多年文明发展中孕育的中华优秀传统文化，在党和人民伟大斗争中孕育的革命文化和社会主义先进文化，积淀着中华民族最深层的精神追求，代表着中华民族独特的精神标

1《习近平谈治国理政》第1卷，外文出版社，2018，第169页。
2 中共中央文献研究室编:《十八大以来重要文献选编》上册，中央文献出版社，2014，第578页。

识。”[1]中华优秀传统文化中蕴含的思想精华“是中国人民在长期生产生活中积累的宇宙观、天下观、社会观、道德观的重要体现，同科学社会主义价值观主张具有高度契合性”[2]。社会主义核心价值观基本理念是马克思主义价值思想同中国具体实际相结合、同中华优秀价值文化相结合而形成的价值理念结晶，它植根于中华优秀传统文化的深厚沃土，继承着中华优秀传统文化的思想精髓，积淀着中华民族最深层的价值追求。

社会主义核心价值观基本理念的民族性，在现实的实践中还体现在它对于构建中华民族共同体精神家园的价值引领作用上。没有共同的价值观作为引领，一个民族就不可能团结起来、凝聚起来，就不可能有强大的向心力推动共同发展，更不可能屹立于世界民族之林。习近平提出“以社会主义核心价值观为引领，构建各民族共有精神家园”[3]的重要课题，强调了社会主义核心价值观之于铸牢中华民族共同体意识的重要作用，强调了民族工作中加强社会主义核心价值观教育的重要理论与实践意义。在中国共产党的坚强领导下，在社会主义核心价值观基本理念的指引下，各民族像石榴籽一样紧紧拥抱在一起，围绕着共同的价值追求、一致的价值共识，为实现中华民族伟大复兴而矢志不渝地奋斗。

第二，社会主义核心价值观基本理念具有科学性，是对社会主义建设的规律性把握。毛泽东对科学的本质要义有着一番精彩的论述，他认为“系统地解决问题才叫做科学，不是系统的而是零碎的，就是正确的也不是科学的”[4]。一种价值观形态是否具有科学性，关键在于它是否能够系统地把握价值关系的本质及其内在联系。社会主义核心价值观之所以是科学的价值观形态，社会主义核心价值观基本理念之所以具有科学性，正在于它深入到社会

1《习近平谈治国理政》第 2 卷，外文出版社，2017，第 36 页。

2 习近平：《高举中国特色社会主义伟大旗帜　为全面建设社会主义现代化国家而团结奋斗——在中国共产党第二十次全国代表大会上的报告》，人民出版社，2022，第 18 页。

3《习近平谈治国理政》第 3 卷，外文出版社，2020，第 300 页。

4《毛泽东文集》第 3 卷，人民出版社，1996，第 402 页。

主义价值关系的本质维度中，以基本理念的形式系统地、正确地反映出社会主义的根本价值取向，具有理论上的彻底性。毛泽东指出："马克思列宁主义是科学，科学是老老实实的学问，任何一点调皮都是不行的。"[1]马克思主义正确揭示了人与自然界、人与社会的关系，科学把握了共产党执政规律、社会主义建设规律、人类社会发展规律"三大规律"。社会主义核心价值观建立在马克思主义立场、观点、方法的基础之上，其基本理念的科学内涵与实践要求建立在马克思主义理论指导的基础之上。马克思主义的科学性与彻底性，为社会主义核心价值观基本理念的科学性与彻底性奠定了坚实的理论基础。作为科学的价值观形态，社会主义核心价值观基本理念为全体中国人民正确认识与把握社会主义的价值规定性提供科学指南和实践支撑，为中国特色社会主义的发展指明正确的价值方向。

第三，社会主义核心价值观基本理念具有时代性，是时代精神的重要体现。"一个时代有一个时代的精神"[2]，任何一个时代都有自己的时代精神，都有体现这一时代风貌的价值理念。正如黑格尔所说，"每一哲学都是它的时代的哲学"[3]。任何价值理念也都是从属于它的时代的价值理念。与此同时，人们的价值观念总是不可避免地会受到历史文化与时代环境的深刻影响，不存在超越特定历史条件的价值观念。一个社会的核心价值观会深层次地反映着时代的价值呼声，从价值维度展现出一个时代的鲜明特质，塑造着一个时代的价值图景与价值风貌。以基本理念作为表现形态的社会主义核心价值观，是时代精神的重要体现，反映着中国特色社会主义新时代的价值诉求，深刻地回应与诠释着时代的价值课题。从这个意义上看，社会主义核心价值观基本理念作为新时代全体中国人民价值观上的"最大公约数"，为我们所处的时代明确了基本的价值坐标，是我们在所处时代进行价值判断、价值评

1《毛泽东选集》第 3 卷，人民出版社，1991，第 800 页。
2《习近平谈治国理政》第 2 卷，外文出版社，2017，第 350 页。
3〔德〕黑格尔：《哲学史讲演录》第 1 卷，贺麟、王太庆等译，商务印书馆，2017，第 52 页。

价的根本依据，为国家发展、社会进步与公民个人的生活提供了具有时代规定性的价值遵循。

第四，社会主义核心价值观基本理念具有先进性，反映出先进社会形态的价值追求。任何一种社会形态都有与之相对应的核心价值观。社会主义是人类文明发展进程中的先进社会形态、制度形态，是超越资本主义社会的先进社会形态，代表着先进生产力与先进文化发展的方向和要求，与之相适应的社会主义核心价值观基本理念也是代表着人类文明发展潮流的先进价值理念。社会主义核心价值观以价值理念的形式反映了社会主义的本质要求，对作为先进社会形态的社会主义进行了价值概括与价值诠释，明确了社会主义发展的价值诉求与前进方向。此外，社会主义核心价值观基本理念的先进性还体现在它始终矗立于人类文明发展的大道上，充分吸收了人类文明发展的价值精华，实现了对人类文明价值成果的扬弃。正因如此，它代表着人类文明发展的先进价值成果，既是全体中国人民的价值追求，又为全人类贡献着宝贵的价值财富。它反映和代表人民群众的先进价值理想、价值愿望和价值追求，展现出强大的道义力量和崇高的价值品格。

第五，社会主义核心价值观基本理念具有实践性，是社会主义实践的价值理念结晶。价值观是实践智慧的价值理念结晶。社会主义核心价值观基本理念是理论与实践双重互动的价值产物，具有深厚的实践基础。中国共产党团结带领中国人民开展的革命、建设、改革的伟大实践，是社会主义核心价值观基本理念产生、发展与演进的实践土壤。作为社会主义意识形态本质体现的社会主义核心价值观，是从价值维度对中国特色社会主义本质属性的把握，是用基本价值理念的形态对中国特色社会主义实践的生动反映，是用基本价值理念的方式对新时代中国特色社会主义实践的价值引导。

进一步看，价值观只有与实践结合在一起才能展现其应有的价值力量。社会主义核心价值观基本理念能够帮助人们正确处理不同层面的价值关系，为人们的生活实践提供强大的价值准绳、基本的行动依据。新时代以来培育和践行社会主义核心价值观所取得的成就深刻表明，社会主义核心价值观基本理念绝不是抽象的口号，其与正在生动展开的新时代中国特色社会主义伟大实践紧密结合在一起，与人们的日常生活实践紧密结合在一起，在实践中展现出强大的价值引导力。

第六，社会主义核心价值观基本理念具有人民性，是全体人民的共同价值追求。人民性是社会主义核心价值观基本理念的根本特点。社会主义核心价值观从根本上看是为人民服务、以人民为中心的价值观形态，这与以“金钱至上”“个人主义”为导向的资本主义核心价值观形成鲜明的对比与差别。社会主义核心价值观基本理念的生命力，就体现在其中所贯穿的人民至上价值追求上，就体现在其中所蕴含的人民立场上。人民既是社会主义核心价值观基本理念的创造主体、社会主义价值思想的探索主体，又是培育和践行社会主义核心价值观的实践主体。社会主义核心价值观基本理念始终站立在马克思主义的价值立场上，反映出马克思主义价值思想的本质要求。马克思主义是人类寻求自身解放的理论，“为绝大多数人谋利益”是马克思主义秉持的价值立场。马克思恩格斯在《共产党宣言》中早已明确指出：“无产阶级的运动是绝大多数人的，为绝大多数人谋利益的独立的运动。”[1]正如人民不是抽象的符号一样，社会主义核心价值观基本理念也不是抽象的价值符号。社会主义核心价值观基本理念反映全体中国人民的共同价值追求，是最广大人民群众根本利益在价值理念层面的生动表达，日益成为人民群众日用而不觉的价值准则，其在坚守人民性的同时，也获得了具体的表现形式。

社会主义核心价值观基本理念所具有的这六个方面的特点不是孤立的、割裂的，而是有机统一的，共同展现出其所具有的优秀价值品格。社会主义核心价值观基本理念之所以是一个富有生命力、体现创造性、具有影响力的

1《马克思恩格斯文集》第 2 卷，人民出版社，2009，第 42 页。

理论课题，正是与这六个方面的基本特点紧密联系在一起的。

第二节 社会主义核心价值观基本理念的凝练

党的十八大提出以“24字”基本理念为主要内容的社会主义核心价值观，推进了社会主义价值思想的理论与实践探索，但社会主义核心价值观基本理念的凝练仍处于“进行时”而非“完成时”，社会主义核心价值观基本理念的理论探索并没有就此结束，社会主义核心价值观基本理念的理论“富矿”还有待进一步开掘。对此，系统总结社会主义核心价值观基本理念的凝练依据，对于回溯社会主义价值思想探索的历史进程、总结社会主义核心价值观建设的历史经验，对于推动社会主义核心价值观基本理念的深化探索，具有重要的理论意义与实践价值。

一、凝练社会主义核心价值观基本理念的主要依据

凝练社会主义核心价值观基本理念是一个重大理论课题，关系到“培养什么人”的根本问题，关切国家意识形态建设以及国家文化软实力的塑造，必须做到有理有据，经得起历史与实践的检验。凝练社会主义核心价值观基本理念，必须把握好理论、文化与现实三个方面的主要依据。从理论依据上看，凝练社会主义核心价值观基本理念，必须始终坚持以马克思主义为指导，特别是要充分发挥马克思主义中国化最新理论成果对于凝练社会主义核心价值观基本理念的指导作用。从文化依据上看，凝练社会主义核心价值观基本理念，必须深刻把握其所蕴含的中华优秀传统文化基因，深刻把握社会主义核心价值观基本理念是马克思主义价值思想同中国具体实际、同中华优秀传统文化相结合的价值产物。从现实依据上看，凝练社会主义核心价值观基本理念，必须深刻把握社会主义初级阶段的历史特点，深刻把握中国特色

社会主义的实践要求与制度规定性，深刻把握实现中华民族伟大复兴的精神文化需要。

（一）凝练社会主义核心价值观基本理念的理论依据

马克思主义经典文本以及其中所蕴含的基本原理，是凝练社会主义核心价值观基本理念的理论依据。这里所指的经典文本，既包含马克思、恩格斯、列宁等经典作家的著作文献，也包括毛泽东、邓小平、江泽民、胡锦涛、习近平等党和国家领导人的著作。从命题范畴来看，马克思、恩格斯没有系统论述过社会主义核心价值观中的所有基本理念。但是，马克思、恩格斯在对人类社会发展的规律性揭示及其构想中包含了对这些基本理念的深刻思考。列宁在俄国社会主义实践的基础上，立足于世界历史发展的实践动向，对民主、自由、平等、爱国等价值理念作出了深刻的阐释。这些深邃的思考，为我们凝练社会主义核心价值观基本理念提供了具体的理论支撑。与此同时，马克思主义的世界观和方法论，以其彻底的理论解释力与强大的现实影响力，以其所展现出的真理伟力，为凝练社会主义核心价值观基本理念奠定了坚实的哲学基础、提供了坚实的理论依据。

以“民主”价值理念为例。马克思列宁主义注重从经济基础与上层建筑的关系中把握民主的实质，从阶级立场中把握民主的要义，由此彻底地揭示出民主价值理念的科学内涵及基本特征。马克思在《黑格尔法哲学批判》中对民主问题作出了深刻的思考，他指出：“民主制是一切形式的国家制度的已经解开的谜”[1]，“一切国家形式都以民主为自己的真实性，正因为这样，它们有几分不民主，就有几分不真实”[2]。依据经典文献，我们可以把马克思列宁主义民主价值理念的基本观点概括为如下三个方面：第一，民主是为阶级统治服务的，与之相适应的民主价值理念具有鲜明的阶级性。列宁指出，

1《马克思恩格斯全集》第3卷，人民出版社，2002，第39页。
2《马克思恩格斯全集》第3卷，人民出版社，2002，第41页。

在奴隶社会，“在民主共和国中参加选举的是全体，但仍然是奴隶主的全体，奴隶是除外的”[1]。奴隶制民主是统治阶级的民主，而非全体人民的民主，具有历史的局限性。我们必须从本质上把握民主价值理念的阶级性，不能笼统、抽象地谈论民主，否则就不能将中国式民主与西方式民主的本质差异区分开，也就不能将社会主义核心价值观中的民主与资本主义核心价值观中的民主区分开。第二，民主属于上层建筑领域，由一定历史时期的经济基础决定。民主价值理念是对一定经济基础上的民主形态的理念反映。列宁认为资产阶级民主与封建主义民主在奴役的实质上是一致的，“资产阶级民主制和封建制度相比，改变了经济奴役形式，为这种奴役作了特别漂亮的装饰，但并没有改变也不能改变这种奴役的实质”[2]。正是由于一定的经济基础决定一定的民主形式，资产阶级民主与封建主义民主都不可避免地具有奴役和剥削的实质，建立在此基础之上的民主价值理念不可避免地具有虚伪性、局限性、欺骗性。第三，无产阶级民主是一种新型的民主形式，与资产阶级民主有着实质上的差异。无产阶级或社会主义的民主价值理念具有真实性、广泛性、人民性，反映着最广大人民的根本利益，凝结着人民参与政治生活的价值诉求，反映着人类民主政治发展的历史潮流。列宁在谈及巴黎公社的民主时提出：“公社用来代替被打碎的国家机器的，似乎‘仅仅’是更完全的民主：废除常备军，一切公职人员完全由选举产生并完全可以撤换。……民主实行到一般所能想象的最完全最彻底的程度，就由资产阶级民主转化成无产阶级民主，即由国家（＝对一定阶级的特殊的镇压力量）转化成一种已经不是原来意义上的国家的东西。”[3]当然，民主价值理念的内涵也不是一成不变的，必须历史地看待民主、发展民主，这才符合马克思主义价值思想的实事求是态度。

1《列宁全集》第 37 卷，人民出版社，2017，第 70 页。
2《列宁全集》第 37 卷，人民出版社，2017，第 111 页。
3《列宁全集》第 31 卷，人民出版社，2017，第 40 页。

再以“自由”价值理念为例。自由是思想上广泛争鸣的价值理念与理论问题，马克思主义注重从历史的维度、阶级的维度来把握自由价值理念。依据经典文献，我们可以把马克思列宁主义自由价值理念的基本观点概括如下：第一，自由是马克思主义的深远价值追求，但自由的实现具有历史性，是与一定的社会历史条件紧密联系在一起的。恩格斯对于自由有一个非常经典的内涵界定，这一界定着眼于客观规律性与主观能动性有机统一的视角，即“自由就在于根据对自然界的必然性的认识来支配我们自己和外部自然”[1]。马克思恩格斯在《共产党宣言》中将“每个人的自由发展”作为未来共产主义社会的目标，指出：“代替那存在着阶级和阶级对立的资产阶级旧社会的，将是这样一个联合体，在那里，每个人的自由发展是一切人的自由发展的条件。”[2]因而，世界上并不存在抽象的、永恒的自由，只有具体的、历史的自由，这是思考自由价值理念所不能抽离的基本前提。在《资本论》中，马克思再次强调，共产主义是“以每一个个人的全面而自由的发展为基本原则的社会形式”[3]。自由的实现受到生产方式的根本制约，社会主义自由是对资本主义自由的超越，但与共产主义社会所达到的自由状态还有不小的差距。第二，谈论自由价值理念，必须首先把握“谁之自由”这一基本问题。列宁指出：“让资本享受自由就是对工人犯罪，让饱食者和挨饿者平等就是对劳动者犯罪。”[4]在资本主义社会里，自由表现为资本家的自由而非劳动者的自由，因而，这种自由的状态并不如资产阶级理论家所设想的那般美好。资本主义自由价值理念，是资产阶级意识形态的体现，成为资产阶级进行意识形态统治的理念工具，其本质上维护资产阶级的利益，而无法给广大人民群众带来真实的、现实的自由。社会主义自由价值理念，反映的是广大

1《马克思恩格斯文集》第9卷，人民出版社，2009，第120页。
2《马克思恩格斯文集》第2卷，人民出版社，2009，第53页。
3《马克思恩格斯文集》第5卷，人民出版社，2009，第683页。
4《列宁全集》第38卷，人民出版社，2017，第285页。

人民群众对于自由的真实价值追求，注重从现实中、历史中、劳动中、实践中把握自由，是人民群众追寻自由、享有自由实践的理念反映。

基于对“民主”和“自由”两个价值理念的分析，我们不难得出凝练社会主义核心价值观基本理念的一些基本理论遵循，这些基本理论遵循是建立在对马克思主义立场、观点、方法的坚守与运用基础之上的。一是凝练社会主义核心价值观基本理念，必须深刻把握社会主义生产关系、社会关系的本质要求，始终站立在最广大人民群众的价值立场上。二是凝练社会主义核心价值观基本理念，必须深刻把握价值理念本身形成与实现的历史条件。我们不能超越特定的历史条件空谈价值理念，否则就难以准确把握价值理念的科学内涵与实践要求，必须充分注重将价值理念与价值实践结合起来分析。三是凝练社会主义核心价值观基本理念，必须旗帜鲜明地将其与资本主义核心价值观基本理念区分开，讲清楚二者之间的实质性区别与具体性差异，否则就会给人们带来观念上的认识误区与实践中的价值困惑。

社会主义核心价值观基本理念是马克思主义中国化的理论产物与价值产物，必须反映马克思主义中国化时代化的理论规定性，全面贯彻中国共产党价值思想的基本主张与基本诉求。马克思主义中国化历史进程中产生的创新理论，其中蕴含着丰富的价值思想、凝结着深邃的实践智慧，共同为凝练社会主义核心价值观基本理念提供了理论指南。

毛泽东思想中关于新民主主义革命、社会主义革命和社会主义建设、革命军队的建设和军事战略、政策和策略、思想政治工作和文化工作、党的建设的理论，凝结着中国共产党价值思想的探索，是凝练社会主义核心价值观基本理念的理论指导。具体说来，毛泽东思想中还蕴含着对富强、民主、平等、自由等社会主义核心价值观基本理念的深邃思考，这些理论思考都有着很强的现实指向性。例如，关于“富强”价值理念，毛泽东结合新中国成立之初不富、不强的国情，指出：“我们的目标是要使我国比现在大为发展，大为富、大为强。”[1]他深切认识到，“关于中国的前途，就是搞社会主义。要使中国变成富强的国家，需要五十到一百年的时光”[2]。社会主义是实现国家富强的根本条件，实现国家富强需要经历一段较长的历史时间，并不能急于求成。这些原则性的价值要求，都为理解社会主义富强价值理念提供了重要的理论支撑。再如，关于“自由”价值理念，毛泽东既注重从理论内涵上把握自由价值理念的内在规定性，又注重从实践中把握实现自由的条件。一方面，毛泽东强调，“自由是对必然的认识并根据对必然的认识成功地改造客观世界。这个必然不是一眼就能看穿看透的”[3]，他注重从理论的本质维度把握自由。另一方面，毛泽东强调自由作为中国共产党领导革命实践的价值目标，“革命是干什么呢？就是要冲破这个压力，解放中国人民的生产力，解放中国人民，使他们得到自由”[4]，这实际上也构成了中国共产党人推动革命实践的重要价值遵循。

邓小平理论深刻回答了什么是社会主义、怎样建设社会主义的根本问题，为凝练社会主义核心价值观基本理念提供了理论依据。凝练社会主义核心价值观基本理念，必须从根本上把握社会主义的本质，从根本上理解我国社会主义发展的历史方位与基本国情。邓小平理论中的社会主义本质论、社会主义初级阶段论等理论，为凝练社会主义核心价值观基本理念提供了重要的理论遵循。以社会主义本质论为例，社会主义本质是科学社会主义理论的核心范畴，邓小平指出：“社会主义的本质，是解放生产力，发展生产力，消灭剥削，消除两极分化，最终达到共同富裕。”[5]他认为，“没有贫穷的社会主义。社会主义的特点不是穷，而是富，但这种富是人民共同富裕”[6]。这些

1《毛泽东文集》第6卷，人民出版社，1999，第495页。
2《毛泽东文集》第7卷，人民出版社，1999，第124页。
3《毛泽东文集》第8卷，人民出版社，1999，第118页。
4《毛泽东文集》第3卷，人民出版社，1996，第432页。
5《邓小平文选》第3卷，人民出版社，1993，第373页。
6《邓小平文选》第3卷，人民出版社，1993，第265页。

重要论述从社会主义本质论的高度揭示出社会主义富强价值理念的核心要义，把富强与共同富裕紧密联系在一起，国家富强与人民富裕在社会主义富强价值理念中得到有机统一。特别需要指出的是，邓小平提出的“三个有利于”标准中的“是否有利于提高人民的生活水平”[1]，既丰富和发展了社会主义价值思想，又以此为基础再次强调了凝练社会主义核心价值观基本理念应当坚持的人民性要求。

“三个代表”重要思想加深了对什么是社会主义、怎样建设社会主义和建设什么样的党、怎样建设党的认识，为凝练社会主义核心价值观基本理念提供了理论依据和方法论指导。第一，“始终代表先进生产力的发展要求”。凝练社会主义核心价值观基本理念，必须反映社会主义先进生产力的发展要求，反映社会主义在推动生产力发展上的实践优势、价值优势，同时必须使得凝练出来的价值理念能够积极作用于、服务于社会主义的生产实践。第二，“始终代表中国先进文化的前进方向”。凝练社会主义核心价值观基本理念，必须体现社会主义先进文化的特质与要求，必须反映社会主义意识形态的本质要求。第三，“始终代表中国最广大人民的根本利益”。凝练社会主义核心价值观基本理念，必须自始至终贯彻中国共产党为人民服务价值观，必须抽象凝练出全体人民在价值理念上的“最大公约数”，充分发挥人民群众的积极性、主动性、创造性，使凝练出的价值理念反映人民的真实利益诉求、凸显人民群众的价值主体地位。

科学发展观深刻认识和回答了新形势下实现什么样的发展、怎样发展等重大问题，为凝练社会主义核心价值观基本理念提供了理论依据。科学发展观的第一要义是发展，凝练社会主义核心价值观基本理念，必须更好地服务于推动我国经济社会的发展，为实现科学发展厚植价值力量。科学发展观的核心是以人为本，凝练社会主义核心价值观基本理念，必须切实尊重人民群

1《邓小平文选》第3卷，人民出版社，1993，第372页。

众的主体地位，体现最广大人民群众的利益主张、价值主张。正如胡锦涛所言："坚持以人为本，就是要以实现人的全面发展为目标，从人民群众根本利益出发谋发展、促发展，不断满足人民群众日益增长的物质文化需要，切实保障人民群众经济、政治、文化权益，让发展成果惠及全体人民。"[1]

习近平新时代中国特色社会主义思想，深刻回答了新时代坚持和发展什么样的中国特色社会主义、怎样坚持和发展中国特色社会主义，建设什么样的社会主义现代化强国、怎样建设社会主义现代化强国，建设什么样的长期执政的马克思主义政党、怎样建设长期执政的马克思主义政党等重大时代课题，从 21 世纪马克思主义、当代中国马克思主义的高度回答了在新时代我们的民族、我们的国家应该"坚守什么样的核心价值观"的重大课题，并为进一步凝练社会主义核心价值观基本理念提供了新时代遵循，深层次彰显着社会主义核心价值观基本理念的新时代性。党的十八大之前，习近平新时代中国特色社会主义思想在孕育过程中就包含着对社会主义核心价值观基本理念的独特思考，以及对社会主义价值关系的深刻认识。在《摆脱贫困》一书中，习近平指出："社会主义的劳动者是生产资料的主人，这种主人翁地位决定了劳动者之间的平等互助的同志式关系。新的价值观念的主体是：个人作为社会的一份子必须对社会有所作为，有所贡献。"[2] 这正是从社会主义生产关系的角度来探讨社会主义价值观念的主体要求。实际上，习近平对于凝练社会主义核心价值观基本理念的思考，具有鲜明的问题意识与现实导向，即"在当代中国，我们的民族、我们的国家应该坚守什么样的核心价值观？这个问题，是一个理论问题，也是一个实践问题"[3]。新时代以来，习近平对于培育和践行社会主义核心价值观作出了系列重要论述，对于社会主义核心价值观基本理念及其具体内容作出了系统而又深刻的阐述，对于凝练社会主

1《胡锦涛文选》第 2 卷，人民出版社，2016，第 166—167 页。
2 习近平：《摆脱贫困》，福建人民出版社，1992，第 115 页。
3《习近平谈治国理政》第 1 卷，外文出版社，2018，第 168 页。

义核心价值观基本理念的依据作出了新的理论阐释，为新时代新征程进一步凝练社会主义核心价值观基本理念提供了理论指南。

（二）凝练社会主义核心价值观基本理念的文化依据

价值观是文化的核心。任何社会的核心价值观，都反映着一定文化形态的核心价值诉求。正如习近平指出：“核心价值观是文化软实力的灵魂、文化软实力建设的重点。这是决定文化性质和方向的最深层次要素。一个国家的文化软实力，从根本上说，取决于其核心价值观的生命力、凝聚力、感召力。”[1]这一论述，生动阐述了核心价值观与文化、与文化软实力之间的关系。中华优秀传统文化蕴含着丰富的文化资源，构成了凝练社会主义核心价值观基本理念的文化依据。凝练社会主义核心价值观基本理念，作为社会主义文化建设的一个重大课题，必须深深植根于中华优秀传统文化的沃土，使社会主义核心价值观基本理念具备强大的生命力、凝聚力、感召力，进而服务于提升国家的文化软实力。

中华优秀传统文化是凝练社会主义核心价值观基本理念的深厚沃土。传统文化，指的是由前人创造、发展并一直对后人产生影响和作用的思维方式、价值观念、道德规范、行为方式、风俗习惯等的总和。传统文化既包含精华成分，也包含糟粕成分；既有积极、进步、革新的一面，也有消极、落后、保守的一面。中华优秀传统文化，是浩瀚的中华传统文化遗产中先进性精华的集合体。中华优秀传统文化，是培植中国特色社会主义先进文化的肥田沃土，是社会主义核心价值观的固有之本，具有涵养社会主义核心价值观的特殊功能和作用。把握中华优秀传统文化对于凝练社会主义核心价值观基本理念的重要指引作用，可以从三个方面切入：一是中华优秀传统文化是中华民族的根和魂，一个国家、一个民族的核心价值观不能是无“根”、无“魂”的，必须反映这一国家、这一民族最深层次的文化追求，以价值观的

1《习近平谈治国理政》第 1 卷，外文出版社，2018，第 163 页。

形式展现出文化的品格、特色与境界。二是中华优秀传统文化是社会主义核心价值观生命力和影响力的来源。正如习近平所言："中华文明绵延数千年，有其独特的价值体系。中华优秀传统文化已经成为中华民族的基因，植根在中国人内心，潜移默化影响着中国人的思想方式和行为方式。今天，我们提倡和弘扬社会主义核心价值观，必须从中汲取丰富营养，否则就不会有生命力和影响力。"[1]中华优秀传统文化对中华民族发展所形成的潜移默化、深远持久的影响，能够推动社会主义核心价值观基本理念的大众化，增强社会主义核心价值观基本理念的生命力和影响力。三是中华优秀传统文化中包含的价值理念为凝练社会主义核心价值观基本理念提供遵循和参照。中华传统文化中讲到的修身齐家治国平天下，蕴含着中国人独特的思维模式与价值取向，这实际上正是从个人、家庭、国家等层面作出的价值概括。我们现在凝练社会主义核心价值观基本理念的思维模式，也是与中华传统价值观的概括相传承、相衔接的，体现出关系层面的价值规定性。习近平强调："深入挖掘和阐发中华优秀传统文化讲仁爱、重民本、守诚信、崇正义、尚和合、求大同的时代价值，使中华优秀传统文化成为涵养社会主义核心价值观的重要源泉"[2]。党的十八大提出的"24字"社会主义核心价值观基本理念，都可以在中华优秀传统文化中找到相应的思想资源。例如，社会主义民主价值理念与中国古代的"民本"思想、社会主义和谐价值理念与中国古代的"和合"思想之间有着内在的联系。

我们说中华优秀传统文化是凝练社会主义核心价值观基本理念的文化依据，但并不是说要照搬过去先贤先哲的著作或原话，而是要把握贯穿于中华优秀传统文化之中的精神实质，吸收其中蕴含的价值资源。凝练社会主义核心价值观基本理念，必须坚持唯物史观的立场、观点、方法，坚持古为今

1《习近平谈治国理政》第1卷，外文出版社，2018，第170页。
2《习近平谈治国理政》第1卷，外文出版社，2018，第164页。

用、推陈出新，运用“批判继承”的方法来审视中华传统文化，通过去粗取精、去伪存真，提炼中华优秀传统文化的价值精华。在正确认识中华优秀传统文化本质属性并萃取其基本内容的基础上，紧密结合中国特色社会主义建设实际，用通俗易懂的当代表达，对其中适于协调现代社会关系和鼓励人们向上向善的价值理念、主要命题、思想精华、道德基因等作出新阐释，使中华优秀传统文化为凝练社会主义核心价值观基本理念作出时代贡献，推动中华传统价值文化的创新性发展。

（三）凝练社会主义核心价值观基本理念的现实依据

社会主义核心价值观基本理念属于上层建筑范畴，是由社会存在和经济基础决定的。我国处于社会主义初级阶段的基本国情、中国特色社会主义伟大实践，是凝练社会主义核心价值观基本理念的现实依据。

第一，凝练社会主义核心价值观基本理念，必须立足于社会主义初级阶段的基本国情，必须适应社会主义实践的现实需要。邓小平指出：“社会主义本身是共产主义的初级阶段，而我们中国又处在社会主义的初级阶段，就是不发达的阶段。一切都要从这个实际出发，根据这个实际来制订规划。”[1] 社会主义初级阶段我国基本国情的复杂性与内在规定性，决定了凝练社会主义核心价值观基本理念不能超越这一历史阶段的基本条件，必须符合社会主义初级阶段的具体实际。社会主义初级阶段的基本要求，要贯彻到凝练社会主义核心价值观基本理念的过程中，具体体现在两个方面：一是不能盲目提出不切实际的价值理念，二是不能作出不切实际的价值阐释。倘若所选取的价值理念不切合具体国情、不符合现实需要，社会主义核心价值观基本理念的生命力和影响力就会大打折扣。新中国成立以来特别是改革开放以来的伟大实践，为凝练社会主义核心价值观基本理念奠定了坚实的物质基础、制度基础与实践基础。凝练社会主义核心价值观基本理念，要适合我国生产力发

1《邓小平文选》第 3 卷，人民出版社，1993，第 252 页。

展水平的历史性提升、综合国力的历史性增强、人民生活水平的历史性提高的客观实践，要适合我国社会主义精神文明建设和社会主义先进文化建设发展的现实需要。

第二，凝练社会主义核心价值观基本理念，必须体现社会主义的制度规定性要求，必须体现中国特色社会主义的制度优势与价值观优势。中国特色社会主义制度是凝练社会主义核心价值观基本理念的制度基石。习近平指出："制度优势是一个政党、一个国家的最大优势。"[1]"中国特色社会主义制度是当代中国发展进步的根本制度保障，是具有鲜明中国特色、明显制度优势、强大自我完善能力的先进制度。"[2]中国共产党的领导和中国特色社会主义的制度优势，为凝练社会主义核心价值观基本理念提供了根本保障。中国特色社会主义的制度优势，可以转化为凝练社会主义核心价值观基本理念的显著优势。核心价值观与制度同属于上层建筑领域，二者是相互作用、相互支撑的。没有坚实的制度保障，就难以产生先进的价值观，或者即使产生了理论上较为先进的价值观，也难以在实践中得到践行。中国特色社会主义制度作为一个系统完备的制度体系，其内部的不同制度要素、体制机制可以为凝练社会主义核心价值观基本理念提供有益支撑，并对凝练社会主义核心价值观基本理念提出制度层面的规定性要求。公有制为主体、多种所有制经济共同发展，按劳分配为主体、多种分配方式并存，社会主义市场经济体制等社会主义基本经济制度，人民代表大会制度、中国共产党领导的多党合作和政治协商制度、民族区域自治制度、基层群众自治制度等政治制度，马克思主义在意识形态领域指导地位的根本制度等文化领域的制度，从经济、政治、文化等方面为凝练社会主义核心价值观基本理念提供了制度层面的根本遵循。

1《习近平谈治国理政》第3卷，外文出版社，2020，第543页。

2《习近平谈治国理政》第2卷，外文出版社，2017，第51页。

第三，凝练社会主义核心价值观基本理念，必须反映全体中国人民的实践诉求、价值诉求，必须体现中国特色社会主义伟大实践的内在规定性。改革开放以来，我国社会的价值观发生了深刻变化，呈现出多样化态势，但社会的核心价值、主流价值是相对稳定的。特别是随着社会主义核心价值体系建设的开展，凝练社会主义核心价值观基本理念有了广泛而又坚实的现实基础。社会主义核心价值观基本理念，是在广大人民群众的生动实践中形成与发展起来的，是对人民群众需要的观念反映，反映了人民对美好生活的向往。凝练社会主义核心价值观基本理念，必须反映全体中国人民的共同利益和共同愿望，使之真正成为全体中国人民价值观上的“最大公约数”，成为有效引领社会思潮、凝聚社会共识、促进全体中国人民共同团结奋斗的价值力量。随着改革开放的深入推进，各式各样的社会思潮纷繁变换，在这种意识形态领域复杂态势的背景下，我们需要把社会主义核心价值观的先进性、科学性、优越性以基本理念的形式总结出来、概括出来，并以此为依据，划清社会主义核心价值观与资本主义核心价值观之间的界限，使人们自觉抵制西方价值观的渗透。必须认识到，西方价值观虽然包含一定的合理因素，但其本质目的还是为资产阶级统治服务，与中国的具体实际不符，是我们应该加以批判的价值观念。坚持和发展中国特色社会主义，离不开社会主义核心价值观的支撑和引领；同时，中国特色社会主义建设是对社会主义核心价值观真理性的检验，为社会主义核心价值观自信提供坚实的实践基础。必须体现中国特色社会主义的内在规定性，使其成为凝练社会主义核心价值观基本理念，抵御各种腐朽价值观的侵蚀，促进全体中国人民在价值理念上紧密团结在一起的强大力量。

社会主义的实践发展永无止境，社会主义核心价值观基本理念的理论创新永无止境。新时代中国特色社会主义实践的生动展开，全面建设社会主义现代化国家新征程的开启，为进一步凝练社会主义核心价值观基本理念提供了深厚的现实基础。社会主义核心价值观基本理念，需要随着实践的发展而与时俱进，需要在凝聚共识的基础上进一步凝练。

二、凝练社会主义核心价值观基本理念的历史进程

马克思强调："物质生活的生产方式制约着整个社会生活、政治生活和精神生活的过程。不是人们的意识决定人们的存在，相反，是人们的社会存在决定人们的意识。"[1]任何一个社会的核心价值观，都是在实践中不断凝练出来的，都是经过长期演化形成的价值结晶。凝练社会主义核心价值观基本理念，不是一蹴而就的，也不是一劳永逸的，必须将其与中国共产党价值思想的历史变革联系起来。社会主义核心价值观基本理念，属于社会意识的范畴，是社会存在的客观反映，必然要与中国共产党领导的伟大实践相适应。凝练社会主义核心价值观基本理念的历史进程，是中国共产党在辩证唯物主义和历史唯物主义基本原理的指导下，对革命、建设、改革实践进行价值反思的过程，也是对全体中国人民的价值观"最大公约数"进行哲学考问的过程。在不同历史时期，中国共产党对自身的价值理想、对社会主义核心价值观基本理念的认识是不断与时俱进的。凝练社会主义核心价值观基本理念的历史过程，也从价值观层面生动展现出社会主义实践在中国发展的历史过程。

新民主主义革命时期，作为中国共产党人精神谱系源头的伟大建党精神，对凝练社会主义核心价值观基本理念作出了精神源头层面的规定。坚持真理、坚守理想，践行初心、担当使命，不怕牺牲、英勇斗争，对党忠诚、不负人民的伟大建党精神，是对中国共产党的先驱们在建党实践中所体现出的理想信念、使命担当、精神风貌、崇高情怀的概括和凝练，鲜明地展现着中国共产党人的政治品格，是中国共产党存在、发展的灵魂和旗帜。伟大建

1《马克思恩格斯文集》第 2 卷，人民出版社，2009，第 591 页。

党精神在党的百年发展历程中始终起到根本的精神引领作用，以此为源头发展出一系列党的伟大精神，为凝练社会主义核心价值观基本理念提供了重要的精神遵循。除此之外，我们党在新民主主义革命时期形成的伟大精神，如井冈山精神、苏区精神、长征精神、遵义会议精神、延安精神、抗战精神、红岩精神、西柏坡精神、照金精神、东北抗联精神、南泥湾精神、太行精神（吕梁精神）、大别山精神、沂蒙精神、老区精神、张思德精神等，都从不同层面展现出中国共产党人的价值理想。

在这一历史时期孕育形成的中国共产党为人民服务价值观，深刻反映着中国共产党价值观的本质要求，深层彰显着中国共产党的光荣传统和政治优势，为凝练社会主义核心价值观基本理念奠定了重要的价值观基础。毛泽东以“为人民服务”的光辉字眼，生动揭示出中国共产党的价值追求。1939 年 2 月 20 日，毛泽东在致张闻天的信中首次提出“为人民服务”的理论命题。1944 年 9 月 8 日，毛泽东在中央警备团追悼张思德的会上发表《为人民服务》讲演，他指出：“我们的共产党和共产党所领导的八路军、新四军，是革命的队伍。我们这个队伍完全是为着解放人民的，是彻底地为人民的利益工作的。”[1] 1945 年 6 月 11 日，党的七大通过的《中国共产党党章》提出“中国共产党人必须具有全心全意为中国人民服务的精神”[2]，这标志着作为理论形态的中国共产党为人民服务价值观的确立。为人民服务价值观具有鲜明的人民性，厚植了中国共产党价值理想的人民性底色，从其确立之时就不是一个抽象的价值符号，而是有其具体诉求的，它集中体现为共产党人崇高的革命品格。在中国共产党价值理想的指引下，党领导人民浴血奋战、百折不挠，创造了新民主主义革命的伟大成就。

社会主义革命和建设时期，与社会主义革命和建设的伟大实践相适应，

1《毛泽东选集》第 3 卷，人民出版社，1991，第 1004 页。

2 中共中央文献研究室、中央档案馆编：《建党以来重要文献选编（一九二一——一九四九）》第 22 册，中央文献出版社，2011，第 535 页。

中国共产党不断推进着社会主义价值思想的历史探索。重视社会主义价值思想的功能和作用，是中国共产党推进社会主义革命和建设的显著优势。1949年，具有临时宪法性质的《中国人民政治协商会议共同纲领》(以下简称《共同纲领》)提倡“五爱”公德，即“爱祖国、爱人民、爱劳动、爱科学、爱护公共财物”[1]。“五爱”公德成为每一位国民的道德标准与价值追求，这种要求是具体的、现实的，成为社会主义革命和建设实践的价值遵循。例如，谭震林、廖鲁言在获中央批示的《关于农业生产和农村人民公社的主要情况、问题和意见》中提出，“要把为公共食堂和托儿所、幼儿园服务的工作当做是为人民服务的最崇高的工作”[2]。“一五”计划指出，要“加强国营商业和合作社营商业部门的政治工作，提高商业工作人员的政治思想水平，使他们更好地为生产和消费服务，改善为人民服务的态度”[3]。为人民服务作为国民公德的要求，体现在社会主义革命和建设实践的各领域、各方面。

除此之外，《共同纲领》也包含着对国家价值理想的重要探索。例如，第一章总纲第一条就指出，要“为中国的独立、民主、和平、统一和富强而奋斗”[4]。这也印证了，社会主义核心价值观基本理念的凝练，是与国家价值目标紧密联系在一起的，其形成与发展是历史的。与社会主义制度的逐步确立和发展相适应，我国社会的价值观念、道德观念、思想观念也在发生着一定的变化，社会主义价值思想的探索也不断深入发展。社会主义革命和建设时期铸就的伟大精神，同样是我们党注重发挥社会主义价值思想功能的重要体现。包括抗美援朝精神、“两弹一星”精神、雷锋精神、焦裕禄精神、大庆精神（铁人精神）、红旗渠精神、北大荒精神、塞罕坝精神、“两路”精神、老西藏精神（孔繁森精神）、西迁精神、王杰精神等在内的伟大精神，从精

1 中共中央文献研究室编:《建国以来重要文献选编》第1册，中央文献出版社，2011，第9页。

2 中共中央文献研究室编:《建国以来重要文献选编》第11册，中央文献出版社，2011，第513—514页。

3 中共中央文献研究室编:《建国以来重要文献选编》第6册，中央文献出版社，2011，第449页。

4 中共中央文献研究室编:《建国以来重要文献选编》第1册，中央文献出版社，2011，第2页。

神维度丰富了中国共产党价值理想的内涵，推进了社会主义价值思想的探索，凝聚起社会主义国家建设的强大精神力量。

改革开放和社会主义现代化建设新时期，社会主义精神文明建设不断推进，社会主义思想道德建设、社会主义核心价值体系建设深入开展，这些宝贵的理论与实践探索都为凝练社会主义核心价值观基本理念提供了历史条件。1982 年 12 月，第五届全国人民代表大会第五次会议通过的《中华人民共和国宪法》第 24 条规定强调，“国家提倡爱祖国、爱人民、爱劳动、爱科学、爱社会主义的公德”[1]，国民公德的内涵实现了丰富与拓展。1986年9月，《中共中央关于社会主义精神文明建设指导方针的决议》指出，社会主义道德反对一切损人利己、损公肥私、金钱至上、以权谋私、欺诈勒索的思想和行为，“鼓励人们发扬国家利益、集体利益、个人利益相结合的社会主义集体主义精神，发扬顾全大局、诚实守信、互助友爱和扶贫济困的精神”[2]。1996 年 10 月，《中共中央关于加强社会主义精神文明建设若干重要问题的决议》指出，“社会主义道德建设要以为人民服务为核心，以集体主义为原则，以爱祖国、爱人民、爱劳动、爱科学、爱社会主义为基本要求”[3]。2001 年 9 月，中共中央印发的《公民道德建设实施纲要》构建了以为人民服务为核心、以集体主义为基本原则的社会主义道德建设体系，把公民道德基本规范概括为“爱国守法、明礼诚信、团结友善、勤俭自强、敬业奉献”[4]。2006 年 3 月，中共中央宣传部发出通知，要求全国各地大力进行以“八荣八耻”为主要内容的社会主义荣辱观教育。党的十六届六中全会第一次提出“建设社会主义核心价值体系”这一重要命题，并强调“社会主义核心价值体系是建设和谐文化的根本”[5]。党的十七大报告强调，“社会主义核心价值体系是社会

1 中共中央文献研究室编：《十二大以来重要文献选编》上册，人民出版社，1986，第 225 页。
2 中共中央文献研究室编：《十二大以来重要文献选编》下册，人民出版社，1988，第 1181 页。
3 中共中央文献研究室编：《十四大以来重要文献选编》下册，人民出版社，1999，第 2056 页。
4 中共中央文献研究室编：《十五大以来重要文献选编》下册，人民出版社，2003，第 1982 页。
5 中共中央文献研究室编：《十六大以来重要文献选编》下册，中央文献出版社，2008，第 660 页。

主义意识形态的本质体现”，要“建设社会主义核心价值体系，增强社会主义意识形态的吸引力和凝聚力”[1]。与此同时，改革开放和社会主义现代化建设新时期铸就的伟大精神，如改革开放精神、特区精神、抗洪精神、抗击“非典”精神、抗震救灾精神、载人航天精神、劳模精神（劳动精神、工匠精神）、青藏铁路精神、女排精神等，都充分展现出新时期中国共产党人的精神风貌与价值追求。这些宝贵的理论与实践探索，深化了人们对社会主义核心价值观基本理念的本质属性的认识，深化了人们对社会主义价值思想探索的规律性的认识。

中国特色社会主义进入新时代，党的十八大正式提出社会主义核心价值观的理论命题，以 12 个基本理念作为表现形态的社会主义核心价值观应运而生，这意味着凝练社会主义核心价值观基本理念取得了标志性成果，意味着中国共产党对社会主义价值思想的探索取得了历史性成就。富强、民主、文明、和谐是国家层面的价值目标，自由、平等、公正、法治是社会层面的价值取向，爱国、敬业、诚信、友善是公民个人层面的价值准则，社会主义核心价值观基本理念从国家、社会、公民三个层面深刻揭示了中国特色社会主义的价值诉求。诚然，新时代中国特色社会主义伟大实践仍在纵深发展，社会主义核心价值观基本理念也必将随之发展。凝练社会主义核心价值观基本理念，必须紧跟实践的步伐，紧紧把握中国式现代化实践的需要，随着实践的发展而与时俱进。新时代铸就的伟大精神，如脱贫攻坚精神、抗疫精神、“三牛”精神、科学家精神、企业家精神、探月精神、新时代北斗精神、丝路精神等，将为进一步凝练更加稳定、更加精准、更加简约的社会主义核心价值观基本理念创造有利条件。

回溯凝练社会主义核心价值观基本理念的历史过程，清晰地勾勒出凝练社会主义核心价值观基本理念的历史线索，有助于抵御价值领域的历史虚无

1 中共中央文献研究室编：《十七大以来重要文献选编》上册，中央文献出版社，2009，第 26 页。

主义。价值观研究方面的历史虚无主义的主要表现是：以价值观研究方面的理论创新成果否定已有成果。主要表现为：在党的十六届六中全会提出社会主义核心价值体系后，用社会主义核心价值体系否定社会主义荣辱观；在党的十八大提出社会主义核心价值观后，用社会主义核心价值观否定社会主义核心价值体系；在党的十九大提出坚持社会主义核心价值体系这一基本方略后，又用社会主义核心价值体系否定社会主义核心价值观。正确地把握了价值观领域的一些重大理论问题和实践问题，才能心明眼亮、站稳脚跟。科学地理解了社会主义核心价值体系与社会主义核心价值观的关系，才能抵制用社会主义核心价值体系否定社会主义核心价值观或用社会主义核心价值观否定社会主义核心价值体系的错误观点；掌握了“12 个理念”与价值观的关系，才能抵制否定“24 字”的社会主义核心价值观的错误观点；掌握了社会主义核心价值观的源与流的关系，才能抵制把传统价值观与社会主义核心价值观混为一谈的错误观点；掌握了价值观普遍性与特殊性的关系，才能抵制把“24 字”的社会主义核心价值观说成“普世价值”的错误观点。社会主义核心价值观基本理念的理论研究是一项复杂的、高深而艰难的工程，需要在不断探讨、不断深化的过程中逐步走向成熟和完善。新时代培育和践行社会主义核心价值观，不仅要宣传好“24 字”的社会主义核心价值观，更要寻求每一个理念的中国特色社会主义的内在规定性，把握好价值观的深层次的本质特征，只有这样，才能坚定社会主义核心价值观自信，反对和抵制形形色色的错误观点。

从倡导中国共产党为人民服务价值观，到倡导中华人民共和国国民的“五爱”公德和社会主义思想道德，再到学习和践行社会主义荣辱观、坚持社会主义核心价值体系、培育和践行社会主义核心价值观，清晰地勾勒出了中国共产党百年价值思想演进的脉络。认为党的十六届六中全会第一次提出社会主义核心价值体系这个命题，在此之前我们没有社会主义价值思想的观点和看法，认为党的十八大第一次提出社会主义核心价值观这个概念，在此之前我们没有价值观的观点和看法，都是错误的，都是历史虚无主义在价值观领域的表现。

三、凝练社会主义核心价值观基本理念的方法论

方法是主体为了实现某种目标而采取的方式和手段，它是实现目标不可缺少的中介要素，“在探索的认识中，方法也就是**工具**，是在主体方面的某个手段，主体方面通过这个手段和客体相联系”[1]。凝练社会主义核心价值观基本理念，必须以科学的方法论为指导，才能准确把握社会主义的价值规定性，才能彰显社会主义核心价值观的生命力。

（一）整体与部分相统一的方法论

社会主义核心价值观是由基本理念组成的有机统一体，在凝练的过程中需要厘清作为整体的核心价值观与作为组成部分的具体价值理念之间的关系。坚持整体与部分相统一的方法论，是增强社会主义核心价值观基本理念自身逻辑魅力的需要，是深入推进社会主义核心价值观建设的必然要求。

一方面，凝练社会主义核心价值观基本理念，必须坚持整体思维、系统思维，将社会主义核心价值观基本理念视为一个坚实的理论整体。一个社会的核心价值观有没有说服力、具不具有代表性、具不具备理论上的彻底性，都与这一价值观形态的整体样貌紧密联系在一起。凝练社会主义核心价值观基本理念，必须对以下两个维度的内容进行系统考虑：一是从社会主义核心价值观的内部结构视角来看，凝练社会主义核心价值观基本理念，必须综合考量各价值理念组成要素之间的协同性、逻辑性、层次性，必须综合考量核心价值观作为一个理论整体所应当发挥的整体性功能。这就要求，社会主义核心价值观的各个基本价值理念之间必须环环相扣、层层递进、有机统一，

1《列宁全集》第 55 卷，人民出版社，2017，第 189 页。

使其展现出强大的逻辑魅力。各基本价值理念之间相辅相成、相互贯通，才能提升社会主义核心价值观的理论生命力，才能更加鲜明地展现出社会主义的道义力量与价值观优势。二是从社会主义核心价值体系的结构视角来看，凝练社会主义核心价值观基本理念，必须体现社会主义核心价值体系的质的规定性要求，深层次展现出中国特色社会主义实践的价值诉求，通过基本理念的凝练，不断密切和深化社会主义核心价值体系与社会主义核心价值观之间的逻辑联系。只有社会主义核心价值观基本理念构成一个坚实的理论整体，才能形成稳定的价值观理论形态，才能在世界舞台上增强话语权、影响力、感召力，才能占据世界价值观领域的道义制高点。

另一方面，凝练社会主义核心价值观基本理念，必须注重具体价值理念自身的科学性、准确性与代表性。单个价值理念作组成部分，服从与服务于社会主义核心价值观的有机整体。每一个具体价值理念的科学性、准确性与代表性，会深刻影响社会主义核心价值观功能的整体实现。江泽民指出："整体是由局部组成的，局部搞不好，整体怎么会好呢？"[1]社会主义核心价值观的整体生命力，最终落脚到每一个具体的价值理念上。因而，每一个价值理念的选取、凝练，都应当遵循如下要求：一是价值理念的科学性，即这一价值理念能否反映社会主义的本质要求、制度要求、价值要求与实践要求，自身是否具有深厚的现实基础与科学内涵。二是价值理念的准确性，即这一价值理念的表达是否简洁凝练、准确严谨，能否简明扼要地传递出其所要表达的价值内涵，是否与党的理论主张与价值思想保持内在一致，等等。三是价值理念的代表性，即这一价值理念在众多价值理念中是否最能反映全体中国人民的价值追求，能否最彻底、最根本地诠释社会主义作为先进社会形态的价值追求，能否代表中国共产党价值思想探索的历史性成果，等等。遵循科学性、准确性与代表性的凝练要求，才能使凝练出来的社会主义核心

1《江泽民文选》第 2 卷，人民出版社，2006，第 297 页。

价值观基本理念不产生歧义、得到广泛认可，才能以价值理念的形式生动展现中国共产党价值思想的理论探索，增强社会主义核心价值观的权威性。

总之，在凝练社会主义核心价值观基本理念的过程中，唯有坚持整体与部分相统一的科学方法论，才能彰显社会主义核心价值观所应具有的系统完备、逻辑严密、层次分明的结构特性，才能在国际比较中充分显示社会主义在价值观上的优越性，才能从价值维度增强国家的文化软实力和国际竞争力。

（二）理念与实践相统一的方法论

从社会心理的角度看，一个社会的核心价值观要想为大众所把握，就必须符合大众认知与认同核心价值观的基本规律。凝练社会主义核心价值观基本理念，不能“另起炉灶”，必须从人民群众日常生活中选取比较稳定、形成基本共识、得到广泛认同的价值理念，必须与经典作家的重要论述、党的经典文献表述相衔接。理念与实践相统一的凝练方法论，从人作为教育对象的视角出发考量凝练社会主义核心价值观基本理念的要求，具有突出的问题意识与现实导向。

这一方法论强调，凝练社会主义核心价值观基本理念必须遵循以下六个方面的要求。这六个方面的凝练要求层层递进，遵循着人们价值观形成与发展的基本规律，旨在推动人们形成对社会主义核心价值观基本理念的认知、认同与践行。

一是选取易于促进认知的价值理念。社会主义核心价值观基本理念所具有的人民性，要求我们在凝练过程中，要注重同人民群众的美好生活需要相结合，使不同教育水平、生活背景、年龄阶段的教育对象都能比较直接地把握社会主义核心价值观基本理念的内涵。因而，在凝练社会主义核心价值观基本理念的过程中，不宜选取过于生僻、过于晦涩、过于空洞的价值理念。

二是选取易于激发共鸣、产生共情的价值理念。社会主义核心价值观基本理念要具有感召力，就必须使其具体价值理念直击人民群众的内心深处，让人民群众直接感悟与领会社会主义的价值追求，产生对于社会主义核心价值观基本理念的积极情感体验。以“爱国”价值理念为例，习近平指出：“爱国，是人世间最深层、最持久的情感，是一个人立德之源、立功之本。”[1] 爱国价值理念作为社会主义核心价值观基本理念的重要组成部分，深刻体现出激发共鸣、产生共情的凝练要求。

三是选取易于促进认同的价值理念。凝练社会主义核心价值观基本理念，认知、共鸣、共情仅是前提，关键在于以基本理念的形式促进大众对社会主义核心价值观的自觉认同。价值观认同，内在地影响着人们对社会主义制度、道路、理论、文化的认同。因而，凝练社会主义核心价值观基本理念，必须要以认同为准绳，选取最能激发人们认同社会主义制度、道路、理论、文化的价值理念。

四是选取易于坚定自信的价值理念。习近平强调：“要讲清楚中华优秀传统文化的历史渊源、发展脉络、基本走向，讲清楚中华文化的独特创造、价值理念、鲜明特色，增强文化自信和价值观自信。”[2] 价值观自信是文化自信的根本要求和集中体现，是核心价值观功能作用得以发挥的前提性条件。培育和践行社会主义核心价值观，是增强文化自信与核心价值观自信的基本途径。人们对其所持有的价值观是否自信，关键取决于这种价值观所具有的品格和特性。社会主义核心价值观自信，主要源于它正确反映了我国社会主义建设伟大实践的优秀品格和特性。凝练社会主义核心价值观基本理念，必须充分展现价值观的中国特色、中国风格、中国气派，必须选取能够展现社会主义价值优越性、中华民族独特价值追求的价值理念，进而激发广大人民群众的文化自信和价值观自信。

---

1 习近平：《在北京大学师生座谈会上的讲话》，人民出版社，2018，第 11 页。

2《习近平谈治国理政》第 1 卷，外文出版社，2018，第 164 页。

五是选取易于内化为信念的价值理念。信念是一种强大的精神力量，“信念因其执着而为信念”[1]。凝练社会主义核心价值观基本理念，其主旨在于推动人民群众将价值理念转化为内心的坚定信念。这要求价值理念本身具备上升为信念的条件，即有着较高层次的价值追求与价值理想，有着崇高的道义力量与可感的现实力量，才能推动人们形成对于这些价值理念坚定不移的心理状态。

六是选取易于转化为行动遵循的价值理念。社会主义核心价值观基本理念源于实践，是中国特色社会主义实践智慧的理念结晶。凝练社会主义核心价值观基本理念的最终目的，在于引导全体人民践行这些价值理念。因而，在凝练的过程中，必须充分注重价值理念与生活实践之间的关联，选取与实践紧密关联、反映实践本质要求的价值理念，由此才能有效推动社会主义核心价值观基本理念成为人民群众日常生活中的行动遵循。

综上所述，从认知、共鸣、共情，到认同、自信、信念，最终再到践行，清晰地展现出人们内化社会主义核心价值观基本理念的过程与逻辑，清晰地勾勒出凝练社会主义核心价值观基本理念所应当遵循的社会心理层面的方法论要求。

（三）形式与内容相统一的方法论

基本理念的话语表述体现社会主义核心价值观的“形式”，基本理念的具体内涵则蕴含着社会主义核心价值观的“内容”。社会主义核心价值观基本理念，是形式与内容的有机统一体。坚持形式与内容相统一的凝练方法论，一方面旨在提升社会主义核心价值观的“形式美”，增强社会主义核心价值观基本理念的理论魅力；另一方面旨在更加科学地把握社会主义核心价值观的具体内容，把握内容中所蕴含的“真”与“善”，增强社会主义核心价值观基本理念的理论生命力。

1《习近平谈治国理政》第 2 卷，外文出版社，2017，第 35 页。

第一，坚持形式与内容相统一的方法论，必须深刻把握形式与内容之间的辩证关系。首先，社会主义核心价值观的内容结合着一定的形式，内容与形式是密不可分的。艾思奇在阐释形式与内容的关系时指出，“形式与内容是不可分的。有一定的内容，必然就结合着一定的形式，有一定的形式，就必然表现出一定的内容”[1]。在凝练社会主义核心价值观基本理念时，必须充分发挥基本理念作为社会主义核心价值观表现形式的功能，关注基本理念承载的实质内容，依照社会主义核心价值观内容要求选取合适的基本理念。其次，基本理念作为社会主义核心价值观的表现形式，服从与服务于一定的内容，而不是相反。表现形式不能视作最终目标，凝练社会主义核心价值观基本理念的目标，在于准确、简洁地展现出社会主义核心价值观的主要内容，“形式是决定于内容的，什么样的内容，要求什么样的形式”[2]。最后，基本理念作为社会主义核心价值观的表现形式，是与时俱进、动态发展的。诚如艾思奇所言：“新形式的发生，必须是由旧形式中的内容发展而成的”[3]。随着新时代中国特色社会主义伟大实践的深入展开，社会主义核心价值观基本理念也会随之进一步发展。未来的新形式是在原有的旧形式基础上产生的，是与新内容相适应的。

第二，坚持形式与内容相统一的方法论，必须具体把握社会主义核心价值观形式与内容的特性和要求。马克思指出：“理论只要说服人［ad hominem］，就能掌握群众；而理论只要彻底，就能说服人［ad hominem］。所谓彻底，就是抓住事物的根本。”[4] 社会主义核心价值观基本理念必须具有理论上的彻底性，才能说服人，才能转化为群众的行动遵循。从形式与内容相统一的凝练要求来看，一是必须展现出强大的真理性力量。对此，必须坚持马克思

1《艾思奇全书》第 1 卷，人民出版社，2006，第 171 页。
2《艾思奇全书》第 2 卷，人民出版社，2006，第 609 页。
3《艾思奇全书》第 1 卷，人民出版社，2006，第 173 页。
4《马克思恩格斯文集》第 1 卷，人民出版社，2009，第 11 页。

主义的立场、观点、方法，以马克思主义为指导凝练社会主义核心价值观基本理念，深入把握社会主义的价值规定性。二是必须展现出强大的道义性力量。凝练社会主义核心价值观基本理念，必须从内容与形式双重层面展现出社会主义的道义伟力，展现出社会主义核心价值观基本理念站立在人类价值观道义制高点的重要特质。三是必须展现出强大的现实性力量。社会主义核心价值观基本理念只有与现实紧密结合，才能具有强大的生命力。选取社会主义核心价值观的基本理念，必须与中国特色社会主义伟大实践的直接需要相适应，必须紧密围绕实践中举旗帜、聚民心、育新人、兴文化、展形象的现实需要。

第三，坚持形式与内容相统一的方法论，关键在于坚持实事求是，在于客观、真实地展现出社会主义的价值规定性。实事求是是中国共产党人科学的世界观与方法论，是推动社会主义核心价值观基本理念实现内容与形式相统一的具体方法原则。毛泽东非常精辟地概括出实事求是的科学内涵，他指出："'实事'就是客观存在着的一切事物，'是'就是客观事物的内部联系，即规律性，'求'就是我们去研究。"[1] 从凝练社会主义核心价值观基本理念的语境来看，"实事"指的是客观存在着的社会主义实践，"是"就是社会主义实践的内部联系及其规律性，"求"指的是从价值维度探求社会主义实践的规律。资本主义核心价值观基本理念的形式与内容之间存在着鸿沟，具有内容与形式上的虚伪性、欺骗性，理论上看似美好的价值理念难以转变为现实。与之截然不同的是，社会主义核心价值观基本理念具有内容与形式双重层面的真实性、现实性，"形式美"与"内容真""内容善"是紧密联系在一起的。凝练社会主义核心价值观基本理念，必须把这种统一性充分展现出来。坚持实事求是的具体方法原则，才能统一社会主义核心价值观基本理念的"内容"与"形式"，才能真正展现出社会主义核心价值观基本理念区别

1《毛泽东选集》第 3 卷，人民出版社，1991，第 801 页。

并优越于资本主义核心价值观基本理念的关键所在。

第三节 社会主义核心价值观基本理念的内容逻辑及其新时代发展

社会主义核心价值观作为由基本理念组成的有机整体，其内容整体性强、内在逻辑严谨，来源于社会主义价值思想探索中形成共识的价值理念表述，是社会主义价值思想探索的标志性理论成果。中国特色社会主义进入新时代，社会主义核心价值观基本理念的探索也进入了新时代，社会主义价值思想将在新时代的沃土中取得更大的理论发展。

一、社会主义核心价值观基本理念的内容来源

如前所述，凝练社会主义核心价值观基本理念，不能抛开社会主义价值思想的历史探索而“另起炉灶”“推倒重来”，应当从经典作家论述和党的经典文献中选取价值资源与价值素材，并立足于广大人民群众的日常生活实践进行抽象概括。由此凝练出来的社会主义核心价值观基本理念，才具有稳定性、权威性与代表性。

社会主义核心价值观基本理念所包含的三个层面的内容，都是从价值维度对我国社会主义建设成功经验的概括和升华。正是依据我国社会主义现代化建设的目标追求和在实践中积累的基本经验，我们把国家层面的基本价值理念凝练为富强、民主、文明、和谐；正是依据在社会主义建设中形成的关于社会主义本质的规律性认识，我们把社会层面的基本价值理念凝练为自由、平等、公正、法治；正是依据不断加强社会主义精神文明建设和思想道德建设的历史经验，尤其是《公民道德建设实施纲要》颁发以来我国公民道德建设领域取得的理论和实践进展，我们把个人层面的基本价值理念凝练为爱国、敬业、诚信、友善。总的看来，作为社会主义意识形态本质体现的社

会主义核心价值观，是社会主义本质属性的集中体现，也是用基本价值理念的形式对我国社会主义建设实践经验的反映。

首先，“富强、民主、文明、和谐”是我国社会主义现代化国家的建设目标，也是从价值目标层面对社会主义核心价值观基本理念的凝练。新中国成立以来，探索社会主义现代化国家建设的价值目标，始终是社会主义价值思想的重要主题。1981 年 6 月，党的十一届六中全会通过的《关于建国以来党的若干历史问题的决议》总结了中华人民共和国成立 32 年来的历史成就，强调建立和巩固了工人阶级领导的、以工农联盟为基础的人民民主专政即无产阶级专政的国家政权，其“是建设社会主义的富强民主文明的现代化国家的根本保证”[1]。1987年10月，党的十三大将“**领导和团结全国各族人民，以经济建设为中心，坚持四项基本原则，坚持改革开放，自力更生，艰苦创业，为把我国建设成为富强、民主、文明的社会主义现代化国家而奋斗**”[2]明确为社会主义初级阶段的基本路线。2006 年 10 月，党的十六届六中全会提出构建社会主义和谐社会“反映了建设富强民主文明和谐的社会主义现代化国家的内在要求”[3]，并向全党发出了“为把我国建设成为富强民主文明和谐的社会主义现代化国家而奋斗”[4]的历史号召。2012 年 10 月，党的十八大将“富强、民主、文明、和谐”明确为社会主义核心价值观国家层面的价值理念。由此可见，“富强、民主、文明、和谐”的基本价值理念，既展现出社会主义国家的现代化价值追求，又体现出全体人民在国家层面的价值追求，具有强大的价值感召力与引导力。

其次，“自由、平等、公正、法治”是党的十七大以来一直强调的公民意识，是从社会层面对社会主义核心价值观基本理念的凝练。社会层面的价

1 中央档案馆、中共中央文献研究室编：《中共中央文件选集（1949年10月—1966年5月）》第1册，人民出版社，2013，第 7 页。

2 中共中央文献研究室编：《十三大以来重要文献选编》上册，人民出版社，1991，第 15 页。

3 中共中央文献研究室编：《十六大以来重要文献选编》下册，中央文献出版社，2008，第 648 页。

4 中共中央文献研究室编：《十六大以来重要文献选编》下册，中央文献出版社，2008，第 671 页。

值理念，是我们党长期以来对社会建设目标及其规律进行深入探索的产物，是社会主义价值思想在社会层面的重要探索。2005 年 10 月，党的十六届五中全会明确提出“构建民主法治、公平正义、诚信友爱、充满活力、安定有序、人与自然和谐相处的社会主义和谐社会的战略任务”[1]，强调了民主法治、公平正义等价值理念在社会主义和谐社会建设中的重要性与必要性。2006 年 10 月，党的十六届六中全会通过《中共中央关于构建社会主义和谐社会若干重大问题的决定》，明确提出“民主法治、公平正义、诚信友爱、充满活力、安定有序、人与自然和谐相处的总要求”[2]，进一步强调了民主法治、公平正义等价值要求。2007 年 10 月，党的十七大报告明确提出要“加强公民意识教育，树立社会主义民主法治、自由平等、公平正义理念”[3]，这里蕴含着社会层面所有价值理念的元素，特别是明确了这些价值理念在公民意识教育中的重要地位。总的看来，社会层面价值理念的凝练，是对社会建设价值目标长期探索的结果，直接来源于党的十七大报告强调的公民意识。这也说明，自由、平等、公正、法治等价值理念绝不是西方的专利，社会主义核心价值观社会层面的价值理念具有深厚的中国特色与中国内涵。

最后，“爱国、敬业、诚信、友善”是 2001 年《公民道德建设实施纲要》中强调的公民基本道德规范，是从个人行为层面对社会主义核心价值观基本理念的凝练。公民个人层面的价值准则，是社会主义价值思想探索的基础性内容。1949 年 9 月《共同纲领》中的“五爱”公德，明确提及了爱祖国、爱人民等道德准则与价值追求。2001 年 9 月，中共中央印发的《公民道德建设实施纲要》中提出“爱国守法、明礼诚信、团结友善、勤俭自强、敬业奉献”[4]的公民基本道德规范，爱国、敬业、诚信、友善的价值准则都蕴含于公

1 中共中央文献研究室编：《十六大以来重要文献选编》中册，中央文献出版社，2006，第 1025 页。
2 中共中央文献研究室编：《十六大以来重要文献选编》下册，中央文献出版社，2008，第 650 页。
3 中共中央文献研究室编：《十七大以来重要文献选编》上册，中央文献出版社，2009，第 23 页。
4 中共中央文献研究室编：《十五大以来重要文献选编》下册，人民出版社，2003，第 1982 页。

民基本道德规范之中。2006年3月提出的社会主义荣辱观，从道德荣誉感层面强调了热爱祖国、服务人民、崇尚科学、辛勤劳动、团结互助、诚实守信、遵纪守法、艰苦奋斗的道德原则与价值准则，为凝练社会主义核心价值观公民个人层面的价值理念奠定了重要基础。总体而言，公民个人层面价值理念的凝练，体现着对社会主义国家“培育什么样的公民”的价值追问，是公民道德建设深入发展的实践产物，是社会主义价值思想探索的理论产物。

二、社会主义核心价值观基本理念的内容逻辑

社会主义核心价值观基本理念是逻辑严密的理论整体。三个层面的价值理念相互贯通、有机统一，其内容具有整体性，共同展现出中国特色社会主义的价值诉求，共同体现着当代中国精神，共同凝聚着全体中国人民的价值追求。

第一，社会主义核心价值观基本理念的内容整体性，体现在三个层面的价值理念共同展现出中国特色社会主义的价值诉求。社会主义核心价值观三个层面的价值理念，是中国特色社会主义实践在国家、社会、公民层面的价值表现，是同一实践过程不同方面的价值体现，最终统一于中国特色社会主义实践。中国特色社会主义实践的领域广阔、内容丰富，社会主义核心价值观以不同层面价值理念的形式对其进行诠释与表达，但不同层面价值理念的最终主旨是根本一致的。中国特色社会主义实践的整体性，不仅决定了凝练社会主义核心价值观基本理念的整体性要求，还决定了社会主义核心价值观基本理念的内容整体性。

第二，社会主义核心价值观基本理念的内容整体性，体现在三个层面的价值理念共同体现着当代中国精神。社会主义核心价值观是当代中国精神的集中体现，这一论断源于党的十八大以来培育和践行社会主义核心价值观的新实践新成果。党的十八大以来，我们培育和践行社会主义核心价值观的主要成就，可以说，都集结在当代中国精神这面旗帜上。所以，这种提法是对

培育和践行社会主义核心价值观实践的概括，也是我们对社会主义核心价值观和社会主义核心价值体系的认识的升华。在社会主义核心价值体系所包含的四个方面的基本内容中，当代中国精神居于重要地位，它是以爱国主义为核心的民族精神和以改革创新为核心的时代精神的统一，是实现中国特色社会主义共同理想的精神力量，与共同理想紧密联系在一起。同时，这种共同理想也是在马克思主义指导下的中国特色社会主义建设的共同理想。所以，从社会主义核心价值体系四个方面的理论结构来看，当代中国精神与其他三个方面的内容是紧密联系在一起的。当代中国精神作为社会基本价值取向的体现，对人们的行为准则起到价值引导的作用。因此，当代中国精神又是我们所说的社会主义核心价值体系第四个方面的内容即社会主义荣辱观的价值引领。由此可见，当代中国精神在社会主义核心价值体系四个方面内容中具有纽结的作用。社会主义核心价值观是当代中国精神的集中体现这一论断，进一步深化了我们对社会主义核心价值观基本理念的本质属性的认识，更加清晰、更加精辟地概括了社会主义核心价值观与社会主义核心价值体系的关系，充分体现出社会主义核心价值观基本理念的内容整体性。

第三，社会主义核心价值观基本理念的内容整体性，体现在三个层面的价值理念共同凝聚着全体中国人民的价值追求。习近平指出："我们要在全社会大力弘扬和践行社会主义核心价值观，使之像空气一样无处不在、无时不有，成为全体人民的共同价值追求，成为我们生而为中国人的独特精神支柱，成为百姓日用而不觉的行为准则。"[1]这一重要论述，深刻阐述了社会主义核心价值观基本理念作为全体人民共同价值追求、独特精神支柱与行为准则的理论定位，并且反映出其在功能上的系统性、整体性。除了功能上的整体性之外，全体人民的共同价值追求本身就具有整体性，既体现在全体人民作为价值主体的整体性上，又体现在全体人民共同价值追求的广泛性、集中

1 中共中央文献研究室编：《十八大以来重要文献选编》中册，中央文献出版社，2016，第 134 页。

性与普遍性上。全体人民的共同价值追求，包含着国家、社会、公民三个层面的价值内涵，任何一个层面都不可或缺。社会主义核心价值观基本理念，集中诠释了全体中国人民在国家、社会、个人层面的价值追求，并将其联结为一个有机的价值观系统。单就社会主义核心价值观基本理念的某一个组成部分而言，是无法勾勒出中国人民价值追求的全貌的。社会主义核心价值观基本理念三个层面的有机统一体，具有系统整体的理论内涵与实践效能，能够全面反映出中国人民的共同价值追求。

进一步看，在社会主义核心价值观基本理念这个理论统一体中，国家、社会、公民个人三个层面的价值理念分别具有不同的结构特征与基本功能。具体看来，国家层面的价值理念居于最高层次，社会层面的价值理念居于承上启下的地位，公民个人层面的价值理念居于基础层次。

首先，国家层面的价值理念，在社会主义核心价值观基本理念统一体中居于最高层次，在结构上具有统领性。价值目标是价值观的重要内容。“富强、民主、文明、和谐”是从价值的角度对我国在社会主义初级阶段奋斗目标的概括。富强即国富民强，指的是现代化国家经济建设的应然状态，是中华民族梦寐以求的美好夙愿。这里的富强，不同于资本主义“超级大国”的雄厚实力，而是社会主义国家繁荣昌盛、人民幸福安康、社会和谐的物质基础。民主是人类社会的美好诉求，绝不是资本主义的专利。我们追求的民主，指的是社会主义的人民民主，其实质和核心是人民当家作主，是高于资本主义议会民主的民主。它是社会主义的生命，也是创造人民美好幸福生活的政治保障。文明是社会进步的重要标志，也是中国特色社会主义现代化国家的重要特征。它指的是社会主义现代化国家文化建设的应有状态，是对面向现代化、面向世界、面向未来的，民族的、科学的、大众的社会主义文化的概括，是实现中华民族伟大复兴的不竭动力之源。和谐是中国传统文化的基本理念，也是社会主义现代化国家在社会建设领域的价值诉求。它集中体现了幼有所育、学有所教、劳有所得、病有所医、老有所养、住有所居、弱有所扶的生动局面，是经济社会和谐稳定、又好又快发展的重要保证。总之，“富强、民主、文明、和谐”是我们整个国家、民族的奋斗目标，也体现出人们对未来实现的社会主义现代化国家的价值认同，在社会主义核心价值观基本理念统一体中居于最高层次，对其他层次的价值理念具有统领和制约作用。

其次，社会层面的价值理念，在社会主义核心价值观基本理念统一体中居于承上启下的地位，在结构上具有衔接性。自由是人类社会的美好向往，也是马克思主义的终极价值追求。它指的是人的意志自由、存在和发展的自由，其实现的前提条件是消灭私有制，使人们摆脱一切剥削和压迫。中国共产党领导中国人民经过艰苦卓绝的革命斗争，建立了社会主义新中国，消灭了阶级压迫和阶级剥削的社会制度，使中国人民获得了真正的自由和发展；坚持和发展中国特色社会主义，使中国人民获得了任何资本主义国家的人民群众都没有的广泛的个人自由，极大促进了人的自由发展。平等指的是公民在法律面前一律平等，其价值取向是不断实现实质平等，它要求尊重和保障人权、人人都有依法享有平等参与和平等发展的权利。平等同自由紧密相连，都受着一定社会经济政治制度的制约，只有在社会主义制度下，人们才能真正享有自由平等的权利。公正即社会公平和正义，它以人的解放、人的自由平等权利的获得为前提，是国家、社会应然的根本价值理念。中国特色社会主义以马克思主义关于人的自由全面发展的公平正义思想为理论基础，坚持以人民为中心，推动实现全体人民共同富裕，其主旨就在于实现社会主义的公平正义。法治是治国理政的基本方式，依法治国是社会主义民主政治的基本要求。它通过法治建设来维护和保障公民的根本利益，是实现自由、平等、公正的制度保证。总之，“自由、平等、公正、法治”反映了中国特色社会主义的基本属性，是我们党矢志不渝、长期向往和实践的社会核心价值理念，在社会主义核心价值观基本理念统一体的结构中发挥着承上启下的衔接作用。

最后，公民个人层面的价值理念，在社会主义核心价值观基本理念统一体中居于基础层次，在结构上具有基础性。公民个人层面的价值准则与价值追求，是核心价值观的基础。爱国是基于个人对自己祖国的依赖关系而形成的深厚情感，也是调节个人与祖国关系的行为准则。中华民族富有光荣的爱国主义传统，高度重视爱国主义教育也是我们党的优良传统和政治优势。在我们党道德教育的系谱中，爱国历来居于首要地位，它同社会主义紧密结合在一起，要求人们以振兴中华为己任，促进民族团结、维护祖国统一、自觉报效祖国。敬业是对公民职业行为准则的价值评价，它要求公民忠于职守、克己奉公，服务人民、服务社会，充分体现了社会主义职业精神。诚信即诚实守信，它是人类千百年传承下来的道德传统，也是社会主义道德建设的重点内容，它强调诚实劳动、信守承诺、诚恳待人。友善强调公民之间应互相尊重、互相关心、互相帮助，和睦友好、与人为善，努力形成社会主义的新型人际关系。总之，“爱国、敬业、诚信、友善”覆盖了社会道德生活的各个领域，是公民必须恪守的基本道德准则，也是评价公民道德行为选择的基本价值标准。

表 2-1　社会主义核心价值观基本理念的内容逻辑

层次	结构特点	功能特性
国家层面的价值理念	居于最高层次	统领性
社会层面的价值理念	居于承上启下的地位	衔接性
公民层面的价值理念	居于基础层次	基础性

必须明确，社会主义核心价值观基本理念的层次划分与逻辑特性，并不意味着可以割裂不同结构层面的基本理念的内在联系。不同层面价值理念的划分最终都服务于社会主义核心价值观基本理念的理论整体。

三、社会主义核心价值观基本理念的新时代发展

“24 字”基本理念是社会主义核心价值观的基本内容，是社会主义核心价值观内容的“最大公约数”。“三个倡导”“24 个字”的社会主义核心价值观的提出，是我国社会主义核心价值观研究领域的重大理论成果，但它还不是社会主义核心价值观的成熟形态，更加简洁、更加精练的社会主义核心价值观基本理念的提炼仍然在路上。推进社会主义核心价值观建设应当从两个方面思考：一方面要赋予社会主义核心价值观基本理念新时代诉求，拓展其内容，深化其理解；另一方面要探索社会主义价值观内容的“最大公约数”，使其发展为更加简洁的、稳定的社会主义核心价值观。进一步凝练社会主义核心价值观基本理念应该遵循两条基本理路：一是抽象的凝练思路，就是要探索“12 个理念”“24 个字”中更根本、更重要的内容，通过抽象的研究为将来的深化研究奠定理论基础；二是具体的拓展思路，社会主义核心价值观的“12 个理念”是基于社会调研而产生的，它来源于社会实践，而人们对价值理念的认同会随着时代的发展而发生变化，会不断有新的突破，因此我们必须及时在实践中发现“12 个理念”之外的新的价值理念。

新时代的伟大实践，孕育着社会主义核心价值观基本理念不断发展的广阔空间。推动社会主义核心价值观基本理念的新时代发展，必须将习近平新时代中国特色社会主义思想贯彻始终，从新时代的伟大实践中吸收丰富的素材，进而不断丰富和发展社会主义核心价值观基本理念，使之始终成为引领时代的先进价值观形态。

（一）伟大建党精神与社会主义核心价值观基本理念

习近平在中国共产党成立 100 周年大会上首次提出伟大建党精神的理论命题，进一步推进了中国共产党价值思想的历史探索。习近平指出：“一百年前，中国共产党的先驱们创建了中国共产党，形成了坚持真理、坚守理想，践行初心、担当使命，不怕牺牲、英勇斗争，对党忠诚、不负人民的伟

大建党精神，这是中国共产党的精神之源。”[1] 伟大建党精神属于意识和观念的范畴，它来源于伟大的建党实践。作为一种精神现象，伟大建党精神是对中国共产党创建实践的客观反映。伟大建党精神应当从三个方面来把握。其一，从物质决定意识的方面而言，伟大建党精神中的“精神”元素具有两个方面的客观内容：一是指包括确立党的指导思想、建设宗旨、最终目标、行动纲领等在内的党的创建活动；二是指建党先驱们在建党实践中表现出来的理想信念、英雄气概、使命担当、家国情怀。其二，从意识的反作用方面而言，作为由建党实践不断推进的一种精神形态，伟大建党精神是伟大建党实践的概括和深化。其三，从精神形态的发展过程方面来看，建党先驱们的价值理念、政治品质、行为规范、道德情操作为一个精神整体，集中体现为与伟大建党实践相关的五四精神、红楼精神和红船精神，并在不同时期党的建设实践中不断丰富和拓展。

表 2-2　伟大建党精神的层次结构

内涵	层面	性质
坚持真理、坚守理想	理想信仰层面	伟大建党精神的灵魂
践行初心、担当使命	行为遵循层面	伟大建党精神的根本
不怕牺牲、英勇斗争	精神风貌层面	伟大建党精神的核心要义
对党忠诚、不负人民	道德情怀层面	伟大建党精神的道德底蕴

伟大建党精神与社会主义核心价值观基本理念都是中国共产党价值思想探索的理论产物。在中国共产党价值思想的体系中，二者是“源”与“流”的关系。伟大建党精神是中国共产党价值思想的“源”，社会主义核心价值观基本理念是中国共产党价值思想的“流”。伟大建党精神具有统领性功能，发挥着根本的精神支撑与价值引领作用。伟大建党精神是中国共产党价值思想在政党层面探索的理论成果，社会主义核心价值观基本理念是中国共产党价值思想在社会主义国家、社会、公民层面探索的理论成果，二者有着不同

1《习近平谈治国理政》第 4 卷，外文出版社，2022，第 7 页。

的理论侧重。伟大建党精神与社会主义核心价值观基本理念在目标导向上是相同的，都旨在为实现中华民族伟大复兴提供强大的精神力量与价值力量，二者共同展现出中国共产党价值思想的强大道义力量。

因此，应从伟大建党精神与社会主义核心价值观基本理念的关系中，把握社会主义核心价值观基本理念的本质属性。从理想信仰的维度，把握二者在追求共产主义远大理想、中国特色社会主义共同理想上的一致性；从行为遵循的维度，把握二者共同贯穿的为人民服务价值追求，以及为中国人民谋幸福、为中华民族谋复兴的价值旨趣；从精神风貌的维度，把握二者共同凝结着的精神风貌，二者都从不同层面体现着当代中国精神的深远追求；从道德情怀的维度，把握二者共同塑造的伦理道德规范与标准，二者为政党、国家、社会、个人的发展提供了道德准绳。正如习近平所言："历史川流不息，精神代代相传。我们要继续弘扬光荣传统、赓续红色血脉，永远把伟大建党精神继承下去、发扬光大！"[1]永远继承发扬伟大建党精神，对于新时代新征程推进社会主义核心价值观建设有着重大的理论与实践意义。

我们还应从中国共产党人精神谱系与社会主义核心价值观基本理念的关系中，把握进一步凝练社会主义核心价值观基本理念的原则遵循。习近平指出："一百年来，中国共产党弘扬伟大建党精神，在长期奋斗中构建起中国共产党人的精神谱系，锤炼出鲜明的政治品格。"[2]中国共产党人精神谱系是中国共产党人伟大精神的集合体，是一个与时俱进的精神系统，包含着新民主主义革命时期、社会主义革命和建设时期、改革开放和社会主义现代化建设新时期、中国特色社会主义新时代四个历史时期中国共产党人在实践中铸就的伟大精神。社会主义核心价值观是当代中国精神的集中体现，进一步凝练社会主义核心价值观基本理念应当充分挖掘中国共产党人精神谱系的思

1《习近平谈治国理政》第 4 卷，外文出版社，2022，第 7 页。
2《习近平谈治国理政》第 4 卷，外文出版社，2022，第 7 页。

想资源与精神“富矿”，深入挖掘中国共产党人精神谱系中所蕴含的服务人民、艰苦奋斗、坚守理想、崇德向善、守正创新的精神品格，把握四个历史时期的精神特质及其对于凝练社会主义核心价值观基本理念的重要精神引领作用。

表 2-3　中国共产党人精神谱系中的伟大精神

历史时期	伟大精神
新民主主义革命时期	建党精神
	井冈山精神、苏区精神、长征精神、遵义会议精神、延安精神、抗战精神、红岩精神、西柏坡精神、照金精神、东北抗联精神、南泥湾精神、太行精神（吕梁精神）、大别山精神、沂蒙精神、老区精神、张思德精神等
社会主义革命和建设时期	抗美援朝精神、“两弹一星”精神、雷锋精神、焦裕禄精神、大庆精神（铁人精神）、红旗渠精神、北大荒精神、塞罕坝精神、“两路”精神、老西藏精神（孔繁森精神）、西迁精神、王杰精神等
改革开放和社会主义现代化建设新时期	改革开放精神、特区精神、抗洪精神、抗击“非典”精神、抗震救灾精神、载人航天精神、劳模精神（劳动精神、工匠精神）、青藏铁路精神、女排精神等
中国特色社会主义新时代	脱贫攻坚精神、抗疫精神、“三牛”精神、科学家精神、企业家精神、探月精神、新时代北斗精神、丝路精神等

表 2-4　中国共产党百年奋斗彰显的精神特质

历史时期	精神特质
新民主主义革命时期	浴血奋战、百折不挠
社会主义革命和建设时期	自力更生、发愤图强
改革开放和社会主义现代化建设新时期	解放思想、锐意进取
中国特色社会主义新时代	自信自强、守正创新

（二）疫情防控实践与社会主义核心价值观基本理念

新冠疫情防控是一场没有硝烟的“战争”，不仅是对国家制度、国家治理体系和国家治理效能的一次严峻考验，更是对一个民族、一个国家主流价值观的时代检验。这次疫情防控实践，是对社会主义核心价值观 12 个基本价值理念具体内容的生动诠释。疫情防控中为人们所熟知的大量案例，彰显了社会主义核心价值观倡导的“富强、民主、文明、和谐”“自由、平等、公正、法治”“爱国、敬业、诚信、友善”的具体诉求，同时，也泾渭分明地暴露了资本主义价值观吹嘘的“自由”“民主”“平等”“博爱”等价值信条的虚伪性、欺骗性和荒谬性。在新冠疫情防控中，广大人民群众的思想行为体现了社会主义核心价值观的价值诉求，表征着社会主义核心价值观基本理念的深入人心。

第一，社会主义核心价值观基本理念深入人心，体现为中国人民个人利益服从集体利益的家国情怀。在社会主义核心价值观这面旗帜上闪烁着集体主义的光辉，集中体现着社会主义核心价值观的本质属性，可以说，社会主义核心价值观就是集体主义价值观。在抗击新冠疫情期间，中国人民显示出高度的责任意识、自律观念，弘扬奉献精神，彰显出个人利益自觉服从集体利益的家国情怀，迸发出全社会团结一心、共克时艰的集体主义精神。在抗击新冠疫情的关键“窗口期”，我们见证了令世界震惊的中国速度：火神山、雷神山医院 10 天左右双双落成。在世人震惊火神山医院建造速度的背后，是 4 万工人在举家团圆的节日前夕背井离乡，八方赶来，倾力抢建，成为武汉战“疫”中的“最美建设者”。即便面临家人的不理解，建造工人也认为，“我们去建这个医院就是救我们武汉人，救我们湖北人，也就是救我们的家人”[1]。他们用“大我”战胜“小我”，为我国抗疫“窗口期”带来了极大支持。集体主义精神在疫情防控中的弘扬，标志着新时代中国人民对社会主义核心价值观的认同，标志着践行社会主义核心价值观基本理念自觉性的不断提升。

第二，社会主义核心价值观基本理念深入人心，体现为中国人民对社会主义自由价值理念的认同和践行。作为价值理念的自由，指的是人的意志自由、存在和发展的自由，它是人类文明的美好向往，是世界人民的共同价值追求，也是马克思主义的价值追求。自由具有时代性、民族性和阶级性的鲜

1 熊育群：《第 76 天》，北京十月文艺出版社，2020，第 372 页。

明特征。虽然资本主义社会和社会主义社会都把自由作为其核心价值观基本理念，但二者的价值诉求与价值实现是根本不同的。社会主义的自由价值理念，坚持个人自由、他人自由与集体自由的有机统一，主张只有在共同体中才能有个人的自由，“每个人的自由发展是一切人的自由发展的条件”[1]。资本主义的自由价值理念强调个体自由，反对干预“个体自由行动”，追求“不自由毋宁死”。在新冠疫情防控中，我国广大人民群众深知，只有个体具有规则意识，人人自发自律，才能形成集体的自觉自律；牺牲短期个体自由是为了获得集体生命安全利益的最大化，从而获得战胜疫情的真正自由。因而，大家能主动放弃部分个体自主权，将个体应对疫情的权利让渡给国家和政府，自觉佩戴口罩并接受隔离，守望互助共同抵抗病毒疫魔。在这次疫情中，中国人民所秉持的自由价值立场表明，新时代的中国人民识破了西方社会鼓吹的资本主义自由价值理念的虚伪性、欺骗性和荒谬性，社会主义自由价值理念的根本诉求被广泛认同、自觉践行。

第三，社会主义核心价值观基本理念深入人心，体现为敬畏生命、守望相助的价值立场。在各国抗击疫情的百态中，西方世界呈现出的有选择地放弃弱势群体、把生存机会留给更年轻群体的社会达尔文主义，是自然界中存在着的令人心生寒意的适者生存的“丛林法则”的再现。与西方国家不同，中国的疫情防控体现出了对生命的同等敬畏和敬老爱老、匡扶弱小的中华传统美德，坚持了敬畏生命、守望相助的价值立场。大到国家和政府层面，优先抢救最有生命危险的人群，从出生仅30多个小时的婴儿到100多岁的老人，不放弃任何一位患者；小到家庭和个人层面，大家相互尊重、互帮互助，即便自己只是密切接触者或者轻型感染者，都会自觉进行隔离，以避免感染他人。这种敬畏生命的价值观念、守望相助的友善行为，是中国人民自觉践行社会主义核心价值观的时代注脚。

1《马克思恩格斯文集》第2卷，人民出版社，2009，第53页。

疫情防控实践还进一步深化了我们对社会主义核心价值观基本理念的本质属性的认识。价值观研究，是早就为我国理论界特别是伦理学界广大学者所关注的一个热点问题。以往我们谈社会主义价值观时，常常把其同集体主义价值观必然地联系在一起，是用集体主义价值观来揭示社会主义价值观的最本质属性。显然，社会主义价值观和集体主义价值观这两个概念虽含义相近，但并非完全等同。与社会主义价值观相比，集体主义价值观属于阐释社会主义价值观根本属性的一个概念。正因为社会主义价值观的根本属性是集体主义，我们常常在这种意义上把社会主义价值观和集体主义价值观作为两个可以相互替代的概念使用。因此，集体主义价值观在人们心目中享有同社会主义价值观一样的“待遇”，并产生着广泛影响。

在抗击疫情肆虐的关键时刻，广大人民群众基于社会责任感和对政府的信任感积极参与抗击疫情，万众一心、众志成城，充分彰显了集体主义精神。疫情防控实践使人们清晰地看到，在我们倡导的社会主义核心价值观这面旗帜上，闪烁着“人民至上”“集体主义”的光辉字眼，体现着社会主义核心价值观基本理念的根本属性。从道义宗旨的维度看，“人民至上”或“以人民为中心”是社会主义核心价值观基本理念本质的集中体现；从行为根本遵循的维度看，“集体主义”是社会主义核心价值观基本理念本质的集中体现。对社会主义核心价值观基本理念本质属性的这种诠释，把社会主义核心价值观基本理念同以“金钱至上”“个人主义”为本质属性的资本主义核心价值观基本理念从根本上区别开来。

社会主义核心价值观基本理念也必然是随着社会实践的发展而不断与时俱进的，是在同来自社会方方面面的挑战中、克服种种危机的过程中不断地深化其研究、丰富其内容、完善其理论体系的，这是社会主义核心价值观基本理念发展的基本规律之一。在疫情防控背景下，许多新凸显的社会现象、社会思潮都同价值观紧密联系在一起，都需要从价值的维度进行思考和追问。我们应当抓住机遇，积极进取、开拓思维、勇于创新，为社会主义核心价值观基本理念的创新发展铸造“疫情防控”的里程碑，这也是新时代和人民赋予广大理论工作者的使命与责任。

在疫情防控实践中，团结互助、党的领导的价值理念得到了充分彰显，为战胜疫情发挥了重要作用。在这场同严重疫情的殊死较量中，中国人民和中华民族以敢于斗争、敢于胜利的大无畏气概，铸就了生命至上、举国同心、舍生忘死、尊重科学、命运与共的伟大抗疫精神。疫情防控，拓展了人们对社会主义核心价值观的丰富内涵的认识，为更加稳定、更加精准、更加简约的社会主义核心价值观的凝练提供了新的实践基础。

（三）新时代公民道德建设与社会主义核心价值观基本理念

2019 年颁布的《新时代公民道德建设实施纲要》(以下简称《纲要》)彰显着新时代性的鲜明特征和品格。第一,《纲要》的新时代性，体现为习近平新时代中国特色社会主义思想贯穿《纲要》始终。无论是逻辑框架、内容安排，还是理论分析、实践举措,《纲要》都坚持以习近平新时代中国特色社会主义思想为指导，都是对习近平关于公民道德建设重要论述的理论坚守和实践运用。第二,《纲要》的新时代性，体现为《纲要》总结了 2001 年党中央印发《公民道德建设实施纲要》以来，特别是党的十八大以来我国公民道德建设的基本经验，坚持守正创新，赋予其适应新时代要求的鲜活内容，使我们党对公民道德建设基本规律的认识和把握达到了新的高度。第三,《纲要》的新时代性，体现为《纲要》适应新时代的呼唤，深刻揭示了道德领域问题的根源，丰富发展了公民道德建设内容体系，科学界定了个人品德的内涵，精辟概括了中华传统美德，提出了弘扬中国精神的新要求，在公民道德建设一系列重大理论和实践问题上实现了新时代的重大突破，为推进新时代公民道德建设提高到一个新水平提供了理论指导和根本遵循。

《纲要》明确将“培育和践行社会主义核心价值观”作为重点任务，并强调“社会主义核心价值观是当代中国精神的集中体现，是凝聚中国力量的思想道德基础”[1]。这实际上充分体现出《纲要》所提出的：加强新时代公民道德建设，要“促进全体人民在理想信念、价值理念、道德观念上紧密团结在一起”[2]的要求。社会主义核心价值观基本理念是与社会主义思想道德体系紧密联系在一起的。道德建设是一项复杂的系统工程，加强公民道德建设需要多种力量的合力支撑。其中，思想道德观念的力量居于首要地位。思想道德观念属于人所具有的一种特殊精神现象，是人的精神世界中最深层、最核心的要素，对于人们道德行为的践行具有先导性作用。要使广大公民自觉践行社会公德、职业道德、家庭美德、个人品德领域的道德规范，首先必须引导人们树立正确的思想道德观念，提高思想道德觉悟。人们的思想道德观念体现为理想信念、价值理念、道德观念的有机统一。在这一观念系统中，理想信念居于最高层次和支配地位，是人的精神世界的灵魂和主宰，具有制约人生价值取向、道德行为选择的功能与作用。正如习近平所指出的：“坚定理想信念，坚守共产党人精神追求，始终是共产党人安身立命的根本……理想信念就是共产党人精神上的‘钙’，没有理想信念，理想信念不坚定，精神上就会‘缺钙’，就会得‘软骨病’。”[3]价值理念是价值主体对价值客体的认识与评价，是人的精神世界的核心要素，其主要内容涉及国家层面、社会层面和公民层面的价值要求，体现着一个社会评判是非曲直的价值标准，能够为人们正确判断是非、正误、善恶、美丑提供价值依据，为人们正确认识人伦关系、树立正确的道德观提供价值引导。价值理念同理想信念紧密联系在一起，为道德观念的形成提供思想支撑和理论支持。道德观念若离开了理想信念和价值理念的力量，就会因失去思想之本而显得苍白无力。因此，加

1 中共中央党史和文献研究院编:《十九大以来重要文献选编》中册，中央文献出版社，2021，第229页。

2 中共中央党史和文献研究院编:《十九大以来重要文献选编》中册，中央文献出版社，2021，第227页。

3《习近平谈治国理政》第1卷，外文出版社，2018，第15页。

强公民道德建设，必须把理想信念、价值理念和道德观念有机统一起来，在人们的观念领域立根塑魂。新时代公民道德建设的大视野，有力地推动了社会主义核心价值观的培育和践行。新时代公民道德建设的创新发展，要正确理解把握《纲要》中提出的公民道德建设的内容要求，坚持明大德、守公德、严私德的统一，在道德引导教育和道德养成实践中拓宽视野，超越以往那种就道德说道德的思维局限，把理想信念教育、价值理念培育、道德观念教育紧密结合在一起，把“筑牢理想信念之基”“培育和践行社会主义核心价值观”“传承中华传统美德”“弘扬民族精神和时代精神”作为新时代公民道德建设的重点任务，引导人们树立正确的世界观、人生观、价值观、道德观。有了这种道德建设的大视野，才能逐渐把社会主义思想道德体系的内容要求转化为人们的内在信念，才能有效地激励人们自觉恪守新时代社会主义道德规范，在日常生活中养成好习惯好品行。将新时代公民道德建设、培育和践行社会主义核心价值观联结为一个统一整体，能够增强道德建设、核心价值观建设的系统效能。

除此之外，《纲要》还对社会公德、职业道德、家庭美德、个人品德层面的道德规范作出了新的概括与提炼，从道德维度提供了认识与把握社会主义核心价值观的新视角，并为进一步凝练社会主义核心价值观基本理念提供了丰富的理论资源。例如，社会公德层面的“助人为乐”道德规范，就是对社会主义友善价值理念的内涵阐释；职业道德层面的“爱岗敬业”“诚实守信”道德规范，就是对社会主义敬业、诚信价值理念的内涵阐释；家庭美德层面的“男女平等”道德规范，就是对社会主义平等价值理念的内涵阐释；个人品德层面的“爱国奉献”道德规范，就是对社会主义爱国价值理念的内涵阐释。进一步凝练社会主义核心价值观基本理念，必须深入把握新时代公民道德建设的新进展、新动态与新要求，进一步把握社会主义核心价值观基本理念的新时代性。在社会主义核心价值观基本理念的有机统一体中，任何一个价值理念的内涵都不是一成不变的，而是必然与新时代公民道德建设、社会主义核心价值观建设的实践结合在一起，展现出鲜明的新时代性。

表 2-5 新时代公民道德建设倡导的道德规范

层面	道德规范	目标
社会公德	以文明礼貌、助人为乐、爱护公物、保护环境、遵纪守法为主要内容	鼓励人们在社会上做一个好公民
职业道德	以爱岗敬业、诚实守信、办事公道、热情服务、奉献社会为主要内容	鼓励人们在工作中做一个好建设者
家庭美德	以尊老爱幼、男女平等、夫妻和睦、勤俭持家、邻里互助为主要内容	鼓励人们在家庭里做一个好成员
个人品德	以爱国奉献、明礼遵规、勤劳善良、宽厚正直、自强自律为主要内容	鼓励人们在日常生活中养成好品行

第三章
社会主义核心价值观基本理念是对中华优秀传统文化基因的赓续与发展

社会主义核心价值观基本理念不是无源之水，博大精深、灿烂辉煌的中华优秀传统文化就是社会主义核心价值观基本理念形成和发展的源头活水，中华优秀传统文化基因与社会主义核心价值观基本理念具有高度契合性。要对中华优秀传统文化中意蕴深刻、一以贯之的核心价值理念进行创造性转化和创新性发展，把社会主义核心价值观基本理念根植于中华优秀传统文化的沃土之中，彰显社会主义核心价值观基本理念的民族特性。

第一节　中华优秀传统文化的核心价值理念及其基本特征

中华优秀传统文化是中华民族的“根”与“魂”，积淀着中华民族最深沉的价值追求和最根本的价值基因，是社会主义核心价值观基本理念获得精神滋养和民族认同的历史根基与思想基础。每个时代都有每个时代的精神，每个时代都有每个时代的价值观念。社会主义核心价值观基本理念是在赓续与发展中华优秀传统文化的基础上，吸收了世界文明的有益成果和现代文明的价值元素，能够体现社会主义本质要求的崭新的时代表达。从源与流的关系上看，中华优秀传统文化的基本特质与核心价值理念赋予了社会主义核心价值观基本理念独特的文化基因和民族特性，决定了社会主义核心价值观基本理念的伦理气质和精神气象，是社会主义核心价值观基本理念在古代中国的“历史形态”。

一、中华优秀传统文化核心价值理念的主要内容

中华优秀传统文化具有非常深刻且厚重的价值意蕴，具有跨越时空、超越国界的永久魅力。仁、义、礼、智、信“五常”是儒家倡导的五种基本价值理念，是中国古代核心价值观的重要内容，历来被官方和民间广泛尊崇。“五常”中含有糟粕性的东西，不能被直接搬移过来作为当今中国奉行的核心价值理念，需要结合时代特点和实际需要，对中华优秀传统文化蕴含的价值精华加以提炼。2018 年 8 月 21 日，习近平在全国宣传思想工作会议上指出：“要把优秀传统文化的精神标识提炼出来、展示出来，把优秀传统文化中具有当代价值、世界意义的文化精髓提炼出来、展示出来。”[1] 2014 年 2 月 24 日，习近平在主持十八届中央政治局第十三次集体学习时指出：要“深入挖掘和阐发中华优秀传统文化讲仁爱、重民本、守诚信、崇正义、尚和合、求大同的时代价值”[2]。基于此，对于中华优秀传统文化核心价值理念的主要内容，我们可以从讲仁爱、重民本、守诚信、崇正义、尚和合、求大同六个方面加以理解与把握。

（一）讲仁爱

讲仁爱的基本含义是倡导对人的关心、爱护、慈爱。仁爱思想不只属于儒家，墨家也有非常多的关于仁爱的思想论述，这些古代中国的仁爱思想为历代核心价值观注入了灵魂，成为社会主义核心价值观基本理念以人民为中心价值立场的思想根源。

1《习近平谈治国理政》第 3 卷，外文出版社，2020，第 314 页。

2《习近平谈治国理政》第 1 卷，外文出版社，2018，第 164 页。

1. 儒家的仁爱精神

孔子把“仁”界定为“爱人”：“樊迟问仁，子曰：‘爱人。’”[1]儒家讲的“仁”是以“孝弟”为根本的，即一个人首先必须孝敬父母、尊敬兄长。有子曰：“其为人也孝弟，而好犯上者，鲜矣！不好犯上，而好作乱者，未之有也。君子务本，本立而道生。孝弟也者，其为仁之本与！”[2]儒家的教化主旨是“明人伦”。孟子说，舜以“契为司徒，教以人伦：父子有亲，君臣有义，夫妇有别，长幼有叙，朋友有信”[3]。“五伦”中“父子有亲”最为根本，其伦理要求就是恪守孝道。在儒家那里，“孝”是最基本的德性规范，“孝”既是“仁之本”，也是整个社会秩序的根基。

一个具有仁爱精神的人，还要将基于血缘的情感扩展出去，做到“老吾老以及人之老，幼吾幼以及人之幼”[4],“亲亲而仁民，仁民而爱物”[5]。孔子希望仁者做到“泛爱众”[6]，追求“博施于民而能济众”[7]，努力达到“修己以安人”“修己以安百姓”[8]的政治目标。

“仁”的内涵有相互关联的两个方面，即尽己之“忠”和推己之“恕”。一方面是“忠”，即“己欲立而立人，己欲达而达人”[9]，一个人想要自己在社会上“立”起来，同时也想到让他人“立”得住；自己想要“达”起来，同时也想到让他人“达”起来。另一方面是“恕”，即“己所不欲，勿施于人”[10]，自己不想要的，不要施加给他人。这就是说，一个人要做到“仁”，就不能只考虑自己的利益，而是要时时处处为他人考虑，成就自己也成就他

1《论语・颜渊》。
2《论语・学而》。
3《孟子・滕文公上》。
4《孟子・梁惠王上》。
5《孟子・尽心上》。
6《论语・学而》。
7《论语・雍也》。
8《论语・宪问》。
9《论语・雍也》。
10《论语・颜渊》。

人。张岱年说："'己欲立而立人，己欲达而达人'，乃是仁的本旨。'立'是有所成而足以无倚；'达'是有所通而能显于众。自己求立，并使人亦立；自己求达，并使人亦达，即自强不息，而善为人谋。简言之，便是成己成人。'能近取譬'，则是为仁的方法，即由近推远，由己推人；己之所欲，亦为人谋之，己之所不欲，亦无加于人。"[1]

2. 墨家的兼爱思想

墨家价值观中，"兼相爱，交相利"[2]这一思想最能体现墨家核心价值理念"义"。"贵义"的根本要求就是"兼相爱，交相利"，即在拥有平等人格、平等地位的前提下，人与人之间互尊互爱、互助互利。在一定意义上说，"非攻"其实是国家与国家交往层面的"兼相爱，交相利"。

墨家认为，人与人"不相爱"是秩序混乱的根源。"不相爱"的表现是，"强必执弱，富必侮贫，贵必敖贱，诈必欺愚"[3]，"国之与国之相攻，家之与家之相篡，人之与人之相贼，君臣不惠忠，父子不慈孝，兄弟不和调"[4]。要实现由乱到治的转变，就必须做到"兼爱"，做到"兼以易别"[5]，"使天下兼相爱，爱人若爱其身"[6]，"视人之国，若视其国；视人之家，若视其家；视人之身，若视其身"[7]，要求"有力者疾以助人，有财者勉以分人，有道者劝以教人"[8]。

不同于儒家有差等的爱，墨家的"兼爱"是无差等的爱，即平等地爱所有的人。巫马子对墨子说："我与子异，我不能兼爱。我爱邹人于越人，爱鲁人于邹人，爱我乡人于鲁人，爱我家人于乡人，爱我亲于我家人，爱我身

1 张岱年：《中国哲学大纲》，商务印书馆，2015，第 397 页。

2《墨子·兼爱中》。

3《墨子·兼爱中》。

4《墨子·兼爱中》。

5《墨子·兼爱下》。

6《墨子·兼爱上》。

7《墨子·兼爱中》。

8《墨子·尚贤下》。

于吾亲，以为近我也。”[1]巫马子的爱就代表了儒家有差等的爱，就像一个以自我为中心的同心圆，距离圆心越近，爱意越浓，反之越淡。墨家的爱不是这样，“兼爱”是周全的、普遍的、等同的爱，是每个人平等地爱一切人，“爱人，待周爱人而后为爱人。不爱人，不待周不爱人；不周爱，因为不爱人矣”[2]。一个人可能不知道世界上有多少人，也不知道每个人在什么地方，甚至不知道谁是好人、谁是坏人，但这些都不影响“兼士”的爱心。“智是之世之有盗也，尽爱是世。”[3]一个人明明知道世上有强盗，仍然爱世上所有的人。

墨子认为爱人、利人与爱己、利己并不冲突。一方面，“爱人不外己，己在所爱之中。己在所爱，爱加于己。伦列之爱己，爱人也”[4]；另一方面，“为彼者犹为己也”[5]，帮助他人就是帮助自己，爱人、利人的动机能够产生爱己、利己的后果。墨子说：“夫爱人者，人必从而爱之；利人者，人必从而利之；恶人者，人必从而恶之；害人者，人必从而害之。”[6]

（二）重民本

在中国数千年来的政治传统中，民本思想一直没有中断过。民本思想的基本内涵包括“民惟邦本”“民贵君轻”“立君为民”“敬天保民”“养民爱民”等。

儒家的民本思想鲜明、真诚、深刻。第一，说其鲜明，是因为相对于其他学派而言，儒家的民本色彩非常浓重。西汉初年的思想家、政治家贾谊认为：“夫民者，万世之本也，不可欺。”[7]“闻之于政也，民无不为本也。”[8]道家

1《墨子·耕柱》。
2《墨子·小取》。
3《墨子·大取》。
4《墨子·大取》。
5《墨子·兼爱下》。
6《墨子·兼爱中》。
7《新书·大政上》。
8《新书·大政上》。

也有一定的民本思想，主张统治者不要征敛太多，社会不应该有很大的贫富差距等，但总体上不如儒家强烈、突出。第二，说其真诚，是因为儒家的民本之论不仅是历史上国家治理经验教训的理性总结，也是儒者发自内心的情感诉求，并不是完全为了统治者的长治久安，否则的话，孟子不会说出“民为贵，社稷次之，君为轻”[1]，荀子也不会说出“天之生民，非为君也。天之立君，以为民也”[2]。第三，说其深刻，是因为儒家将民众视为国家存在的根本、依托，民众的劳动是社会的衣食之本，民心是政权的稳固之本。《尚书》中说“民惟邦本，本固邦宁”[3]。统治者既然必须顺从天意，那就必须顾及民意，因为“天视自我民视，天听自我民听”[4],“民之所欲，天必从之”[5]。孔子强调对待民众要“惠而不费”[6],“因民之所利而利之”[7]，他反对统治者随意使用民力，要“择可劳而劳之”[8]，更反对统治者滥用权力，导致“不教而诛”[9]等暴虐行为。孟子认为“得道者多助，失道者寡助”[10],“得天下有道：得其民，斯得天下矣。得其民有道：得其心，斯得民矣”[11],“桀纣之失天下也，失其民也；失其民者，失其心也”[12]。荀子提出了著名的“舟水之喻”，即“君者，舟也；庶人者，水也。水则载舟，水则覆舟”[13]。

儒家认为要实践以民为本的理念，重视民众的力量和诉求，关心其物质利益，尊重其生存权利。一方面，国家要致力于发展经济，为民生的安定

1《孟子·尽心下》。
2《荀子·大略》。
3《尚书·五子之歌》。
4《尚书·泰誓中》。
5《尚书·泰誓上》。
6《论语·尧曰》。
7《论语·尧曰》。
8《论语·尧曰》。
9《荀子·富国》。
10《孟子·公孙丑下》。
11《孟子·离娄上》。
12《孟子·离娄上》。
13《荀子·王制》。

奠定物质基础。孔子认为国家治理首要“富之”[1]，即让民众富裕起来，在经济上有基本的保障。孔子在回答子贡问政时提出，国家综合实力靠的是“足食，足兵，民信之矣”[2]，“足食”是排在“足兵”“民信”之前的，说明了“足食”的基础性地位。如果统治者横征暴敛，导致民众难以忍受，统治者的利益也就难以为继。“四海困穷，天禄永终。”[3]如果普天下的民众处于穷困之中，那么，上天赐予统治者的利益就会永远终结。另一方面，统治者实现德治、仁政，就要节制自身的贪欲，减轻税负，实现社会财富的合理分配，让民众有一定的获得感、幸福感。孔子提出政府要做到“老者安之，朋友信之，少者怀之”[4]。最理想的治理境界是“近者说，远者来”[5]。“近者说”，即民众能够得到关怀，有比较高的幸福感；“远者来”，即国家的吸引力很强，外面的人们都愿意来此“乐土”生活。《论语》记载，当遇到饥荒年份，政府财用不足，孔子弟子有子给鲁国国君的政策建议是将税赋标准降低一半，其理由是：“百姓足，君孰与不足？百姓不足，君孰与足？”[6]有子关于税制的论述实际上是在劝说统治者节制贪欲，制止其“杀鸡取卵”的增税企图，旨在涵养税源，克服暂时的困难，以图长久的利益。孟子明确提出“制民之产”的主张：“是故明君制民之产，必使仰足以事父母，俯足以畜妻子，乐岁终身饱，凶年免于死亡。然后驱而之善，故民之从之也轻。今也制民之产，仰不足以事父母，俯不足以畜妻子，乐岁终身苦，凶年不免于死亡。此惟救死而恐不赡，奚暇治礼义哉？”[7]

儒家的民本思想对中国古代政治治理的影响非常深远。富民、惠民成

1《论语·子路》。
2《论语·颜渊》。
3《论语·尧曰》。
4《论语·公冶长》。
5《论语·子路》。
6《论语·颜渊》。
7《孟子·梁惠王上》。

为明智的、有远大抱负的政治家的追求目标，这一目标有利于民众生活在和平、安宁、富足、有序的环境中，也有利于统治阶级的政权得以长久延续。农业立国是中国古代社会最基本的国情，土地资源的分配以及与之相适应的赋税制度安排成为历代国家经济政策的重心。纵观历史，土地兼并、税负不公、贫富悬殊、民不聊生往往构成社会动荡的根源，通过抑制土地兼并、减轻农民税负等措施以稳定民生、重建秩序、实现繁荣，是很多朝代的重要政策选择。

民本关怀在汉初的政治治理中得到非常充分的体现。在秦末战争废墟上建立起来的汉朝，为治疗战争创伤，使虚弱的社会肌体恢复生机，在国家治理上没有照搬秦朝的严苛法律，也没有直接推行儒家的教化，而是引入黄老之术，信守清静无为之道，顺从民性、宽松宽容，因地制宜、立俗施事，轻徭薄赋、休养生息，恭敬俭朴、移风易俗。“孝惠皇帝、高后之时，黎民得离战国之苦，君臣俱欲休息乎无为，故惠帝垂拱，高后女主称制，政不出房户，天下晏然。刑罚罕用，罪人是希。民务稼穑，衣食滋殖。”[1]这一时期遵循的道家思想以及所实行的不干预政策，是造就汉初文景之治的基础。

贞观之治就是民本思想在唐朝初年的卓越实践。唐太宗深明“载舟覆舟”之喻，深刻总结吸取前朝穷奢极欲、穷兵黩武、扰民祸民而终至败亡的历史教训，认为政权的稳定重在安民。他认为，“为君之道，必须先存百姓”[2]。他指出：“君依于国，国依于民。刻民以奉君，犹割股以充腹，腹饱而身毙，君富而国亡。故人君之患，不自外来，常由身出。夫欲盛则费广，费广则赋重，赋重则民愁，民愁则国危，国危则君丧矣。”[3]他认为：“凡事皆须务本，国以人为本，人以衣食为本。凡营衣食，以不失时为本。夫不失时者，在人君简静乃可致耳。若兵戈屡动，土木不息，而欲不夺农时，其可得

1《史记 · 吕太后本纪》。
2《贞观政要 · 君道》。
3《资治通鉴》卷 192。

乎？”[1] 基于“本固邦宁”“保民而王”的治理理念，唐太宗与群臣励精图治，对百姓实行教化，减轻赋税，厉行节俭，深得民心，实现了海内康宁、天下大治。贞观四年（公元630年），“天下大稔，流散者咸归乡里，斗米不过三四钱。终岁断死刑才二十九人。东至于海，南极五岭，皆外户不闭”[2]。

（二）守诚信

诚信是指真诚、诚实、信实，不自欺也不欺人，在与人交往时信守诺言，做到说老实话、办老实事、做老实人。《礼记》中说：“贤者之祭也，致其诚信，与其忠敬。”[3]《管子》中说：“先王贵诚信。诚信者，天下之结也。”[4]

诚信由“诚”和“信”组成，“诚”就是努力做到诚实做人、诚实做事，忠实于事物的本来面目，不掩盖或歪曲事实真相。朱熹说：“诚者何？不自欺不妄之谓也。”[5] 他说：“诚者，真实无妄之谓，天理之本然也。”[6]“信”的本义是指“人言”。孟子说：“诚者，天之道也。思诚者，人之道也。”[7] 这就是说，根据天人合一的原则，既然天道的特性是“诚”，那么，人就要思“诚”、求“诚”，努力达到“诚”。

《中庸》认为“诚”是极高的品德和境界，认为“至诚如神”。《中庸》从哲学、伦理的角度对“诚”作了极其深刻的阐释，将其提升到天道、人道的高度。《中庸》里讲：“自诚明，谓之性；自明诚，谓之教。诚则明矣，明则诚矣。唯天下至诚，为能尽其性；能尽其性，则能尽人之性；能尽人之性，则能尽物之性；能尽物之性，则可以赞天地之化育；可以赞天地之化育，则可以与天地参矣。”“诚者自成也，而道自道也。诚者，物之终始。不

1《贞观政要·论务农》。
2《资治通鉴》卷193。
3《礼记·祭统》。
4《管子·枢言》。
5《朱子语类》卷119。
6《四书章句集注·中庸章句》。
7《孟子·离娄上》。

诚无物。是故君子诚之为贵。诚者，非自成己而已也，所以成物也。”《大学》中讲到“诚意”：“古之欲明明德于天下者，先治其国；欲治其国者，先齐其家；欲齐其家者，先修其身；欲修其身者，先正其心；欲正其心者，先诚其意；欲诚其意者，先致其知；致知在格物。物格而后知至，知至而后意诚，意诚而后心正，心正而后身修，身修而后家齐，家齐而后国治，国治而后天下平。”这就是说，“诚意”是“正心”“修身”“齐家”“治国”“平天下”的前提。

“信”要求人们做到诚实不欺、言行一致。张岱年认为，“信是人与人之间相互对待的基本道德”[1]。《论语》关于诚信的论述，主要讲的是“信”，有38次提到“信”。如“谨而信”[2]，“主忠信”[3]，“笃信好学，守死善道”[4]。崇尚“恭、宽、信、敏、惠”[5]五种美德，把信作为“文、行、忠、信”[6]四大教育内容之一。

“诚”与“信”的关联非常密切，既相互区别，又相互贯通。“诚”是“信”的前提和根本，是个人内在的修养和自觉，体现了道德的自律；“信”是“诚”的表现和保证，是与人交往中表现出的“诚心”。因为有“诚于中，信于外”的“内外”之别，所以《大学》在讲“诚”和“信”时有这样的表述：“所谓诚其意者，毋自欺也”，“与国人交，止于信”。相对而言，“诚”具有绝对性，而“信”具有相对性。“言必信，行必果，硁硁然小人哉！抑亦可以为次矣。”[7]孟子说：“大人者，言不必信，行不必果，惟义所在。”[8]这就是说，“信”不是最高的道德要求，“信”必须服从“义”，与“义”相违

1 张岱年：《中国伦理思想研究》，中国人民大学出版社，2011，第142页。
2《论语·学而》。
3《论语·学而》。
4《论语·泰伯》。
5《论语·阳货》。
6《论语·述而》。
7《论语·子路》。
8《孟子·离娄下》。

背的“信”，完全可以不必守。

诚信价值理念是个人立身处世的根本和国家治理的根本。一方面，诚信是个人立身处世的根本。儒家认为一个人在与他人打交道时，必须讲诚信，做到言行一致。“言忠信，行笃敬，虽蛮貊之邦行矣。言不忠信，行不笃敬，虽州里行乎哉？”[1]与朋友交往，要“言而有信”[2]，“老者安之，朋友信之，少者怀之”[3]。曾子说：“吾日三省吾身：为人谋而不忠乎？与朋友交而不信乎？传不习乎？”[4]孟子认为朋友关系作为“五伦”之一，必须突出一个“信”字。他说：“契为司徒，教以人伦：父子有亲，君臣有义，夫妇有别，长幼有叙，朋友有信。”[5]一个人如果没有诚信的品质，就无法获得他人的信任，就无法在社会上立足。孔子说：“人而无信，不知其可也。”[6]这就是说，一个不讲诚信的人，无法想象他会干出什么样的事情来，跟这样的人打交道是非常不可靠的。“信近于义，言可复也”[7]，所守的诺言如果符合义，那么所说的话就能兑现。“君子耻其言而过其行”[8]，“先行其言，而后从之”[9]，孔子以言行一致为美德，以言过其行为可耻，认为只有先做后说，才可以取信于人。

另一方面，诚信是国家治理的根本。儒家认为为政者必须讲诚信，这样才能获得民众的信任。“信，国之宝也，民之所庇也。”[10]在商汤对臣民的誓言中，有“尔无不信，朕不食言”[11]，说明上下之间的信任对于国家治理有重要价值。如果人们之间失去信任，人们做不到言行一致，甚至相互欺骗，国

1《论语·卫灵公》。
2《论语·学而》。
3《论语·公冶长》。
4《论语·学而》。
5《孟子·滕文公上》。
6《论语·为政》。
7《论语·学而》。
8《论语·宪问》。
9《论语·为政》。
10《左传·僖公二十五年》。
11《尚书·汤誓》。

家就不能得到良好的治理。《论语》对这个道理有非常深刻的论述。孔子认为，“道千乘之国，敬事而信，节用而爱人，使民以时”[1]，即治理一个大的国家，必须注重“信”。“宽则得众，信则民任焉，敏则有功，公则说。”[2]“君子信而后劳其民；未信，则以为厉己也。信而后谏；未信，则以为谤己也。”[3]为政者要通过树立“信”的形象，积累足够的政治资源，这样才能取信于民，才会有号召力、领导力。“上好礼，则民莫敢不敬；上好义，则民莫敢不服；上好信，则民莫敢不用情。夫如是，则四方之民襁负其子而至矣，焉用稼？”[4]孔子认为信任是政权的根基，一个政府如果失去了民众的信任就无法“立”得住，即“民无信不立”[5]。

（四）崇正义

我国传统关于“正义”的学说非常丰富，以儒家、墨家为主。儒家的“正”主要讲身正、心正，涵养浩然正气；墨家的“正”着重在讲“义”，认为“义者，正也”[6]，其含义主要指人的行为的正当、社会制度的公平等。

儒家的“正”主要讲身正、心正。孔子说：“政者，正也。子帅以正，孰敢不正？”[7]他还说：“其身正，不令而行；其身不正，虽令不从。”[8]孔子主张为政者自身要立得正、行得正，这样才能给下属、给众人做好示范，引领他人也立得正、行得正。如果自身不正，不修身、不好学、不崇义、不改过，做领导就没有号召力、向心力、凝聚力。“身正”源于“心正”。《大学》中讲到“正心”，认为“正心”是“修身”“齐家”“治国”“平天下”的基础。

儒家的“义”主要讲道义，是“五常”之一。《吕氏春秋》讲“辱莫大

1《论语 · 学而》。
2《论语 · 尧曰》。
3《论语 · 子张》。
4《论语 · 子路》。
5《论语 · 颜渊》。
6《墨子 · 天志下》。
7《论语 · 颜渊》。
8《论语 · 子路》。

于不义”[1]。荀子说：“行义以正，事业以成”[2]，“先义而后利者荣，先利而后义者辱”[3]。贾谊说：“古之正义，东西南北，苟舟车之所达，人迹之所至，莫不率服。”[4]董仲舒认为：“夫人有义者，虽贫能自乐也；而大无义者，虽富莫能自存。”[5]欧阳修说：“夫所谓名节之士者，知廉耻，修礼让，不利于苟得，不牵于苟随，而惟义之所处。白刃之威有所不避，折枝之易有所不为，而惟义之所守。”[6]《增广贤文》里讲：“钱财如粪土，仁义值千金。”

儒家认为“礼义”是指为人的基本道德遵循，“凡人之所以为人者，礼义也”[7]。儒家强调“以义制事”[8]，具体的“义”包括十个方面的内容，即“父慈子孝，兄良弟弟，夫义妇听，长惠幼顺，君仁臣忠。十者谓之人”[9]。人们要把“义”作为行为的指导，做到“义以为上”[10]，“见利思义”[11]，“见得思义”[12]。“义胜欲则昌，欲胜义则亡。”[13]孟子说：“鱼，我所欲也；熊掌，亦我所欲也。二者不可得兼，舍鱼而取熊掌者也。生，亦我所欲也；义，亦我所欲也。二者不可得兼，舍生而取义者也。”[14]南宋文天祥的《正气歌》是儒家浩然正气的生动、深刻的表达，文天祥用他的生命实践了儒家的天下正义，“天地有正气，杂然赋流形。下则为河岳，上则为日星。于人曰浩然，沛乎塞苍冥”。

1《吕氏春秋·贵生》。
2《荀子·赋》。
3《荀子·荣辱》。
4《新书·威不信》。
5《春秋繁露·身之养重于义》。
6《欧阳修集》卷112。
7《礼记·冠义》。
8《尚书·仲虺之诰》。
9《礼记·礼运》。
10《论语·阳货》。
11《论语·宪问》。
12《论语·季氏》。
13《六韬·明传》。
14《孟子·告子上》。

墨家的核心思想是“义”。墨子说：“万事莫贵于义”[1],“义，天下之良宝也”[2],“大义，天下之大器也”[3]。这就是说,“义”是天下最珍贵、最重要的宝物。杜国庠认为：“如果我们可以说，孔子的中心思想是一个‘仁’字，那么，墨子的中心思想就可说是一个‘义’字。”[4]杨义认为：“一个‘义’字，不仅贯通天志，而且贯通墨子十论，是‘一以贯十’的重要精神脉络。”[5]

墨家尽管经常把“仁”“义”并称，但更强调“义”。张岱年认为，相对于“仁”,“墨子更崇尚义，认为义是一切事中之最可贵的”[6]。杨义指出：“儒者仁义并称，重心在仁；墨者也有仁义组词，重心在义，更多的情形则是义字独为关键词。”[7]据杨义统计，“‘义’字在《墨子》书中出现288次，比出现117次的‘仁’字几乎多了一倍半。这就在本质上改变了《论语》‘义’字24个，不及‘仁’字105个的四分之一的局面”[8]。关键字词的使用次数统计虽然不能独立作为因果关系推论的实质性前提，但其透露出的信息可能是，“学儒”出身的墨子在其理论体系、话语体系中不可避免地保留有深刻的儒家痕迹，同时，作为一个新的学派的创始人，墨子必然想突破儒家的理论体系、话语体系，进而创立自家的理论体系、话语体系。由此，墨子就高高扬起了“义”的旗帜，希望以此来取代“仁”的位置。

墨子呼吁“一同天下之义”[9]。“同”就是“同一”“一统”“统摄”。墨子主张天下“同”于“义”。墨子强调“为义”[10],“为义”就是要践行“义”。墨家思想是以“义”为核心而构成的一个多层次的系统。如果把墨家思想的

1《墨子·贵义》。
2《墨子·耕柱》。
3《墨子·公孟》。
4 杜国庠：《先秦诸子思想概要》，三联书店，1949，第19页。
5 杨义：《墨子还原》，中华书局，2011，第38页。
6 张岱年：《中国哲学大纲》，商务印书馆，2015，第416页。
7 杨义：《墨子还原》，中华书局，2011，第38页。
8 杨义：《墨子还原》，中华书局，2011，第38页。
9《墨子·尚同中》。
10《墨子·耕柱》。

结构比作一个同心圆，处在圆心位置的就是“义”，此为第一层次。紧密围绕“义”这一核心的，是“兼相爱，交相利”，或者说，“兼爱”与“互利”构成墨家思想体系的基本原则，此为第二层次。在“兼爱”“互利”原则的指导下，形成了墨家的若干基本价值规范，包括敬畏、尚贤、尚同、和平、自强、敬业、实用、节俭等，此为第三层次。在基本价值规范的约束下，又形成了更加具体的指导规范，包括以“天志”“明鬼”为主要内容的敬畏价值观，以“尚贤”“尚同”“非攻”为主要内容的政治价值观，以“节用”“节葬”“非乐”为主要内容的节俭价值观，以“强力从事”为主要内容的敬业价值观、生产价值观等，此为第四层次。

墨子主要在功利的意义上理解“义”的价值，认为遵从“义”就能带来利益，否则就会招致危害。“义者，利也”[1],“义，利；不义，害”[2],“义可以利人”[3],“天下有义则生，无义则死；有义则富，无义则贫；有义则治，无义则乱”[4]。墨子主张节用、节葬、非乐，目的在于“去无用之费”[5]，也是旨在增加社会之“利”，自然是符合“义”的要求的。张岱年指出：“墨子亦以利言义，凡有利于天下人民者，即是应当的；无利于天下人民者，即是不应当的。”[6]崔清田认为：“‘义’的内容正是百姓得以生存的起码条件，是‘农与工肆之人’这些下层劳动者的最为基本的利益所在。”[7]

在“义”带来的诸多利益中，墨子特别强调“义”在国家治理方面的价值。墨子说：“义者，正也。”[8]“正”的本义是中正、中心，可以引申为正途、

1《墨子·经上》。

2《墨子·大取》。

3《墨子·耕柱》。

4《墨子·天志上》。

5《墨子·节用上》。

6 张岱年：《中国哲学大纲》，商务印书馆，2015，第416页。

7 崔清田：《墨子学说的体系与核心》，见王裕安主编：《墨子研究论丛》（五），齐鲁书社，2001，第17页。

8《墨子·天志下》。

正道。墨家认为“义”具有矫正社会的功能，能够使国家治理走上正道，由“乱”转变为“治”，从而实现“善政”[1]。“天下有义则治，无义则乱。”[2]“今用义为政于国家，人民必众，刑政必治，社稷必安。”[3]墨子讲“非攻”，视侵略战争为不义，是因为战争带来多方面利益的严重损失，任何一方都不能从中获利。墨子认为，得“义”者可以得天下。“昔者三代之圣王禹汤文武，百里之诸侯也，说忠行义，取天下。”“子务为义，翟又将予子天下。”[4]所以，墨子主张应当由“义人”来治理天下，“义人在上，天下必治，上帝山川鬼神必有干主，万民被其大利”[5]。

（五）尚和合

“和合”一词最早出自《国语》：“商契能和合五教，以保于百姓者也。”[6]张立文等认为，“和合的现代意义是指自然、社会、人际、心灵、文明间诸多形相、无形相冲突融合，与在冲突融合的动态变化过程中诸多形相、无形相和合为新事物、新生命的总和”[7]。中华民族在漫长的历史发展过程中，形成了内容丰富、内涵独特的和合文化，其实质是中华民族对于和谐状态的美好憧憬与不懈追求。

史伯的“和同论”开启了对和谐秩序的哲学探索。西周末年史伯与郑桓公对话中提出的“和实生物，同则不继”观点，是中国思想史上对和谐问题进行深入的哲学探索的开始。据《国语》记载，史伯说：“和实生物，同则不继。以他平他谓之和，故能丰长而物归之。若以同裨同，尽乃弃矣。故先王以土与金、木、水、火杂，以成百物。是以和五味以调口，刚四支以卫

1《墨子·天志中》。
2《墨子·天志中》。
3《墨子·耕柱》。
4《墨子·鲁问》。
5《墨子·非命上》。
6《国语·郑语》。
7 杨朝明、张立文、王博：《崇正义　尚和合　求大同》，《光明日报》2014 年 7 月 29 日。

体，和六律以聪耳……合十数以训百体、出千品、具万方、计亿事、材兆物、收经入、行姟极。故王者居九畡之田，收经入以食兆民，周训而有能用之，和乐如一。夫如是，和之至也。于是乎先王聘后于异姓，求财于有方，择臣取谏工而讲以多物，务和同也。声一无听，色一无文，味一无果，物一不讲。”[1] 史伯所讲的“和”，是“以他平他”，是不同事物互相配合而达到的平衡状态，是事物存在的根据与发展的动力，只有在“和”的状态下才能产生新的事物。“同”则是排除了差异性和多样性的同一，如果“以同裨同”，相同事物叠加的状态持续下去，缺乏差异性要素的介入，就会窒息事物的生机，结果将是事物的灭亡。史伯认为远古帝王之所以能够成就“天地之功”，正是因为把握了和合之道。他说：“虞幕能听协风，以成乐万物生者也。夏禹能单平水土，以品处庶类者也。商契能和合五教，以保于百姓者也。周弃能播殖百谷蔬，以衣食民者也。”[2] 史伯以其和同论来分析他所处的西周社会的现实政治生活，指出周幽王之所以将要衰败，正是因为他“去和而取同”，排斥直言进谏的正人，而一味相信与自己苟同的小人。

作为对西周时期史伯与春秋时期晏子的“和同论”的继承和发展，孔子的“和而不同”思想可以视为儒家和谐论的核心主张。子曰：“君子和而不同，小人同而不和。”[3] 即君子能够与人和谐相处，而不强求同一；小人表面同一，却达不到和谐。孔子的“和而不同”是人与人之间关系的最为理想的模式，在这一模式中，“和”是以“不同”为前提的，因为在矛盾关系中，差异性是绝对存在的，一个事物与其他事物之间都是有差异的，一个人与其他人之间也都是不一样的，要处理好、协调好各种矛盾关系，就必须尊重差异，承认事物和人的多样性，以广阔的胸襟、宽容的情怀去接纳不同的对象，去实现人与人之间关系的和谐。实现人与人之间的“和而不同”，首先

1《国语·郑语》。
2《国语·郑语》。
3《论语·子路》。

要求每个人拥有仁爱之心，真心地关爱他人。

与儒家和谐论的社会取向和进取精神不同，以老子为主要代表的道家和谐论则表现出鲜明的自然取向和无为姿态。在老子那里，最高的和谐境界是“自然”，即“人法地，地法天，天法道，道法自然”[1]。为求得人的内在和谐，他将“无为”“不争”“守弱”作为人生处世之道，主张“圣人处无为之事”[2]，“无为而无不为”[3]，“不争而善胜”[4]，“柔弱胜刚强”[5]。老子主张节制欲望，“去甚，去奢，去泰”[6]，“见素抱朴，少私寡欲”[7]，回归到天真纯粹、无知无欲的“赤子”状态。他说：“知足不辱，知止不殆，可以长久”[8]；反之，如果一个人欲望过多，就会导致祸害与过错，“祸莫大于不知足，咎莫大于欲得”[9]。老子希望统治者降低剥削程度，慎用刑罚，追求风俗纯美、和平安宁的“小国寡民”社会，“甘其食，美其服，安其居，乐其俗”[10]。

面对战国时期的乱世，墨家开出了“兼爱”“非攻”“节用”等促进社会和谐的药方。第一，与儒家强调的“爱有差等”不同，墨家主张“兼相爱”，即平等地爱所有的人，认为这是社会和谐的基础。“君臣相爱，则惠忠；父子相爱，则慈孝；兄弟相爱，则和调。”[11]实现“兼相爱”的途径是“交相利”，即互助互利，“有力者疾以助人，有财者勉以分人，有道者劝以教人”[12]。第二，为实现国与国之间的和谐，墨家主张“非攻”，反对一切侵略战争，因为这是天下所有“亏人”行为中最为严重、最不合乎道义的举动。墨子及

1《老子·二十五章》。
2《老子·二章》。
3《老子·四十八章》。
4《老子·七十三章》。
5《老子·三十六章》。
6《老子·二十九章》。
7《老子·十九章》。
8《老子·四十四章》。
9《老子·四十六章》。
10《老子·八十章》。
11《墨子·兼爱中》。
12《墨子·尚贤下》。

其门徒还身体力行其“非攻”思想，以其侠义精神和实际行动去制止战争冲突。第三，墨家倡导“节用”“节葬”，“用财不费”，“国家去其无用之费”，反对奢靡之风，以实现生产与消费之间的平衡。

阴阳家的阴阳五行学说在哲学层面对和谐问题进行了积极的探索，其观念以“阴阳消息，五行转移”为理论基础。《周易》中讲“一阴一阳之谓道”[1]，任何事物内部都存在着阴与阳两种相反相成的力量，阴代表消极、退守、柔弱的特性以及具有这些特性的事物和现象，阳代表积极、进取、刚强的特性以及具有这些特性的事物和现象。阴与阳相互对立，互为根本，此消彼长，互相转化，阴阳交感而生宇宙万物，事物的衍生、变化是阴阳对立统一的结果。五行说认为，万物皆由金、木、水、火、土五种原素组成，并通过它们的相生相胜来说明宇宙万物的起源和变化。五行说将自然界的各种事物，按其属性进行归纳，即凡具有生发、柔和特性者统属于木，具有阳热、上炎特性者统属于火，具有长养、发育特性者统属于土，具有清静、收杀特性者统属于金，具有寒冷、滋润、就下、闭藏特性者统属于水。五行既相生又相克，即木生火、火生土、土生金、金生水、水生木，金克木、木克土、土克水、水克火、火克金，运行不息，循环不已。

先秦以后中华和谐文化的发展除了儒家文化继续产生主要影响之外，还得益于道教、佛教的贡献。儒家文化与道教、佛教，三教合流，相互借鉴、相互吸收，也是中华和谐文化的一大景观。

道教是中国本土产生的宗教，吸收了道家以及其他学派或宗教的和谐思想。道教具有非常浓厚的贵生色彩，认为人的生命是自然界中最为尊贵的，珍爱人的生命，追求身体健康、生活快乐、修道成仙、长生不死。基于对人的生命的珍爱，道教反对仇杀和战争，主张“恶杀而好生”[2]，是一种天然的

1《周易·系辞上》。
2《太平经》。

和平主义。同时，道教又是一种天然的自然主义，强调尊重一切自然生命存在的价值，主张天人合一，作为自然界一部分的人类要爱护自然，顺应自然，与自然和谐相处，不要破坏自然，不要逆自然运行规则而行事。道教戒律规定不得上树探巢取卵，不得渔猎杀伤众生，不得为己杀伤鸟兽虫鱼，不得妄凿地毁山川，不得妄开决陂湖，等等。在人与人的关系上，道教提倡人人平等、互助互利、共享财物，反对以智欺愚、以强凌弱、以少欺老、男尊女卑。道教追求的理想社会就是“神仙境界”“洞天福地”，那里环境优美，蓝天白云，青山绿水，鸟语花香，和谐安康，其乐融融。

佛教传入中国后，在中华文化的土壤里生根、发芽、成长、壮大，成为中华文化的重要组成部分，对古代中国社会产生深刻而广泛的影响。佛教文化具有非常丰富的和谐内涵，就身心和谐而言，佛教要求人们戒除“三毒”，即贪、嗔、痴，戒除了贪婪、愤恨、愚昧，让心灵得到净化，就不会滋生出焦虑、烦躁、孤独、迷茫等不安情绪，也不会发生各种荒诞、可恶甚至血腥之事，这样就能调节身心，健康快乐。就人与人之间的和谐而言，佛教主张众生平等、平等待人、尊敬待人、宽容待人，严守不杀生、不偷盗、不邪淫、不妄语、不两舌、不恶口、不绮语、不贪欲、不嗔恚、不邪见等戒律。就人与自然之间的和谐而言，佛教认为人和自然相互依存，生命与环境是“一体不二”的，各种生命只有在自然中和谐地存在才能保证其自身的发展，人们应当放弃对自然贪婪的攫取，将此慈悲之心推广至一切有情众生，做到“不杀生”，倡导素食。从作为佛教根本主张的慈悲精神中，可以引申出一种独特的和平主义，佛教宣扬“戒杀”，第一大戒就是“戒杀”，诸多罪恶中杀罪最重，诸种功德中不杀第一。

在人与自然的关系上，和合文化追求“天人合一”的价值理念。农耕文明的环境里，人对土地、气候等自然条件高度依赖，土壤肥沃、风调雨顺才能五谷丰登，只有尊重和服从自然秩序才能有更多的收获，天人合一观念正是在这个基础上形成的。天人合一观念的基本思想是强调人与自然的和谐统一，认为天与人、天道与人道是相通的、一致的，人的生理活动和社会活动都应遵从于自然的状态与规律。《周易》上说："夫大人者，与天地合其德，与日月合其明，与四时合其序，与鬼神合其吉凶。"[1]老子说："人法地，地法天，天法道，道法自然。"[2]庄子追求"天地与我并生，而万物与我为一"[3]的境界。根据上述观念，人不能违背自然规律，不能超越自然本身的承载能力而任意破坏自然，只能在尊重自然规律的前提下利用自然和调整自然，使自然更好地服务于人类的需要，也使自然万物都能依照自身的本性正常地存在、生长。与天人合一观念相一致，农耕文明促使人们树立起敬畏自然、热爱自然、保护自然的观念。人生在天地之间，在人面前，上天无穷高远，大地无尽宽阔，昼与夜的变换、阴与晴的交织、干旱与洪水的肆虐、闪电与惊雷的伴随、猛兽与疫病的侵袭、生命与死亡的循环，等等，这一切都是那么神秘和恐惧，人对自然天地不能不产生无限的敬畏。敬畏自然的同时还要热爱自然，要寄情山水、乐山乐水，从大自然中体悟天地万物的奥秘和魅力。敬畏自然、热爱自然必须落实到保护自然的行动中，"靠山吃山要养山，靠水吃水要保水"，只有"留得青山在"，才能"不怕没柴烧"。《礼记》记载："五谷不时，果实未熟，不粥于市。木不中伐，不粥于市。禽兽鱼鳖不中杀，不粥于市。"[4]五谷、林木、鸟兽、鱼鳖等没有长到合适的程度，是不能收割、砍伐或捕猎的，是不能在市场上买卖的。

在人与人、国与国的关系上，和合文化追求"以和为贵""和而不同"的价值理念。人与人的关系上讲"一团和气"，家庭关系上讲"家和万事兴"，表现在民族关系上就是"和亲""和盟"，表现在国与国的关系上就是

1《周易·乾》。
2《老子·二十五章》。
3《庄子·齐物论》。
4《礼记·王制》。

“协和万邦”。以农耕文明与游牧文明的关系而论，相对于游牧文明而言，农耕文明所依赖的自然环境是较为优越的，人们在土地上辛苦耕耘，加之少许的市场交换，就可以获得基本生活资料，不需要像游牧民族那样“逐水草而居”，不需要过迁徙的生活，更不需要依靠侵略扩张去掠夺其他地区或民族的财物和人口。农耕文明环境中人们的普遍心态是自足、求稳、中庸、平和，知足常乐、性情温和、安居乐业。同时，面对游牧民族的威胁和袭扰，农耕民族通常的回应不是以牙还牙、以血还血式的进攻，而是通过“修障塞”等措施来进行防御，通过“和亲”“和盟”等方式来稳定与游牧民族的关系，期望达到相安无事的和平状态。

（六）求大同

《礼记》描绘的“大同”是儒家对尧舜时代的历史想象，是儒者心中最美好、最理想的社会政治愿景。《礼记》中的“大同”是这样的图景：“大道之行也，天下为公。选贤与能，讲信修睦。故人不独亲其亲，不独子其子。使老有所终，壮有所用，幼有所长，矜寡孤独废疾者，皆有所养。男有分，女有归。货恶其弃于地也，不必藏于己。力恶其不出于身也，不必为己。是故谋闭而不兴，盗窃乱贼而不作。故外户而不闭。是谓大同。”[1]

在儒家描绘的“大同”社会里，“公”的特性特别突出。选出贤能的人来治理天下，而不是将治理天下的权位传给自己的家人，因为“天下非一人之天下也，天下之天下也”[2]。人人有公心，每个人都为这个社会尽自己的力量。不必将财物藏在个人那里，不去贪图、盗窃不属于自己的东西。这个社会非常和谐有序，人们很讲诚信，像关心自己和自己的亲人一样关心他人，每个人都能在社会中找到发挥自身作用的位置，社会中的弱者都能得到关爱和关照。

1《礼记·礼运》。

2《吕氏春秋·贵公》。

区别于“大同”社会的是“小康”社会,《礼记》把“小康”看作出现“大同”之后的社会阶段。《礼记》对“小康”社会作了如下描述:“今大道既隐,天下为家。各亲其亲,各子其子,货力为己,大人世及以为礼,城郭沟池以为固,礼义以为纪,以正君臣,以笃父子,以睦兄弟,以和夫妇,以设制度,以立田里,以贤勇知,以功为己。故谋用是作,而兵由此起。禹、汤、文、武、成王、周公由此其选也。此六君子者,未有不谨于礼者也。以著其义,以考其信,著有过,刑仁讲让,示民有常,如有不由此者,在势者去,众以为殃。是谓小康。”[1]可以看出,“大同”与“小康”有诸多区别:一个在先,一个在后;一个有“大道”,一个无“大道”;一个实行禅让制,一个实行“家天下”;一个道德昌盛,一个礼制发达;一个和谐安宁,一个有纷争甚至战祸;一个是“同”,一个是“别”;一个突出“公”,一个突出“私”;一个“天下为公”,一个“天下为家”。

“大道之行也,天下为公”体现出崇高的价值理想、博大的道德情怀。“大同”社会的“公”可以从两个层面来理解。一个是本体层面,即天地自然的层面。“大道之行也,天下为公”,这里的“大道”就是“天地之道”,因为天最高、地最广,这里的“天下”就是“普天之下”,天子的“天下”是相对于个人的“身”、大夫的“家”、诸侯的“国”而言的,指的是人群的全部、社会的整体。因为“天无私覆,地无私载,日月无私照。奉斯三者以劳天下,此之谓三无私”[2],天地具有无私的德性,故“大道之行也,天下为公”。另一个是价值层面,即人与天地的关系层面。人是天地自然的一部分,天地与人是合一的,天地之道也是人应当遵循的道理。因为天地是无私的,所以人应该是无私的,人应该有“天下为公”的高远境界和博大胸怀,这是实现天下“大同”的必要前提。

1《礼记·礼运》。

2《礼记·孔子闲居》。

虽然《礼记》所持的是一种向后看的历史观，但其中描绘的“大同”理想对于后人改造现实社会、追求社会进步起到了巨大的激励作用。尤其是近代以来，面对列强的欺凌、山河破碎、政治腐败、民不聊生的悲惨现实，“大道之行也，天下为公”的大同理想不断激起人们“敢教日月换新天”的豪情和斗志。资产阶级改良派领袖康有为的《大同书》借鉴自由、平等、人权等西方学说，结合《礼记》中的“大同”思想、春秋公羊学中的“太平世”思想、佛教中的众生平等思想等本土文化资源，提出破除“国界”“级界”“种界”“形界”“家界”“业界”“乱界”“类界”“苦界”等世界上的种种分别，以实现天下大同的理想境界。资产阶级革命派领袖孙中山多次阐发“大同”思想，追求“天下为公”的理想社会。孙中山说：“我们三民主义的意思，就是民有、民治、民享。这个民有、民治、民享的意思，就是国家是人民共有，政治是人民共管，利益是人民共享。照这样的说法，人民对于国家不只是共产，一切事权都是要共的。这才是真正的民生主义，就是孔子所希望之大同世界”[1]；“民生主义就是社会主义，又名共产主义，即是大同主义”[2]。

二、中华优秀传统文化核心价值理念的基本特征

中华优秀传统文化核心价值理念具有如下特征：一是历史悠久，积淀深厚；二是内容丰富，博大精深；三是注重践行，知行合一；四是意蕴独特，偏向鲜明。

（一）历史悠久，积淀深厚

中国是文明古国，中华文明源远流长，具有5000多年的悠久历史。夏朝在公元前21世纪建立，距离现在有4000多年的历史。史学界一般把夏朝的诞生作为华夏族进入文明时代的开端，理由是有王作为最高统治者，有官吏组成治理机构，有《禹刑》作为法律，有军队作为暴力工具，有一定的文

1《孙中山选集》下卷，人民出版社，2011，第875页。
2《孙中山选集》下卷，人民出版社，2011，第832页。

化信仰体系，等等，出现了统治阶级与被统治阶级的分野。实际上，中华文明的起源可以追溯到更为久远的时代。入选“2020 年全国十大考古新发现”之一的河南巩义双槐树遗址，作为填补中华文明起源的关键时期、关键地区的关键材料，证明中华文明的起源可以追溯到 5300 年前的时代。

中华文明绵延不绝，中华文明的独特价值理念绵延至今、生机勃勃。中华文明的出现虽然不是最早的，但在数千年的历史中未曾出现中断，贯通古今、生生不息，形成了“不废江河万古流”的文明奇观，这在世界文明史上是绝无仅有的。中华文明经历了岁月的种种磨难和洗礼，却一次次浴火重生，一直生生不息、生机勃勃，一个重要原因在于中华文明具有厚重、稳定、独特的核心价值理念作为重要支撑。2014 年 5 月 30 日，习近平在北京市海淀区民族小学主持召开座谈会时指出：“一个民族的文明进步，一个国家的发展壮大，需要一代又一代人接力努力，需要很多力量来推动，核心价值观是其中最持久最深沉的力量。中华民族有着 5000 多年的悠久历史和灿烂文化，而且中华文明从远古一直延续发展到今天。为什么中华民族能够在几千年的历史长河中顽强生存和不断发展呢？很重要的一个原因，是我们民族有一脉相承的精神追求、精神特质、精神脉络。今天我们使用的汉字同甲骨文没有根本区别，老子、孔子、孟子、庄子等先哲归纳的一些观念也一直延续到现在。这种几千年连贯发展至今的文明，在世界各民族中是不多见的。”[1]

（二）内容丰富，博大精深

中华文明历史悠久，在漫漫历史长河中，中华民族产生了一大批思想大家，留下了浩如烟海的文化遗产。中国古代大量鸿篇巨制中包含着丰富的价值思想，是社会主义核心价值观基本理念形成发展的思想资源。

基于数千年来的积累和传承，中华优秀传统文化核心价值观基本理念，

1《习近平谈治国理政》第 1 卷，外文出版社，2018，第 180—181 页。

同中华传统美德、中华人文精神融为一体，内容丰富，博大精深。根据中共中央办公厅、国务院办公厅印发的《关于实施中华优秀传统文化传承发展工程的意见》（以下简称《意见》），中华优秀传统文化的主要内容体现为核心价值理念、中华传统美德、中华人文精神。关于核心价值理念，《意见》指出："中华民族和中国人民在修齐治平、尊时守位、知常达变、开物成务、建功立业过程中培育和形成的基本思想理念，如革故鼎新、与时俱进的思想，脚踏实地、实事求是的思想，惠民利民、安民富民的思想，道法自然、天人合一的思想等，可以为人们认识和改造世界提供有益启迪，可以为治国理政提供有益借鉴。传承发展中华优秀传统文化，就要大力弘扬讲仁爱、重民本、守诚信、崇正义、尚和合、求大同等核心思想理念。"[1] 关于中华传统美德，《意见》指出："中华优秀传统文化蕴含着丰富的道德理念和规范，如天下兴亡、匹夫有责的担当意识，精忠报国、振兴中华的爱国情怀，崇德向善、见贤思齐的社会风尚，孝悌忠信、礼义廉耻的荣辱观念，体现着评判是非曲直的价值标准，潜移默化地影响着中国人的行为方式。传承发展中华优秀传统文化，就要大力弘扬自强不息、敬业乐群、扶危济困、见义勇为、孝老爱亲等中华传统美德。"[2] 关于中华人文精神，《意见》指出："中华优秀传统文化积淀着多样、珍贵的精神财富，如求同存异、和而不同的处世方法，文以载道、以文化人的教化思想，形神兼备、情景交融的美学追求，俭约自守、中和泰和的生活理念等，是中国人民思想观念、风俗习惯、生活方式、情感样式的集中表达，滋养了独特丰富的文学艺术、科学技术、人文学术，至今仍然具有深刻影响。传承发展中华优秀传统文化，就要大力弘扬有利于

1《中共中央办公厅、国务院办公厅印发关于实施中华优秀传统文化传承发展工程的意见》，《人民日报》2017年1月26日。

2《中共中央办公厅、国务院办公厅印发关于实施中华优秀传统文化传承发展工程的意见》，《人民日报》2017年1月26日。

促进社会和谐、鼓励人们向上向善的思想文化内容。”[1]

（三）注重践行，知行合一

中华文化具有鲜明的实践品格，注重知行合一，强调经世致用、明理达用，把学到的道理与现实的行动有机结合起来。从价值理念在人们生产、生活、交往中的贯彻体现而言，中华优秀传统文化核心价值理念不是悬在空中的说教、束之高阁的摆设，而是数千年来一直被中华民族成员广泛认同和实际践行。

我国民众长期以来务实崇实、不尚玄虚。与基督教文化、伊斯兰教文化等神本文化不同，中华文化是一种以人为中心的文化，认为人在天地、社会以及伦理中居核心地位，注重现实人生和尘世幸福，否认鬼神主宰一切的根本地位。孔子“不语怪、力、乱、神”[2]，提出“未能事人，焉能事鬼？”[3]，“务民之义，敬鬼神而远之”[4]。

中华文化注重实践的重要表现之一，就是强调以实践为目的，认识世界是为了改造世界。中华文化中儒家文化、道家文化、佛教文化是主要流派，其中儒家是最主要的流派，强调“入世”，如子夏主张“学而优则仕”[5]。《大学》中讲“格物”“致知”是为了“诚意”“正心”，最终要服务于“修身”“齐家”“治国”“平天下”的实践。道家文化、佛教文化之所以没有成为主导和核心，根本在于其“出世”倾向。

从中华优秀传统文化核心价值理念的践行来看，价值理念与其践行是紧密结合、不可分割的。孔子主张“学而时习之”[6]，曾子强调“吾日三省吾

1《中共中央办公厅、国务院办公厅印发关于实施中华优秀传统文化传承发展工程的意见》，《人民日报》2017年1月26日。

2《论语·述而》。

3《论语·先进》。

4《论语·雍也》。

5《论语·子张》。

6《论语·学而》。

身”[1]。仁、义、礼、智、信“五常”作为中华民族最广泛的伦理共识，早已成为百姓日用而不觉的道德自觉和行为习惯，得到最普遍、最有效的遵守，成为增强中华民族凝聚力和向心力的精神纽带。

（四）意蕴独特，偏向鲜明

基于中国独特的地域、历史、族群，中华民族孕育了一系列独特的价值理念。根据陈来教授的观点，与西方近代价值观相比较，中华文明的价值观念呈现出四个基本偏向，包括“责任先于自由”“义务先于权利”“群体高于个人”“和谐高于冲突”等。

可以说，这四个方面是一个相互联系、相互贯通的有机整体，其中第三个方面是核心、关键。对群体与个体的关系的理解，决定着对责任与自由的关系、权利与义务的关系的理解，也决定着对人与人、人与自然、群体与群体之间的和谐的理解。“个人与他方构成关系时，不是以自我为中心，而是以自我为出发点，以对方为重，个人的利益要服从责任的要求。”[2]“近代西方在文艺复兴之后也倡导以人为本，但是西方近代的人本主义更多的是以个人为本；而中国文化的以人为本，不是主张以个人为本，而是强调以群体为本，所以在价值上群体是高于个人的。”[3]

关于责任意识，“讲仁爱”就是突出体现。所谓仁爱，就是指对自身之外的他人和社会的责任、关爱，守住“己所不欲，勿施于人”[4]的底线，追求“己欲立而立人，己欲达而达人”[5]的境界。“守诚信”也体现出责任伦理的要求，强调在人际交往中履行对他人的承诺，例如，在对待朋友的态度上，要秉持“朋友有信”[6]的准则。这种责任伦理要求正是我们文化价值观的重要体

1《论语·学而》。
2 陈来：《中华文明的核心价值：国学流变与传统价值观》，三联书店，2015，第52页。
3 陈来：《中华文明的核心价值：国学流变与传统价值观》，三联书店，2015，第54页。
4《论语·颜渊》。
5《论语·雍也》。
6《孟子·滕文公上》。

现，“中国文化的价值观很强调个人对他人、对社群，甚至对自然所负有的责任，体现出强烈的责任意识”[1]。

第二节　中华优秀传统文化与社会主义核心价值观基本理念之间的契合性

中华优秀传统文化是由中华传统文化中的有益成果和精华成分构成的，由一代代中国人创造出来的，在漫长历史中逐渐形成并传承下来的，为中华民族大多数成员所认同和践行的，对我国乃至世界的发展有积极价值的文化成果的总和。社会主义核心价值观基本理念的形成与发展离不开中华优秀传统文化的滋养，中华优秀传统文化是社会主义核心价值观基本理念的思想渊源，二者之间有着多方面的、深刻的契合性。正如中共中央办公厅、国务院办公厅印发的《关于实施中华优秀传统文化传承发展工程的意见》所指出：“在5000多年文明发展中孕育的中华优秀传统文化，积淀着中华民族最深沉的精神追求，代表着中华民族独特的精神标识，是中华民族生生不息、发展壮大的丰厚滋养，是中国特色社会主义植根的文化沃土，是当代中国发展的突出优势，对延续和发展中华文明、促进人类文明进步，发挥着重要作用。”[2]

一、中华优秀传统文化是培育社会主义核心价值观基本理念的固有之本

培育社会主义核心价值观基本理念，离不开中华优秀传统文化的深厚根基。中华民族在漫长的历史发展中形成的独具特色的文化传统，以其一脉相承的精神追求、精神特质、精神脉络深深影响着当代中国的价值观念。2014

1 陈来：《中华文明的核心价值：国学流变与传统价值观》，三联书店，2015，第51页。

2《中共中央办公厅、国务院办公厅印发关于实施中华优秀传统文化传承发展工程的意见》，《人民日报》2017年1月26日。

年 2 月 24 日，习近平在主持十八届中央政治局第十三次集体学习时指出："培育和弘扬社会主义核心价值观必须立足中华优秀传统文化。牢固的核心价值观，都有其固有的根本。抛弃传统、丢掉根本，就等于割断了自己的精神命脉。博大精深的中华优秀传统文化是我们在世界文化激荡中站稳脚跟的根基。"[1]

社会主义核心价值观基本理念的培育，要建立在对中华优秀传统文化的历史渊源、发展脉络、基本走向的深入挖掘基础之上。要尊重中华民族的历史文化，始终保持一种深刻的历史自觉，绝不能割断历史。毛泽东强调中国共产党人是历史主义者，不注重悠久历史是一种极坏的作风。1938 年 10 月，毛泽东在《中国共产党在民族战争中的地位》一文中说："学习我们的历史遗产，用马克思主义的方法给以批判的总结，是我们学习的另一任务。我们这个民族有数千年的历史，有它的特点，有它的许多珍贵品。对于这些，我们还是小学生。今天的中国是历史的中国的一个发展；我们是马克思主义的历史主义者，我们不应当割断历史。从孔夫子到孙中山，我们应当给以总结，承继这一份珍贵的遗产。"[2] 习近平强调要敬畏历史、敬畏文化，他指出："只有坚持从历史走向未来，从延续民族文化血脉中开拓前进，我们才能做好今天的事业"[3]。社会主义核心价值观基本理念与中华文明 5000 多年的文化有着割不断的联系，它建立在中华民族 5000 多年深厚的文化沃土之上。

社会主义核心价值观基本理念的培育，要建立在对中华优秀传统文化的独特创造、价值理念、鲜明特色的深刻把握基础之上。任何文化都有其独特的孕育土壤，有其自身的价值体系和价值观念。中华优秀传统文化赋予了社会主义核心价值观基本理念独特的民族特性，使社会主义核心价值观基本理

1《习近平谈治国理政》第 1 卷，外文出版社，2018，第 163—164 页。

2《毛泽东选集》第 2 卷，人民出版社，1991，第 533—534 页。

3 习近平：《在纪念孔子诞辰 2565 周年国际学术研讨会暨国际儒学联合会第五届会员大会开幕会上的讲话》，人民出版社，2014，第 14 页。

念不同于西方国家的核心价值观而具有中国特色、中国气派，是中华民族屹立于世界民族之林的根本。2021 年 3 月 22 日，习近平在福建武夷山市的朱熹园考察时指出："我们走中国特色社会主义道路，一定要推进马克思主义中国化。如果没有中华五千年文明，哪里有什么中国特色？如果不是中国特色，哪有我们今天这么成功的中国特色社会主义道路？我们要特别重视挖掘中华五千年文明中的精华，把弘扬优秀传统文化同马克思主义立场观点方法结合起来，坚定不移走中国特色社会主义道路。"[1] 习近平强调，中华优秀传统文化是中华民族的突出优势，是我们在世界文化激荡中站稳脚跟的根基，社会主义核心价值观要同我国的历史文化相契合。2014 年 5 月 4 日，习近平在北京大学师生座谈会上指出："不同民族、不同国家由于其自然条件和发展历程不同，产生和形成的核心价值观也各有特点。一个民族、一个国家的核心价值观必须同这个民族、这个国家的历史文化相契合，同这个民族、这个国家的人民正在进行的奋斗相结合，同这个民族、这个国家需要解决的时代问题相适应。"[2] 培育社会主义核心价值观基本理念，就是要让中华儿女知道"自己是谁""从哪里来""要到哪里去"，从而团结全国各族人民坚定不移朝着既定目标前行。

社会主义核心价值观基本理念的培育，要建立在对中华优秀传统文化中蕴含的历史使命与发展前景的文化自信和价值观自信基础之上。2014 年 5 月 4 日，习近平在北京大学师生座谈会上指出："富强、民主、文明、和谐，自由、平等、公正、法治，爱国、敬业、诚信、友善，传承着中国优秀传统文化的基因，寄托着近代以来中国人民上下求索、历经千辛万苦确立的理想和信念，也承载着我们每个人的美好愿景。"[3] 2014 年 5 月 30 日，习近平在北

1《"这里的山山水水、一草一木，我深有感情"——记"十四五"开局之际习近平总书记赴福建考察调研》，《人民日报》2021 年 3 月 27 日。

2《习近平谈治国理政》第 1 卷，外文出版社，2018，第 171 页。

3《习近平谈治国理政》第 1 卷，外文出版社，2018，第 169 页。

京市海淀区民族小学主持召开座谈会时指出："我们倡导的富强、民主、文明、和谐，自由、平等、公正、法治，爱国、敬业、诚信、友善的社会主义核心价值观，体现了古圣先贤的思想，体现了仁人志士的夙愿，体现了革命先烈的理想，也寄托着各族人民对美好生活的向往。只要是中国人，就应该自觉培育和践行社会主义核心价值观。"[1]

二、中华优秀传统文化是涵养社会主义核心价值观基本理念的重要源泉

培育社会主义核心价值观基本理念，离不开对中华优秀传统文化的继承，要从中华民族既有的文化资源中寻找有益于新时代中国特色社会主义的思想文化元素，以此作为涵养社会主义核心价值观的重要思想资源。美国学者爱德华·希尔斯（Edward Shils）说："传统应该被当作是有价值生活的必要构成部分。在现代，人们提出了一种把传统当作社会进步之累赘的学说，这是一种具有重大历史意义的错误。"[2]陈先达认为："如果不以中华民族传统优秀文化和优秀道德来涵养中国人，没有对中华民族传统优秀文化和优秀道德的继承，就培养不出有高度文化素质和道德素质的有教养的中国人。"[3]抛弃中华优秀传统文化，社会主义核心价值观基本理念就犹如无源之水、无本之木，难以焕发生机而失去生命力和感召力。习近平指出："要认真汲取中华优秀传统文化的思想精华和道德精髓，大力弘扬以爱国主义为核心的民族精神和以改革创新为核心的时代精神，深入挖掘和阐发中华优秀传统文化讲仁爱、重民本、守诚信、崇正义、尚和合、求大同的时代价值，使中华优秀传统文化成为涵养社会主义核心价值观的重要源泉。"[4]

社会主义核心价值观基本理念的涵养，要发挥中华优秀传统文化怡情养志、涵育文明的重要作用。2014 年 5 月 30 日，习近平在北京大学师生座谈

1《习近平谈治国理政》第 1 卷，外文出版社，2018，第 181 页。
2〔美〕爱德华·希尔斯:《论传统》，傅铿、吕乐译，上海人民出版社，2014，第 355 页。
3 陈先达:《理论自信：做坚定的马克思主义信仰者》，吉林人民出版社，2016，第 134 页。
4《习近平谈治国理政》第 1 卷，外文出版社，2018，第 164 页。

会上指出："中华文明绵延数千年，有其独特的价值体系。中华优秀传统文化已经成为中华民族的基因，植根在中国人内心，潜移默化影响着中国人的思想方式和行为方式。"[1] 2018 年 8 月 21 日，习近平在全国宣传思想工作会议上指出："中华优秀传统文化是中华民族的文化根脉，其蕴含的思想观念、人文精神、道德规范，不仅是我们中国人思想和精神的内核，对解决人类问题也有重要价值。"[2] 一方面，对历史文化特别是先人传承下来的价值理念和道德规范，要坚持古为今用、推陈出新，有鉴别地加以对待，批判性地予以继承，努力用中华民族创造的一切精神财富来化人、育人。另一方面，通过弘扬中华优秀传统文化来推进社会主义核心价值观的培育，要把中华优秀传统文化的精神标识和其中具有当代价值、世界意义的文化精髓提炼出来、展示出来。

社会主义核心价值观基本理念的涵养，要不断挖掘中华优秀传统文化的思想观念、人文精神、道德规范，从中汲取丰富营养以此增强社会主义核心价值观基本理念的吸引力与影响力。习近平指出："中华文化强调'民惟邦本'、'天人合一'、'和而不同'，强调'天行健，君子以自强不息'、'大道之行也，天下为公'；强调'天下兴亡，匹夫有责'，主张以德治国、以文化人；强调'君子喻于义'、'君子坦荡荡'、'君子义以为质'；强调'言必信，行必果'、'人而无信，不知其可也'；强调'德不孤，必有邻'、'仁者爱人'、'与人为善'、'己所不欲，勿施于人'、'出入相友，守望相助'、'老吾老以及人之老，幼吾幼以及人之幼'、'扶贫济困'、'不患寡而患不均'；等等。像这样的思想和理念，不论过去还是现在，都有其鲜明的民族特色，都有其永不褪色的时代价值。这些思想和理念，既随着时间推移和时代变迁而不断与时俱进，又有其自身的连续性和稳定性。我们生而为中国人，最根本的是

1《习近平谈治国理政》第 1 卷，外文出版社，2018，第 170 页。
2《习近平谈治国理政》第 3 卷，外文出版社，2020，第 314 页。

我们有中国人的独特精神世界，有百姓日用而不觉的价值观。我们提倡的社会主义核心价值观，就充分体现了对中华优秀传统文化的传承和升华。”[1]

中华优秀传统文化中蕴含着丰富的思想资源、精神财富和道德规范，以传统节日、传统文学作品、传统建筑工艺等多种文化形式存在于现代社会中，依然发挥着不可估量的重要作用，同时也是弘扬与传播社会主义核心价值观基本理念的重要载体。习近平指出：“要系统梳理传统文化资源，让收藏在禁宫里的文物、陈列在广阔大地上的遗产、书写在古籍里的文字都活起来。”[2]唯有挖掘好、利用好传统文化资源，使其在新的时代背景下重新活起来，才是对其最好的保护，这也是弘扬社会主义核心价值观基本理念的时代使命和重要途径。

三、中华优秀传统文化与社会主义核心价值观基本理念之间契合性的主要体现

习近平指出：“中华优秀传统文化源远流长、博大精深，是中华文明的智慧结晶，其中蕴含的天下为公、民为邦本、为政以德、革故鼎新、任人唯贤、天人合一、自强不息、厚德载物、讲信修睦、亲仁善邻等，是中国人民在长期生产生活中积累的宇宙观、天下观、社会观、道德观的重要体现，同科学社会主义价值观主张具有高度契合性。”[3]科学社会主义的价值观主张为社会主义核心价值观提供了根本指导，与社会主义核心价值观基本理念具有一致性。中华优秀传统文化的宇宙观、天下观、社会观、道德观与科学社会主义价值观主张具有高度的契合性，也就意味着中华优秀传统文化的精神基因与社会主义核心价值观基本理念在诸多方面具有深刻的契合性。具体说来，这种契合性主要表现在如下方面：

1《习近平谈治国理政》第1卷，外文出版社，2018，第170—171页。

2《习近平谈治国理政》第1卷，外文出版社，2018，第161页。

3 习近平：《高举中国特色社会主义伟大旗帜　为全面建设社会主义现代化国家而团结奋斗——在中国共产党第二十次全国代表大会上的报告》，人民出版社，2022，第18页。

第一，“天下为公”与共产主义、集体主义。“天下为公”的理想是《礼记》中提出来的，这一思想突破了“各为其家”的私有观念，与马克思主义学说中的共产主义、作为社会主义道德原则的集体主义是相通的。马克思恩格斯创立的共产主义学说，旨在消灭私有制、建立公有制；集体主义道德原则强调国家利益、社会整体利益与个人利益的统一，强调国家利益、社会整体利益高于个人利益，同时重视保障个人正当利益。

第二，“民为邦本”与以人民为中心。“民为邦本”源于《尚书》中的“民惟邦本”，强调民众是国家稳定和发展的基础、依托，体现了对民众力量、民众地位的肯定，与历史唯物主义的群众史观，与中国共产党人全心全意为人民服务的根本宗旨，与习近平提出的初心使命论、人民中心论、人民江山论等思想都有很深的契合之处。

第三，“厚德载物”“为政以德”“任人唯贤”与以德治国。“厚德载物”出自《周易》，“为政以德”出自《论语》，“任人唯贤”源于《尚书》中的“任官惟贤才”，三者讲的都是德。中华优秀传统文化具有鲜明、深厚、独特的伦理意蕴，高度重视道德在人生修养、社会交往、治国理政中的支撑作用。“厚德载物”重在讲个人品德的提升与社会重任的担当，前者是后者的前提；“为政以德”重在突出德治优于法治，强调要以德、礼作为主要治理手段，而不能把政、刑作为主要治理手段；“任人唯贤”是讲政治治理的主体选择，强调依靠有德行的君子来推行德治。这三个方面的思想与我国实施的以德治国与依法治国相结合的政治治理之策是相吻合的。

第四，“革故鼎新”与改革创新。“革故鼎新”出自《周易》中的“革，去故也；鼎，取新也”[1]，讲的是中华优秀传统文化中非常突出的革新观念。《大学》中讲“在新民”，《尚书》中说“作新民”[2]，商汤的《盘铭》刻有

1《周易·杂卦》。
2《尚书·康诰》。

“苟日新，日日新，又日新”，《诗经》中讲“周虽旧邦，其命维新”[1]，《周易》中讲“穷则变，变则通，通则久”[2]，都深刻反映了中华民族求新、创新的强烈追求。中国共产党是革命党，革命党的本色决定其坚定创新、永远创新的使命，改革开放以来中国共产党人以巨大的革命精神、革新勇气，推动中国社会实现巨大进步，形成了伟大的改革创新精神。

第五，“天人合一”与敬畏生态。“天人合一”是中华优秀传统文化关于人与自然关系的基本观念，反映了人们在传统农耕文明之下形成的对天地自然的敬畏、依赖、保护，虽然朴素但不失深刻。构建社会主义和谐社会离不开人与自然的和谐，社会主义为从根本上实现人与自然的和谐提供了制度基础、制度保证，习近平生态文明思想将“绿色”作为新发展理念之一，提出“敬畏生态”的理念，把新时代“美丽中国”建设推向崭新的高度。

第六，“自强不息”与奋斗精神。“自强不息”出自《周易》中的“天行健，君子以自强不息”[3]，讲的是君子的行事风格、处世姿态，应该努力像上天一样生生不息、健壮不已。自强精神与奋斗精神是相通的，中华民族是一个有伟大自强精神、奋斗精神的民族。习近平指出：“在几千年历史长河中，中国人民始终革故鼎新、自强不息，开发和建设了祖国辽阔秀丽的大好河山，开拓了波涛万顷的辽阔海疆，开垦了物产丰富的广袤粮田，治理了桀骜不驯的千百条大江大河，战胜了数不清的自然灾害，建设了星罗棋布的城镇乡村，发展了门类齐全的产业，形成了多姿多彩的生活。中国人民自古就明白，世界上没有坐享其成的好事，要幸福就要奋斗。”[4]

第七，“讲信修睦”“亲仁善邻”与和谐友善。“讲信修睦”出自《礼记·礼运》，“亲仁善邻”出自《左传·隐公六年》，二者的基本意思是讲在人与人、

1《诗经·大雅·文王》。
2《周易·系辞下》。
3《周易·乾》。
4《习近平谈治国理政》第3卷，外文出版社，2020，第140页。

家与家、国与国的交往过程中，要本着诚信、仁爱、友善的精神，这样就能实现和谐、和睦。这一观念与社会主义核心价值观中的和谐、友善是紧密联系、相互贯通的。我国在处理人与人的关系时强调关爱他人、以诚待人、与人为善，在处理家与家的关系时强调与邻为善而非以邻为壑，在处理国与国的关系时强调互相尊重、和睦相处。推动构建人类命运共同体，就是对“讲信修睦”“亲仁善邻”观念的继承和弘扬。

第三节　中华优秀传统文化核心价值理念的创造性转化和创新性发展

2014 年 2 月 24 日，习近平在主持十八届中央政治局第十三次集体学习时指出：“要处理好继承和创造性发展的关系，重点做好创造性转化和创新性发展。”[1]创造性转化和创新性发展作为重要的方法论，有着丰富的价值内涵与实践要求，“创造性转化，就是要按照时代特点和要求，对那些至今仍有借鉴价值的内涵和陈旧的表现形式加以改造，赋予其新的时代内涵和现代表达形式，激活其生命力。创新性发展，就是要按照时代的新进步新进展，对中华优秀传统文化的内涵加以补充、拓展、完善，增强其影响力和感召力”[2]。社会主义核心价值观基本理念，就是对中华优秀传统文化核心价值理念进行创造性转化和创新性发展的产物。经过这种创造性转化和创新性发展，中华优秀传统文化核心价值理念基因被时代激活，与社会主义核心价值观基本理念相对接、协调、融合，社会主义核心价值观基本理念赓续发展了中华优秀传统文化中的价值理念，使其民族性属性得以彰显。

1《习近平谈治国理政》第 1 卷，外文出版社，2018，第 164 页。

2 中共中央宣传部编：《习近平新时代中国特色社会主义思想学习纲要》，学习出版社、人民出版社，2019，第 147 页。

一、用马克思主义为中华优秀传统文化核心价值理念赋“魂”

对中华优秀传统文化核心价值理念进行创造性转化和创新性发展，最根本的要求是以马克思主义为指导，用马克思主义为其赋“魂”。2021 年 7 月 1 日，习近平在庆祝中国共产党成立 100 周年大会上首次提出“两个结合”思想，即“坚持把马克思主义基本原理同中国具体实际相结合、同中华优秀传统文化相结合”[1]。“两个结合”思想告诉我们，马克思主义要为中国人民所接受，就必须扎根于中国的历史和文化之中，同时，只有以马克思主义为指导，用马克思主义真理的光芒为中华优秀传统文化赋“魂”，中华优秀传统文化的“根”才能扎得更深、长得更壮，才能卓有成效地实现创造性转化和创新性发展。

马克思主义是科学的世界观和方法论，正确地揭示了自然界、人类社会和思维发展的一般规律，对中华优秀传统文化核心价值理念的创造性转化和创新性发展具有指导意义。习近平高度重视马克思主义，尤其是马克思主义哲学的学习和运用，要求广大干部把马克思主义哲学作为看家本领。习近平在纪念马克思诞辰 200 周年大会上指出：马克思主义是科学的理论，创造性地揭示了人类社会发展规律；马克思主义是人民的理论，第一次创立了人民实现自身解放的思想体系；马克思主义是实践的理论，指引着人民改造世界的行动；马克思主义是不断发展的开放的理论，始终站在时代前沿。他要求新时代的中国共产党人要学习和实现马克思主义关于人类社会发展规律的思想、关于坚守人民立场的思想、关于生产力和生产关系的思想、关于人民民主的思想、关于文化建设的思想、关于社会建设的思想、关于人与自然关系的思想、关于世界历史的思想、关于马克思主义政党建设的思想，不断从中汲取科学智慧和理论力量。[2]

1《习近平谈治国理政》第 4 卷，外文出版社，2022，第 10 页。

2 习近平：《在纪念马克思诞辰 200 周年大会上的讲话》，人民出版社，2018，第 7—24 页。

在马克思主义中国化的历程中，在马克思主义与中华优秀传统文化的结合方面，中国共产党人有很多非常成功的范例，其中一个典型的例证便是毛泽东对“实事求是”的创造性转化和创新性发展。在《改造我们的学习》中，毛泽东用马克思主义哲学中的辩证唯物主义对“实事求是”一词进行改造和转换。“实事求是”一词出自《汉书·景十三王传》，其中称赞河间献王刘德“修学好古，实事求是”，原意是刘德对前人留下的典籍非常热爱，认真研读，治学态度严谨，以充分的事实为依据得出可靠的结论。毛泽东创造性地对“实事求是”进行转换和发展：“‘实事’就是客观存在着的一切事物，‘是’就是客观事物的内部联系，即规律性，‘求’就是我们去研究。我们要从国内外、省内外、县内外、区内外的实际情况出发，从其中引出其固有的而不是臆造的规律性，即找出周围事变的内部联系，作为我们行动的向导。”[1]“实事求是”是中国共产党思想路线的核心，是中国共产党人对中华优秀传统文化核心价值理念进行创造性转化和创新性发展的范例。

社会主义核心价值观基本理念之所以是对中华优秀传统文化价值理念的继承和发展，根本原因在于中华优秀传统文化价值理念被赋予了马克思主义的灵魂。就中华优秀传统文化价值理念中的“重民本”与社会主义核心价值观基本理念中的“民主”之间的关系而言，二者既有历史的继承性，又有本质的不同。中华优秀传统文化价值理念中的“重民本”，反映的是中国古代阶级社会、等级社会背景下，统治阶级中的少部分政治家和知识分子对民众力量的重视、对民众苦乐的关心；社会主义核心价值观基本理念中的“民主”，是社会主义民主，是社会主义中国所实行的体现人民意志、代表人民利益的民主，是真正的、广泛的、全过程的民主，是中国传统民本思想的丰富和升华。实现这一改造的指导思想是马克思主义：与唯心史观不同，马克思主义的群众史观把人民群众视为历史的主体，把人民群众的力量视为创造

1《毛泽东选集》第3卷，人民出版社，1991，第801页。

历史、改变社会的最重要、最巨大的力量，自觉地树立起“一切依靠人民”的理念，对人民群众有崇敬之心。同时，中国共产党坚持人民至上，以全心全意为人民服务为根本宗旨，对人民群众的热爱和奉献是真诚的、发自内心的，正如习近平所言：“中国共产党始终代表最广大人民根本利益，与人民休戚与共、生死相依，没有任何自己特殊的利益，从来不代表任何利益集团、任何权势团体、任何特权阶层的利益。”[1]

二、区分良莠，辨别中华传统价值理念中的精华和糟粕

新事物对旧事物的否定不是全盘废弃、割断，而是既肯定又否定，既克服又保留，既继承又创新，对旧事物中仍然有积极意义的形式、内容，继承下来，根据时代变化、实际需要，创造性地加以改造、转化，赋予其新的内容和生命。根据辩证否定观，对中华传统价值理念要辨别精华和糟粕。

1960 年 12 月，毛泽东在同古巴妇女代表团和厄瓜多尔文化代表团谈话时指出：“对中国的文化遗产，应当充分地利用，批判地利用。中国几千年的文化，主要是封建时代的文化，但并不全是封建主义的东西，有人民的东西，有反封建的东西。要把封建主义的东西和非封建主义的东西区别开来。封建主义的东西也不全是坏的。我们要注意区别封建主义发生、发展和灭亡不同时期的东西。当封建主义还处在发生和发展的时候，它有很多东西还是不错的。反封建主义的文化也不是全部可以无批判地利用的。封建时代的民间作品，也多少都还带有封建统治阶级的影响。”[2] 这段重要论述给予我们很多启示：一是“人民的东西”“反封建的东西”，正是传统文化中可以加以批判地利用的重要内容；二是对待传统文化应当秉持历史的态度、辩证的态度，不同历史时期文化作品的价值诉求与现实诉求也是有着一定差异的；三是必须关注到传统文化所具有的历史局限性，特别是其中受到统治阶级影响

1《习近平谈治国理政》第 4 卷，外文出版社，2022，第 9 页。

2《毛泽东文集》第 8 卷，人民出版社，1999，第 225 页。

的内容。

坚持古为今用、推陈出新，不能厚古薄今、以古非今，推动以文化人、以文育人，是中华优秀传统文化核心价值理念创造性转化和创新性发展的重要方法论。2014 年 2 月 24 日，习近平在主持十八届中央政治局第十三次集体学习时指出："对历史文化特别是先人传承下来的价值理念和道德规范，要坚持古为今用、推陈出新，有鉴别地加以对待，有扬弃地予以继承，努力用中华民族创造的一切精神财富来以文化人、以文育人。"[1] 2014 年 9 月 24 日，习近平在纪念孔子诞辰 2565 周年国际学术研讨会暨国际儒学联合会第五届会员大会开幕会上指出："传统文化在其形成和发展过程中，不可避免会受到当时人们的认识水平、时代条件、社会制度的局限性的制约和影响，因而也不可避免会存在陈旧过时或已成为糟粕性的东西。这就要求人们在学习、研究、应用传统文化时坚持古为今用、推陈出新，结合新的实践和时代要求进行正确取舍，而不能一股脑儿都拿到今天来照套照用。要坚持古为今用、以古鉴今，坚持有鉴别的对待、有扬弃的继承，而不能搞厚古薄今、以古非今，努力实现传统文化的创造性转化、创新性发展，使之与现实文化相融相通，共同服务以文化人的时代任务。"[2]

一方面，不要把精华当成糟粕。和合文化是中华优秀传统文化的精华之一，是中华民族凝聚力的核心内容，有着巨大的、持久的统摄力与凝聚力，将整个民族的成员紧密地结合在一起，激励人们万众一心、同舟共济，为实现民族整体利益和长远目标而不懈奋斗。"和而不同"是和合文化的宇宙观，"以和为贵"是和合文化的价值观，正是基于这样的价值理念，人们普遍崇尚和谐，追求家庭和谐、邻里和睦、民族团结、国家统一。然而，在"文化大革命"中，和合文化被错误地当成了糟粕，社会上充斥着斗倒、打倒、砸

1《习近平谈治国理政》第 1 卷，外文出版社，2018，第 164 页。
2《习近平谈治国理政》第 2 卷，外文出版社，2017，第 313 页。

烂、批臭等气息，“和为贵”“温良恭俭让”等完全被否定、被抛弃，这一历史教训非常深刻。正是在反思历史教训的基础上，我们把中华优秀传统文化中的和合理念继承下来，发展成为社会主义和谐价值理念。

另一方面，不要把糟粕当成精华。从现代社会的角度看，中华传统文化中的糟粕是指等级意识、“官本位”思想等与现代价值理念不相符合的内容。数千年间，在封建制度的影响下，中国存在着严格的等级意识，辈分、官位、行业、性别、地域等都是划分为等级的，有等级就会有尊卑，如君君臣臣、父父子子、男尊女卑，如职业等级中的“上九流”“中九流”“下九流”，如元代有蒙古人、色目人、汉人、南人四个等级的区分。依据不同的等级，就有不同的社会规范，产生统治阶级对被统治阶级、高等级对低等级的制度性歧视。“等贵贱，均贫富”无疑是被统治阶级的奢望、幻想。社会的阶级划分、等级划分是固化的，阶级差异、等级格局、身份地位很难突破。比如，中了科举、立了军功，就会上升到更高的等级，实现阶级地位的跃升，但这种机会对于处在社会底层的广大人民群众来说是稀少的。长时期沉浸在一种看似天然的阶级、等级秩序中，平等、自由、民主、个性等价值观念很难充分地、蓬勃地生长出来。我国建立了社会主义制度，人民成为国家和社会的主人，旧制度下的种种不平等被打破，社会主义核心价值观积极倡导的平等、自由、民主、公正等价值理念，批判官场中的“官本位”思想，反对上级对下级颐指气使、下级对上级卑躬屈膝的行为，力避把糟粕当成精华。

中华传统价值理念中的精华和糟粕往往不是泾渭分明、一目了然的，需要进行深入、细致的分析。一种价值理念在其形成过程中，必然带有时代的、阶级的烙印，难以摆脱统治阶级局限和时代局限。比如，以“五常”中的“礼”为例，传统社会中“礼”的最重要的功能是区分人的等级尊卑，以礼的规范化形式将不同等级应当遵循的规矩固定下来，“贵贱有等，长幼有差，贫富轻重皆有称者也”[1]，让不同阶级、阶层的人们各守其礼、各安其位、各尽其职，不得有僭越的非分之想。这一功能中的糟粕是主要的，如“礼不下庶人”观念就是必须予以批判的，它属于古代等级制度下的糟粕。现在是平等社会、文明社会，知礼、尊礼、守礼是每个人的基本素养、社会责任。同时，还要看到“礼”的另一个重要功能，即表达对人的关爱和尊重。这一功能中的精华是主要的，培育社会主义核心价值观基本理念要注重发挥“礼”的积极作用。

三、适应时代要求，推动中华优秀传统文化核心价值理念的创新发展

时移世异，必须与时俱化。在中华优秀传统文化中，儒家思想正是适应于历史发展而不断与时俱进的，具有强大的生命力，正如习近平所言：“儒家思想和中国历史上存在的其他学说都是与时迁移、应物变化的，都是顺应中国社会发展和时代前进的要求而不断发展更新的，因而具有长久的生命力。”[2]

中华文化中有一种强烈的自新、维新的价值传统。《周易》中的“易”，其基本内涵之一就是变易，认为万物都处于永恒的变易状态，“《易》之为书也不可远，为道也屡迁。变动不居，周流六虚，上下无常，刚柔相易，不可为典要，唯变所适”[3]。根据天人合一原则，人的行为要与时俱化，要随着天地、四时、时势等的变化而变化，不断根据现实需要、时代变化，加以必要的调整、革新、变化，即“天地变化，圣人效之”[4]。《诗经》中的“周虽旧邦，其命维新”[5]，说的是周文王以“维新”为使命，创造周王朝治理天下的新制度、新秩序。人的知识、修养、能力等也是如此，一个人不断地学习、

1《荀子·礼论》。

2 习近平：《在纪念孔子诞辰 2565 周年国际学术研讨会暨国际儒学联合会第五届会员大会开幕会上的讲话》，人民出版社，2014，第 5 页。

3《周易·系辞下》。

4《周易·系辞上》。

5《诗经·大雅·文王》。

反思、践行，不断地、自觉地求新、自新，达到“作新民”的目标。正是因为中华文化中的这种“日新”基因，数千年来中华民族不断克服因循守旧的一面，一直弘扬创新、创造精神。习近平将伟大创造精神视为中华民族伟大精神的重要内容，他说：“中国人民是具有伟大创造精神的人民。在几千年历史长河中，中国人民始终辛勤劳作、发明创造，我国产生了老子、孔子、庄子、孟子、墨子、孙子、韩非子等闻名于世的伟大思想巨匠，发明了造纸术、火药、印刷术、指南针等深刻影响人类文明进程的伟大科技成果，创作了诗经、楚辞、汉赋、唐诗、宋词、元曲、明清小说等伟大文艺作品，传承了格萨尔王、玛纳斯、江格尔等震撼人心的伟大史诗，建设了万里长城、都江堰、大运河、故宫、布达拉宫等气势恢弘的伟大工程。今天，中国人民的创造精神正在前所未有地迸发出来，推动我国日新月异向前发展，大踏步走在世界前列。我相信，只要 13 亿多中国人民始终发扬这种伟大创造精神，我们就一定能够创造出一个又一个人间奇迹！”[1]

党的十八大以来，中国特色社会主义进入新时代，这是我国发展所处的新的历史方位。“中国特色社会主义新时代是承前启后、继往开来、在新的历史条件下继续夺取中国特色社会主义伟大胜利的时代，是决胜全面建成小康社会、进而全面建设社会主义现代化强国的时代，是全国各族人民团结奋斗、不断创造美好生活、逐步实现全体人民共同富裕的时代，是全体中华儿女勠力同心、奋力实现中华民族伟大复兴中国梦的时代，是我国不断为人类作出更大贡献的时代”[2]。对此，必须充分把握好中华优秀传统文化核心价值理念创造性转化和创新性发展的新时代要求，以全球化时代中国和世界的发展现实为立足点，以满足中国人民、世界人民的现实发展需要为目的。

1《习近平谈治国理政》第 3 卷，外文出版社，2020，第 140 页。

2《中共中央关于党的百年奋斗重大成就和历史经验的决议》，人民出版社，2021，第 23 页。

习近平强调要根据时代条件，对中华优秀传统文化进行创造性转化和创新性发展。强调立足时代，旨在使中华民族最基本的文化基因与当代文化相适应、与现代社会相协调。2014 年 5 月 30 日，习近平在北京市海淀区民族小学主持召开座谈会时指出："今天，中华民族要继续前进，就必须根据时代条件，继承和弘扬我们的民族精神、我们民族的优秀文化，特别是包含其中的传统美德。"[1] 2014 年 9 月 24 日，习近平在纪念孔子诞辰 2565 周年国际学术研讨会暨国际儒学联合会第五届会员大会开幕会上指出："对传统文化中适合于调理社会关系和鼓励人们向上向善的内容，我们要结合时代条件加以继承和发扬，赋予其新的涵义。"[2]

中国共产党人成功地吸收和运用愚公移山典故，关键在于与时俱进，紧密结合不同时代的主题、使命，拓展愚公移山精神的时代内涵。在新民主主义革命、社会主义革命和建设、改革开放和社会主义现代化建设过程中，中国共产党既领导人民移掉了帝国主义、封建主义、官僚资本主义"三座大山"，又向贫穷落后、封闭保守等一座座大山开战。中国特色社会主义进入新时代，习近平带领全党和全国人民移掉了绝对贫困这座"大山"，并持之以恒、坚持不懈地在移官员腐败、环境污染、新冠疫情等"大山"，为实现中华民族伟大复兴奠定了坚实的历史基础。

从核心价值观的整体内容来看，社会主义核心价值观基本理念是适应时代特点，对中华优秀传统文化中的基本价值理念进行创造性转化和创新性发展的产物。中国古代的"仁、义、礼、智、信""礼、义、廉、耻"等价值观念偏重核心价值观的个人层面，即重在强调个人的品德修养、人格塑造；而在社会交往越来越频繁、各个领域沟通越来越密切、对内对外越来越开放的现代社会，核心价值观除了涉及个人层面之外，还观照到国家层面、社会

1《习近平谈治国理政》第 1 卷，外文出版社，2018，第 181 页。

2 习近平：《在纪念孔子诞辰 2565 周年国际学术研讨会暨国际儒学联合会第五届会员大会开幕会上的讲话》，人民出版社，2014，第 7 页。

层面。

从核心价值观的历史变迁来看，社会主义核心价值观的基本理念是与时俱进、顺应时代变化的产物。中华优秀传统文化中的基本价值理念是前现代社会的价值观，社会主义核心价值观则属于现代社会的价值观。当今我国的社会主义核心价值观基本理念，其中既有对中华传统价值理念的继承和弘扬，如仁爱、民本、和谐、诚信等；又有对资本主义现代价值理念的借鉴，如对自由、民主、平等、法治等理念的批判性吸收；也有对社会主义现代性价值理念的探索、发展，如社会主义民主、社会主义法治、社会主义和谐社会等。

就某一具体价值理念来看，在新旧时代必然存在较大的差异。诚信是社会主义核心价值观基本理念之一。传统诚信主要存在于熟人之间，陌生人之间的诚信关系难以建立。随着社会从熟人社会走向陌生人社会，人际交往呈现出去道德化、去诚信化的特征。熟人社会表现为明显的地域特征，即传统社会中的人们局限于一个有限的、狭小的、相对封闭的地理空间，社会成员之间的空间距离很小，社会关系较为简单，彼此之间非常熟悉，关系亲近，相互信任，相互扶助，形成一个充满温情的亲缘共同体、地缘共同体。在熟人社会中，熟人之间相互依赖、相互信任、相互帮助，人们低头不见抬头见，人与人之间的道德监督非常容易，做不诚信事情的曝光度很高，由此引发的失信成本会很大。相反，他们对待陌生人，则可能是另一套准则、另一副面孔。陌生人社会中的道德关系面临的难题之一是道德监督上的困难，人们做不道德、不诚信事情所引发的代价不大，人与人之间的信任度降低，“提防陌生人”成为常见的心理倾向，欺负、欺骗陌生人的事情屡屡发生。如何根据当今时代特点，适应我国对外开放和发展社会主义市场经济的需要，克服传统诚信价值理念的局限，培育和践行好这一美德，是一个很重要的课题。

四、以经世致用为原则，以满足我国人民和国际社会需要为目标

某种思想学说要起到兴利除弊的作用，必须满足现实的需要，中华优秀传统文化核心价值理念的创造性转化和创新性发展也要遵循这一原则，服务于我国人民和国际社会的需要。习近平指出："儒家思想和中国历史上存在的其他学说都坚持经世致用原则，注重发挥文以化人的教化功能，把对个人、社会的教化同对国家的治理结合起来，达到相辅相成、相互促进的目的。"[1]

与西方文化中的"神本"不同，中华文化关注的不是天国而是人间，不是"六合之外"而是"六合之内"，追求在现实社会生活中的经世致用、兴利除弊。儒家有非常强烈的道义使命感、政治使命感，道义使命感就是"诚意""正心"，政治使命感就是"治国""平天下"。孔子一生都在积极努力，以高度的入世精神，致力于用儒家思想来改造现实社会，努力创造一个"近悦远来"的美好世界。北宋思想家张载的"横渠四句"是儒家使命感的最高表达，即"为天地立心，为生民立命，为往圣继绝学，为万世开太平"。

中华优秀传统文化之所以"优秀"，一个基本原因就是能够对社会发展起到积极的促进作用。在漫长的历史上，儒家文化对中华民族的团结统一、和谐包容、自强奋斗、爱国爱民等精神的塑造是不可或缺的。在当今的现实中，儒家文化对于社会主义和谐社会建设，对于实现中华民族伟大复兴的中国梦，都表现出了巨大的文化价值。习近平指出："从历史的角度看，包括儒家思想在内的中国传统思想文化中的优秀成分，对中华文明形成并延续发展几千年而从未中断，对形成和维护中国团结统一的政治局面，对形成和巩固中国多民族和合一体的大家庭，对形成和丰富中华民族精神，对激励中华儿女维护民族独立、反抗外来侵略，对推动中国社会发展进步、促进中国社

1 习近平：《在纪念孔子诞辰 2565 周年国际学术研讨会暨国际儒学联合会第五届会员大会开幕会上的讲话》，人民出版社，2014，第 5 页。

会利益和社会关系平衡，都发挥了十分重要的作用。”[1]

中华优秀传统文化不仅是中华民族自立于世界民族之林的精神根基，对于和谐世界建设，对于推动构建人类命运共同体，又具有举世公认的价值。习近平指出：“中华文明，不仅对中国发展产生了深刻影响，而且对人类文明进步作出了重大贡献。”[2]“世界上一些有识之士认为，包括儒家思想在内的中国优秀传统文化中蕴藏着解决当代人类面临的难题的重要启示，比如，关于道法自然、天人合一的思想，关于天下为公、大同世界的思想，关于自强不息、厚德载物的思想，关于以民为本、安民富民乐民的思想，关于为政以德、政者正也的思想，关于苟日新日日新又日新、革故鼎新、与时俱进的思想，关于脚踏实地、实事求是的思想，关于经世致用、知行合一、躬行实践的思想，关于集思广益、博施众利、群策群力的思想，关于仁者爱人、以德立人的思想，关于以诚待人、讲信修睦的思想，关于清廉从政、勤勉奉公的思想，关于俭约自守、力戒奢华的思想，关于中和、泰和、求同存异、和而不同、和谐相处的思想，关于安不忘危、存不忘亡、治不忘乱、居安思危的思想，等等。中国优秀传统文化的丰富哲学思想、人文精神、教化思想、道德理念等，可以为人们认识和改造世界提供有益启迪，可以为治国理政提供有益启示，也可以为道德建设提供有益启发。”[3]

以“仁爱”精神为例，能够看到中华优秀传统文化核心价值理念在社会生活中的实际功用。儒家、墨家都讲关于“爱”的道理，儒家的“爱”是有差等、有先后的爱，即首先爱自己的父母、兄弟姐妹，在此基础上爱亲戚朋

1 习近平：《在纪念孔子诞辰 2565 周年国际学术研讨会暨国际儒学联合会第五届会员大会开幕会上的讲话》，人民出版社，2014，第 5—6 页。

2 习近平：《在纪念孔子诞辰 2565 周年国际学术研讨会暨国际儒学联合会第五届会员大会开幕会上的讲话》，人民出版社，2014，第 4 页。

3 习近平：《在纪念孔子诞辰 2565 周年国际学术研讨会暨国际儒学联合会第五届会员大会开幕会上的讲话》，人民出版社，2014，第 6—7 页。

友、邻里乡亲，然后去爱更多的人，即孔子所说的“泛爱众”[1]，孟子主张的“老吾老以及人之老，幼吾幼以及人之幼”[2]。墨家的“爱”是无差等、无先后的爱，“兼爱”就是无差别地、同等地爱所有人，是一种充满了侠义精神的爱。法家基于人性恶的判定，认为人的行为动机都是利己的、好利的，人与人之间是利益交换关系，没有什么爱意可言。相比较而言，儒家的仁爱更符合中庸之道，既不是墨家冲天的理想主义，也不是法家冷酷的现实主义，非常切实，合情合理，指导性、可行性很强。事实上，仁爱精神是中国古代主宰人与人之间、家族与家族之间、民族与民族之间、国家与国家之间关系的基本价值理念，形成了与人为善、孝老爱亲、和谐共荣等优良传统。

以“和合”文化为例，能够说明中华优秀传统文化核心价值理念的重要意义和深刻影响。和合文化是构建社会主义和谐社会的重要文化资源，对于推动构建人类命运共同体具有重要价值。一方面，和合文化是构建社会主义和谐社会的重要文化资源。就实现社会政治和谐而言，和合文化追求政通人和，努力达到“国治”“天下平”的社会治理目标。就人与人之间的和谐而言，和合文化倡导“和为贵”，“和而不同”，认为“天时不如地利，地利不如人和”[3]，追求化干戈为玉帛，化仇敌为朋友，形成“我为人人，人人为我”的社会氛围。就人与自然之间的和谐而言，“天人合一”是和合文化的基本主张，强调人是自然界的一部分，人要将自然界中的其他存在视为亲密的朋友，“以天地万物为一体”[4]，顺应自然，关爱自然，保护自然，追求“天人合一”，实现人类文明的可持续发展。另一方面，和合文化是推动构建人类命运共同体的宝贵精神财富。与“文明冲突论”不同，中国致力于推动构建人类命运共同体。就实现世界和平而言，要以“和为贵”为价值导向，以“和

1《论语·学而》。
2《孟子·梁惠王上》。
3《孟子·公孙丑下》。
4《大学问》。

而不同”为指导思想，以“立人达人”为胸怀，以“协和万邦”为共同理想，化解矛盾冲突，深化互利合作，实现持久和平、共同繁荣的目标。

五、突出创造性，不断激活中华优秀传统文化核心价值理念的生命力

实现中华优秀传统文化核心价值理念的创造性转化和创新性发展，就是要强调创造、创新，旨在转化、发展。习近平指出：“中华文明延续着我们国家和民族的精神血脉，既需要薪火相传、代代守护，也需要与时俱进、推陈出新。要加强对中华优秀传统文化的挖掘和阐发，使中华民族最基本的文化基因与当代文化相适应、与现代社会相协调，把跨越时空、超越国界、富有永恒魅力、具有当代价值的文化精神弘扬起来。要推动中华文明创造性转化、创新性发展，激活其生命力，让中华文明同各国人民创造的多彩文明一道，为人类提供正确精神指引。”[1] 现如今，推动人类文明新形态的发展，推动社会主义核心价值观基本理念的发展，依旧需要从中华民族的传统价值基因中汲取有益滋养，更深入地把握中华文明的价值底蕴。

中华优秀传统文化是我国社会主义先进文化的源头，对此源头有两种态度，一是“塞源”，如全盘西化、全盘复古，企图完全割断或者固化历史文化，都是在窒息我国传统文化及其核心价值理念的生命。另一是“浚源”。“欲流之远者，必浚其泉源。”[2]如旧的河道有堵塞，就要进行疏通；有的地段河床太高，就要挖低；有的河岸不够牢固，就要加固；有的河道太多弯曲，可以取直。“浚源”的过程就是继承、改造、激活中华优秀传统文化的过程，就是对中华优秀传统文化核心价值理念进行创造性转化和创新性发展的过程。

孔子对礼制沿革的阐述就是他所处的时代对既往文化进行创新的典范。孔子说：“殷因于夏礼，所损益可知也；周因于殷礼，所损益可知也；其或

1《习近平谈治国理政》第2卷，外文出版社，2017，第340页。

2《谏太宗十思疏》。

继周者，虽百世可知也。”[1]这句话有两重意思，一是因袭、继承，即殷代沿袭了夏代的礼仪制度，周代沿袭了殷代的礼仪制度，后代都会继承前代礼仪制度中的合理成分，一些基本的原则、精髓是会一直传承下来的，比如礼仪背后的仁爱精神、尊重原则，这些都是对现实有着重要影响的价值理念。如当颜回向孔子讨问为邦之道时，孔子回答：“行夏之时，乘殷之辂，服周之冕，乐则《韶》舞。”[2]二是损益、革新，即不可能完全照搬过去的礼仪制度，要在历史的基础上，根据时代变化、实际需要而有所损益、革新，去发展新的礼仪制度。程颐在论述代际损益时说：“礼，时为大，须当损益。夏商周所因损益可知，则能继周者亦必有所损益。”[3]既因袭、继承，又损益、革新，二者的综合就是创造性转化和创新性发展。

创造性转化和创新性发展的“激活”，关键在于激活中华优秀传统文化核心价值理念。在实现中华优秀传统文化核心价值理念的创造性转化和创新性发展的过程中，突出创造性和艺术性，致力于实现充分、贴切、全面、深入的创造、创新，而不是机械地、片面地、浅层次地、形式化地做这一工作。这里的关键是“激活”。用什么来激活？激活中华优秀传统文化的工具，是马克思列宁主义、毛泽东思想、邓小平理论、“三个代表”重要思想、科学发展观、习近平新时代中国特色社会主义思想。激活的对象，则是“跨越时空、超越国界、富有永恒魅力、具有当代价值的文化精神”[4]。

对愚公移山典故的吸收、转化、改造，是中国共产党人激活中华优秀传统文化资源的典范。愚公移山典故自从《列子》成书以来，在约 2000 年的时间里总体处于沉寂状态，被提及的次数屈指可数。直至中国共产党诞生，一代代中国共产党人不断地把沉睡在故纸堆中的愚公唤醒，愚公移山成为家

1《论语 · 为政》。
2《论语 · 卫灵公》。
3《二程全书 · 遗书十五》。
4《习近平谈治国理政》第 2 卷，外文出版社，2017，第 340 页。

喻户晓的经典故事，愚公移山精神成为中国共产党人的伟大精神，成为亿万人民群众战天斗地、艰苦创业、团结奋斗、创造新生活的巨大动力，非常成功地实现了创造性转化和创新性发展。中国共产党人成功激活愚公移山典故的根本，是为愚公移山典故注入马克思主义的灵魂。中国共产党人对愚公移山典故的“激活”，充分体现了对马克思主义的透彻理解和真诚信仰，对历史唯物主义的群众史观的忠实实践。毛泽东说：“现在也有两座压在中国人民头上的大山，一座叫做帝国主义，一座叫做封建主义。中国共产党早就下了决心，要挖掉这两座山。我们一定要坚持下去，一定要不断地工作，我们也会感动上帝的。这个上帝不是别人，就是全中国的人民大众。”[1]毛泽东把人民群众比作愚公移山典故中的“上帝”，将凸显神仙主宰的唯心主义改造为彰显人民伟力的唯物主义，彰显了人民群众创造历史的思想。

用马克思主义的阶级分析方法、群众史观，分析、激活、改造中国传统的民本思想，是实现中华优秀传统文化核心价值理念创造性转化和创新性发展的又一个成功范例。一方面，要看到中国古代民本思想的阶级本质，其是为稳定剥削阶级的统治秩序服务的。历史上有过“民贵”“民本”等思想，也不乏“爱民如子”“为民作主”的官员，但古代社会总体上实行的不可能是“以民为本”，不可能把民众作为服务的对象，而只能是“以官为本”，即以统治阶级的利益为根本，这是为中国古代的经济结构、政治结构所决定的社会事实。“民本”作为价值理念是统治阶级的思想家提出来的，其实质是抑制统治集团的贪欲，把对民众的剥削程度控制在民众能够接受的水平，是在统治阶级的贪欲满足与被统治阶级的生存需要之间寻找平衡，以此缓和社会阶级矛盾，维持政权的长治久安，其出发点和归宿都不是维护与发展占人口大多数的被统治阶级的利益。另一方面，不能完全否定中国古代民本思想的价值，不能断然认为古代民本思想的提出者没有对民众施行仁爱、仁政的

1《毛泽东选集》第3卷，人民出版社，1991，第1102页。

本意。儒家认为不同等级之间的关系不应当是对抗式的、冷冰冰的，而应当是协调式的、有温情的。儒家主张为政者要关心民众的生活和幸福，要做到“老者安之，朋友信之，少者怀之”[1]，“均无贫，和无寡，安无倾”[2]，追求“无讼”[3]，建设一个充满关爱的和谐社会。中国共产党人相信历史唯物主义的群众史观，坚持群众观点和群众路线，把全心全意为人民服务作为党的宗旨；中国共产党人批判性地继承与发展了中国古代的民本思想，形成了社会主义民主价值理念，形成了以人民为中心的发展思想，从人民性、真实性、全面性等维度超越了中国古代的民本思想。在一定意义上，社会主义核心价值观基本理念是中华优秀传统文化核心价值理念创造性转化和创新性发展的产物，植根于中华文明的价值沃土，展现出中华文明核心价值理念的当代生命力。

1《论语·公冶长》。
2《论语·季氏》。
3《论语·颜渊》。

第四章
社会主义核心价值观基本理念是对西方价值文化优秀成分的借鉴与超越

社会主义核心价值观基本理念，不仅是对中华传统文化优秀成分的继承与发展，也是对西方价值文化优秀成分的借鉴与超越。首先，社会主义核心价值观基本理念，借鉴了西方价值文化中的自由、平等、民主和法治等核心价值理念及其相应传播实践中的积极之处。其次，社会主义核心价值观基本理念的理论基础和实践进程，还对西方价值文化中的抽象人性论、私有制基础、单向演绎逻辑以及实践扩张性等方面给予了充分的批判。最后，西方价值文化有其特定阶段的时代贡献，也有其明显的历史局限性，必然会被社会主义核心价值观超越，这表现在以人民为中心的具体人权论超越了抽象人权论，集体主义的自由观超越了个人主义的自由观，社会主义的全过程人民民主观超越了西方形式主义民主观，以及承载人类命运共同体的共同价值主张超越了所谓的“普世价值”理论。

第一节　社会主义核心价值观基本理念对西方价值文化优秀成分的借鉴

西方价值文化的形成和发展有其特定历史过程。在这个特定历史过程中，西方国家提出适合其实际情况以及所处时代宏观背景的基本价值主张，这些基本价值主张大致可以总结为，在个人主义、理性主义、生而平等和利益至上等理论前提下，对人权、自由、平等、民主、博爱、法治等基本价值理念[1]的重视和张扬。在实践领域，西方国家也在民主建设、法治建设以及某些具体制度建设中形成一定传统，并在相应的价值观传播过程中形成理念表达的简洁明确性、教育内容的全面渗透性以及建设主体的多方互动性等具体优势。如上方面都在社会主义核心价值观基本理念的构建和推广过程中被批判性地借鉴吸收。

一、西方价值文化形成的基本历程

考察西方价值文化形成的基本历程，不能只是对其中所产生的基本观念进行大致梳理，或者对这些观念加以简单比较，而更要挖掘出这些观念背后所形成的理论逻辑及其实践路径，并由此揭示这些观念所呈现的特点及实质，如此才能展现西方价值文化的整体面貌。西方价值文化形成于古希腊时期，当时人们的生存条件受到自然环境带来的诸多制约，因此对于自然总是抱有敬畏态度，表现在价值上，就是要用自然秩序来论证社会秩序构建之必要性。例如，柏拉图的“理念论”创造出一个永恒不变的理念王国，人所依赖的自然秩序乃至社会秩序都不过是这个理念王国的外化表现。在这个理念王国里，理性被赋予至高无上的地位，在由此所构成的人之灵魂的三种要素即理性、意志和欲望中，理性具有最高地位。与上述三种要素相对应的则是三种道德要求，它们分别是智慧、勇敢和节制。三种要素是三种道德所产生的理论前提，与三种要素相对应的三种道德要求处于和谐一致的状态时，就会产生一种更为宏观性的道德要求，即正义。于是，就有了每每谈到西方社会道德观或价值观时要讲到的所谓“四大美德”，即智慧、勇敢、节制和正义。根基于如上逻辑体系的西方价值文化，不仅能够给公民个人带来具有确

---

1 随着资本主义的壮大，西方国家逐步形成它们价值观念中的基本理念，这些理念又随着西方国家价值观及价值体系的不断完善，被提炼出自由、平等、民主、法治等核心价值理念。

定性的信念，也能够给个人所处的社会带来稳定的秩序。柏拉图的理念论正是因为具有这样的功能，才成为西方传统社会核心价值观与价值文化的理论基石。[1]

但是，上述逻辑所推导出来的价值体系也存在一些问题，其中最大的问题就是：当社会需要进行变革的时候，人们又要用何种价值来作出相应的应对呢？柏拉图建立的价值观念体系难以有力地回应与说明这一问题。亚里士多德理论的出现解决了这个大问题，并被重视起来。换言之，如果说柏拉图哲学是偏于静态性的由几个价值观念所构成的体系，亚里士多德哲学则是偏于动态性的价值观念体系，两种哲学体系分别适合于不同情形。在人类社会不断发展的历史长河里，对于静态性的需求大致居于主导性地位，因此柏拉图哲学在西方社会的影响力自然要更大一些。从实质内容来说，西方中世纪所兴盛的基督教哲学，实际上就是柏拉图哲学的另外一种表现形式。例如，奥古斯丁的宗教观念就是接受了柏拉图的理念论之后，为寻求稳定的社会状态而构建的学说；而当阿奎那用亚里士多德的哲学观念来证明上帝存在时，人们思想观念的根基就受到了非常强烈的冲击。亚里士多德哲学中的动态性因素对上述过程起了非常大的支撑作用。总之，柏拉图和亚里士多德师徒二人对于整个西方价值文化的构建产生了最为基础的影响，而这种影响又因两种哲学之间的细微差别而产生了不同的价值要求。

到了17、18世纪，西欧国家的资本主义有了快速发展，思想文化领域发生了非常大的变化，相应的价值文化也有了新的发展。抑或说，新兴资产阶级随着自身经济实力的不断壮大，在思想文化领域也掀起了反封建特权和教会神权的启蒙运动。相应地，人权、自由、平等、民主、博爱法治等基本价值理念也由启蒙思想家们提出来，并与现实生活中的真实需要结合起来，成为资产阶级革命的响亮标语，并逐步在各个国家普遍传开。例如，霍布斯

1 韦正翔：《中西核心价值观的生成历程》，《九江学院学报》2008年第1期，第30页。

主张社会契约，希望以这种理念建立国家；洛克赞成君主立宪制，提出了分权思想；伏尔泰力挺“开明君主”式的改革，建议由这种方式过渡到君主立宪制；孟德斯鸠提出权力制约，主张建立“三权分立”的治国模式；卢梭也坚持“社会契约论”，提出人民主权说；等等。总之，启蒙思想家们都在以“天赋的人权”反对“神授的君权”，以“政治的自由”抵抗“封建的专政”，以“信仰的自由”对峙“宗教的压迫”，以“法律面前的人人平等”批驳“贵族的等级特权”，为西方资产阶级价值文化的形成和巩固提供了充足的理论支撑，也逐步地凝练出他们所主张的核心价值理念，并为西方资本主义国家政治制度的确立提供了充分的理论依据。也就是说，他们在上述思想启蒙过程中构建了自己基本的乃至核心的价值理念，并依据这些价值理念建立了国家政治制度，而国家政治制度的确立反过来又巩固了他们所主张的那些价值理念所存在的根基。

在封建神权的压迫下，在启蒙运动的鼓舞下，最重要的是，到了“资产阶级已经强大得足以建立他们自己的、同他们的阶级地位相适应的意识形态”[1]的时候，资产阶级就开始将他们的思想观念贯彻到各个领域的实践中。在英国，国王以“君权神授”的理念维护着封建专制统治，最终导致资产阶级革命的爆发。革命胜利后，英国议会颁布的《权利法案》确立了“君主立宪制”。资产阶级最终登上政治舞台，并开始施行他们在法案中所主张的一系列理念。在法国，资产阶级在经济上虽然很富有，但在政治上却没有什么话语权，手工业者、工场工人的实际生活更是穷困潦倒，并不断受到特权等级的压迫，而广大农民则是受苦最深、受害最重的群体，于是资产阶级通过《人权宣言》宣布人人生而自由、人人生而平等。美国独立战争则是北美13个殖民地人民推翻英国的殖民统治、争取独立的战争，经过异常激烈的斗争才取得胜利；1776年颁布的《独立宣言》宣告北美13个殖民地脱离英国而

1《马克思恩格斯文集》第4卷，人民出版社，2009，第289页。

成为“自由独立的合众国”；1787年颁布的宪法确定了西方日后所普遍采取的“三权分立”共和政体，在世界范围内产生了非常深远的影响。

英国、法国和美国等国家的资产阶级革命相继爆发，虽然在具体原因以及实际进程等方面都不尽相同，但这些革命之所以都能产生预期效果，主要还是在于日益强大的新兴资产阶级所提出的价值主张符合了当时的历史潮流，而这些主张被提出之后不断地被传播开来，也是历史潮流的反映。抑或说，这些主张所引领的资产阶级革命反映了当时资产阶级的需求，甚至也在一定程度上反映了广大人民群众的实际利益，并逐渐成为资产阶级基本价值理念，进而构成各国资产阶级革命取得成功的关键因素。到了19世纪中叶，在工业革命的迅猛带动下，德国、意大利、沙俄和日本等国家也随之通过革命方式实现了由封建社会向资本主义社会乃至由农奴社会向资本主义社会的转换与跨越。虽然与英国、法国和美国等国家相比，这些国家的革命过程及结果还带有明显的封建残余，却也标志着它们国家制度的历史转型。总之，资本主义的价值理念随着资本主义体系的形成，在全世界范围内不断地被强化着，并成为社会主义国家建立之前世界上的主导价值潮流。

综上可以说，在17—18世纪的欧美，作为资产阶级反对神权、反对特权、反对专制之有力武器的人权、自由、平等、民主、博爱等基本价值理念，在推动资产阶级革命取得成功，乃至在推动人类社会向前进步等方面都是功不可没的。但需要注意的是，启蒙思想家们所提出的价值理念都有其特定的时代内涵。例如，洛克虽然强调个人的自由和权利存在的必要性与重要性，但却认为这些权利都是先天而来的，由此推导出的“天赋人权”就是指资产阶级人权，尤其是资产阶级财产权的先天不可侵犯性，实质上就是为拥有着绝对财产的资产阶级代言的。再如，法国大革命期间颁布的《人权宣言》也主张人生来是自由的，在权利上是平等的，最终保护的还是资产阶级的私有财产，对于“无产者”来说，仍然无法获得保护。换句话说，在资本主义制度下，无产阶级只拥有尚不够自己生存下去的财产，甚至还存在连财产都不会拥有的境况。

尽管如此，启蒙思想家们所主张的价值观念在反对封建统治并建立资产阶级新秩序的时候，还是体现出了充斥在全社会的“普遍”性质，这是必须要注意的，也是必须要肯定的。“因为它的利益在开始时的确同其余一切非统治阶级的共同利益还有更多的联系，在当时存在的那些关系的压力下还不能够发展为特殊阶级的特殊利益。因此，这一阶级的胜利对于其他未能争得统治地位的阶级中的许多个人来说也是有利的”[1]。这就表明，此时的资产阶级作为新阶级的统治者，还必须顾及一定的被统治者的利益，不然就无法实现他们的统治，而一旦其统治地位得到稳固，就会让其所谓的“普遍利益”变成“特殊利益”，同时又把这些“特殊利益”包装成所谓的“普遍追求”，以便使他们的观念继续“深入人心”，使他们的统治长治久安。这一点正如马克思所指出的，“在贵族统治时期占统治地位的概念是荣誉、忠诚，等等，而在资产阶级统治时期占统治地位的概念则是自由、平等，等等……因为每一个企图取代旧统治阶级的新阶级，为了达到自己的目的不得不把自己的利益说成是社会全体成员的共同利益，就是说，这在观念上的表达就是：赋予自己的思想以普遍性的形式，把它们描绘成唯一合乎理性的、有普遍意义的思想”[2]。

总之，资产阶级通过把本阶级确立的价值理念普遍化，使其成为全世界的主流价值观，是有其历史必然性的。也正是在这样的背景下，资产阶级革命时期所提出的革命口号及其中所反映的价值诉求很快上升为占统治地位的价值观，并发挥着相应的作用。进一步说，在更高级的社会形态到来之前，资本主义的人权、自由、平等、民主、博爱等基本价值理念，与封建

1《马克思恩格斯文集》第 1 卷，人民出版社，2009，第 552 页。

2《马克思恩格斯文集》第 1 卷，人民出版社，2009，第 552 页。

社会尊卑有序的等级制价值观念相比，有着巨大的历史进步性，与同时期仍然落后的非资本主义国家的价值观念相比，也有着“优越性”和“吸引力”。然而，一旦新的社会形态到来，这些所谓的“进步性”“优越性”“吸引力”就会愈发凸显其代表并维护资产阶级利益的实质，愈发展现出其历史局限性。

二、西方核心价值理念及其理论依据

（一）西方核心价值理念

总的来说，西方价值文化中的优秀成分催生了西方国家的核心价值理念。随着自由、民主、平等、法治等基本价值理念的提出与发展，西方价值文化也得以丰富与发展。在这些价值理念上，还衍生出有关自由与权威、公平与效率、权利与权力等充满张力的价值范畴及其相应的社会实践。

第一，自由价值理念。自由是西方国家建立社会秩序以及实现政治统治所必须坚持的最基本的价值，也是它们一直守护的终极价值。在西方国家，各种价值目标最终都要指向自由这个价值理念。在西方国家的社会生活实践中，人们“生而平等”所具有的自由大致被分为“积极的自由”与“消极的自由”两种类型。积极的自由把重点放在诸如获取现实资源等行为能力之上，由此派生出来的其他价值就是要保护公民的各项主动权利以及实施某种行为的资格。在这个意义上，权利能否被自由地行使以及自由行动能力能否被保护，构成判断整个社会自由实现程度的标尺。消极的自由则是指公民免受外在环境和外在条件的强制与干涉，其重点在于使公民在各种社会活动中免受他人行为的侵犯与打扰，并保证政府等公共力量不对公民个体的自由作出强制性安排，等等，由此派生出来的其他价值就是法律等各项制度要对个人的自由权利进行不受侵犯的保护。西方价值文化中的其他基本价值理念都是建立上述对自由的基本理解之上的。

第二，民主价值理念。在西方国家，民主的基本要义就是通过一定的体制机制保障人的权利和人的自由。[1]具体地说，民主要以人的权利和自由为出发点，同时也要以它们为归宿，并建构起各种相应的体制机制。因此，西方国家的民主是与各种专制主义相区分的、不相容的，抑或说，民主不能容忍以任何形式出现的无视与践踏人权和自由的情况，以及剥夺人的财产等情形，而不管人权和自由的实际情形是怎样的。通常地说，西方国家的民主原则体现着“主权在民”的原理，这样的原理又意味着要将所有人都视为拥有着与生俱来的人权，因而每个公民也就具有没有任何差别和限制的平等地位，这样的观点就构成“主权在民”的基本观点。例如，霍布斯的“利维坦”就把主权者视为人民普遍意志的化身，同时也视为人民利益的人格承担者；洛克也是在摆脱了“主权在君”的原则之后又确立了“主权在民”的理念与制度；卢梭的社会契约论甚至还界定了“主权在民”的民主理论内涵。总之，主权在民，即民之权利只能是目标而不能是手段，为西方现代民主制度的机制构建以及法治原则的建立奠定了理论基础。西方社会的民主实践是在实现自由价值的过程中不断构建起来的。

第三，平等价值理念。在西方国家，平等主要是指作为个体的公民所具有的同等的政治地位及政治权利。在这个意义上，平等既是民主实践的目标，也是其结果。例如，每个人作为个体在公共政治参与过程中具有表决权等其他公民所同样具有的权利，这就是平等。平等的另一个重要方面就是指法律规定上的人人平等，即是说法律作为公民个体的行为准则，平等地适用于、规范着、影响着每个公民，而不受到每个人社会地位、社会财富、天资才能等方面因素的影响。抑或说，法律作为全社会范围内的根本准绳，要求国家和社会必须平等地对待每一个公民。此外，西方国家所倡导的市场体制中的平等秩序也必然要求以法律作为实现平等的支撑条件，相应地，在它们的制度设计中，公民平等权利的获得与实现也需要建立在市场经济和市民社

1 实际上，在西方国家的主流思想中，人的自由也是一种权利，同时，人的权利也是一种“自由”。

会的充分发展之上。西方国家实现平等价值的过程是通过民主实践完成的，而在这个过程中法治是最重要的保证手段。

第四，法治价值理念。在西方国家“发明”的现代民主制度下，法治价值理念无疑具有重要的象征意义与实践意义。在西方国家，法治价值不局限于工具与手段层面，还构成它们矢志不渝追求的价值主张。例如，亚里士多德就对法治概念作出界定：“法治应包含两重意义：已成立的法律获得普遍的服从，而大家所服从的法律又应该本身是制定得良好的法律。”[1]从亚里士多德对法治的定义中可以看出，法律毋庸置疑应当具备优良性和正义性，只有优良和正义的法律才值得人们服从。抑或说，优良和正义的法律既是工具，也具有价值意义。但在现实操作层面，法律又演化为保障西方各项制度运转的首要手段，它在工具意义上的作用无疑大过它在价值意义上的作用。总之，法治作为西方世界大多数国家进行治理的首要手段，固然在价值理念层面具有很大的象征意义，但在社会生活中仍不过是阶级统治的工具。

（二）西方核心价值理念提出的理论依据

自由、民主、平等、法治四个核心价值理念，是从西方价值文化的众多基本价值理念中提炼出来的。西方国家为什么提出这四个核心价值理念？抑或说，这四个核心价值理念被提出来的理论依据是什么？对这些问题进行考量具有重要的意义，抑或说，揭示出西方价值文化产生的理论依据，不仅能够展现上述四个核心价值理念之提出的前提及必然，在现实中甚至还会影响我们对西方价值文化产生、发展乃至走向的整体把握。

理论依据一：生而平等。“生而平等”是西方国家各种价值理念产生的最为基础的理论前提。甚至可以说，这个前提无论对于西方国家的基本价值观还是对于其核心价值观，都如“自然法”般地存在。正如托克维尔所说：“身份平等的逐渐发展，是事所必至，天意使然。这种发展具有的主要特征

1〔古希腊〕亚里士多德：《政治学》，吴寿彭译，商务印书馆，2017，第 202 页。

是：它是普遍的和持久的，它每时每刻都能摆脱人力的阻挠，所有的事和所有的人都在帮助它前进。”[1]托克维尔的意思是，人们在身份上的平等是天意使然，即人是生而平等的。这个理念确立并被“包装”起来，被人们普遍地接受了，最终变成“坚不可摧”的信念。甚至可以说，人与人先天而来的平等权利成为西方国家公认的不可撼动的自然法则。设计出“生而平等”这个原则的自然是启蒙思想家们，他们的观点如下：霍布斯政治哲学中的“利维坦”，被用来超越一切人反对一切人的自然状态；洛克强调法律上的平等也是没有任何差别的，因为它是天生的；在爱平等胜过爱自由的卢梭那里，每个人为了实现自己的目标，都要放弃天然性的权利，并将之交付于永远平等的“公意”。进一步看，权利平等的要求也是启蒙思想家们对于秩序最基本的要求，这从根本上来源于他们所设定的抽象的“天赋论”，即生而平等论。天赋的权利平等，意味着人人生而平等，没有什么特权。在西方国家的实际生活中，为了实现这种理论假设中的平等，就要求所有公民采取直接或间接的方式参与到关涉公共生活的各种规则的制定过程中。在此基础上，这些规则具有普遍适用的效力，无论人们在具体情形中有什么样的差别，也无论这些情形能否真正地实现，人们都要享受绝对的“平等”。以上说法从形式上说无疑是“无懈可击”的，从感召力上说无疑也是令人激动不已的，因而在历史发展过程中起到了巨大的激发和推动作用。

理论依据二：理性主义。对于西方核心价值理念的理论依据，可以有很多解释，但除了生而平等，理性主义无疑是另外一个不可否认的方面。系统的理性主义思想虽然产生于近代，但其最初的观念却萌发于古希腊“人是万物的尺度”命题的提出。这个命题将个人的主体地位提到前所未有的高度，在西方占据非常高的位置。具体说来，西方国家从此命题开始，一直主张每个人是有理性的，而人的理性又是人的本性，等等。这些观点经由古希腊再

1〔法〕托克维尔：《论美国的民主》，董果良译，商务印书馆，2017，第10页。

到罗马化时期，直到中世纪，作为反抗封建神学专制主义的思想武器，不断地被发展壮大。尤其是中世纪以降，思想启蒙时期的理性主义不再局限于人是否有理性这样的哲学意义上的探讨，而是将对理性的追问与思索遍及文学、艺术、哲学等方面，乃至延伸到社会生活的各个领域，在内容上更加突出人的价值与尊严、倡导个性自由与发展、高扬个人的理性和主体性。如上观点都是非常有“战斗性”的，也都是行之有效的。由此还可以说，西方近代的理性主义刺激了西方世界人们在欲望上的解放，并推动着资本主义生产关系的进一步发展。到后来，理性主义甚至开始主张理性高于一切，也就高于了信仰，强调任何事情都需要由理性来裁判，其中最具有代表性的自然是以黑格尔为代表的德国古典哲学中的理性主义。如黑格尔就指出过，除了理性，没有什么现实的东西，理性就是绝对的力量。事实上，西方国家绝大多数思想流派都在强调人们要运用自身理性来行事，甚至把理性作为衡量和评判一切事物的尺度。这样一来，理性主义就不仅是思想流派的基本主张，还成为资本主义价值文化的重要基础。以理性为基础建立起来的价值理念突出了个人主体地位和个人权利，也强调了民主、平等、法治等核心价值理念的重要性，并使人们摆脱了宗教、自然、社会等各种外在权威对自身的束缚，促进了人们的个性自由和解放，因而就呈现出资本主义现代生产方式的客观要求和社会历史进步的趋势。总之，上述在理性主义映射下的方方面面，较之封建专制时代的价值观念及其体系，无疑都具有历史发展中的巨大进步性。

理论依据三：利益至上。西方核心价值理念的产生除了与“生而平等”观念以及理性主义观念有关之外，还与利益至上原则密不可分。质言之，利益至上原则所遵循的唯利主义导向也就是资本增殖的逻辑，在西方国家发展进程中同样不可忽视。具体说来，以资本逻辑驱动的资本主义发展过程客观上带来了生产力的历史性发展，而生产力的大发展反过来又强化了对于利益至上原则的坚守。《共产党宣言》用“奇迹”一词对资本主义推动生产力发展给予了历史性的评价，指出资本首次证明了人类自身的活动所能达到的高度，即“它创造了完全不同于埃及金字塔、罗马水道和哥特式教堂的奇迹”[1]。《共产党宣言》中说的这种奇迹自然是在资本逻辑驱动下实现的，也是在资本家对劳动者剩余价值的剥削上取得的。进一步看，在资本的驱动下，利益至上的逻辑还逐步控制了文化等其他领域。在文化领域，资本的利益至上导向最为鲜明地表现在人们的极端个人主义、利己主义、拜金主义倾向上，演化为主客颠倒的金钱拜物教。上述过程不是仅在某一个国家发展，而是在各国蔓延式地铺展开来。在这个背景下，资本力量还企图将这种“利益至上”的价值观作为一种所谓的“普世价值”来推广，迫使其他国家和民族也同样信奉，这就获得了在文化上的霸权，并进一步取得了经济上的霸权。对于资产阶级来说，资本增殖需要、资本家的利益就是绝对的标尺与原则，任何违背利益至上原则的力量都要被污蔑或打击，使其无法与他们“抗争”，以扫清资本发展中的一切障碍。

理论依据四：个人主义。众所周知，在西方国家的进步与发展中，个人主义作为一种基础理论，也起到了至关重要的精神支撑作用。它的作用甚至与理性主义齐名，美国的个人主义在这一点上表现得就更为突出了，并在西方国家内部起到鲜明的带头示范作用。具体说来，美国的个人主义是伴随着美国社会的不断发展而逐渐形成的。这里早期的拓荒者凭借他们个人的努力奋斗，积累了大量的物质财富，也赢得了难以获得的权利和宝贵的尊严。除了美国的实用个人主义发挥了如此作用之外，个人主义作为一种价值观还被整个西方世界普遍地接受并传扬，以至于称得上是西方国家基本价值理念的“内核”，甚至提供着西方国家人们内在的思维取向和外在的行为模式。例如，“浪漫式的个人主义”侧重于揭示人们在个体内心层面的感受，即在

1《马克思恩格斯文集》第2卷，人民出版社，2009，第34页。

心灵世界为人们提供一个“超脱于物质之外”的、“田园诗歌”般的精神家园，实际的情形虽然可能达不到，但无疑给人们带来了不小的精神慰藉；再如，“共和思想中的个人主义”则认为个人主义并不意味着一个人要脱离社会纽带的连接，而是要以理性态度对待自身之于社会的责任，这种个人主义的价值观是在原初个人主义基础上进一步发展了的价值观念，有着很强的适应性。总之，每当西方国家尤其是美国这样的国家处于经济繁荣的起步阶段时，其整个社会就能从个人主义中汲取强大的价值精神，这些价值精神会作为精神动力推动它们向着更高的目标迈进。同样，当西方国家正值发展低潮时，整个社会也能重新拾起个人主义中的价值内核，从中汲取营养，激发人们进行开创和奋斗的动力。正是个人主义在西方整个价值文化的土壤中所产生的平衡性，使得西方国家的价值文化尤其是美国的价值文化具有较强的“纠错性”，不断地推动它们在调整中发展和进步。

三、西方价值文化优秀成分的借鉴价值

如上所述，西方价值文化中的基本理念在绝大多数西方国家的发展历程中均起到了非常大的促进作用，并显示出其在某些方面的积极之处。这些积极之处突出地体现在它们所推进的民主建设、法治建设上，也体现在具体制度建设的历史经验中，以及价值理念的传播实践中，等等，并给予社会主义核心价值观基本理念的发展宝贵的启示。

第一，西方国家民主价值理念及其实践的借鉴价值。17 世纪初，整个世界正处于资产阶级革命的前夕，欧洲的封建制度已经被历史的潮流动摇了，那里的宗教改革运动随之此起彼伏。“五月花号”上的“开创者”奔赴遥远的美洲，就是为了寻求宗教信仰自由，这样目的实现的过程也给美洲当地的人们带来了追求民主、崇尚自由的价值理念。这些移民还在欧洲旧社会所反对的自由、平等等价值理念中推导出了民主价值理念，再将所有这些价值理念一并移植到这块新大陆上。总之，他们在新的土地上与在自己原有的

国度里一样地主张政教分离、信仰自由，并确立了个体自主性在整个社会框架中不受政府干扰的独立地位，也创立了一个所谓的要基于被管理者同意才能实施治理政策的自治社会。这一系列新鲜的思想造就了美洲这块新大陆上的资产阶级式民主的萌芽。托克维尔对此就曾说，美国人的最大优势就是，他们无须经历一场民主革命就能实现的一种新的民主形态：他们生来就是平等的，而非后来才变成平等的。也就是说，在这里，民主价值理念凭着“生而平等”“天赋人权”等“正当”的理由而得到了自由生长。恩格斯对此解释道：“美国从一诞生起就是现代的，资产阶级的；美国是由那些为了建立纯粹的资产阶级社会而从欧洲的封建制度下逃出来的小资产者和农民建立起来的”[1]。随后，北美大陆上的早期移民面对这里广阔的大地和艰苦的自然条件，秉持着在欧洲已经被试验过的先进制度优势，以及他们崇尚自由的价值理念与精神要素，通过自身不断发展的政治生活实践，逐渐建立起与之相应的民主制度。当然，这个过程之所以如此顺利，很大程度上也是由于在这块土地上从没有封建势力直接干预的特殊国情，这样的国情使得民主制度建立的过程变得相对容易被接受。经过这里开国元勋们的天才创造，以及他们在独立战争中所经历的风雨洗礼，再经过邦联体制的不断尝试以及制宪会议的反复辩论等环节的联合推动，美国的资产阶级民主共和制度得以确立。直到今天，上述价值理念仍然是美国政府执政理念的基础和重心。

上述历史过程让我们意识到，虽然西方国家民主制度产生的价值理念基础以及制度实践中的种种困境都显露出虚伪性，但无论在西方还是在东方，从最原初的意义上看，人们对民主价值理念的向往与追求都是确定无疑的。也就是说，全世界的人们都崇尚民主，也在追求民主，并希望能够通过真正的民主制度过上幸福的生活。由此也可见，民主这个价值理念与平等、正义等其他价值理念一样，是人们普遍向往的价值理念，是世界上绝大多数的人

1《马克思恩格斯文集》第 10 卷，人民出版社，2009，第 663 页。

们追求的价值目标。也从这个意义上说，西方民主实践的历程是历史发展过程中的必然，在这个过程中人们所追求的民主价值理念本身并不是什么伪命题。亚里士多德就曾说过："一切社会团体的建立，其目的总是为了完成某些善业——所有人类的每一种作为，在他们自己看来，其本意总是在求取某一善果。既然一切社会团体都以善业为目的，那么我们也可说社会团体中最高而包含最广的一种，它所求的善业也一定是最高而最广的：这种至高而广涵的社会团体就是所谓'城邦'。"[1]可见，人们为了实现至善至美的生活，自然需要产生出对民主价值理念的强烈追求，这本身是善良美好的事情。在具体的民主实践中，身为美国开国元勋之一的托马斯·杰斐逊在《人权宣言》中就指出人民意志是任何政府存在的唯一合法基础，也就是力图通过人们对于民主价值理念的热情，激发民众为建设国家而付出努力。英国前首相丘吉尔也曾说，虽然民主是个不好的制度，但是还没有发现比它更好的制度，所以我们不得不用它。如上种种说法反映出民主价值理念在西方产生、发展、传播并得到广泛认同的历程。在我国，毛泽东也讲过："没有民主，意见不是从群众中来，就不可能制定出好的路线、方针、政策和办法。"[2]江泽民指出："我们的政治体制改革，目标是建设有中国特色的社会主义民主政治，绝不是搞西方的多党制和议会制……没有民主和法制就没有社会主义，就没有社会主义的现代化。"[3]中国特色社会主义进入新时代，习近平非常重视社会主义民主建设，并鲜明地指出："我国社会主义民主是维护人民根本利益的最广泛、最真实、最管用的民主。"[4]可以说，从如上党和国家领导人对民主价值理念的论述中就可以看出，我们对民主价值理念及其实践的认识是不断深入的，这与我们对西方民主价值理念及其实践的反思过程是分不开的，

1〔古希腊〕亚里士多德：《政治学》，吴寿彭译，商务印书馆，2017，第3页。

2 中共中央文献研究室编：《毛泽东年谱（一九四九——一九七六）》第5卷，中央文献出版社，2013，第77页。

3《江泽民文选》第1卷，人民出版社，2006，第235页。

4《习近平谈治国理政》第4卷，外文出版社，2022，第54页。

也与我们充分肯定西方为曾经的民主价值目标作出的努力并借鉴西方民主实践中的积极之处是分不开的。

纵观世界历史，各国政府都在主张民主，各国人民都在追求民主。这些价值主张和价值追求随着时代的发展也产生了新的表现形式。以“社会主义民主”这种新的民主形式为例，它就是西方传统的民主实践不断发展出来的历史产物。进一步说，西方民主政治的发展并不是一帆风顺的，也经历过各种挫折式的考验，而在每一次面对挫折和挑战的时候，其有关民主的机制体制都会进行一定的更新，不断地调整着自身的价值主张、理论和政策，以适应外在环境的变化。德国社会民主党著名理论家托马斯·迈尔（Thomas Meyer）就曾指出，社会主义民主“为了它们力求实现的社会变革，不能以固定不变的模式设想和纲领，也不能把对任何时期都有约束力的组织模式和结构模式当作它们的政治行动的指导方针，而是只能把政治的基本价值和基本要求当作规范化理念用于经济、国家和社会的改造”[1]。抑或说，形势的发展变化是必然的，但在这些变化中，社会民主主义坚守并促进了其基本价值的实现。对于中国民主价值理念及其实践发展而言，在建设社会主义现代化国家的伟大征程中，我们要坚持实事求是、与时俱进，坚持中国特色社会主义民主政治不动摇，批判性地借鉴西方民主价值理念及其制度实践成果，不断地在全过程人民民主实践的基础上为社会主义民主价值理念注入新的历史内涵。

第二，西方国家法治价值理念及其实践的借鉴价值。法律是有阶级性的，资本主义国家的宪法和法律，自然是主要反映资产阶级意志的法律。从历史的角度看，资本主义国家的法律制度比我们社会主义国家提前摸索了200 多年，也正是在这 200 多年的时间里，它们积累了丰富的经验，其中的

1〔德〕托玛斯·迈尔：《社会民主主义的转型：走向 21 世纪的社会民主党》，殷叙彝译，北京大学出版社，2001，第 31 页。

一些经验也让我们找到了一些值得借鉴之处。资产阶级的法律体系中也包含着适应于工业发展、市场经济、全球化需要的法律规定，并不能加以完全否定。具体看来，一方面，在资产阶级的法律体系中，有的法律反映着资产阶级作为统治阶级的意志，自然是与社会主义的法治体系不相容的，如两院制、三权分立等；另一方面，西方的法律制度也并非一文不值，因为其中某些精神性的价值原则以及技术性的实践经验是值得我们从中找到启示的。比如，三权分立所要求的权力不能过分集中并要受到一定的制约等方面的精神价值，对社会主义条件下的权力运行机制体制就有一定的借鉴意义，只不过我们必须根据我国具体国情和时代发展特征，来改变其中的内容和形式。再如，代议制以及国家赔偿制等方面的具体制度，包含着与社会化大生产相联系的制度因素，反映着西方民主政治中的某些运行规律，包含着西方民主制度建设中的一些探索经验，其中也有反映社会生产的内容，是西方国家的劳动群众通过斗争争取来的。或者说，这些内容也是与处于资本主义社会中的劳动群众参与政治活动、参与国家治理的努力分不开的，因而在一定意义上，或者说在一定范围内，是属于人类的共同财富，值得我们社会主义国家在批判中学习和借鉴。

西方国家法治建设中的某些经验可以为我国法治建设发展提供的有益补充。审视一些西方国家法治建设的发展历程就可以发现，它们也是在相互学习、彼此借鉴中才提升自己国家法治建设的能力和水平，乃至提升整个国家治理能力和治理水平的。对此，我们应该抱有这样的态度，即要在具体的法治建设中对于西方国家的经验作出既有鉴别又有针对性的借鉴。在充分把握我国国情的前提下，西方国家法律制度中的一些技术性规定可以为我们国家构建自身法治体系提供一定的参照。例如，现在以判例法为主的国家，有时也会采取成文法的形式，而现在以成文法为主的国家，有时也会采取判例法国家的一些做法，这就是西方各国在法治实践中互相吸收、借鉴彼此有益经验，并加强本国法治建设的结果和具体表现。以《中华人民共和国民法典》产生之前的物权法等法律产生的过程为例，这部法律的制定过程就吸收了欧洲大陆法系的技术传统。此外，在司法制度的具体规定上，我们还曾借鉴美国司法制度的做法，建立了最高法院的巡回法庭制度，等等。

结合上述情形，社会主义国家在借鉴西方国家法治建设经验的过程中，必须坚持取其精华、去其糟粕的理性态度，避免它们在法治进程中所经历的教训，如此才可能少走弯路，并实现更快的"超越"。如第八届全国人大常委会在总结立法工作时所指出的："立足于中国国情，认真研究和借鉴国外立法的有益经验。在制定各项法律特别是市场经济方面的法律时，注意搜集、整理国外有关的法律规定，加以研究、比较，从中汲取对我有用的东西。"[1]如上内容是我们在1998年就提出来的，随着时间的推进，有很多情形自然已经发生不少变化，但是其中蕴含的法治建设的科学态度和方法论却没有过时，需要我们作出新的思考。实际上，这种实事求是、谦虚严谨的态度本身也构成我们学习和借鉴西方价值文化宝贵经验的前提性条件。

第三，西方国家具体制度建设所蕴含的价值理念的借鉴价值。西方国家的核心价值理念值得我们批判性地借鉴之处，除了其民主建设和法治建设上的传统之外，还有某些具体制度建设所呈现出的价值理念。例如，西方的干部选拔制度中就包含着一些积极的价值理念。邓小平就评价说："我们说资本主义社会不好，但它在发现人才、使用人才方面是非常大胆的。它有个特点，不论资排辈，凡是合格的人就使用，并且认为这是理所当然的。从这方面来看，我们选拔干部的制度是落后的。论资排辈是一种习惯势力，是一种落后的习惯势力。"[2]邓小平的这个判断，不仅是对人才问题的深刻思考，实际上也包含着对中西方制度在价值理念上的差异的自我反思。正是立足于批

1 全国人民代表大会常务委员会办公厅编：《中华人民共和国第九届全国人民代表大会第一次会议文件汇编》，人民出版社，1998，第105页。

2《邓小平文选》第2卷，人民出版社，1994，第225页。

判借鉴与自我反思，中国特色社会主义制度体系及其价值理念才得以不断发展和完善，相关制度和规章才能够不断地被建立和健全，这个过程也是我国相应制度发展演变的过程，也构成我国价值观念对于西方价值文化优秀成分的借鉴历程。

最后，我们可以从西方国家民主建设、法治建设以及某些具体制度建设所蕴含的价值精神中，借鉴有益于社会主义建设不断发展的经验。当然，这是一个认识不断深化的过程。我们的社会主义要发展壮大，就应利用一切积极因素，包括资本主义国家价值文化中的合理因素，这种认识上的提升甚至比借鉴本身还重要。换言之，对于资本主义价值文化的发展进程，我们必须作出客观的评价，在此基础上，才能借鉴其有益经验。对于这一点，像列宁所说的那样，“凡是人类社会所创造的一切，他都有批判地重新加以探讨，任何一点也没有忽略过去。凡是人类思想所建树的一切，他都放在工人运动中检验过，重新加以探讨，加以批判，从而得出了那些被资产阶级狭隘性所限制或被资产阶级偏见束缚住的人所不能得出的结论”[1]。列宁对马克思这种实事求是态度的评价，启示着中国特色社会主义进入新时代，借鉴西方制度建设中的价值理念仍然非常重要。习近平在 2014 年访问法国时就曾指出：“读法国近现代史特别是法国大革命史的书籍，让我丰富了对人类社会政治演进规律的思考。读孟德斯鸠、伏尔泰、卢梭、狄德罗、圣西门、傅立叶、萨特等人的著作，让我加深了对思想进步对人类社会进步作用的认识。”[2]客观地评价西方价值文化所具有的借鉴和启示作用，就是坚守这种科学态度的过程。

再而言之，我国处于社会主义初级阶段的基本国情，也决定了我们需要坚持借鉴资本主义价值文化合理因素的科学态度。在人类文明的发展历程

1《列宁选集》第 4 卷，人民出版社，2012，第 284—285 页。

2 习近平：《出席第三届核安全峰会并访问欧洲四国和联合国教科文组织总部、欧盟总部时的演讲》，人民出版社，2014，第 21 页。

中，既有激烈对抗与冲突碰撞，也有和平交流与学习借鉴，后者是人类文明能够持续进步、不断发展的重要因素。抑或说，当今时代，各国人民生活在不同文化、不同价值信仰以及不同社会制度所组成的世界里，形成了你中有我、我中有你的命运共同体。在这个命运共同体中，文明因交流而多彩，也因互鉴而丰富。中国特色社会主义进入新时代，我国仍处于社会主义初级阶段，仍是发展中国家，仍需要不断吸收当今世界各种发展所积累下的积极因素，其中就包括批判性地借鉴资本主义合理的、先进的文明成果，尤其是资本主义核心价值理念方面的积极因素。从世界社会主义发展历程来看，作为世界上最大的社会主义国家，虽然当前世界范围内可供借鉴的社会主义发展经验相对较少，但是我们要想更好更快地发展，就必须放眼世界，多方学习他国经验并为我所用，哪怕是从那些需要批判的经验中得出的有益教训，也能够给我们提供强大的思想参照。相反，"如果各国重新回到一个个自我封闭的孤岛，人类文明就将因老死不相往来而丧失生机活力"[1]。我们绝不能让自己陷入这样的境地。总之，人类价值文化延续的秘诀就在于不同文化间的相互交流，任何文化、任何价值理念都不可能在故步自封中取得发展并实现进步，中华文化与中国价值理念也不例外。社会主义核心价值观基本理念，只有更多地与世界其他各国的文化进行沟通、交流，才能在相互融合与比较创新中得到不断的丰富和发展。进言之，人类文明优秀价值成果是由世界各国各民族人民共同创造的，中华民族和其他民族的优良价值理念传统都是其重要组成部分。要让世界更好地认识中国、更全面地了解中国，我们必须推广代表中华文明现代价值取向的社会主义核心价值观基本理念，也要让中华文明同世界其他各国人民创造的丰富多彩的文明一道，为人类提供正确的价值引领和强大的精神动力，推动人类价值文化的共同发展和不断进步。

1《习近平谈治国理政》第 3 卷，外文出版社，2020，第 468 页。

第四，西方价值文化传播实践的借鉴价值。目前，培育和践行社会主义核心价值观的实践活动与宣传教育已经非常深入，社会主义核心价值观基本理念的传播实践也普遍地开展着。他山之石，或可攻玉。一些国家和地区在建构社会核心价值观的过程中所积累的较为丰富的经验，对我国社会主义核心价值观建设的具体实践以及社会主义核心价值观基本理念的传播实践，都具有一定的借鉴意义和参考价值。

其一，核心价值理念在表述上的简洁明确。在西方价值文化的发展过程中，其核心价值理念的凝练过程普遍表现出简洁明确的特点。这种特点贴近于西方民众的日常行为方式和生活习惯，从而融合于西方社会生活中的方方面面，也渗透于每个公民日常生活的点点滴滴之中。例如，美国就将自由、平等、民主、人权、博爱等作为自己价值文化中的基本理念，而这些基本理念最后又演变成美国当代价值观中的核心理念，这个过程无疑鲜明地体现着美国凝练自身核心价值观的努力过程。再如，英国也是如此。英国前首相布莱尔曾说，自由、宽容、开放和公正是英国必须重视的基本价值。实际上，这几个基本价值也是英国在那个时期一直主张的理念，的确有着简洁明确的特点。前些年，随着欧洲一体化进程的加快，欧盟作为一个邦联体，逐步确立了民主、自由和正义的核心价值观，并被一以贯之地、明确地主张和强调着。如 1993 年，欧盟领导层制定了新成员国加盟的标准，第一条就是申请入盟的国家要有持久稳定的机构保证民主、法治和人权，其中所体现的价值理念也显而易见地呈现出简洁明确的特点。还有，俄罗斯逐步将自由、民主、个人权利与传统的爱国主义等方面结合起来，以形成“俄罗斯新思想”，其中自由、民主和权利等基本价值观念的呈现方式与上述其他几个国家的都具有共同的特征，即简洁明确。[1]

综上，世界上许多国家和地区都充分认识到核心价值理念在国家综合实

1 代玉启：《国外核心价值观建设的特色与启示》，《思想政治工作研究》2013 年第 1 期，第 62 页。

力提升以及国家整体形象塑造中的地位与意义。也就是说，西方大多数国家和地区都不仅认为价值文化所承载的核心价值理念是自身综合实力的有机组成部分，还看到了它在消除社会隔阂、统一社会共识等方面所具有的重要功能，并意识到其关乎自己国家或地区在国际上的吸引力和感召力，甚至将其上升到维护国家核心利益和战略安全的高度。例如，《美国国家利益报告》（*America's National Interest*）将美国价值观列入国家核心利益的考量范畴，并希望让自己国家的价值观在国际传播中保持领先地位，并确保这些价值观能够继续广泛地影响其他国家的价值文化。事实上，美国一直在坚持这样的战略，即美国所主张的自由、平等、民主等核心价值理念正在上述战略中一如既往地发挥着美国所强调并重视的功能。总之，世界各国和一些地区都在旗帜鲜明、理直气壮地强化着自己核心价值观的主导地位，不仅在本国或本地区内部大力宣传这些价值观的合理性和优越性，而且还极力地用本国或本地区的价值观及其背后的生活方式影响其他国家或地区的民众，尤其是影响其他国家或地区的青年群体，以最终达到价值观传播和渗透的目的。

其二，核心价值理念在教育内容上的全面渗透。西方国家核心价值理念的传达不仅在表述上具有简洁明确的特征，还在教育内容上具有全面渗透的特征，后者为的是使那些简洁明确的价值理念贯彻落实下去，以便更加深入人心。国外价值观教育有自己的教育特色，在内容上都真实地传递着自己国家的基本价值理念。比如，在德国价值观教育以“政治教育”的名义开展，在英国以“宗教教育”的名义开展，在法国以“公民教育”的名义开展。这些教育的名称不同，但实质却是一致的，都是对全体公民开展的以核心价值理念为基本内容的价值观教育。以美国为例，它的特点更为鲜明地体现在以下三个方面：

通识教育。在美国，通识教育非常发达。所谓通识教育，就是国际上通行的 GE（general education）教育。美国很多学校都有一门类似于《职业与文明》这样的课程。这门课程的授课目标是，通过把包括职业道德要求在内的职业价值观传递下去，扩大在职业领域所必须承载的伦理观念和价值理念的传达力度。究其实质，各种通识课程集中于一点，就是在人类社会大发展的背景下宣扬美国社会制度的价值优越性。在各级各类的通识教育中，历史和地理教育则起到更为突出的价值观教育作用。《美国 2000 年教育战略》（*America 2000: An Education Strategy*）就要求英语、数学、自然、历史和地理作为 5 门核心课程来开设。在这 5 门课程中，地理教育被看作使学生热爱自己国土的国情教育，历史教育则被作为彰显资本主义社会优越性的社会发展史教育。例如，美国课程讲“西进运动”的历史，就会讲在西部“开发”过程中，国家是如何引领人们进行伟大的迁移进程的，之后再让学生描绘，以加强学生对这种艰苦场面的记忆。这样的教育过程与历史上的事实相去甚远，是为了强化意识形态的灌输与核心价值理念的渗透。

渗透教育。西方国家的渗透教育是与课堂教育相对的，主要是指利用各种课堂之外的活动开展的形式多样的间接的价值观教育。在美国首都华盛顿，所有的博物馆如航天博物馆、邮政博物馆等都是免费开放的，这里的环境非常好，服务也非常好，让人在参观展览的过程中接受着无形的教育。这里的商场、银行、麦当劳甚至私家住宅都悬挂着国旗，在街上也能看到脸上画着国旗和身披国旗的人。无所不在的国旗，自然是一种无形的爱国主义力量与价值理念的宣示。此外，如大家所周知的，宗教活动也是美国传递其核心价值理念的重要途径。例如，一些宗教让人们参加它们组织的烧烤活动和音乐会，神职人员通过这样的活动尽心尽力地传达他们所主张的价值理念，人们在满足自身需求的同时潜移默化地接受了他们的宣教内容。排除其内容与我们国家核心价值理念的不同，就形式来说，这种间接形式的价值观教育无疑是值得我们借鉴的。与之相比，这两年我们所探讨并主张的“思政课程”和“课程思政”相统一的话题，实质上就是要把直接的思想政治教育和间接的思想政治教育结合起来，从而达到价值塑造的教育效果。在这个意义上说，西方国家在核心价值理念传播中所采用的渗透教育形式是非常具有借鉴价值的。

有关西方价值文化在核心价值理念传播途径上的多样化，在 2010 年上海世博会上也有很好的例证。在这届世博会上，彰显个性与展示成就的国别展览引人注目，无论是以回顾历史的方式还是以预测未来的方式，抑或是以描述当下的方式表现出来，其实质都是既向世界展现着自己国家的发展和进步，也向世人传递着自己国家的核心价值理念。这种于无形中的价值理念宣教方式，不仅是当前世界各国所采用的基本形式，更是符合当代世界各种价值观渗透潮流的有效方式。需要注意的是，西方国家针对自己国民所开展的隐性教育与上海世博会上西方国家针对他国所开展的价值观渗透，虽然一个是朝内的，一个是向外的，但究其本质都是各国传递自己基本价值观念的宣教过程；虽然教育对象不同，但主旨是一样的；虽然形式千差万别，但内容始终如一。

国民精神教育。美国学者康马杰（Commager）写了一本叫《美国精神》（*The Spirit of American*）的书，非常有影响。与这本书的影响力一样，在美国，捍卫自由、平等、博爱等被称为“国民精神”的核心价值理念及其相应的教育也不断深入人心。美国的国民精神教育是怎样的教育呢？其实质就是通过教育把美国公民培养成“有用的好人”。在中国人看来，做人一定要做一个“好人”。不过，中国人眼中的“好人”是那种传统意义上的“道德上的好人”，存在着需要反思的方面。一个人仅仅懂得应该具备的道德品质，并不意味着他能够担负起应当担负的道德责任，也不意味着他能够为社会作出应有的贡献；当只是知道却没有做到的时候，这种“好人”在一定意义上说是没有“用处”的。在美国精神中的“有用的好人”，则是能够充分利用自己的理智思维能力，认识到并担负起自己的道德责任并为社会作出贡献的好人。由此可见，美国的“国民精神”之教育的借鉴意义在于，现实的价值观教育培养的不是理想中的圣人，而是日常生活中的普通人，日常生活中的普通人不只是懂得各种道德条目和价值理念的人，更是把自己所知所得应用于日常生活实践、让自己的生活变得美好起来的人。对于我国而言，在培育社会主义建设者和接班人上，始终坚持着德智体美劳的综合素质要求，同时随着时代的变迁，又提出了新的培育目标和主张。例如，我们现今所提出的“德法兼修”就是一种适应新时代要求的人才成长目标，凝结着中国教育的价值主张。这里的“德法兼修”，既不会造就片面的泛道德化思维，也不会造就片面的法律万能主义，并能够把道德素质和法治素养统一起来。换句话说，道德素质和法治素养在公民个体素质养成中各有各的地位，它们需要被统一起来，而不是相互背离。“德法兼修”的育人目标对于我们造就未来的社会主义建设者和接班人也有着非常重要的现实价值，它必将促使我们培育出既有道德素质也有法治素养的、综合素质更为全面的时代新人，并能够在道德和法治双重视野中更好地内化与外化社会主义核心价值观基本理念。需要说明的是，这个育人教育目标，无疑也是适应当今世界形势发展的需要而提出来的。从这一点来说，世界各国培养青年的本质是一样的，都必须体现自己国家核心价值理念的要求，都是为自己国家的当前建设与未来发展服务的。

其三，核心价值理念建设主体的多方互动。与教育内容的全面渗透相对应的是，在西方国家价值观传播过程中，多方主体互动产生了广泛影响力。西方国家在开展价值理念培育与传播的时候，注重把各种主体力量都吸引进来，以达到“综合治理”的普遍成效。例如，西方国家充分调动领袖人物、理论界人士、科学家群体、政府官员，以及民间组织、各种媒体等多元主体的力量。上述这些群体各有各的资源，各有各的特点，如能把其凝聚在一起，就能调动全社会的各方力量开展相应的活动。首先，西方国家认为各级各层领袖人物是其核心价值理念传播的核心主体。这主要在于这些领袖人物在政治活动与社会生活中，一般都会倡导本国或本地区的核心价值理念，甚至在一些公开演讲中，尤其是在重要的国际场合、重要的国际会议上，往往都会一以贯之地阐述他们自己的核心价值理念，这些场景也成为他们传递其核心价值理念的“经典模式”。其次，西方国家也认为社会各界精英是其核心价值理念传播的重要群体。这些精英包括学者、科技工作者乃至政府官员等群体。他们作为精英群体，成为其国家核心价值理念传播的人格化载体，调动这些力量能够更加有效地把自己国家的核心价值理念传播到其他国家。再次，西方国家还认为民间组织，尤其是具有自愿性质的慈善组织以及环保组织都是其核心价值理念传播不能忽视的重要力量。在西方，社会组织具有灵活多样的形式，始终发挥着组织自身与加强社会联系的作用。最后，西方国家高度重视媒体的作用，这也是世界上大多数国家和地区进行核心价值观建设的常用手段。美国国务院曾发出一份报告，指出美国电影就像不用美国纳税人供养的亲善大使一样，能够让世界各国充分地了解进而学习美国的生活方式。美国的“大片”在政治上、价值文化上乃至经济上，都具有无法估量的直接价值和间接价值。近几年，中国的电影产业从形式和内容上都向西方国家学习与借鉴了很多，并取得了非常大的进步。我们逐渐意识到，电影不只是一种艺术形式，还是重要的价值理念传播方式。在这个方面，西方国家长久以来的做法值得我们学习与借鉴，在学习与借鉴的过程中，我们不仅提高了电影技术，还提高了通过电影进行价值观传达的实际效果。例如，2019 年公映的《流浪地球》的成功，就不只是科幻电影的成功。公众都意识到这部电影传递着当代中国所积极倡导的“人类命运共同体”理念。有影迷评价说，当太阳即将死亡，中国人的办法是带着自己的家园——地球一起去流浪，而不只是制造一只叫作“诺亚方舟”的小船……这种价值理念生动地体现出人类命运共同体的中国主张；2023 年年初，《流浪地球 2》上映，其中传递的大家一起面对并战胜危机的“集体主义”以及世界各国一起面对并战胜危机的“人类命运共同体”理念，都得到普遍赞许。此外，还有其他文化载体力量也发挥着重要作用，如西方国家利用书籍、音乐、游戏软件等手段制作出传播核心价值理念的象征性符号，也越来越被世界各国熟知和公认。在这个方面，众所周知的品牌，如麦当劳、肯德基、可口可乐以及微软，就被认为是蕴含着西方国家核心价值理念的符号，而就这一点，我们国家的很多企业也越来越重视对其他国家企业价值塑造经验的学习。总之，在核心价值理念传播过程中，西方国家总是把各种力量协调在一起，将其渗透于经济、文化、外交、教育和科技等方方面面，并坚守着宏阔高远的战略视野以及系统的发展目标，同时辅以雄厚的资金保障以及一整套培育、传播和践行的完整机制，直至良好传播效果的达成。如上方面都是值得我们学习与借鉴的地方，需要在今后社会主义核心价值观基本价值理念的研究和实践等相关工作中给予不断的思考并加以完善。

第二节 社会主义核心价值观基本理念对西方价值文化的批判

西方核心价值理念产生和发展的过程，在本质上体现着西方价值文化不断演化的历程。这个历程有其历史必然性，也产生了一些值得我们国家在培育和践行社会主义核心价值观基本理念过程中吸收与借鉴之处，但西方国家的核心价值理念在本质上无疑是为维护资产阶级统治而产生并被不断地发展着的，其在抽象人性论、私有制基础、单向演绎逻辑以及实践扩张性等方面都存在着严重的理论缺陷和实践困境，这些方面无疑是需要我们给予批判的。只有对西方核心价值理念之所以生成的如上理论基础进行充分、有效的批判，才能更好地推进对我国社会主义核心价值观基本理念的描述、概括乃至传播，进而推进我国社会主义核心价值观的整体建设。

一、对西方价值文化之抽象人性论的批判

西方国家的价值文化及其基本价值理念，乃至最后凝练出来的核心价值理念，都是以抽象人性论作为立论前提的。也就是说，西方国家的核心价值理念都是建立在其有关“人性是先天不变”的这个理论前提基础之上的。具体而言，他们所主张的人性论主要是“为恶论”，即便有“人性为善”的主张，抑或“人性是不善不恶的”等论调，总的来说，都是在抽象地看待人性的框架之下完成的。与之相对，社会主义核心价值观基本理念的理论基础则是唯物史观。唯物史观主张人们对人性的考察要放在人类历史进程中以及社会关系发展的具体状况中进行。如此逻辑推演下去，人性不仅不是抽象的，也不是不变的，而是在历史发展的进程中不断发展变化的，即是可以通过教育等途径来实现改造和提升的。总之，唯物史观对抽象人性论的批判，构成社会主义核心价值观基本理念与资本主义核心价值理念最为基础性的区别。

如前所述，西方各种关于价值的学说，大多都把人性看成恶的，其中虽然有一些是关于人性为善或人性是不善不恶的主张，但最初的理论假设却都把人性看成固定不变的，也就是把人性看作是可以脱离具体社会关系而独立存在的属性，因而它们在本质上都是一样的，都是抽象论的。以此为基础，西方又建构出阐发自由、平等、民主、法治等核心价值理念的逻辑体系。在唯物史观看来，无论把人性说成善的还是恶的，抑或不善不恶的，无疑都是在抽象、空洞地谈论人性。西方所谓的“普世价值论”就是以这种抽象、空洞人性论作为理论基础进而延伸出相关论点。在所谓的“普世价值”论看来，人类的社会成员都拥有着一种共同本性，即“人性”。人性的本质并不会随着时代和地域的变化而变化，不同的人们则要守着这样不变的人性，也就是要守着相应的共同且不变的价值要求。概言之，所谓的“普世价值”论所反映的抽象人性论主张，人性是不可能随着社会历史条件、具体社会关系的变化而变化的。抽象人性论为了避免回答“人性中的善与恶，抑或

不善不恶又是从何处而来的”等方面的理论质疑，往往又在“抽象人性”之上强调“人性自私”这样的理论基础，即主张每个人在与外在环境的相处中都需要维护自己的利益。在内在本质上，与“抽象人性论”一样，人性中的自私“基因”也从来都是不可改变的，这就为资产阶级的利益至上原则以及追逐私利行为寻找到了“充分”的论据。人性自私论是由抽象人性论演绎出来的，反过来，抽象人性论又必然地导致人性自私论。甚至可以说，西方各种人性学说在很大程度上最终都必然滑向“人性自私”的论调。人性是自私的，这种自私又是人性中不变的共性，因而就是“普世”的，由此就需要一种普遍的价值标准来维护这样的人性论，西方“普世价值”也就“顺理成章”地大行其道了。

看待抽象人性论乃至人性自私论，还要进一步地从理论上追溯其实质。其一，这两种论调只强调人性是不变的或是自私的，实际上就把人类从动物界脱离的过程给抹去了，在这两种论调下，人与动物之间只剩下哪一方更具有理性以及哪一方具有自由意志等抽象的区别了，而其他诸如劳动及劳动所带来的人的社会性等实在性的内容统统都被抛弃了；其二，这两种论调又把人类自身抛在历史的视野之外，因为人性如果是不变的，那么就不再具有在历史进程中发展的可能性了。实际生活中的人也因此不再有任何发展的可能性了，人之全面发展的目标更是不可能实现了。可见，这里的人不是历史发展之中的人，而是处于历史发展之外的人。其三，持这两种论调的人们还以商品交换中的“平等”关系代替了奴隶制中主人和仆人之间的那种不对等关系，这看似在主张人与人之间的平等，也用所谓的平等代替了之前的不平等，但背后却隐藏着资本对劳动者的剥削，那就是用抽象人性论在形式上的平等代替了等级人性论那种“毫不掩饰”的不平等。在唯物史观看来，人性不应该被独断，也不应该被假设，而应该被放在现实的物质生产以及社会关系中加以考察，并需要通过物质生产和社会关系等要素具体地表达出来。总之，科学地把握人性问题，一方面要研究人类从动物界分化出来的历史，以总结人区别于动物的特别之处；另一方面也要研究人类自身的发展史，以探讨在具体社会关系和历史条件下人与人之间到底有着什么样的区别。

如上唯物史观对抽象人性论的批判，正击中了抽象人性论在理论上的要害之处。西方国家的核心价值理念建立在抽象人性论基础之上，即其是以抽象人性（人性自私）对于人性和人的本质等问题的演绎作为逻辑基础的。社会主义核心价值观基本理念演绎的理论基础则是唯物史观。在唯物史观看来，抽象人性论反映着资本主义私有制条件下人作为商品货币关系的承载者所表现出来的自利性，这样的理论在反对封建等级制度、促进更加文明的社会制度的建立等方面无疑是具有进步意义的；但问题在于，资产阶级对具有历史暂时性的资本主义制度作了普遍化、合理化、抽象化的解读，使其成为普遍化的看似自然合理的社会制度，进而就为资本主义制度作出了最有效且最狡黠的辩护，由此就捍卫了抽象人性论之上所产生的自由、平等、民主、法治等一系列代表资产阶级意志的核心价值理念。

我们梳理各种有关人性和人的本质的学说，大致可将它们分为三个层次的问题。第一个层次的问题是人的属性的问题，即人的属性是什么？人的属性大致可以分为自然属性、社会属性和精神属性等三种情形，这三种情形都描述了现实生活中人的实际状态。那又如何对上述三种属性进行区分呢？于是有了第二个层次的问题，即人的本质属性是什么的问题，也就是人的三种属性中哪种属性更具有根本性的意义？人的本质属性是人的各种属性中最根本的、带有本质意义的属性，也就是人之所以为人的最根本的属性。在其中，各个思想流派的观点无论进行怎样的争论，社会属性作为人的根本性的属性，取得了绝大多数思想流派的认同。当然，这也不排除某些个别观点认为精神属性或自然属性也是人的本质属性。对第二个层次的问题作出回应后，还要接着追问下去：人的本质属性又意味着什么？是否意味着揭示出人的社会属性就已经能够揭示出人的本质了？于是第三个层次的问题出现了，归总起来说就是人的本质到底是什么的问题。按照唯物史观的观点，人的本质是从人的本质属性中揭示出来的、能够把人同动物区别开来的具有质的意义的内在规定性，还能够进一步地解释出每个具体的人与其他具体的人之间不同的原因。由上可见，马克思有关人的本质的论断是一种对人的各种属性的一种高度概括。

在上述三个层次问题的推演中，还可以看出人性问题是多层次和多侧面的统一，因为人类社会中的每个成员都占有着各种不同的人性表现（包括自然属性、社会属性和精神属性等三种不同的人的本性的内容，也包括善的、恶的、不善不恶等不同的“人性”特点，等等），而“人的本质”反映的则是，如上种种内容和特点在实质上意味着什么，一个活生生、现实的人为什么在占有与其他处于相同环境的人所具有的相同“人性”之后，还会有差异悬殊的现实表现。抑或说，人的本质要回答的问题是，你、我、他作为独立的个体处在大致相同的环境中，同样地都占有“人性”（人的属性乃至于人的本质属性），在面对同样的事情时，为什么会表现出非常大的差异呢？这些差异从根本上还决定于哪些因素？如上林林总总的问题，抽象的人性论回答不了，人性自私论也回答不了，问题的解决最终就留给了唯物史观，即是说，唯物史观真正地面对并彻底地回答了这些问题。唯物史观认为人与人之间的差距决定于每个人所依存的社会关系，这一点非常重要，因为要从根本上回答人的本质的问题，就不仅要解释人与其他动物有什么不同，以及人与动物之间的区别在哪里，还要解释“作为独立个体的每个人与其他人之间有什么不同”这个更为重要的问题。在这个意义上，从“人的属性”到“人的本质属性”再到“人的本质”的论证过程就构成一种认识论和方法论上的重大变革。在上述种种考量中，马克思得出了他关于人性的至理名言，即“人的本质不是单个人所固有的抽象物，在其现实性上，它是一切社会关系的总和”[1]。从这个判断出发，就必然得到这样的认识：不但处于不同时代的人之“人性”是不同的，而且同一时代处于不同社会关系中的人之“人性”也是不同的。“人性”不是固定不变的，而是可以通过教育活动来改变和完善的。

总之，建立在唯物史观基础之上的社会主义核心价值观基本理念，承认存在着人性的一般内容。这种对于人性一般内容的承认就是承认了劳动创造了人，并认为正是劳动使得人与动物之间能够区分开来，劳动同时还创造了人与人之间的关系，进而使得每个作为个体的人与其他作为个体的人也区分开来。质言之，要真正地了解人性，了解具体的人，就必须在对社会关系的考量中作出具体的认识和分析，也就是在劳动实践中认识每个具体的人，而不是从抽象人性论出发，或从人性自私的角度看待每个人。同时，既然各个时代的每个国家和民族的生产力水平、社会关系、文化传统都是不一样的，那么每个国家和民族中具体人的人性表现、心理状态和价值判断也就不可能被抽象地统一起来，因而没有也不可能有西方国家那种所谓“普世价值论”所说的永恒不变的人性论，也不可能有抽象的自私的人性论。在批判了抽象人性论的理论基础之后，社会主义核心价值观基本理念就自然而然地就与西方所谓的“普世价值论”区别开来，而且还实现了对它的超越。

二、对西方价值文化之私有制基础的批判

一个社会的核心价值理念作为反映这个社会经济基础状况的产物，必然由这个社会的经济基础决定。西方国家的核心价值理念是建立在资产阶级私有制基础之上的，而社会主义核心价值观基本理念则是建立在社会主义公有制基础之上的，这两种情况说明两种价值理念必然反映着不同的经济基础，由此它们所体现的实质内容也存在着根本性区别。

西方国家的资本主义价值文化及其所产生的核心价值理念是与资本主义

1《马克思恩格斯文集》第1卷，人民出版社，2009，第501页。

社会的经济基础相适应的。生产资料私有制是资本主义社会的经济基础，社会财产都由资本家私人占有，并使得资产阶级的核心价值理念成为西方社会的主流价值观。也就是说，西方国家所主张的核心价值观自然要与它们的私有制相一致，体现出资本家的价值要求并维护着资本利益。具体而言：其一，在私有制基础上，“自由”的价值所要求的是资本家们进行商品交换行为的自由。所谓的自由，就是资本家之间的自由以及资本本身的自由，也是资本家们购买劳动力时无所限制的自由，并由他们占有无产者所创造的剩余价值的无所限制的自由，无产者则拥有“自由”地把自己的劳动力出卖给资本家的自由，实际上没有真正的自由。也就是说，无产者根本享受不到真正的自由。其二，在私有制基础上，“民主”的价值要求也无疑是发生在资产阶级内部的民主，也是完全地发生在资本家与资本家之间的民主。资本主义的民主逐渐被形式化并被金钱绑架，无产阶级根本享受不到资本主义民主的果实。其三，在私有制基础上，“平等”的价值要求无疑也是在维护资产阶级利益的自由观之上的平等，也是上述各种形式上的而非实质性的民主保护之下的平等，具体地则是指资本家们在购买劳动力时的平等，最后实际就是无产阶级根本享受不到平等的平等。其四，在私有制基础上，“博爱”这种价值虽然已不构成当代资本主义社会的核心价值，但日常生活中，它的影响力还是很大，因为它的要求似乎具有更强烈的广泛性和普遍性，实际上却巧妙地掩盖了资本及其背后的剥削关系，因此也就成为缓和资本家与雇佣劳动者之间劳动关系的“润滑剂”。也就是说，资产阶级和无产阶级之间的博爱，作为一种口号是被普遍宣扬的，但事实上则是根本不可能存在的，抑或说，存在的只是虚假的博爱。其五，在私有制基础上，“人权”这种价值要求，就是在生产资料私有制基础之上真正地占有生产资料的人才可能具有的权利，即是说，一个人所占据的经济地位决定了他所能享受的人权（权利），无产阶级因为没有什么社会地位，也没有生产资本，自然就没有人权，即便有所谓的“人权”，从根本上说，也是虚假的和附属的。[1]

西方国家的核心价值理念在根本上是与其生产资料私有制相适应的，也是与资本家的利益直接关联的，但是在现实生活中，西方国家却总是在割裂这些核心价值理念产生在相应经济基础之上的事实，只强调这些核心价值理念具有的所谓“普世性”和“优越性”。关于这一点，马克思恩格斯就深刻地揭露道：资产阶级总是“赋予自己的思想以普遍性的形式，把它们描绘成唯一合乎理性的、有普遍意义的思想”[2]，也就是“把占统治地位的思想同进行统治的个人分割开来，主要是同生产方式的一定阶段所产生的各种关系分割开来，并由此得出结论说，历史上始终是思想占统治地位，这样一来，就很容易从这些不同的思想中抽象出‘**思想**’、观念等等，并把它们当做历史上占统治地位的东西，从而把所有这些个别的思想和概念说成是历史上发展着的**概念**的‘自我规定’”[3]。概言之，资产阶级在取得了自己的统治地位之后，必然把他们所主张的核心价值理念变成他们思想统治的工具，也就是变成在社会上占据统治地位的价值理念。这是因为“一个阶级是社会上占统治地位的**物质**力量，同时也是社会上占统治地位的**精神**力量。支配着物质生产资料的阶级，同时也支配着精神生产资料，因此，那些没有精神生产资料的人的思想，一般地是隶属于这个阶级的”[4]。如上所展现的过程无疑就是“社会存在决定社会意识”以及“经济基础决定上层建筑”等马克思主义基本原理被证实的具体化、现实化过程。它揭示出无法掌握生产资料的无产阶级只能被动地接受被掌握着生产资料的资产阶级变作统治工具的核心价值理念的侵染过程。马克思恩格斯对此还指出：“占统治地位的思想不过是占统治地位的物质关系在观念上的表现，不过是以思想的形式表现出来的占统治地位

1 宫晓虹、单传友：《论社会主义核心价值观与资本主义核心价值观的原则性区别》，《思想理论教育导刊》2016 年第 5 期，第 95 页。

2《马克思恩格斯文集》第 1 卷，人民出版社，2009，第 552 页。

3《马克思恩格斯文集》第 1 卷，人民出版社，2009，第 553 页。

4《马克思恩格斯文集》第 1 卷，人民出版社，2009，第 550 页。

的物质关系；因而，这就是那些使某一个阶级成为统治阶级的关系在观念上的表现，因而这也就是这个阶级的统治的思想。”[1]这里“占统治地位的思想”，指的是反映资产阶级作为统治阶级及其与无产阶级之间统治与被统治之关系的那些思想。

在实际操作层面，资产阶级割裂他们所主张的核心价值观与其经济基础之间的内在关联，还表现在他们会强行推行他们提出的所谓“普世价值”，似乎这些所谓“普世价值”的正确性是没有任何前提的，对于世界上任何国家或地区的人们也都是普遍适用的。而实际上，资产阶级推行的所谓“普世价值”掩盖了资产阶级私有制的历史局限性，也掩盖了资产阶级进行着实际统治和剥削的本来面貌。马克思在批判资产阶级“博爱学派”时就作过形象的评价：“博爱论者愿意保存那些表现资产阶级关系的范畴，而不要那种构成这些范畴并且同这些范畴分不开的对抗。博爱论者以为，他们是在严肃地反对资产者的实践，其实，他们自己比任何人都更像资产者。”[2]马克思还在《〈政治经济学批判〉序言》中作出过更为精辟的论述，即强调“人们在自己生活的社会生产中发生一定的、必然的、不以他们的意志为转移的关系，即同他们的物质生产力的一定发展阶段相适合的生产关系。这些生产关系的总和构成社会的经济结构，即有法律的和政治的上层建筑竖立其上并有一定的社会意识形式与之相适应的现实基础”[3]。这段话既是马克思对于唯物主义历史观的经典概括，也是他对于资产阶级价值理念为经济基础所决定的事实的精准表达。它也在表明，资产阶级的核心价值理念在本质上就是建立在生产资料私有制基础之上的社会意识形态，无论资本家怎么粉饰，都掩盖不了其为资产阶级巩固自己的阶级统治服务的事实。

与西方国家建立在生产资料私有制基础之上的价值理念相比，社会主义

1《马克思恩格斯文集》第1卷，人民出版社，2009，第550—551页。
2《马克思恩格斯文集》第1卷，人民出版社，2009，第616页。
3《马克思恩格斯文集》第2卷，人民出版社，2009，第591页。

核心价值观基本理念是与社会主义公有制之经济基础相适应的。抑或说，建立在公有制基础之上，正是社会主义核心价值观基本理念与资本主义核心价值理念的显著区别。社会主义国家不同于资本主义国家，后者只是资产阶级实现自身统治的工具，前者则是全体人民在共同拥有生产资料基础之上实现真正当家作主的联合体。具体而言，其一，在社会主义公有制基础之上，国家层面的富强指的是全体人民所能共同享有的国家富裕和强大所带来的物质满足与精神充裕；国家层面的民主指的是全体人民凭借自己对于生产资料的共同占有，成为国家的真正主人之后所能享受的真实的、全过程的而非虚假的、形式上的民主；国家层面的文明指的是社会主义文化继续繁荣昌盛的景象以及整个社会风尚不断向善向好的局面；国家层面的和谐指的是人们在“人与人”“人与社会”“人与自然”“人与自身”等方方面面的社会关系中能够友好相处的美好景象。其二，在社会主义公有制基础之上，社会层面的自由不再是资本家才享有的自由，也不再是雇佣劳动者具有的出卖自己劳动力的自由，还不再是无法普遍落实的自由，而是社会上的人们能够共同享有生产资料的自由，在本质上就是建立在生产资料公有制基础之上的社会主义道德原则——集体主义基础之上的自由。集体主义中的自由与西方国家个人主义的自由是有严格区别的。社会层面的平等不再是建立在剥削经济基础之上的平等，而是人们能够在共同占有生产资料基础之上而产生的真正有机会去实现的平等。社会层面的公正以及法治，也是保障人们共同地参与国家治理和社会生活的相应规定以及具体的运行方式。具体言之，生产资料公有制保障着人们能够在全社会实现更高层面的公正，也能够在国家治理现代化进程中实施更加有效的法治。其三，个人层面的爱国、敬业、诚信和友善等价值理念也同样地产生在生产资料公有制基础之上，并成为人们作为国家主人所能感受到的社会主义制度优势中的价值规定和德性要求。抑或说，生产资料公有制为每个公民个体造就相应的道德品质提供了制度性基础，在这样的制度性基础及其所彰显的价值理念优势之下，每一个人都在大家的共同努力中，一起为国家的繁荣昌盛贡献自己的力量。[1]

三、对西方价值文化之单向演绎逻辑的批判

西方国家的核心价值理念建立在抽象人性论以及生产资料私有制这两个理论基础之上，这是其与社会主义核心价值观基本理念的显著差异。除此之外，社会主义核心价值观基本理念推演过程中历史与现实相关照的全面逻辑，与资本主义核心价值理念推演过程中由抽象人性论一推到底的单向逻辑也是不同的。西方国家的核心价值理念虽然也能够自成体系，但是其演绎逻辑却是单向的，这主要是说，它们的价值理念是以抽象人性论为基础的，并由此被单向度地推演出来。易言之，西方国家核心价值理念的演绎逻辑就是由抽象人性论、人性自私论以及天赋人权等“无根基”的观念演绎出来的。相反，社会主义核心价值观基本理念则遵从了历史发展与现实发展相关照的逻辑，其演绎过程实现了历史逻辑与理论逻辑的统一。

首先，处于西方价值文化演绎逻辑表层的是平等和法治这两个价值理念。西方国家所倡导的平等价值理念，并不是我们所理解的经济社会生活中的真实平等，而只是法律所规定的权利上的平等，也就是那种抽象的法权意义上的平等，特别是指人们在财产权上的平等。一方面，在西方世界，每个人所拥有的财产权是不可侵犯的，不管这些财产是如何取得的，都要被保护，如此就必然造成“穷人”和“富人”在财富上的两极分化。资本家一味地肯定乃至赞美现实生活中所出现的这种两极分化，就是为了保护他们“富人”的利益，而将缩小贫富差距作为施政目标的政府，在这个意义上说，就几乎是劫富济贫的强盗了。也就是说，政府的职责肯定是要实现资源上的公平分配，这样它所实施的各种相应的行为无疑都要侵犯到富人的财产权和自

1 宫晓虹、单传友：《论社会主义核心价值观与资本主义核心价值观的原则性区别》，《思想理论教育导刊》2016 年第 5 期，第 95—96 页。

由，因而它（政府）从先天来说就不是“公正”的，必须通过各种制度来限制它的功能。另一方面，西方国家还认为人与人之间的财富差距无论多么巨大，他们所拥有的财产权都是平等的。因而，西方国家设计出来的制度，只要尽力保护人们的财产权以及建立于其上的自由，就是正义的，就是公正的。这样，在形式上的确实现了所谓的平等，却无法保证在结果上真正地实现平等。但形式上的平等，正是西方国家首先要保证的。于是，就出现了“宪政”这个说法，它是西方国家一直强调的法治理念的核心，其目的就是要限制所谓的“专制权力”（政府）对人们自由和私有财产的侵犯，而不管所谓的“专制权力”是不是产生于真实民主过程的结果，也不管所谓的“专制权力”是否代表了人们的真实意志，更不管所谓的“专制权力”施政的效果是怎样的，它的标准只有一个，那就是通过宪法等各种手段去限制权力、再限制权力，以此保证它们所强调的财产权所带来的自由。自由就是前提中的前提，无论如何都是不容冒犯的。

其次，处于西方价值文化演绎逻辑中层的是民主这个价值理念。在西方国家看来，实施国家职能的政府及其权力不仅没能保护人们的自由，反倒恰恰构成对于个人自由的威胁，它们甚至由此认为政府的权力构成侵犯个人自由的最大威胁。假设威胁个人自由的力量是其他与个人（自己）具有同等力量的个人的话，人们彼此之间的差距还不算很大，个人自由也不会受到很大的威胁；而威胁个人自由的如果是政府及其权力的话，这个力量就是任何个人都不能相比的，也是任何个人根本无法对抗的，由此它们就主张需要限制政府的力量，不然人们的自由就无法获得保障。这无疑与它们所主张的人性自私论如出一辙，即它们自然而然地认为政府的力量天然地带着某种“恶”的因素。无论政府如何施政，都会威胁到人们的自由，因而要受到限制。于是问题来了：政府既然是恶的，也必定会威胁到个人自由，那么，它的合法性又是如何实现的？西方国家的价值逻辑认为，通过形式上的民主，由选举而搭建起来的政府，就可以确立其合法性，然后再辅以一定的制度设计，就能够避免这种“恶”。那么，为了实现确立政府合法性的民主而实施的各种措施就变得与“自由”这个最根本的价值理念不相容了。它们又是如何处理的？按照西方国家的价值逻辑，民主这个理念只是合法化地对自由以及财产权给予保护的工具，而自由才是第一位的价值，其中一旦出现矛盾，民主的价值就自然地必须让位于自由的价值，也就是说，民主等其他价值理念都必须让位于人们的自由权以及人们的财产不被侵犯的原则，因为它们认为财产权本来就是为了保证人们的自由而存在的，而诸如民主等其他价值理念都只是附属的，既附属于自由，也附属于财产权。总之，民主作为一种政治制度设计，并不具有根本性的价值地位，尤其在这一演绎逻辑中，民主无疑沦为保护个人自由和私有财产的工具。

最后，处于西方国家价值文化演绎逻辑最深层次的是自由这个价值理念。西方国家价值文化演绎逻辑中的表层和中层的理念分别是平等、法治和民主，它们都是为维护其最深层次的价值理念——自由服务的。我们一直在强调，西方国家核心价值理念所建立的理论基础是抽象人性论，加之它们在宗教观上所主张的原罪说，等等，都使得人性自私论成为它们价值理念所建立的根基。在这样的根基上，人性中具有自私利己的基因就是必然的，这也使得它们理论体系中的个人自由比社会秩序显得重要得多，即保障个人利益实现的自由要素要比实现社会秩序等其他要素重要得多。那么，无论是哪一方，只要个人自由得不到实现，就会出于“本性”，不择手段地谋求自身利益，而损害其他方的利益，甚至还会利用某些制度设计上的弊端来处处捍卫自己所认为的（利益）自由。如此推导下去，个人必然会丧失自己的自由，于是围绕着如何保护个人自由的其他价值要求也就相应地产生出来了，这些价值要求都是用来保证个人自由这个最基本的价值理念的，对于这个过程的分析在前面“自由”价值理念那里已经有所论述。正如前文所言，与自由价值理念关联最紧密的是财产观，即是说自由是第一位的价值理念，财产权则是实现自由这个第一位价值理念的“技术支撑”。它们认为，除了人生而获得的自由之外，财产权是最重要的，因为它还是将人与动物，乃至人与人区别开来的主要标志，在西方国家的社会生活中甚至还表达着一个人的个性与能力，因而构成个人自由等精神存在的具有决定性的基础。由此，与自由不可侵犯一样，财产权也是不可侵犯的。如上推导过程就是西方国家价值文化进行理论建构的最深层次，即没有所谓的自由，人们就无法获得存在的基本尊严，而没有财产权，人们也无法获得所谓的自由。

至此，建构在“平等”“法治”“民主”“自由”等核心价值理念基础之上的西方国家价值文化所产生的价值体系就推导完成了。概括起来说，这一价值体系建构的理论基础是抽象人性论尤其是人性自私论，最高目的是对个人自由权和私有财产权的保护。[1]

社会主义核心价值观基本理念的体系与西方国家价值文化的体系之所以是不同的，就在于二者的理论基础是不同的。在相应理论基础之上推演出来的逻辑链条也是不同的。依据唯物史观，对于价值观的考察不能依据抽象式的想象以及单向的演绎逻辑，而只能从自身社会的实际出发，归纳出我们的价值传统和优势，并一以贯之，进而让人们践行当代社会中的价值共识。社会主义核心价值观基本理念作为当代中国的价值共识，实际上是“大历史观”演化过程中形成的价值文化传统叠加在一起，并共同发力所呈现出来的结果。具体来看，五千多年中华文明史所蕴含的丰富价值理念，五百余年社会主义发展史所蕴含的崇高价值理想，一百年来中国共产党不断丰富与发展的马克思主义价值思想，等等，都是社会主义核心价值观基本理念的宝贵思想资源。社会主义核心价值观基本理念，不是以单向的演绎逻辑推导出来的

1 李健:《社会主义核心价值观与西方“普世”价值的四大区别》,《思想理论教育导刊》2015 年第 3 期，第 63—67 页。

特定价值理念，而是以历史的和实践的态度、辩证的方法论凝练出来的、最能反映社会主义本质特征的核心价值理念。正是在“大历史观”价值文化传统的交叉重叠中，我们形成了社会主义核心价值观基本理念的整体框架，也就形成了培育和践行社会主义核心价值观基本价值理念的主要内容，这个整体框架以及其所附属的主要内容与基于抽象人性论而演绎出来的西方核心价值理念形成了鲜明的对比。

四、对西方价值文化之实践扩张性的批判

西方国家核心价值理念的演绎逻辑及推进过程都是单向度的，这是由于其理论前提是抽象人性论，更是由于其所建立的基础是资本主义生产资料私有制，后者更是直接使得西方国家的核心价值理念表现出强烈的实践扩张性。当然对于前者而言，外化的价值诉求所依据的单向演绎逻辑也必然要通过各种手段不遗余力地维护它们所主张的自由观以及私有财产的不可侵犯性，从而也体现为利益至上的主导原则并不断地显现出扩张性。

如上所述，西方国家的核心价值理念产生于各种具有突出的抽象性特征的理论基础，而这些具有抽象性特征的理论基础又必然单向度地演绎出它们价值观的思想脉络，直至形成它们自己的价值规范体系，这个价值规范体系在实践中又造成一种必然的倾向，那就是西方国家总是不遗余力地向其他国家强行推广它们价值文化中的核心价值理念。西方国家认为，它们所主张的价值理念可以应用于世界上的一切国家或地区，乃至于声称正因为它们占据着这样的所谓“普世价值”，故而可以强制任何其他信奉不同价值观的国家或地区信奉它们的价值观，甚至还认为秉承着与它们不同价值观的政权的合法性也是需要被质疑的，如上就是西方国家核心价值理念扩张性的逻辑。质言之，与社会主义核心价值观基本理念相比，实践中强烈的扩张性体现出西方国家价值文化演绎的必然性。在日常的社会生活中，我们常常会感受到，凡是在核心价值理念上与西方国家有差异的国家，终究要受制于西方国家价

值观扩张渗透的强大压力。这种现象背后的原因是什么？实际上就是资本不断增殖的本性。在本质上，作为资本主义社会生产关系中的核心力量的资本，只有不断扩大自身的交往范围，并使这种交往关系被普遍化地规定，才能存活下来。抑或说，资本就是天生的“国际派”，它只有不断拓展自身价值增殖的空间，才能不断延续下去。在西方国家价值观不断扩张的表象背后，是它们的价值理念在资本扩张过程中必然成为资本增殖手段的本质。[1]

再追溯一下，在资本主义价值文化中的核心价值理念扩张之前，是资本生产的全球扩张。资本生产的全球扩张赚取了其他国家最廉价的劳动力和最廉价的生产资料，在客观上也促进了这些落后国家和地区的生产力发展，这在历史上是具有进步性的，马克思恩格斯对此作过肯定性论述。资本的生产与增殖，在消费这个环节被顺利推进的条件下才可能进一步实现，因此，世界消费市场的确立构成资本增殖的内在逻辑和必然要求。于是，西方国家首先在其内部不断刺激消费，以促进生产的不断扩大，然后再将这些消费产品及其所承载的价值理念不断扩展到自己之外的世界。具体说来，一方面，资本逻辑宣扬“超前消费”和“消费升级”等观念，不断突破消费的时间限制和空间限制，以扩大世界市场的范围；另一方面，新的消费需求又必须被不断制造出来，并被扩展到全世界，并让全世界的人们信奉其中的“必然性”。进一步说，资本在满足人们多方面需求的同时，还延伸出主客颠倒的拜物教式逻辑，处于资本控制下的人们深陷于这种逻辑而不能自拔，这成为当今世界非常严重的问题。但更大的问题出来了：随着世界各国的不断发展和变化，一旦其他国家追随它们这样的逻辑，变得从中受益，如在全球化趋势下取得了利益并逐步强大起来，它们又会怎么办呢？面对这种情形，诸如美国这样的老牌强国是绝对不能容忍的，它就会不惜一切代价调整策略，转向逆

1 李健：《社会主义核心价值观与西方“普世”价值的四大区别》，《思想理论教育导刊》2015 年第 3 期，第 66—67 页。

全球化策略，捍卫自己取得的利益，这与它们自己所主张的价值理念看似矛盾，实际上却是与它们所代表的资本逐利本性密切相关的。也就是说，以美国为首的国家当前推行的逆全球化策略与它们曾经主张的全球化潮流一样，都是在捍卫它们的利益。这个过程中所谓的自由、平等、民主、法治等价值理念，虽然充斥着互相矛盾之处，但其本质并没有改变，不过是西方国家实现自身利益的手段而已。抑或说，当前以美国为首的西方国家所掀起的逆全球化运动，并没有改变资本主义国家核心价值理念作为实现利益的手段的性质，倒更是散发出强烈的扩张性本质。总之，西方资本主义国家在全球空间范围内的扩张，从文化层面看，就是要不断输出它们所坚守的核心价值理念，实际上就是为资本自身的增殖服务，最终达到保护自身利益的目的。如上就是对西方核心价值理念在全球扩张的基本过程的描述，也是我们在批判西方国家的价值理念时必须要注意到的。

上述建立在资本逻辑基础之上的西方价值文化不断扩张的过程，实质上就是资本主义国家把它们的价值理念转化为扩大自身利益的工具的过程。对于这个问题，马克思恩格斯早就深刻指出，“资产者的假仁假义的虚伪的意识形态用歪曲的形式把自己的特殊利益冒充为普遍的利益”[1]。从马克思恩格斯的批判中我们看到，西方资本主义国家所倡导的那些核心价值理念乃至随后所提出的所谓“普世价值”，无疑都是它们用来谋求自身利益最大化的手段。它们提出的所谓价值的“普世性”和正义性，都从根本上受制于资本的本质属性——扩张性。质言之，这种唯一合乎理性的、有普遍意义的思想就是为它们自身的利益服务的核心价值理念，也是指建立在资本逻辑之上的自由、民主、平等、法治等西方国家核心价值理念。这些价值理念不断被推广的过程就是理念自身所具有的扩张性逻辑的外化表现。回顾整个西方国家发展的近代史，它们的发展与它们核心价值理念的外向性推演过程无疑也是一

1《马克思恩格斯全集》第3卷，人民出版社，1960，第195页。

致的。帝国主义国家如果认定哪些国家以及哪些民族不符合它们所谓的自由、民主、公正、法治等价值理念的要求，就会随时对之进行武力干涉。例如，英国就是较早对外进行帝国主义扩张的国家之一，鸦片战争就是英国打着所谓自由贸易的旗号所实施的侵略战争，其扩张的本质暴露无遗。那时，西方国家提出的所谓公正秩序，实际上不过是“捍卫”自己利益的借口而已，归根到底受苦的是中国人民。

谈到西方国家对于与其核心价值理念不同的国家的价值渗透和武力打压，实际上就是它们以自身的利益诉求与价值理念作为标准，来评价并指导其他各国和民族的行为，并将其粉饰为合理的行为，而粉饰的过程即是将它们自身的行为包装成具有一定“普世”性的价值理念的过程，进而对其他国家尤其是社会主义国家进行价值渗透和霸权打压。二战结束后，美国在“冷战”过程中对社会主义阵营发起了各种各样的攻击，其中以核心价值观基本理念为主要内容的意识形态攻击是最为突出的。例如，美国对苏联共产党历史、苏联社会主义历史以及苏联领导人的言行进行了大量污名化的宣传活动，营造了反对苏共领导、反对社会主义道路及其价值理念的强大舆论氛围，助推了历史虚无主义在苏联的泛滥，动摇了人们对于共产主义、社会主义的价值信念，直至苏联这个国家被颠覆。

在当代，西方国家在价值理念上的扩张性，还充分地体现为它们在价值观策略上所执行的双重标准。这里的双重标准，即是说它们宣扬的是一套，但实际上做的却是另一套。之所以会出现这样的情形，从根本上是由于它们的价值观策略始终是服务于其自身利益的，这还成为它们在国际上打击异己的惯用策略。它们的这些做法自然是秘不可宣的，而一旦被公之于众，并被其所侵略的国家揭露出来，它们就会变本加厉地实施它们的进一步扩张，甚至不惜使用武力扩张的方式达到一如既往的目的。例如，美国在全球范围内大肆实施非法监听和非法窃听，它不仅一直不承认这一点，反倒诬蔑他国对它发动了网络攻击；美国还肆意干涉他国内政，它不仅一直不承认这一点，反倒诬蔑他国试图干涉它的选举与内政；美国还大搞特搞贸易保护主义，它不仅一直不承认这一点，反倒指责他国破坏了它的贸易自由。近几年，美国对我国香港民众有关止暴制乱、恢复秩序的要求置之不顾，却给当时干扰我国社会秩序的暴力犯罪分子贴上了“民主勇士”的标签。从国际政治发展的历史事实中，我们还可以非常直接地看出西方国家的许多外交政策和它们所宣扬的价值理念相背离，特别是在价值评价问题上，西方国家对内对外往往采用了截然不同的“双重标准”。

与具有扩张性的西方国家价值文化核心价值理念相比，社会主义核心价值观基本理念则是一个既有坚定原则立场又有吸引力和感召力的理论体系。首先，社会主义核心价值观基本理念体现了社会主义的本质要求，吸收了马克思主义意识形态理论的精神要旨以及中国特色社会主义理论所蕴含的丰富价值思想。如马克思主义在价值理想上指出，人类社会最终是要建立一个实现人的自由全面发展的共产主义社会。在马克思恩格斯所设想的共产主义社会里，劳动成为人们的第一需要，没有剥削，没有压迫，社会物质财富也会极其丰富，按需分配原则的实行更使得人们从备受奴役的状态中解放出来，从而实现真正意义上的自由、平等与和谐，等等。这些思想都被社会主义核心价值观基本理念吸收。其次，社会主义核心价值观基本理念根植于中华优秀传统文化。中国自古以来就是礼仪之邦，主张“和而不同”与“天下大同”的仁爱主义。在对待本民族与其他民族以及其他国家的关系上，一直持有包容天下的价值取向，秉持友好相处之道。在处理争端的问题上，主张“以和为贵”的价值理念，绝少使用武力。上述观点无疑地证明着我们的价值理念在历史发展的进程中一直与西方的掠夺文化存在着本质区别。最后，我们凝练的社会主义核心价值观基本理念也吸收了世界文明的有益价值成果。在培育和践行社会主义核心价值观的过程中，我们要确立价值观自信，但这并不意味着我们可以因中国特色社会主义所取得的巨大成就、所彰显的价值优势而自满，而是“要虚心学习借鉴人类社会创造的一切文明成果……不能数典忘祖，不能照抄照搬别国的发展模式，也绝不会接受任何外国颐指气使的说教”[1]。这也就注定了社会主义核心价值观基本理念绝不是狭隘的，也绝不是扩张性的，比单向演绎并带有扩张性的资本主义核心价值观理念更具有创新性和生命力。在这一点上，社会主义核心价值观基本理念实现了对西方价值文化的现实批判。

第三节　社会主义核心价值观基本理念对西方价值文化的超越

西方价值文化有其重要的历史地位与特殊的历史贡献，也有值得我们借鉴之处。如前文所述，西方价值文化中的优秀成分就是需要我们去借鉴的，并且这种借鉴一定是批判中的借鉴。同时还要注意的是，从西方价值文化发展的未来走向来看，它越来越显现出历史过渡的必然性，这就预示着其必然将被社会主义核心价值观基本理念超越。社会主义核心价值观基本理念对西方价值文化的超越具体表现在，以人民为中心的人权论对西方抽象人权论的超越，社会主义全过程人民民主观对西方形式主义民主观的超越，集体主义中的自由观对个人主义中的自由观的超越，以构建人类命运共同体为宗旨的共同价值对西方所谓的“普世价值”的超越。

一、以人民为中心的人权论对西方抽象人权论的超越

人权虽然不构成西方国家核心价值观中的基本价值理念，但却是各种价值理念提出的前提或条件。西方国家普遍认为，人权是天赋的、人的权利是生而平等的，并由此产生出它们所主张的各种价值理念。但是，这种抽象人

1《习近平谈治国理政》第 1 卷，外文出版社，2018，第 30 页。

权论无疑是虚假的，是需要我们去批判的。我们基于以人民为中心、立足于最广大人民根本利益的人权论，是在克服了抽象人权论的弊端之后产生并发展起来的，实现了对它的伟大超越。

从思想史的角度看，西方核心价值理念的理论基础是天赋人权或人（权）生而平等。古希腊时期，西方的思想家们就已经开始探讨自由权和平等权的形式等具体的人权问题。到了近代，“自然法则”确立了法律上人人平等的观念，契约的理念又以平等权进一步地解释了人的自然权利，这些都已是众所周知的观点。到了文艺复兴时期，西方的思想家们所要表达的是以强调个人主义、宣扬人权平等为主题的人文主义思想，这种人文主义思想中的平等观明显不同于古希腊的自然主义平等观以及中世纪的神权主义平等观，但仍然是以先天的“自然法则”为基础，坚守着人类在先天意义上就是平等的和具有权利的主张。实际上，在文艺复兴和宗教改革运动之后，西方国家的价值观在“天赋人权”上的取向越来越清晰地显现出来。如法国大革命将“自由、平等、博爱”等价值理念铭刻在人们心中；美国《独立宣言》中“人人生而平等”的价值追求更是明确表达了“天赋人权”价值主张的精髓。总之，如上一系列的“天赋人权”论都系统、全面地张扬着西方国家对平等和自由的价值追求，正如皮埃尔·勒鲁（Pierre Leroux）所说：“它一旦公告于世，就能获得人们普遍的赞扬。是的，人们可以抹掉它，人们可以嘲笑它，但它绝不会因遭人践踏而被真正抹掉，或受到损害；因为它是正确的，它是神圣的，它代表人们追求的理想，它象征神示的未来，它已在理论原则上占据了优势，它终将也有一天在客观事实上赢得胜利，它是磨灭不了的，它是永存的。”[1] 在这里，我们需要注意的是，天赋人权理论虽然在设想上很美好，但却违背了最基本的事实：人权不可能是上帝或上天赋予的，而是必须通过每个个体的努力，并在自己所处国家和社会的不断进步中获得

1〔法〕皮埃尔·勒鲁：《论平等》，王允道译，商务印书馆，2017，第19页。

的。即是说，人权不能只是喊口号，而是要通过人们的实际行动，甚至只有在个人、国家和社会之间真实且持续的联动中才能争取到的。

与西方建立在抽象人权论基础之上的价值理念不同，社会主义核心价值观基本理念并不主张人的权利是天生而来的，而是认为人权是人们在实际生活中所取得的现实权利，也就是人们通过努力才能得到的实际权利。具体说来，人们通过努力首先获得的是生存权，然后获得的是发展权，因而生存权无论从权利的次序上说，还是从它对于人本身的实际意义来说，都是最大且最重要的人权。也正是在这个意义上，我国付出最大的努力才打赢的脱贫攻坚战，就是在为人民争取最大且最重要的人权。当然，人的发展权是建立在人的生存权基础之上的权利，有了生存权，就会进一步形成对发展权的观照。回到现实中，以推动经济发展的各种举措提高人民的生活水平，始终是我们所主张的人权论中最重要的方面，即保证生存权是我们工作的基准和底线，当代中国发展的历史进程也证明了如上价值主张的正确性。2021 年 7 月 1 日，习近平在庆祝中国共产党成立 100 周年大会上庄严宣告："经过全党全国各族人民持续奋斗，我们实现了第一个百年奋斗目标，在中华大地上全面建成了小康社会，历史性地解决了绝对贫困问题，正在意气风发向着全面建成社会主义现代化强国的第二个百年奋斗目标迈进。"[1] 这表明，在中国共产党的坚强领导下，从帝国主义、封建主义、官僚资本主义的压迫中建立起来的新中国，经过 70 余年的大发展，实现了从贫困到小康的伟大转变，这个转变过程无疑证明着中国政府是为实现人权价值理念付诸巨大努力与现实行动的政府。

与西方的价值主张不同，我们不仅认为生存权是最基本的人权，还主张人权不是被抽象地规定为"先天"的，而是要通过具体的制度安排来保证实现的。当代中国就是通过各种制度设计和安排来保障人权的。例如，自由、

1《习近平谈治国理政》第 4 卷，外文出版社，2022，第 3 页。

民主、平等等价值理念早已被写入宪法，且已成为社会主义核心价值观基本理念，并在中国特色社会主义的伟大实践中通过各种具体可行的体制机制来加以保障和实现。例如，1997 年，党的十五大就明确提出要“保证人民依法享有广泛的权利和自由，尊重和保障人权”[1]；2007 年，“尊重和保障人权”首次被写入《中国共产党章程》；2017 年，党的十九大报告明确提出“加强人权法治保障，保证人民依法享有广泛权利和自由”[2]；2020 年 5 月通过的《中华人民共和国民法典》，共 7 编、1260 条、10 万多字，真正实现了对人民生命健康、财产安全、交易便利、生活幸福、人格尊严等各方面权利的全方面保护，使人权得到更广泛的落实，充分展现出社会主义核心价值观基本理念的现实生命力与实践影响力。同时，《中华人民共和国民法典》的颁布也是在广泛征求人大代表、地方人大、基层立法联系点、中央有关部门和社会公众意见的基础上才最终完成的，真正反映和代表了民意。据有关部门统计，民法典草案先后 10 次公开征求意见，征集到各方面意见 100 多万条，这些无疑体现了党和政府对于人民人权的真实保护，真正贯彻了社会主义民主价值理念。

中国特色社会主义进入新时代，中国共产党坚持以人民为中心，为创造人民美好生活而不懈奋斗，在实践中贯彻社会主义核心价值观基本理念，使得我国对于人权的保障不断制度化、体系化、现实化。具体地说，我们不仅把保障人权的措施制定成各种法律制度，还通过各种具体制度的落实，保障人民权利的真正实现，充分发挥社会主义核心价值观基本理念的实践意义。例如，我们一直坚持的“依法治国与以德治国相结合”的国家治理原则，在创造人民美好生活中就起着至关重要的作用，构成制度保障人权的重要方式。具体说来，坚持依法治国与以德治国相结合作为一种制度安排，不只

1 中共中央文献研究室编：《十五大以来重要文献选编》上册，人民出版社，2000，第 31 页。

2《习近平谈治国理政》第 3 卷，外文出版社，2020，第 29 页。

是口号，它体现为法治与德治对于人民美好生活的具体保障。习近平指出："我国社会主义制度保证了人民当家作主的主体地位，也保证了人民在全面推进依法治国中的主体地位。"[1]法治建设如此，道德建设亦是如此。可以说，以为人民服务为核心、以集体主义为原则的社会主义道德建设向来都是为了人民的利益而实施的。同理，法治建设与道德建设的主体都是人民，即由作为主体的人民来开展相应的建设；法治建设与道德建设的指向更都是人民，两种建设提升的也是广大人民的法治素养和道德素质，因而"为了人民、依靠人民、造福人民、保护人民"[2]的立场，是两种社会建设形式所共生共有的根本目标。[3]新时代，对于美好生活的追求是广大人民群众最热切的期盼，人权的规定相应地落实到实现人民美好生活这个价值目标上。社会主义社会的法治建设与道德建设正是通过调节社会关系，保障人们具体权利的实现，让人民群众有更多的获得感、幸福感、安全感，不断推动人民美好生活的实现。以人民为中心的价值立场促进人民美好生活的实现，就是要具体真实地保护人民的权利的实现，在涉及人民群众重大民生的问题上实现政策目标与道德导向的统一，如"在涉及就业、就学、住房、医疗、收入分配、社会保障等重大民生问题上，妥善处理各方面利益关系，充分体现维护社会公平正义的要求"[4]；亦如通过对道德领域热点问题的价值引导，以事说理、以案明德，增加人民群众的伦理安全感，引导人们过讲道德、尊道德、守道德的生活；再如在日常交往、学习强国和政治参与等具体活动中，引导人们选择崇德向善、尊法守法的生活方式；最后，实现由整体性的人民群体到个体性的公民的转化，还得通过"德法兼治"所形成的制度优势及其在各领域的具体做法，使广大公民做到明大德守公德严私德、尊法学法守法用法，形成当今

1《习近平谈治国理政》第 2 卷，外文出版社，2017，第 115 页。

2《中共中央关于全面推进依法治国若干重大问题的决定》，人民出版社，2014，第 6 页。

3 李志强：《论习近平的德法兼治观》，《大连理工大学学报（社会科学版）》2021 年第 5 期，第 76 页。

4《新时代公民道德建设实施纲要》，人民出版社，2019，第 23 页。

时代发展所需要的“德法兼修”的核心素养，造就自由而全面发展的新时代公民，从而提升全民族的法治素养与道德素质。[1]这些都是为了让人们过上美好生活，也就是在实现着人民具体的、现实的权利，而非抽象地、口号式地保护人民的权利。

由此可见，坚持依法治国与以德治国相结合的国家治理原则，对于重视和保障人民的具体人权有着重要的支撑作用，进而推动了社会主义核心价值观基本理念在国家治理领域的具体化。在理论上，以人民为中心的具体人权论对西方抽象人权论的超越，还有一个难点问题需要解释，即需要解释人权中的“人”与人权中的“权”之间的关系。抑或说，人权这个价值理念自然是非常重要的，但在人权中更重要的是“人”，还是“权”呢？之所以提出这个问题，是因为对这个问题的不同回答构成中西方两种不同人权论的根本区别。到底人权中的“权”更重要，还是人权中的“人”更重要？初看上去，这似乎是一个不成问题的问题，因为其中的道理似乎真是太简单了，毋庸置疑的答案是人权中的人是更重要的，因为没有人的存在，又哪来的人之权的存在呢？抑或说，如果没有具体的人的存在，讲人之权如何如何，又有什么用呢？但实际上，西方所讲的抽象人权论，更重视的是人权中的“权”本身，强调得更多的也是“权”本身，而非具体的“人”本身。西方国家价值观推导的逻辑更重视的是每个人被先天赋予的法律意义上的权利，即“权”更重要，它们由此规定了人的先天的权利“既是不可剥夺的，也是不可侵犯的”等形式上的内容，却并不重视或者不在乎是不是每个人都能享受人权，哪些人以及有多少人能享受到什么样的人权，即“人”并不重要。概言之，在西方国家的价值理念看来，人能否享受到权利以及能享受到什么样的权利并不重要，法律上是否规定人有什么样的权利是更重要的。以上的论证过程就是西方国家的抽象人权论与我们国家的具体人权论之间的根本差

1 李志强：《论习近平的德法兼治观》，《大连理工大学学报（社会科学版）》2021 年第 5 期，第 76 页。

异。是否每个人都能享受人权，哪些人以及有多少人能享受到什么样的人权，一直是我们国家在人权建设中非常重视的内容，其中不仅包含着我们对于人们实际权利的真正重视，也自然包含着我们为了体现这种重视而制定出来的各种法律法规等方方面面的保障。从这个意义上说，这也充分地体现着社会主义核心价值观基本理念所具有的强大理论生命力与道义力量。

我们之所以要对人权中的“人”和人权中的“权”哪个更重要的问题作出如此细致的区分，还在于这二者之间的关系必须要处理好，如果处理得不好，就会出现一种悖论，那就是，要么为了人的某种存在而牺牲了他们的具体权利，要么为了追求某些权利而牺牲了某些作为个体的人的实际存在。甚至还会出现，一些政府在保障人权的名义下，不讲具体的人是怎样的，不讲有哪些人抑或有多少人能够享有多少人权，不讲人权的具体规定是什么、人权的具体内容是什么，以及人权产生的理论根基是什么，不讲它们是抽象的还是具体的，而仅仅讲法律上规定了人有哪些方面的人权、有哪些人权只是被“观念”重视起来……诸如此类的情形无疑都是在抽象地讲人权，即只讲有没有这样的权利本身，而忽视了以具体的人的真实存在为前提的人权，由此保护人权就沦落为一句口号，甚至成为不能让更多的人享受人权而推脱责任的缘由。如此情形在近几年新冠疫情的全球暴发过程中表现得非常突出。一些国家在“权”比“人”更重要的逻辑推动下，会让民众把某些人群的死亡看得没有那么重要，或者说某些人群的死亡被看得没有法律上规定的那些权利重要，因为它们一直在为人们所主张的“天赋人权”以及“生而平等”的人权而不断抽象地努力着，似乎只要法律上规定了有什么人权，就可以无视现实生活中的人权。

总之，西方国家的抽象人权论，不仅制造了人权中“人”与“权”的区别，还给不同国家、不同地区和不同种类的人权进行了它们所理解的价值排序，那就是它们把人们具体权利中的自由权和隐私权等所谓更“高级”的权利看得更重要，却忽略或贬低了生命权和健康权等实际上更具基础性的权利，即主张诸如生命权和健康权等基础性的权利没有自由权和隐私权等具有法权意义的权利“高级”。还以近几年的新冠疫情为例，生命权是最大的人权，也是最基本的人权。中国政府在此次抗疫过程中的成功经验正表明保住人的存在才是在真实地保护人权，而把这样的基本人权放在第一位才能称得上在真正地保护人民，也才能取得人民的真正尊重和拥护。西方国家在此次抗疫过程中，一直在坚持个人所谓自由和隐私等方面的权利不得被破坏的价值信条，生存权被置于次要位置，即在追求自由权和隐私权的过程中，认为其他权利都不能破坏这两种重要权利，以至于造成了各种各样的工作延误，大量本可以获得挽救的生命被残忍地抛弃，失去了人民生命的同时也就失去了人民的拥护和执政的根基。这些情形就是在真正地破坏人权、践踏人权。总之，我们党和国家在各项重大场景中不惜一切代价保护人民的生命健康安全，得到全世界人民的赞许，这就是我们一直保护人民真实权利的生动体现，是社会主义核心价值观基本理念得到贯彻的生动体现，深刻证明了我们国家以人民为中心的具体人权论对西方国家抽象人权论的真正超越。

二、社会主义全过程人民民主观对西方形式主义民主观的超越

社会主义全过程人民民主观对西方形式主义民主观的超越，是社会主义核心价值观基本理念超越西方价值文化中的具体价值理念的第一个方面。民主是西方自由、平等、法治等各种价值理念中最为外化的一个价值理念，也是这些价值理念的落脚之处；民主也是与具体的制度性规定关联得最直接的一个价值理念，最直接地渗透于人们社会生活的方方面面，因而在各种价值理念中向来受到最广泛的关注。无论在西方国家还是在我们国家，到底什么样的民主才是真正的民主，总是得到人们最为普遍的关注。西方国家的形式主义民主和我们国家的全过程人民民主在人们的日常生活中表现出非常大的差异，对世界各国人们生活的实际影响自然也有非常大的差异。社会主义核

心价值观基本理念对西方价值文化的超越表现在民主价值理念层面，就是这种差异的具体体现。

在民主这个价值理念上，西方国家的普遍共识是只有一种形式的民主，那就是它们的西式民主，尽管它们所阐述的具体情形可能各不相同，但基本上都承认它们之间彼此的民主国家地位。换句话说，西方国家甚至还会“固执”地认定它们这些国家所实施的民主才是真正的民主，抑或说，它们自己才是“民主”真正的代言人，其他国家尤其是发展中国家不仅不能代言民主，甚至还被排除在民主国家之外。尤其像中国这样坚持发展自己民主制度的国家，更是被确认为非民主国家，甚至被确认为永远不会成为民主国家的国家。例如，在本次新冠疫情中，它们不能接受中国抗疫取得成功的事实，并不是看不到中国抗疫所取得的实际效果，而是不能也不愿接受我国抗疫成功的事实所彰显出的我国民主制度等各种制度的优越性。为此，它们总是在为自己包括民主制度在内的所有制度进行自圆其说的辩护，以显示自身曾经存在但在不断丧失的优越性。也正是在这个意义上，它们在“视而不见”的状态下越走越远，总是刻意地屏蔽我国全过程人民民主所取得的成绩及优势。所以，它们不是发现不了真相，而是主观地逃避真相，也就回答不了两种民主类型在实际的执行过程中为什么表现出如此大的差异等一系列问题。与之相比，中国则不会认为民主价值理念是千篇一律的，更不会认为我们自己的民主类型就是最好的，也不会强迫其他国家按照我们的民主类型去做。我国一直在强调世界各国都要依据自己国家的实际情况，探索出适合自己国家的民主道路。进一步说，我国从来不会认为自己的民主制度已经完善得不需要再进一步完善了，反而一直在强调着我们的制度文明已经并仍需要借鉴世界各国政治文明的有益养分。在民主制度这个领域，只有如此不断地改革创新，才能不断地发展下去。反倒某些整天自诩自己的民主制度是最完美的也是优越于其他一切国家的西方国家，必然会逐渐丧失向他国先进经验学习并不断进步、完善的能力，最终在自我的虚假满足中停下发展的步伐。[1]

换一个视角，西方国家之所以如此坚信它们在民主理论上的优越性，就在于如前文所说的，它们不仅认为人之本性是自私的，而且认为用来管理并为个人服务的政府在本质上也是“自私”的乃至罪恶的。因此，要讲民主，就必须限制和约束政府的权力之恶，能够遏制政府之恶的民主就是最好的民主。这个理论假设就在于将政府首先设定为罪恶，并且还是必要的罪恶。也正是在这个意义上，大力地批判权力、努力地批判政府，已经成为西方国家目前最流行的一种倾向。只要是在努力地批判权力，不论批判得是否正确，批判的效果又如何，都是“有理”的；只要是在努力地批判政府，不论批判得是否正确，批判的效果又如何，也都是“有理”的。这些情形甚至可以被称为绝对的“政治正确”。再分析开去，这种流行倾向与西方社会一贯支持“有限政府”“小政府大社会”等理论思维有关。它们认为，不管政府做得好与不好，只要让政府变得“小”起来，让政府变得“有限”起来，让政府不“干涉”个人的自由，让政府不“侵犯”个人的财产，那就是有效的政府及其带来的有效的治理过程；政府的力量一旦有所扩张，哪怕变“大”一点点，哪怕变“宽”一点点，乃至成为“强大”的政府，就会被认为是不民主的，就会被认为是不公正的，其治理过程也会被认为是无效的。从根本上看，“权力之恶”是西方思想家早已设定好了的前提，这个前提在他们那里是毋庸置疑、不能改变的。这就引发了我们到底怎样看政府及其权力的问题。换句话说，人们追求民主就一定要把政府及其权力看作必然之恶吗？我们用发展的眼光来看，人类社会一直在进步，人类制约权力的能力自然也一直在进步。并且，制约政府权力的能力与政府自身能力的发

1 陈培永：《违背科学谈自由、只能是反智的自由——从全球战疫看中西方“自由、人权、民主”观差异》，《北京日报》2020 年 6 月 1 日。

展更是直接相关的，即随着政府自身能力的发展，社会各项制度在不断健全，制约政府权力的能力也相应地会变得强大起来。这样的逻辑也是无可置疑的，在这样的逻辑之下就不必然导致“权力的陷阱”。对此，我们还认为当权力成为公权力之时，就要有一定的机制来约束它，但是我们相信“权力”在一定的监督和制约机制的作用之下，能够成为善的权力，而政府在一定的监督和制约机制的作用之下，也能够成为善的政府，这样才能使人们在关键时刻建立对政府及其权力的信任，也才能使政府在关键时刻更好地运用权力，更好地限制权力，更好地发挥自己已有的职能，并扩展新的职能。也正是基于这种判断，在关键时刻，我们国家的执政党和政府才能一如既往地团结起来，共同应对国家治理和社会管理中出现的各种问题、各种紧急情况。

社会主义核心价值观中的民主价值理念对西方形式主义民主的超越，不仅在于我们走出了“权力善恶”的怪圈，还在于我们没有陷入西方国家“为了民主而民主”的怪圈。民主价值理念及其相应制度设计的背后永远是人的生存和发展问题。在人的生存和发展面前，民主只不过是个手段。那种把民主仅仅当作价值目标，即把它看得胜过一切的做法，很容易导致为了民主而民主的困境，这也是为了民主而民主的形式主义民主无法摆脱的困境。在西方国家那里，形式上的民主非常重要，甚至只要在形式上做到“民主”，有没有真正的民主结果，有没有真正的效果，这些都显得不那么重要了，因为只有对民主本身的追求才是最重要的，只有形式上为了实现的民主的追求过程才是最重要的。实际上，这种形式（程序）上的民主自有其一定的价值，其价值在于它确实能让不同群体发出自己想要发出的声音，也能让不同群体之间实现一定层面的交流，进而让纷繁复杂的事项符合常态发展的逻辑。但问题是，民主如果不以促进人们美好生活的实现为目的，反倒成为为了民主而民主的形式和程序，那么它又有何存在的价值呢？它在实践中更容易走向民粹主义等错误倾向，也会走向以金钱为目标的恶性循环，即以资本为主，谁有金钱和资本谁就能作主，就为谁作主。

“为了民主而民主的民主”还有一个无法解决的问题，就是它的效率总是很低下，并带来责任无法归属的问题，这种情况最终就会导致没有哪个具体的组织和具体的人能够为所谓的集体作出的错误决策负责，也会导致决策和追责过程中互相推诿、互相抹黑的种种无效的坏状况。在中国，民主从来不是什么装饰品，也从来不是用来做摆设的物件，民主必须要能解决问题即要管用，民主也必须要有效率即不能耽误人民创造美好生活的进程。如此这般的民主才是真正的民主。也正是在这样的理念的指导下，社会主义核心价值观的民主理念才能让民主成为促进人民美好生活实现的手段。注重民主的结果和成效，而不是只重视它的过程，就是我们的逻辑，也从根本上成为能够站得住脚的逻辑。这个逻辑让我们从来不是只追求民主这个价值理念本身，而是更关注民主的具体实践过程，更关注民主这个价值理念能否真正地实现的过程。换句话说，民主这个价值理念在实际的生活中遇到的真正难题，不在于让人们接受民主本身，接受民主本身并不难，而在于如何让民主服务于人们现实的政治生活、经济社会、文化生活等。也就是说，如何让民主能够真正地实现，目标虽然是重要的，但其中的过程是更难的。真正的有效的国家治理必须将民主的过程与民主的目标统一起来，既要民主的过程，也要民主的结果，既要形式的民主，也要实质的民主。概言之，我们不是把民主本身当作生活的目的，而是将其当作实现人们美好生活的手段，于是就不会陷入为了民主而民主的低效率和推卸责任的困境。[1]

对比西方民主实践的具体情况，我们还会发现，如果民主只在投票时才被唤醒、投票后就立即进入休眠期，那就是在搞形式上的“民主秀”。如

1 陈培永：《违背科学谈自由、只能是反智的自由——从全球战疫看中西方“自由、人权、民主”观差异》，《北京日报》2020 年 6 月 1 日。

此这般，民主真的就成了装饰品，真的就成了摆设。有比较才有鉴别，我国的全过程人民民主有效地防止了西方民主选举前和选举时漫天许诺、口若悬河，选举后却瞒天过海、无人过问的现象；既保证了人民进行民主选举的权利，也保证了人民在民主协商、民主决策、民主管理以及民主监督等方面的权利。对于这些权利的保护就是我国社会主义制度之下全过程人民民主的真实体现，即是使人民民主具体地体现在人民当家作主的全过程和各个环节中。其一，我们的民主选举实行的是直接选举和间接选举相结合的流程，产生了各级人民代表大会代表，组成国家权力机关并产生其他国家机关，保证了人民真正当家作主。其二，我国各级国家机关都冠以“人民”二字，充分地反映了人民才是国家的主人翁。民主协商坚持有事好商量，众人的事情由众人商量，保证了人民的意愿和要求得到充分表达。其三，民主决策以民主集中制为基本原则，广泛征求和充分听取各方面的意见，凝聚人民群众的智慧，形成最大共识，保证了决策科学有效。其四，民主管理根据宪法赋予人民的各项权利和义务，保证了人人都有参与管理国家和社会各项事务的机会与渠道。其五，民主监督按照宪法赋予人民的监督权利，保证了人民群众能够对各级国家机关和公职人员提出意见、批评、建议。以上五个环节，既是环环相扣的，也是内在统一的，形成了全过程民主的完整链条，实实在在去解决人民群众关心的事，为人民实现美好生活提供了有力保障。[1]

在上述论证的基础上，我们看到了社会主义民主和资本主义民主之间的显著区别，这个区别还在于两种民主价值理念及其制度形式在处理“民主与集中”关系上的不同。我们说，要讲民主自然要反对专制，并且民主的对立面无疑也是专制，“民主反对专制”的说法无疑是对的，问题在于我们如何看待专制。如果在追求民主的过程中过度强调“分权”的必要性和重要性，

---

1 中共中央宣传部编：《习近平新时代中国特色社会主义思想学习问答》，学习出版社、人民出版社，2021，第282页。

而把所有集中力量办大事的情形都看作对民主的背叛，都看成专制，都要加以反对，就会造成前文说到的民主实践中的各种现实困境。质言之，我们自然能够看到专制是民主的对立面，但我们不能把一切集中都看成专制。我们所强调的民主与集中之间的统一，正是在重视民主的前提下，同时也重视集中，形成二者之间的统一，即是在强调民主与集中之间能够达到协调一致的情形，而并非强调只要有集中就会演变成专制的情形。社会主义民主集中制中的民主保障了人民意愿都能得到反映，并服务于人民美好生活本身；社会主义民主集中制中的集中也保障了人民意志得到有力的贯彻，即服务于人民美好生活本身。所以，民主与集中有机统一所形成的民主集中制，构成社会主义制度的重要组成部分，这里不是“要不要”的问题，而是如何更好地发挥它的作用的问题。

也正是在上述的意义上，讲中国式民主，就得讲民主的力量，就得讲集中的力量。事实胜于雄辩，中国共产党领导下的很多重大活动，都为“集中力量办大事”作了很好的正名。实际上，集中力量办大事也成为党和国家各项事业取得胜利的重要法宝。纵观新中国的发展历程，正是依靠集中力量办大事，我们才能在各项重大战略任务面前，以及在历次重大险情灾难面前，创造一个又一个奇迹。在上述背景下，再去怀疑或否定“集中力量办大事”这一中国特色社会主义制度的优势，就没有现实根据了。我们应该看到，当前所能集中的力量归根结底是社会主义制度优势所展现出来的力量，况且任何一个国家也不是想集中力量就能集中起来的，也不是想团结力量就能团结起来的，更不是想发展合作意向就能发展起来的，这些情形都彰显出“集中”作为一种制度的优势。换句话说，我们能够做到在该讲团结与合作的时候就能做到团结与合作，在该集中力量的时候就能做到集中力量，这是有制度保障的，也是有制度优势的。无数的实践经验也证明，完全可以按照法律法规来集中，也完全可以按照规章制度来集中，社会主义的民主集中制是全面依法治国进程中的民主集中制，任何为了集中而将民主与法治两种价值置于不顾的做法，都是应该被排除在正当且科学的“集中”之外的。由此看来，那种认为集中就否认了民主和法制（法治）的说法是错误的。再者说来，我们把民主作为一种制度，将它作为制度设计的好与坏，就像任何制度都有好的方面也都有坏的方面一样，关键是应该坚持用什么样的价值标准来评判这种制度的好与坏，并通过这个价值标准不断校正国家治理中的具体行动。社会主义民主集中制之所以可以被称为好的制度，不仅在于它取得了实效，还在于它适合我国的实际情况，因而评判它的标准最终就只有一条，即实效的标准：要看它是否与我国的历史传承、文化传统、经济社会发展水平以及人民生活相适合，能否真正地解决我国的实际问题，能否真正地给我国带来实际的进步。在这一点上，我们选择并建立起来的民主集中制所给出的答案无疑是肯定的，也无疑是正确的。

在我们国家，党的领导无疑是全过程人民民主在制度优势和制度自信上的最突出的体现。“党政军民学，东西南北中，党是领导一切的”[1]；“中国特色社会主义制度的最大优势是中国共产党领导”[2]……这些论断都突出了中国共产党在实现国家治理体系和治理能力现代化进程中的核心地位。党的领导是全面的，必须坚持党对一切工作的领导。以党对法治建设的领导为例，我们给予党大还是法大、权大还是法大等问题有力、明确的回答，这是我们的理论创新之所在。我们之所以说“党大还是法大”这个问题是不存在的，是在于我们要把中国共产党作为一个执政整体来看待，其中的“党大”是就党的执政和领导地位来说的。实际上，党作为一个整体，自然要领导着全体人民一起制定法律，它也自然是“最大”的，而具体到党组织中的每个党组织、每位党员领导干部，都是要遵守宪法法律的，没有任何一个组织、任何

1《习近平谈治国理政》第3卷，外文出版社，2020，第16页。

2 习近平：《高举中国特色社会主义伟大旗帜 为全面建设社会主义现代化国家而团结奋斗——在中国共产党第二十次全国代表大会上的报告》，人民出版社，2022，第6页。

一个人可以在法之外，因此这里就可以说“法大”了。如果混淆了党作为集体领导立法以及带头守法等方面的界限，就不再是“党大还是法大”的问题了，而是“权大还是法大”的问题了，即任何人的权力都不能“大”过法律。关于这一点，习近平就曾说：“‘党大还是法大’是一个政治陷阱，是一个伪命题；对这个问题，我们不能含糊其辞、语焉不详，要明确予以回答。”[1] 对于上述问题的回答就是社会主义全过程人民民主在理论上的创新。理论上的创新落实到具体的实践中，就是一种制度创新，并且构成中国特色社会主义制度优势的体现。这种制度创新和制度优势无疑都是对西方民主价值理念及其制度形式的超越。

全过程人民民主表现在具体制度上的优势，还体现在诸如协商民主等方面的制度设计上。习近平对此曾指出：“在中国社会主义制度下，有事好商量、众人的事情由众人商量，找到全社会意愿和要求的最大公约数，是人民民主的真谛。”[2]在我国，广大人民通过选举和投票等途径行使自己的权利，人民内部各方面在重大决策之前进行充分的协商，是社会主义民主的重要形式。换句话说，协商民主是中国共产党领导人民进行国家治理的有效形式，也是保证人民能够当家作主的重要设计。例如，从我国的国民经济和社会发展五年规划等国家大政方针的制定，到个人所得税法等关乎人民切身利益的具体法律法规的出台，都离不开协商民主这一制度设计。实践证明，协商民主能够有效克服各个党派和利益集团为了自身利益而相互竞争，甚至相互倾轧等弊端，也能够有效克服不同政治力量为了维护和争取自身利益而排斥异己等弊端，还能够有效克服决策中一些情况不明、自以为是的弊端，亦能够有效克服人民群众在国家政治生活和社会治理过程中无法表达、难以参与具体国家治理过程等弊端，最后也将有助于有效克服各项政策和工作共识度不

1《习近平谈治国理政》第 4 卷，外文出版社，2022，第 288 页。
2《习近平谈治国理政》第 3 卷，外文出版社，2020，第 295 页。

高等弊端。这就是中国社会主义协商民主的独特优势所在。[1]

最后，全过程人民民主的优势还体现为具体的民主机制与法治机制相结合的制度优势。我国的社会主义制度保证了人民当家作主的主体地位，也保证了人民在全面推进依法治国进程中的主体地位，这是中国特色社会主义法治道路区别于资本主义法治道路之根本所在。坚持人民主体地位，就要用法治体现人民意志，保障人民权益，依法办事；也要坚持治吏从严，将权力关进法律制度的笼子；还要防止民权旁落而不是防止个人权力旁落。这些情形都是社会主义法治建设的必然要求。在当代中国，人民之所以能够自愿地信仰法律、遵守法律、服从法律并维护法律，都是因为我们坚持了以人民为主体的法治建设。换句话说，社会主义法治真正地做到了以“人民的名义”，就在于法治真正地保障了民主，构成人民实现美好生活的手段，从而实现了社会主义民主的真实性和优越性。[2]

三、集体主义自由观对个人主义自由观的超越

自由是西方国家核心价值理念中的核心，因为其他价值理念都是建立在自由这一价值理念基础之上的，但是西方国家的自由价值理念所表达的又只是抽象的自由，即这种自由只是字面意义上的，可以脱离人与人之间的具体关系而存在，不是需要人与人之间彼此成就的具体的真实的自由。因而，这种自由与社会主义核心价值观基本理念中所主张的自由是不同的。这一点就是其被社会主义核心价值观基本理念必然超越之处。

如前文所述，社会主义核心价值观基本理念所反映出的“以人民为中心”的人权理念超越了西方国家抽象人性论中的人权理念，在前者看来，人权是具体关系中人与人之间的实际权利，而不是在抽象假设中就能确定下来

---

1 中共中央宣传部编：《习近平新时代中国特色社会主义思想学习问答》，学习出版社、人民出版社，2021，第 285—286 页。

2 张会峰：《坚持走中国特色社会主义法治道路》，《教学与研究》2020 年第 6 期，第 92—102 页。

的权利。与这种判断相关联，对于“自由”这一项最重要的人权来说，它也是建立在人与人之间的关系之上的，而不是被抽象地谈一谈就能实现的。中西方价值观对人权这个问题的看法的区别，还从根本上体现在如何看待人及其所在的社会关系这个问题之上。在大多数西方国家的价值理念中，人首先是一个独立的个体，也就是说每个人首先是作为独立的个体而存在的，以此为前提，一个人并不会与其他人产生更多的实质联系。具体说来，西方国家所主张的人权观及其自由观、民主观以及平等观都是建立在这个天赋且不变的人性假设基础之上的，这样就产生了理论与现实之间的悖论，即理论上似乎存在着自由、民主、平等等权利及其所对应的价值理念，但现实中却总是无法实现。之所以无法实现，是因人之自由也好，人之民主也好，人之平等也罢，都是在具体关系中存在的，而非真空地存在着的。与西方国家的观点不同，我国在自由、民主、平等等方面的理论不仅没有否定作为个体的人的存在，而且还为人之个体权利的实现提供了充分的保障。这样的充分保障正是建立在恰当地处理好个体及其所处的各种关系的基础之上，这都与我们没有假设人天生就是彼此独立的、完全自由的，不依赖于其他任何人与人之间关系而存在的判断有关系。因为如果不这样判断，推导出来的结果就只会把个人从现实生活中剥离出去，进而陷入抽象人性论而无法自拔。实际上，把具体的人想象成抽象的人，即会出现类似于鲁滨孙那种只存在于文学作品中的被虚构出来的人。在我们中国人的价值观念里，每个人虽然都是具有个体意义的人，但却是在你、我和他之间存在着的人，即每个人都是在具体的某个人与某个人之间关系中的个人，实际上就是在集体（人与人构成的共同体）中的个人。由此，人的自由不是仅仅通过保障个体性的权利就能完全实现的，而一定是在理顺个人与他人、个人与集体、个人与社会以及个人与自然等之间的关系中才能实现的。质言之，人的自由只有在真正的共同体（集体）中才能真正地实现。所以，我们讲人权，不是不讲自由，而是特别注重在人与人之间的具体关系中讲自由，乃至于将其放在个体所生存的周边关系以及其所带来的其他间接关系中去讲。这样，自由就与人权一样，是在各种关系中的自由，它尤其表现在集体中的自由。只有处在集体中的自由才是真实的自由。总之，个人是人与人之间关系的个人，个人是各种关系中的个人，个人也是社会中的个人，个人还是集体中的个人，只有在社会和集体中才可能有真正自由的个人，才能实现个体真正的自由。[1]由此可以说，讲自由就要讲共同体，就要讲国家、讲民族、讲集体。

这样看来，资本主义的自由观之所以与社会主义核心价值观基本理念所强调的自由不同，就在于我们强调的自由不是抽象的自由，而是处在具体关系中的自由，这种关系尤其表现个人与他人、个人与集体、个人与社会等之间的关系。西方的自由观，除了与西方价值观所具有的抽象性基础有关，还与资本主义价值观的理论根基——个人主义密不可分，可以说，西方的自由观在本质上就是个人主义的自由观。众所周知，个人主义是整个资产阶级价值观念产生的逻辑基础。在此观念的推导下，人的一切行动都是为了实现个体自身的价值而实施的。个人主义价值观在不同的领域有不同的表现形式，在社会生活领域，它的表现形式就是放任主义，如主张在社会生活中人们的任何行为都不应该被干涉；在思想文化生活领域，它的表现形式就是一种道德意义上的利己主义，如认为人们为了个人利益可以损害他人或集体的利益；等等。与资本主义自由价值理念以个人主义为价值基础和根本原则不同，社会主义核心价值观基本理念中的自由是以集体主义为价值基础和根本

1 有人提出：集体主义中的“集体”如何才能保证其是真实的？马克思恩格斯批判虚假集体时就曾指出：“从前各个个人所结成的那种虚构的集体，总是作为某种独立的东西而使自己与各个个人对立起来；由于这种集体是一个阶级反对另一个阶级的联合，因此对于被支配的阶级说来，它不仅是完全虚幻的集体，而且是新的桎梏。在真实的集体的条件下，各个个人在自己的联合中并通过这种联合获得自由。”（《马克思恩格斯全集》第 3 卷，人民出版社，1960，第 84 页）社会主义社会中的集体因为建立在社会主义公有制基础之上，因而是真实的集体，并能够从根本上保障人们的利益。在现实生活中，由于社会主义初级阶段生产力发展不均衡等原因，某些个人利益还不能完全得到实现，我们不能由此否认社会主义社会中的集体本身的真实性。

原则的。集体主义所理解的自由，是在处理个人与他人、个人与集体、个人与社会、个人与国家等之间的关系时产生的自由，其并未抹杀个人利益，反而尊重并促进了个人利益的实现，这正是社会主义自由价值理念对西方个人主义自由价值理念的超越之处。[1]

如上是两种自由价值理念在理论上所呈现的不同。那么，集体主义中的自由与个人主义中的自由这两种不同性质的价值理念，在实践中又会呈现出什么样的差别呢？在实践中，西方国家个人主义的自由观终究无法保护个人真正的自由，但这并不改变西方国家的人们在现实生活中对自由的执着乃至狂热的追求。一般说来，无论在中国还是在西方，人们都在崇尚自由这个价值理念，但是西方国家的人们对自由的推崇自然是更甚的。在某些情况下，西方国家的人们对自由的追求在中国人看来都到了无法理解的地步，即自由在西方国家已经成为一种终极价值，甚至都变成那种宗教激进主义般的价值理念了。如在新冠疫情期间，西方国家的一些民众甚至可以不要健康和生命，也要去捍卫所谓的自由。一些民众为了所谓的自由，拒绝戴口罩，认为戴口罩就侵犯甚至侮辱了自己的自由，等等，这也反映出他们对自由的极端狂热的追求，而这种狂热性的确显示出中西方价值文化的巨大差异。与之相反，在中国显然很少会出现这种情况，这并不意味着中国人就不重视自由，更不能由此认为中国人一提到自由就恐慌地认为其要变成自由主义。实际上，我们当前所主张的自由追求的是大多数人的自由全面发展意义上的自由，这种自由显然不是极端的，即不是那种“为了自由而自由”的自由，而是为了人的存在和发展的真实的自由，也是在人的真实存在中所能实现的自由。什么是人的真实存在呢？那就是在各种关系中的存在，尤其是在个人与他人、个人与集体、个人与社会等之间的关系中的存在。也正是在这个意义

---

1 崔志胜：《社会主义核心价值观的特点与优势分析——兼论社会主义核心价值观与资本主义价值观的区别》，《思想理论教育导刊》2017 年第 2 期，第 75—76 页。

上，真实存在中的自由才构成社会主义核心价值观中的一个基本价值理念，它是集体主义中的自由。总之，在各种关于自由的价值观中，有带着自由主义性质的自由，也有带着马克思主义性质的自由；有带着个人主义性质的自由，也有带着集体主义性质的自由。问题并不在于我们要不要谈自由这个价值理念，而在于我们要如何谈自由这个价值理念，我们所谈的自由价值理念又是什么属性的。我们不能一看到西方国家以它们所谓的自由价值理念来批判我国的自由价值理念，就开始反感谈自由这个话题，甚至忌讳谈自由这个价值理念，而是要坚定自己所主张的集体主义中的自由的正确性。自由作为一种美好的价值追求是人类所共同向往的，但是我们要追求存在于自己所处的关系中的真实的和真正的自由，而不是否认自由本身的价值。抑或说，我们只是反对虚假的自由，而绝不能因为虚假自由的存在就反对所有的自由。所以，在自由观这个问题上，我们不仅要客观地看待西方国家的自由观所存在的弊端，还要深入地辨别其所具有的欺骗性和虚伪性。只有在这个前提下去思考何谓真正的自由，如何去追求真正的自由，如何更好地保障人们在现实生活中的真实的自由，如何让我们的自由理论获得更多人的认同，等等，才能把很多理论和现实问题弄清楚。当把这些问题弄清楚了，对内才能帮助人们更有效地促进真实自由的实现，对外才能让世界上更多的人理解我国的自由价值理念。

在任何一个国家里，国家和集体的利益都是要考虑的前提，而西方国家在这方面却是遮遮掩掩的。西方国家自称是真正的自由的国度，但在实践操作层面却不断地为其宣传的自由划定限制性内容，且绝不允许有任何突破。例如在美国，个人隐私作为一种带着个人自由属性的权利，是不容侵犯的，然而，当美国的国家利益受到侵犯时，美国政府也会以《爱国者法案》（Patriot Act）和《外国情报监视法案》（Foreign Intelligences Surveillance Act）等法律法规对公民个人作出果断的裁决。此时，美国政府就不谈什么所谓的自由了。实际上如前文所言，保护国家整体利益本无可厚非，也是必要和必需的，但西方国家在做这些事情的时候却一直在遮遮掩掩，一方面主张个人拥有绝对的自由，另一方面又为特定的利益而限制这些自由。为了人们实现真正的自由，对个人自由进行一定的限制是必然的，也是必要的，但对于这一点，西方国家从来都是避而不谈，一味地强调个人自由的绝对性。与西方国家不同，我国一直在明确地说明，采取各种维护国家统一、民族团结以及社会稳定的举措都是法律所赋予的权力，也是保护我国绝大多数公民合法权益的职责所在，破坏国家统一、民族团结以及社会稳定的所谓的自由一定要受到限制。综上，两种自由观哪一种是真实的，哪一种是虚伪的，哪一种是需要抛弃的，哪一种是值得保留的，答案是显而易见的。

在集体主义自由观与个人主义自由观的比较中，人们也会逐渐认识到，自由不只是个人的自由，从根本上说，更是社会的自由。自由的界限就在于一个人的自由的实现是以不侵犯他人的自由为前提的，即一个人自己的自由如果需要他人来承担相应的后果和损失，那么这种自由就不会被认可，因此也就不会是真正的自由。在这个意义上，自由绝不是天赋人权说所阐述的那么简单，是生而就有的，而是只有在对与他人之关系的合理处理中才能获得。马克思曾提醒我们："如果我们的自由历史只能到森林中去找，那么我们的自由历史和野猪的自由历史又有什么区别呢？"[1]这句话启示我们的地方就在于，个人的自由不存在于与他人不发生关系的"真空地带"，而必须在与他人的自由、与社会中的自由发生关系之时才会存在，也才有意义，才有价值。一个人的自由也不像森林里的一棵棵树木之间的关系那样简单，而体现于他自己与其他个体之间的关系，并在处理这些关系中才能实现，因而是非常复杂的。个人的自由必须考虑到他人的自由，也必须考虑到全社会的自由，如此考量中的自由才会是真实存在的自由，也才不是所谓"森林中的野

1《马克思恩格斯文集》第 1 卷，人民出版社，2009，第 5 页。

猪的自由”。如此看来，西方国家把个人的自由看成完全独立的存在，这与把一个人放在森林里去寻找的自由是没有什么差别的。在现实生活中，我们大都会意识到，个人与他人、个人与集体、个人与社会、个人与国家之间虽然总会出现这样那样的矛盾，但这更意味着个人的自由不能摆脱他人、摆脱集体、摆脱社会、摆脱国家而独立地获取；个人的自由终究还是要在国家秩序中实现，在社会生活中实现，在与他人的合理关系中实现。[1]那种摆脱他人、摆脱集体、摆脱社会、摆脱国家而获得自由的想法在根本上是行不通的，也正因如此，社会主义核心价值观中的自由价值理念才超越了西方的个人主义自由观。

最后，在将集体主义中的自由观与个人主义中的自由观进行比较的过程中，人们还必将认识到，自由不是个人先天带来的，而是从集体（个人与他人构成的共同体）的现实活动中不断获得的。如果把人们的自由仅仅理解为一项先天而来的权利，即按照西方天赋人权的观念来理解，它自然是天然存在的，或者说，至少会被认为是人在出生之后即被赋予的。但问题在于，人从出生开始，不仅不能是自由的，而且实际上是很不自由的，因为每个人在出生时都可谓是“被迫”的，没有哪个人在出生时就能自由地作出各种事项选择。也正因如此，对于一个人来说，他的自由不是本来就存在的东西，如果认为自由是我们每个人生而就有的，抑或是我们轻而易举就可以得到的，就必然会把自由理解为消极且被动的，于是，相应的制度设计就只会消极地进行防守，围绕着一切可能破坏自由的情形而制定各种举措和办法，以保护那些似乎先天就存在的自由，而不是主动地引导人们尽到自己应尽的义务，获得真正的自由。实际上，也从来就没有西方国家所设想的那种完全意义的、脱离现实的、抽象的先天自由。自由从来都不是“不劳而获”的，也不

1 陈培永：《违背科学谈自由，只能是反智的自由——从全球战疫看中西方“自由、人权、民主”观差异》，《北京日报》2020 年 6 月 1 日。

是“天上掉下来的馅饼”，而是一种实际的行动。甚至可以说，人类一直都是在克服各种不自由的因素中才争取到自由的，也是在带着必然性制约的各种社会关系中才争取到自由的。人类每努力一步，就会向自由迈进一步，正如恩格斯所说：“文化上的每一个进步，都是迈向自由的一步”[1]。在这个意义上，自由的存在只会因不自由的存在才真正地有意义，自由这种权利也只会因与其相对的义务（即保护自由权利实现的义务）的存在而存在，因而它根本就不会抽象地、先天地、孤立地存在着的。换句话说，人们生活中的每一刻都在为争取自由而作出不断的努力，也都是在为克服那些使我们不自由的因素而努力着。近几年抗击新冠疫情时所采取的举措，并不是要我们去牺牲原本就存在着的自由，而是要我们进行各种努力，争取到必须通过努力才能争取到的自由。抑或说，这些措施就是为了更大程度地实现人们的自由，而不是一味地限制人们本来就存在的自由。所以，没有纯粹的自由，也没有绝对的自由。自由总是在具体环境中的自由，在具体活动中，经过选择且经过努力之后才能争取到自由。因此，自由总是伴随着不自由，不是心里的、内部状态的不自由，就是外部的、外在行为上的不自由，克服各种不自由的状态才构成促进自由实现的要素。这里我们就要注意到，只有随着社会生产力的高度发展，不再有任何阶级差别，也不再存在个人生活资料的“后顾之忧”，通过社会主义社会的不断发展，最终实现共产主义社会之时，才能达到更高层次的自由状态。

四、以构建人类命运共同体为宗旨的共同价值对西方所谓的“普世价值”的超越

西方资本主义国家的价值体系从最初人生而自由、生而平等那种彼此独立的价值规范演化到诸如美国的“自由、平等、博爱”等具有一定逻辑关联

1《马克思恩格斯文集》第 9 卷，人民出版社，2009，第 120 页。

的核心价值理念，再演化到以所谓的“普世价值”为统一称号并试图传播给世界各国和各地区人们的独特价值体系，是有其历史必然性的。西方国家现如今所实行的意识形态战略就是它们有意打造的“普世价值论”并强行推而广之的战略。因此，在具体的实践中，要有效防止并克服西方所谓的“普世价值”给我国社会主义核心价值观基本理念建设带来的挑战，就不仅要认识到其所产生的历史原因，还要揭露所谓的“普世价值”的本质，并谨防其各种价值渗透和理论扩张的倾向。揭示以构建人类命运共同体为宗旨的共同价值对西方所谓的“普世价值”的超越，就是上述工作的重要环节。

如前文所言，西方国家核心价值理念及其主张都是公开打着所谓的“普世价值”的旗号进行渗透和扩张的，因此，对于所谓的“普世价值”之本质的揭露，有助于构建揭露西方社会价值文化渗透和扩张之事实的前提。也如前文所言，“普世价值”的哲学基础是抽象人性论，而对待价值观这个问题的真正科学的态度和方法却不能从抽象的人性出发，亦不能离开价值观所承载的经济关系、政治关系以及其他社会关系而泛泛地谈论，如建立在抽象人性论之上的公平、正义、平等、法治等价值理念就不仅是不科学的，还必然要显露其缺陷。综上，揭示其非科学的逻辑缺陷，以及其在实践上的困境，是揭示所谓的“普世价值”之本质的重要路径。[1]从形式上看，人类追求美好事物的共同性以及价值观内容的简约性，使得不同社会、不同国家的价值理念在形式上存在相似之处。不同的价值观虽然使用相近或相同的价值词汇，但其蕴含的具体价值诉求却有着根本性的差异。所以，问题的根本并不在于人们是否对价值问题有着共同的需求，而在于人们能否认识到自由、平

1　以公正这个价值理念为例，它是中国特色社会主义的内在价值诉求，是社会主义核心价值观的基本理念，也是全人类共同价值的重要内容。从本质上看，社会主义公正价值理念是对中华传统公正价值理念的传承与转化，是对西方公正价值理念的借鉴与超越，是对马克思恩格斯公正价值理念的继承与发展。（吴潜涛、常晓璐：《正确理解社会主义公正价值理念的科学内涵》，《中国高校社会科学》2023 年第 1 期，第 52—61 页）社会主义核心价值观基本理念对西方国家提出的所谓的“普世价值”的超越，是社会主义核心价值观的显著特征和本质规定。

等、民主、法治等价值词汇在不同的时代里以及在不同的制度背景之下，有着各自不同的内涵和本质。问题的关键还在于，我们要根据马克思主义价值思想与国情状况运用并发展这些价值理念，并揭示出其中哪些价值理念真正代表了本国人民群众的根本利益，又有哪些价值理念是世界各国人民所共同需要的价值理念，直至最后得出哪些共同的价值理念真正代表了包括本国人民在内的全人类的共同利益和共同命运。所以，对于西方所谓的“普世价值”与我国的共同价值之间的区别，既要明确两种价值理念在形式上所具有的相同性，也要明确二者在本质上所呈现出来的巨大差异。概言之，世界各国都有自己的价值观问题，但所谓的“普世价值”却将其所主张的价值理念及其内涵建构成所谓的“普遍价值”，并强行让其他国家和地区也信奉这些价值理念及其特殊要求，这在学理上就割裂了抽象与具体之间的辩证统一关系，就是用一般性否定了特殊性，成为所谓的“普世价值”与全人类共同价值的不同之处。

接下来，还要揭示的是西方所谓的“普世价值”与全人类共同价值之间的具体区别。这些区别在于：其一，两种价值理念所坚守的文明观是不同的。所谓的“普世价值”坚守的文明观排斥世界文明的多样性，而主张文明的唯一性，尤其认为相比于东方文明，西方文明是人类最先进的、最高级的、最“文明”的文明，因而也是人类文明的制高点，其他文明则要与西方世界所主张的文明观、价值观保持绝对的一致。全人类共同价值所坚守的文明观则主张世界是多样的，文明也是多样的，不同文明之间是平等的，不存在什么最先进的、最高级的文明，乃至最“文明”的文明。也就是说，不同文明主体之间是可以互学和互鉴的，而不能是互相欺压和互相霸凌的。总之，人类只有肤色和语言之别，不同文明之间并无高低优劣之分。不同文明之间的交流和互鉴应该是对等的，也应该是多元的，而不应该是强制的，也不应该是单一的。由此，我们国家就主张让世界各国不同文明主体之间进行平等的交流和互鉴，就是在求同存异的人类命运共同体中实现互相促进、共同提升，而不像西方国家那样，为了它们所谓的更先进的价值观、更文明的世界，打压秉承不同思想观念和价值理念的其他国家和地区。

其二，两种价值理念所主张的发展方式是不同的。西方发达国家以其所谓的“普世价值”对于价值观不同于它们的国家一直持守着围追堵截、强制推广、赢者通吃的推广方式，而中国则一直秉承的是包容发展、合作共赢、共同进步的发展方式，这也成为符合全人类共同价值主张的发展方式。例如，由我国提出的“一带一路”倡议就包含着这样的发展方式与价值理念。“一带一路”倡议在精神实质上表现出“同”“通”“合”“和”的特质。其中，“同”指的是世界各国和地区之间的共同之“同”，目标是构建人类命运共同体；“通”指的是世界各国和地区之间的共通之“通”，目标是实现货币、基础设施等经济领域的“通”，乃至人心等精神层面的“通”；“合”指的是世界各国和地区之间的“合作”，即合作共赢；只有合作共赢，才能实现“和”，即和平发展。由此可见，全人类共同价值在“一带一路”倡议中得到了生动的诠释，其中体现的正是包容性发展、合作共赢式发展以及和平发展的发展方式。这些都是作为人类命运共同体价值基础的全人类共同价值与一些西方国家所谓的“普世价值”的不同之处。[1]

其三，两种价值理念背后的思维逻辑是不同的。所谓的“普世价值”背后的思维逻辑是“主客二分”式的，即某些西方发达国家一向把自己国家看作世界的中心，也就是世界的主体，而把自己之外的非西方国家看作世界的边缘，也就是世界的客体。既然认为其他非西方国家都是世界的边缘，也作为世界的客体而存在，那么就理所当然地认为这些国家要受到作为主体的西方国家的支配和统治。与之不同，我国所主张的共同价值背后的思维逻辑是把不同国家都看作平等的主体，不同国家之间是“主体间性”那种平等的和

1 韩庆祥等:《人类命运共同体与共同价值》,《社会主义核心价值观研究》2017 年第 4 期，第 5—6 页。

互动的关系，这就是在表明不同文明主体、国家和地区在文化交流上是平等的，并且这种平等是在相互尊重和相互交流的“互动”中的平等，不同国家之间不是不对等的，不是互相克制的。[1]

其四，两种价值理念所追求目标的性质是不同的。所谓的“普世价值”追求的目标是那种“你死我活”式的非此即彼的存在，它在实质上是以牺牲非西方世界的发展为代价来换取西方世界更大发展的价值理念。在现实生活中，西方国家在世界范围内所推行的金融霸权、文化霸权以及军事霸权，暴露了它们主张的价值理念所具有的扩张性本质。全人类共同价值所追求的价值目标则是为了我国全体人民的共同利益，甚至是为了整个人类的共同利益，这里没有什么霸权，也没有什么欺凌，只有真实的平等，只有真实的公正。总之，在人类共同实践基础上生成的全人类共同价值具有世界历史意义，世界各国和地区基于地域实践形成的价值理念则不具有普适性。某些西方国家以强权的方式推广它们所谓的“普世价值”，是不能让人接受的；以牺牲他国利益为代价来换取本国发展的做法更是不能让人接受的。

概言之，全人类的共同价值与所谓的“普世价值”之所以不同，就在于它所倡导的包容性发展、平等性发展、合作共赢式发展、和平共处发展与西方国家价值文化所倡导的发展在根本上是不同的。因而，全人类的共同价值观才能构建起真正的、现实的价值共同体。价值共同体不仅是利益共同体，更是人类命运共同体，它对于西方所谓的“普世价值”是根本的超越，必将取得越来越多的共识，正如习近平所指出的：“和平、发展、公平、正义、民主、自由，是全人类的共同价值，也是联合国的崇高目标。”[2] 由此也可以说，人类生活在同一个地球村里，这个地球村越来越成为你中有我、我中有你的命运共同体，客观地存在着共同的利益，必然要求拥有共同的价值。在

1 韩庆祥等：《人类命运共同体与共同价值》，《社会主义核心价值观研究》2017 年第 4 期，第 5—6 页。

2《习近平谈治国理政》第 2 卷，外文出版社，2017，第 522 页。

这个意义上，全人类的共同价值，不是要把哪一家的价值理念奉为一尊，而是倡导求同存异、和而不同，充分尊重各种文明发展中的多样差异性，也充分尊重各国自主地选择的社会制度和发展道路的权利，这与西方国家那种唯我独尊、将观念强加于人、旨在推行资本主义霸权模式的所谓的“普世价值”具有根本的不同。

以上就是为了推动构建人类命运共同体而提出的共同价值与那种唯我独尊的所谓的“普世价值”在理论上的区别，理解这种区别对于准确把握社会主义核心价值观基本理念的理论内涵与价值要求具有根本的意义。在实践中，我们还要注意的是，全人类的共同价值在实践中是以“一带一路”倡议等为载体的。它与西方国家所一贯坚持的扩张性战略之间的区别也是人们所必须关注的，更是需要澄明的。换言之，明确二者之间的区别，也是进一步回答社会主义核心价值观基本理念对于西方价值文化产生超越的基本点。对于如何看待“一带一路”，目前有以下几种论调，如有人认为，“一带一路”倡议是我们中国的一厢情愿。但实际上，自“一带一路”倡议被提出以后，它就始终得到了世界上很多国家和地区的积极响应，目前接受该倡议的国家和地区已远远超出历史上的“一带一路”的发展范畴，这也就充分地表明了该倡议所具有的强大的价值向心力和价值凝聚力，而绝不是我国的一厢情愿。再如还有人认为，“一带一路”倡议是我们中国在搞俱乐部模式。众所周知，“一带一路”的建设植根于我国古代丝绸之路的历史土壤，重点面向的是亚欧非大陆国家和地区，同时也向沿线所有国家和地区开放，由此可以说，共建“一带一路”的倡议是具有国际合作价值的长远倡议，而不是单独地搞地缘政治联盟或军事同盟那种俱乐部模式；是向沿途国家敞开大门，而不是要关起门来搞某些国家之间的那种小圈子；是欢迎沿途国家搭乘中国经济增长的“快车”“顺风车”“便车”，而不是要搞所谓的小团体那种互相利用的模式。总而言之，我国提出的“一带一路”倡议不像国际上一些人士所宣称的那样，是中国的一个战略，甚至是中国的阴谋，反倒是为整个世界经济的发展提供着越来越强有力的榜样的友好倡议，这正生动诠释着全人类的共同价值的实践精神。

必须说明的是，倡导全人类的共同价值仍要关注中华民族共同体这个现实基础。也就是说，中华民族共同体在价值目标上追求的自然是中华民族伟大复兴，但这并不意味着要排斥与其他民族、国家之间的合作，即必须把中华民族共同体的发展和世界各民族的发展看作相互依赖、合作共赢的有机统一体，直至大家一起奔赴人类命运共同体的美好景象，而不是像某些西方发达国家只强调自身利益诉求与发展诉求，却排斥其他国家的发展。再而言之，以全人类的共同价值为追求的人类命运共同体，是把“共同体”放到整个人类共同利益基础之上而建立起来的，这样的共同体不只是利益共同体，更是一种命运共同体，它超越了那种狭隘的民族主义的共同体理念，也超越了某些局部的公共主义的共同体理念，是更具有普遍意义的共同体。也正是在这个意义上，马克思主义所强调的社会主义社会乃至共产主义社会就是比资本主义社会更具有广泛性，也更具有普遍性，更能代表人类和历史发展方向的共同体。综上所述，通过把握全人类的共同价值与所谓的“普世价值”的根本区别，也就厘清了人们对于社会主义核心价值观基本理念的一些理论误区，进而使人们能够把握社会主义核心价值观基本理念对西方价值文化的现实超越。

西方国家的价值文化是在资本主义还处于上升时期时形成并稳定下来的，对于打破封建阶级的专制统治起到了十分重要的作用，并且在可预见的相当一段时间之内还会继续发挥重要作用。但是，资本主义社会自身的矛盾仍在不断地激化，这个过程越来越显示出其所承载的核心价值理念所具有的不可避免的历史过渡性。对此，我们不仅要看到社会主义核心价值观基本理念对西方核心价值理念的合理借鉴，更要对后者进行有针对性的批判，尤其要充分认识到社会主义核心价值观基本理念对资本主义核心价值理念的超越，直至意识到资本主义价值观从最初自由、民主、平等、法治等单独价值理念的形成到现在系统的“普世价值论”的出现，都不是人类精神发展顶峰的“终结者”，而是处在过渡时期的“过渡者”。[1]

对西方价值文化中的核心价值理念进行借鉴、批判和超越，落脚点在于进一步坚定我们对社会主义核心价值观基本理念的价值观自信。对于西方所谓的“普世价值”要始终保持清醒头脑，坚决抵制借所谓的“普世价值”来抹黑我国社会主义制度及其所承载的价值理念的行为，并坚定我们的道路自信、理论自信、制度自信、文化自信，凝聚起同心实现中国梦的强大力量。

1 侯衍社：《唯物史观视野中的资本主义价值观》，《人民论坛 · 学术前沿》2017 年第 4 期，第 50 页。

第五章
社会主义核心价值观基本理念是马克思主义价值立场在当代中国的坚持与创新

《中共中央关于党的百年奋斗重大成就和历史经验的决议》指出："党的百年奋斗展示了马克思主义的强大生命力"，"马克思主义的科学性和真理性在中国得到充分检验，马克思主义的人民性和实践性在中国得到充分贯彻，马克思主义的开放性和时代性在中国得到充分彰显"[1]。马克思主义是社会主义核心价值观的理论基础，奠定了社会主义核心价值观人民性和实践性的价值底色。社会主义核心价值观在国家、社会、公民层面以及经济、政治、文化、社会、生态等领域的基本价值理念和价值目标，体现出对马克思主义基本价值立场的坚持与创新。

第一节　马克思主义的人民性价值立场与社会主义核心价值观基本理念

习近平在纪念马克思诞辰 200 周年大会上的讲话中指出："人民性是马克思主义最鲜明的品格"[2]，"马克思主义是人民的理论，第一次创立了人民实现自身解放的思想体系"[3]。党的二十大报告再次指出："人民性是马克思主义

1《中共中央关于党的百年奋斗重大成就和历史经验的决议》，人民出版社，2021，第 63 页。

2 习近平：《在纪念马克思诞辰 200 周年大会上的讲话》，人民出版社，2018，第 17 页。

3 习近平：《在纪念马克思诞辰 200 周年大会上的讲话》，人民出版社，2018，第 8 页。

的本质属性，党的理论是来自人民、为了人民、造福人民的理论”[1]。唯物史观作为马克思的两大发现之一，科学揭示了人民群众在历史发展中的主体地位，并揭示了无产阶级运动的人民性。列宁赓续唯物史观的人民性价值立场，并贯彻于苏维埃社会主义实践中，彰显出社会主义制度与实践的人民性价值立场。中国共产党人坚持和发展马克思主义的人民性价值立场，在革命、建设与改革的历史进程中，中国共产党的理论创新与实践探索始终坚持并发展这一基本价值立场。社会主义核心价值观基本理念的理论内涵与实践指向，都深刻体现出人民性价值底色，体现出中国共产党价值思想对人民性价值立场的坚持与创新。

一、马克思主义的人民性价值立场

人民性是马克思主义的鲜明理论品格，是马克思主义的基本价值立场。有学者考证，马克思恩格斯在不同的文本中至少有六处直接使用人民性概念，列宁至少有九处提到了人民性。虽然马克思主义经典作家并未对人民性的确切内涵作出明确界定和说明，并且在不同场合使用人民性概念所指称的对象范围也不相同[2]，但是，历史唯物主义科学揭示了人民群众在人类历史发展中的主体地位与决定性作用，明确指出无产阶级运动是为大多数人谋利益的运动，无产阶级在其中作为主体具有明确的历史使命。马克思主义关于科学社会主义的理论与实践，最终是以人的解放即人的自由全面发展为价值目标的，深刻彰显出马克思主义的人民性价值立场与价值底色。马克思主义的人民性价值立场，为中国特色社会主义理论与实践奠定了价值思想的理论根基并提供了实践指引，使中国共产党在社会主义建设中能牢记初心使命、认清改革动力与贯彻根本宗旨。

---

1 习近平:《高举中国特色社会主义伟大旗帜　为全面建设社会主义现代化国家而团结奋斗——在中国共产党第二十次全国代表大会上的报告》，人民出版社，2022，第19页。

2 李冉、邹汉阳:《党性、人民性的话语起源与行动逻辑》，《马克思主义研究》2014年第5期，第38—39页。

（一）马克思主义人民概念：集合性、政治性与历史性的统一

人民作为一个集合性概念，指代的是群体，是社会中占绝大多数的群体。需要注意的是，人民这个集合性概念中也包含着个体的向度，只是个体的人是内含于这个群体概念中的。“人民”概念与“公民”概念的区别之一就体现在，人民是集合性概念，公民是个体性概念。此外，人民与群众是两个紧密相连的概念，在马克思主义经典文献中这两个概念有时会互相交叉使用。在中国共产党群众史观的话语中，人民与群众常常相连使用，即人民群众。这两个概念的一个共同性就体现在，它们是指称大多数人的集合性概念。例如，马克思恩格斯曾在《神圣家族》中明确指出，“历史的活动和思想就是‘群众’的思想和活动”[1]；列宁指出，“群众这个概念发生了变化，它指的是大多数，并且不单单是工人的大多数，而且是所有被剥削者的大多数”[2]。

人民是一个政治性概念，其内涵与构成往往体现出阶级性，指称非统治阶级的广大群众。人民与公民这两个概念除了集合性与个体性之别，还表现为公民更多时候作为一个法律概念出现，人民更多时候则作为一个政治概念出现。与拥有一国国籍并承担相应权利和义务的公民相比较，马克思、恩格斯、列宁所谈的人民，通常是指非剥削阶级，指能够团结起来进行无产阶级革命的阶级群体。在马克思主义经典著作中，人民与群众是两个经常出现的概念，二者的使用有时是同义的，但仍有区别。马克思恩格斯所言的群众是包含不同阶级或等级群体的民众，人民更侧重于指称受压迫和剥削的无产阶级、农民阶级等群体。

人民是一个历史性概念，在不同历史时期，人民的具体构成和范围是发生变化的。随着社会条件与社会历史任务的变化，马克思、恩格斯、列宁

1《马克思恩格斯文集》第 1 卷，人民出版社，2009，第 286 页。
2《列宁全集》第 42 卷，人民出版社，2017，第 40 页。

对人民的构成和范围作出了不同的界定。如马克思恩格斯在《德意志意识形态》中提到"人民大众即无产阶级"[1]；马克思在《"莱茵观察家"的共产主义》中指出，"真正的人民即无产者、小农和城市贫民"[2]；1847年，恩格斯在《共产主义者和卡尔·海因岑》中提出，在德国，人民正是由无产者、小农和小资产者构成[3]；1905年，列宁在《社会民主党在民主革命中的两种策略中》指出，在俄国，"只有**人民**，即无产阶级和农民，才是能够取得'对沙皇制度的彻底胜利'的力量，我们是就主要的巨大的力量来说的，并且把农村小资产阶级和城市小资产阶级（也是'人民'）分别算到了这两种力量中去"[4]。人民的具体构成不是固定不变的，必须历史地加以考察，但其总体上是指作为社会历史发展主体的非统治阶级的广大群众。

（二）马克思主义人民性价值立场的理论基础：唯物史观对历史主体的揭示

马克思主义所创立的唯物史观，以实践为理论基点，以推动社会历史发展根本因素的社会生产为考察视角，科学揭示了人民群众在社会历史发展中的主体地位，对英雄史观等唯心史观进行了彻底的批判，完成了对于谁是历史主体的科学揭示，为马克思主义价值思想的形成及其人民性价值立场的贯彻奠定了坚实的理论基础。

1. 现实的个人是马克思主义人民性价值立场的逻辑起点

对人民性的理解与探讨，离不开对"人"的科学认识。其中，对人的本质的科学理解，成为马克思主义人民性价值立场的逻辑起点。马克思对人的把握包含了两个层面，即类的层面与个体的层面。对作为类的人的理解，马克思批判地吸收了黑格尔关于劳动是人的本质以及人的本质是在劳动过程中形成的观点，提出"自由自觉的活动"是人的类本质，但这并不能从根本上

1《马克思恩格斯文集》第1卷，人民出版社，2009，第547页。
2《马克思恩格斯全集》第4卷，人民出版社，1958，第220页。
3《马克思恩格斯文集》第1卷，人民出版社，2009，第661页。
4《列宁全集》第11卷，人民出版社，2017，第38页。

揭示人与人之间的区别，并不能揭示个体层面的人的本质。之后，马克思在《关于费尔巴哈的提纲》中提出了一个极负盛名的论断，即“人的本质不是单个人所固有的抽象物，在其现实性上，它是一切社会关系的总和”[1]。马克思关于人的本质的科学论断，揭示了人的本质的深层意涵。确切地说，人的本质在于其社会属性而非其自然属性，要注重从人的社会属性对人的本质进行科学考察；人的本质并非理性主义所彰显的某种永恒的、固定不变的精神、理念之类的“抽象物”，人是历史的、现实的人，人的本质不是固定不变的，而是随着历史的发展而发展的。人民作为一个历史性、政治性、集合性概念，在不同的历史时期，所指称的范围是不同的。对于人民的内涵和范围的科学把握与理解，也需要建立在对于人的科学把握之上。

2. 群众史观是马克思主义人民性价值立场的理论基石

在历史创造者这一问题上，马克思之前的思想家，或者囿于唯心主义历史观的认识局限，看不到人民群众在历史发展中的作用，将历史视为由英雄人物创造和推动的，这正是主观唯心主义历史观的局限所在；或者出于阶级统治的根本需要，将历史解释为某种绝对的客观精神或意志的产物，如上帝、天道、绝对精神，这正是客观唯心主义历史观的局限所在。可见，马克思之前形成的唯心史观，未能深入到人类社会发展的本质维度中认识历史主体的问题，未能充分认识与把握人民群众在历史发展中的决定性作用。在这种历史观的指导下，人民的地位和作用被轻视、被贬低。唯心史观也成为统治阶级进行意识形态统治的工具，统治阶级虽然善于打出人民的旗号与名义，但人民并不可能得到与统治阶级平等的物质待遇和地位，至多成为阶级斗争中被争取或利用的力量，人民的利益也不会真正为统治阶级所关注，更不可能得到根本满足与实现。

马克思恩格斯创立的唯物史观，以逻辑与历史相统一的方法，揭示出

1《马克思恩格斯文集》第 1 卷，人民出版社，2009，第 505 页。

人民群众是历史的创造者，实现了历史观的变革，为人民性价值立场的形成与发展奠定了科学坚实的理论基础。唯物史观主张，在看待历史问题时，逻辑前提必须与历史前提相一致，必须关注到现实的人的存在构成了历史的前提。而现实的人得以存在，最基本的前提是要满足其生存所必需的吃穿住行等基本物质生活需要。因而，物质生产实践便构成人类历史发展最基本的活动。在此基础上，政治、道德、文学、艺术等领域的实践，都是在物质生产实践的基础上产生并发展的。社会意识虽然具有相对的独立性，但其从根本上受到生产方式的制约和影响。可以说，人类社会的历史是建基于物质生产实践之上的历史，真正从事社会生产并不断推动人类历史发展的主体，就是从事物质生产实践的广大劳动人民。诚然，唯物史观也承认一些个体如英雄、领袖、精英人物等在社会历史发展中所发挥的建设性与引领性作用。但必须认识到，这种作用并不是根本性的，少数人的意志、品性与能力并不足以根本性地支撑历史的发展。真正推动社会历史发展，必须紧紧依靠广大人民群众的社会历史实践，发挥人民群众的主体性力量与根本性作用。唯物史观揭示出人民群众是社会历史的主体，这为人民群众真正受到尊重和重视奠定了科学的理论基础。换言之，群众史观是真正的人民性价值立场得以树立的理论基石。

（三）马克思主义人民性价值立场的实践指向：实现人民利益与人的解放

人民不仅是社会历史的创造主体，还应是社会历史进程中的价值主体，是社会历史发展成果的享有者。早在 1835 年，马克思就在他的中学毕业论文中提出，“如果我们选择了最能为人类而工作的职业，那么，重担就不能把我们压倒，因为这是为大家作出的牺牲”[1]。可见，此时马克思思想中为大多数劳动人民的利益而奋斗的思想底色与价值追求已经充分显现。而后，通过理论与实践相结合的学术反思，马克思恩格斯实现了从革命民主主义向共

1《马克思恩格斯全集》第 1 卷，人民出版社，1995，第 459 页。

产主义的思想转变，他们对人民性价值立场的思考也随之不断发展，从历史唯物主义的理论维度出发对价值问题展开了深入的思考。马克思恩格斯在《共产党宣言》中指出：“过去的一切运动都是少数人的，或者为少数人谋利益的运动。无产阶级的运动是绝大多数人的，为绝大多数人谋利益的独立的运动。”[1] 这句话深刻概括式地揭示了马克思恩格斯人民性价值立场的实践指向。

1. 发挥人民群众的主体作用

马克思主义所揭示的作为历史主体的人民，不是以往历史观中被视为乌合之众的群氓，也不是无主体性的臣民，而是推动历史发展和促进社会变革的能动性力量。在阶级社会中，国家制度的确立与运行，体现的是作为统治阶级的少数人的意志，人民的意志在实践与制度中都得不到充分的表达和体现，甚至，人民的主体性力量往往为统治阶级所警惕、防范、管控和削弱。马克思曾在其早期著作中指出：“人民主权不是凭借君王产生的，君王倒是凭借人民主权产生的”[2]，“国家是抽象的东西。只有人民才是具体的东西”[3]。马克思还进一步从国家制度和人民意志的关系出发强调：“国家制度一旦不再是人民意志的现实表现，它就变成了事实上的幻想”[4]，“必须使国家制度的实际承担者——人民成为国家制度的原则”[5]。伴随着马克思恩格斯思想的发展，他们进一步从历史唯物主义出发考察了人民群众尤其是无产阶级在历史进程中的主体作用，明确指出无产阶级的历史使命，这鲜明地体现在《共产党宣言》中，即号召无产阶级推翻资产阶级的统治，建立无产阶级的政权。此外，马克思针对人民意志表达和主体作用发挥的具体方式作了强调，指出并非作为个体的每个人都以直接政治介入的方式表达意志，而是需要最坚决

1《马克思恩格斯文集》第 2 卷，人民出版社，2009，第 42 页。
2《马克思恩格斯全集》第 3 卷，人民出版社，2002，第 37 页。
3《马克思恩格斯全集》第 3 卷，人民出版社，2002，第 38 页。
4《马克思恩格斯全集》第 3 卷，人民出版社，2002，第 73 页。
5《马克思恩格斯全集》第 3 卷，人民出版社，2002，第 72 页。

的且始终起推动作用的部分人即共产党人作为代表来表达意志。[1]这不仅深刻体现出共产党与人民群众的关系以及共产党所具有的人民属性，还深刻体现出马克思主义人民性价值立场的基本观点。

2. 实现人民群众的现实物质利益

马克思主义的人民性价值立场，始终致力于捍卫与实现人民群众的现实物质利益。1842 年，马克思在政论文章《关于出版自由和公布等级会议记录的辩论》中，分析省议会中各等级代表关于新闻出版自由的辩论时，肯定了人民利益与争取自由的斗争之间的关系。1842—1843 年，马克思在担任《莱茵报》工作期间，积极参加由莱茵省议会就《林木盗窃法》展开的辩论，猛烈抨击了代表地主阶级利益的法律制度。其在《关于林木盗窃法的辩论》中，公开捍卫贫苦的劳动群众的物质利益。1843—1844 年，恩格斯在《英国状况。评托马斯·卡莱尔的〈过去和现在〉》中，在深入分析社会各阶级状况的基础上，深刻揭示了物质利益在社会历史发展中的作用。

马克思恩格斯认为，物质生产活动是人类最基本的实践活动，是推动人类社会历史发展的首要活动。马克思在《〈政治经济学批判〉序言》中提出："物质生活的生产方式制约着整个社会生活、政治生活和精神生活的过程。"[2]每一时代的物质生产生活构成这一时代政治、精神的基础。1872 年，恩格斯在《论住宅问题》中驳斥蒲鲁东将公平视为各社会中起调节作用、支配其他原则的基本原则，明确指出："每一既定社会的经济关系首先表现为**利益**。"[3]物质利益是人类生存和发展的基础条件，只有在物质生产能够充分满足全体社会成员需求的前提下，人们其他方面需求的满足和自由全面的发展才有现实的条件与基础。可以说，现实的物质利益是人民现实利益的首要表现形态，实现人民的现实物质利益也是马克思主义人民性价值立场的基本观点。

---

1 牟成文：《人民意志：马克思法哲学的思想特质》，《中国社会科学》2020 年第 3 期，第 27 页。

2《马克思恩格斯文集》第 2 卷，人民出版社，2009，第 591 页。

3《马克思恩格斯文集》第 3 卷，人民出版社，2009，第 320 页。

3. 满足人民群众的精神文化需求

人民不仅有物质利益需求，也有精神文化需求，而精神文化需求的产生、满足与物质生产生活有着紧密的联系，前者受到后者的制约与影响。马克思恩格斯在《德意志意识形态》中提出：“‘精神’从一开始就很倒霉，受到物质的‘纠缠’”[1]。在不同的社会发展时期，物质生产生活条件不同，也会有不同的精神层面的产物与需求。同时，精神文化的发展也是推动人民自由全面发展的重要方面，如恩格斯在《反杜林论》中指出：“文化上的每一个进步，都是迈向自由的一步”[2]。整体而言，当人们通过物质生产实践使自己的物质生活需求得到基本满足时，人们对于精神文化生活也会产生更高的需求。

在生产资料私有制条件下，随着社会分工的出现和发展，物质劳动和精神劳动发生分离，在社会中形成脱离直接生产劳动的阶级。这个阶级将“掌管社会的共同事务：劳动管理、国家事务、司法、科学、艺术等等”[3]。精神文化的生产与解释，逐渐成了少数阶级的特权。马克思恩格斯指出意识形态的阶级性，在阶级社会中，由于阶级利益的对立，资产阶级的精神文化只是表达本阶级的利益诉求，而并非代表广大人民群众的利益诉求。马克思恩格斯提出社会主义精神文化应体现人民性。如，马克思在早期政论文章中提出，自由报刊应具有人民性或代表人民精神。马克思在《评普鲁士最近的书报检查令》中，揭露了普鲁士对人民呼声的压制和对人民思想的侵犯。他认为，报刊自由是人民言论自由的一种体现，直接代表人民精神文化利益的实现。1842 年，马克思在《第六届莱茵省议会的辩论》的第一篇论文即《关于新闻出版自由和公布省等级会议辩论情况的辩论》中，批判了普鲁士《国家报》认为人民应该成为政治出版物的附属品的错误观点，他说：“自由报

1《马克思恩格斯文集》第 1 卷，人民出版社，2009，第 533 页。
2《马克思恩格斯文集》第 9 卷，人民出版社，2009，第 120 页。
3《马克思恩格斯文集》第 9 卷，人民出版社，2009，第 298 页。

刊的**人民**性（大家知道，就连艺术家也是不用水彩来画巨大的历史画卷的），以及它所具有的那种使它成为体现它那独特的人民精神的独特报刊的历史个性——这一切对诸侯等级的辩论人说来都是不合心意的。”[1]文章深入地分析了不同社会阶级及其对待出版自由问题的态度。马克思认为，问题不在于新闻出版自由是否应当存在，而在于新闻出版自由是个别人物的特权还是全体人民应当享有的权利。这充分展现出马克思是在深入思考现实问题的基础上，不断发展与完善其思想中所蕴含的人民性价值立场的。

4. 建立真正的共同体，实现人的自由全面发展

马克思主义认为，在资本主义社会中，社会分工是一种自发分工，并非出于人们的自觉自愿。资产阶级出于对自身阶级利益与目的的考量，把本阶级的理想“描绘成唯一合乎理性的、有普遍意义的思想”[2]。把资产阶级的利益说成全体社会成员的共同利益。然而，只要还存在这种不是出于自觉自愿的社会分工，人们本身的活动就成为一种异己的力量，这种力量会导致个人利益与共同利益之间的分歧和分裂。马克思曾在《评一个普鲁士人的〈普鲁士国王和社会变革〉一文》中认为，“**人的本质**是人的**真正的共同体**”[3]。而只有消灭旧式分工，才能实现个人利益与集体利益的一致，才能形成真正的共同体，在这个真正的共同体内，人才能真正获得自由全面的发展。

（四）列宁领导的苏维埃社会主义实践对人民性价值立场的贯彻与发展

列宁在社会主义革命和实践中，坚持将人民性价值立场贯彻于社会主义制度的发展与运行中，对人民性价值立场进行丰富、深化与拓展。

1. 人民群众是社会主义革命的力量源泉、社会主义建设的主体力量

人民群众是社会主义革命的力量源泉。列宁在对孟什维克进行批判时，

1《马克思恩格斯全集》第 1 卷，人民出版社，1995，第 153 页。
2《马克思恩格斯文集》第 1 卷，人民出版社，2009，第 552 页。
3《马克思恩格斯全集》第 3 卷，人民出版社，2002，第 394 页。

指出资产阶级“忘记了人民，忘记了千千万万的工人和农民”[1]。从历史的视角看，社会主义革命之所以能够取得胜利，正是因为革命代表了人民群众的利益，并吸引了广大人民群众投身于革命实践。列宁认识到，组织劳动人民是无产阶级革命取得胜利的重要条件，“把千百万劳动群众组织起来，这是革命最有利的条件，这是革命取得胜利的最深的泉源”[2]。组织起来的劳动人民在革命中展现出巨大的力量，“先进工人成百成千地参加了革命工作，磨炼出了进行革命斗争的坚强意志，没有这种坚强意志，没有同群众的牢固联系，俄国无产阶级革命是不可能胜利的”[3]。

人民群众作为社会历史的主体，在社会主义建设中发挥着根本性的作用。人民群众对于社会主义建设的普遍支持与广泛参与，是社会主义建设得以顺利进行的基本条件。列宁深刻揭示出共产党员与人民之间的关系，指出：“共产党员不过是沧海一粟，不过是人民大海中的一粟而已。他们只有不仅从世界历史发展方向来看是正确地确定了道路，才能领导人民走他们的道路。”[4]共产党员在社会主义建设中发挥着重要的引领作用，但更为重要的是发挥广大人民群众的主体力量。正因如此，列宁提出：“生气勃勃的创造性的社会主义是由人民群众自己创立的”[5]。只有充分发挥人民群众在实践中的积极性和创造性，为人民群众当家作主提供坚实保障，才能为建设“生气勃勃的创造性的社会主义”提供强大支撑。进一步看，列宁还深刻认识到，要想调动人民群众的积极性和创造性，就必须注重实现人民群众的现实利益，明确强调“工农政权办事首先考虑广大人民群众的利益”[6]，进而通过利益的满足来推动广大人民群众参与到社会主义建设中。

1《列宁全集》第11卷，人民出版社，2017，第149页。
2《列宁全集》第36卷，人民出版社，2017，第69页。
3《列宁全集》第36卷，人民出版社，2017，第71页。
4《列宁全集》第43卷，人民出版社，2017，第100页。
5《列宁全集》第33卷，人民出版社，2017，第57页。
6《列宁全集》第42卷，人民出版社，2017，第223页。

2. 在社会主义革命和建设中做到密切联系人民群众

密切联系人民群众，是马克思主义人民性价值立场的实践要求，是社会主义革命和建设取得成功的实践之道。十月革命取得成功后，作为执政党的俄共（布）在集中推进国内经济建设的过程中，出现了官僚主义、文牍主义等不良风气，这些不良风气的形成从根本上看就是因为脱离了人民群众。对此，列宁指出，对于人数并不多的共产党而言，“最严重最可怕的危险之一，就是脱离群众，就是先锋队往前跑得太远，没有‘保持排面整齐’，没有同全体劳动大军即同大多数工农群众保持牢固的联系”[1]。无产阶级政党要避免这种危险，就必须坚持密切联系人民群众，将其落实到一切机构的日常工作中。正基于此，列宁提出通过改变党的工作方式与日常工作来密切联系人民群众，他强调要“在日常生活中改变党的工作**方式**，改造党的日常工作，使党成为革命无产阶级的先锋队，使党不但不脱离群众，而且日益接近群众，唤起他们的革命意识，发动他们参加革命斗争，这是一件最困难但又最重要的事情”[2]。密切联系人民群众，才能唤起人民群众的革命意识，才能调动起人民群众参与革命斗争的行动自觉。

3. 在社会主义革命和建设中积极教育引导人民群众

在推进社会主义革命与建设事业的过程中，除了要充分重视、相信、依靠和密切联系人民群众，还需要积极对人民群众进行宣传教育引导，用列宁的经典话语来说就是“灌输”。这里实际上涉及“自发”与“自觉”之间的矛盾，这是因为，广大人民群众由于受到经济与制度条件的约束，无法自觉萌发先进的思想意识，一般而言只能形成自发意义上的思想观念。列宁有一句经典的论断，那就是“工人本来**也不可能有**社会民主主义的意识。这种意识只能从外面灌输进去”[3]。为了提高人民群众的觉悟，无产阶级政党要通过

1《列宁全集》第 42 卷，人民出版社，2017，第 383 页。
2《列宁全集》第 42 卷，人民出版社，2017，第 463—464 页。
3《列宁全集》第 6 卷，人民出版社，2013，第 29 页。

说服教育的方式，不断提高人民群众的思想觉悟与认识，发挥广大人民群众的创造性，使人民群众具备发展社会主义经济和进行社会主义建设的素质与能力。正如列宁在全俄省、县国民教育局政治教育委员会工作会议上的讲话中所指出的：“现在我们要培养出一支新的教育大军，它应该同党和党的思想保持紧密联系，贯彻党的精神，它应该把工人群众团结在自己的周围，以共产主义的精神教育他们，使他们关心共产党员所做的事情。”[1]

二、中国共产党人的人民性价值立场

中国共产党相信人民、依靠人民、为了人民，坚守人民性价值立场，取得了举世瞩目的历史性成就。从新民主主义革命时期，到社会主义革命和建设时期，到改革开放和社会主义现代化建设新时期，再到中国特色社会主义新时代，中华民族迎来了从站起来、富起来到强起来的伟大飞跃。这与中国共产党在治国理政中对人民性价值立场的坚守，对以人民为中心的发展思想的贯彻是紧密相连的。中国共产党始终坚持以人民为中心，将马克思主义价值立场同中国具体实际相结合，深化对于马克思主义人民性价值立场的认识，根据不同时期的现实情况创造性地发展为人民服务价值观，不断推动实现中华民族伟大复兴。

（一）以毛泽东同志为主要代表的中国共产党人对人民性价值立场的坚持与发展

在中国革命过程中，以毛泽东同志为代表的中国共产党人，坚持和发展唯物史观的基本观点，深入分析中国的历史与现实，进一步发展了马克思主义关于坚守人民立场的思想，明确中国共产党的宗旨是全心全意为人民服务，开创性地形成了中国共产党从人民利益出发的理论、纲领和路线，坚持与发展了马克思主义人民性价值立场。

1《列宁全集》第39卷，人民出版社，2017，第445—446页。

1. 坚持与发展马克思主义关于坚守人民立场的思想

马克思主义人民性价值立场，正确认识与理解了价值的基础、价值的评价与价值的实现等一系列问题。毛泽东从历史观、实践论、价值论等多重理论视角，坚持与发展了马克思主义人民性价值立场。

从历史观的角度看，毛泽东立足于历史唯物主义的基本立场，并结合中国革命实践的具体情况，鲜明地指出人民群众是历史的创造者、推动世界历史发展的动力之源的观点，强调“人民，只有人民，才是创造世界历史的动力”[1]。在历史上，许多历史学家将英雄视作历史发展的根本动力，形成了所谓的“英雄史观”，这些观点都不约而同地忽视了人民群众在历史中发挥的重要作用，未能正确认识人民群众的历史主体地位。对此，毛泽东明确指出，“群众是真正的英雄，而我们自己则往往是幼稚可笑的，不了解这一点，就不能得到起码的知识”[2]。

从实践论的视角看，共产党的领导与人民的团结奋斗是办好中国事情的关键，正如毛泽东所言：“中国的事情，要靠共产党办，靠人民办。我们有决心、有办法实现和平，实现民主。只要我们同全体人民更好地团结起来了，中国的事情就好办了。”[3]毛泽东还从真理与实践关系的理论视角出发，明确将人民的实践作为检验真理的根本尺度，他强调：“真理只有一个，而究竟谁发现了真理，不依靠主观的夸张，而依靠客观的实践。只有千百万人民的革命实践，才是检验真理的尺度。”[4]

从价值论的角度看，人民群众的利益诉求与价值诉求是共产党制定方针政策的出发点和落脚点，共产党必须深入到人民群众的生产生活中，站稳人民立场。毛泽东非常重视人民群众的生产生活，把人民群众的拥护和支持作

1《毛泽东选集》第 3 卷，人民出版社，1991，第 1031 页。
2《毛泽东选集》第 3 卷，人民出版社，1991，第 790 页。
3《毛泽东选集》第 4 卷，人民出版社，1991，第 1162 页。
4《毛泽东选集》第 2 卷，人民出版社，1991，第 663 页。

为实现党的领导的出发点。他指出："共产党人的一切言论行动，必须以合乎最广大人民群众的最大利益，为最广大人民群众所拥护为最高标准"[1]。

2. 明确全心全意为人民服务是党的根本宗旨

毛泽东从中国共产党与其他政党的根本差异入手，深刻阐释了全心全意为人民服务的根本宗旨，他指出："我们共产党人区别于其他任何政党的又一个显著的标志，就是和最广大的人民群众取得最密切的联系。全心全意地为人民服务，一刻也不脱离群众；一切从人民的利益出发，而不是从个人或小集团的利益出发；向人民负责和向党的领导机关负责的一致性；这些就是我们的出发点。共产党人必须随时准备坚持真理，因为任何真理都是符合于人民利益的；共产党人必须随时准备修正错误，因为任何错误都是不符合于人民利益的。"[2]

中国共产党全心全意为人民服务的根本宗旨与价值追求，是马克思主义价值思想同中国革命实践相结合的产物，是历史的产物、实践的产物。1939年2月20日，毛泽东在致张闻天的信中首次提出"为人民服务"的理论命题。在这封信中，毛泽东对孔子的道德论作出评价，认为孔子的理论具有独断论、观念论的色彩，是"勇于压迫人民，勇于守卫封建制度，而不勇于为人民服务的"[3]。1944年9月8日，毛泽东在中央警备团追悼张思德的会上发表《为人民服务》讲演，他指出："我们的共产党和共产党所领导的八路军、新四军，是革命的队伍。我们这个队伍完全是为着解放人民的，是彻底地为人民的利益工作的。"[4] 1945年6月11日，党的七大通过的《中国共产党党章》提出，"中国共产党人必须具有全心全意为中国人民服务的精神"[5]，

1《毛泽东选集》第3卷，人民出版社，1991，第1096页。

2《毛泽东选集》第3卷，人民出版社，1991，第1094—1095页。

3《毛泽东文集》第2卷，人民出版社，1993，第163页。

4《毛泽东选集》第3卷，人民出版社，1991，第1004页。

5 中共中央文献研究室、中央档案馆编：《建党以来重要文献选编（一九二一——一九四九）》第22册，中央文献出版社，2011，第535页。

这标志着作为理论形态的中国共产党为人民服务价值观的确立。

坚持全心全意为人民服务，有着非常具体的价值规范与实践要求，主要表现在两个方面：一方面，要把为人民谋利益作为最高目标，归根结底就是要为人民谋利益，不断改善和提高人民的生活水平。另一方面，要把人民利益作为评判工作好坏的最高标准，正如毛泽东所言："共产党人的一切言论行动，必须以合乎最广大人民群众的最大利益，为最广大人民群众所拥护为最高标准"[1]。

3. 创立党的群众路线和群众工作方法

人民性价值立场要转变为实践的遵循，就必须采取与这一价值立场相对应的实践方法，群众路线正是这样一种坚守人民性价值立场的实践方法。以毛泽东同志为主要代表的中国共产党人，坚持马克思主义人民性价值立场，并将其创造性地应用于党和国家的各项工作与事业中，创立群众路线的工作方法，为革命和建设的顺利推进提供了最为基础的方法支撑。

理解群众路线，就必须认识到其作为方法本身所具有的科学性、反复性、实践性。群众路线不可能是一次性完成的，而是贯穿于党的各项工作中必须长期坚持并不断发展的科学方法论，正如毛泽东所言："在我党的一切实际工作中，凡属正确的领导，必须是从群众中来，到群众中去。这就是说，将群众的意见（分散的无系统的意见）集中起来（经过研究，化为集中的系统的意见），又到群众中去作宣传解释，化为群众的意见，使群众坚持下去，见之于行动，并在群众行动中考验这些意见是否正确。然后再从群众中集中起来，再到群众中坚持下去。如此无限循环，一次比一次地更正确、更生动、更丰富。这就是马克思主义的认识论。"[2] 这一经典论述向我们传递了多个层面的方法论要求与意蕴：一是群众路线"分散—集中"的决策过

1《毛泽东选集》第 3 卷，人民出版社，1991，第 1096 页。
2《毛泽东选集》第 3 卷，人民出版社，1991，第 899 页。

程，将群众的意见、主张经过审慎研究后形成党的决策与部署。二是群众路线的“宣传—行动”过程，致力于通过深入群众的宣传、说服与阐释，将党的正确主张转变为群众在革命和建设实践中的自觉行动。三是群众路线的反复实践与无限循环过程，可以形成马克思主义认识论意义上对于实践的真理性认识，为中国共产党团结带领中国人民开展的实践提供最为基础的认识论与方法论。群众路线作为人民性价值立场在实践方法层面的具体化，有着非常具体的历史内涵与实践要求，是中国共产党不断取得胜利的方法保障。

（二）以邓小平同志为主要代表的中国共产党人对人民性价值立场的坚持与发展

改革开放和社会主义现代化建设新时期，以邓小平同志为主要代表的中国共产党人，对人民的范围进行了拓展，明确提出知识分子以及支持社会主义、支持祖国统一的爱国人士属于人民的范围；从实现共同富裕的视角推进对社会主义本质的认识，是立足人民性价值立场坚持与发展社会主义价值思想；在改革开放的实践进程中进一步深化对人民主体地位的认识、倡导人民首创精神的发挥；将人民性价值立场贯彻于党的各项工作中，使之成为各项具体工作的价值标准与评价依据。

1. 从社会主义本质的高度阐释人民立场

什么是社会主义、怎样建设社会主义，是一个关系到社会主义本质判定的重大时代课题，是坚持与发展马克思主义人民性价值立场必须解决好的理论课题。从社会主义本质的高度阐明与发展人民性价值立场，是时代的呼唤与理论创新的需要，中国共产党对这一问题的探索是历史的、不断深化的。

邓小平提出社会主义的原则体现在两个基本方面，“第一是发展生产，第二是共同致富”[1]，这两个原则是相互联系、不能割裂的。在社会主义现代化建设过程中，发展社会生产同保障人民群众利益是紧密结合在一起的，后

1《邓小平文选》第 3 卷，人民出版社，1993，第 172 页。

者体现出社会主义生产的目的这一根本性问题，关系到我们对社会主义本质的认识。1992年，在著名的“南方谈话”中，邓小平历史性地提出了社会主义本质论的重大理论判断，这对于我们进一步认识马克思主义人民性价值立场有着根本性的指导作用，他指出：“社会主义的本质，是解放生产力，发展生产力，消灭剥削，消除两极分化，最终达到共同富裕。”[1]这正是从生产力与生产关系相统一的维度，对“什么是社会主义、怎样建设社会主义”这一根本问题进行了理论阐释，为进一步发展马克思主义人民性价值立场奠定了理论基础。一方面，“富裕”作为价值要求，深刻表明社会主义是建立在一定的生产力发展水平基础之上的，必须具备比较坚实的物质基础与制度基础。因而，共同富裕绝不是物质贫乏的僵化的平均主义，其允许一部分人先富起来再带动后富，最终实现共同富裕。社会主义的富裕需要依靠劳动来创造，其充分强调要调动人民在社会主义建设中的积极性，发挥人民的创造性和活力，提高人民的收入与生活水平，为“做大蛋糕”奠定坚实基础。另一方面，“共同”作为价值要求，彰显了马克思主义人民性价值立场的基本主张，强调在发展的过程中必须“分好蛋糕”，这深刻彰显着社会主义物质生产的性质及价值目标，从根本上体现出社会主义对人民的生活与合理权益的关注和保障，表明社会主义是以广大人民的根本利益为目标，而不是以少数特权阶层或利益集团的利益为目标。正因如此，马克思主义人民性价值立场在当代中国有着真实、现实的表现，人民作为价值创造主体与价值享有主体是根本统一的。

2. 坚持人民主体地位，发挥人民首创精神

邓小平重视人民群众作为历史主体的实践和首创精神。他在谈及改革开放的成功之道时就曾指出：“农村搞家庭联产承包，这个发明权是农民的。农村改革中的好多东西，都是基层创造出来，我们把它拿来加工提高作为全

1《邓小平文选》第3卷，人民出版社，1993，第373页。

国的指导。”[1] 改革开放的历史表明，中国取得改革开放的历史性成就绝不是靠教条，而是始终坚持实事求是，始终依靠人民群众的实践探索。尊重人民群众的实践和首创精神不是抽象的，而是具体的：首先，必须多倾听人民群众的呼声，在实践中全面把握人民群众的所思、所感、所求，真正把马克思主义人民性价值立场贯彻到群众路线的生动实践中。其次，发挥人民首创精神，必须通过各种各样的方式去调动人民群众的积极性与创造性，让人民群众享有更多的自主权。最后，要善于总结人民群众的实践经验，要本着对人民负责的态度，将这些经验与实践探索贯彻到实际工作中，转化为各项工作的价值指针。

3. 密切党群关系，在党的各项工作中站稳人民立场

正确认识党群关系、不断密切党群关系，是马克思主义人民性价值立场的基本要求。在党同人民群众的关系上，邓小平有一段非常经典的论述：“共产党——这是工人阶级和劳动人民中先进分子的集合体，它对于人民群众的伟大的领导作用，是不容怀疑的。但是，它之所以成为先进部队，它之所以能够领导人民群众，正因为，而且仅仅因为，它是人民群众的全心全意的服务者，它反映人民群众的利益和意志，并且努力帮助人民群众组织起来，为自己的利益和意志而斗争。”[2] 这一重要论述从理论与实践相统一的高度阐明了党群关系的核心要义，阐明了人民性价值立场在党群关系方面的本质规定性。

评价党的工作，最为根本的价值标准就是看有没有站稳人民立场。在新民主主义革命时期，毛泽东就提出用人民的最大利益作为评价党的一切工作的标准，坚守了人民性价值立场的价值评价要求。邓小平坚持这一观点并提出“三个有利于”标准，进一步深化了关于人民作为价值评价标准的规律性

1《邓小平文选》第 3 卷，人民出版社，1993，第 382 页。
2《邓小平文选》第 1 卷，人民出版社，1994，第 218 页。

认识。1992年年初，针对一段时期以来不少人在改革开放的问题上迈不开步子，以及理论界对改革开放性质的争论，邓小平提出：“要害是姓‘资’还是姓‘社’的问题。判断的标准，应该主要看是否有利于发展社会主义社会的生产力，是否有利于增强社会主义国家的综合国力，是否有利于提高人民的生活水平。”[1] 邓小平提出的“三个有利于”标准，成为党衡量一切工作是非得失的标准，是一套严整的价值评价标准，贯彻了马克思主义人民性价值立场的基本要求。其中，发展社会主义社会的生产力，增强社会主义国家的综合国力，在根本上是为了实现和保障人民的利益，将是否有利于提高人民的生活水平作为评价标准，是对人民历史主体地位的肯定，是对人民性价值立场的坚守与落实。

（三）以江泽民同志为主要代表的中国共产党人对人民性价值立场的坚持与发展

面向新时期的社会主义建设，以江泽民同志为主要代表的中国共产党人，加深了对什么是社会主义、怎样建设社会主义和建设什么样的党、怎样建设党的认识，提出了“三个代表”重要思想。“三个代表”重要思想从其所回答的时代课题的高度，深化了对马克思主义人民性价值立场的认识。

1. 坚持人民是历史的主体

坚持人民是历史的主体，是马克思主义价值思想同中国具体实际相结合得出的宝贵历史经验，在新的历史时期也有着新的历史内涵与价值要求。江泽民以“三个不能”总结概括了中国共产党实践的历史经验，他明确指出：“在任何时候任何情况下，与人民群众同呼吸、共命运的立场不能变，全心全意为人民服务的宗旨不能忘，坚信群众是真正英雄的历史唯物主义观点不能丢。”[2] 这正是强调，坚持人民是历史的主体，不仅是马克思主义哲学的价

1《邓小平文选》第3卷，人民出版社，1993，第372页。
2《江泽民文选》第3卷，人民出版社，2006，第271页。

值要求，更是中国共产党伟大实践所得出的宝贵历史经验与现实启示。坚持马克思主义人民性价值立场，必须把握好“三个一致性”中蕴含的价值规范与实践要求，即“任何时候我们都必须坚持尊重社会发展规律与尊重人民历史主体地位的一致性，坚持为崇高理想奋斗与为最广大人民谋利益的一致性，坚持完成党的各项工作与实现人民利益的一致性”[1]。“三个不能”与“三个一致性”从否定性和肯定性两个层面，深刻指出了贯彻人民性价值立场的时代要求。

人民是推动改革开放的决定性力量，是改革开放的胜利之本，是中国共产党人汲取智慧和力量的深厚源泉。改革开放和社会主义现代化建设能够顺利推进，一个重要的前提条件就是取得了人民群众的理解与支持。党的领导地位能够得到巩固，一个重要的因素就是获取了群众的信任和爱戴。简言之，党的领导、一切工作的开展都需要依靠人民、相信人民，调动起人民群众参与改革开放的积极性与创造性。广大人民群众是发展先进生产力的主体力量，是发展先进文化的主体力量，也是实现自身切实利益的主体力量。中国共产党在深入推进改革开放和社会主义现代化建设的进程中，会遇到一系列未曾预料到、未曾出现的现实问题。解决问题的办法不会自己出现，必须紧紧依靠人民群众的实践，发挥全体党员和人民群众的共同智慧与集体力量，书写改革开放的伟大历史篇章。正如江泽民所言：“尊重人民群众的创造，倾听人民群众的呼声，反映人民群众的意愿，集中人民群众的智慧和力量去发展我们的各项事业”[2]。

2. 把握社会发展变化，维护最广大人民群众的根本利益

伴随着社会主义市场经济的发展，社会利益关系发生了重大的变化，在这样的历史条件下，维护最广大人民群众根本利益的现实要求与实践指向也

1《江泽民文选》第 3 卷，人民出版社，2006，第 279 页。
2《江泽民文选》第 2 卷，人民出版社，2006，第 262 页。

需要进行一定的调整。对此，必须认真考虑、衡量不同阶层、不同方面群众的利益诉求与价值诉求，在新的历史条件下贯彻好人民性价值立场的实践要求。人民群众的整体利益与具体利益是辩证统一的，不能将二者割裂开来，对于中国共产党人来说，“我们所有的政策措施和工作，都应该正确反映并有利于妥善处理各种利益关系，都应认真考虑和兼顾不同阶层、不同方面群众的利益”[1]。在社会利益关系多样化的背景下，必须把握好马克思主义人民性价值立场的整体性要求，把握好人民群众的根本利益诉求与具体利益诉求，并适应于社会主义市场经济发展的新特点，与时俱进地发展马克思主义人民性价值立场与中国共产党为人民服务价值观。处理与协调利益关系问题，是关乎马克思主义人民性价值立场能否得到有效贯彻的重大现实问题，也是关乎全党全国各族人民能否实现团结的重要问题，我们必须对这一问题有着清醒的认识。正如江泽民所言：“最重要的是必须首先考虑并满足最大多数人的利益要求，这始终关系党的执政的全局，关系国家经济、政治、文化发展的全局，关系全国各族人民的团结和社会安定的全局。最大多数人的利益是最紧要和最具有决定性的因素。”[2] 对此，坚守人民性价值立场，必须把个人利益与集体利益、局部利益与整体利益、当前利益与长远利益统一起来，只有这样，改革开放中制定的各项政策才能得到人民群众的衷心拥护与广泛支持，才能在现实中证明马克思主义人民性价值立场的生命力。

3. 首要关注困难群众

马克思主义人民性价值立场有着具体的价值指向，有着非常深切的现实关怀，其要求我们不仅要关注到作为整体的人民群众，还要关注到人民群众中的现实的个人。关心困难群众的疾苦，为困难群众谋福祉，是对马克思主义人民性价值立场的生动诠释。在中国共产党人看来，关注困难群众作为一

1《江泽民文选》第 3 卷，人民出版社，2006，第 279 页。

2《江泽民文选》第 3 卷，人民出版社，2006，第 279—280 页。

项价值要求，必须“下最大的决心”“花最大的气力”加以推进，这就是江泽民所说的：“要重视解决关系人民群众疾苦的各种实际问题，下最大的决心，花最大的气力，切实帮助群众解决困难。”[1]帮助困难群众解决基本生活问题，还必须掌握正确的方式方法，必须找准现实的着力点、落脚点与突破点，正如江泽民所强调的：“各级党委和政府都要多做得人心、暖人心、稳人心的工作，都要满腔热情地帮助有困难的群众解决实际问题。”[2]从现实的角度看，倘若困难群体的生产生活问题不能得到很好的解决，不仅会挫伤这一群体的积极性、影响人民内部的团结安定，还会影响改革开放和社会主义现代化建设的历史大局。正是在这个意义上，江泽民指出：“能不能富有成效地帮助群众排难解忧，是衡量领导干部群众观点强不强、工作实不实，实践‘三个代表’要求好不好的重要试金石。”[3]

（四）以胡锦涛同志为主要代表的中国共产党人对人民性价值立场的坚持与发展

党的十六大以后，以胡锦涛同志为主要代表的中国共产党人提出科学发展观的重大战略思想，这一战略思想在根本的价值导向上彰显出中国共产党人对马克思主义人民性价值立场的坚持与发展。

1. 坚持以人为本

判定马克思主义政党的性质，检验唯物史观与唯心史观这两种历史观的根本差异，必须回到人民性价值立场上来，这是一个根本的价值标准。胡锦涛指出：“相信谁、依靠谁、为了谁，是否始终站在最广大人民的立场上，是区分唯物史观和唯心史观的分水岭，也是判断马克思主义政党的试金石。”[4]作为马克思主义中国化理论成果的科学发展观，其核心是以人为本，

1《江泽民文选》第 2 卷，人民出版社，2006，第 571 页。

2《江泽民文选》第 3 卷，人民出版社，2006，第 95 页。

3 江泽民：《论党的建设》，中央文献出版社，2001，第 545 页。

4 胡锦涛：《在“三个代表”重要思想理论研讨会上的讲话》，人民出版社，2003，第 16 页。

这里的“人”指的不是少数个人，而是广大人民。这一执政理念鲜明体现出中国特色社会主义理论与实践的人民性价值导向和发展思路。这里的价值要求也是十分明确的：坚持以人为本，就要求“尊重人民主体地位，发挥人民首创精神，保障人民各项权益，走共同富裕道路，促进人的全面发展，做到发展为了人民、发展依靠人民、发展成果由人民共享”[1]。为深入贯彻落实科学发展观，以胡锦涛同志为主要代表的中国共产党人历史性地提出了构建社会主义和谐社会的要求。社会主义和谐社会的提出，生动体现出马克思主义人民性价值立场：一方面，要求我们在发展的过程中不断解放和发展生产力，增加社会财富总量，为改善人民生活奠定物质基础；另一方面，还要求我们通过社会保障体系等各种制度性保障，发挥社会主义精神文明建设的重要作用，推动社会公平正义，不断促进社会和谐。

2. 保障人民各项权益

以人为本作为基本的价值追求，深刻体现出社会主义发展的价值主旨与价值追求，即一切为了人民。胡锦涛指出：“坚持以人为本，就是要以实现人的全面发展为目标，从人民群众根本利益出发谋发展、促发展，不断满足人民群众日益增长的物质文化需要，切实保障人民群众经济、政治、文化权益，让发展成果惠及全体人民。”[2]保障人民各项权益有着具体的实践要求，一方面要通过发展不断满足人民的各项利益与需求，另一方面还要不断反对和纠正损害与侵犯人民权益的各种现象、问题，实现好、维护好、发展好人民的各项利益与需求。人民性价值立场是具体的，必须落实到人民群众的日常生活中，解决好人民群众所面临的教育、医疗、就业、养老等各种现实问题，做到“群众利益无小事”。人民性的价值立场，执政为民的执政理念，必须落实为具体的政策和措施。这种具体化的转化体现为基本原则进一步转

1《胡锦涛文选》第 2 卷，人民出版社，2016，第 624 页。

2《胡锦涛文选》第 2 卷，人民出版社，2016，第 166—167 页。

化为具体的政策，通过政策来推动实现学有所教、劳有所得、病有所医、老有所养、住有所居，以及保障与发展人民群众在生活和工作中的经济权益、政治权益、文化权益、社会权益等各项权益。

3. 正确处理党群关系

价值是关系范畴，必须从现实的关系入手，深入把握贯彻与发展马克思主义人民性价值立场的现实着力点。胡锦涛曾多次强调党员领导干部要坚持群众路线，正确处理党同人民群众的关系，提出："各级领导干部要坚持深入基层、深入群众，倾听群众呼声，关心群众疾苦，时刻把人民群众安危冷暖挂在心上，做到权为民所用、情为民所系、利为民所谋。"[1] 这正是从权、情、利的多重角度，对党员领导干部处理党群关系、干群关系提出了基本的价值规范与实践要求。从权力的角度看，人民是国家的主人，领导干部手中的权力是人民赋予的，这是必须反复澄清的基本问题。党员领导干部要明晰权力的来源，珍惜被赋予的权力，用好权，办实事，禁止滥用权力损害人民利益。从情感的角度看，党员领导干部必须对人民群众怀有亲切深厚的情感，积极主动地亲近群众、走入群众，与群众交朋友，倾听群众的切实需求与愿望，与广大人民群众同呼吸、共命运。从利益的角度看，人民群众的利益必须摆在党作决策、定政策的首要位置，从长远与现实的两个时间尺度上解决好人民群众的利益问题，坚定地贯彻马克思主义人民性价值立场的要求。

三、社会主义核心价值观基本理念是新时代中国共产党人对马克思主义人民性价值立场的坚持与创新

党的十八大以来，以习近平同志为核心的党中央坚持和发展人民立场，创造性地提出了以人民为中心的发展思想，并将其贯穿于新时代中国特色社

1《胡锦涛文选》第 2 卷，人民出版社，2016，第 9 页。

会主义“五位一体”总体布局、“四个全面”战略布局以及治国理政的各项基本方略之中。培育和践行社会主义核心价值观，是我们党立足推进中国特色社会主义伟大事业、实现中华民族伟大复兴中国梦的全局作出的重大决策。党的十九大将坚持社会主义核心价值体系作为必须坚持的基本方略之一，意义十分重大。习近平指出：“我国是一个有着13亿多人口、56个民族的大国，确立反映全国各族人民共同认同的价值观‘最大公约数’，使全体人民同心同德、团结奋进，关乎国家前途命运，关乎人民幸福安康。”[1]可见，社会主义核心价值体系是以人民性为其根本价值立场的。社会主义核心价值观作为社会主义核心价值体系的内核，是社会主义核心价值体系的高度凝练和集中表达。社会主义核心价值观在经济、政治、文化、社会、生态等领域和层面的基本价值理念，也都在深层次上体现出对人民性价值立场的坚持与发展，彰显出社会主义核心价值观基本理念的人民性底色。

（一）经济维度价值理念对人民性价值立场的坚持与创新

经济繁荣、国力强盛是一个社会得到发展、人民过上幸福生活的基础。对于富强的价值追求，是人类历史上大多数国家的发展动力与目标。对于中国而言，“求富”“图强”的历史实践更是贯穿于180多年近代史、70多年新中国发展史、40多年改革开放史之中，是中国人民的不懈追求与价值愿景。在一定程度上，我们可以说，中国近现代历史就是一部追求国强民富的历史。中国特色社会主义进入新时代，富强是全体中国人民伟大梦想中不可或缺的重要内容与价值追求，更是迈向中华民族伟大复兴的重要价值基础。

1. 社会主义富强价值理念的根本目的是增强人民福祉

理解社会主义核心价值观基本理念中的“富强”，首先需要弄清楚富强“为了谁？”的问题。近代以来，诸多仁人志士均将国家富强视为民族与个人的追求和目标，其中就有孙中山发出的号召，请“诸君立志”，把中国建

1《习近平谈治国理政》第1卷，外文出版社，2018，第168页。

设成“世界第一富强之国”。众多先驱围绕着实现富强，提出了各式各样的方案与道路，并进行了诸多实践，但大都以失败而告终。当实现国家富强与人民富裕的任务历史性地落在中国共产党的肩膀上时，富强价值理念被赋予了更丰富、更深厚的历史内涵。党的七大时，毛泽东在其政治报告《论联合政府》中提出：“建立独立、自由、民主、统一和富强的新中国”[1]。在开启社会主义现代化建设之初，毛泽东再次号召“全国各界，包括工商界、各民主党派在内，都要努力，把我国建设成为一个富强的国家”[2]。改革开放以来党的历次代表大会，都贯穿着富强这一社会主义现代化建设的重要目标。邓小平强调了发展生产力这一马克思主义的基本原则，明确提出“贫穷不是社会主义，社会主义要消灭贫穷”[3]的重要论断。可以说，中国特色社会主义现代化事业所要实现的富强价值理念，从根本上是为了谋求全体人民的根本福祉。只有国家富强，才能为人民安居乐业提供最为基本、最为坚实的保障。新时代以来，习近平对富强价值理念的内在诉求作出了深刻论述，着重强调了“国家富强，民族复兴，人民幸福，不是抽象的，最终要体现在千千万万个家庭都幸福美满上，体现在亿万人民生活不断改善上”[4]。这深刻体现出富强价值理念的深层次价值主旨，即其与人民幸福生活的价值诉求是紧密联系在一起的。

作为社会主义核心价值观基本理念的富强，体现为民富与国强的有机统一，强调二者之间的有机互动与彼此联系。富强，即富足强盛，既指向国家这一层面的主体，又指向全体人民这一层面的主体，是马克思主义人民性价值立场的生动诠释与价值体现。作为一种价值理念与价值目标的富强，还内蕴着对于国富与民富、民富与国强、少数之富与多数之富、物质之富与精神

1《毛泽东选集》第 3 卷，人民出版社，1991，第 1055 页。
2《毛泽东文集》第 6 卷，人民出版社，1999，第 500 页。
3《邓小平文选》第 3 卷，人民出版社，1993，第 116 页。
4《习近平谈治国理政》第 2 卷，外文出版社，2017，第 354 页。

之富等之间的具体关系的认知，具有丰富、辩证、深刻的理论内涵与价值意蕴。中国共产党人带领全体中国人民对于富强价值理念的深远追求与历史实践，取得了举世瞩目的伟大成就，其中蕴含着许多具有创新性的价值理论探索与实践探索，彰显出社会主义富强价值理念的特色，充分体现出马克思主义人民性价值立场的底色。

中国对于经济社会可持续发展的战略规划和实践，对于中国特色社会主义现代化建设的创新性探索，还体现在坚持经济发展与生态文明建设的有机结合上。党的十八大以来，以习近平同志为核心的党中央，把生态文明建设提升到事关中华民族永续发展和“两个一百年”奋斗目标的高度加以强调，提升到我国现代化建设总布局的战略高度加以推进。社会主义现代化建设，不仅要建设富强、民主、文明、和谐的中国，还要建设美丽的中国。习近平指出：“宁要绿水青山，不要金山银山，而且绿水青山就是金山银山”[1]，“建设生态文明，关系人民福祉，关乎民族未来”[2]。这一价值理念和目标是在经济社会发展与生态文明的结合中，在中华民族当下发展与未来发展的结合中，在人民现实利益与长远利益的结合中，确立社会主义现代化发展的方向和战略，推动经济社会的可持续发展，推动新时代人与自然的和谐共生。

2. 社会主义富强价值理念的实现需要依靠广大人民群众

社会主义富强价值理念不是抽象的，而是具体的、历史的、现实的，是有着很强的实践诉求的。人民群众是社会主义物质财富和精神财富的创造主体，是推动社会主义富强价值理念实现的主体力量。实现国强民富的价值目标、走向全体人民共同富裕，是无数中国人孜孜以求的历史宏愿，实际上也是中国共产党人和全体中国人民的历史使命与历史责任。中华民族迎来了从站起来、富起来到强起来的伟大飞跃，从根本上看，这是中国共产党带领全

1 中共中央文献研究室编：《习近平关于全面建成小康社会论述摘编》，中央文献出版社，2016，第171页。

2《习近平谈治国理政》第1卷，外文出版社，2018，第208页。

体中国人民通过“一棒接着一棒跑”的历史实践奋斗而来的，而不是从天上掉下来的。改革开放以来，我国经济发展与现代化建设取得举世瞩目、不同凡响的成就，我们可以有底气地说，我们距离富强这一价值目标更近了。但是，我们也必须清醒地认识到，富强是历史性的，更高层次、更高水平的富强仍需要不断实现，并且在现实中我们要实现这一价值目标，还有很多具体的问题要解决，还有较长的一段路要走。习近平指出：“广大青年要自觉践行社会主义核心价值观，不断养成高尚品格。要以国家富强、人民幸福为己任，胸怀理想、志存高远，投身中国特色社会主义伟大实践，并为之终生奋斗。”[1]富强价值理念的实现，需要调动起包括广大青年在内的人民群众为之共同奋斗。

进一步看，既然社会物质财富和精神财富的创造者是人民群众，那么我们就必须充分发挥人民群众在实现社会主义富强价值目标上的积极性和能动性，更好地展现出社会主义富强价值理念的生命力及其所蕴含的人民性价值立场。党和国家需要采用教育引导、实践养成、制度保障等方式，调动广大人民群众在追求富强价值目标过程中的积极性，发挥中国共产党人和人民群众的历史主动精神与历史创造精神，在推动中国式现代化的过程中，为社会主义富强价值目标的实现注入更多动力。

在新时代新征程中，中国共产党的中心任务是团结带领全国各族人民全面建成社会主义现代化强国、实现第二个百年奋斗目标，以中国式现代化全面推进中华民族伟大复兴。党的二十大报告明确指出了中国式现代化的突出特点，如中国式现代化是全体人民共同富裕的现代化，是物质文明和精神文明相协调的现代化，是人与自然和谐共生的现代化，等等。[2]其中，高质量发展是全面建设社会主义现代化国家的首要任务。中国特色社会主义经济

1 习近平：《在知识分子、劳动模范、青年代表座谈会上的讲话》，人民出版社，2016，第 11 页。

2 习近平：《高举中国特色社会主义伟大旗帜　为全面建设社会主义现代化国家而团结奋斗——在中国共产党第二十次全国代表大会上的报告》，人民出版社，2022，第 22—23 页。

发展在新的历史时期追求的是高质量的经济发展和高质量的富强。高质量发展不仅要实现发展为了人民，还要坚持发展依靠人民。例如，注重经济发展和生态文明建设的有机统一，坚持节约优先、保护优先、自然恢复为主的方针，坚定不移走生产发展、生活富裕、生态良好的文明发展道路，以实现中华民族永续发展。这正是从人民的整体和长远利益出发推动国家经济建设与生态文明建设。党和国家要推动人与自然和谐共生的现代化，最终要落实到人民群众的生产生活实践中，要依靠广大人民群众的实践，要引导教育人民群众树立和践行尊重自然、顺应自然、保护自然的社会主义生态文明观，引领人民群众增强绿色发展理念，推动绿色生产生活实践。正如习近平所指出的，处理经济社会发展和生态环境之间的关系，“关键在人，关键在思路”[1]，坚持绿色发展理念，扭转重经济、轻生态的思想观念，转变粗放的经济发展方式，保护和改善生态环境，增强人民的生态利益，正是坚持人民主体地位和坚持以人民为中心的发展思想的集中体现。

3. 社会主义富强价值理念践行成果由人民共享

人民共享改革发展的成果，是中国特色社会主义理论与实践的人民性的直接体现，也是社会主义核心价值观的人民性的集中体现。发展成果的共享包括经济、政治、文化、社会、生态等全方位的成果共享，其中经济发展成果的共享是社会主义经济发展价值理念和目标具有人民性的重要体现。

党的二十大报告强调，“物质贫困不是社会主义……我们不断厚植现代化的物质基础，不断夯实人民幸福生活的物质条件”[2]，即国家富强正体现出经济发展的旨归是人民幸福，经济发展的成果要由人民共享。党的二十大报告还指出：“共同富裕是中国特色社会主义的本质要求，也是一个长期的历

1 中共中央文献研究室编：《习近平关于社会主义生态文明建设论述摘编》，中央文献出版社，2017，第 23 页。

2 习近平：《高举中国特色社会主义伟大旗帜　为全面建设社会主义现代化国家而团结奋斗——在中国共产党第二十次全国代表大会上的报告》，人民出版社，2022，第 22—23 页。

史过程。我们坚持把实现人民对美好生活的向往作为现代化建设的出发点和落脚点，着力维护和促进社会公平正义，着力促进全体人民共同富裕，坚决防止两极分化。”[1]可见，社会主义的富强与全体人民共同富裕紧密相关。

习近平指出：“在新的历史时期，中国梦的本质是国家富强、民族振兴、人民幸福。”[2]国家富强与民族振兴、人民幸福一道，构成中国梦的本质要义与基本内涵，不能将国家、民族与人民的梦想割裂开来理解，必须将三者视作有机统一的整体。实际上，从三者的内在逻辑关系来看，国家富强与人民幸福之间有着紧密不可分、相辅相成的关系。概言之，社会主义富强价值理念，体现的是国富与民富的统一，贯穿着经济社会发展成果由人民共享这一人民性价值立场的要求。让广大人民群众从改革开放中，从社会主义现代化建设中获得实实在在的利益，是中国特色社会主义富强价值理念的应有之义。新时代十年以来，党和国家提出并贯彻新发展理念，着力推进高质量发展，推动构建新发展格局，我国经济实力实现历史性跃升：“我国经济总量……稳居世界第二位；人均国内生产总值从三万九千八百元增加到八万一千元……十四亿多人的粮食安全、能源安全得到有效保障。城镇化率……达到百分之六十四点七……基础设施建设取得重大成就”[3]，科技创新取得重大成果，极大促进了社会生产力的发展，人民共享到经济发展的巨大成果。

在坚持和贯彻社会主义富强价值理念的过程中，我们要认识到富强价值理念的实现有一定的历史条件，要从总体上真正把握社会主义富强价值理念及其实践。中国作为世界上最大的发展中国家，作为一个人口大国，国情具有复杂性和特殊性，其在实现富强价值理念上表现出艰巨性、长期性与阶段

1 习近平：《高举中国特色社会主义伟大旗帜 为全面建设社会主义现代化国家而团结奋斗——在中国共产党第二十次全国代表大会上的报告》，人民出版社，2022，第 22 页。

2《习近平谈治国理政》第 1 卷，外文出版社，2018，第 56 页。

3 习近平：《高举中国特色社会主义伟大旗帜 为全面建设社会主义现代化国家而团结奋斗——在中国共产党第二十次全国代表大会上的报告》，人民出版社，2022，第 8 页。

性的历史特点。当前，我国正不断推进全面深化改革，贯彻新发展理念，坚持走全体人民共同富裕道路，缩小事实上存在的贫富差距，让人民更多、更公平地享有改革发展的红利，这正是历史地贯彻以人民为中心的发展思想的生动体现。例如，我们历史性地全面建成了小康社会，现在又深入推进实施乡村振兴战略，不断通过各项政策、措施来激活农民主体的内生动力，逐步缩小城乡差距。又如，我国在发展社会主义市场经济的过程中，既正确看待并发挥资本的积极作用，同时也注意对资本的监管与限制，防止资本对社会乃至国家的渗透与干预，抵制资本无序扩张给人民利益带来的根本侵害。社会主义富强价值理念，超越了一些西方理论中的国家或社会与人民二元对立的思维模式，继承和发展了中华优秀传统文化中民富与国富相统一的理念，坚持和创新了社会主义富强价值理念，体现出民富与国富的动态统一。

（二）政治维度价值理念对人民性价值立场的坚持与创新

民主，从其一般的价值内涵来看，指的就是人民当家作主。民主作为价值理念，是人类不同社会政体、政治活动的重要价值追求，其进步性已得到人类的普遍认同，但不同的民主制度形式往往各具特色。社会主义民主价值理念，其实质与核心内涵便是人民当家作主。中国特色社会主义民主政治发展道路，坚持中国共产党的领导、人民当家作主、依法治国有机统一，坚持人民主体地位，充分体现人民意志、保障人民权益、激发人民创造活力。与此同时，社会主义民主价值理念和价值目标的实现有着全过程人民民主这一制度性实践的深厚支撑，体现出马克思主义人民性价值立场在新时代的创新发展。

1. 社会主义民主价值理念的实质和核心是人民当家作主

人民民主是社会主义的生命。中国共产党自诞生之日起，就始终高扬民主的旗帜，探索中国特色社会主义民主价值理念及其实践。毛泽东在回应爱国民主人士黄炎培关于中国共产党人跳出历史周期率的期待时提出：“我们已经找到新路，我们能跳出这周期率。这条新路，就是民主。”[1]中国共产党带领中国人民探索社会主义民主价值理念的真谛，创立了一系列符合中国国情的民主制度，夯实了人民当家作主的制度基础。新时代以来，我们坚持走中国特色社会主义政治发展道路，发展全过程人民民主，社会主义民主政治制度化、规范化、程序化得到全面推进，社会主义协商民主广泛开展，人民当家作主更为扎实，基层民主活力增强。[2]

社会主义民主价值理念贯彻了科学社会主义的基本原则。从主体层面看，中国全过程人民民主与西方民主的根本不同在于，中国的民主是绝大多数人的、属于广大人民群众的民主，其实质和核心就是人民当家作主。这种民主形式是真实、切实的民主，而非只是法律规定和价值规定层面的民主，社会主义民主价值理念与社会主义民主实践是有机统一、相互贯通、相辅相成的。在特定历史阶段，西方资产阶级的民主价值理念及其制度形式具有历史进步意义，但它仍然是少数人的民主、资产阶级的民主。在资本主义社会中，民主价值理念及其实践深刻展现出所谓程序民主与实质民主之间的矛盾，这实际上是资本主义基本矛盾在政治领域的体现。在社会主义民主价值理念指导下的中国特色社会主义民主政治实践，是中国共产党的领导、人民当家作主、依法治国的有机统一，是程序民主与实质民主相统一的民主，是以最广大人民群众为主体的民主。这种民主价值理念及其实践，能够真正找到社会意愿与要求的“最大公约数”，而这正如习近平所言，“找到全社会意愿和要求的最大公约数，是人民民主的真谛”[3]。

2. 社会主义民主价值理念及其实践是人民利益的体现与保障

社会主义民主不是抽象的价值理念，而是体现人民立场、全程贯通、真

1 中共中央文献研究室编:《毛泽东年谱（1893—1949）》中卷，中央文献出版社，2013，第611页。

2 习近平:《高举中国特色社会主义伟大旗帜　为全面建设社会主义现代化国家而团结奋斗——在中国共产党第二十次全国代表大会上的报告》，人民出版社，2022，第9页。

3《习近平谈治国理政》第3卷，外文出版社，2020，第295页。

实管用的全过程人民民主，实现了过程民主与成果民主、程序民主与实质民主、直接民主与间接民主、人民民主与国家意志相统一，是全链条、全方位、全覆盖的民主，是最广泛、最真实、最管用的民主。正如习近平所指出的，“民主不是装饰品，不是用来做摆设的，而是要用来解决人民要解决的问题的”[1]，“保证和支持人民当家作主不是一句口号、不是一句空话，必须落实到国家政治生活和社会生活之中”[2]。社会主义民主价值理念，具体体现在国体、政体及一系列基本制度之中，维护与发展着人民群众的利益特别是其政治利益，为人民群众利益的实现提供坚强有力的政治保障。

社会主义民主价值理念有着坚实的制度支撑。我国的国体是人民民主专政，保证国家的权力掌握在人民手中。在政体方面，我国采用人民代表大会制度，人民通过选举代表组成各级人民代表大会，参与国家和社会公共事务管理。相比于西方代议制民主，这种制度形式能够更为有效地避免金钱民主，保证在重大决策的酝酿、制定、实施与评价过程中，人民可以进行比较充分的协商，民主权利得到比较充分的实现。在处理执政党与其他民主党派的关系方面，我国坚持中国共产党领导的多党合作和政治协商制度，这是一种新型的政党制度，不会像西方多党制那样常常造成政党互相倾轧、攻击等党争问题。中国共产党领导的多党合作和政治协商制度，能够团结不同的政治力量，调动其参与社会主义建设的积极性，形成最广泛的爱国统一战线，为我国的政治稳定提供了重要的制度保证，也为我国人民民主广泛性的实现提供了政治制度支撑。在处理民族问题、保障少数民族的民主权益方面，我国坚持实行民族区域自治制度，坚持各民族平等、团结和共同繁荣，为实现各民族人民的民主权利提供了适合国情的制度保障。在维护基层民众民主权利方面，我国坚持基层群众自治制度，建立起覆盖城乡和企事业单位的基层

1《习近平谈治国理政》第 2 卷，外文出版社，2017，第 296 页。
2《习近平谈治国理政》第 2 卷，外文出版社，2017，第 291 页。

民众自治体系，推动共建共治共享的实现。

3. 社会主义民主价值理念及其实践需要发挥人民主体作用

习近平指出：“中国共产党领导人民实行人民民主，就是保证和支持人民当家作主。”[1]在中国式的民主中，人民既是民主权利的享有主体，也是民主政治的建设主体，还是践行社会主义民主价值理念的实践主体。新中国成立以来，我国建立了一系列反映和实现人民当家作主的民主政治制度，人民群众的民主观念、政治参与能力也在不断丰富与发展。但与此同时，我国民主政治在发展的过程中，也还存在一些与社会主义现代化建设、人民美好生活需要不相适应的方面，尤其是在民主的制度化、程序化、规范化方面还有待进一步发展，还有待向更广泛、更充分、更健全的人民民主迈进。

新时代以来，我们全面发展全过程人民民主，进一步保障人民当家作主，需要加强人民当家作主的制度保障。这就要求我们坚持和完善我国根本政治制度、基本政治制度、重要政治制度，进一步拓展民主渠道，丰富民主形式；完善协商民主体系，健全各种制度化协商平台；积极发展基层民主，健全基层党组织领导的基层群众自治机制，完善基层直接民主制度体系和工作体系，增强城乡社区群众自我管理、自我服务、自我教育、自我监督的实效，健全企事业单位民主管理制度，等等。[2]

发展全过程人民民主，进一步推进人民当家作主，还需要人民群众的广泛参与与共同实践。习近平曾指出：“我们要坚持国家一切权力属于人民，既保证人民依法实行民主选举，也保证人民依法实行民主决策、民主管理、民主监督”[3]。这强调了在发展全过程人民民主的过程中，需要尊重人民主体

1《习近平谈治国理政》第 2 卷，外文出版社，2017，第 291 页。

2 习近平：《高举中国特色社会主义伟大旗帜　为全面建设社会主义现代化国家而团结奋斗——在中国共产党第二十次全国代表大会上的报告》，人民出版社，2022，第 37—39 页。

3《习近平谈治国理政》第 2 卷，外文出版社，2017，第 290 页。

地位，发挥人民主体作用。因而，在新时代推动社会主义民主价值理念的践行和全过程人民民主的发展，一方面，要提升人民群众对于社会主义民主价值理念及其制度形式的认知，通过宣传教育等方式使广大人民群众认识到民主价值理念的深刻内涵，认识到其所具有的历史性、阶级性、具体性、多样性等特点，认识到在不同的历史时期、不同的国家民主具有不同的价值内涵与实践形式。西式民主并不是民主政治的唯一样板，更不是完美的价值理念，必须辩证地、清醒地认识到西方民主价值理念及其制度形式的阶级性和局限性，认识到社会主义民主的真实性和人民性，增强对社会主义民主价值理念及其制度形式的认知、认同与自信。另一方面，要积极发挥人民群众在民主政治建设中的主体作用，增强人民群众的民主法治观念与素养，推动公民依法正确行使民主权利，提升参与国家和社会公共事务管理的积极性与能力，不断推动我国民主政治更广泛、更充分、更健全。

（三）文化维度价值理念对人民性价值立场的坚持与创新

文明有广义与狭义之分。就广义层面而言，文明指人类历史发展过程中各个领域所取得的积极成果形成的统一体，包括物质文明、精神文明、政治文明、社会文明、生态文明等。就狭义层面而言，文明更侧重指精神、思想、文化领域所取得的积极、进步的成果与进展。作为社会主义核心价值观基本理念之一的“文明”置于狭义层面，但也包含着广义文明意义上的深邃内涵，我们可以从狭义与广义相统一的视角对其加以理解和阐释。崇尚文明几乎是人类共同的价值追求。社会主义文明是以人的解放为主题、以社会全面发展为基本内容、以人的自由全面发展为根本价值目标的新文明观，是创造人类文明新形态的重要价值理念支撑。在新时代，社会主义文明的建设与发展仍然离不开作为文明创建主体的人民群众，建设成果也需要更加充分地惠及全体人民群众。

1. 社会主义文明价值理念以社会全面发展与人的全面发展为价值目标

文明史是人类历史发展的重要线索。不同历史时期的先贤们立足于不同的角度对文明进行了诸多理论解读、价值探索与实践总结。马克思主义首次科学地阐明了文明产生和发展是以实践为基础的，揭示出文明的历史性、社会性特质。正如恩格斯所指出的，“文明是实践的事情，是社会的素质”[1]。人类文明的形成和发展建立在人类的生产生活实践的基础之上。人类在实践过程中逐渐发展出物质文明，并在物质文明的基础上发展出更加丰富的文明形态。马克思主义不仅揭示出文明的一般本质，还形成了全新的、具有马克思主义理论特质的文明观。这种文明观，从根本上超越了以往阶级对立、冲突、抗争的私有制文明的文明观。在这种新的文明观看来，比以往私有制文明更高层次的文明形态必须具有以下特点：生产力获得高度发展，物质生产资料归全体人民所有，社会财富归集体所有，劳动不再是外在于人的异化力量并成为人自由自觉的活动，等等。列宁作为社会主义由文明理想变为文明现实的开创者，在苏联的社会主义建设中，非常重视通过文化建设来推动人的全面发展与文明发展。他指出社会主义需要让人民群众接受相应的文化教育，提升人民群众的思想水平和文化素养，“文盲是处在政治之外的，必须先教他们识字”，“不识字就不可能有政治，不识字只能有流言蜚语、谎话偏见，而没有政治”[2]。他还指出文化不发达、民众思想文化程度不高对苏维埃政权是具有极大影响的，“苏维埃政权在原则上实行了高得无比的无产阶级民主”，“这种文化上的落后却限制了苏维埃政权的作用并使官僚制度复活”[3]。新时代以来，习近平从培养担当民族复兴大任的时代新人的高度，强调要“培养德智体美劳全面发展的社会主义建设者和接班人”[4]。在谈及海南

1《马克思恩格斯文集》第 1 卷，人民出版社，2009，第 97 页。
2《列宁全集》第 42 卷，人民出版社，2017，第 210 页。
3《列宁全集》第 36 卷，人民出版社，2017，第 150 页。
4 习近平：《思政课是落实立德树人根本任务的关键课程》，人民出版社，2020，第 10 页。

发展的战略选择时，习近平又强调要“更加注重通过人的全面发展充分激发发展活力和创造力”[1]，这是强调人的全面发展对于社会发展的积极推动作用。在谈及党和国家机构改革时，习近平又强调了社会与人共同发展的社会主义文明逻辑，他指出：“深化党和国家机构改革的目的是更好推进党和国家事业发展，更好满足人民日益增长的美好生活需要，更好推动人的全面发展、社会全面进步、人民共同富裕。”[2]由此可见，社会主义文明需要将社会全面发展与人的全面发展视作有机整体，不能抽象地谈论人的全面发展，而是要立足于社会发展，以社会发展为支撑从而为实现人的全面发展创造历史性条件。这正深刻体现出社会主义文明价值理念兼顾社会与人两个层面的发展的深厚底蕴和文明诉求。

2. 社会主义文明价值理念以发展人类文明新形态为重要价值追求

人类文明新形态，是习近平在庆祝中国共产党成立 100 周年大会上提出的重大理论命题[3]，是对社会主义文明探索与建设历史性成就的概括式总结，反映出社会主义文明价值理念的深远内涵与价值底蕴。这一重大命题，不仅需要从实践角度去理解，还需要从价值论的哲学层面加以深刻阐释与把握。社会主义文明价值理念，实际上诠释了社会主义社会需要为人民构筑一种什么样的文明形态，社会主义所能达到的文明高度，社会主义与资本主义在文明层面的区别等重大理论问题。从价值理念形成与发展的内在逻辑来看，社会主义文明价值理念是在社会主义精神文明、核心价值体系、思想道德体系的支撑下形成与发展的，是在社会主义文明探索的实践中产生与发展的，其深刻诠释了社会主义的文明诉求与精神气质。因而，从这个意义上看，社会主义文明价值理念能够最集中地反映出人类文明新形态的价值诉求。而人类文明新形态在新时代的探索与实践，正是深刻展现了社会主义文明价值理

1 习近平：《在庆祝海南建省办经济特区 30 周年大会上的讲话》，人民出版社，2018，第 12 页。
2《习近平谈治国理政》第 3 卷，外文出版社，2020，第 90 页。
3 习近平：《在庆祝中国共产党成立 100 周年大会上的讲话》，人民出版社，2021，第 14 页。

念的实践诉求与实践指向，可见，二者之间存在着有机联结、紧密互动的关系。人类文明新形态的发展，将为社会主义文明价值理念的发展提供更多的实践素材，使之能够更好地从价值维度、精神维度诠释出社会主义的文明特质。

人类文明新形态是物质文明、政治文明、精神文明、社会文明和生态文明协调发展的文明形态，体现出社会主义文明观对资本主义文明观的超越，彰显出文明的新方向和新特质。例如，其中社会主义生态文明的建设，要求我们坚定不移走绿色发展道路，是一场涉及生产方式、生活方式、思维方式和价值观念的革命性变革。实现这一伟大变革，是对西方工业文明的超越，要求拓展绿色、循环、低碳的生产力发展空间和文化发展空间，寻求生态文明的可持续发展和繁荣。[1]

3. 社会主义文明价值理念的实践需要充分发挥人民主体作用

文明，不仅是关于社会发展进步与开化程度的实然状态，还关涉何谓文明等应然层面的价值判断。文明是以物为本还是以人为本？文明是以少数精英为本还是以人民群众为本？历史上不同阶段所形成的不同文明观，有着不同的价值诉求与价值理念。社会主义文明价值理念主张，人的自由全面发展是最为根本的价值诉求和价值尺度。这一价值理念具有这样的内涵，即人不仅是价值创造的主体，还是价值享有的主体。新时代社会主义文明的发展，要继续坚持以人民为中心的发展思想。一方面，要发挥人民群众参与文明创造的主体性，增强人民群众参与社会主义文明建设的积极性。例如，社会主义精神文明建设，坚持用党的理论创新成果武装全党并教育人民，举好旗帜；广泛开展践行社会主义核心价值观，凝聚人心，汇聚民力；实施公民道德建设工程，传承中华传统美德，统筹推动文明培育、文明实践、文明创建，提高人民道德水准和文化素养，等等。又如，社会主义生态文明建设，

1 李培林主编：《坚持以人民为中心的新发展理念》，中国社会科学出版社，2019，第178页。

在新的历史时期要推动绿色发展，促进人与自然和谐共生，加快发展方式的绿色转型，深入推进环境污染防治，提升生态系统多样性、稳定性和持续性，推进碳达峰碳中和[1]。这些固然需要国家相应制度、政策的保障和推进，但在根本上需要广大人民群众在生产生活实践中发挥主体性、能动性。另一方面，社会主义文明的进步和发展成果要惠及全体人民，以人民群众日益增长的精神文化需求的满足为价值目标，不断向更广泛、更充分的人的自由全面发展迈进。例如，社会主义文化发展，坚持为人民服务、以人民为中心的导向，繁荣发展文化事业和文化产业，创新实施文化惠民工程等，使人民得以享受精神文明建设的成果。又如，社会主义生态文明建设，坚持绿水青山就是金山银山的理念，全方位、全地域、全过程加强生态环境保护，生态环境保护发生历史性、转折性、全局性变化，天更蓝、山更绿、水更清，使人民得以享受生态文明建设成果。

（四）社会维度价值理念对人民性价值立场的坚持与创新

和谐是中国特色社会主义社会建设中的重要价值目标。从价值内涵上看，和谐是一种追求人与自身、人与他人、人与社会、人与自然之间的协调与平衡的价值理念。建立和谐社会也是人类共同追求的社会理想，不论是中国古代关于大同社会的美好愿景，还是古希腊关于理想国的设想，不论是空想社会主义关于未来“和谐社会”的构想，还是科学社会主义关于“自由人联合体”的科学展望，都体现出人类对和谐社会状态的价值向往与价值追求。在不同的文明、制度与理论中，和谐的具体含义及其价值实质具有显著差异。在中国特色社会主义理论与实践中形成的和谐价值理念，着眼于广大人民群众对美好生活的向往，这种和谐不是一种基于精英群体的秩序设计，而是坚持以人民为中心，致力于化解人与自身、他人、社会、自然之间的矛

1　习近平：《高举中国特色社会主义伟大旗帜　为全面建设社会主义现代化国家而团结奋斗——在中国共产党第二十次全国代表大会上的报告》，人民出版社，2022，第 51 页。

盾，彰显出鲜明的人民性底色。在新时代，推进中国式现代化实践，仍然需要坚持社会主义和谐价值理念，激发社会活力，构建和谐的社会秩序。

1. 社会主义和谐价值理念体现社会主义的本质属性

什么才是未来和谐社会的特征？马克思在关于未来共产主义社会的构想中提出："这种共产主义，作为完成了的自然主义，等于人道主义，而作为完成了的人道主义，等于自然主义，它是人和自然界之间、人和人之间的矛盾的**真正**解决，是存在和本质、对象化和自我确证、自由和必然、个体和类之间的斗争的真正解决。"[1] 和谐作为未来理想社会的重要特征之一，实现了包括人与自身、人与他人、人与社会、人与自然等之间的各种矛盾的和解。马克思主义认为，人的解放面临两大基本问题，即"我们这个世纪面临的大变革，即人类同自然的和解以及人类本身的和解"[2]，这实际上正构成了社会主义和谐价值理念的两个基本思维面向。

一方面，追求人与人的和谐状态。概言之，这一层面的和谐价值理念，旨在追求与实现社会关系的和谐状态。按照马克思主义的基本观点，人作为社会关系的产物，其全面发展必须从具体的社会关系中加以审视，必然要求正确处理人与人、人与社会之间的价值关系。这正如马克思恩格斯所说的，"社会关系实际上决定着一个人能够发展到什么程度"[3]。除了把握具体的社会关系之外，还必须进一步把握实现人的全面发展的社会条件、制度条件与历史条件。"社会更加和谐"[4] 是全面建成小康社会的主要目标之一，这里的社会和谐，正是在社会主义制度的条件下，在社会关系中实现的和谐状态。这深刻体现出新时代中国共产党人在社会建设中对于社会主义和谐价值理念的深切追求与现实实践。

1《马克思恩格斯文集》第 1 卷，人民出版社，2009，第 185 页。
2《马克思恩格斯全集》第 1 卷，人民出版社，1956，第 603 页。
3《马克思恩格斯全集》第 3 卷，人民出版社，1960，第 295 页。
4《习近平谈治国理政》第 2 卷，外文出版社，2017，第 79 页。

另一方面，追求人与自然的和谐状态。自然界与人类之间是生命共同体式的关系，从二者的一般关系来看，自然界是人类得以存在与发展的基础。但是，伴随着人类社会历史的发展，特别是伴随着资本主义的发展，人类改造自然界的能力得到历史性的提升，但由此也导致人类与自然界之间产生了深刻的矛盾。资本主义社会的“资本逻辑”从根本上是非生态的，是以资本家利益最大化为导向的。恩格斯有一句发人深思的警示：“我们不要过分陶醉于我们人类对自然界的胜利。对于每一次这样的胜利，自然界都对我们进行报复。”[1]人类要实现与自然的“和解”，就“需要对我们现有的生产方式，以及和这种生产方式连在一起的我们今天的整个社会制度实行完全的变革”[2]。从大历史的角度看，实现人与自然之间关系的和谐状态，必须以社会主义制度作为坚实的支撑与基础。新时代以来，我们党所倡导的新发展理念，推动实现绿色发展，正是社会主义和谐价值理念的重要表现，正如习近平所言：“绿色发展，就其要义来讲，是要解决好人与自然和谐共生问题。”[3]

中国共产党不断推进社会主义和谐价值理念及其实践探索，提出了许多重大的理论命题与实践课题，充分凸显了和谐价值理念在社会建设中的重要价值引领作用。2004 年，党的十六届四中全会首次明确提出“和谐社会”的概念。2012 年，党的十八大把“必须坚持促进社会和谐”作为在新的历史条件下，夺取中国特色社会主义新胜利必须牢牢把握的八个基本要求之一。和谐成为中国特色社会主义建设中的价值理念与建设目标，贯穿于社会建设的理论与实践中，并成为社会主义核心价值观中的基本理念。党的十八大以来，习近平再次强调：“社会和谐是中国特色社会主义的本质属性”[4]。将和谐定位为中国特色社会主义的本质属性和社会建设的目标，是对马克思主义人

1《马克思恩格斯文集》第 9 卷，人民出版社，2009，第 559—560 页。
2《马克思恩格斯全集》第 20 卷，人民出版社，1971，第 521 页。
3《习近平谈治国理政》第 2 卷，外文出版社，2017，第 207 页。
4《习近平谈治国理政》第 1 卷，外文出版社，2018，第 13 页。

民性价值立场的坚持与创新。

要切实推动社会和谐，就需要在社会建设过程中，着力解决一系列社会矛盾问题，推动社会在追求与实现自由、平等、公正、法治、诚信、友善等价值目标的过程中实现整体社会和谐的目标。中国特色社会主义建设着力于民生问题的解决，以关系到人民最直接、最现实的利益问题为着力点，以民生为重点，进而推动社会治理体系和治理能力的现代化，通过直面和解决人民群众在社会生活中的矛盾进而促进社会和谐，体现出社会主义和谐价值理念的人民性立场与底色。

2. 社会主义和谐价值理念的践行需要人民发挥主体作用

构建和谐社会，是中国共产党带领中国人民推动社会主义现代化建设的重要目标。这一目标的实现，需要党和政府从治国理政的层面进行顶层设计、整体筹划与有序推进，但根本上需要引导、发动广大人民群众增强对社会主义和谐价值理念的认同与践行，积极推动和谐社会的建设。加强社会建设，要“努力形成全体人民各尽其能、各得其所而又和谐相处的局面”[1]。“各尽其能、各得其所”，表达了和谐社会既体现为人民对于物质成果与精神成果的获得和享有，也体现出人民作为价值创造主体的能动性，并且这种主体性得以发挥的社会环境和条件的营造也正是和谐社会的要求。“各尽其能、各得其所”，既是社会和谐作为一种价值目标与价值理想的体现，也是实现社会和谐的重要前提和条件，其最终指向每个人的自由全面发展。

推动社会和谐，需要党和国家从治国理政、社会治理的高度进行统筹规划和有序推进，理顺社会治理体系，整合社会资源，不断增强社会的活力，为人们各尽其能提供更广阔的空间和平台，营造鼓励、支持、引导人们有序“各尽其能”的社会环境，不断推进社会的自由、平等、公平、法治。党和政府坚持以人民群众最关心最直接最现实的利益问题为抓手，着力解决好人

1 中共中央文献研究室编:《十六大以来重要文献选编》下册，中央文献出版社，2008，第651页。

民群众急难愁盼问题，健全基本公共服务体系，提高公共服务水平，不断增强社会公共服务的均衡性和可及性。推动和谐社会建设，主要表现在完善分配制度、实施就业优先战略、健全社会保障体系、推进健康中国建设等[1]。

推动社会和谐，还需要教育引导广大人民群众，增强人民群众对社会主义和谐价值理念的认同与践行，对社会层面自由、平等、公正、法治价值理念以及个人层面爱国、敬业、诚信、友善价值理念的正确把握与践行，真正推进社会主义和谐价值理念转化为和谐社会建设实践。社会主义和谐价值理念在社会建设领域有着非常鲜明的价值导向，有着非常具体的价值要求，它是推动社会安定有序、人民安居乐业所必须坚持的价值原则。我们可以将和谐价值理念的培育融入教育引导、实践养成与制度保障的全过程，深刻阐释好社会主义和谐价值理念的价值追求与实践要求，引导人民群众形成看待问题的和谐思维与和谐态度，并将其应用到社会建设的实践中，转化为自身行动的价值遵循。

3. 社会主义和谐价值理念践行成果由人民共享“各得其所”

社会和谐除了人民群众“各尽其能”，还意味着人民群众“各得其所”，这体现出社会主义和谐价值理念的最终指向。在社会主义初级阶段，实现人民群众各得其所，是建立在按劳分配的基础之上的。中国共产党人在革命初期就确立了“各得其所”的社会理想。毛泽东曾对此作出过朴素真切的表达：“全国人民都要有说话的机会，都要有衣穿，有饭吃，有事做，有书读，总之是要各得其所。”[2]在建设和谐社会的过程中，必须注重统筹各项事业协调发展，以民生问题为社会建设的重点，重视人民在教育、就业、医疗、养老、住房等各方面的需求，不断满足人民日益增长的美好生活需要，不断增强人民群众的获得感。

1 习近平：《高举中国特色社会主义伟大旗帜　为全面建设社会主义现代化国家而团结奋斗——在中国共产党第二十次全国代表大会上的报告》，人民出版社，2022，第46—49页。

2《毛泽东选集》第3卷，人民出版社，1991，第808页。

新时代以来，我国“深入贯彻以人民为中心的发展思想，在幼有所育、学有所教、劳有所得、病有所医、老有所养、住有所居、弱有所扶上持续用力，人民生活全方位改善。人均预期寿命增长到七十八点二岁。居民人均可支配收入从一万六千五百元增加到三万五千一百元。城镇新增就业年均一千三百万人以上。建成世界上规模最大的教育体系、社会保障体系、医疗卫生体系，教育普及水平实现历史性跨越，基本养老保险覆盖十亿四千万人，基本医疗保险参保率稳定在百分之九十五……改造棚户区住房四千二百多万套，改造农村危房二千四百多万户，城乡居民住房条件明显改善……人民群众获得感、幸福感、安全感更加充实、更有保障、更可持续，共同富裕取得新成效”[1]，使人民群众得以共享和谐社会建设成果。

和谐社会的建设除了关注人民群众是否有所得、得多得少的问题，还要关注人民群众“如何有所得”的相应社会机制等问题。人民群众在物质文化生活水平不断提升的同时，对于公平、法治、诚信、友善等也有更高层次的需要，关注社会分配的公平问题，关注国家治理中的法治问题，关注社会关系中的诚信、友善等问题，这既需要中国共产党在治国理政的价值理念、制度设计与治理实践中，贯彻和体现自由、平等、公正、法治的价值理念与价值原则，在个人层面倡导爱国、敬业、诚信、友善等价值理念与道德原则，也需要人民群众自觉涵养和践行相应的价值理念。

第二节　马克思主义的实践性价值立场与社会主义核心价值观基本理念

实践性价值立场作为马克思主义的基本价值立场之一，缘起于马克思恩格斯将自身理论与工人运动相结合，发展于中国共产党人带领中国人民进行

1 习近平：《高举中国特色社会主义伟大旗帜　为全面建设社会主义现代化国家而团结奋斗——在中国共产党第二十次全国代表大会上的报告》，人民出版社，2022，第10—11页。

革命、建设、改革的艰辛求索历程，蕴含着深刻的真理智慧与思想精华。本节梳理和阐发了马克思主义的实践性价值立场的理论渊源、精神实质以及当代启示，以期为坚持与创新新时代马克思主义实践性价值立场、培育和践行社会主义核心价值观基本理念提供思想基础。

一、马克思主义的实践性价值立场

马克思恩格斯之所以能够建构起唯物史观新哲学，是因为他们切实找到了“物质生产”的历史线索，以“实践转向”确立了历史唯物主义的哲学前提，使他们的哲学观发生了历史性变革。正如马克思所说：“全部社会生活在本质上是**实践的**。凡是把理论引向神秘主义的神秘东西，都能在人的实践中以及对这种实践的理解中得到合理的解决。”[1]“哲学家们只是用不同的方式**解释**世界，问题在于**改变**世界。”[2]马克思恩格斯的哲学不在于个别范畴与概念的提出和转换，而在于在实践理性的地基重构上实现了彻底革命。

（一）建立“自由人联合体”

“自由人联合体”是马克思主义的重要命题，它破解了资本主义社会给人类带来的各种分裂问题，在实践的基础上实现了“自由人”和“联合体”的统一，体现了马克思主义的实践性价值立场。

在马克思恩格斯所处的时代，黑格尔哲学因其唯心主义哲学立场及“保守性”内涵为当时的德国封建制度所辩护。黑格尔哲学也由此获得普鲁士国家哲学的地位，在当时的思想界占据着主导地位，并发展出诸多流派。以布鲁诺·鲍威尔等为代表的青年黑格尔派，用“自我意识”这个概念取代了黑格尔的“绝对精神”概念，从而滑向最彻底、最极端的唯心主义。他们将人的自我意识视为人的本质，之后又把这种自我意识描绘为似乎可以脱离现实生活而独立存在的人。基于此种思维模式的影响，他们开始了对基督教国家

1《马克思恩格斯文集》第 1 卷，人民出版社，2009，第 501 页。
2《马克思恩格斯文集》第 1 卷，人民出版社，2009，第 502 页。

的宗教批判。青年马克思也曾是青年黑格尔派中的一员，当时的他被青年黑格尔派激进的言论和哲学观点深深影响，在其博士论文中抓住“自我意识”这一范畴来说明伊壁鸠鲁关于“原子偏斜”的思想。从1842年开始，马克思担任青年黑格尔派的喉舌《莱茵报》的主编，通过《莱茵报》时期的现实政治斗争，马克思已经开始意识到自己与青年黑格尔派在思想上的严重分歧。针对当时普鲁士王国统治下的德国社会，马克思认为亟待解决的应是政治和经济问题，而不是青年黑格尔派所指出的宗教改革问题。青年黑格尔派主张对基督教文化形态进行改革，即通过对普鲁士王国的“现实改良”来改变德国的异化处境，实则只是涉及了问题的表面。由此马克思指出，要真正使德国解放，不能停留于对宗教、神学的批判，而要更进一步深入到德国的政治、经济的现实层面，也就是“向德国制度**开火**”[1]，通过实现哲学继而“**消灭哲学**”[2]，从而真实达到对批判的批判所做的批判。

此时的马克思已实现了哲学思维方式的转换，开始对德国现实作出最强有力的回击和批判。马克思早在《莱茵报》时期的现实政治斗争中就发现了“利益”这一范畴，他在《关于新闻出版自由和公布省等级会议辩论情况的辩论》中提出“人们为之奋斗的一切，都同他们的利益有关”[3]；在《神圣家族》中，马克思再次用“利益”这一范畴分析了历史演进和群众活动，并对青年黑格尔派那种抽象的、不切实际的思辨哲学展开了猛烈抨击，有力地提出“‘**思想**’一旦离开‘**利益**’，就一定会使自己出丑”[4]。可以说，对现实利益问题的关注使马克思从哲学研究转向政治经济学问题研究，进而成为创立历史唯物主义理论体系的契机和起点。马克思通过与青年黑格尔派思辨唯心主义的思想较量，完成了自己哲学世界观的彻底变革，为自己创立新世界观

1《马克思恩格斯文集》第1卷，人民出版社，2009，第6页。
2《马克思恩格斯文集》第1卷，人民出版社，2009，第10页。
3《马克思恩格斯全集》第1卷，人民出版社，1995，第187页。
4《马克思恩格斯文集》第1卷，人民出版社，2009，第286页。

奠定了思想基础。直至 1845 年《关于费尔巴哈的提纲》，马克思以实践为基础构建了新唯物主义世界观，同旧唯物主义彻底划清了界限。马克思恩格斯在《德意志意识形态》中着力批判德意志的意识形态哲学，系统提出了历史唯物主义的基本原理，展现出鲜明的实践性特征。沿着此种社会批判的研究道路，在标志着马克思主义正式诞生的《共产党宣言》中，马克思恩格斯这样描述未来社会："代替那存在着阶级和阶级对立的资产阶级旧社会的，将是这样一个联合体，在那里，每个人的自由发展是一切人的自由发展的条件。"[1]这样的"联合体"才是"真正的共同体"，它致力于所有人的自由全面发展，从而在根本上不同于资产阶级建立的"虚幻的共同体"。

列宁继承并发展了马克思恩格斯关于无产阶级革命的学说，面对俄国革命的现实处境，指出："我们不能跳出俄国革命的资产阶级民主的范围，但是我们能够大大扩展这个范围，我们能够而且应当在这个范围内为无产阶级的利益而奋斗，为无产阶级当前的需要、为争取条件积蓄无产阶级的力量以便将来取得完全胜利而奋斗。"[2]列宁认为"自由人联合体"是马克思社会主义的基本原理，社会主义是"集体劳动的联合"，他提出了在无产阶级掌握政权和国家掌握生产资料所有权条件下的合作化理论，认为这种合作与联合是一种重要的实践方式，"使俄国居民充分广泛而深入地合作化，这就是我们所需要的一切"[3]。合作社以自身独特的活力，对推动农村生产力的发展具有重要作用。"在生产资料公有制的条件下，在无产阶级对资产阶级取得了阶级胜利的条件下，文明的合作社工作者的制度就是社会主义的制度"[4]，"合作社的发展也就等于……社会主义的发展"[5]。

"自由人联合体"体现了实践基础上以人为本的价值性选择，人们因此

1《马克思恩格斯文集》第 2 卷，人民出版社，2009，第 53 页。

2《列宁全集》第 11 卷，人民出版社，2017，第 34 页。

3《列宁全集》第 43 卷，人民出版社，2017，第 366 页。

4《列宁全集》第 43 卷，人民出版社，2017，第 369 页。

5《列宁全集》第 43 卷，人民出版社，2017，第 371 页。

克服了单个人所固有的片面性和局限性，增强和扩展了自己的本质力量，从而得以充分发挥主观能动性，尽情发挥才能、不断超越自我，在实践中实现人生价值并以联合体的形式实现社会和谐。

（二）从“政治解放”到“人的解放”

马克思恩格斯在《共产党宣言》中指出：“共产主义革命就是同传统的所有制关系实行最彻底的决裂；毫不奇怪，它在自己的发展进程中要同传统的观念实行最彻底的决裂。”[1]这里提到的“两个决裂”之间既相互独立，又内在地相互联系，共产主义革命就是要同资本主义私有制彻底决裂，要同与资本主义私有制相适应的观念体系彻底决裂，从而基于所有制革命完成整个社会制度、社会形态的革命，这也是历史唯物主义超越以往旧唯物主义哲学和唯心主义的地方。在此，观念哲学真正实现了向实践哲学的彻底转向。

沿着“实践转向”的理论道路来看马克思早期的哲学思想历程，不难看出，马克思曾是黑格尔的忠实信徒，信奉黑格尔关于现代国家的哲学构造与思想言说，随着他担任《莱茵报》主编时期对物质利益与哲学理念相互关系的深入理解，马克思对自己以往的哲学信仰产生怀疑，在理论形态上表达为对黑格尔法哲学原理的批驳，《〈黑格尔法哲学批判〉导言》初步表露了他在哲学观上由彼岸世界向此岸世界的实践转向。这时的马克思只是发现了现代社会并非黑格尔所描绘的理性世界那般完满，而是有其内在缺陷，但是并未找到现实问题的实际根源。

当马克思为物质利益难题陷入苦苦思索时，恩格斯的《国民经济学批判大纲》和同时代法国社会主义者的资产阶级批判学说给了他很大启发，马克思逐步找到了由“副本”批判向“原本”批判转移的哲学革命道路，进入现实社会的实际生产状况中，发现了研究现实社会的崭新批判思路，即从黑格尔意义上的哲学批判转向政治经济学批判，并通过政治经济学批判更好地开

1《马克思恩格斯文集》第 2 卷，人民出版社，2009，第 52 页。

展社会批判。马克思在《1844 年经济学哲学手稿》中深入到资本与劳动的关系，试图洞悉现代资本主义社会的经济运行规律，揭示现代社会的劳动沦为异化劳动的内在本质，以此揭露为政治经济学家们所掩盖的国民经济学研究的真实出发点——私有财产。到了《神圣家族》，马克思恩格斯通过与思辨哲学的理论博弈，指出“历史的发源地”在于“物质生产”，着眼于现实生产，越来越接近“生产关系”与“生产力”的概念，以此开始了对群众观、实践观的深入研究。在《德意志意识形态》这部表征马克思恩格斯历史唯物主义思想集大成的著作中，他们系统阐释了“社会存在决定社会意识”这一唯物史观的基本原理，指出“意识一开始就是社会的产物，而且只要人们存在着，它就仍然是这种产物”[1]，因此，“不是从观念出发来解释实践，而是从物质实践出发来解释各种观念形态”[2]。这在当时的思想理论界刮起了一场哲学飓风，明确了马克思主义的实践性价值立场。《共产党宣言》的发表不仅标志着科学社会主义理论体系的形成，而且标志着科学社会主义与工人运动的初步结合。马克思恩格斯积极投身无产阶级革命，在观照工人群众现实难题的革命斗争中，对于无产阶级解放的“物质条件”“社会前提”等政治经济学研究范畴有了更精深、更本质的体会，为后期深入研究资本主义生产方式和揭示资本主义社会发展规律奠定了基础。以政治经济学批判意义上的社会批判理论为研究理路，马克思指明了从“政治解放”到“人的解放”的路径，后者才是实现“使人的世界即各种关系**回归于人自身**”[3]的真正解放。

正如后来列宁所指出的，“马克思的学说把阶级斗争的理论和实践结成一个不可分割的整体”[4]，列宁在批判那些曲解、片段化、庸俗化马克思主义的行为时，形容马克思主义是一整块钢，马克思主义是严密的、完整的、革

1《马克思恩格斯文集》第 1 卷，人民出版社，2009，第 533 页。
2《马克思恩格斯文集》第 1 卷，人民出版社，2009，第 544 页。
3《马克思恩格斯文集》第 1 卷，人民出版社，2009，第 46 页。
4《列宁全集》第 14 卷，人民出版社，2017，第 377 页。

命的、实践的唯物主义学说。他毕生致力于俄国革命斗争与推动工人运动的发展壮大，在各个具体历史环境中实现革命理论与革命政策的结合，始终坚持发展马克思恩格斯的阶级斗争理论，不断向群众的实践学习，力图在接续开展革命事业中实现无产阶级的全面联合与工人阶级的彻底解放。

（三）实现“人的自由全面发展”

实现人的自由全面发展，是马克思主义实践性价值立场的深远价值追求。马克思曾在《〈黑格尔法哲学批判〉导言》中鲜明地指出：“批判的武器当然不能代替武器的批判，物质力量只能用物质力量来摧毁；但是理论一经掌握群众，也会变成物质力量。理论只要说服人［ad hominem］，就能掌握群众；而理论只要彻底，就能说服人［ad hominem］。所谓彻底，就是抓住事物的根本。而人的根本就是人本身。”[1]在马克思关于“人本身”思想的发展过程中，费尔巴哈的人本唯物主义哲学理论直接影响了马克思。马克思从社会实践出发展开对人的本质的“历史性”研究，以“现实的个人”作为立脚点展开社会批判，对处于现实社会关系中的人的本质进行了全面、科学的界说，为创立历史唯物主义学说奠定了思想根基，进而立足于实践性价值立场提出“人的自由全面发展”的价值目标，这一目标是建立在人的劳动与实践的基础之上的。

早期费尔巴哈的人本主义哲学对马克思产生了重大影响，他在给卢格的信中写道：“费尔巴哈的警句只有一点不能使我满意，这就是：他过多地强调自然而过少地强调政治。”[2]随着逐步深入到市民社会领域对社会关系、经济形式以及人的本质问题进行探讨，特别是在与青年黑格尔派思辨唯心主义进行思想博弈的过程中，马克思很快发现费尔巴哈仅仅诉诸“类本质”“爱的宗教”作为对抗社会的批判力量，一旦进入社会历史领域，便会显现其

1《马克思恩格斯文集》第 1 卷，人民出版社，2009，第 11 页。

2《马克思恩格斯全集》第 27 卷，人民出版社，1972，第 442—443 页。

“抽象的人”的哲学缺陷而必然滑向唯心主义。在1845年《关于费尔巴哈的提纲》中，马克思的实践观在对费尔巴哈人本主义哲学的理论批判过程中得以基本呈现。由此《关于费尔巴哈的提纲》被恩格斯称为“包含着新世界观的天才萌芽的第一个文献”[1],“大致完成了阐发他的唯物主义历史理论的工作”[2]。可以说,“要从费尔巴哈的抽象的人转到现实的、活生生的人，就必须把这些人作为在历史中行动的人去考察”[3]。“费尔巴哈没有走的一步，必定会有人走的。对抽象的人的崇拜，即费尔巴哈的新宗教的核心，必定会由关于现实的人及其历史发展的科学来代替。”[4]马克思对费尔巴哈人本主义哲学的批判，否定了他仅仅关注到现实的人的“感性存在”，代之以处在一定阶段的现实物质生活条件下的个人，而从前者到后者的飞跃是由科学的实践观所促成的。

马克思在完成了从革命民主主义向共产主义的转变之后，在1845年春公开表明了自己的哲学态度：“哲学家们只是用不同的方式**解释**世界，问题在于**改变**世界。”[5]在此意义上讲，唯物主义在本质上就是一种理解现实社会的实践的态度，即“人们决心在理解现实世界（自然界和历史）时按照它本身在每一个不以先入为主的唯心主义怪想来对待它的人面前所呈现的那样来理解；他们决心毫不怜惜地抛弃一切同事实（从事实本身的联系而不是从幻想的联系来把握的事实）不相符合的唯心主义怪想。除此以外，唯物主义并没有别的意义”[6]。马克思恩格斯从不同的理论视角对人的本质进行了探讨，“历史中的人”“完整的人”“人的本质的全面性”是他们毕生关注的重点。实践是人的存在方式，也是人与动物最根本的区别，具有深刻的价值指向。

1《马克思恩格斯文集》第4卷，人民出版社，2009，第266页。
2《马克思恩格斯文集》第4卷，人民出版社，2009，第232页。
3《马克思恩格斯文集》第4卷，人民出版社，2009，第294页。
4《马克思恩格斯文集》第4卷，人民出版社，2009，第295页。
5《马克思恩格斯文集》第1卷，人民出版社，2009，第502页。
6《马克思恩格斯文集》第4卷，人民出版社，2009，第297页。

基于此，马克思恩格斯从根本上超越了费尔巴哈人的本质理论，也由此提出了实现“人的自由全面发展”的价值目标。列宁在领导俄国革命事业中发展了这一思想，强调在工人实际的革命运动中发挥人的主观能动性，激起工人阶级的革命毅力、革命热情以及革命的首创精神，指出“我们的工作是以正确估计当前各阶级的利益和全民发展的需要为基础的”[1]，倡导“伟大的群众性的斗争”，致力于在活生生的现实的革命实践中实现人的自由本质，不断丰富完善马克思主义实践性价值立场。

二、中国共产党人的实践性价值立场

马克思恩格斯作为无产阶级革命事业的开创者，从一开始就把实践性确立为领导无产阶级事业的基本价值立场。恩格斯深刻指出：“马克思的整个世界观不是教义，而是方法。它提供的不是现成的教条，而是进一步研究的出发点和**供**这种研究**使用**的方法。”[2] 恩格斯还指出，我们的理论“是一种历史的产物，它在不同的时代具有完全不同的形式，同时具有完全不同的内容”[3]。中国共产党人在带领人民群众进行中国革命、建设、改革的过程中，始终坚持马克思主义基本理论这一承继历史、承传事业的关键武器与制胜法宝，将其与中国具体国情相结合，坚持实践性价值立场，在具体实践中推动党和人民事业不断发展。

（一）以毛泽东同志为主要代表的中国共产党人对实践性价值立场的坚持与发展

近代以后，争取民族独立、人民解放和实现国家富强、人民幸福就成为中国人民的历史任务。各种探寻救亡图存的社会力量纷纷涌现在历史舞台上，但均以失败而告终。十月革命一声炮响，为中国送来了马克思列宁主

1《列宁全集》第 13 卷，人民出版社，2017，第 372 页。
2《马克思恩格斯文集》第 10 卷，人民出版社，2009，第 691 页。
3《马克思恩格斯文集》第 9 卷，人民出版社，2009，第 436 页。

义，给中国人民提供了一种全新选择。在当时的历史背景下，以毛泽东同志为主要代表的中国共产党人主张坚持马克思主义基本原理同中国国情相结合，反对教条主义和本本主义，在中国革命的具体实践中推动和发展马克思主义。马克思主义是我们立党立国的根本指导思想，是共产党人理想信念的核心和灵魂，是我们认识世界、把握规律、追求真理、改造世界的强大思想武器。面向中国共产党历史发展的理论沿革与实践发展，对马克思主义基本原理同中国革命、建设和改革的实践相结合的历史过程进行深入剖析，可为当前新时代中国特色社会主义建设提供宝贵经验。

毛泽东在长期领导中国革命和建设的历史过程中，形成了内容丰富的革命建设思想。他认为，马克思主义作为中国共产党的一面精神旗帜，必须先从理论上达到彻底，形成革命的理论，才会有革命的行动。因此，坚持马克思主义实践性价值立场，必须以先进理论武装人民群众的头脑，才能真正感召人民群众进行革命实践。马克思主义作为反映并维护无产阶级根本利益的科学指南和思想武器，为推动社会主义革命、建设、改革的跨越式发展，实现人的自由全面发展提供了源源不断的真理力量和精神支撑。在此意义上，以毛泽东同志为主要代表的中国共产党人在带领中国人民进行革命建设的伟大实践中，始终将马克思主义牢牢镌刻在党和人民奋进的旗帜上，高度重视思想政治工作这一党的优良政治传统与制胜法宝。1929 年 12 月，毛泽东在古田会议上指出："四军党内种种不正确思想的来源，自然是由于党的组织基础的最大部分是由农民和其他小资产阶级出身的成分所构成的；但是党的领导机关对于这些不正确的思想缺乏一致的坚决的斗争，缺乏对党员作正确路线的教育，也是使这些不正确思想存在和发展的重要原因。"[1]古田会议确立了思想建党原则，强调着重从思想上建设党，通过思想教育树立和坚定了苏区党员干部的共产主义理想信念，为党从组织、作风和制度等方面从严治

1《毛泽东选集》第 1 卷，人民出版社，1991，第 85 页。

党奠定了坚实的思想基础。1958 年毛泽东再一次强调：“思想工作和政治工作，是完成经济工作和技术工作的保证，它们是为经济基础服务的。思想和政治又是统帅，是灵魂。”[1] 中国共产党在理论和实践上验证着“掌握思想领导”的地位与作用。“掌握思想领导”的顺利推进离不开中国共产党人的不懈传播与正确引导。在此种意义上，毛泽东特别强调全党都要加强思想政治工作，“各个省、市、自治区的党委应该把思想问题抓起来”[2]，要建立一支政治坚定、本领过硬的马克思主义教育政工队伍，用“科学的理论”“真理的力量”全面武装工人群众。被动员及武装起来的人民军队和工农群众，在党的领导下，主要通过开展工人运动、联合农民力量、把支部建在连上、注重建设统一战线、开展整风运动等根本任务，在为革命实践孕育工农力量、巩固新生的革命政权、培育“又红又专”的社会主义建设者等方面充分体现了共产党人的实践性价值立场，很好地发挥了凝聚共识、团结人心的领航作用。

坚持马克思主义实践性价值立场，不仅在于马克思主义真理被群众掌握，还在于将其应用于实践，成为“有实践力量的人”的“理论武器”。为此，在用先进理论武装共产党人头脑的基础上，毛泽东特别指出要用实践的态度对待马克思主义。他强调：“马克思、恩格斯、列宁、斯大林的理论，是‘放之四海而皆准’的理论。不应当把他们的理论当作教条看待，而应当看作行动的指南”[3]，“马克思列宁主义的伟大力量，就在于它是和各个国家具体的革命实践相联系的。对于中国共产党说来，就是要学会把马克思列宁主义的理论应用于中国的具体的环境”[4]。在此思想指导下，毛泽东强调“理论”必须与“实践”相结合，统一于中国革命建设的征程之中。而当时中国

1《毛泽东文集》第 7 卷，人民出版社，1999，第 351 页。
2《毛泽东文集》第 7 卷，人民出版社，1999，第 282 页。
3《毛泽东选集》第 2 卷，人民出版社，1991，第 533 页。
4《毛泽东选集》第 2 卷，人民出版社，1991，第 534 页。

最大的“实践”问题就是联合人民群众的力量，激发他们革命、建设的勇气与激情。为此，毛泽东在实际工作中以马克思主义为根本指针，强调维护人民群众的根本利益，观照人民群众的现实需求，主张思想工作与解决现实问题相结合，通过满足人民群众的切身利益调动他们的革命积极性。他从工农群众最关心的经济土地问题着手，指出开展经济工作是“为着改善人民群众的生活，由此更加激发人民群众参加革命战争的积极性；为着在经济战线上把广大人民群众组织起来，并且教育他们，使战争得着新的群众力量；为着从经济建设去巩固工人和农民的联盟，去巩固工农民主专政，去加强无产阶级的领导”[1]。他同时强调“只有在我们把土地分配给农民，对农民的生产加以提倡奖励以后，农民群众的劳动热情才爆发了起来，伟大的生产胜利才能得到”[2]，时刻将群众的实际生活问题摆在工作的首要位置，指出“我们对于广大群众的切身利益问题，群众的生活问题，就一点也不能疏忽，一点也不能看轻”[3]，“一切空话都是无用的，必须给人民以看得见的物质福利”[4]。正是由于以毛泽东同志为主要代表的中国共产党人践行着马克思主义实践性价值立场，掌握了满足物质利益需要与给予精神激励相结合的工作方法，才促使工农群众积极投身于新民主主义革命与社会主义建设，从而取得中国革命建设事业的伟大胜利。

（二）以邓小平同志为主要代表的中国共产党人对实践性价值立场的坚持与发展

在真理标准问题讨论中，邓小平等老一辈革命家始终着眼大局，把推进现代化建设作为这场讨论的落脚点，使真理标准问题的讨论引导人们思考“国家向何处去”这一重大课题。1978 年 12 月，邓小平在中共中央工作

1《毛泽东选集》第 1 卷，人民出版社，1991，第 119 页。
2《毛泽东选集》第 1 卷，人民出版社，1991，第 131 页。
3《毛泽东选集》第 1 卷，人民出版社，1991，第 136 页。
4《毛泽东文集》第 2 卷，人民出版社，1993，第 467 页。

会议闭幕会上作了题为《解放思想，实事求是，团结一致向前看》的重要讲话，指出："解放思想，开动脑筋，实事求是，团结一致向前看，首先是解放思想。只有思想解放了，我们才能正确地以马列主义、毛泽东思想为指导，解决过去遗留的问题，解决新出现的一系列问题"[1]，"一个党，一个国家，一个民族，如果一切从本本出发，思想僵化，迷信盛行，那它就不能前进，它的生机就停止了，就要亡党亡国"[2]。他站在新的历史时期重新审视国家社会发展面临的新情况新问题，强调抓好理想信念教育和精神文明建设，坚持"两手抓"，巩固和增强广大人民群众进行社会主义现代化建设的信心与决心。同时他提出："社会主义经济政策对不对，归根到底要看生产力是否发展，人民收入是否增加。这是压倒一切的标准。空讲社会主义不行，人民不相信。"[3]任何理论、政策、思想的价值要得以显现，都必须有实实在在看得见的东西，任何脱离实际问题的"空谈"都不会得到人民群众的认可。一定要让"人民看到稳定带来的实在的好处，看到现行制度、政策的好处，这样才能真正稳定下来"[4]，而这些"好处"其实就体现在人们现实生活中的方方面面，只有击中了人们的现实需要，才能引起人们的关注和热情。他一再强调："不讲多劳多得，不重视物质利益，对少数先进分子可以，对广大群众不行，一段时间可以，长期不行。革命精神是非常宝贵的，没有革命精神就没有革命行动。但是，革命是在物质利益的基础上产生的，如果只讲牺牲精神，不讲物质利益，那就是唯心论。"[5]因此，坚持马克思主义实践性价值立场就必须妥善处理好思想和利益的辩证关系。思想应观照现实处境中人们的现实利益，这是前提和切入点，但同时一刻也不能忽视思想对物质利益的引领，这样才能保证社会主义现代化建设的正确方向。

1《邓小平文选》第 2 卷，人民出版社，1994，第 141 页。
2《邓小平文选》第 2 卷，人民出版社，1994，第 143 页。
3《邓小平文选》第 2 卷，人民出版社，1994，第 314 页。
4《邓小平文选》第 3 卷，人民出版社，1993，第 355 页。
5《邓小平文选》第 2 卷，人民出版社，1994，第 146 页。

（三）以江泽民同志为主要代表的中国共产党人对实践性价值立场的坚持与发展

江泽民在庆祝中国共产党成立 70 周年大会上的讲话中指出："在七十年的斗争中，我们党积累了极具丰富的经验，归结到一点，就是把马克思主义的基本原理同中国革命和建设的具体实际相结合，走自己的道路。"[1] 在党的十五大报告中，江泽民特别指出："一定要以我国改革开放和现代化建设的实际问题、以我们正在做的事情为中心，着眼于马克思主义理论的运用，着眼于对实际问题的理论思考，着眼于新的实践和新的发展"[2]，即"一个中心，三个着眼于"原则。这一原则要求我们"学习马克思列宁主义、毛泽东思想、邓小平理论，关键是要掌握其理论实质，善于把其基本原理运用于社会主义改革和现代化建设的新实践，并在理论与实践的结合中勇于创新"[3]。党的十五大以后，党和政府加大各项教育科技投入力度，积极推动社会体制机制和政府机构体系的改革创新，医疗保障制度、城镇住房制度等社会保障体系不断完善加强；同时，不断加强社会基础设施建设与政策法规体系改革，推动现代市场转型健康发展，不断构建文明有序的社会文化氛围。在新的实践发展中将马克思主义理论运用于实际问题的思考与解决，推动社会经济发展和人民生活水平提高。

在推进中国特色社会主义伟大事业发展和党的建设新的伟大工程中，以江泽民同志为主要代表的中国共产党人，科学分析国内外形势和所处历史方位，深入思考面临的新情况新问题，形成许多新思想新观点，创立了"三个代表"重要思想，丰富和发展了中国特色社会主义理论体系。"三个代表"重要思想是规律性认识，也是本质性概括，同时体现了共产党人鲜明的实践性价值立场，表现为必须以解放思想、实事求是、求真务实、勇于创新的科

1 中共中央文献研究室编：《十三大以来重要文献选编》下册，人民出版社，1993，第 1633 页。

2《江泽民文选》第 2 卷，人民出版社，2006，第 12 页。

3《江泽民文选》第 3 卷，人民出版社，2006，第 131 页。

学态度对待马克思主义，在实践中丰富和发展马克思主义，在新形势下推进党的建设和中国特色社会主义伟大事业。全国上下深入开展系列学习教育活动，广大党员和基层党组织围绕实际工作创新观念、创新手段、创新方法，真正加深了对各项工作的规律性认识，提出了符合实际的工作思路，拿出了一些解决问题的办法。特别是在基层工作中，各级党委和政府制定实施方案，深入基层调查研究，不断完善农村党建工作体系建设，推动农业经济结构调整，农村整体文化风貌与经济建设取得重大进展。同时，全国各条战线以“三个代表”重要思想为指导，在实际行动中践行“三个代表”重要思想，社会经济发展与精神文明建设取得了长足进步。

（四）以胡锦涛同志为主要代表的中国共产党人对实践性价值立场的坚持与发展

以胡锦涛同志为主要代表的中国共产党人，在全面建设小康社会进程中推进实践创新、理论创新、制度创新，成功地在新的历史起点上坚持与发展了中国特色社会主义，坚持与发展了马克思主义实践性价值立场。

新世纪新阶段，我国面临的发展机遇前所未有，面对的挑战也前所未有。党中央坚持马克思主义实践性价值立场，正确判断我国发展的阶段性特征，强调要解决中国的发展问题，必须牢固树立和认真落实科学发展观。2003 年 7 月 28 日，胡锦涛在全国防治非典工作会议上首次使用了“坚持全面发展、协调发展、可持续发展的发展观”[1]的表述。2004 年 3 月 10 日，他在中央人口资源环境工作座谈会上对科学发展观作了进一步阐述：“坚持以人为本、全面协调可持续的发展观，是我们以邓小平理论和‘三个代表’重要思想为指导，从新世纪新阶段党和国家事业发展全局出发提出的重大战略思想。”[2]党的十六大以后，党中央对统筹区域、城乡协调发展作出新的决策

1《胡锦涛文选》第 2 卷，人民出版社，2016，第 67 页。

2《胡锦涛文选》第 2 卷，人民出版社，2016，第 166 页。

部署，着眼于实现区域统筹协调发展。国家进一步推进农村改革，推进现代农业和社会主义新农村建设。各级地方政府积极响应党和国家的号召，建设美丽乡村，确立乡村旅游的发展目标，向村民宣传“旅游致富”的新观念，用乡村旅游带动村民脱贫致富，并结合新时期“科技致富”“文化脱贫”等理念促进城乡经济社会发展一体化，促进农民持续增收。同时，国家继续采取各项措施保障和改善民生，特别是对贫困人口的关注和关怀，积极为困难群众搭台清障。党和国家各项工作都继续取得新的重要进展，为全面建成小康社会打下坚实的实践基础，这是马克思主义实践性价值立场在党和国家事业中的贯彻。

三、社会主义核心价值观基本理念是新时代中国共产党人对马克思主义实践性价值立场的坚持与创新

坚守实践性价值立场，就是要推动社会主义核心价值观基本理念的实践转化，就是要在实践中彰显社会主义核心价值观基本理念的价值观力量与实践力量，以实践的立场、实践的态度、实践的力量展现出社会主义核心价值观基本理念对于马克思主义实践性价值立场的坚持与创新。习近平指出：“核心价值观是文化软实力的灵魂、文化软实力建设的重点。这是决定文化性质和方向的最深层次要素。一个国家的文化软实力，从根本上说，取决于其核心价值观的生命力、凝聚力、感召力。”[1]在党的二十大报告中，习近平总结党和国家事业取得历史性成就、发生历史性变革时，指出“社会主义核心价值观广泛传播”[2]；谈到推进文化自信自强和铸就社会主义文化新辉煌时，强调要“以社会主义核心价值观为引领”[3]；谈到广泛践行社会主义核心价值

1《习近平谈治国理政》第1卷，外文出版社，2018，第163页。

2 习近平：《高举中国特色社会主义伟大旗帜　为全面建设社会主义现代化国家而团结奋斗——在中国共产党第二十次全国代表大会上的报告》，人民出版社，2022，第10页。

3 习近平：《高举中国特色社会主义伟大旗帜　为全面建设社会主义现代化国家而团结奋斗——在中国共产党第二十次全国代表大会上的报告》，人民出版社，2022，第43页。

观时，强调要“用社会主义核心价值观铸魂育人”[1]。这一层层递进的表述，表明社会主义核心价值观基本理念是一种先进的价值理念系统，是新时代中国共产党人坚持与创新马克思主义实践性价值立场的理论成果，在推进文化自信和建设文化强国的实践中具有重要的价值立场，对于铸魂育人具有重要的实践意义。因此，要充分发挥社会主义核心价值观基本理念在实践中的凝聚力和感召力，就必须从原则与方法上坚持马克思主义实践性价值立场，在人民群众的生活实践中推而广之、常学常新，真正实现往实里走、往心里走、往深里走，成为百姓“日用而不觉”的价值规范与价值遵循，在助推社会全面发展与人的全面发展的进程中展现其强大的价值观生命力，为推动中国特色社会主义伟大实践凝魂聚力。

（一）国家层面价值理念对实践性价值立场的坚持与创新

立足于中国特色社会主义新时代的历史方位，中国共产党人对马克思主义实践性价值立场的坚持与创新，主要体现在其带领全国各族人民更好构筑中国精神、中国价值、中国力量的历史征程中，体现在推进党的建设新的伟大工程的历史进程中，为全面建设社会主义现代化国家提供强大的价值引领与精神支撑。

1. 用社会主义核心价值观凝魂聚力，更好构筑中国精神、中国价值、中国力量

习近平指出：“用社会主义核心价值观凝魂聚力，更好构筑中国精神、中国价值、中国力量，为中国特色社会主义事业提供源源不断的精神动力和道德滋养”[2]。更好构筑中国精神、中国价值、中国力量，就是以先进的价值体系及其价值理念高度凝练全体中华儿女所普遍认同的文化观念、价值追

1 习近平：《高举中国特色社会主义伟大旗帜　为全面建设社会主义现代化国家而团结奋斗——在中国共产党第二十次全国代表大会上的报告》，人民出版社，2022，第 44 页。

2 中共中央文献研究室编：《习近平关于社会主义文化建设论述摘编》，中央文献出版社，2017，第 146 页。

求，将全体中国人民的智慧和力量汇聚起来，使其成为实现中华民族伟大复兴中国梦而不懈奋斗的磅礴力量。在构筑中国精神、中国价值、中国力量这一过程中，社会主义核心价值观基本理念展现出强大的凝聚力和持久的感召力，发挥着铸牢理想信念、坚守价值追求、聚合磅礴之力的重要作用，成为巩固全党全国各族人民团结奋斗的共同思想基础。坚持马克思主义实践性价值立场，就是要在马克思主义基本原理同中国具体实际相结合、同中华优秀传统文化相结合的过程中，把中国精神、中国价值、中国力量转化成推进中国特色社会主义伟大实践的源源不断的精神动力和道德滋养，在实践中彰显价值追求、实现价值目标。

中国精神，作为一种精神现象，是在中华民族五千多年漫长悠久的文明进程中、在中国共产党领导全国各族人民实现民族复兴的伟大实践中构筑起来的，是能够表征中华民族文化血脉和时代镜像、能够维系党和国家的根与魂的精神谱系。在观念层面，社会主义核心价值观基本理念规定着中国精神的价值追求、价值目标和价值规范，集中展现了中华民族的民族品格和时代风貌，是当代中国精神的集中体现；在实践层面，社会主义核心价值观基本理念集中表达了中国精神的价值共识、价值力量，在与社会历史条件相结合的实践过程中转化为支撑国家发展进步的强大力量。历史是人类对自身以往思想认识和实践活动的记载，是人类文明曲折发展、多样性发展的轨迹，马克思主义正是在科学认识和研究人类社会历史的基础上创立与发展的，中华民族悠久的历史增加了“中国精神”的深度，丰富的国情与实践拓展了“中国精神”的宽度。中国精神是实现中华民族伟大复兴中国梦的内在支撑和力量源泉。弘扬当代中国精神，要始终把培育和践行社会主义核心价值观作为出发点和落脚点，通过弘扬当代中国精神的生动实践，使人们深刻理解社会主义核心价值观基本理念的本质内涵，不断增强新时代中国人民对核心价值理念的价值共识与价值追求，并在实践中不断丰富和拓展社会主义核心价值观新的价值理念，使之始终成为引领时代的先进价值观形态。

中国价值，包含着以社会主义核心价值体系和核心价值观为核心的价值观念体系，作为一种社会意识，是对中国特色社会主义的经济、政治、文化等在价值观层面的集中反映。在中国特色社会主义的伟大实践中，中国价值以其深厚的历史积淀、丰富的时代内涵、鲜明的中国特色展示出独特魅力与世界意义，彰显了中国特色社会主义的道路自信、理论自信、制度自信、文化自信。随着中国在国际舞台上的活跃度日益攀升，在全球治理中的参与度日渐趋深，中国不仅凭借硬实力提升自己的国际地位和话语权力，而且还在软实力上推动中国价值走向世界，为实现人类美好未来提供了中国经验、中国智慧和中国方案。历史与现实一再验证着马克思主义的真理力量和实践伟力，实践性使马克思主义具有改造世界的强大威力。只有反映现实、观照现实，扎根本土、深植时代，不断坚持与创新马克思主义实践性价值立场，把当代中国发展进步和当代中国人精彩生活表现好展示好，才能使中国价值在具体实践中不断为中国特色社会主义发展和中国梦的实现积蓄物质力量与精神力量。这就意味着，对内而言，社会主义核心价值观基本理念要转化为中国人民的价值认同和行为习惯，转化为中华民族创造财富和追逐梦想的信念激情；对外而言，还要提升中国价值的国际话语权，使社会主义核心价值观基本理念获得世界人民的理解和认可，成为推进中国走向世界舞台中心的强大精神动力。

中国力量，是当代中国出于民族复兴和国家发展的现实需要，在实践探索中展现出来的中国人民团结拼搏、开拓创新的力量总和，具体表现为中国共产党所具有的无比坚强的领导力，中国人民所具有的不屈不挠的意志力，中国特色社会主义制度非凡的组织动员能力、统筹协调能力、贯彻执行能力，新中国成立以来所积累的坚实国力，社会主义核心价值观、中华优秀传统文化所具有的强大精神动力和构建人类命运共同体所具有的广泛感召力等。在中国特色社会主义伟大实践中，社会主义核心价值观基本理念站在时代的制高点，反映社会发展进步的规律，内含人民的诉求，体现人民的意愿，以强大的凝聚力和感召力充分显示了其思想引领的强大力量，成为全国各族人民大团结的力量之源。习近平指出："如果一个民族、一个国家没有共同的核心价值观，莫衷一是，行无依归，那这个民族、这个国家就无法前进。"[1]社会主义核心价值观基本理念为民族、国家发展进步提供了精神支撑和内在驱动，作为一种精神指引与价值表达，它具有滋润人心、催人奋进的精神力量。这种精神力量一旦被人民群众掌握，就会变成改造社会、改造世界的物质力量和实践力量，在人民群众干事创业的实践中实现转化。

2. 在推进党的建设新的伟大工程的过程中，展现社会主义核心价值观基本理念的实践力量

党的建设需要鲜明的价值指向、基础的价值规范与崇高的价值追求，这些价值目标都必须贯彻到实践中，转化为实实在在的实践成果。推进党的建设新的伟大工程，需要坚持正确的实践方向与价值方向，需要具有核心性意义的价值理念作为坚实基础。坚持实践性价值立场，就是要立足于党的建设的新时代实践，推动社会主义核心价值观基本理念与新时代党的建设在实践基础上的结合，进而为现代化国家建设实践提供强大的价值支撑。培育和践行社会主义核心价值观基本理念，必须坚持实践性基本价值立场，不断推进马克思主义执政党建设。习近平指出，在新时代，必须"全面推进党的政治建设、思想建设、组织建设、作风建设、纪律建设，把制度建设贯穿其中，深入推进反腐败斗争，不断提高党的建设质量"[2]。从教育实践发展的历程来看，党的十八大以来，以习近平同志为核心的党中央大力推进全面从严治党，从群众路线教育实践活动、"三严三实"专题教育到"两学一做"学习

1《习近平谈治国理政》第 1 卷，外文出版社，2018，第 168 页。
2《习近平谈治国理政》第 3 卷，外文出版社，2020，第 48 页。

教育，到“不忘初心、牢记使命”主题教育、党史学习教育，再到学习贯彻习近平新时代中国特色社会主义思想主题教育，一次次教育实践举措都彰显了中国共产党勇于自我革命的政治勇气和鲜明品格，展现出中国共产党在实践中对于先进价值理念的坚守与践行，展现出社会主义核心价值观基本理念在党的建设中的强大力量。在新时代，坚持马克思主义实践性价值立场，必须始终把握好党的建设的实践要求，在实践中以保持党同人民群众的血肉联系为抓手，持之以恒正风肃纪，以无禁区、全覆盖、零容忍态度坚决“打虎”“拍蝇”“猎狐”，以先进的价值追求、底线的价值准则、基本的价值要求把党的建设新的伟大工程推向新的阶段。

政治建设是管根本、统方向的建设，其中政治价值观对于党的政治文化建设有着核心性的影响，必须给予高度重视。加强政治建设，必须坚持正确的价值导向，必须在实践中贯彻理想信念的价值要求。从历史的角度看，中国共产党之所以能够在历史的演进中发展为世界第一大执政党，带领中华民族创造了历史性的实践成就，靠的就是坚持真理、坚守理想，靠的就是践行初心、担当使命，靠的就是贯穿于党的建设与发展历程中的始终坚持的实践目标与价值取向。共产党人应将共产主义信仰作为毕生追求，将为人民服务价值观作为根本价值追求，真正内化于心、外化于行，在身体力行中将其作为一种政治自觉与价值自觉，在思想上政治上行动上排除各种干扰，强化“四个意识”，永远保持正确的价值方向。加强政治建设，必须严守政治规矩，贯彻社会主义核心价值观基本理念中对于全体中国共产党人提出的价值要求，在实际工作中应抓好“关键少数”，加强党员领导干部队伍建设，真正将政治规矩落实于行动中，做好先锋示范作用。加强政治建设，必须增强政治能力，政治能力不仅包括从事实际工作的能力，还包括一定的价值方向引领能力。所谓“又红又专”，指的就是一种政治价值观与实际工作能力相结合的价值取向。对于共产党员来说，必须肩负起时代赋予的使命责任，贯彻社会主义富强、民主、文明、和谐价值理念中所蕴含的政治价值观要求，勇于担当、甘于奉献，直面问题、迎难而上，在解决群众问题、解决实践困境中自我发展、不断突破，拓宽建设思路，增强实践能力，确保工作效果经得起历史、群众和实践的检验。

思想建设是党的基础性建设，思想观念、理想信念与价值理念具有统一的基础。思想一旦出现滑坡，价值观一旦出现问题，整个党的组织就会缺少价值上的凝聚力与思想上的引导力。思想建设的主要任务是，加强马克思主义理论的理论武装，加强对共产党员的世界观、人生观、价值观教育，保持全党在思想上政治上行动上的高度一致，始终保持党的先进性、纯洁性，带头贯彻社会主义核心价值观基本理念的价值追求与实践要求。共产党员应当自觉加强理论素养，使之转化为全体党员坚定为人民服务价值观、带头遵守社会主义核心价值观基本理念的强大认识支撑。全体党员应在日常工作中自觉践行共产党员的道德操守与价值追求，紧紧筑牢思想道德防线，从价值观维度发挥好党员的先锋模范作用。

制度建党贯穿于党的建设各个组成部分之中，因而，必须确保制度治党与社会主义核心价值观基本理念、中国共产党人价值观的价值要求相吻合，使制度建设符合一定的价值要求。思想建党和制度建党要同向发力，相辅相成才能相得益彰。从历史的角度看，中国共产党一贯重视制度建设，并且是有方向地推进党的制度建设，这个方向从根本上看就是为人民服务的价值方向，就是在制度建设的实践中贯彻人民意志、实现人民利益。我们必须在推进制度治党的过程中，充分发挥中国共产党独有的价值观优势与实践优势，展现出社会主义核心价值观基本理念的实践优越性。因此，在新时代的历史条件下，必须加强制度建设，严格构建权力运行体系、权力保障体系及长效监督机制，将社会主义核心价值观基本理念与中国共产党人价值观的要求贯穿其中、贯彻到底。

（二）社会层面价值理念对实践性价值立场的坚持与创新

建设一个什么样的社会，有着十分鲜明的价值指向，必须将社会主义核心价值观基本理念的要求贯穿其中，展现马克思主义实践性价值立场的现实伟力。对此，我们可以从社会治理与社会保障两个层面，深刻把握社会层面价值理念对实践性价值立场的坚持与创新。

1. 在推进社会治理的实践中贯彻社会主义核心价值观基本理念

打造共建共治共享的社会治理格局，是新时代推进社会治理的必然要求，也是推进国家治理体系和治理能力现代化的重要方面，对于不断完善中国特色社会主义社会治理体系，确保人民安居乐业、社会安定有序、国家长治久安，具有重要意义。习近平在党的二十大报告中强调要广泛践行社会主义核心价值观，把社会主义核心价值观不仅要融入法治建设、融入日常生活，还要“融入社会发展”[1]。党的十八大以来，我们党加强了社会主义核心价值观融入社会发展各方面的实际工作，特别是融入社会治理的各领域、各方面、各环节，在推进社会治理的实践中贯彻社会主义核心价值观基本理念，使社会系统得以正常运转、社会秩序得以有效维护，形成了有效的社会治理和良好的社会秩序，使人民获得感、幸福感、安全感更加充实、更有保障、更可持续。

共建是社会治理的基本要求，侧重于治理主体的广泛参与。社会治理事关人民群众的切身利益，需要全国各族人民的共同参与和共同建设，因此需要通过培育和践行社会主义核心价值观汇聚人民群众的力量、发挥人民群众的智慧、引导人民群众的参与。在社会治理的共建过程中，一方面，基本价值理念就像一面精神旗帜，明确了社会治理的方向，在推进社会治理的实践中起到价值引领和价值整合的重要作用。在价值观多元浪潮的冲击下，社会

1 习近平：《高举中国特色社会主义伟大旗帜　为全面建设社会主义现代化国家而团结奋斗——在中国共产党第二十次全国代表大会上的报告》，人民出版社，2022，第 44 页。

主义核心价值观引领着社会治理的多元主体之间的各种价值观念，最大限度地缓解治理主体之间的矛盾与冲突，促进治理主体彼此信任、相互合作，从而使整个社会治理及其创新实践具有坚实的思想基础。另一方面，社会主义核心价值观融入制度建设和治理工作的具体实践中，确保了社会治理的政策目标与社会主义核心价值观的价值导向同向同行，以清晰明确的价值标准和价值规范指导人们的日常生活与行为习惯，从而实现多元主体共同参与社会治理。

共治是社会治理的主要方式，侧重于治理力量的通力合作。在社会治理的共建基础上，政府、社会、公民等治理主体以不同形式共同行使着治理权力，各有优势又各有不足，因此，需要发挥社会主义核心价值观对于凝练价值共识的重要功能，将国家层面价值目标、社会层面价值取向、个人层面价值准则有机统一起来，将国家、社会、个人紧密联系起来，实现各个治理主体之间的共同治理、通力合作、力量均衡，从而实现政府治理、社会自我调节、居民自治之间的良性互动。

共享是社会治理的目标指向，侧重于治理成果的人人享有。社会治理的共享理念，本质上是对人民群众切身利益的深厚关切，是马克思主义人民性价值立场在分配领域的具体延展和实践性价值立场在建设中国特色社会主义过程中的价值旨归，体现了社会主义核心价值观社会层面自由、平等、公正、法治的基本价值取向。社会治理的根本目的在于增进全体人民的福祉，让所有参与者都有机会参与治理和共享治理成果，保证全体人民在共建共治共享中有更多获得感，不断促进人的全面发展、全体人民共同富裕。这既是社会治理共享理念的本质含义，也是中国特色社会主义社会治理与西方国家社会治理的最大区别和最明显优势。

2. 在构建社会保障体系的实践中贯彻社会主义核心价值观基本理念

社会保障体系，不仅是实现人的物质利益、保障人的合法权益、维护人的生存权与发展权的制度体系，更是贯穿着推动人的全面发展、实现全体人民共同富裕、创造人民美好生活的价值追求。社会主义的社会保障体系，必然要求贯彻社会主义核心价值观基本理念的价值要求，特别要贯彻社会层面自由、平等、公正、法治的价值追求，通过正确的价值引领来推动社会保障体系建设始终保持正确的价值方向。正如习近平所言：“公平正义是中国特色社会主义的内在要求，所以必须在全体人民共同奋斗、经济社会发展的基础上，加紧建设对保障社会公平正义具有重大作用的制度，逐步建立社会公平保障体系。”[1]

在构建社会保障体系的实践中，贯彻社会主义自由价值理念的实践要求。社会主义的自由，区别于资本主义的个人主义自由，是一种贯彻着集体主义立场与原则的自由形态，这种自由形态能够更好地兼顾集体自由与个体自由。构建社会保障体系，不能局限于生存性的基础保障，必须上升到人的全面发展的价值高度，为人的价值实现提供更加坚实的社会保障。因而，必须立足于社会主义的集体主义价值立场，从集体自由与个体自由相统一的高度来谋划社会保障体系的建构，以共同的价值追求推动共建共治共享的实践，从而在正确认识与把握社会关系、拥有必要社会保障的基础上，实现全社会范围内自由状态的最普遍化。

在构建社会保障体系的实践中，贯彻社会主义平等价值理念的实践要求。社会主义的平等，是一种真实的、现实的平等，它不是平均主义，而是在社会主义制度的基础上对社会中存在的不平等状态的积极改进与矫正。平等价值理念，要求社会保障体系的构建，必须调节由天赋性因素、偶然性因素、能力性因素等所导致的不平等，在就业、医疗、教育等保障环节中确保所有主体都拥有平等的地位，都能在资源分配上享受平等待遇，依托不断趋于完备的社会保障体系推动实现结果平等的理想状态。

1《习近平谈治国理政》第1卷，外文出版社，2018，第13页。

在构建社会保障体系的实践中，贯彻社会主义公正价值理念的实践要求。相较于平等价值理念，建立在社会主义经济基础与社会关系之上的公正，是一种更高层次、总体性、全面性的价值追求，更加强调一种均衡、合理、合宜的社会状态。将公正价值理念贯彻到社会保障体系构建的全过程中，就必须把握好这种均衡、协调、合理、共享的价值状态，更好地把握社会福利运用的实践指向，更好地推进社会救助的工作，使不同群体特别是弱势群体的利益得到更好的维护。

在构建社会保障体系的实践中，贯彻社会主义法治价值理念的实践要求。法律规则是法治社会的重要基础，法治价值理念是法治社会的灵魂。有什么样的法治价值理念，就有什么样的法治实践。构建社会保障体系，必须在法治的轨道上运行，必须符合社会主义法律的基本规定，坚持与社会主义法律体系相适应的价值理念，尤其是要符合社会主义法律所维护与保障的人民利益。与此同时，法治价值理念的贯彻，也将进一步推动法律体系的完善，从而更好地为社会保障体系的健全与发展提供价值支撑和制度支撑。

（三）个人层面价值理念对实践性价值立场的坚持与创新

2014 年 2 月 24 日，习近平在主持十八届中央政治局第十三次集体学习时指出："要切实把社会主义核心价值观贯穿于社会生活方方面面。要通过教育引导、舆论宣传、文化熏陶、实践养成、制度保障等，使社会主义核心价值观内化为人们的精神追求，外化为人们的自觉行动。"[1] 在个人层面坚持与创新实践性价值立场，就是要把社会主义核心价值观基本理念融入生活，与人们日常生活紧密联系起来，在实践中感知它、领悟它。涵养社会主义核心价值观基本理念，具体而言，要广泛开展道德实践活动，深化学雷锋志愿服务活动，深化群众性精神文明创建活动，发挥优秀传统文化怡情养志、涵育文明的重要作用，发挥重要节庆日传播社会主流价值的独特优势，运用公

1《习近平谈治国理政》第 1 卷，外文出版社，2018，第 164 页。

益广告传播社会主流价值、引领文明风尚。

1. 在培养担当民族复兴大任的时代新人中，培育和践行社会主义核心价值观基本理念

培育和践行社会主义核心价值观，要以培养担当民族复兴大任的时代新人为着眼点。对实践性价值立场的坚持与创新，需要抓住“培养什么人”这一核心价值观建设的关键问题，从根本上说，培育和践行社会主义核心价值观的过程是一项聚焦于人的思想建设的铸魂工程。时代新人作为社会历史的创造者与社会实践的主体，对于建设什么样的社会、实现什么样的目标起着决定性作用。党的十九大提出“要以培养担当民族复兴大任的时代新人为着眼点”这一重大命题，党的二十大明确提出要求“着力培养担当民族复兴大任的时代新人”。前后相继的表述直接指向中华民族伟大复兴的宏伟目标，针对实现宏伟目标的实践力量，抓住了社会主义核心价值观建设的根本，体现了我们党对社会主义核心价值观基本理念认识的深化与拓展。

培养担当民族复兴大任的时代新人与培育和践行社会主义核心价值观基本理念相辅相成、相得益彰，二者有着密不可分的内在联系，并有机统一于新时代中国特色社会主义的伟大实践。一方面，培养担当民族复兴大任的时代新人是培育和践行社会主义核心价值观基本理念的必然要求，直接影响着弘扬社会主义核心价值观基本理念的实践成效；另一方面，社会主义核心价值观基本理念为培养担当民族复兴大任的时代新人树立了正确的价值导向，明晰了基本的道德规范。对于实践主体而言，时代新人既是社会主义核心价值观基本理念的弘扬者、践行者和传播者，又是肩负为理想不竭奋斗的使命担当、完成中华民族伟大复兴的历史重任的实践力量。对于实现中华民族伟大复兴的中国梦而言，把一代代青年人培养成为担当民族复兴大任的时代新人，与社会主义核心价值观的理想追求形成了有效契合，“担当民族复兴大任”意味着中国人民和中华民族有着共同的价值体认与价值追求，意味

着只有把个人的理想追求融入国家和民族的事业中才能实现人生理想与个人价值。

以社会主义核心价值观基本理念引领培育担当民族复兴大任的时代新人，增强文化自信和价值观自信。社会主义核心价值观基本理念以其对中华优秀传统文化的创造性转化与创新性发展，为培养担当民族复兴大任的时代新人积淀了丰厚的文化底蕴，能够使他们正确认识时代责任和历史使命，把自我发展融入建设社会主义现代化强国、实现中华民族伟大复兴的实践潮流中。广大青年的气质与风采由其文化底蕴自然孕育而生，青年学生应担负起描摹与绘制华夏文明文化长轴的使命，真正将中华民族的文化与文明薪火相传、代代永续，勠力同心于中华文明的发展创新。广大青年作为未来承接民族命运和接续时代奋斗的后备军与生力军，既要多读有字之书，又要多读无字之书，既要扎实学好理论知识与专业技能，又要努力增强实践能力，把论文写在祖国大地上。青年一代有理想、有本领、有担当，国家就有前途，民族就有希望。广大青年应志存高远、脚踏实地，主动到人民群众中去，扎根于田间地头，勇于到基层一线和艰苦地方去，不断夯实经世本领与增进处世修为，于“躬身实践”中主动施展自己的智慧。

2. 在加强理想信念的教育中，践行社会主义核心价值观基本理念

理想信念与价值理念是紧密关联在一起的，一定的理想信念总是不可避免地体现着特定群体的价值追求，一定的价值追求在其最高层次上又表现为理想、信念与信仰。对此，在新时代培育和践行社会主义核心价值观基本理念，必须坚持马克思主义在意识形态领域的指导地位，与理想信念教育进行有机结合。

对此，推动理想信念教育与社会主义核心价值观基本理念建设相结合，必须在实践中把握共产主义远大理想与中国特色社会主义共同理想的价值目标。社会主义核心价值观基本理念，是应然与实然相统一、理想与现实相统

一的价值观念体系，蕴含着非常丰富的理想信念元素。例如，富强、民主、文明、和谐，实际上就是对于社会主义现代化强国的价值展望，是一种国家层面的价值理想与价值主张，可以转化为个人层面的坚定价值信念，可以激发出强大的实践力量。马克思主义作为理想信念与价值追求的统一，之所以穿越历史长河仍然焕发时代光芒与实践力量，根本上是源于其兼具科学性与真理性的理论品格，源于其所具有的实践性价值立场。共产主义远大理想与中国特色社会主义共同理想则是依托于马克思主义指导思想、立足于最广大人民利益的根本立场之上对当前中国发展方向作出的正确的价值判断与道路选择，符合社会主义核心价值观基本理念的价值立场。对此，在培育和践行社会主义核心价值观基本理念的过程中，应当引导新时代青年领悟中国梦是全国各族人民的共同理想，推动青年一代牢固树立远大理想，在贯彻社会主义核心价值观基本理念与理想信念的生动实践中放飞青春梦想。

实践性价值立场一直都是马克思主义的基本价值立场，马克思曾批判“神圣家族”不关注“粗糙的尘世”和现实的工业生产，无法用抽象的理念解决德国面临的实际问题。社会主义核心价值观之所以具有极其重要的引领作用，是因为它是我国社会主义建设事业实践经验的凝练与升华，是新时代中国共产党人对马克思主义实践性价值立场的坚持与创新，并以指导实践为根本旨归。从党的十八大提出“积极培育社会主义核心价值观”，党的十九大要求“培育和践行社会主义核心价值观”，到党的二十大“广泛践行社会主义核心价值观”的表述，可以深刻感受到对实践性价值立场的认识不断升华，对实践性的要求不断提高。广泛践行社会主义核心价值观，就是要使社会主义核心价值观在中国特色社会主义建设事业的生动实践中成为整个社会的共同价值追求，成为人民群众的具体价值实践，成为全面建设社会主义现代化国家、全面推进中华民族伟大复兴的不竭精神追求和动力源泉。

第六章

国家层面社会主义核心价值观基本理念的内涵与要求*

习近平指出："我们从来认为，马克思主义基本原理必须同中国具体实际紧密结合起来，应该科学对待民族传统文化，科学对待世界各国文化，用人类创造的一切优秀思想文化成果武装自己。"[1]作为社会主义意识形态的重要组成部分，社会主义核心价值观基本理念既离不开中华优秀传统文化的滋养，也离不开世界先进文明的互鉴，更离不开马克思主义科学价值观的指引。因此，社会主义核心价值观基本理念的内涵与要求至少应包括如下三个方面的内容：一是对中华民族传统价值理念的传承转化。应坚定历史自信、文化自信，坚持古为今用、推陈出新，把马克思主义思想精髓同中华优秀传统文化精华贯通起来、同人民群众日用而不觉的共同价值观念融通起来，不断赋予社会主义核心价值观基本理念鲜明的中国特色。二是对西方价值理念的有益借鉴。社会主义核心价值观基本理念是一个开放的科学理论体系，在时间维度上面向人类未来，在空间维度上面向世界文明，深刻把握社会主义核心价值观基本理念离不开人类创造的一切优秀思想文化成果。三是马克思主义价值观，特别是中国化马克思主义价值观的赓续发展。应深入挖掘马克思主义经典著作中与中国国情、文化和新时代要求相适应的价值观内容，同

1 习近平：《在纪念孔子诞辰 2565 周年国际学术研讨会暨国际儒学联合会第五届会员大会开幕会上的讲话》，人民出版社，2014，第 13 页。

时正确看待、继承发展百年来形成的中国化马克思主义价值观理论成果，保证社会主义核心价值观基本理念既不失中国特色、中国气派，又充满创新活力。富强、民主、文明、和谐是国家层面的价值目标，我们对国家层面社会主义核心价值观基本理念内涵与要求的探讨也遵循了上述致思理路。

第一节　社会主义富强价值理念的内涵与要求

党的二十大报告指出："从现在起，中国共产党的中心任务就是团结带领全国各族人民全面建成社会主义现代化强国、实现第二个百年奋斗目标，以中国式现代化全面推进中华民族伟大复兴。"[1] 国家富强为促进社会文明进步、人的自由全面发展提供了基本的物质基础与社会条件。在国家层面倡导富强、民主、文明、和谐，并且将富强列为社会主义核心价值观基本理念的第一要素，不但体现了马克思主义唯物史观生产力标准的根本要求，更体现了中华民族的千年夙愿与中国共产党人的奋斗目标。富强之所以成为社会主义核心价值观基本理念的第一位价值目标，就是因为对富强的追求是所有社会的基本需求和前进动力。自从人类产生以来，摆脱物质贫乏，不断创造、积累物质财富就是人类个体的生存所需和基本追求。人类个体如此，一个国家、一个民族亦如此。今天，中国共产党人正带领全国各族人民为实现中华民族伟大复兴而奋斗，国家富强是实现这一目标的重要物质基础和保障。

一、对中国传统富强价值理念的传承转化

社会主义富强价值理念有着十分深厚的中华优秀传统文化渊源，"富强是社会主义核心价值观的重要内容，也是中国传统文化所追求的目标"[2]。

---

1 习近平:《高举中国特色社会主义伟大旗帜　为全面建设社会主义现代化国家而团结奋斗——在中国共产党第二十次全国代表大会上的报告》，人民出版社，2022，第 21 页。

2 方铭:《富强释义及孔子与原始儒家的富强观》,《山西大学学报（哲学社会科学版）》2017 年第 2 期，第 14 页。

“甘其食，美其服，安其居，乐其俗”[1]，是中国古代民众心中的美好生活；“老者衣帛食肉，黎民不饥不寒”[2]，“老有所终，壮有所用，幼有所长，矜寡孤独废疾者，皆有所养”[3]，是圣哲先贤构想的理想社会。种种关于生活、社会的理想模式，都涉及富足的物质生活条件，以安定的社会环境、充裕的物质财富为基础。几千年以来，为了摆脱贫弱，为了追求富强，中华儿女进行了各种探索，虽然手段不同、途径各异，但对于富强的追求却是从未动摇的。一部中华文明发展史，就是一部中国人民追求富强的历史，在这一历史进程中，富强价值理念得以赓续发展。

（一）国富民强是中国传统富强价值理念的基本内涵

在中华传统文化中，“富”指资产财物丰厚，“强”有着“壮盛”的意思。虽然在中华传统文化中“富强”作为一个词整体出现的频率并不高，但人们对富裕、富足、富强生活的向往却是始终存在的。

中国古代的“富强”思想，最早形成于先秦。春秋战国时期，诸侯征战中，富强成了时代的主题。被誉为“华夏第一相”的法家先驱管仲曾经说过：“主之所以为功者，富强也。故国富兵强，则诸侯服其政，邻敌畏其威，虽不用宝币事诸侯，诸侯不敢犯也。”[4]为了追求这种强力、霸权式的“国富兵强”，各国争霸，厉行改革。管仲的“相地而衰征”[5]，勾践用计然理财，李悝的“尽地力之教”[6]等经济改革，无不迅速推动了社会发展，大大增强了国力。尤其是商鞅变法，废井田、重农桑、统一度量衡等一整套发展策略，成为战国时期各国为求富强的一系列改革中最彻底的案例。经过商鞅变法的秦国，经济获得了极大发展，迅速成长为战国后期最富强的国家，为兼并天下

1《老子・八十章》。
2《孟子・梁惠王上》。
3《礼记・礼运》。
4《管子・形势解》。
5《国语・齐语》。
6《史记・孟子荀卿列传》。

奠定了坚实的基础。但是，这种以征服甚至吞并他国为目的的富强实质上是“国富兵强”。

以“国富兵强”为主要目的甚至唯一目的的富强之策，虽然可以快速见效，但却不能带来持久的“富强”。以仁义为核心思想的儒家文化，更加重视“富民”，强调“富民优先”。在孔子看来，富民是治国之根本、强国之基础。只有人民过上富足富裕的生活，国家才有可能富强。“政之急者，莫大乎使民富且寿也”[1]，富民在为政中占有十分重要的位置。明末清初的思想家和政论家唐甄更是提出，“立国之道无他，惟在于富。自古未有国贫而可以为国者”[2]。人有追求财富的权利，让人民丰衣足食是善政的基本要求。同时，人们也应当追求富贵。孔子认为，当政治清明、社会公正时，一个人还是过着贫苦而卑贱的生活，是十分可耻的。儒家文化对富强的理解构成了其社会经济的基本主张，其推行的“不与民争利”“藏富于民”的财政政策给国家带来了长久富强。美国学者保罗·肯尼迪（Paul Kennedy）曾估计，在乾隆十五年（1750 年）时，中国的工业产值是法国的 8.2 倍，是英国的 17.3 倍。一直到了 1830 年，中国的工业产值仍然是英国的 3 倍、法国的 5.7 倍。[3] 18 世纪中国经济的发展、国力的强大，依靠的是儒家“惜民”“养民”“富民”的“民富国强”之路。

（二）国依于民是中国传统富强价值理念的重要依托

在古代中国，实践富强价值理念，需要坚持“国依于民”的治国思路。文景之治是指西汉汉文帝和汉景帝统治时期出现的治世景象。这一时期经济发达、社会安宁，是中国历史上非常重要的一个盛世典范。汉文帝、汉景帝以黄老学派清静无为的思想为指导，倡导仁义、爱民之政，使得西汉的社会生产力得到恢复、发展，逐渐出现了历史上少有的繁荣、富裕景象。史载

1《孔子家语·贤君》。

2《潜书·存言》。

3 赵海均:《现代发展经济学》，中国经济出版社，2013，第 97 页。

"太仓有不食之粟，都内有朽贯之钱"[1]，来描述当时社会富足的情况。至汉武帝即位时，"京师之钱累巨万，贯朽而不可校。太仓之粟，陈陈相因，充溢露积于外，至腐败不可食"[2]。这是对"文景之治"国家富裕、人民生活水平提高的形象描述。

这一时期，通过人民的智慧和辛勤劳动，铁农具和牛耕技术得到普遍使用，农田水利设施得到修复，先进的农业生产工具和技术向中原以外地区推广。历史学家司马迁说："朔方、西河、河西、酒泉，皆引河用川谷以溉田……汝南、九江引淮；东海引巨定；泰山下引汶水：皆穿渠为溉田，各万余顷。佗小渠披山通道者，不可胜言。"[3]郑国渠和汉武帝时开凿的白渠共同发挥了灌溉作用。由于铁农具与牛耕的使用、水利设施的修建，文景时期社会经济得到长足发展。作为农业发展非常重要的辅助产业——手工业，在西汉也得到了较大的提升。西汉的冶铁业已经使用煤作为燃料，工艺方面已经采取"淬火法"，极大地提高了铁器的坚韧和锋利程度。西汉的丝织业非常发达，各式各样的精美织品不仅能够满足中原地区人民的物质生活需要，还通过馈赠、互市或商业贸易等形式，大批量输往边陲各地，甚至将丝织贸易活动做到了中亚各国乃至欧洲。由此可见，手工业者的创造性劳动推动了社会物质生产的进步和繁荣。

西汉的商业也很繁荣，历史上有名的丝绸之路就是这一时期对外贸易发达的重要体现。通过丝绸之路，我们从中亚、西亚等地引入各种毛织品和奢侈品，又将中国的丝绸西运。人民之间频繁的贸易促进了中原地区的经济发展，更重要的是，丝绸之路的打通使天山南北地区第一次与中原连为一体，这在中国历史上具有非常深远的意义。同时，西汉的海运也建立起来，海上贸易量在商业贸易中占有重要比例。在贸易中，人们采用均输法、平准法等

1《后汉书·郡国志》。
2《史记·平准书》。
3《史记·河渠书》。

方法，方便经济生活。在文景之治积聚的雄厚财力的基础上，汉武帝经过几次大的战役，基本解除了匈奴对西汉的威胁，西汉北部边境重现久违的和平。而实现以上国家“富强”的客观要求，就是以“国依于民”的治理思想实现中国传统富强价值理念。

（三）藏富于民是中国传统富强价值理念的关键举措

实现中国传统富强价值理念的关键举措，在于“藏富于民”。唐朝是中国封建社会的鼎盛时期，其政治、经济制度等对后世影响巨大，造就了历史上有名的贞观之治和开元盛世。

唐太宗具有重民、爱民的思想，强调“以一人治天下，不以天下奉一人”[1]，提出“君依于国，国依于民”[2]的重民思想，认为“为君之道，必须先存百姓。若损百姓以奉其身，犹割股以啖腹，腹饱而身毙”[3]。君民一体，君为腹而民为股，腹饥不能割股以饱之，割股以饱腹，腹饱而身死。明君要善庇生民，爱惜民力。民对于君的重要性，体现在民可以择君而归：“天子者，有道则人推而为主，无道则人弃而不用，诚可畏也。”[4]唐太宗特别赞同以君喻舟、以民喻水的说法，君无民则不成其为君，但民无君并不妨碍其为民。在重民思想的作用下，唐太宗治国方略的主要内容是宽刑政、薄税敛，以农为本、厉行节约，从而使长期战乱的社会得到很好的休养生息，国家、社会出现了富强、安定的局面。开元盛世是唐玄宗李隆基统治前期所出现的社会盛世。唐玄宗在开元年间，任用贤臣姚崇、宋璟，改革吏制，发展经济，倡导文教，拓展外交，使得政局稳定、经济繁荣、文化昌盛、国力富强，唐朝由此进入天下大治的全盛时期，史称开元盛世。

经过贞观之治和开元盛世，唐朝的经济得到了极大繁荣。由于工商业

1《贞观政要·刑法》。
2《资治通鉴》卷 192。
3《贞观政要·君道》。
4《贞观政要·政体》。

的发展，在一些政治、军事中心和水陆交通要道，出现了当时国际性的大都市，唐都长安就是一个标志。1400 多年前，长安西市始建于隋，繁荣兴盛于唐，是当时世界上最大最繁荣的商业贸易中心，商贾云集、贸易兴隆，被誉为“金市”。与经济的繁荣和社会的稳定相伴，唐朝的国家力量也得到了很大的提升。唐朝在边地确立了节度使制度，以防御吐蕃、突厥、契丹军队的进犯。国家富强的真正实现，在于将增加的财富优势广泛分享给人民，实现“藏富于民”。

（四）文武并举实现了中国传统富强价值理念由物质到精神的提升

经过汉唐的经济积累，中国传统富强价值理念做好了物质基础的准备，通过“文武并举”实现了精神层面的超越。两宋虽革五代之乱，但社会内忧外患，危机四伏，弊端丛生。宋代诸多有识之士皆有“变革”“救弊”的愿望。李觏提出，“救弊之术，莫大乎通变”[1]。而北宋最著名的政治改革家当数王安石，王安石变法主要围绕富国、强兵展开。在富国方面，颁行了青苗法、农田水利法、免役法、方田均税法、均输法和市易法；在强兵方面，颁布了将兵法和保甲法等。其中，生财与理财是王安石“改易更革”的主要内容。王安石认为，增加国家财政收入的根本途径是发展生产，理财的关键是抑制豪强，他推出募役法和市易法，以平均赋役作为抑制豪强的主要手段。张择端选择清明这个重要节日，着重描绘了汴京水陆运输和市面繁荣的景象。从《清明上河图》中我们可以看到，北宋的都城汴京有许多热闹的街市，街市上人头攒动，各种各样的店铺密布，甚至还出现了夜市。汴河之上，来来往往的船只很多，真可谓“百舸争流”“千帆竞发”。《清明上河图》将汴河上繁忙、紧张的运输场面描绘得栩栩如生，充分展示了北宋时期汴京的繁华生活气息。

两宋时期是中华文化发展、创新和繁荣的黄金时期。这一时期，中华民

1《易论 · 第一》。

族在农业文明、城市文明等诸多方面取得了巨大成就，城市商业和手工业得到迅猛发展，出现了以商人为代表的新富人阶层，民众生活幸福安逸富足，在生产、劳动之余开始享受生活，饮食文化、茶文化、建筑文化等发展突飞猛进。王安石所作《后元丰行》选取北宋元丰时期社会生活的一个侧面作了描述：元丰年间（1078—1085 年），五日一风、十日一雨，风调而雨顺；在麦田上走了上千里之远，麦苗稠密茂盛，起伏相连，看不见裸露的土壤；无论是山地还是原野，到处都种着黍、麦，秋后的粮食一定会使家给人足、国无饥馑。江南连绵不断的水田里，碧绿的水稻秧苗惹人喜爱；水田作物花色品种增加，人们多种糯稻、多酿美酒。因风调雨顺，抗旱用的龙骨水车长年被挂在梁上、檐下，任其闲置；农民不用为灌溉而操劳，也就乐得清闲。江河湖塘，渔民撒网捕得的鲥鱼多得遮蔽了江洲与沙渚，荻笋肥美甘甜，胜过牛乳。人们花上百钱，即可以买来一斗多的酒；即使不是社日，常常也可以听到社戏敲鼓的声音。吴地的男女青年在花前月下踏歌起舞，生活只有快乐、没有忧苦。对生活心满意足的老翁坐船进城、寻亲访友，所乘小船随河水向西南漂流，在杨柳岸间穿行；老人斜躺着，逢人便欢笑，没有烦恼，没有忧愁。文学作品中的描述，给我们展示了宋代社会经济与文化发展的盛世景象。

（五）富足强盛展现了中国传统富强价值理念的最终追求

康乾盛世是清朝统治的鼎盛时期。在这期间，社会秩序基本稳定，经济得到快速发展，人口迅速增长，国家疆域辽阔。特别是到了乾隆时期，财富积累，军功强大，以平准战争的胜利、统一天山南北为标志，清朝强盛的一面展现得更加充分，盛世一词经常被皇帝、大臣们反复提起。比如，清政府在统一新疆全境后，户部右侍郎于敏中赋诗称颂乾隆帝：“觐光扬烈，继祖宗未经之宏规；轹古凌今，觏史册罕逢之盛世。”[1]

1《素余堂集》卷 24。

康熙皇帝在位 61 年，为康乾盛世的形成奠定了重要的基础。康熙皇帝 8 岁登基，他少年老成，16 岁便铲除了权臣鳌拜；继而平定三藩叛乱，稳定了国家的西南边陲；收复台湾，巩固了国家的东南海防；北拒沙俄，签订《尼布楚条约》；等等。康熙好学上进，勤于政事，雄才大略，崇尚节约。在生产方面，他重视农业，治理江河，兴修水利，发展生产。在文化方面，他下诏命人编纂了《康熙字典》《古今图书集成》等图书、历法和地图，为中华民族保存了丰厚的文化遗产。由于他的文治武功，我国多民族统一的局面得到巩固发展，社会经济出现了繁荣景象。

康乾盛世在经济、政治、文化等诸多方面将中国传统社会推向了一个新的高峰，创造了中国历史上的一个奇迹。这一时期，社会经济繁荣，国力强大，学术文化呈集大成趋势，大一统的中华版图初步奠定，各民族统一的中华民族大家庭最终形成，堪称盛世典范。

二、对西方富强价值理念的有益借鉴

从世界范围来看，不仅有中国传统富强价值理念，还有西方富强价值理念，二者是两个分别推进的、不同维度的价值理念，表明了“富强”是全人类社会的共同价值追求。

（一）文艺复兴是西方富强思想的初步探索

14 世纪，在生产力快速发展、大量城市逐渐兴起、封建制度日益成为阻碍社会进步的桎梏而逐渐解体的情况下，一场伟大而深刻的思想运动率先在意大利爆发，这就是在当时使意大利成为世界思想文化中心，后来征服了全欧洲，对全世界产生深刻影响的文艺复兴运动。文艺复兴运动是一场资产阶级的思想解放运动，是人类历史上的重要思想变革。同时，它反映了当时整个社会向前发展的进步诉求，呐喊出了人类追求富强的共同要求，在人类发展史上具有永恒的意义。

文艺复兴是一个需要思想巨人，也产生了许多思想巨人的时代。这些人以哲学上的变革为先导，挥舞着“世俗文学”和“现世艺术”的大旗，呐喊出人文主义的口号，用以“人”为本的世界观反对以“神”为中心的世界观，提出人主动追求快乐、享受是人的本性和权利，更是整个社会向前发展的重要推动力。他们强调要以尘世需要和情欲来反对中世纪的禁欲主义；以个性自由发展对封建专制和教会独裁作出抵抗。这些进步思想有力打击了落后的封建意识，动摇了神学统治，更从封建神学中把人们的思想解放出来，使人类的智慧获得极大发展。

文艺复兴这一伟大思想解放运动的意义是深远的，它彻底摧毁了教会的封建独裁，从根本上动摇了封建专制制度，并从根本上改变了人们的观念，使人们发现了自己，为建立新的公正的社会制度，为科技的迅速发展、国家和社会的繁荣富强奠定了重要基础。

（二）工业革命推动西方富强思想的基本成熟

在意大利文艺复兴思潮的冲击下，英国也出现了一大批具有划时代意义的思想家，例如空想社会主义者莫尔、“英国唯物主义和整个现代实验科学的真正始祖”培根、世界文学巨匠莎士比亚、将培根的唯物主义经验论系统化的霍布斯等，他们通过自己的思想创新有力促进了英国人解放思想、大胆创新。

1640—1688 年，通过资产阶级革命，英国的资产阶级获得政权。这一新兴阶级顺应历史发展，大力发展科技，大搞经济建设。当时英国政府为了推动科学技术的发展，还成立了皇家学会等学术活动中心。据统计，1660 年的英国，重大科学发现超过世界同期重大科学发现总量的 25%，成为世界科学中心，并将这一中心地位保持了 70 年。此外，这期间，各种纺纱机、织布机和蒸汽动力机也被发明出来，此时的英国已经出现大机器和专业化生产。科学上的高潮无疑引起了经济上的高潮。1760—1830 年，英国进行了产业革命；1800—1880 年，英国成为世界经济中心；1870 年，其工业产值占世界工业生产总值的比例高达32%。科技的进步与经济繁荣促使英国极大加强了与世界的联系，彻底改变了世界面貌，最终确立起资产阶级对世界的统治地位。与此同时，率先完成工业革命的英国，也成为世界霸主，开始了“日不落帝国的历史”。[1]

（三）综合国力强盛是西方富强思想的最终追求

17—18世纪的法国爆发了一场声势浩大的启蒙运动。伏尔泰、孟德斯鸠、狄德罗、卢梭、笛卡尔等一大批思想巨人应运而生。思想运动后，通过1787—1799年的几次大革命，法国资产阶级取得了政权。这一时期，法国的科学技术又取得长足进步，出现了像拉格朗日、拉普拉斯和拉瓦锡等世界著名科学家。1770年，法国成为世界科学活动中心，科学兴盛期长达60年。自1820年始，法国进行了产业革命，其社会生产力获得了蓬勃发展；1850年，法国经济进入发展高潮期，延续40年之久；19世纪60年代，法国的工业产值居世界第二位。[2]

启蒙运动后期，伴随着康德、黑格尔、马克思等思想家的诞生，世界思想中心又转移到了德国。1830—1850年，思想获得了解放的德国爆发了资产阶级政治革命。同时，德国涌现了雅可比、高斯等世界级大数学家和欧姆这样的世界级物理学家，还涌现了集科学家、工程师和企业家于一身的西门子、克虏伯等全才、奇才，德国由此进入了科学兴盛期，延续了110年之久。在资产阶级政治革命和科学进步的有力推动下，1850—1920年，德国出现了经济发展的高潮阶段。此时，德国的煤炭业、钢铁、化学特别是有机合成工业遥遥领先于其他国家。1910年，德国的工业总产值位居世界第二。[3]

（四）美国的“新英格兰文艺复兴运动”是西方富强思想的重要发展

1829—1870年，美国爆发了“新英格兰文艺复兴”运动。在这一运动

1 易杰雄：《创新论》，安徽文艺出版社，2000，第29页。
2 易杰雄：《创新论》，安徽文艺出版社，2000，第30页。
3 易杰雄：《创新论》，安徽文艺出版社，2000，第29—30页。

中，出现了霍桑、梅尔维尔、惠特曼等有影响力的大作家、大思想家。他们主张对宗教、国家和社会实行改革，废除农奴制，极大地推动了社会变革。这一时期史称“改革时期”。随之南北战争爆发，全国实现了统一。国家统一后，美国政府制定了全力发展科学技术的方针。值得关注的是，美国的历任总统都非常重视科学技术的发展，有的总统就是杰出的科学家，如杰斐逊。1860—1884 年，美国进行了产业革命，依靠着英国的资本和先进技术，很快就成为世界技术中心，工业也得到迅速发展。1890 年，美国成为世界经济大国。20 世纪 20 年代，美国成为世界科学的带头羊。仅二战期间，美国的科技研究开发经费就从 1 亿多美元剧增到 15 亿美元，先后涌现了贝尔、爱迪生等世界闻名的科学家、发明家。[1]

在此期间，美国完善了钢铁、化工和电力三大技术，发展了汽车、收音机和无线电技术，还领先进行了包括原子能、计算机、空间技术在内的第三次技术革命。20 世纪 70 年代以来，美国又领导了一场以微电子技术和基因重组技术为特征的世界范围内的技术革命。至此，美国已在科技、经济等领域遥遥领先于世界其他各国。1953—1973 年，美国占了世界总共 500 种重大技术发明和创新的一半。当今 8 个全球最先进的高科技公司，全部在美国。[2]正因如此，美国在国际市场上总是最具竞争力，也成为一个多世纪以来经济实力最强的国家。

三、社会主义富强价值理念的核心要义

不同性质价值体系中的富强价值理念在内涵与要求上并不完全相同，作为社会主义核心价值观基本理念之一的富强，强调人民性和公平性，强调共同富裕，强调全体人民共享改革开放创造的成果，反对少数特权阶层垄断经济发展的成果。

---

1 易杰雄:《创新论》，安徽文艺出版社，2000，第 31 页。

2 易杰雄:《创新论》，安徽文艺出版社，2000，第 31—32 页。

（一）以生产力水平为衡量国家富强的重要标尺

生产力水平是衡量一个国家富强程度的根本尺度，实现国家富强的关键就是实现生产力的高水平发展。马克思主义生产力理论为我们全面解答社会的动力机制和发展机制、科学理解国家富强和社会进步提供了理论基础，是社会主义富强价值理念最重要的理论依据。

马克思恩格斯对生产力理论的探索主要包括以下五个方面。一是揭示了生产力的内涵与本质。马克思认为，工业是“人的**本质力量**的**公开的**展示”[1]，反映出了人类与自然界之间的现实的历史关系。二是阐明了生产力在社会发展中所起的基础作用。生产力是社会生活和全部历史的基础，正如恩格斯所言：“一切社会变迁和政治变革的终极原因，不应当到人们的头脑中，到人们对永恒的真理和正义的日益增进的认识中去寻找，而应当到生产方式和交换方式的变更中去寻找；不应当到有关时代的**哲学**中去寻找，而应当到有关时代的**经济**中去寻找。”[2]这就说明，生产力是人类全部历史的基础，一定的物质生产力决定了一定的生产关系和其他所有社会关系。三是揭示了生产方式是推动社会进步和发展的决定性力量。生产方式主要反映了社会的经济生活、经济条件、经济关系、经济状况等，它制约着整个社会经济生活、政治生活和精神生活的全过程。强调生产方式是社会历史发展的根本动力，这是马克思恩格斯最重要的理论贡献。四是阐明了生产力和科学技术的关系。在马克思看来，科学是生产力的独立因素——“大工业则把科学作为一种独立的生产能力与劳动分离开来”[3]，“并且随着科学作为独立的力量被并入劳动过程而使劳动过程的智力与工人相异化”[4]。马克思的重要论述，充分反映了科学技术在生产力中的应有地位和作用，体现出科学技术所固有的

1《马克思恩格斯文集》第 1 卷，人民出版社，2009，第 193 页。
2《马克思恩格斯文集》第 9 卷，人民出版社，2009，第 284 页。
3《马克思恩格斯文集》第 5 卷，人民出版社，2009，第 418 页。
4《马克思恩格斯文集》第 5 卷，人民出版社，2009，第 743 页。

客观性和现实性特征。五是阐明生产力是衡量社会进步发展的根本尺度。生产力是衡量社会进步发展的根本尺度，生产力标准是把是否有利于促进生产力的发展作为衡量社会发展进步的标准。究其根本，判断一个社会是否发展进步，就是要看其是否有利于生产力的发展。从历史发展来看，旧的社会形态之所以被一种新的社会形态代替，就在于它不能再创造出更高水平的生产力，不能继续推动生产力发展。

（二）以大力发展生产力推动国家富强

为了实现国家的繁荣富强与民族的伟大复兴，新中国成立后，“我们进行社会主义革命，消灭在中国延续几千年的封建剥削压迫制度，确立社会主义基本制度，推进社会主义建设，战胜帝国主义、霸权主义的颠覆破坏和武装挑衅，实现了中华民族有史以来最为广泛而深刻的社会变革，实现了一穷二白、人口众多的东方大国大步迈进社会主义社会的伟大飞跃”[1]，为在新的历史时期开创中国特色社会主义的富强道路积累了宝贵经验，奠定了根本政治前提，提供了重要的理论准备与物质基础。

具体而言，一是实现国家富强必须走一条适合中国国情的工业化道路。毛泽东认为中国的现代化建设和实现国家的繁荣富强，不能机械搬用外国经验，而要立足于中国是一个人口多、底子薄、经济落后的农业大国这一实际，走出一条适合中国国情的工业化道路。要以农业为基础，以工业为主导，妥善处理好农牧业、轻工业、重工业间的关系，建立起较为完整、独立的工业体系和国民经济体系。同时，毛泽东还提出在优先发展重工业的情况下，发展工业和发展农业并举、发展重工业和发展轻工业并举，坚持独立自主、自力更生为主争取外援为辅的方针，按照农业、轻工业、重工业的次序安排国民经济工作，正确处理农业、轻工业、重工业三者的比例关系，早日建成完整的工业化体系，走出一条适合中国国情的工业化道路。二是把自力

1《习近平谈治国理政》第4卷，外文出版社，2022，第5页。

更生、艰苦奋斗、勤俭建国作为实现国家富强目标的基本方针。毛泽东强调："我们要提倡艰苦奋斗，艰苦奋斗是我们的政治本色"[1]。新中国成立后，毛泽东经常教育全国人民，要继承和发扬自力更生、勤俭建国的光荣传统，并把它作为我国社会主义现代化建设的基本方针。二是建设现代化国防，为实现国家富强目标提供安全保障。新中国成立伊始，面对西方列强的封锁与威胁，我们党认识到必须实现国防现代化，才能有效抵制帝国主义有可能发动的侵略，捍卫来之不易的民族独立和人民解放，维护主权和安全，赢得和平的国际环境，建设社会主义现代化强国。1964年8月，毛泽东提出"两个拳头、一个屁股"的建设方针，就是指一手抓农业，一手抓国防，并强调要加强基础工业。"拳头"是指农业与国防，"屁股"是指基础工业，只有"屁股"坐稳了，打出去的拳头才会有力量。"两个拳头、一个屁股"的建设方针，不但明确了国防建设在国家总体建设中的关键地位，更明确了国防与经济建设间的关系[2]，为实现国家富强提供了重要保障。

（三）以经济建设为中心推进中国实现富强的新探索

"文化大革命"结束后，在党和国家面临何去何从的重大历史关头，党深刻认识到，只有实行改革开放才是唯一出路，否则我们的现代化事业和社会主义事业就会被葬送。"一九七八年十二月，党召开十一届三中全会，果断结束'以阶级斗争为纲'，实现党和国家工作中心战略转移，开启了改革开放和社会主义现代化建设新时期，实现了新中国成立以来党的历史上具有深远意义的伟大转折。"[3]

这一时期，以邓小平同志为主要代表的中国共产党人，深刻总结新中国成立以来正反两方面经验，围绕什么是社会主义、怎样建设社会主义这一根本问题，明确提出走自己的路、建设中国特色社会主义，深化了对富强价值

1《毛泽东文集》第7卷，人民出版社，1999，第162页。

2 邓力群主编：《军事战略家毛泽东》，中央民族大学出版社，2003，第1005页。

3《中共中央关于党的百年奋斗重大成就和历史经验的决议》，人民出版社，2021，第15页。

理念及其实践的探索。一是坚持以经济建设为中心，以实现国家富强目标。世界社会主义运动兴衰成败的历史，推动邓小平更加深入地思考社会主义的本质与历史任务。他指出："什么叫社会主义，什么叫马克思主义？我们过去对这个问题的认识不是完全清醒的。马克思主义最注重发展生产力。我们讲社会主义是共产主义的初级阶段，共产主义的高级阶段要实行各尽所能、按需分配，这就要求社会生产力高度发展，社会物质财富极大丰富。所以社会主义阶段的最根本任务就是发展生产力"[1]。党的十一届三中全会以来，我们党始终坚持以经济建设为中心，从物质文明的高度推动富强的实践。二是坚持通过改革开放来解放和发展生产力，为实现国家富强目标开辟道路。我们党深刻认识到，只有实行改革开放才是唯一出路，否则我们的现代化事业和社会主义事业就会被葬送。1978年10月11日，邓小平在中国工会第九次全国代表大会上的讲话中首次提出了改革这个概念。他说："这场革命既要大幅度地改变目前落后的生产力，就必然要多方面地改变生产关系，改变上层建筑，改变工农业企业的管理方式和国家对工农业企业的管理方式，使之适应于现代化大经济的需要。"[2] 邓小平在设计中国改革方案时，将农村作为突破点，在农村改革的有力推动下，我国城市改革全面展开，意味着经济体制的全面改革已经铺开。三是制定了让一部分人、一部分地区先富起来，最终实现共同富裕的政策。邓小平曾在《解放思想，实事求是，团结一致向前看》的讲话中指出："在经济政策上，我认为要允许一部分地区、一部分企业、一部分工人农民，由于辛勤努力成绩大而收入先多一些，生活先好起来。一部分人生活先好起来，就必然产生极大的示范力量，影响左邻右舍，带动其他地区、其他单位的人们向他们学习。这样，就会使整个国民经济不断地波浪式地向前发展，使全国各族人民都能比较快地富裕起来。"[3]

1《邓小平文选》第3卷，人民出版社，1993，第63页。
2《邓小平文选》第2卷，人民出版社，1994，第135—136页。
3《邓小平文选》第2卷，人民出版社，1994，第152页。

邓小平把解放和发展生产力，最终达到共同富裕，纳入对社会主义本质的理解，强调了马克思主义关于发展生产力的效率原则，纠正了过去在社会主义认识上的片面性，坚持了科学社会主义的基本原则，同时又是一种反映时代精神的理论创新。四是实现国家富强的目标需要搞社会主义市场经济。1992年春，邓小平在南方谈话中明确指出：“计划多一点还是市场多一点，不是社会主义与资本主义的本质区别。计划经济不等于社会主义，资本主义也有计划；市场经济不等于资本主义，社会主义也有市场。计划和市场都是经济手段。”[1]党的十四大明确把社会主义市场经济作为我国经济体制改革的目标，并使之成为全党的共识，为经济发展提供了重要体制保证，为实现国家富强目标注入了新的活力。

（四）依靠科教兴国实现国家繁荣富强的路径探索

党的十三届四中全会以后，以江泽民同志为主要代表的中国共产党人，继承了毛泽东、邓小平关于社会主义富强价值理念的思想，在中华民族伟大复兴的跨世纪征途上，在进一步回答“什么是社会主义、怎样建设社会主义”“建设什么样的党、怎样建设党”这些重大问题的同时，解放思想，实事求是，与时俱进，大力推进中国特色社会主义建设，使我国综合实力大幅跃升，国际影响力显著扩大，人民生活总体上实现了由温饱到小康的历史性跨越，进一步推进了社会主义富强价值理念的发展与实践，开拓了中国化马克思主义富强观的新境界。

具体而言，一是坚持“一个中心、两个基本点”的基本路线，走自己的路，不把书本当教条，不照搬外国模式。江泽民强调：“解放思想，实事求是，尊重群众的首创精神，建设有中国特色的社会主义。”[2]“中国人民从来没有、今后也决不会屈从于任何外来压力，决不会放弃社会主义道路和民族独

1《邓小平文选》第3卷，人民出版社，1993，第373页。
2《江泽民文选》第1卷，人民出版社，2006，第219页。

立来换取别人的施舍。”[1]二是进一步明确了实现国家现代化“三步走”战略的发展目标与步骤。江泽民在党的十四大报告中提出：“在九十年代，我们要初步建立起新的经济体制，实现达到小康水平的第二步发展目标。再经过二十年的努力，到建党一百周年的时候，我们将在各方面形成一整套更加成熟更加定型的制度。在这样的基础上，到下世纪中叶建国一百周年的时候，就能够达到第三步发展目标，基本实现社会主义现代化。”[2]与此同时，初步设想第三步战略目标。党的十五大又进一步将第三步目标具体化：到21世纪的第一个十年，实现国民生产总值比2000年翻一番，使人民的小康生活更加宽裕，形成比较完善的社会主义市场经济体制；再努力十年，到建党100年时，使国民经济更加发展，各项制度更加完善；到新中国成立100年时，基本实现现代化，建成富强民主文明的社会主义国家。三是把全面建设小康社会作为实现中华民族伟大复兴的关键阶段。中国的富强之路在“三步走”战略的基础上，围绕如何进一步推进国家中长期富强目标的实现，党的十六大提出了全面建设小康社会的奋斗目标，这是中国特色社会主义经济、政治、文化全面发展的目标，既符合我国国情和现代化建设的实际，也符合人民群众的愿景和期待。四是明确“三个代表”重要思想是我们党的立党之本、执政之基、力量之源。“三个代表”重要思想是指中国共产党要始终代表中国先进生产力的发展要求，始终代表中国先进文化的前进方向，始终代表中国最广大人民的根本利益。“三个代表”重要思想深刻揭示了实现国家富强的三个决定性因素，即先进生产力、先进文化发展和广大人民群众根本利益的实现，揭示了中国共产党同这三个决定性因素之间的本质和必然联系。始终做到“三个代表”，是我们党的立党之本、执政之基、力量之源，是实现国家富强的根本准则、根本依据与行动指南。

1《江泽民文选》第1卷，人民出版社，2006，第68页。

2《江泽民文选》第1卷，人民出版社，2006，第253页。

（五）以科学发展观为主题的富强实践

党的十六大以后，以胡锦涛同志为主要代表的中国共产党人，在全面建设小康社会进程中推进实践创新、理论创新、制度创新，深刻认识和回答了新形势下实现什么样的发展、怎样发展等重大问题，形成了科学发展观。这一阶段，我们抓住重要战略机遇期，聚精会神搞建设，一心一意谋发展，强调坚持以人为本、全面协调可持续发展，着力保障和改善民生，促进社会公平正义，推进党的执政能力建设和先进性建设，成功在新形势下坚持和发展了中国特色社会主义。

科学发展观是马克思主义中国化的重要理论成果，在理论层面蕴含着富强价值理念的深刻思想资源，在实践层面指导着新阶段富强的实践。一是转变经济增长方式，实现又好又快发展，为国家富强夯实经济基础。胡锦涛强调："发展是硬道理。要继续坚持不懈抓好发展这个党执政兴国的第一要务，聚精会神搞建设、一心一意谋发展，更加自觉、更加坚定地推动科学发展，努力实现经济社会又好又快发展，为发展中国特色社会主义打下更加牢固的物质基础。"[1]在科学发展观的指导下，我国不断解放和发展社会生产力，为贯彻富强价值理念、推进我国富强实践打下了坚实基础。二是强调走中国特色新型工业化道路，建设工业强国。新中国成立后，特别是改革开放以来，我们实现了由农业大国向工业大国的转变。胡锦涛在党的十七大报告中强调："要坚持走中国特色新型工业化道路……发展现代产业体系，大力推进信息化与工业化融合，促进工业由大变强"[2]。2012年5月，胡锦涛主持中央政治局第三十三次集体学习，专题研究如何从工业大国向工业强国转变，提出了"六个着力推进"，即着力推进工业发展制度环境建设、着力推进现代产业体系建设、着力推进创新驱动、着力推进融合发展、着力推进协调发

1《胡锦涛文选》第3卷，人民出版社，2016，第131页。

2《胡锦涛文选》第2卷，人民出版社，2016，第630页。

展、着力推进改革开放。[1]三是强调确立人才竞争比较优势，建设人才强国。科学发展观着力强调，要遵循社会主义市场经济规律和人才成长规律，加快人才发展体制机制改革和政策创新，扩大对外开放，开发利用国内国外两种人才资源，以高层次人才、高技能人才为重点，统筹推进各类人才队伍建设。其中，科学发展观特别强调培养、造就创新型科技人才。胡锦涛强调："要全面贯彻尊重劳动、尊重知识、尊重人才、尊重创造的方针，以建设创新型国家的需求作为基准，遵循创新型科技人才成长规律，用事业凝聚人才，用实践造就人才，用机制激励人才，用法制保障人才，不断发展壮大科技人才队伍，努力形成江山代有才人出的生动局面。"[2]

（六）新时代社会主义富强价值理念的发展

党的十九大报告强调："在全面建成小康社会的基础上，分两步走在本世纪中叶建成富强民主文明和谐美丽的社会主义现代化强国"[3]。党的二十大报告提出："从现在起，中国共产党的中心任务就是团结带领全国各族人民全面建成社会主义现代化强国、实现第二个百年奋斗目标，以中国式现代化全面推进中华民族伟大复兴。"[4]从两个报告中可以看出"富强"已成为新时代中国特色社会主义不断奋进的最强音，社会主义富强价值理念在根本目标、必由之路、最大优势、治理保障、价值旨归方面实现了新时代的新发展。

1. 新时代富强将以中国式现代化全面推进中华民族伟大复兴作为根本目标

中国共产党领导人民群众所展开的各种努力，其最终目的是将我国建

1《胡锦涛在中共中央政治局第三十三次集体学习时强调：着力提高我国工业发展效益　努力从工业大国向工业强国转变》，《人民日报》2012 年 5 月 30 日。

2 中共中央文献研究室编：《十六大以来重要文献选编》下册，中央文献出版社，2008，第 481—482 页。

3《习近平谈治国理政》第 3 卷，外文出版社，2020，第 15 页。

4 习近平：《高举中国特色社会主义伟大旗帜　为全面建设社会主义现代化国家而团结奋斗——在中国共产党第二十次全国代表大会上的报告》，人民出版社，2022，第 21 页。

成社会主义现代化强国，以中国式现代化全面推进中华民族伟大复兴。历史造就了中国共产党的诞生，其初心使命与价值自始至终均指向一个命题，便是使中国走向富强。在革命、建设、改革和新时代的不同历史时期，国家富强、民族复兴始终是中国共产党人一以贯之的价值追求，有着深厚的实践指向。在革命战争年代，中国共产党带领人民经过北伐战争、土地革命战争、抗日战争、解放战争，以武装的革命反对武装的反革命，推翻帝国主义、封建主义、官僚资本主义三座大山，建立了人民当家作主的中华人民共和国，实现了民族独立、人民解放，为实现中华民族伟大复兴创造了根本社会条件。新中国成立后，中国共产党团结带领中国人民，自力更生、发愤图强，创造了社会主义革命和建设的伟大成就，实现了中华民族有史以来最为广泛而深刻的社会变革，实现了一穷二白、人口众多的东方大国大步迈进社会主义社会的伟大飞跃，为实现中华民族伟大复兴奠定了根本政治前提和制度基础。改革开放和社会主义现代化建设新时期，我们实现了新中国成立以来党的历史上具有深远意义的伟大转折，实现了从生产力相对落后的状况到经济总量跃居世界第二的历史性突破，实现了人民生活从温饱不足到总体小康、奔向全面小康的历史性跨越，中国大踏步赶上了时代。

新时代以来，富强价值理念作为一项重要的治国理政价值目标，其历史内涵与实践意蕴得以不断丰富。社会主义核心价值观基本理念作为有机统一体，富强价值理念在价值排序上置于首位，深刻表明了中国发展的价值诉求。习近平在党的十九大报告中明确地将“把我国建成富强民主文明和谐美丽的社会主义现代化强国”[1]作为远景目标，并将其划分为两个战略阶段，这是对“三步走”战略目标既一脉相承又与时俱进的深化和升华。党的十九届五中全会通过的《中共中央关于制定国民经济和社会发展第十四个五年规划和二〇三五年远景目标的建议》对此作出进一步阐释，强调到2035年中国

1《习近平谈治国理政》第3卷，外文出版社，2020，第23页。

人均GDP水平达到中等发达国家的标准，这一远景目标包括基本实现公共服务均等化，缩小城乡之间与居民生活水平之间的差距。全面建设社会主义现代化国家的富强图景，正不断转化为现实。

现代化代表着人类文明的整体进步趋势与共同发展方向，但正如世界上没有两片完全相同的树叶，不同国家、不同社会现代化的发展进程、实现方式与呈现图景也是多样化的，现代化是普遍性与多样性的统一。特别是在世界多极化、经济全球化的时代背景下，各国现代化的多样性赋予了这个世界姹紫嫣红的色彩，汇聚为一曲多元与共识的交响乐。对于如何推进富强民主文明和谐美丽的社会主义现代化强国建设，我们党提出了中国式现代化的命题。党的二十大向全世界庄严宣告："从现在起，中国共产党的中心任务就是团结带领全国各族人民全面建成社会主义现代化强国、实现第二个百年奋斗目标，以中国式现代化全面推进中华民族伟大复兴。"[1]二十大报告还对中国式现代化的中国特色、本质要求和实践原则进行了深刻论述。这些论述既是对以往社会主义现代化建设经验的深刻总结，也是对新时代中国式现代化建设规律认识的理论升华，为新时代新征程继续推进中国式现代化提供了科学指导与实践遵循。这一时期，我们坚持和加强党的全面领导，统筹推进"五位一体"总体布局、协调推进"四个全面"战略布局，坚持和完善中国特色社会主义制度、推进国家治理体系和治理能力现代化，坚持依规治党、形成比较完善的党内法规体系，战胜一系列重大风险挑战，以中国式现代化全面推进中华民族伟大复兴取得历史性成就、发生历史性变革，我国正在加快迈向更高质量、更有效率、更加公平、更可持续、更为安全的发展之路。

2. 坚持和发展中国特色社会主义是新时代实现富强的必由之路

"富强"一直是当代中国所追逐的价值目标，有着中国特色社会主义的

---

1 习近平：《高举中国特色社会主义伟大旗帜　为全面建设社会主义现代化国家而团结奋斗——在中国共产党第二十次全国代表大会上的报告》，人民出版社，2022，第21页。

价值指向，必须从制度与实践视角对富强价值理念进行深刻思考。在习近平看来，“只有社会主义才能救中国，只有中国特色社会主义才能发展中国，这是历史的结论、人民的选择”[1]。中国特色社会主义不仅是中国共产党对现阶段纲领的概括，更是科学社会主义的基本原则与中国实际相结合的产物。正因如此，要使国家变得富强起来，其前提是坚持和发展中国特色社会主义。习近平强调：“一个国家实行什么样的主义，关键要看这个主义能否解决这个国家面临的历史性课题。”[2]

近代中国面临诸多挑战，实现国家富强正是诸多历史任务中至关重要的一项，与之相应的富强价值理念也随着实践丰富着自身的内涵。正因为坚定不移走中国特色社会主义道路，推进富强价值理念及其实践，“近代以来久经磨难的中华民族迎来了从站起来、富起来到强起来的伟大飞跃，迎来了实现中华民族伟大复兴的光明前景”[3]，从而为中国的发展带来了令人期许的未来，为人民群众带来了美好的生活。鉴于革命、建设、改革和新时代的历史进程与本国国情，习近平在党的十九大报告中郑重地给出结论：“中国特色社会主义道路是实现社会主义现代化、创造人民美好生活的必由之路，中国特色社会主义理论体系是指导党和人民实现中华民族伟大复兴的正确理论，中国特色社会主义制度是当代中国发展进步的根本制度保障，中国特色社会主义文化是激励全党全国各族人民奋勇前进的强大精神力量。”[4]中国特色社会主义具有鲜明的时代性、民族性、科学性、民主性、群众性、创造性与正确性，而实现中华民族伟大复兴只有一个办法，就是走中国特色社会主义道路。因此，高举中国特色社会主义伟大旗帜，是富强价值理念的应有之义，社会主义与富强在价值层面是有机统一的。

1《习近平谈治国理政》第 1 卷，外文出版社，2018，第 22 页。
2《习近平谈治国理政》第 1 卷，外文出版社，2018，第 22 页。
3《习近平谈治国理政》第 3 卷，外文出版社，2020，第 8 页。
4《习近平谈治国理政》第 3 卷，外文出版社，2020，第 13 页。

3. 新时代富强以坚持和完善党的领导为最大优势

党政军民学，东西南北中，党是领导一切的。全面建设社会主义现代化国家、全面推进中华民族伟大复兴，关键在党。中国共产党自成立以来，经历一系列的革命战争，推翻了压在人民身上的“三座大山”，建立了人民当家作主的中华人民共和国。中国共产党是中国工人阶级、中国人民和中华民族的先锋队，是中国特色社会主义事业的领导核心，因此，坚持和完善党的领导对新时代推动国家富强具有重要的意义。2018 年，习近平在中共十九届三中全会第二次全体会议上强调：“我们治国理政的本根，就是中国共产党的领导和我国社会主义制度。”[1]在这一前提下，习近平进一步指出：“中国特色社会主义最本质的特征就是坚持中国共产党的领导，中国的事情要办好首先中国共产党的事情要办好”[2]；“党的领导是做好党和国家各项工作的根本保证，是我国政治稳定、经济发展、民族团结、社会稳定的根本点，绝对不能有丝毫动摇”[3]。习近平将坚持和完善党的领导提到了新的高度，指出只有中国共产党才能带领全国人民完成不断产生的新目标。

作为中国特色社会主义事业的领导核心，中国共产党也有着自身的初心与使命，“中国特色社会主义进入新时代，我们党一定要有新气象新作为。打铁必须自身硬。党要团结带领人民进行伟大斗争、推进伟大事业、实现伟大梦想，必须毫不动摇坚持和完善党的领导，毫不动摇把党建设得更加坚强有力”[4]。只有这样，才能充分地发挥中国共产党总揽全局、协调各方的作用，才能更好地推动富强价值理念在新时代的生动实践。在新时代，党领导国家走上富强的新征程，依旧面临着各种各样的考验与挑战，需要中国共产党保

1《习近平谈治国理政》第 3 卷，外文出版社，2020，第 165 页。

2 中共中央文献研究室编：《习近平关于协调推进“四个全面”战略布局论述摘编》，中央文献出版社，2015，第 138 页。

3 中共中央文献研究室编：《习近平关于青少年和共青团工作论述摘编》，中央文献出版社，2017，第 102 页。

4《习近平谈治国理政》第 3 卷，外文出版社，2020，第 47—48 页。

持忧患意识并努力完成新时代的发展目标。正是因为这个原因，党的二十大提出："全党必须牢记，全面从严治党永远在路上，党的自我革命永远在路上，决不能有松劲歇脚、疲劳厌战的情绪，必须持之以恒推进全面从严治党，深入推进新时代党的建设新的伟大工程，以党的自我革命引领社会革命。我们要落实新时代党的建设总要求，健全全面从严治党体系，全面推进党的自我净化、自我完善、自我革新、自我提高，使我们党坚守初心使命，始终成为中国特色社会主义事业的坚强领导核心。"[1]

4. 实现国家治理体系和治理能力现代化是新时代富强的治理保障

国家治理体系和治理能力是一个国家制度与制度执行能力的集中体现，实现现代化的国家治理体系和治理能力对于全面建设社会主义现代化国家、推进社会主义富强价值理念的实践具有举足轻重的作用。2013 年 11 月，党的十八届三中全会通过的《中共中央关于全面深化改革若干重大问题的决定》中首次提出"推进国家治理体系和治理能力现代化"的改革目标，从某种程度上讲，若缺乏现代化的国家治理体系和治理能力，社会主义现代化国家就很难建成，国家富强就很难实现。2019 年 10 月，在党的十九届四中全会第二次全体会议上，习近平指出："坚持和完善中国特色社会主义制度、推进国家治理体系和治理能力现代化，是关系党和国家事业兴旺发达、国家长治久安、人民幸福安康的重大问题。"[2] 这一论断在党和国家事业、人民根本利益的高度上，指明了实现国家治理体系和治理能力现代化的历史意义与现实意义。

推进国家治理体系和治理能力现代化，对于建成富强民主文明和谐美丽的社会主义现代化强国有着支撑性作用。换句话说，现代化的国家治理有助于全面建设社会主义国家的现代化，有助于富强等价值理念在治国理政全过

---

1 习近平：《高举中国特色社会主义伟大旗帜 为全面建设社会主义现代化国家而团结奋斗——在中国共产党第二十次全国代表大会上的报告》，人民出版社，2022，第 64 页。

2《习近平谈治国理政》第 3 卷，外文出版社，2020，第 118 页。

程中的贯彻与实现。新时代以来，“我们以巨大的政治勇气全面深化改革，打响改革攻坚战，加强改革顶层设计，敢于突进深水区，敢于啃硬骨头，敢于涉险滩，敢于面对新矛盾新挑战，冲破思想观念束缚，突破利益固化藩篱，坚决破除各方面体制机制弊端，各领域基础性制度框架基本建立，许多领域实现历史性变革、系统性重塑、整体性重构，新一轮党和国家机构改革全面完成，中国特色社会主义制度更加成熟更加定型，国家治理体系和治理能力现代化水平明显提高”[1]。但是，我国国家治理体系和治理能力仍存在不足之处，亟待改进。全面建设社会主义现代化国家的重要保障是国家治理体系和治理能力的现代化，更加完善地将我国的制度优势转化为治理效能的必然要求也是国家治理体系和治理能力的现代化。因此，党的二十大将“基本实现国家治理体系和治理能力现代化，全过程人民民主制度更加健全，基本建成法治国家、法治政府、法治社会”[2]，作为2035年我国发展总体目标的重要内容，切实夯实国家富强的治理保障。

5. 新时代富强以促进人的全面发展和实现全体人民共同富裕为价值旨归

社会主义富强价值理念蕴含着促进人的全面发展和实现全体人民共同富裕的基本价值追求。从含义上看，共同富裕指的是在辛勤劳动下全体人民最终达到物质生活富裕与精神生活富裕的生活状态。全体人民共同富裕，成为全面建设社会主义现代化国家的重要价值目标。习近平高度重视共同富裕的发展目标，共同富裕与国家富强息息相关，可以说若要深刻理解新时代富强价值理念的核心含义，必须从价值的维度精准掌握全面建设社会主义现代化国家与促进人的全面发展、实现全体人民共同富裕的内在联系。党的十九届

1 习近平：《高举中国特色社会主义伟大旗帜　为全面建设社会主义现代化国家而团结奋斗——在中国共产党第二十次全国代表大会上的报告》，人民出版社，2022，第 9 页。

2 习近平：《高举中国特色社会主义伟大旗帜　为全面建设社会主义现代化国家而团结奋斗——在中国共产党第二十次全国代表大会上的报告》，人民出版社，2022，第 24 页。

五中全会第一次提出以“人的全面发展、全体人民共同富裕取得更为明显的实质性进展”[1]为目标，这正是在远景目标的层面对富强价值理念作出了新的阐释与新的注解。

“治国之道，富民为始”[2]。习近平指出：“共同富裕是社会主义的本质要求，是人民群众的共同期盼。我们推动经济社会发展，归根结底是要实现全体人民共同富裕。”[3]共同富裕不仅是马克思主义的一个基本目标，也是自古以来我国人民的一个基本理想。孔子说：“不患寡而患不均，不患贫而患不安。”[4]孟子说：“老吾老以及人之老，幼吾幼以及人之幼。”[5]《礼记》中具体而生动地描绘了“小康”社会和“大同”社会的状态。按照马克思恩格斯的构想，共产主义社会将彻底消除阶级之间、城乡之间、脑力劳动与体力劳动之间的对立和差别，实行各尽所能、按需分配，真正实现社会共享、实现每个人自由全面的发展。在全面建设社会主义现代化国家新征程中，我们应坚持一切为了人民、一切依靠人民，始终把人民放在心中最高位置、把人民对美好生活的向往作为奋斗目标，把促进全体人民共同富裕摆在更加重要的位置，脚踏实地、久久为功，自觉主动解决地区差距、城乡差距、收入差距等问题，坚持在发展中保障和改善民生，统筹做好就业、收入分配、教育、社保、医疗、住房、养老、扶幼等各方面工作，更加注重向农村、基层、欠发达地区倾斜，向困难群众倾斜，促进社会公平正义，让发展成果更多更公平地惠及全体人民，向着共同富裕的目标更加积极有为地进行努力，促进人的全面发展和社会全面进步，让广大人民群众的获得感、幸福感、安全感更加充实、更有保障、更可持续。

1《中国共产党第十九届中央委员会第五次全体会议文件汇编》，人民出版社，2020，第 23 页。

2《史记 · 平津侯主父列传》。

3 中共中央党史和文献研究院编:《十九大以来重要文献选编》中册，中央文献出版社，2021，第 784 页。

4《论语 · 季氏》。

5《孟子 · 梁惠王上》。

第二节　社会主义民主价值理念的内涵与要求

“民主”一词源于希腊语“demos”，意为人民。民主用于国家形式，即成为一种国家制度，与“专制”相对立。民主不仅指政体，也指国体，指一个阶级掌握国家政权、管理国家，对内实行民主制，对其敌对阶级实行专政。“民主”作为培育和践行社会主义核心价值观国家层面的基本理念，是由我们国家的性质、历史和国情决定的。现实充分而有力地证明了我国的民主制度是好的，是有生命力的，这就是我们对制度充满自信之所在。但是，我国社会主义民主政治建设仍处于初级阶段，还有许多不完善和不足之处。这就更加需要所有国民自觉自愿地培育和践行正确的民主价值观，积极支持党和国家稳妥推进政治体制改革，发展更加广泛、更加充分、更加健全的人民民主。

一、对中国传统民主价值理念的传承转化

“民主”一词并不是中国本土固有的，而是一个由西方传入的舶来品，但这并不意味着中国五千多年历史发展中不存在民主的思想因素，任何人类文明“都是顺着同一个悬崖从底层的同一个起点向高处同一个目标攀登”[1]，在浩如烟海、丰富庞大的中华传统文化中，我们也能发现民主价值理念在中国发展的轨迹。中华传统民本价值理念是中华传统文化的优质基因，彰显了人类民主理想与实践的中国智慧和中国特色，从中华传统文化中汲取民主和民本价值理念的价值，对于我们今天培育和践行社会主义核心价值观民主价值理念、推进中国特色社会主义民主政治建设有着深刻的时代意义。

（一）传统民本价值理念的历史演进：民意重于神旨

在生产力水平低下的古代，我国曾经历过迷信神权的阶段。随着生产力

1〔英〕阿诺德·汤因比：《历史研究》上卷，郭小凌、王皖强、杜庭广、吕厚量、梁洁译，上海人民出版社，2010，第 242 页。

水平提高、人民力量壮大，哲学家和统治者们更加注重民心。作为人类共同的价值追求，民主在不同的历史阶段、不同的国家呈现出不同的形式。我国古代的民主价值理念蕴含在中华传统文化中，相比“民主”，更为贴切的表达应该为“民本”。“民本”就是以民为本，最早可追溯到原始社会时期，发展到阶级社会逐渐演变成统治阶级治理国家的基本政治准则和社会发展的重要价值准则。

中国古代的民本价值理念有着深厚的思想史渊源。《尚书》中写道“民为邦本，本固邦宁”[1]，言简意赅地表达出国家想要安定需要安抚好民众；《尚书》又云“天视自我民视，天听自我民听”[2]；孟子的表述则更加通俗易懂，“民为贵，社稷次之，君为轻”[3]的千古名句被历代封建统治者视为箴言；老子也曾说“圣人无常心，以百姓心为心”[4]；管子则说“政之所兴，在顺民心；政之所废，在逆民心”[5]；荀子认为“君者，舟也；庶人者，水也。水则载舟，水则覆舟”[6]，将君民关系比喻为鱼水关系，是一种形象化的贴切表述；贾谊认为“民无不为本也”[7]；黄宗羲认为“凡君之毕世所经营者，为天下也”[8]；顾炎武认为“保天下者，匹夫之贱与有责焉耳矣”[9]；等等。如上观点都是中国传统民本价值理念的生动诠释与经典表达。

民本价值理念是专制统治下封建统治者治国理政的经验总结，“它要求统治者从其整体、长远利益着眼，严格约束自己的过分行为，通过道德修养，具备‘仁民爱物’的情操，从而‘爱民’‘博施于民’‘使民以时’‘富

1《尚书·五子之歌》。
2《尚书·泰誓中》。
3《孟子·尽心下》。
4《老子·四十九章》。
5《管子·牧民》。
6《荀子·王制》。
7《新书·大政上》。
8《明夷待访录·原君》。
9《日知录·正始》。

而后教'，达到天下大治。……民本主义常常导致立法与司法的冷静与宽容，这不仅有利于保护生产力与社会生产的恢复与发展，而且还推动古代法律由野蛮走向文明。其副作用是麻痹劳动人民的反抗意识，使他们常常寄希望于仁慈的统治者。"[1]但纵观中国古代民本价值理念，我们能够发现这些思想中虽然都有轻君贵民的内涵，甚至质疑封建专制统治，但是对于人民的政治权利该如何赋予，人民的政治权利又该通过何种途径取得，这些问题一直都没有定论。由此可见，中华传统文化中的民本价值理念根本上还是为统治阶级服务的，和谐的君民关系更像一种父子关系，"民之所好好之，民之所恶恶之，此之谓民之父母"[2]。

（二）克己复礼为内核的民本初探

先秦时期，孔子和孟子的民本价值理念最具有典型性。孔子作为伟大的教育家、思想家，在教育上主张"有教无类"[3]，在处理君臣关系时，他的核心思想在"仁"。孔子认为"仁"是儒家最基本的社会伦理范畴，是儒家思想的核心，其他的礼、义、廉、耻、孝、悌、忠、信等都以"仁"为前提。三纲五常是儒家倡导的基本社会伦理准则，而"仁"有着五常之首的地位。西周统治者们感叹商朝的覆灭，认为商灭亡的原因在于君主行为不端，引起民愤，以此得出治国理政的根本在于"以德配天""敬德保民"。这种思想被孔子景仰，他的治国思想就是在恢复周礼的基础上实施仁政。《论语》中记载了孔子的弟子颜渊向孔子求教统治者何以具有仁德的方法，孔子对此有独到的见解，即"克己复礼为仁"[4]。意思是说，克制自己的不正当欲望，使自己的言行符合礼制。能不能做到"仁"，取决于自己，受外界的影响不大。颜渊又问：那具体该怎么做呢？孔子回答："非礼勿视，非礼勿听，非礼勿

1 丛日云：《西方政治文化传统》，大连出版社，1996，第259页。

2《大学》。

3《论语 · 卫灵公》。

4《论语 · 颜渊》。

言，非礼勿动。”[1]孔子在这里没有告诉颜渊应该做什么，而是告诉他求仁不能违背礼制。而这样的“克己复礼”不仅是对个人的要求，对于君主来说，也要做到对下实行仁政，建立合乎纲常的统治秩序，即“君君，臣臣，父父，子子”[2]。

孔子逝世百年后，人称“亚圣”的孟子继承了孔子的“仁爱”思想，并在此基础上提出了“民贵君轻”的思想，意为从天下国家的立场来看，民是基础，是根本，民比君更加重要。人类进入文明社会，建立阶级政权，首先要处理的一个至关重要的问题就是如何协调统治者与民众之间的关系。孟子最为经典的论述无疑是：“民为贵，社稷次之，君为轻。是故得乎丘民而为天子，得乎天子为诸侯，得乎诸侯为大夫。诸侯危社稷，则变置。牺牲既成，粢盛既洁，祭祀以时，然而旱乾水溢，则变置社稷。”[3]虽然它还不能完全等同于我们现在所提的民主价值理念，但二者在精神实质上却有内在联系，应当给予充分肯定和发扬。

（三）仁政为民思想的推崇与运用

西汉初年的思想家贾谊对儒家治国思想作出了继承和发展，在此之前，陆贾与叔孙通也曾建议采用儒家思想，遗憾的是未能从实践层面落实。西汉初期又一直奉行休养生息的黄老之学，贾谊对此不认同，认为仁与礼相结合的儒学之道才是治国的正统思想。汉文帝对贾谊推崇的儒学之治非常认可，他的思想也在历史上产生了深刻的影响。贾谊推崇儒学之道并非一时兴起，而是基于对社会现状的考察。他认为，当时社会诸侯割据、战乱不休，存在诸侯王有悖伦理、僭越王室的现象，如若此种现象泛滥，必然会在一定程度上对中央集权造成威胁；封建王朝不应当以黄老之学作为治国思想，相反，整个社会亟须建立一种制度——通过仁与礼，规范人们的行为，以确立社会

1《论语·颜渊》。
2《论语·颜渊》。
3《孟子·尽心下》。

等级和尊卑制度，而儒学就成为当时的不二之选。贾谊认为，“闻之于政也，民无不为本也。国以为本，君以为本，吏以为本。故国以民为安危，君以民为威侮，吏以民为贵贱。此之谓民无不为本也”[1]。贾谊的思想中带有强烈的民本主义色彩，这主要是因为他认为秦朝的灭亡归根结底是不能实施仁政，要维护汉朝的统治，就应当在纷乱的朝代更替中看到人民的作用，天子应当以爱民为维护统治的手段。“故夫民者，弗爱则弗附。”[2]人民贫苦则会引发社会动乱，人民富足则国家得以长治久安。

唐朝是中国封建社会的鼎盛时期之一，这一时期的法律制度和意识形态在中华民族的历史上有着重要的地位。贞观之治是历史上著名的盛世，唐太宗李世民非常欣赏荀子的这句话，即“君者，舟也；庶人者，水也。水则载舟，水则覆舟”[3]。李世民认为，隋朝的灭亡在于统治者对人民实施暴政，所以他提倡以农业为激励手段减轻人民的负担。他经常以“为君之道，必须先存百姓。若损百姓以奉其身，犹割股以啖腹，腹饱而身毙”[4]来警醒自己，强调要想得到民心，必须为君有道。我们回顾中华民族几千年的历史，万千百姓无可置疑地成为推动历史进程的决定性力量，民心向背更是决定了朝代的兴亡。

（四）礼制与王权博弈中催生的民本意识

宋元时期的民本价值理念并未较之前有更大的超越，这一时期的典型代表就是程朱理学。程颢、程颐是程朱理学的首创者，朱熹是其集大成者。程朱理学认为“理”是万事万物诞生的本原，“理”是善的化身。由于万事万物都是由“理”产生出来，所以人们要想达到自身的完善，就必须探求“理”，也就是格物致知。明代也以程朱理学为官学，并将这种官学大范围地

1《新书·大政上》。
2《新书·大政下》。
3《荀子·王制》。
4《贞观政要·君道》。

推广，由中央到地方都制定了比较健全的官学体系来教授学生。国子监就是当时最高的教育学府，地方的州和县则分别设置教授、学正和教谕等官衔。学术界一般认为，程朱理学是中国封建社会彻底走向专制统治的标志。

将程朱理学完全等同于封建道德伦理学说的说法并不严谨，但程朱理学确实为封建道德伦理学说提供了理论支撑，并且与封建道德制度、封建宗法制度密不可分。对封建纲常的维护其实就是对程朱理学的维护。程朱理学的核心内容还是来自儒家学说，并且有观点指出，朱子认为理高于势，就是在皇权之上提出了理的概念，无形中质疑了至高无上的皇权，在一定意义上也是民本价值理念的衍生和合理化运用。

（五）反专制思想蕴含的早期民主启蒙

明清时期的思想家中，有强烈民本意识的代表人物当数黄宗羲、王夫之、顾炎武，而其中最具有代表性的当数黄宗羲，他与顾炎武、王夫之、唐甄并称“明末清初四大启蒙思想家”，与顾炎武、方以智、王夫之、朱舜水并称为“明末清初五大家”，与李颙、孙奇逢并称“海内三大鸿儒”，同时享有“中国思想启蒙之父”的称号。黄宗羲在《明夷待访录》中提出“古者天下为主，君为客”[1]的民主思想，认为“天下之治乱，不在一姓之兴亡，而在万民之忧乐”[2]，主张以“天下之法”取代皇帝的“一家之法”，认为王朝的兴衰不能看君主，而应该看老百姓是否安居乐业、远离战乱。黄宗羲的这种思想其实是主张限制君权，保证人民的基本权利。他反对封建专制，质疑封建专制，也在一定意义上论证了反封建斗争的合理性。

王夫之是一位朴素的唯物主义思想家，批判了朱熹的禁欲主义，提倡不能离开人欲空谈天理，天理存在于人欲中。王夫之忠于明朝，对明朝的衰落作出了深刻的反省，但没有沉浸在悲情的民族意识中。他在《读通鉴论》中

1《明夷待访录·原君》。

2《明夷待访录·原臣》。

得出了“夷狄之蹂躏中国，亦非必有固获之心，中国致之耳”的结论；他批判君主与大臣聚敛财富，批判君主因为猜忌残害忠良，批判奸臣败坏朝纲，批判大臣佣兵自傲，批判商人贪恋财利，批判奸臣引狼入室……在他心中，前朝旧事只不过是明朝的现实而已，“理势合一”是王夫之在历史沉思中得出的最有洞见的结论。

顾炎武被称作“开国儒师”“清学开山始祖”，他虽然没有直接否定君权，但是提出了“众治”的主张，在一定意义上具有早期民主启蒙思想色彩。他从“明道救世”的经世思想出发，在《日知录》中旁征博引地论证了“君”名称的由来，从称呼上首先对君主专制的合理性提出自己的看法，并进而反对“独治”，主张“众治”，所谓“人君之于天下，不能以独治也。独治之而刑繁矣，众治之而刑措矣”[1]。他没有逾越封建的藩篱，但这种思想在当时的时代背景下已经非常难能可贵。

二、对西方民主价值理念的有益借鉴

民主作为一种价值理念，作为政治上层建筑的一种形式，伴随阶级、国家的产生、变化而作出相应的改变。从词源上讲，民主是由希腊文 Demos（民主）和 Kratia（政治或权威）演变而来，又叫“人民管理自己的事务”。追本溯源，研究西方民主价值理念对于从比较视野理解社会主义民主价值理念有着重要意义。

（一）“民”是政治生活的直接参与者

雅典民主是一种典型的民主政治形态，存在于公元前 6 世纪至前 4 世纪，它被誉为古代民主的灯塔。雅典国土面积很大，最繁荣时期的人口为 40 万左右，但公民仅占总人口的十分之一。伯里克利时期是雅典民主的全盛时期，公民大会为最高权力机构，权力本应该掌握在公民手里，但这种制度在

1《日知录 · 爱百姓故刑罚中》。

运行过程中，实则将权力过渡到了贵族手中。会议的召开、议程的制定、会议的草案皆是由贵族通过，公民在这个过程中只是象征性地投票。公元前6世纪克利斯梯尼（Cleisthenēs）改革，公民大会才成为实质意义上的权力中心。在雅典民主政治发展的过程中，曾经实行“陶片放逐法”，若认为某人的行为有损公民利益，可将其姓名写在陶片上，如果多数通过，此人就被放逐十年，但最后也因为实施过程中各种难以预见的因素逐渐演变为内部斗争的工具。雅典民主制衰亡的根本原因，在于城邦制度不能适应生产力的进一步发展，公民权利也演变为一种世袭特权。因此，在实行直接民主制的地方建立一个制约机制是十分必要的。

传说罗马历史上最早实行的是王政。公元前510年，罗马建立共和国，“共和国是人民的事业”，人民是“许多人基于法的一致和利益的共同而结合起来的集合体”[1]。罗马共和国作为奴隶制国家，它的民主是由奴隶主居于主导地位对罗马公民实行统治的形式，虽然规定罗马公民有选举权和被选举权，但国家的权力还是在贵族手里。为了与贵族抗衡，平民作为共和国兵力的主要来源，以拒绝作战来赢得选官保民的权利。法国启蒙思想家孟德斯鸠曾评价“罗马的法律贤明地把国家的权力分配给许多高级官吏，这些官吏相互之间起支持、制止和限制的作用”[2]。但随着罗马的疆域不断扩大，贵族与平民、罗马人民与被征服人民、奴隶主与奴隶之间的矛盾日益加剧。公元前27年，元老院授予屋大维“奥古斯都”称号，伴随着屋大维的独裁统治，罗马的民主制开始走向衰落。

（二）基督教文化色彩中的教徒民主

从某种意义上讲，近代民主观念是古代民主在新的历史条件下的复活，中世纪的史学被基督教思想体系和价值观牢牢控制着。基督教作为一种与古

1 李铁映：《论民主》，中国人民大学出版社，2007，第360页。

2〔法〕孟德斯鸠：《罗马盛衰原因论》，婉玲译，商务印书馆，2017，第63页。

代文明相结合的产物，它的教义是“信仰与理性”的统一体。基督教在信仰主义之外还崇尚理性主义。这种信仰主义与理性主义的统一，使得基督教有可能作为古希腊、古罗马民主观念的特殊传承者。中世纪早期欧洲的文化蛮荒状态使得基督教客观上担负起文明传承的使命，约翰·麦克曼勒斯（John McManners）认为：“如果说基督教在罗马世界中的基本态势是学习的话，那么在日耳曼的基本态势就是教导别人，它传授给日耳曼人的正是它过去从罗马人那里学来的东西。”[1]

基督教一开始没有职业传教士。早期的主教是教徒民主推举的产物，这一因素对后来的宗教改革和西方的民主制度产生了重大影响。据有关史料记载，“这时教会为了保持信仰和组织的纯洁性，抵制各种异端；为了管理教会的财政、处理日常事务，通过自然形成或公众推举逐步产生了一批有一定权威和某种特殊身份的教会领袖。这是主教制的雏形”[2]。选举自由在基督教会合法地位建立起来很久以后还依然存在，罗马臣民在教会中享受着他们在共和国中已失去的选举权。

（三）意志自由与个人权利的膨胀

14 世纪到 16 世纪，在文艺复兴运动中，新兴资产阶级用文艺形式表达了对封建势力和基督教黑暗统治的反抗。文艺复兴中鼓吹的人文主义为西方民主价值理念的发展提供了重要的思想资源，早期的人文主义思想家将目光投向“湮没已久而又突然重放光彩的古希腊、罗马文化，不胜惊叹。他们热烈赞崇反映奴隶主民主政治和奴隶制商品经济的古典文化，掀起了研究古典学术的热潮，到处搜求古典文籍的抄本，模拟古典艺术家的作品，努力发掘和利用古典文化中与封建意识形态相对立的一切因素，从语言到艺术形式都

1〔英〕约翰·麦克曼勒斯主编：《牛津基督教史》，张景龙、沙辰、陈祖洲等译，贵州人民出版社，1995，第 212 页。

2 关颖、唐韵娣：《欧洲文化源流》，哈尔滨地图出版社，2007，第 87 页。

表现出某种‘复古’倾向”[1]。文艺复兴倡导人的价值，维护人的尊严，把人放在主体的地位，认为人是一切关系的中心，以人性代替神性。近现代西方民主宣称的保障人的权利和限制国家的权力，其理论基础就是文艺复兴时期确立的“个人本位”的世界观。

第一，“以个人为中心”的自由主义观。在文艺复兴时期，人文主义者主张将个人的意志、欲望和权利作为人观察、思考与评判万事万物的基本准则，也就是“以个人为中心”。人文主义与自由主义有着深刻的思想关联，“人文主义最重要的思想功绩就是解放了人，特别是个人，为个人主义思想观念奠定了基础，这恰恰从根基上为自由主义思想准备了条件”[2]。第二，意志自由是一切自由的前提。意志自由是超越自然主义的人的理性的体现。但丁是文艺复兴时期第一个肯定人类自由的人，他认为：“人类一旦获得充分的自由，就能处于最佳状态。”[3]

文艺复兴带给后世最大的影响在于，从人性论出发提出享受自然的主张，同时为近代民主观念奠定了基础。但文艺复兴运动在推进过程中过分强调人的价值，以至于在后期引起个人私欲膨胀、物质享受和奢靡泛滥等一系列负面影响。

（四）理性和法的视角下自由与制约的统一

启蒙运动的指导思想是理性主义，其代表人物有卢梭、孟德斯鸠和霍布斯等，这次运动有力地批判了封建专制主义、宗教愚昧主义及特权主义，宣传了自由、民主和平等的思想，为欧洲资产阶级革命作了思想理论准备和舆论宣传。启蒙运动中的代表思想，一般认为有以下三点：

一是天赋人权。人的生命、自由、平等和财产等是人与生俱来的、不可剥夺的、不可转让的权利。几乎所有的启蒙思想家都是先验的天赋人权论

---

1 林举岱、陈崇武、艾周昌主编：《世界近代史》，上海人民出版社，1982，第 8—9 页。

2 顾肃：《自由主义基本理念》，中央编译出版社，2003，第 202 页。

3〔意〕但丁：《论世界帝国》，朱虹译，商务印书馆，2017，第 17 页。

者，其中卢梭又是天赋人权论的主要倡导者。他在《社会契约论》中写道："人是生而自由的，但却无往而不在枷锁之中。"[1]他又在《论人类不平等的起源和基础》中提出"人类主要的天然禀赋，生命和自由……这些天赋人人可以享受"……"自由乃是他们以人的资格从自然方面所获得的禀赋"[2]的观点。卢梭提出并论证了自然的自由、社会的自由和道德的自由。托马斯·潘恩（Thomas Paine）是在北美宣传天赋人权学说的最重要的思想家。他的基本思想为美国《独立宣言》所吸收。潘恩认为："所有的人生来就是平等的，并具有平等的天赋权利。"[3]二是人民主权论。西方近代主权与中国的大一统政权不同，它对内具有最高性，国家的立法、行政、司法权力均源自主权，对外具有排他性，主权国家互不隶属。18世纪，启蒙思想家形成了基于社会契约的人民主权学说，它源于对教会统治和"君权神授"观念的批判，是对神权至上、君权神授论的否定，具有反对封建专制主义的革命进步意义。英国著名的法制史学家梅因（Maine）作出了这样的论断："所有进步社会的运动，到此处为止，是一个从'身份到契约'的运动。"[4]三是权力制约论。近代分权学说是由洛克倡导、由孟德斯鸠加以发展和完成的。洛克作为近代自由主义的创始人，权力分立以保障自由是他的法哲学最闪光的部分。洛克认为每个国家都有三种权力，即立法权、行政权和对外权，他希望用权力的分立来制约权力，这是洛克对民主思想的一个伟大贡献。孟德斯鸠认为，权力如果不加以限制就一定会被滥用，"自古以来的经验表明，所有拥有权力的人，都倾向于滥用权力，而且不用到极限决不罢休。谁能想到，美德本身也需要极限！为了防止滥用权力，必须通过事物的统筹协调，以权力制止权力"[5]。

1〔法〕卢梭：《社会契约论》，何兆武译，商务印书馆，2016，第4页。
2〔法〕卢梭：《论人类不平等的起源和基础》，李常山译，商务印书馆，1962，第137页。
3〔美〕托马斯·潘恩：《潘恩选集》，马清槐译，商务印书馆，1981，第141页。
4〔英〕梅因：《古代法》，沈景一译，商务印书馆，1959，第97页。
5〔法〕孟德斯鸠：《论法的精神》，许明龙译，商务印书馆，2017，第185页。

启蒙运动反抗权威，让民主共和观念深入人心。但启蒙运动仅凭假设与推理来构想学说，看不到经济与社会的辩证联系，夸大了理性的作用，解构了宗教信仰之后，让人类变成精神上无家可归的流浪者，其与现代意义上的民主思想还有一定的差距。

三、社会主义民主价值理念的核心要义

追求民主是19世纪中叶以来中国人民寻求自己现代身份以及民族国家认同的重要命题。从诞生那天起，中国共产党就带领中国人民高举民主旗帜，以追求和实现民主为目标，把马克思主义的民主理论同中国革命和建设的具体实践结合起来，逐渐形成了中国特色社会主义民主理论和民主价值理念，探索和创新了一条具有中国特色的社会主义民主新路。

（一）马克思主义群众观——“以人民为中心”

马克思恩格斯在青年时期为民主革命而战，此后，在无产阶级革命的实践基础上，逐渐从革命民主主义转变为共产主义，同时将民主理想提升为共产主义理想。他们从实践革命开始，运用历史唯物主义的观点，阐明经济基础和上层建筑、社会和国家、阶级和政党、个人和社会之间的关系。在此基础上，他们研究并继承了18世纪欧洲资产阶级的民主理论，对民主问题进行了大量的理论研究和实践探索，提出了一系列关于民主概念及其本质的理论问题，无情地揭露与批判封建主义和独裁统治的等级特权，并提出建立人民政府的想法。资产阶级民主有一定的历史意义，马克思恩格斯的辩证研究不仅肯定了其反对封建独裁的历史进步性，而且揭示了资产阶级民主的阶级局限性，揭示了资产阶级民主形式与内容、政治与经济、国家与社会之间的内在矛盾。马克思恩格斯在此基础上总结了无产阶级革命的经验，阐明了无产阶级民主的理想，揭示了无产阶级民主和资产阶级民主之间的根本区别，从而形成了马克思主义民主理论。

马克思在《黑格尔法哲学批判》中质疑黑格尔的“人格化主权”观点，

认为黑格尔所极力美化的普鲁士君主立宪制与真正的人民主权是背道而驰的，他说：“在君主制中是国家制度的人民；在民主制中则是人民的国家制度。”[1]他还说：“民主制独有的特点是：**国家制度**在这里毕竟只是人民的**一个**定在环节，**政治制度**本身并不构成国家……不是国家制度创造人民，而是人民创造国家制度。”[2]马克思十分明确地提出：“人民是否有权为自己制定新的国家制度？”[3]他回答说：“对这个问题的回答应该是绝对肯定的，因为国家制度一旦不再是人民意志的现实表现，它就变成了事实上的幻想。”[4]马克思在《哥达纲领批判》中更为系统地论证了人民当权的观点，他指出：“‘民主的’这个词在德语里意思是‘人民当权的’”[5]。综上可见，马克思所说的民主实际上是人民当家作主，即人民可以按照自己的意愿建立国家制度来保障个人权利的实现。

（二）人民民主专政实质是中国化的无产阶级专政

人民民主专政是我国的国体。它作为无产阶级专政的一种形式，在党领导人民的革命斗争中诞生，是马克思主义基本原理与中国实际相结合的产物。毛泽东在《论人民民主专政》中，精辟地阐述了人民民主专政的国体理论。毛泽东认为，革命胜利后的中国，只能建立工人阶级领导的以工农联盟为基础的人民民主专政政权。因为，近百年来，特别是党成立以来的革命斗争经验证明，在中国这样一个受帝国主义压迫的半殖民地半封建国家，不能搞资产阶级民主主义，不能建立资产阶级共和国，唯一正确的道路是经过人民民主专政到达社会主义和共产主义。“这个专政必须和国际革命力量团结一致。这就是我们的公式，这就是我们的主要经验，这就是我们的主要

1《马克思恩格斯全集》第3卷，人民出版社，2002，第39页。
2《马克思恩格斯全集》第3卷，人民出版社，2002，第40页。
3《马克思恩格斯全集》第3卷，人民出版社，2002，第73页。
4《马克思恩格斯全集》第3卷，人民出版社，2002，第73页。
5《马克思恩格斯文集》第3卷，人民出版社，2009，第443页。

纲领。”[1]

广大人民在党的领导下和法律允许的范围内，能够自由地行使民主权利，这就是人民民主。毛泽东指出：“人民的国家是保护人民的。有了人民的国家，人民才有可能在全国范围内和全体规模上，用民主的方法，教育自己和改造自己，使自己脱离内外反动派的影响……向着社会主义社会和共产主义社会前进。”[2]其中，“严重的问题是教育农民”，因为“农民的经济是分散的……需要很长的时间和细心的工作，才能做到农业社会化”[3]。进行这项工作的方法“是民主的即说服的方法，而不是强迫的方法”[4]。毛泽东认为，人民民主专政就是把人民内部的民主和对敌人的专政结合起来，而且这种是非常必要的。之所以这样认为，是因为国内的反动阶级一日不消除，人民民主的实效性就难以得到保障，也就无法实现人人平等的和谐社会。

新中国成立前夕，共产党与各民主党派一同通过了《共同纲领》，它表明，新中国成立后，将以共产党为领导，坚定不移地走社会主义道路。在社会主义建设时期，毛泽东多次强调了多党合作的方针。1956 年，他指出，共产党与各民主党派要“长期共存，互相监督”。不但过去如此，而且将来也可以如此。1957 年，毛泽东又重申：“共产党同各民主党派长期共存，这是我们的愿望，也是我们的方针。”[5]毛泽东认为，对一切善意地向我们提意见的民主人士，我们都要团结，即使骂我们的人，“也要养起来，让他们骂，骂得无理，我们反驳，骂得有理，我们接受。这对党，对人民，对社会主义比较有利”[6]。这是对多党合作民主理论的生动运用和深刻表述，是我们党始终保持机体健康的重要方式。

1《毛泽东选集》第 4 卷，人民出版社，1991，第 1480 页。
2《毛泽东选集》第 4 卷，人民出版社，1991，第 1476 页。
3《毛泽东选集》第 4 卷，人民出版社，1991，第 1477 页。
4《毛泽东选集》第 4 卷，人民出版社，1991，第 1476 页。
5《毛泽东文集》第 7 卷，人民出版社，1999，第 235 页。
6《毛泽东文集》第 7 卷，人民出版社，1999，第 35 页。

（三）以政治稳定为保障推进民主建设

邓小平认为中国现在的民主不是资产阶级民主，而是中国共产党领导下的人民当家作主。这种社会主义民主在实行过程中坚持民主与专政、民主与法制、民主与纪律、民主与集中、权利与义务的统一，民主必须与法制相结合。他指出："民主和法制，这两个方面都应该加强，过去我们都不足。要加强民主就要加强法制。没有广泛的民主是不行的，没有健全的法制也是不行的。""民主要坚持下去，法制要坚持下去。这好像两只手，任何一只手削弱都不行。"[1]他还强调，社会主义民主和社会主义法制是不可分的。不要社会主义法制的民主，只能使我们的国家再一次陷入无政府状态，使国家更难民主化，使国民经济更难发展，使人民生活更难改善。

民主属于上层建筑，属于政治范畴，是有阶级属性的。建设社会主义民主政治，就是要旗帜鲜明地反对资产阶级"自由化"，反对盲目崇拜西方资本主义国家的"自由"和"民主"，防止脱离中国国情照搬西方国家的三权分立、议会制和多党制那一套，防止否定社会主义和共产党领导的倾向。所谓资产阶级自由化，就是要中国全盘西化，走资本主义道路，就是要反对共产党的领导，反对社会主义制度，把西方资本主义制度全盘搬到中国来。对这种危险倾向，邓小平认为："中国根据自己的经验，不可能走资本主义道路。道理很简单，中国十亿人口，现在还处于落后状态，如果走资本主义道路，可能在某些局部地区少数人更快地富起来，形成一个新的资产阶级，产生一批百万富翁，但顶多也不会达到人口的百分之一，而大量的人仍然摆脱不了贫穷，甚至连温饱问题都不可能解决。……所以我们不会容忍有的人反对社会主义。"[2]

中国的社会主义民主政治建设在发展过程中始终面临着两个方面的艰巨

1《邓小平文选》第 2 卷，人民出版社，1994，第 189 页。
2《邓小平文选》第 3 卷，人民出版社，1993，第 207—208 页。

任务：一方面，必须避免资产阶级的“自由化”和西方的“和平演变”；另一方面，要警惕封建思想的残留和侵蚀，消除封建残余的影响。只有坚持四项基本原则，才能成功地完成这两项任务，才能真正贯彻社会主义民主价值理念。

（四）以改革发展推动中国特色社会主义民主完善

与改革开放的进程相适应，在中国共产党的民主话语体系中，“完善”“健全”“发挥”“更加”“维护”这样的词有着较高的使用频率，这也反映出社会主义民主政治及其价值理念发展的时代特点。

在党的十四大报告中，江泽民指出：“同经济体制改革和经济发展相适应，必须按照民主化和法制化紧密结合的要求，积极推进政治体制改革。……建设有中国特色的社会主义民主政治”[1]。这里他着重强调了各项制度改革举措之间的内在关联，强调了政治体制改革在推动我国民主政治完善中的重要作用。推动我国民主政治完善，必须坚持和完善人民代表大会制度这一根本政治制度，必须充分把握这一根本政治制度的优势、特色、功能与经验。江泽民强调：“人民代表大会制度，是我国的根本政治制度。它是我们党长期进行人民政权建设的经验总结，也是我们党对国家事务实施领导的一大特色和优势。建国以来，特别是近十年来的实践证明，人民代表大会制度体现了我们国家的性质，符合我国国情，既能保障全体人民统一行使国家权力，充分调动人民群众当家做主的积极性和主动性，又有利于国家政权机关分工合作，协调一致地组织社会主义建设。当然，这个制度还需要继续完善，人大的工作也需要改进和加强。”[2]

党的十六大以后，以胡锦涛同志为主要代表的中国共产党人，在加强党内民主和人民民主方面进行了新的探索。党的十六大报告首次提出“党内民

---

1 中共中央文献研究室编：《十四大以来重要文献选编》上册，人民出版社，1996，第 28 页。
2 中共中央文献研究室编：《十三大以来重要文献选编》中册，人民出版社，1991，第 941—942 页。

主是党的生命”[1]的重要论断，随后党的十七大报告又首次提出“人民民主是社会主义的生命”[2]的重要论断，提出“要以扩大党内民主带动人民民主，以增进党内和谐促进社会和谐”[3]的重要论断。胡锦涛认为，发展中国特色社会主义民主政治要做到以下两点：一是加强党内民主建设；二是在扩大党内民主的带动下，加强人民民主，扩大人民民主。在党的十八大报告中，胡锦涛又提出了“社会主义协商民主是我国人民民主的重要形式”[4]的新论断。

（五）发展全过程人民民主，保障人民当家作主

党的十八大以来，中国特色社会主义进入新时代。以习近平同志为核心的党中央统筹把握中华民族伟大复兴战略全局和世界百年未有之大变局，提出新时代民主政治建设深入发展的一系列重大理论和实践问题，特别是在党的二十大报告中提出：“全过程人民民主是社会主义民主政治的本质属性，是最广泛、最真实、最管用的民主。必须坚定不移走中国特色社会主义政治发展道路，坚持党的领导、人民当家作主、依法治国有机统一，坚持人民主体地位，充分体现人民意志、保障人民权益、激发人民创造活力。”[5]这些新思想、新观点、新论断，是中华文化和中国精神的时代精华，是马克思主义中国化的最新理论成果，也是我们党加强新时代社会主义民主政治建设、发展社会主义民主价值理念的指导方针。

一是坚持走中国特色社会主义政治发展道路。习近平指出：“世界上没有完全相同的政治模式，没有也不可能有一种放之四海而皆准的政治发展道路。一个国家实行什么样的政治制度，走什么样的政治发展道路，必须与

1 中共中央文献研究室编：《十六大以来重要文献选编》上册，中央文献出版社，2005，第 39 页。

2 中共中央文献研究室编：《十七大以来重要文献选编》上册，中央文献出版社，2009，第 22 页。

3 中共中央文献研究室编：《十七大以来重要文献选编》上册，中央文献出版社，2009，第 39 页。

4《胡锦涛文选》第 3 卷，人民出版社，2016，第 633 页。

5 习近平：《高举中国特色社会主义伟大旗帜　为全面建设社会主义现代化国家而团结奋斗——在中国共产党第二十次全国代表大会上的报告》，人民出版社，2022，第 37 页。

这个国家的国情和性质相适应。”[1] 二是尊重人民的主体地位，深入开展群众路线教育实践活动。习近平强调指出：“人民民主是社会主义的生命，是我们党始终高扬的光辉旗帜。没有民主就没有社会主义，就没有社会主义现代化。社会主义愈发展，民主也愈发展。”[2] 他又指出：“民主不是装饰品，不是用来做摆设的，而是要用来解决人民要解决的问题的。中国共产党的一切执政活动，中华人民共和国的一切治理活动，都要尊重人民主体地位，尊重人民首创精神，拜人民为师，把政治智慧的增长、治国理政本领的增强深深扎根于人民的创造性实践之中，使各方面提出的真知灼见都能运用于治国理政。”[3] 三是把权力关进制度的笼子里。习近平高度重视对权力的监督和制约，强调对权力的监督和制约是马克思主义民主观的一贯思想。习近平强调：“把权力关进制度的笼子里，就是要依法设定权力、规范权力、制约权力、监督权力。”[4] 四是全力推进法治中国建设，坚持民主和法治的统一。习近平高度重视法治，强调民主和法治的高度统一。党的十八届三中全会提出：“发展社会主义民主政治，必须以保证人民当家作主为根本，坚持和完善人民代表大会制度、中国共产党领导的多党合作和政治协商制度、民族区域自治制度以及基层群众自治制度，更加注重健全民主制度、丰富民主形式，充分发挥我国社会主义政治制度优越性。要推动人民代表大会制度与时俱进，推进协商民主广泛多层制度化发展，发展基层民主。”[5] 五是完善协商民主制度，保障人民的民主权利。习近平强调：“协商民主是中国社会主义民主政治中独特的、独有的、独到的民主形式……具有深厚的文化基础、理

---

1 中共中央宣传部编：《习近平总书记系列重要讲话读本》，学习出版社、人民出版社，2014，第76页。

2 中共中央宣传部编：《习近平总书记系列重要讲话读本》，学习出版社、人民出版社，2014，第76页。

3《习近平谈治国理政》第2卷，外文出版社，2017，第296页。

4《习近平谈治国理政》第2卷，外文出版社，2017，第129页。

5《中国共产党第十八届中央委员会第三次全体会议文件汇编》，人民出版社，2013，第11页。

论基础、实践基础、制度基础。”[1]“社会主义民主不仅需要完整的制度程序，而且需要完整的参与实践。人民当家作主必须具体地、现实地体现到中国共产党执政和国家治理上来，具体地、现实地体现到中国共产党和国家机关各个方面、各个层级的工作上来，具体地、现实地体现到人民对自身利益的实现和发展上来……涉及全国各族人民利益的事情，要在全体人民和全社会中广泛商量；涉及一个地方人民群众利益的事情，要在这个地方的人民群众中广泛商量；涉及一部分群众利益、特定群众利益的事情，要在这部分群众中广泛商量；涉及基层群众利益的事情，要在基层群众中广泛商量。在人民内部各方面广泛商量的过程，就是发扬民主、集思广益的过程，就是统一思想、凝聚共识的过程，就是科学决策、民主决策的过程，就是实现人民当家作主的过程。这样做起来，国家治理和社会治理才能具有深厚基础，也才能凝聚起强大力量。”[2]

第三节　社会主义文明价值理念的内涵与要求

文明是社会进步的风向标，文明的进步是国家实现社会主义现代化的必由之路。社会主义文明是历史发展、实践检验和人民选择的产物，社会主义文明价值理念继承和发扬了中华传统价值理念的合理内核，包含着对西方文明价值的有益借鉴，集中体现着发展生产力的要求、以人为中心的价值追求和建设社会主义文化强国的价值路径。

一、对中国传统文明价值理念的传承转化

“文明”并不始于社会主义，在中国古代，便已经有了对于个人、集体和国家“文明”的探讨，包括但不限于“仁”“礼”相辅、尊重自然、勤俭

1《习近平谈治国理政》第 2 卷，外文出版社，2017，第 293—294 页。
2《习近平谈治国理政》第 2 卷，外文出版社，2017，第 292—293 页。

朴素、平等开放、天下大同等方面。中国传统文明价值理念是社会主义文明价值理念的重要思想渊源。

（一）“仁”“礼”相辅作为治国理政的基本主张

儒家思想对“孝、悌、忠、信、智、勇”等人类社会的道德规范进行概括提升，把“仁”作为道德规范的核心。孔子说：“人而不仁，如礼何？”[1]他将“仁”和“礼”联系起来，将“礼”作为规范社会行为的准则。“仁”和“礼”形成了维持文明秩序的二元规范，对完善人的自我道德修养和提升国家的治理文明程度提供了两个方面的支撑。

第一，“仁”的第一要义是孝悌。“孝弟也者，其为仁之本与！”[2]“仁”是基于爱和家庭伦理关系的美德，是处理子对于父、弟对于兄的道德规范，代表着孔子对孝的最高追求。相对于“仁”而言，“礼”对于孝的要求更加具体。“孟懿子问孝，子曰：‘无违。’”[3]孝的核心就是无违，即无违于礼，只要做到循礼而行，就能达到孝的目标。第二，“仁”作为个人修养遵循的规范，从个人品格层面讲，“子曰：‘刚、毅、木、讷，近仁’”[4]。“仁”要求个人应当刚强、坚毅、质朴、谨慎；从社会道德层面讲，“子张问仁于孔子，孔子曰：‘能行五者于天下为仁矣。’‘请问之。’曰：‘恭、宽、信、敏、惠。恭则不侮，宽则得众，信则人任焉，敏则有功，惠则足以使人’”[5]。要求遵从一种广泛的、超越家庭血缘关系和夷夏之辨的普遍道德。相应地，关于个人修养的基本表现形式和提升路径，“礼”作为一种基本礼仪，要求人们从社会交往的各个角度规范自己的言行，在对人对事上表现出恭敬、宽恕、节制、机敏等修养。“礼本于人心之仁，而求所以表达之，始有礼。”[6]“礼”讲

1《论语·八佾》。
2《论语·学而》。
3《论语·为政》。
4《论语·子路》。
5《论语·阳货》。
6《论语·八佾》。

求交往过程中的程序、仪式等外在表现，也要求内心做到尊敬，要做到行为表达与情感流露的一致。第三，“仁”作为人的道德追求上升到国家治理的基本理念。儒家把“仁”的思想从家庭关系拓展为人与人交往的行为规范，进而把家庭治理的基本理念用在国家治理上，使得君臣关系如同父子关系一般，统治阶级和被统治阶级之间实现家庭般的良性互动。“上之亲下也，如手足之于腹心矣；下之亲上也，如幼子之于慈母矣。上下相亲如此，则令则从，施则行，从……政之致也。”[1]这就要求社会上的每个个体都达到完善的“仁”的标准，同时统治者要以“仁”治国，达到“仁政”。为了达到“仁政”，统治同样要遵循“礼”，荀子曰：“人无礼则不生，事无礼则不成，国家无礼则不宁。”[2]付诸刑罚的治理方式会使民众产生逃避心理，以“礼”治天下民众就会亲近、向往、归顺。在这里，为政以德就是为政以“礼”，把“仁”的思想以正式制度、强制约束等方式固定下来，并作为规范性要求进行推行，在治理过程中严格遵循。

（二）将尊重自然作为文明价值的应然行为

中华传统文化大多从不同层面论述了人与自然的关系，并将尊重自然、合理利用自然作为重要的价值，倡导人、社会、自然之间形成和谐的关系。儒家从“仁民而爱物”的观点出发，讲求社会伦理与生态伦理的统一，追求“天人合一”的价值目标，主张尊重自然规律，按照自然规律安排生产活动；道家以“道法自然”为理论基点，提倡“因天地而自然”，以达到人与自然的和谐统一；中国佛教以慈爱和悲悯的态度对待万事万物，阐发天地与人之间的相融相通。虽然各家分析人与自然之关系的出发点和方法各不相同，但都指向了人与自然的和谐共生。

儒家对人与自然和谐的理解是从对人的道德规范的合理性探索出发的，

1《孔子家语·王言解》。

2《荀子·修身》。

要实现人的道德的最高价值，就要通过约束人的行为以符合一定的要求，这个道德准则的来源在儒家看来就是“天”。通过强调天人一体来阐明道德准则的起点与归宿。“能尽人之性，则能尽物之性；能尽物之性，则可以赞天地之化育；可以赞天地之化育，则可以与天地参矣。”[1]人通过“克己复礼”来达到“万物皆备于我”[2]的境界。儒家关于人与自然关系的理念通过具体的实践来落实。孟子曰：“不违农时，谷不可胜食也；数罟不入洿池，鱼鳖不可胜食也；斧斤以时入山林，材木不可胜用也。谷与鱼鳖不可胜食，材木不可胜用，是使民养生丧死无憾也。”[3]这是对尊重自然规律的具体实践，表现出通过尊重自然实现仁政、爱民的思想。与儒家从道德出发的天人关系不同，道家思想的核心是作为万物起源的“道”和作为人之本性的“道”。道家尊重天道自然，强调无为而无不为，即并非消极接受天道的选择，而是不以人的好恶为处理人与自然关系的准则，不对自然妄加改造。老子说：“故道大，天大，地大，人亦大。域中有四大，而人居其一焉。”[4]人与天地万物一起构成了自然的整体，人是自然的一部分，人通过返璞归真才能实现“天地与我并生，而万物与我为一”[5]的人与万物和谐共生的美好生态图景。

中华传统文化从不同方面表现人与自然和谐相处的理念和追求，虽然缺乏科学的论证，难以从根本上解决生态环境问题，但都把尊重自然规律、人与自然和谐相处作为文明的基本要素，提供解决生态问题的哲学智慧，对分析自然规律与社会规律、生态文明与社会文明的关系提供了思想基础。

（三）推崇勤俭朴素的文明态度

“成由勤俭败由奢”，中国古代思想家大多推崇勤俭朴素的生活方式和生产方式，倡导节约和简朴，主张去除繁杂的形式以留存本质。《周易》中说

1《中庸》。
2《四书章句集注·孟子集注·尽心章句上》。
3《孟子·梁惠王上》。
4《老子·二十五章》。
5《庄子·齐物论》。

“天地节而四时成，节以制度，不伤财，不害民。”[1]这是认为制定适当的制度以节制财政支出，才能不伤害国家财力和人民的生活。孔子说：“奢则不孙，俭则固。与其不孙也，宁固。”[2]孔子鄙视那些崇尚奢侈豪华的人，认为追求奢华的行为是不谦逊的，即使过于节俭朴素会显得一个人贫寒，但宁可寒酸也不能贪婪。孟子也提倡通过艰苦朴素的生活磨炼人的意志，增强人的道德修养。

儒家在节俭、勤俭、谦俭、俭政、俭礼等基本内容上有独特建树，主张治理国家的过程中要“节用”，克服随心所欲的心理，适度消费物质资料，达到“养心莫善于寡欲”[3]。道家追求去伪存真、删繁就简。以老子为代表的道家认为，“夫礼者，忠信之薄，而乱之首。前识者，道之华，而愚之始。是以大丈夫处其厚，不居其薄；处其实，不居其华。故去彼取此”[4]。这里的“礼”指的是只注重形式而不注重内容的仪式，这种一味追求形式的礼制并不会促进社会的秩序，而只会成为祸乱的开端。高尚的人应当注重事物的实质而避免浅薄的追求，应当存心朴实，不居于虚华。老子还主张“去甚、去奢、去泰”[5]，提倡“寡欲”和“知足”。圣人能够做到抛弃过度的欲望，去除多余的生活需求，清心寡欲。只有保持节俭，才能拥有健康的心理和安全的生活；只有不断约束自己，才能保持良好的社会关系。因此，统治者必须注意节俭寡欲，既不能在权力的运用上肆意妄为，也不能在物质资料的使用上不加节制，否则就会大大激化社会矛盾，导致政权的动摇。墨家鲜明地提出了“俭”的思想，提倡“节用”“节葬”“非乐”等，核心思想是人只需要满足基本生存需求就能实现社会发展的持续。墨家主张节俭的根源是“兼爱”，主张节俭便可以缩小社会群体之间的差异，缓和社会矛盾以避免战乱。

1《周易·节》。
2《论语·述而》。
3《孟子·尽心下》。
4《老子·三十八章》。
5《老子·二十九章》。

在儒、道、墨三家看来，以“俭”为核心的节约思想对调节国家矛盾和实现社会稳定、人民安定有着重要作用。虽然受制于历史条件和认知水平，中国古代思想家在解决节约生产资料和发展社会生产的矛盾上还具有一定程度上脱离实际的空想性质，但他们的思想对于提升整个国家的文明程度和可持续发展具有借鉴意义。

（四）对平等开放、天下大同的不懈追求

在中华传统文化中，“大同”是对上古“三代”美好社会的向往和追忆，在历史的发展和思想的演变过程中，“人人平等”“兼爱互利”“讲信修睦”等思想的融合丰富了对“大同”的认识，表达了天下为公、选贤与能、兼爱和乐的社会理想。

恢复周礼是孔子穷极一生的追求，他希望能够保留和推行“三代”时期的合理文明成果。在经济领域，孔子主张广泛平等，提出“不患寡而患不均，不患贫而患不安。盖均无贫，和无寡，安无倾”[1]；在社会生活领域，孔子希望实现一个“老者安之，朋友信之，少者怀之”[2]的理想世界。墨子提出了“爱无差等”的“兼爱”思想，把当时社会动乱的原因归结于人民不能持有无差别的爱，因此提倡人们用兼容的眼光代替差别的眼光，“视人之国，若视其国；视人之家，若视其家；视人之身，若视其身”[3]，这样就可以达到“凡天下祸篡怨恨，可使毋起者，以相爱生也”[4]的理想社会。在国家治理和政务管理的原则上，墨子提出“尚同”“尚贤”的思想，主张通过选拔天下贤才参与国家治理，使统治者能够听取贤能之人的意见，从而使理想的政策能够在全社会实行。墨家代表工匠、农民等下层手工业者和劳动者的利益，因此就必须有相应的思想和制度设计使下层劳动者参与到政治生活中。

1《论语·季氏》。
2《论语·公冶长》。
3《墨子·兼爱中》。
4《墨子·兼爱中》。

墨子的社会思想包含着理想社会的雏形，在墨子那里，无论何种身份、何种分工，都能在社会中各得其所，每个人的财富都来源于相应的劳动，多劳多得。墨子还注重社会公平与社会福利，倡导鳏寡孤独皆有所养。老子对社会现状有着自己的见解，认为“天下多忌讳，而民弥贫；人多利器，国家滋昏；人多伎巧，奇物滋起；法令滋彰，盗贼多有”[1]，“天之道，损有余而补不足；人之道，则不然，损不足而奉有余”[2]。老子基于“道”的思想，主张接受自然的安排，以无为而治的方式治理国家，提出“小国寡民”的社会模型：“使民复结绳而用之。甘其食，美其服，安其居，乐其俗。邻国相望，鸡犬之声相闻，民至老死不相往来。”[3]

总结起来，中华传统文化中的大同理想从儒、墨、道三家思想中提取合理内核，《礼记》中“天下为公”“选贤与能”的思想来源于上古社会“禅让”的政治延续方式，在对待贤才、培养人才方面，儒家的“举直错诸枉”主张、墨家的“尚贤”理想都成了思想来源。此外，“大同”意味着“大道”，在道家“有物混成，先天地生”[4]的天道思想中得到解释。

二、对西方文明价值理念的有益借鉴

除了中国传统文明价值理念，同一时间的不同空间中，西方也孕育了其颇具特点的文明价值理念。面对西方文明价值理念，需要抽丝剥茧，取其精华、去其糟粕，为社会主义文明价值理念提供有益借鉴。

（一）以“正义”理念为追求的西方古代文明

以西亚犹太文化、古希腊文明和古罗马文明为代表的西方古代文明思想，将追求正义以提高个人尊严作为文明思想的核心。荷马时代，正义思想就在一部分社会群体中盛行。荷马史诗中就包含了众多讨论正义的战争故

1《老子 · 五十七章》。
2《老子 · 七十七章》。
3《老子 · 八十章》。
4《老子 · 二十五章》。

事，其中最著名的特洛伊战争就蕴含了作者对正义的支持和维护。西方古代文明中的正义往往依托于神和英雄的故事来表达，以神和英雄作为榜样，对残忍、罪恶的战争进行了鲜明的反对，以此讽刺当权者暴力施政、歪曲正义的行为。希腊古典文明时期，以普罗泰戈拉为代表的智者学派，突出以人为主体的思想，追求人的独立和平等，人文主义文明思想产生萌芽。柏拉图提出了关于正义的两种解释：大正义是城邦国家赖以建立的伦理根据和道德原则；小正义是个人的美德和道德规范。亚里士多德将正义与德性结合起来，提出德性论。他指出，“正义”和“友爱”是德性的根本，守法和公平是正义的基本含义。

关于正义的标准由自身所处阶层的立场决定。梭伦作为没落贵族和商人，他的正义观不像西方传统哲学家那样追求不偏不倚，而是以财富的多少规定了富人和穷人之间的不同标准。他认为平民不应当奢求过多的财富，只要得到恰如其分的尊严便可。此外，他还用劳动获得财富的观点反驳平民对均贫富的要求。因此，在梭伦那里，正义就是获得符合自身身份的应得的东西，这些权利不是源于天然，而是与自身“努力”和“劳动”的程度有关。以“应得”为含义的正义观，衍生出来的意思是好人应得到善，而坏人应得到恶。在古罗马，以十二铜表法为代表的法律包含了同态复仇的规定。“毁伤他人肢体而不能和解的，他人亦得依同态复仇而‘毁伤其肢体’。”[1]这表现出古代西方奴隶制社会下人们对正义的原始理解。古代西方文明中的正义观具有鲜明的阶级性。无论在哪国或在哪种文明中，群体间相互保持正义的前提都是等级相同，而等级不同的人之间是没有正义可言的，即正义内含的公正、自由、友爱都是在特定的阶级内部才有意义，而人的尊严实质上并没有因为某个阶级内部正义的扩大而得到实质性的提升。

1 李伟民编著：《法学辞源》，黑龙江人民出版社，2002，第 1241 页。

（二）以理性主义为准则规范人的道德行为

理性主义是西方文明思想的重要组成部分，而西方文明中所指的理性大多来源于基督教的神学思想，同时结合了古希腊、古罗马思想中的哲学思辨部分。“理性主义”在奥古斯丁和托马斯·阿奎那那里实现了极大的发扬和传播。奥古斯丁和阿奎那所代表的基督教文明以上帝全知全能全善为基础，将对上帝的信仰作为道德的准则，以宗教教义为依据对道德下定义，以遵循自然法为理性的标志。奥古斯丁认为，人类文明是上帝意旨实现的通往预定目的的过程。第一，人类得以存在的基本条件是“和平相处”，以此实现万物各得其所。第二，扰乱秩序的人必须受到公正的处罚，处罚的方式就是使其受到奴役。第三，世界分为“上帝之城”和“世俗之城”，“两座城是被两种爱创造的：一种是属地之爱，从自爱一直延伸到轻视上帝；一种是属天之爱，从爱上帝一直延伸到轻视自我”[1]。在上帝之城中，“爱上帝，爱邻人”是基本法则，人类文明发展的目的地是上帝之城。俗世的人必须消灭犯罪，消除私欲，普遍向善，才能进入天国，实现社会的和谐秩序。

托马斯·阿奎那的理论呈现出“理性主义”的特征，他创造了“自然道德律”，认为理性首先要遵循自然法，即遵循上帝创造的万物的本性，而由人制定的法律必定要遵守自然法，人的道德就是人的本性。阿奎那从神学的角度肯定了人的理性和自由，把人的智慧从神的绝对意志中解放出来。因此，人可以遵守自然法，也可以违反自然法，但为了实现道德和伦理，人必须自觉地、理性地遵循自然法，即遵循上帝的旨意。基督教的道德观点从现实性和实用性的角度规范了社会道德，基督教思想家所论证的人的理性与神的意志的关系也在宗教的框架内实现了人的价值的发掘。但基督教在政治、经济和文化领域对民众实行的宗教专制主义的压迫，事实上阻碍了文明的发展和进步。

1〔古罗马〕奥古斯丁：《上帝之城》下册，王晓朝译，人民出版社，2018，第553页。

（三）在意识形态领域形成文明终结论的谬误

20世纪，西方资本主义进入繁荣时期，在两次世界大战以及资本主义和社会主义两大阵营对抗的背景下，西方对文明理论的研究转向意识形态、经济、文化等领域。20世纪早期，斯宾格勒提出了“文明终结论”，认为西方文明在无神论的基础上产生出自由、平等、博爱等价值。斯宾格勒指出文明是文化不可避免的终极命运，文明就是最终结局，文化由于其内在的必然性，都将逐一走到这一结局。[1]斯宾格勒认为文明就是人类文化发展的最高阶段，而这里指的文明就是西方资产阶级社会的主流价值，由此衍生出资本主义文明是人类文明的最终形态。

20世纪末，以弗朗西斯·福山为代表的学者提出所谓“历史的终结”，认为人类社会通过不同的政府形式不断进化的历史以“现代自由民主和以市场为导向的资本主义”的形式告终。[2]福山等学者将西方自由民主制度看成社会历史的最后一种形态，为资产阶级进行统治提供理论辩护。究其根本，“意识形态终结论”是一种错误的政治思潮，没有坚实的理论基石和方法论的支撑；“意识形态终结论”显然是以孤立的、片面的观点来分析人类社会各种形态的发展，在本质上是唯心主义历史观和形而上学思想。“历史终结论”把自由、民主当作“普世价值”，实质上是将西方文明体系和政治模式凌驾于任何人类文明成果之上，形成一种“西方中心论”的文明观。福山的理论与亨廷顿的“文明冲突论”殊途同归，亨廷顿将文明视为一个文化单位，是最高的文化群体，是范围最大的文化认同。亨廷顿以宗教为依据，将世界文明划分为八个主要“范式”，认为不同文明之间是对立和冲突的关系，世界的普遍和平必须通过征服来解决。事实上，无论是“文明终结论”还是“文明冲突论”，都是基于维护和巩固西方发达资本主义国家的霸权地位而生

---

1 孙慕天：《文明的理论和对现代文明的反思》，《北方论丛》2001年第3期，第26—32页。
2 陈学明：《中国道路的世界意义》，天津人民出版社，2015，第456页。

的，都忽视了不同文化、不同宗教的国家可以通过对话、合作、学习的方式实现共同发展与和平相处，实际上反映了西方民主、自由和平等的虚伪性。

（四）现代主义西方文明的异化

随着现代资本主义工业文明的迅速发展，资本主义世界出现了人的普遍异化，西方古代文明确立的人的理性、自由为现代资本主义的生产方式所掩盖和粉碎。

西方文明中坚持的人的理性的无限力量并没有实际物质性的支撑，人的理性不可能做到全知全能，其忽视了人的意识认识世界的复杂性和反复性，忽视了世界万物的运动发展变化，过分夸大了人的理性的作用。此外，所谓“人的理性为自然立法”，标榜人的思维逻辑具有“自明性”，但是任何真理在逻辑上都是无法自身证明的，西方文明的理性把认识的根源归结于信仰而非实践，最终陷入了人的自我怀疑和毁灭。同时，近现代自然科学的发展和对理性的批判打破了基督教信仰的垄断，文明根基中的至善至爱失去了宗教的庇护，博爱价值理念被资本利益完全打碎。由于近现代资本主义工业文明的恶性发展，战争、压迫和剥削摧毁了人类的内心世界，人与社会、人与人之间产生了深刻且不可调和的矛盾，人被异化为非人，人与人之间的关系变成了物与物之间的关系，由道德支撑的人类社会规范显得毫无用处。与此相应，“意义感”逐渐在文明的日常生活中消失，“虚无”成为现代西方文明下人生存境遇的写照。为了消除这种“荒诞”，西方针对现代文明的各种要素开展反思，例如对全球生态环境污染和破坏的反思，对人的健康生活的关注，等等。然而，西方文明对全球问题的处理依然不能摆脱其阶级性和“西方中心论”的思维定式，逃避责任、搞“双重标准”成为现代西方国家处理全球问题的普遍做法。

三、社会主义文明价值理念的核心要义

社会主义文明价值理念，从根本上看是与人类文明新形态相适应的价值

理念。培育和践行社会主义文明价值理念，要自觉遵循培育和践行社会主义核心价值观基本理念的一般规律与先进做法，使社会主义文明理念与社会主义实践紧密结合、同向同行，发挥强大的价值引领功能。

（一）社会主义文明的本质是解放和发展生产力

生产力和生产关系的矛盾运动决定了人类文明的发展，历史上人类社会先后产生了奴隶制文明、封建制文明和资本主义文明，社会主义文明是迄今为止人类文明发展的最高阶段，是优于以往文明形态的新型文明。社会主义文明的本质就是“解放生产力，发展生产力，消灭剥削，消除两极分化，最终达到共同富裕”[1]。习近平指出：“人世间的一切幸福都需要靠辛勤的劳动来创造。我们的责任，就是要团结带领全党全国各族人民，继续解放思想，坚持改革开放，不断解放和发展社会生产力，努力解决群众的生产生活困难，坚定不移走共同富裕的道路。”[2]社会主义文明包括生产力、生活水平和自然生态等多个层面的内涵，表现为生产力高度发达、人民生活达到富裕程度、自然生态良好和谐。

第一，社会主义文明是人类在马克思主义科学理论的指导下发挥主观能动性和主动创造性的成果，充分表现出人民主创精神和以人民为中心的理念。社会主义文明吸收人类已知的全部文明成果，通过观察复杂深刻的社会历史现象，总结历史经验，探明生产力和生产关系之间的相互作用，科学认识人类社会发展的本质动力，科学预见社会发展的未来景象，推动社会主义实现从空想到科学的发展，推动社会文明不断进步。第二，社会主义文明是全面的文明。恩格斯指出：“文明是实践的事情，是社会的素质”[3]。在中国特色社会主义的发展中，社会主义文明的内涵不断丰富，邓小平提出：“我们

1《邓小平文选》第 3 卷，人民出版社，1993，第 373 页。
2 中共中央文献研究室编：《十八大以来重要文献选编》上册，中央文献出版社，2014，第 70 页。
3《马克思恩格斯文集》第 1 卷，人民出版社，2009，第 97 页。

现在搞两个文明建设，一是物质文明，一是精神文明。”[1]江泽民提出了建设政治文明的战略思想，胡锦涛提出了建设生态文明的发展战略。社会主义文明坚持马克思主义唯物辩证法的方法论，深刻理解人类社会和自然界各种要素之间的相互作用关系，将物质文明、精神文明、政治文明、生态文明和社会文明有机结合起来，协调发展，整体提升。第三，社会主义文明是理论彻底的文明。不同于西方文明思想基于唯心主义世界观，根本区别于西方近现代文明以资产阶级利益为根本立场，为资本主义的合理性和永久性进行辩护，社会主义文明以无产阶级劳动大众为中心，用马克思主义彻底的理论武器掌握群众，彻底厘清了人类文明发展的规律和建设文明社会的方法与路径，彻底解决了人类实现美好追求的物质基础问题，彻底打破了资本主义和宗教神学对人的道德绑架与歪曲，彻底摧毁了资产阶级的“伪道德”。

（二）社会主义文明的价值目标是人的自由全面发展

文明作为人类开化和进步程度的价值尺度，表现着人作为主体实现自我和改造世界的程度。社会主义文明以实现人的自由全面发展，实现人类从必然王国向自由王国的飞跃为价值追求，即社会成员中的每个人都能实现自身价值，通过实现每个人的全面发展促进整个国家的高度繁荣和可持续发展。

习近平强调，必须坚持以人民为中心的发展思想，特别是多次深刻指出要不断“促进人的全面发展”[2]。实现人的全面发展，是马克思主义追求的根本价值目标，也是共产主义社会的根本特征。马克思主义关于人的全面发展的思想，强调的不是片面的发展、畸形的发展、不自由的发展、不充分的发展，而是全面的发展、和谐的发展、自由的发展、充分的发展。第一，个人的自由全面发展同整个社会的自由全面发展相互作用。社会主义文明要求以人为本，而人的本质就是实现人的自由全面发展，包括人在劳动活动、社会

1《邓小平文选》第 3 卷，人民出版社，1993，第 156 页。

2《习近平谈治国理政》第 4 卷，外文出版社，2022，第 144 页。

关系、思维活动等方面的自由全面发展。《共产党宣言》中指出："代替那存在着阶级和阶级对立的资产阶级旧社会的，将是这样一个联合体，在那里，每个人的自由发展是一切人的自由发展的条件。"[1]个人的自由全面发展与整个社会的自由全面发展是相互作用、相辅相成的。只有整个社会按照公有制、按劳分配的方式进行生产，社会主义的生产关系才会完整全面地发挥作用，人与人、人与物的关系才会实现真正的自由，人才能从资本主义拜物教的异化中解放出来，实现自由全面的发展。第二，人的自由全面发展体现着社会主义文明中生产力的高度发达和物质资料分配的真正公平。社会主义文明凸显生产力的高度发达和共同富裕的基本价值取向。只有物质资料极大丰富，人的精神生活和政治生活才能丰富；只有掌握高度正确地运用自然的本领，才能实现生态文明的和谐。在实现物质生产的极大提高之后，物质财富的持续富裕是社会主义文明追求的必然目标，即实现共同富裕。共同富裕本身就是社会主义现代化的一个重要目标。"共同富裕是社会主义的本质要求，是人民群众的共同期盼。我们推动经济社会发展，归根结底是要实现全体人民共同富裕。"[2]

（三）社会主义文明建立在社会主义先进文化的基础之上

党的十七大报告提出："建设社会主义市场经济、社会主义民主政治、社会主义先进文化、社会主义和谐社会，建设富强民主文明和谐的社会主义现代化国家"[3]。在这里，"文明"所对应的就是作为思想上层建筑的"社会主义先进文化"。党的十九大报告指出："必须坚持马克思主义，牢固树立共产主义远大理想和中国特色社会主义共同理想，培育和践行社会主义核心价值观，不断增强意识形态领域主导权和话语权，推动中华优秀传统文化创造性

1《马克思恩格斯文集》第 2 卷，人民出版社，2009，第 53 页。

2《中共中央关于制定国民经济和社会发展第十四个五年规划和二〇三五年远景目标的建议》，人民出版社，2020，第 54 页。

3《胡锦涛文选》第 3 卷，人民出版社，2016，第 526 页。

转化、创新性发展，继承革命文化，发展社会主义先进文化，不忘本来、吸收外来、面向未来，更好构筑中国精神、中国价值、中国力量，为人民提供精神指引。”[1]党的二十大报告进一步指出：“以社会主义核心价值观为引领，发展社会主义先进文化，弘扬革命文化，传承中华优秀传统文化，满足人民日益增长的精神文化需求，巩固全党全国各族人民团结奋斗的共同思想基础，不断提升国家文化软实力和中华文化影响力”[2]。价值是文化的组成要素，社会主义先进文化代表着社会主义文明的发展方向，建设社会主义先进文化在指导思想上与弘扬和践行社会主义核心价值观具有一致性，二者是在同一个制度设计和政治思想框架之下的，是意识形态建设这项工作的两个方面；二者在理论基因上是一脉相承的，在实践的要求、实现路径、前进方向、价值目标上都是一致的。

社会主义核心价值观基本理念是社会主义先进文化的内核，是社会主义先进文化丰富内容的集中展示与凝练表达，也是社会主义先进文化区别于其他文化形态的核心价值理念。从功能上看，社会主义核心价值观基本理念由于汲取了社会主义先进文化的价值追求与精神追求的精华，对于社会主义先进文化发展有着重要的推动作用。习近平指出：“要协调推进政治建设、文化建设、社会建设、生态文明建设以及其他各方面建设，实现社会主义市场经济、社会主义民主政治、社会主义先进文化、社会主义和谐社会、社会主义生态文明全面进步，为经济发展提供更好制度保障和环境条件。”[3]社会主义先进文化以为人民服务作为根本价值取向，包含着以人民为中心的价值追求，坚持与时俱进和改革创新，始终与社会主义文明建设同向同行，加强社

1 习近平：《决胜全面建成小康社会　夺取新时代中国特色社会主义伟大胜利——在中国共产党第十九次全国代表大会上的报告》，人民出版社，2017，第 23 页。

2 习近平：《高举中国特色社会主义伟大旗帜　为全面建设社会主义现代化国家而团结奋斗——在中国共产党第二十次全国代表大会上的报告》，人民出版社，2022，第 43 页。

3 中共中央文献研究室编：《习近平关于全面建成小康社会论述摘编》，中央文献出版社，2016，第 208 页。

会主义先进文化建设是发展社会主义文明的要求。

新时代加强社会主义先进文化建设，“必须坚持中国特色社会主义文化发展道路，增强文化自信，围绕举旗帜、聚民心、育新人、兴文化、展形象建设社会主义文化强国，发展面向现代化、面向世界、面向未来的，民族的科学的大众的社会主义文化，激发全民族文化创新创造活力，增强实现中华民族伟大复兴的精神力量”[1]。新时代推进文化自信自强，铸就社会主义文化新辉煌，必须建设具有强大凝聚力和引领力的社会主义意识形态，牢牢掌握党对意识形态工作领导权，健全用党的创新理论武装全党、教育人民、指导实践工作体系，加快构建中国特色哲学社会科学学科体系、学术体系、话语体系；必须广泛践行社会主义核心价值观，弘扬以伟大建党精神为源头的中国共产党人精神谱系，用好红色资源，深入开展社会主义核心价值观宣传教育，深化爱国主义、集体主义、社会主义教育，着力培养担当民族复兴大任的时代新人；必须提高社会文明程度，弘扬中华传统美德，加强家庭家教家风建设，统筹推动文明培育、文明实践、文明创建，推进城乡精神文明建设融合发展；必须繁荣发展文化事业和文化产业，坚持以人民为中心的创作导向，推出更多增强人民精神力量的优秀作品，坚持把社会效益放在首位、社会效益和经济效益相统一，深化文化体制改革，健全现代公共文化服务体系；必须增强中华文明传播力和影响力，坚持中华文化立场，讲好中国故事，传播好中国声音，加强国际传播能力建设，深化文明交流互鉴，推动中华文化更好走向世界。[2]

（四）社会主义文明追求世界文明共同进步

世界文明是全人类对文明价值向往的最大合集，是全人类在社会进步历

1 习近平：《高举中国特色社会主义伟大旗帜　为全面建设社会主义现代化国家而团结奋斗——在中国共产党第二十次全国代表大会上的报告》，人民出版社，2022，第 42—43 页。

2 习近平：《高举中国特色社会主义伟大旗帜　为全面建设社会主义现代化国家而团结奋斗——在中国共产党第二十次全国代表大会上的报告》，人民出版社，2022，第 43—46 页。

程中总结出来的成果，展示着全人类的精神风貌，“世界文明旨在探究世界各民族和地区文明进步的一般规律与特点，揭示人类社会对于文明进步的一般性要求。在马克思主义文明理论的视域中，世界文明进步的普遍性价值目标是人的解放”[1]。恩格斯在《家庭、私有制和国家的起源》中引用了摩尔根的观点，即“自由、平等和博爱”是贯穿古代氏族社会、阶级社会文明时代和社会主义社会的重要价值理念。这就表明，“自由、平等和博爱”这种美好的价值理念，不是资本主义社会独有的，也不是资本主义社会得以与其他什么社会形态相区别的标志。之所以被资产阶级拿出来进行展示，是因为在资本主义文明社会中，“自由、平等和博爱”的价值理念具有欺骗性、虚假性，不可能真正在实践中实现。这种现代文明的象征性价值观，在资产阶级的包装下，成为欺骗民众、为资产阶级服务的话语工具。要想使这种人类社会从诞生起就存在的价值“**在更高级形式上**”“**复活**”[2]，就必须使共产主义社会得以实现，就必须揭露资产阶级的伪装，就必须用无产阶级的话语权替代资产阶级的话术。

必须认识到，人的解放是一个历史性的过程。具体看来，在生产力落后的古代氏族社会，受生产力水平的限制，人类通过学会使用和制造工具，初步加深了对自然的认识，逐渐掌握了利用和改造自然的能力，掌握了对自然界的主动权；在奴隶制社会和封建社会时代，由于剩余产品的出现，贫富差距开始拉大，生产资料的占有成为奴役的手段，劳动者同统治者的人身依附关系成为时代的选择，同时也对生产力的进一步发展产生了严重的束缚，这就要求必然有一种力量来进行人的解放；在资本主义文明时代，资产阶级发展了社会生产，但由于社会化大生产加速发展，无产阶级的数量也获得了空前的增加，无产阶级取得广泛联系，无产阶级的力量得到了空前的增强，

1 李艳艳：《马克思主义文明理论及其当代价值》，人民出版社，2017，第 193 页。
2《马克思恩格斯全集》第 28 卷，人民出版社，2018，第 207 页。

无产阶级和资产阶级的矛盾已经不是政治革命能够解决的，这必然要求通过深层次的、广泛的革命，那就是通过探索生产关系的规律，通过经济关系解放的方式，来实现人的全面自由发展。社会主义文明的本质是解放生产力、发展生产力，实现人的自由全面发展，这与世界文明的指向是一致的，追求世界文明的共同进步是社会主义文明的本质追求。社会主义文明价值理念不掩盖阶级对立的事实，凝结着解决全球问题、推动全人类共同发展的价值智慧，为全球治理提供理论和思想支持。

"当前，世界之变、时代之变、历史之变正以前所未有的方式展开。一方面，和平、发展、合作、共赢的历史潮流不可阻挡，人心所向、大势所趋决定了人类前途终归光明。另一方面，恃强凌弱、巧取豪夺、零和博弈等霸权霸道霸凌行径危害深重，和平赤字、发展赤字、安全赤字、治理赤字加重，人类社会面临前所未有的挑战。世界又一次站在历史的十字路口，何去何从取决于各国人民的抉择。中国始终坚持维护世界和平、促进共同发展的外交政策宗旨，致力于推动构建人类命运共同体"[1]，中国主张"世界各国弘扬和平、发展、公平、正义、民主、自由的全人类共同价值，促进各国人民相知相亲，尊重世界文明多样性，以文明交流超越文明隔阂、文明互鉴超越文明冲突、文明共存超越文明优越，共同应对各种全球性挑战"[2]。中国"坚持在和平共处五项原则基础上同各国发展友好合作，推动构建新型国际关系，深化拓展平等、开放、合作的全球伙伴关系"[3]；"坚持对外开放的基本国策，坚定奉行互利共赢的开放战略，不断以中国新发展为世界提供新机遇，

1　习近平：《高举中国特色社会主义伟大旗帜　为全面建设社会主义现代化国家而团结奋斗——在中国共产党第二十次全国代表大会上的报告》，人民出版社，2022，第60页。

2　习近平：《高举中国特色社会主义伟大旗帜　为全面建设社会主义现代化国家而团结奋斗——在中国共产党第二十次全国代表大会上的报告》，人民出版社，2022，第63页。

3　习近平：《高举中国特色社会主义伟大旗帜　为全面建设社会主义现代化国家而团结奋斗——在中国共产党第二十次全国代表大会上的报告》，人民出版社，2022，第61页。

推动建设开放型世界经济，更好惠及各国人民”[1]；“坚持真正的多边主义，推进国际关系民主化，推动全球治理朝着更加公正合理的方向发展”[2]。“中国人民愿同世界人民携手开创人类更加美好的未来”[3]，这是社会主义文明追求世界文明共同进步的生动体现和具体展现。

第四节　社会主义和谐价值理念的内涵与要求

建立和谐社会是人类自古以来的价值追求。“和谐”是中华传统价值理念的重要内容，也是中国传统社会对美好生活的价值追求。和谐在西方文明中同样是古已有之。马克思主义在科学分析社会发展的根本动因和社会关系的根本规律的基础上，科学地探索出了和谐社会的图景，为人类社会描绘了一幅通往自由王国的蓝图。社会主义和谐价值理念，以建设和实现社会主义和谐社会为主要内涵，指引着建设社会主义和谐社会的伟大实践。

一、对中国传统和谐价值理念的传承转化

中国传统和谐思想重视人与自然、人与社会、人与人以及人与自身的和谐，从世界观、人生观、价值观的角度论述了几乎宇宙世界和人类社会的所有重大关系，对社会主义核心价值观和谐价值理念有着重要的启示意义。

（一）“和”作为万物生成的基础条件

中华传统文化认为，宇宙世界万事万物，大到世界整体，小到各种具体事物，无论是具体的物质还是由物质产生的人类精神，包括人类社会和人自身，无不由“和”而产生。中华传统文化以“和”作为万物生成的基础

1 习近平：《高举中国特色社会主义伟大旗帜　为全面建设社会主义现代化国家而团结奋斗——在中国共产党第二十次全国代表大会上的报告》，人民出版社，2022，第61页。

2 习近平：《高举中国特色社会主义伟大旗帜　为全面建设社会主义现代化国家而团结奋斗——在中国共产党第二十次全国代表大会上的报告》，人民出版社，2022，第62页。

3 习近平：《高举中国特色社会主义伟大旗帜　为全面建设社会主义现代化国家而团结奋斗——在中国共产党第二十次全国代表大会上的报告》，人民出版社，2022，第63页。

条件，是一种朴素的富有辩证思维的世界观。“和”中包含着万事万物的差异性和多样性。中华传统文化讲求“和而不同”，有差异性的对立，才存在“和”与“不同”。西周史伯提出“和实生物，同则不继”[1]的观点，一方面，“故先王以土与金木水火杂，以成百物”[2]，就是说金木水火土相互配合形成万物，这指的是不同的事物通过“和”的形式生成万事万物；另一方面，“声一无听，物一无文，味一无果，物一不讲”[3]，一个事物只有一种类型，则称不上是美好的，这就是“同则不继”。万事万物是具有复杂性和差异性的，只有具备“和”的条件，才能相辅相成，延续发展，生生不息。

中华传统文化认为，人类社会同样是在“和”的基础上生成的，是人类社会各种因素平衡、协调、统一的结果。传统的朴素辩证观点强调君主治理国家要善于倾听各种意见，“君所谓可，而有否焉，臣献其否，以成其可。君所谓否，而有可焉，臣献其可，以去其否”[4]。这体现出君臣之间相互补充、相互启发的关系，从而在更高层次上实现和谐。中华传统文化认为，事物的每一个要素、每一个成分、每一个局部通过“和”的形式发挥各自的功效，形成统一的整体。治理社会也要遵循相成相济的规律，利用“和”的思想使社会的每一个成分得到协调的发挥，促进社会的稳定。

实现和谐则万物生长繁衍，既不存在完全一致的两个事物，也不存在完全不同的两个事物，强调“和而不同”才能达到万物发展延续的结果。“和”，是不同事物的相承相继，是多样性的统一，承认矛盾并且运用协调的方式达到统一，正如中国古代“宫、商、角、徵、羽”五音相和，才称得上是上等的美乐。晏婴指出：“若以水济水，谁能食之？若琴瑟之专一，谁能听之？”[5]“和”表达了一种理性与感性的平衡，既遵循一定的道德标准和社

1《国语·郑语》。
2《国语·郑语》。
3《国语·郑语》。
4《左传·昭公二十年》。
5《左传·昭公二十年》。

会规律，又不回避人与生俱来的情感表达，和谐而不相互损害，是“和”的精髓。

（二）“和”是一种中庸适度的状态

在中华传统文化中，“和”被表达为“中庸”“中道”，“和”与“中”密不可分。《论语》中指出了“中”的政治哲学含义，是指政治措施的恰到好处，程度适当。“和”的主要内涵表达为“度”，即事物在发展过程中，对于实现一定的目标来说，有一定的标准，只有恰好达到这个标准而不超出这个标准，才能实现既定的目标。越过这个“度”，事物就会发生很大的变化。《论语》记载：“子贡问：‘师与商也孰贤？’子曰：‘师也过，商也不及。’曰：‘然则师愈与？’子曰：‘过犹不及。’”[1]这表达了孔子“过头与不足同样不好”的中庸思想，过和不及，都是差之毫厘，谬以千里。与“中”近似而又不同的“和”，则强调对事物的变化发展适当保留差异，保持和谐的状态。

得“中”事则成，失“中”事则败，做事如此，做人亦然。“和”作为一种表达程度适中的状态，是儒家思想文化中的重要内容。“中庸之为德也，其至矣乎！民鲜久矣。”[2]《中庸》中说：“喜、怒、哀、乐之未发，谓之中；发而皆中节，谓之和。中也者，天下之大本也；和也者，天下之达道也。致中和，天地位焉，万物育焉。”儒家认为君子应当保持中和的感情，对待所有喜、怒、哀、乐的感情都能适中且有节度。在处理事情的时候，人不可避免地会产生情绪上的变化，如果这些情绪得到恰到好处的处理，不违背情理，适时适度地进行调节，那么便达到了“和”的境界。“和”应当是天下共同遵循的法度，是天地之间天然存在的道德准则，是社会上每个人都必须遵循的道德规律。人应该通过对“和”的追求，使自身的实践与思想得到统一，最终达到理想的境界。

1《论语·先进》。

2《论语·雍也》。

“中和”思想贯穿于中华传统文化，在中华传统的世界观、历史观和人生观中得到了充分的体现，成为中华传统文化中处理人与人之间关系的准则，对于协调人与人、人与社会、人与自然的关系具有指导性作用，是人认识自己、改造自己的出发点和行为准则。“中和”思想指导着中国古人看待社会和自然的视角，对做人做事、提升自我修养影响深远。

（三）用“和”表达天人合一的最高境界

“和”在表达“天人合一”这个理念时，既是一种世界观，表示宇宙万物的生成的本体，也是一种人生观，表示人的道德水平和精神境界。在本体论层面，“和”指的是天人相通。“和”作为天与人之间的桥梁、纽带，是天与人沟通的媒介和手段，通过“和”的方式，使得天与人能够合二为一。这与道家的“道法自然”思想有共同之处。天人相通学说认为天道蕴含在人心中，天道就是人约束自身行为和思想的法则，人在心中形成了这样的法则，就形成了天道。

在表示人的道德水平和精神境界层面，“天人合一”追求的是人道德修养的最高境界。道家思想中，人、地、天、自然是一以贯之的一个整体，彼此之间相互影响、相互依赖，人、地、天、自然之间的关系形成了人伦道德的基础准则，强调人的行为要符合自然法则的抽象规律，为人类社会的道德规律提供了形而上学的指引。与道家天然地将天与人混为一体的思想相比，儒家在探讨“天人合一”时，更加侧重于天与人的统一性。在儒家看来，天、人相统一的纽带在于“理”，而“理”蕴含于天之中，即在自然之中，“天理”与“人欲”相互对立，人要想提升自己的精神境界，实现道德修养与自然法则的统一，就要“灭人欲”。通过消灭自身多余的欲望来达到与“天理”相一致的水平，达到“从心所欲，不逾矩”[1]的境界，这是儒家道德规范的核心内容，也是儒家道德教育的最高目的。

1《论语·为政》。

“天人合一”讲的是人与自然的和谐关系，表达了人应当尊重自然、顺应自然、与自然和谐相处的核心理念。“天人合一”的自然观给予天与人内在的统一性，通过顺天命来达到人与自然的和谐。儒家思想中的天是具有人格的万事万物的主宰者，是具有独立意志的最高统治者，是自然万物存在和发展遵循的法则。同时，儒家讲“天人合一”，重在追求“天人合德”，要求人们“正心诚意”，以正确的态度对待万事万物，重视养心养性，时常自我反省，摆脱外界的蒙蔽，自觉提高道德水平。道家从崇尚自然、效法天地的角度分析人与自然的关系，认为生态是整个世界的重要组成部分，生态平衡是整个自然本身的动态平衡。“天之道，高者抑之，下者举之，有余者损之，不足者与之”，“天之道，损有余而补不足”[1]。要维护自然的和谐状态，维护生态平衡，就应当保持人与自然之间的“和”，以平等、宽容的态度对待自然万物，追求“天地与我并生，而万物与我为一”[2]的天人合一境界。

（四）将“以和为贵”作为社会关系的基本准则

中华传统文化中，在处理社会人际关系与国家关系时，都会将“以和为贵”作为基本准则。“天时不如地利，地利不如人和。”[3]儒家提出了一系列推动实现人与人之间和谐相处的道德原则，把和谐的社会关系看作人格修养的最高境界，作为社会协调的价值尺度。“以和为贵”就是主张在人际交往过程中将“和”作为最高价值。建立公正、和谐的社会，一直是人类的美好追求，也是道德的基本价值诉求。中华民族是一个热爱和平的民族，尚中贵和是中华民族悠久的道德价值观念，是中华民族传统道德的基本价值取向。《论语》强调：“中庸之为德也，其至矣乎！”[4]把中庸推崇为最高的道德。《中庸》也明确指出：“中也者，天下之大本也；和也者，天下之达道也。致

1《老子·七十七章》。

2《庄子·齐物论》。

3《孟子·公孙丑下》。

4《论语·雍也》。

中和，天地位焉，万物育焉。”“尚中”就是推崇不偏不倚、恰到好处的价值原则，通过中庸的价值原则，能够妥善地处理各种人际关系，也能在利益冲突中寻求危害最小化的解决方案；“贵和”就是把中庸的思想贯穿到为人处世的各个方面，在人与社会、人与自然的关系中保持和谐，在对待家庭、对待亲朋好友方面要做到和睦，在看待和评价自身时持有辩证的观点，达到行为和思想的统一、情趣和志向的统一。

“以和为贵”是处理和解决问题的一种方法和手段，从统一、融合的角度分析和看待问题，化解矛盾。儒家讲究“中庸”，就是将“和”作为认识事物的方法论。孔子认为在对待事物的时候，应当认真考虑事物正反两方面的不同层次，抓住事物的本质，不仅要全面地认识事物，同时也要辩证地看待事物。儒家将“以和为贵”的思想运用到了国家治理思想中。儒家认为国家治理和道德规范在逻辑层面是一致的，治理一个国家就像规范一个人的道德一样，要使国家发展保持适度的平衡状态，这样社会才能平稳运转，国家才能繁荣，百姓才能富足。道家在主张“天道”是世界的根本规律的基础上，总结出天地运行的规律是无序的，但人的行为是有序的，要规范人的道德，就要把握天地运行规律的本质，即顺应天地。道家的“和”是与自然相和，人只有成为与自然相和谐的人，才能认识世间万物，统治者只有顺应民情，才能治理好国家。“和”并不是一种盲目顺从的处事方式，而是在万物中找到平衡，在处事中秉持不偏不倚的态度。

（五）以“和”阐释集体主义的本位观

“中和”思想体现于人们的家庭生活领域、公共生活领域和职业生活领域，分别形成了尚中贵和的家庭道德规范、社会公德规范和职业道德规范。建立在“家国一体”基础上的中国传统宗法制度决定了集体生活是人们的必然选择。人们不管是生产、消费还是个人成长和发展，无论是物质活动还是精神活动，都离不开家庭。

“家国同构”的结构决定了家庭的伦理道德就是国家的伦理道德，就是整个社会共同遵循的行为准则。“中和”在家庭层面表现为家庭成员之间的和睦相处，秩序井然，在公共生活领域要求人们“以和为贵”，以礼相待、文明礼貌、恭敬谦让、和谐相处。因为有了“和”的支撑，家庭才能团结，社会上的个体之间才能团结，国家的每个成员之间才能和平相处，整个国家才会安宁，社会才会和谐。反过来，集体主义传统为“和”的诞生和延续提供了土壤，在宗族制度下，“和”起到价值约束和道德规范的作用。

中国古代的和谐思想是基于“家国同构”的集体主义思想。传统的“家国同构”思想把家庭治理的道德规范推广为整个社会的道德规范。《孟子》有言：“天下之本在国，国之本在家，家之本在身。”[1]稳固的国家环境离不开每个家庭的稳定和谐，国家的安定受到国家中每个个体的影响，要使整个国家和谐安定，就要求每个个体都不断提升自身道德，达到规范的标准。《韩非子》中说：“臣事君，子事父，妻事夫，三者顺则天下治，三者逆则天下乱，此天下之常道也。”[2]中国古代历来就有集体主义价值观与个人主义价值观的争论，在研究、处理人与社会的关系时，中华传统文化中的价值理念更倾向于整体性思维。儒家认为个体是离不开整体的，在宗族社会里，个体是融入宗法血缘关系中的，个人是家庭的最小单元，家庭是社会的组成成分，国家是无数个家庭的合集。因此，个人的道德水平最终会传导到整个社会，家庭的稳定最终影响着整个国家的长治久安。家国同构就要求人们在处理利益关系时，将集体利益放在第一位，将个人利益放置于家庭、社会和国家利益之后；也要求人们从家庭的层面，从全社会的层面认识自己，认知社会的道德关系。统治阶级通过掌握家庭的关系来创建社会准则，达到“天下一家”的目标。家庭的道德准则得到落实，国家的道德准则就能得以运行，全

1《孟子·离娄上》。
2《韩非子·忠孝》。

社会的道德秩序就得以维持。“大公无私”“先公后私”的集体主义价值理念奠定了中华文化的基础，成为中国朴素爱国思想的重要支撑，为构建和谐安宁的稳定社会提供了道德保障。

二、对西方和谐价值理念的有益借鉴

和谐思想在西方同样有着悠久的历史演进过程。毕达哥拉斯、赫拉克利特、柏拉图、莱布尼茨等都论述过和谐思想。西方和谐思想最早的表现形式与音乐、数字等有关，在发展过程中逐渐抽象为单一与多元、对立与统一的关系。西方和谐思想同样认为和谐的基础是差别。

（一）西方朴素和谐观关注统一与对立中的和谐

最早提出和谐思想的西方哲学家是古希腊的毕达哥拉斯、赫拉克利特等人，他们的和谐思想都体现出朴素的世界观。毕达哥拉斯的和谐观是基于数字、数量的范畴，称为“数量和谐观”。“在希腊语中，‘和谐’的最初含义是将不同的事物连接或调和在一起，用于音乐就是将不同的音调结合在一起成为音阶。”[1]可以看出，古希腊的和谐观认识到了通过“不同”的组合，能够达到和谐的状态。毕达哥拉斯通过观察数与数之间存在的特定的比例关系，发现这种关系构成了数与数之间的和谐。从世界观的角度看，毕达哥拉斯把世界的本原归结于数，万物之间的联系都可以通过数与数之间的关系进行表达，数与数之间的和谐决定了万物之间的和谐。毕达哥拉斯的和谐是一种静态的和谐：一方面，和谐作为一种状态，是美的一种特征，任何美的东西都是和谐的；另一方面，和谐是一种固定的、静态的状态，是一种混沌的和谐，在毕达哥拉斯看来，和谐的事物是不包含矛盾的，是极致的、纯粹的、抽象的美。

赫拉克利特提出世界的本原是“火”，他看到了“火”的动态特征，并

---

1 欧阳卿：《浅谈古希腊时期西方的社会和谐思想》，《北方文学》2012 年第 10 期，第 137 页。

把这种流变性的特点附加在万事万物上，认为万事万物都是在持续变化的，且没有规律可言。因此，赫拉克利特的和谐是由对立的东西产生的，一切和谐都是在冲突中形成的暂时的平衡状态，并且平衡和冲突是始终循环的。赫拉克利特指出，“必须知道，战争是普遍的，正义就是斗争，万物都是按照斗争和必然性而生成”[1]。他看到了事物内在蕴含的对立的部分，将和谐从混沌静态的状态引向了动态平衡的状态，但同时，由于受朴素世界观的限制，他的和谐观还具有较大的缺陷。

柏拉图在评价赫拉克利特时指出：“赫拉克利特的意思也许是说，由于本来相反的高音和低音现在协调了，于是音乐的艺术才创出和谐。如果高音和低音仍然相反，它们就决不能有和谐，因为和谐是声音协调，而协调是一种互相融合，两种因素如果仍然相反，就不可能互相融合；相反的因素在还没有互相融合的时候也就不可能有和谐。”[2]柏拉图指出了朴素和谐观的缺陷，把这种对立引向了理念的统一。

（二）柏拉图与亚里士多德的社会和谐思想

柏拉图和亚里士多德认为，和谐不单单是一种静态混沌的状态，也不是单纯的对立和冲突，事物之间既有对立和斗争的一面，也存在相互融合的因素。柏拉图阐述了“正义即和谐”的观点，并提出了西方思想史上最早也最为典型的和谐社会构想，即“理想国”构想。

柏拉图构建理想的国家，这个理想国存在于理念世界，同时也是对现实的、和谐世界的追求，理想国建立在正义的基础之上。柏拉图认为，个人无法孤立地生存，必须要建立一个国家来对每个人进行引导，而引导人们的是国家的正义理念。“柏拉图指出，人的灵魂分理性、意志和欲望三个部分，人也相应具有智慧、勇敢、节制三种德性，当人同时具有这三种德性时，便

1 苗力田主编：《古希腊哲学》，中国人民大学出版社，1989，第 41 页。
2〔古希腊〕柏拉图：《文艺对话集》，朱光潜译，人民文学出版社，1963，第 234 页。

实现了灵魂的和谐统一，即正义。”[1]因此，正义就要求人的道德回归到智慧、勇敢、节制上，只有人的行为合乎正义，人自身才会达到和谐，国家才会实现和谐。在理想国中，国王应当由哲学家来担任，因为哲学家能够透过现实的可感知的世界看到理念世界，能够按照正义理念来指导国家的建设，规定国家政治体系。在理想国中，公民被分为三个等级，最高一级的统治者代表智慧，由哲学家担任，他们推广理性，对国家公民进行教育；次一级的武士代表勇敢，他们负责保卫国家，帮助统治者维持国家秩序，维护社会和谐的状态；最低一级为农民与手工业者，他们负责生产。在正义道德的约束下，三个等级的人安分守己、各尽所能，维持整个国家的和谐状态。柏拉图理想国的构想是基于秩序的统治，用等级划分将国家治理简单化，用道德的约束来维持和谐，实质上是维护统治阶级的利益，实现统治阶级的和谐，表现出共空想的成分。

亚里士多德把古希腊的和谐思想推到了最高阶段。亚里士多德提出了西方传统的中庸思想，他指出：“人的行为上的中道，既是中间的也是最好的，中庸之和是人们行为的最高典范，过度与不足乃是恶性的特性，而中庸则是美德的特性。”[2]亚里士多德的中庸思想以财富的占有量为尺度，他将社会成员按照财富的占有量划分为富人、穷人和中间阶层。亚里士多德把社会的和谐寄托于中间阶层，他认为中间阶层是最稳定的阶层，既不会因为占有过多的财富而脱离政治生活，也不会因为贫穷而同其他阶层发生冲突。中间阶层较为稳定的社会地位使得他们在政治上比较容易取得统治者的信任，能够为统治阶级提供更加便利的治理条件，成为国家治理的核心力量。亚里士多德的中庸思想局限于通过阶层划分来实现，并且其局限于经济层面的数量居中，忽略了人的社会关系、道德情感和政治治理的复杂性，存在一些理

1 欧阳卿：《浅谈古希腊时期西方的社会和谐思想》，《北方文学》2012 年第 10 期，第 137 页。
2 北京大学哲学系外国哲学史教研室编译：《古希腊罗马哲学》，商务印书馆，1982，第 321 页。

想化的因素，但这种直观的辩证思想对后世的和谐价值观的发展起到了促进作用。

（三）中世纪神学主导的和谐观

西方的和谐思想在《圣经》中也得到了很大的体现。基督教倡导人们要内心平和，人与人之间、人与自然之间要保持一种平稳的、和谐的关系。基督教的发展竭力将一切知识纳入宗教神学的轨道，使宗教成为解释世界的唯一学问，从理论上论证宗教的合理性，并且化解世界的不合理因素。中世纪神学反映现实问题的同时，表达着对于改造现实社会的愿望，其基本目的是通过对人的内心世界的干预，使人的内心得到平静，实现自然、社会和人之间的和谐统一。

基督教从宏大的宇宙观出发，将世间万物纳入神学的范畴，万事万物都受到上帝完美的协调，整个世界的各个部分以一种协调的形式构成一个和谐的整体，体现了基督教所创造的世界是一个充满秩序的存在。中世纪用神权为皇权的统治提供辩护，并且神权的统治地位要高于皇权。在政治生活中，教会通过对国王的管辖，将基督教的教条延伸为整个国家治理和社会生活的规范，规范着人们的日常生活。此外，基督教神学对人的思想的统治还体现为对人的内心世界的影响。由于教权、王权和人权之间的矛盾斗争不断，统治者为了维护统治，将这种矛盾归结于人神之间的矛盾，企图利用人们对宗教的信仰，使人们服从宗教面纱下的王权。因此，神学以拯救人类的灵魂为出发点，鼓吹宗教教条净化人的心灵的作用，教导人们要清心寡欲，提出了不可奸淫、不可偷盗等一些合理的道德要求，使人的内心达到平和的境界，从而实现人对宗教的彻底服从，维护社会的稳定。从具体的统治思想来看，中世纪神学的和谐思想是虚幻的，并没有触及现实世界的实际矛盾，所提出的很多道德要求本质上是为维护封建统治而存在的。

（四）德国古典哲学中的主客辩证和谐观

文艺复兴之后，莱布尼茨、康德、费希特、谢林、黑格尔等哲学家也提出了和谐思想。这一时期的思想家都以理性和自由为基本精神，用缜密的辩证思维，以主观世界与客观世界的关系问题为重点研究和谐实现的可能，其主要特点是：侧重于探讨主体与客体之间、物质与精神之间、存在与意识之间是如何达到辩证统一的和谐的；从唯心主义辩证法的角度出发，探讨对立与统一的和谐关系，探讨道德信仰和历史观领域内的社会和谐问题。

莱布尼茨在《单子论》中提出了“预定和谐”理论。在他看来，“单子”是构成世界万物的基本“因子”，“单子”具有不可分性，每个“单子”都是独立的，它们之间不能相互作用，但由“单子”构成的世界万物之间是相互影响、相互作用的，并且构成了一个完整的、和谐的、统一的整体。基于“单子”说，莱布尼茨把世界万物的这种规律归结为世界诞生之前就已经“预先安排”好的。由于各个“单子”之间保持着某种协调性和统一性，所以由“单子”构成的世间万物之间保持着一种“和谐”的稳定状态。黑格尔批判了莱布尼茨的“预定和谐”理论，黑格尔认为，一切事物本身都是矛盾，“同一、差异和对立之过渡为矛盾……矛盾出现于对立之中时，它不过是发展了的无，无已经包含在同一之中”[1]。假如“一个存在物不能够在其肯定的规定中同时袭取其否定的规定，并把这一规定保持在另一个规定之中，假如它不能够在自己本身中具有矛盾，那么，它就不是一个生动的统一体”[2]。这就是说，事物作为统一体，包括矛盾与同一两个方面的特征。黑格尔意识到，与事物的本质和内在规定的同一的方面相比，要更加重视“矛盾是更深刻、更本质的东西”[3]。黑格尔提出矛盾对立是事物更加深刻和本质的部分，但这并不意味着黑格尔否定事物的同一性。黑格尔在论述对立与同

1 北京大学哲学系外国哲学史教研室编译：《西方哲学原著选读》下卷，商务印书馆，1982，第412页。
2 北京大学哲学系外国哲学史教研室编译：《西方哲学原著选读》下卷，商务印书馆，1982，第414页。
3 北京大学哲学系外国哲学史教研室编译：《西方哲学原著选读》下卷，商务印书馆，1982，第412页。

一的关系时是这样认为的：同一是一切事物的本质属性，但一切事物都在自己运动，自己异化自己，自己完成自己，形成差异的自己，但在异化的过程中，事物的本质保持着与自身的同一，矛盾最终从差异回归到同一。

（五）西方近现代多元和谐观

随着自然科学和社会科学的进步，以及资本主义的长足发展，西方和谐思想在近现代不断拓展，逐步完善。洛克从公民权利的角度研究构建和谐社会的问题，认为生命、自由、财产是自然法为人类规定的基本权利，任何人都不得侵犯，只有这些权利得到有效保障，国家才能稳定，社会才能和谐。卢梭侧重于从社会平等的角度论述和谐思想，人们基于对权利的保障和平等的追求，才结成了“社会契约”，社会的每一个成员和国家之间在政治权利、自由保障、财产保护等方面才能达成一致，实现社会和谐。

伴随着近代以来社会生产的迅速发展，社会贫富差异日益增大，阶级矛盾不断激化，社会不稳定、不和谐因素显著增多，西方一些思想家开始探索实现“和谐社会”的路径。空想社会主义者最早提出“和谐社会”的概念。法国空想社会主义者傅立叶在《全世界和谐》一书中提出：“和谐制度”是未来社会的理想制度，在“和谐”制度下，资本、劳动力等按照一定比例来参与社会财富的分配。英国空想社会主义者欧文在美国开展了名为“新和谐”的共产主义试验，他反对资本参与社会财富分配，主张只有在“公平”交易中才能实现和谐。法国另一位空想社会主义者圣西门推崇通过“实业制度”来创造一个和谐社会，在圣西门看来，要实现理想的和谐社会，需要由具有领导力的学者和实业家来实现，而人民群众只是一种消极的政治力量，无法推动社会变革。

新自由主义者进一步提倡维护人的自由权利，关注社会和谐所需要的物质条件，力求把个人自由与公共利益统一起来，使个人自由与社会发展协调一致。霍布豪斯（Hobhouse）认为，和谐是由科学的发展和社会的进步变化引起的，和谐与理性相连，是人类追求的最终目标，和谐需要人们用热忱来维护。资产阶级学者脱离阶级观点研究社会和谐问题，将社会不和谐因素归结为道德、法律、经济等现象层面，无法使和谐从根本上成为可能。西方马克思主义也在构建社会和谐方面作出了探索，阿尔都塞把社会理解为一种结构性总体，西方马克思主义者主打从结构性总体研究、认识社会。

三、社会主义和谐价值理念的核心要义

和谐是人类社会各个发展阶段的价值诉求，但在阶级社会，任何和谐思想都局限于统治阶级内部，由于阶级性和历史局限性，理想的和谐社会最终都以破产而结束。马克思在探索人类社会运行和发展的根本规律的过程中，发现了社会生产的规律，找到了人类社会不平等、不和谐的根源，即阶级对立。要建立真正的和谐社会，就要消灭阶级和阶级对立，就要实现人的解放，实现人的自由全面发展。中国特色社会主义和谐社会以人为价值核心，追求经济、政治、文化、社会和生态文明的协调发展，目标是消除利益冲突，消除贫富差距等社会不和谐因素。

（一）马克思主义和谐是矛盾统一体

在马克思的社会理论中，和谐是对矛盾的根本性解决。马克思在《1844年经济学哲学手稿》中指出了理想社会的本质："它是人和自然界之间、人和人之间的矛盾的**真正**解决，是存在和本质、对象化和自我确证、自由和必然、个体和类之间的斗争的真正解决"[1]。马克思从哲学思辨层面论述了社会和谐思想，并在之后将实现社会和谐的方法从哲学转向了现实。马克思恩格斯在《共产党宣言》中描绘了和谐社会的美好蓝图，"它们关于未来社会的积极的主张，例如消灭城乡对立、消灭家庭、消灭私人营利、消灭雇佣劳动、提倡社会和谐、把国家变成纯粹的生产管理机构——所有这些主张都只

1《马克思恩格斯全集》第3卷，人民出版社，2002，第297页。

是表明要消灭阶级对立”[1]。

马克思论述的和谐包括人与人、人与社会、人与自然的辩证统一。资本的扩张和发展使得社会矛盾出现新的特点，资本的内在矛盾渗透进人与人、人与社会、人与自然之间的关系，把人与人、人与社会、人与自然之间的关系用资本的关系代替，把社会关系放置于市场和商品交换之中，产生了形形色色的矛盾和冲突。人与人之间的对立成为阶级社会的不和谐因素，而其不和谐的根源在于利益上的冲突，表现在权利和义务的关系上，表现在交往关系上。社会性是人的根本属性，人的价值存在于人的社会关系中。马克思认为，人和社会之间的矛盾体现为个人价值和社会价值的不平衡：一方面，人的活动离不开社会，个人的发展离不开社会环境的支撑；另一方面，人的劳动创造社会，社会发展的进步依靠每个个体劳动的创造。同样，人是自然的一部分，自然为人类生存提供生产和生活资料，同时，自然也是人的劳动对象。马克思指出：“自然界起初是作为一种完全异己的、有无限威力的和不可制服的力量与人们对立的”[2]。人通过对自然的改造和利用来发展自我，“劳动过程首先是人和自然之间的过程，是人以自身的活动来中介、调整和控制人和自然之间的物质变换的过程”[3]。劳动作为中介参与到人同自身及对象的关系中，这些关系构成了和谐的要素。

在自由主义经济学那里，资本只有和谐而没有矛盾，“资本让需要变得高尚了，它减轻我们的努力，它净化我们的满足……以上事实使我们在资本中看到了一切伟大神意法则的那个印记：和谐”[4]。马克思看到了矛盾所在，认为只有承认矛盾、分析矛盾，才能找到实现和谐的路径。矛盾与和谐是马克思的社会辩证法的核心范畴，揭示和解决社会矛盾、实现社会和谐，是

1《马克思恩格斯文集》第 2 卷，人民出版社，2009，第 63—64 页。
2《马克思恩格斯文集》第 1 卷，人民出版社，2009，第 534 页。
3《马克思恩格斯全集》第 42 卷，人民出版社，2016，第 168 页。
4〔法〕巴斯夏：《经济和谐论》，唐宗义译，商务印书馆，2009，第 224 页。

马克思主义的重要内容。马克思指出：“经济规律的和谐在整个世界上表现为不和谐……这种不和谐是真实的，而不只是以经济学家们的主观理解为根据。”[1]马克思主义的和谐是对于差别和矛盾的接受、承认与容忍，也是对差别和矛盾的协调、缓和与化解，但是和谐不能消灭差别和矛盾。和谐社会不是无矛盾社会，更不是完美社会。社会和谐是建立在矛盾对立的基础之上的，和谐本身就是动态变化和冲突对立中的稳定状态。

（二）马克思主义和谐表现为人的自由全面发展

马克思主义经典作家认为，在资本主义社会中，人与人的关系被异化为物与物的关系，人变成了畸形的、片面的人，在资本主义的社会关系下，和谐是不会实现的。资本主义在发展的同时也创造了自己的掘墓人，社会生产的无限扩大增大了共产主义社会实现的可能性，资本家“作为价值增殖的狂热追求者，他肆无忌惮地迫使人类去为生产而生产，从而去发展社会生产力，去创造生产的物质条件；而只有这样的条件，才能为一个更高级的、以每一个个人的全面而自由的发展为基本原则的社会形式建立现实基础”[2]。社会生产的极大进步是实现和谐的前提，社会要和谐，首先要发展，并且要求协调地发展。

人的自由全面发展就意味着人成为自己的主人，成为社会的主人，成为自然的主人，人对自身和对象有了彻底的认识与掌握，能够真正地支配对象。在人与人的关系上，摆脱了因分工而产生的等级差别，所有人实行合理的分工，由分工导致的社会阶级彻底消亡，每个人都有充足的时间从事科学、艺术等真正有价值的东西，为人的自由全面发展奠定基础；在人与自然的关系上，人的力量足以科学地认识和改造自然，并利用自然环境造福人类，人实现从必然王国向自由王国的飞跃；在人与社会的关系上，由于无产

1《马克思恩格斯全集》第 30 卷，人民出版社，1995，第 8 页。
2《马克思恩格斯全集》第 44 卷，人民出版社，2001，第 683 页。

阶级掌握社会权力，实现生产资料的公有制，社会生产走上秩序的轨道，人与社会之间的被动关系转变为自觉和谐的关系。资本主义生产秘密的揭露，为人们消灭贫富差距提供了路径，不再单纯地从道德角度谴责富人。因此，马克思主义认为，必须通过社会占有且通过社会调节生产的方式来克服物对人的统治。

（三）马克思主义的和谐理念以全人类的解放为最高理想

马克思主义的和谐理念摆脱了地域和民族的限制，把视野扩展到全世界，关注和谐同整个世界的联系。马克思主义科学地考察了资本在全世界范围内的运行规律，认为生产不断积累和扩大的过程也是人的交往不断扩大的结果。马克思恩格斯在《德意志意识形态》中对世界历史进行了界定：“各个相互影响的活动范围在这个发展进程中越是扩大，各民族的原始封闭状态由于日益完善的生产方式、交往以及因交往而自然形成的不同民族之间的分工消灭得越是彻底，历史也就越是成为世界历史。”[1]资本主义不可避免的根本矛盾在全世界普遍存在，民族和地域的差别限制了资本的世界性发展，给社会进步带来了矛盾。“资产阶级的关系已经太狭窄了，再容纳不了它本身所造成的财富了。”[2]只有打破“资产阶级的关系”带来的限制和矛盾，人才能成为历史性的、普遍性的人，只有全世界范围内的和谐得以实现，个人的和谐才能根本实现。

马克思主义进入中国后，和谐理念得到了丰富和发展，关于全世界和谐的理念在实践中不断完善。中国共产党对世界局势的判断以及中国“大国外交”的举措都包含着和谐世界的理念。当今世界是全球化的世界，任何国家都不能脱离世界而孤立发展。和谐世界就是要在全球范围内实现各个国家的共同繁荣，保持全球的健康稳定发展，保持所有国家一道享受世界发展的福

1《马克思恩格斯文集》第 1 卷，人民出版社，2009，第 540—541 页。
2《马克思恩格斯文集》第 2 卷，人民出版社，2009，第 37 页。

利。马克思主义的和谐理念作为人类追求自由、公正的美好理想的最高点，继承和发扬了全人类在历史中凝结的优秀文化，但又根本不同于西方宣扬的“普世价值”。马克思主义的和谐理念不仅是价值判断，也是对人类历史发展的客观规律的科学总结和阐发。马克思主义的和谐理念不是为了对现实世界作出解释或对现存社会制度进行辩护，而是“那种消灭现存状况的**现实的**运动”[1]。

（四）和谐是以人民为中心的发展理念

马克思指出：“理论只要说服人［ad hominem］，就能掌握群众；而理论只要彻底，就能说服人［ad hominem］。所谓彻底，就是抓住事物的根本。而人的根本就是人本身。”[2]可以说，马克思主义的根本问题就是人的问题，坚持“以人为本”是马克思主义理论的核心理念，也是和谐社会的基本特征和集中体现。和谐就是坚持一切发展以人为中心，尊重人发展的客观规律和基本需求，真正把实现、保障和发展好人民各方面的需求作为一切社会发展的出发点和目的。

中国共产党形成了以“以人为本”为核心的科学发展观，胡锦涛指出：“坚持以人为本，就是要以实现人的全面发展为目标，从人民群众的根本利益出发谋发展、促发展，不断满足人民群众日益增长的物质文化需要，切实保障人民群众的经济、政治和文化权益，让发展的成果惠及全体人民。”[3]中国特色社会主义进入新时代，以习近平同志为核心的党中央高度重视以人民为中心的发展理念。党的十九届五中全会提出：“坚持人民主体地位，坚持共同富裕方向，始终做到发展为了人民、发展依靠人民、发展成果由人民共享，维护人民根本利益，激发全体人民积极性、主动性、创造性，促进社会

1《马克思恩格斯文集》第 1 卷，人民出版社，2009，第 539 页。

2《马克思恩格斯文集》第 1 卷，人民出版社，2009，第 11 页。

3 中共中央文献研究室编：《十六大以来重要文献选编》上册，中央文献出版社，2005，第 850 页。

公平，增进民生福祉，不断实现人民对美好生活的向往。”[1]以人民为中心是当代中国构建和谐社会的鲜明底色，是中国共产党全面建成小康社会、实现共同富裕这一庄严承诺的根本标准，是和谐价值的逻辑红线。

以人民为中心的和谐价值包含着对公共生活本质的探究，折射出人们对政治社会的理想追求。“人民是我们党执政的最大底气，是我们共和国的坚实根基，是我们强党兴国的根本所在。”[2]以人民为中心的发展理念，以人民群众为价值根基，“民心是最大的政治，正义是最强的力量”[3]，“人民对美好生活的向往，就是我们的奋斗目标”[4]。人民群众的根本价值追求，就是社会主义社会的价值核心，人民是实现社会主义的主体，只有充分依靠人民，充分发挥广大人民群众的力量，维护好广大人民群众的根本利益，以人民为中心才能真正落到实处。

（五）和谐意味着全面协调可持续

全面协调可持续是对社会主义和谐价值理念的具体阐释，是统筹城乡、区域和人与自然和谐发展的指导思想，以追求社会主义物质文明、政治文明、精神文明和生态文明协调发展为目标。

和谐，首先意味着发展是从经济增长到社会和人的进步的全面发展。这要求突破传统的发展模式，关注并处理好社会问题。进入新时代以来，我国社会主要矛盾已经转化为人民日益增长的美好生活需要和不平衡不充分的发展之间的矛盾。我们历史性地解决了绝对贫困的问题，重点在于解决相对贫困以达到共同富裕，使得发展更加平衡、更加充分，使得人民能够共享发展成果，使得经济发展能够保持健康平稳。党的十九大报告提出：“到本世纪

1《中共中央关于制定国民经济和社会发展第十四个五年规划和二〇三五年远景目标的建议》，人民出版社，2020，第 7 页。

2《习近平谈治国理政》第 3 卷，外文出版社，2020，第 137 页。

3 习近平：《在第十八届中央纪律检查委员会第六次全体会议上的讲话》，人民出版社，2016，第 6 页。

4《习近平谈治国理政》第 1 卷，外文出版社，2018，第 3 页。

中叶……把我国建成富强民主文明和谐美丽的社会主义现代化强国。”[1] 经济发展和社会进步要以良好的生态为条件，和谐发展就要兼顾好经济发展和环境保护两个方面，处理好人和自然的关系。和谐还体现在国家治理层面，是国家治理体系和治理能力的重要表现，是国家治理目标和手段的有机统一。社会系统中的各个要素相互联系、相互依赖、相互作用，和谐价值倡导对这些要素实现整合，使社会平衡有序运转。和谐价值观一方面倡导从法治入手维持社会秩序，另一方面推崇道德约束维护社会稳定，二者相结合，为国家长治久安提供条件。

和谐意味着人类文明的可持续性。人类文明是一个不断演进的过程，习近平指出：“纵观世界文明史，人类先后经历了农业革命、工业革命、信息革命。”[2]生态兴则文明兴，生态衰则文明衰，这是人类文明发展的历史经验。在处理保护生态以实现社会可持续发展的问题上，西方走上了“先污染后治理”“内治理外污染”的道路，这是对人类文明的发展极端不负责任的态度。中国推进社会进步和生态文明同步发展、并联发展、叠加发展，以可持续的方式推动从工业文明向信息文明的转型，实现生态文明同社会发展的共生融合，保障社会可持续发展和人类文明的可持续演进。

---

1 习近平：《决胜全面建成小康社会　夺取新时代中国特色社会主义伟大胜利——在中国共产党第十九次全国代表大会上的报告》，人民出版社，2017，第 29 页。

2 中共中央文献研究室编：《习近平关于科技创新论述摘编》，中央文献出版社，2016，第 86 页。

第七章
社会层面社会主义核心价值观基本理念的内涵与要求

社会主义核心价值观在社会层面的基本价值理念是自由、平等、公正、法治，体现了中国特色社会主义的基本属性，也是中国共产党人一以贯之的价值追求。中国共产党自成立起，就把带领人民实现自由、平等、公正、法治写到自己的旗帜上，并为之而不懈奋斗。新中国成立后，自由、平等、公正、法治成为激励人们奋发图强建设社会主义的强大精神动力。改革开放以来，随着我国社会主义市场经济体制的建立和社会主义民主政治的发展，广大人民群众的民主法治意识越来越强，自由平等观念日益深入人心，维护公平正义的要求也越来越高。正是适应广大人民群众这种新期待、新要求，我们党更加自觉地把自由、平等、公正、法治等价值理念深入扎实地体现到党的各项理论和实践之中。党的十七大报告强调要“树立社会主义民主法治、自由平等、公平正义理念”[1]，党的十八大报告则把“倡导自由、平等、公正、法治”作为“积极培育和践行社会主义核心价值观”[2]的重要内容。可以看出，自由、平等、公正、法治是当代中国共产党人推进伟大社会实践的集中价值体现，也是我们坚持和发展中国特色社会主义的核心价值追求。

---

1 中共中央文献研究室编：《十七大以来重要文献选编》上册，中央文献出版社，2009，第23页。

2 中共中央文献研究室编：《十八大以来重要文献选编》上册，中央文献出版社，2014，第25页。

第一节　社会主义自由价值理念的内涵与要求

作为社会主义核心价值观社会层面价值要求的“第一位”，“自由”在社会主义社会中的重要性不言而喻。但是，在过去的一段时间内，“自由”概念在我国主流话语中鲜少被提及，更有甚者把“自由”价值理念视为资本主义意识形态的一部分，将其与社会主义价值理念对立起来。这种错误的理解源于混淆了“自由”与“自由主义”的分别，产生了所谓“谈自由色变”的情况。从最简单、最形而上学的层面理解这一概念，自由指的是没有外在限制而能够遵循自己的意志进行活动。就其主观规定而言，任何人都拥有自由，甚至可以说，自由是人的本质规定。但就其客观规定而言，不同时代、不同环境的不同个体都必然受到限制，这种限制或源于自然界，或源于社会生活，人又必然陷入“不自由”的桎梏中。因此，坚持用辩证的、历史的、具体的眼光审视自由及其实现，是正确理解社会主义核心价值观中自由价值理念的首要之义。

一、对中国传统自由价值理念的传承转化

早在先秦时期，中国就出现了关于自由的思想。“自由”的连用首见于东汉时期的典籍训诂，东汉赵岐的《孟子章句》中有：“孟子言人臣居官不得守其职，谏正君不见纳者，皆当致仕而去。今我居师宾之位，进退自由，岂不绰绰然舒缓有余裕乎。绰、裕，皆宽也。”郑玄注《礼记》“请见不请退”[1]一句时，将其解释为“去止不敢自由”；注《礼记》“帷薄之外不趋”[2]一句时，将其解释为“不见尊者，行自由，不为容也，入则容”。可见，“自由”一词在我国古代早已产生，是中国社会的重要价值理念。

1《礼记·少仪》。
2《礼记·曲礼上》。

（一）儒家思想的自由价值理念

儒家思想是中国古代的正统思想，自孔子以来，历代儒家学者不断根据政治统治和社会生活的需要，构建起了一个以“仁”为核心的道德主义的思想体系，成为中国古代影响最为深刻的社会意识形态。由于儒家思想被封建皇权尊为正统，而自由又与封建专制相矛盾，因而很多人认为儒家思想中并不存在“自由”生长的空间。这样的认识是失之偏颇的。孔子说：“吾十有五而志于学，三十而立，四十而不惑，五十而知天命，六十而耳顺，七十而从心所欲，不逾矩。”[1]其中的“从心所欲，不逾矩”包含了自由的思想，而且说明了对自由的社会约束的客观存在。之所以能够“从心所欲，不逾矩”，是因为道德理念已经内化于心，礼乐法度已经了然于胸，内心所想不会违背道德要求，所作所为不会逾越礼法边界。由于儒家思想中“德”与“礼”的同质异构关系，故而人只要遵循道德要求，便能够合于礼法行事。正如朱熹所说：“由仁义行，非行仁义，则仁义已根于心，而所行皆从此出。非以仁义为美，而后勉强行之，所谓安而行之也。”[2]由此可见，在儒家的语境下，自由是一种道德境界，它要求人理解道德、悦纳道德，最终作出合乎道德、合乎礼法的行为。

但作为思想体系的儒家思想并非只有一重面向，《论语》中记述了一次孔子聚徒授学之余与弟子讨论人生志向，子路、冉有、公西华先后就治国安邦表达了自己的志向，而当孔子问及曾皙的志向时，曾皙答曰他的志向是：“莫春者，春服既成，冠者五六人，童子六七人，浴乎沂，风乎舞雩，咏而归。”[3]孔子随即对曾皙的主张表达了欣赏和认同。这表现出了孔子的思想旨趣，体现了儒家思想对于自由的另一重理解。曾皙的回答所描述的是一幅春日郊游的景象。众人在沂水边盥洗，到祈雨的雩台上沐浴春天的暖风，最后

1《论语·为政》。
2《四书章句集注·孟子集注·离娄章句下》。
3《论语·先进》。

一起唱着歌回家。虽无一处提及自由，但却表达了一种对自由旷达、悦己悦心境界的向往。与子路、冉有、公西华三人相比，曾皙的志向无疑是属于个人生活领域的，如果按我们惯常的理解，儒家思想是一种关于道德教化、社会人伦的学说，此处我们便可以一窥儒家思想在非道德领域的自由观。从思想的整体性上考虑，“浴乎沂，风乎舞雩，咏而归”也可被理解为另一种的“从心所欲，不逾矩”，但这种环境下并不需要在乎道德的约束，其所重视的是主体的内心愉悦而生成的自由感。因此，我们不能将儒家思想进行泛道德化的理解，对审美愉悦、主体感受的强调也是儒家思想的重要组成部分。也正因如此，儒家思想在后世可以与道家思想、佛学思想等交叉融合，形成新的思想体系。

（二）道家思想的自由价值理念

与儒家思想相比，道家思想具有更浓厚的哲学色彩，其本体论思想构成了中国哲学的重要根基。在道家思想体系中，宇宙万物的法则是“道”，“道生一，一生二，二生三，三生万物”[1]，世界上的万事万物均由道所派生，分有道的品格，而人作为万物之一，人性也是道性的分有，人性中分有道性的部分即为“德”。与这种本体论相契合的伦理观将人的理想境界理解为人向道的回归，回归于最原始质朴、不假伪饰的状态。老子用婴孩比喻道德修养极高的人：“含德之厚，比于赤子。毒虫不螫，猛兽不据，攫鸟不搏。骨弱筋柔而握固，未知牝牡之合而朘作，精之至也。终日号而不嗄，和之至也。知和曰常，知常曰明。益生曰祥，心使气曰强。物壮则老，谓之不道，不道早已。”[2]婴孩诞生于世，并不了解社会的规矩法度，他只是凭借本能和天性做事。但老子认为，婴孩的精神气力却是最为强盛的；相反，事物过于强壮，人过多有意识地修饰自身，却距离“道”越来越远，很快就会灭亡。

1《老子·四十二章》。
2《老子·五十五章》。

由此可见，道家思想中宇宙万物的和谐是先验和超验的，最能维护这种和谐的方式就是顺从自己的本真天性做事，与万物共生共荣，实现“德”对自身的要求。因而，道家思想的自由观是一种要求弱化主体意识的非理性自由观，其所追求的是和光同尘、物我两忘、天人合一的理想境界。

庄子在老子的基础上进一步发展了道家思想，形成了与以道为本的本体论思想相契合的知识论思想，沟通起了道学本体论与伦理学，其中道家思想的自由观也得到了进一步的发展和完善。庄子将回归道性的途径具体化，他借颜回与孔子之口表达了自己的思想：

> 颜回曰：“回益矣。”仲尼曰：“何谓也？”曰：“回忘仁义矣。”曰：“可矣，犹未也。”他日复见，曰：“回益矣。”曰：“何谓也？”曰：“回忘礼乐矣！”曰：“可矣，犹未也。”他日复见，曰：“回益矣。”曰：“何谓也？”曰：“回坐忘矣。”仲尼蹴然曰：“何谓坐忘？”颜回曰：“堕肢体，黜聪明，离形去知，同于大通，此谓坐忘。”仲尼曰：“同则无好也，化则无常也。而果其贤乎！丘也请从而后也。”[1]

在庄子看来，要使人处于宇宙本真的和谐状态，必须忘却仁义、忘却礼乐，甚至忘却知识、形体，以“坐忘”的方式消除人对于宇宙万事万物相互分别的理解，使自身与“道”直接相通、浑然一体。道家思想有意识地削弱“我”在思想体系中的作用，从而试图构建一个主体与客体不相区分、万物齐同而至逍遥的思想体系，在自由观上表现出了自身鲜明的特征。道家思想在中国古代社会产生了极为深远的影响，在某些短暂的时期内也被确立为国家的统治思想，它的自由观是中华传统文化中自由理念的重要部分。

1《庄子 · 大宗师》。

（三）佛教思想的自由价值理念

佛教是印度的本土宗教，在两汉时期传入中国，并渐渐与中华文化相融合，形成了具有中国本土特征的佛教宗派。东晋时期，中国佛教迎来了第一次大的发展，此时由于时局混乱动荡，社会士人群体纷纷寻求出世解脱之法，佛教此时与中国本土的道家思想融合发展，清谈佛法一时蔚然成风。其中，禅宗尤其是六祖惠能创始的南宗禅，大量吸收了儒家、道家等中国传统思想，并在修持上推崇见性成佛的顿悟法门，其思想迅速在中国传播开来，成为中国佛教思想的主流。惠能禅学思想的主要特征是“识心见性”和“顿悟成佛”，二者相互联系，前者是修持的目的，后者是修持的方法。禅宗的自由观就是在此基础上形成的。

“心”和“性”是禅宗思想的核心范畴。《坛经》中对心与性的关系进行了界定，即“心是地，性是王。王居心地上，性在王在，性去王无。性在身心存，性去身心坏”[1]。概言之，“心”是属人的而“性”是属佛的，人与佛的区分并不在于本性，而仅在于悟与不悟之别，因此人心中自有佛性，而佛性也便是人心的根据。佛性固存于人心，但却未能显明，其原因是人心中存有妄念，而妄念产生的原因是人对于众生万物存有分别、取舍、执念，即以主体的身份而将外物都作为客体。因此，禅宗修持就是要去除这种主客二分、万物有别的状态。

禅宗的自由观与道家思想一样，具有自然主义的倾向，要求去除本性的蒙蔽，恢复人最本真的状态。与道家思想不同的是，惠能的禅宗思想并不认为佛性是独立于人心之外的抽象本体，所以认为“识心见性，自成佛道”[2]，“识心”方能“见性”，“识心”便是“见性”。如此一来，正如洪修平教授所言，惠能所说的“自心自性”能包容万法、成立万法，这就意味着人的生命

1《坛经·疑问品第三》。

2《大正藏》册48。

提高到了本体的高度，宇宙本体与人的本体统一于人们“无相无念无住”的当下之心。[1]这使得禅宗的修持要求发挥人的主观能动性，在“悟”中实现自身的自由境界。

随着近代西方自由观传入中国，关于中华文化传统中是否存在自由理念引起了诸多争论。严复发表《论世变之亟》一文，认为“苟扼要而谈，不外于学术则黜伪而崇真，于刑政则屈私以为公而已。斯二者，与中国理道初无异也。顾彼行之而常通，吾行之而常病者，则自由不自由异耳”[2]。严复对比中西文化之后，将中国学术、法政的落后归结于中华文化缺少自由精神，西方正是因为有着“自由为体，民主为用”的政治制度，所以国家富强、社会进步。此后，诸多学者和文化界人士开始注重发掘中华文化中的自由传统。徐复观认为孔子创发了中国的自由社会，使人们可以通过个人努力实现社会地位的提升，相比之下，在古希腊罗马多数人为奴隶的背景下的自由并不是真正的自由，因此“真正向往民主政治的人”应该发掘孔子的自由民主精神，使现代社会奠基于“伟大的传统之中”[3]。唐君毅将孔子称作“中国自由之父”，认为孔子所倡导的“为仁由己”的自由是“能涵盖一切现实的与可能的人生文化之价值，而加以肯定，赞叹，生发，成就”之仁心呈露的自由，是最高层次的自由。[4]此外，梁漱溟、贺麟、钱穆、冯友兰、牟宗三等学者也纷纷致力于从中国传统的儒家思想、道家思想和禅宗思想中发掘中国的自由传统，以证明自由始终是中华传统文化的重要主题。

对此，胡适从西方自由主义的立场指出：“中国古人太看重‘自由’、‘自然’的‘自’字，所以往往看轻外面的拘束力量……故意回向内心去求安慰，求自由”；“东方自由主义运动始终没有抓住政治自由的特殊重要性，所

1 洪修平：《禅宗思想的形成与发展》，江苏人民出版社，2011，第 231 页。

2 王栻主编：《严复集》第 1 册，中华书局，1986，第 2 页。

3 徐复观：《学术与政治之间》，九州出版社，2014，第 273 页。

4 唐君毅：《人文精神之重建》第 2 册，广西师范大学出版社，2005，第 275—276 页。

以始终没有走上建设民主政治的路子”[1]。马克思主义史学家侯外庐通过分析中国思想中关涉自由的部分，认为中国传统思想中的心性论、追求天人合一的价值理想，始终带有浓厚的神秘主义色彩，它是自我意识的循环，并没有着眼于改造客观世界和人类自身，因而所谓的自由都具有臆想性。

概括来说，中国传统的自由理念并非在政治哲学领域展开，而是更多关注人的精神生活，具有高度的主体性、精神性特质。林毓生指出，中华传统文化中并不是没有“自由”这个词汇，但主要是“一种自由自在、心中觉得舒服畅快的感受，这种感受当然是自由主义所赞许的；但这不是西方自由主义的政治哲学与道德哲学讲的那种自由”[2]。传统的自由思想在确立人的主体意识，引导人自律、自觉方面具有积极意义，但由于缺少在社会政治领域的理论建构，故而或走向为专制统治和封建伦理辩护，或走向一味追求超脱世外的消极境地。正确理解“自由”在不同历史时期的具体语境，吸收中国传统自由理念的合理之处，是在新时代构建社会主义自由价值理念的应有之义。

二、对西方自由价值理念的有益借鉴

在英文中，“自由”一词有两种翻译，一种是 freedom，另一种是 liberty。尽管这两个词是同义词，在生活中也多有混用，但仔细区别，会发现二者的含义仍存在不同。其中，freedom 更多指主体本身所具有的能力，这种自由意味着人作为个人不可剥夺的自主权，即个人能够运用自身的意识的能力；liberty 则更多意为主体不受外界条件的限制，尤其指权威组织的限制，因而一般多运用于政治领域。从词源学上看，后者的出现早于前者，在古拉丁语中就有 liberta 一词，含义为“自由”，且在古希腊罗马时期，“自由”

---

1 方光华：《“自由”观念与 20 世纪中国思想史的中西会通》，《天津社会科学》2015 年第 1 期，第 185 页。

2 林毓生：《中国传统的创造性转化》，三联书店，2011，第 324 页。

和“解放”在一定程度上是同义的。由此可见，与中国传统的自由理念关注精神生活相比，“自由”在西方语境下始终与社会政治保持着密切的联系。

（一）西方自由价值理念的肇始

西方政治哲学中自由理念较为完整的表达始于希腊化时期的斯多葛学派，并由古罗马共和国末期的思想家西塞罗充分论述。斯多葛学派将宇宙的理性法则称为“逻各斯”（logos），作为法则的逻各斯并不是非道德的，而是善的源泉，而善则是宇宙中普遍而永恒的“自然法”，因此逻各斯是自然法的依据，自然法具有超验的性质和至上的地位。西塞罗在这一思想的基础上，将法分为两种：一种是先于国家和成文法而存在的作为“最高法律”的自然法，另一种是源于自然法并经由人们的相互约定而成的人定法。他认为：“法律是根据与自然——万物中首要的和最古老的——一致而制定的有关事务正义和不正义的区别；在符合自然的标准下，构筑了这样一些人的法律，它对邪恶者施以惩罚，而保卫和保护善者。”[1]人作为宇宙的一部分，人的本质是宇宙本质的显现，人应该运用自身天赋的理性过符合自己本性的生活，即按照自然法生活。又因为自然法是至善，所以按照自然法生活的人就是自由的人。同时，自然法也代表着一种限制，它揭示出人的自由的非绝对性，人的自由受到了自然和法律的限制。西塞罗完整地在政治哲学的意义上将自由与法律的关系问题提了出来，并且将自由视为目的，而将法律（人定法）视为手段，正如他的名言所说：为了得到自由，我们才是法律的臣仆。

希腊化时期城邦解体的历史背景使自由思想空前活跃，人们的主体意识空前提升，西塞罗基于对历史的考察提出“国家是人民的事务”的论断，这鲜明地昭示了人民之于国家的主人地位。“一个民族并不是随随便便一群人，不管以什么方式聚集起来的集合体，而是很多人依据一项关于正义的协议和

1〔古罗马〕西塞罗：《国家篇　法律篇》，沈叔平、苏力译，商务印书馆，2011，第191页。

一个为了共同利益的伙伴关系而联合起来的一个集合体。"[1]因此，国家是人民共同意志的产物，共和国在本质上是人民自治的组织。他扩展了古希腊时期的"公民"概念，将外邦人、奴隶也纳入了公民范畴，尤其是他将奴隶不再视为"会说话的工具"，而是"起码是一个受雇于主人的公民"，这是社会中自由理念深刻发展的结果，也是西方政治哲学的一次大进步。自由在西塞罗的思想中包含了两层含义：一方面，自由意味着对公域和私域的区分，公民的私域有权不受干涉。公域和私域统一是城邦政治的传统，而西塞罗则建立了公域和私域的"二元结构"，确立了私人财产为个人所有、他人不得侵占的原则。另一方面，自由意味着公民的参政自由。尽管西塞罗区分了公域和私域，但他认为二者并不是对立的，并且在共和政体内，共和国的共同利益是最重要的。这就使得参与政治是公民的必然诉求，参政既是公民的权利，也是公民的责任，公民应当通过政治的方式来实现自身的自由。总结来说，西塞罗所提出的是一种基于自然法的国家至上的自由观。

（二）西方自由价值理念在近代的发展

与基于自然法的传统自由观相比较，近代西方社会的自由观表现出更加鲜明的个人主义色彩，"自然权利"成为西方思想界思考自由问题的基石。贡斯当曾以列举的方式表述自由的范畴："请问一个英国人、一个法国人、一个美国公民今天所理解的'自由'一词的涵义是什么？对他们每个人而言，自由是只受法律制约，而不因某个人或若干个人的专断意志受到某种方式的逮捕、拘禁、处死或虐待的权利，它是每个人表达意见、选择并从事某一职业、支配甚至滥用财产的权利，是不必经过许可、不必说明动机或事由而迁徙的权利。它是每个人与其他个人结社的权利，结社的目的或许是讨论他们的利益，或许是信奉他们以及结社者偏爱的宗教，甚至或许仅仅是以一种最适合他们本性或幻想的方式消磨几天或几小时。最后，它是每个人通过

1〔古罗马〕西塞罗：《国家篇　法律篇》，沈叔平、苏力译，商务印书馆，2011，第35页。

选举全部或部分官员，或通过当权者或多或少不得不留意的代议制、申诉、要求等方式，对政府的行政施加某些影响的权利。”[1]可见，近代以来西方社会对自由的理解是建立在个人主义的基础之上的，而开启这一传统的是英国哲学家托马斯·霍布斯。

霍布斯颠覆了传统的自然法学说，在他的理论中，自然法的先验地位被取消，取而代之的是自然权利被视为理论建构的出发点，尽管在霍布斯的理论中个人权利还没有成为落脚点，但这一视角上的转化标志着西方近代自由理论的诞生。正如列奥·施特劳斯对他的评价：“尽管霍布斯远不如自然法的多数鼓吹者那样重视‘人的权利’的实际意义，他的学说却比任何人的学说都更清晰地体现了近代自然法的精髓及其所有的本质涵义。这是因为，霍布斯显然不像传统学说那样，从自然‘法则’出发，即从某种客观秩序出发，而是从自然‘权利’出发，即从某种绝对无可非议的主观诉求出发；这种主观诉求完全不依赖于任何先在的法律、秩序或义务，相反，它本身就是全部的法律、秩序或义务的起源。”[2]霍布斯从人的个人意志出发推导出自然权利的存在，他认为在自然状态下，每个人对世界上的每个东西都可能产生需求，因而这也就使得人有权利占有和使用任何一个东西，但由于资源稀缺，人与人之间就会不可避免地发生竞争，所有人对所有人的竞争是自然状态下的必然。为了保护自己，个人将自身的权利让渡出来，从而组成政府。政府是行使主权的主权者，主权是至高无上的。因而，个人对主权者侵犯自身权利的行为可以选择拒绝，但不可以进行革命。霍布斯的理论最终落到了国家至上主义之上，从自由主义的角度看，这无疑是对自然权利理论的反对。但可以确定的是，没有霍布斯开启的自然权利传统，就不可能形成西方社会后世庞大的自由主义思潮。

---

1 南京大学中国现代文学研究中心编：《启蒙文献选编·外国卷》，上海人民出版社，2010，第118页。

2〔美〕列奥·施特劳斯：《霍布斯的政治哲学》，申彤译，译林出版社，2001，“前言”第2页。

继霍布斯之后，英国哲学家约翰·洛克改造了自然权利学说，将自然法重新纳入自然权利学说的视野，将人理解为天然的权利和义务的统一体，他的思想深刻影响了现代社会，因而他被称为“自由主义之父”。洛克与霍布斯最大的分野在于对自然状态的理解，洛克虽然也预设了自然状态的存在，但他认为自然状态中的每个人是完全自由和相互平等的，自然法要求每个人都要自我保存，也要求每个人保护其他人的权利。自我保存是人的本性中的第一原理，是人最强烈的欲望，自然法是植根于这个最强烈的欲望的，因而与人的自我保存相联系的生命、自由和财产权利不可被剥夺。在组成政府时，人们不会将上述权利让渡给政府，因而这个政府也不是“利维坦”，它的权力受到限制，其目的就在于防止人的自我保存的权利受到损害。天赋人权和限制政府，这构成了古典自由主义的源头。

“古典自由主义”也被称作“放任自由主义”，是自由理念在近代西方思想中发展成熟的结果之一，具有政治哲学和经济哲学的双重性质。该学说的主要观点是：每个人的权利都是天赋的，因而神圣不可侵犯，国家和政府存在的依据是为个人权利提供保障，政府的权力应该受到限制。古典自由主义的代表人物是英国政治经济学家亚当·斯密，他的思想承袭了苏格兰启蒙运动的传统，重视经验，提倡温和的社会改良，他是政治经济学的缔造者，被称为“现代经济学之父”。斯密认为利己是人的本性，社会发展由人的利己本性推动。他从完全经验的领域出发，说明人随时随地需要其他人的帮助，但又不能仅凭他人的恩惠，所以“他如果能够刺激他们的利己心，使有利于他，并告诉他们，给他做事，是对他们自己有利的，他要达到目的就容易得多了”[1]。因为每个人的动机都是利己，所以人们之间可以产生交换，从其他人手中交换得来自己需要的资源，而他人也可以从自己这里获

1〔英〕亚当·斯密：《国民财富的性质和原因的研究》上卷，郭大力、王亚南译，商务印书馆，2017，第16页。

得想要的东西，每个人都是具有理性且利己的“经济人”。斯密还认为，人在利己的同时也是同情的主体，即“无论人们会认为某人怎样自私，这个人的天赋中总是明显地存在着这样一些本性，这些本性使他关心别人的命运，把别人的幸福看成是自己的事情……这种本性就是怜悯或同情”[1]。同情使人们能够对他人的境况产生共鸣，从而通过美德以平衡因利己而产生的消极结果。

古典自由主义产生后，与边沁创制的功利主义学说相互借鉴、逐步融合，在19世纪达到全盛。英国自由主义和功利主义思想家约翰·密尔的《论自由》成为在这一趋势影响下诞生的古典自由主义经典之作。密尔将自由主义的“天赋人权原则”和功利主义的“最大幸福原则”结合起来。自由主义要求一个人要最大程度地享有思想自由、言论自由和行动自由，外界对他所拥有的自由不得强加干涉；功利主义要求评价人的行为对错与否的标准是是否增进了整体人类的幸福，个体的善就是增加整体的福祉。这两个原则之间存在张力，有相互反对的可能。为了解决这一矛盾，密尔区分了法律责任和道德责任，法律不能干涉人的自由权利，而道德则要求人们在追求人类幸福中实现自身至善。密尔的思想在自由主义的话题下，明确提出了个人与社会的关系问题，进一步完善了古典自由主义的理论体系。

（三）西方自由价值理念在现代的发展

20世纪30年代的新自由主义是在与凯恩斯的国家干预主义的对立中逐步发展起来的，它继承了古典自由主义的基本观点，要求保障个人权利、遵循自发秩序、减少政府干预、保护自由市场，代表人物是英籍奥地利裔经济学家哈耶克和美国经济学家弗里德曼。哈耶克是奥地利学派的代表人物，他是自由市场秩序的坚定维护者，始终对政府干预抱有审慎态度。在他看来，

1〔英〕亚当·斯密:《道德情操论》，蒋自强、钦北愚、朱钟棣、沈凯璋译，商务印书馆，2017，第5页。

自由市场是促进资源合理配置和提高社会生产效率的最优方式，自由市场以私有制为基础，每个人为了不断追求自身财富的增加能够充分发挥自身的积极性和主动性。因此，哈耶克极力反对计划经济，反对用统一的行政命令调节社会生产，因为这违背了私有制的基本原则，会使人的积极性受挫、资源配置失调，并最终倒向生产出奴役关系的极权统治。与凯恩斯主义针锋相对，哈耶克提出经济危机的解决方案并不在于国家干预，国家干预反而会使市场失去作用，从而延长危机的时间。他寄希望于市场的自我调节能力，银行会自行调节信用，生产过剩会被逐步克服。同时，哈耶克的思想也部分借鉴了凯恩斯主义的内容，认为国家可以在规则的范围内适当承担部分限制性的功能，如防止欺诈、限制工作日、救助灾民等。弗里德曼是芝加哥学派的代表人物，该学派重视建构经济模型和对经济的实证研究，弗里德曼本人因对消费理论、货币理论的研究而声名远播。他认为，经济自由和政治自由密切相关，经济自由是政治自由的基础，且经济自由本身就是目的。自由市场是经济自由的核心，市场机制保障着人的天然权利，为私有财产提供可靠的依托，并使每个人可以自由选择职业、发展自身能力和进行社会表达。政府应该尽可能减少对市场的干预，仅作为市场规则的制定者，而不直接参与市场竞争，在采取经济政策时，也应该主要是控制货币发行量，而不对市场秩序进行直接干预。新自由主义在政治哲学和经济哲学的理论谱系中是古典自由主义的直接继承者，是当前在西方社会影响最为广泛的社会思潮。

社会自由主义在一个时期内也作为“新自由主义”出现，但它与古典自由主义以及作为古典自由主义后继者的新自由主义在理论风格上存在区别。社会自由主义和古典自由主义都承认个人权利的基础性地位，但前者把“平等”作为一个重要议题纳入自由主义的讨论之中，为了使现有社会的框架能够兼容自由和平等，社会自由主义要求政府对市场行为进行干预，以税收政策、财政支出、建立社会福利制度等方式保证社会资源的公平分配，保障每个人实现自身价值的可能。社会自由主义的代表人物是美国哲学家罗尔斯。罗尔斯称社会制度的首要德行是正义，正义的内涵是公平，但资本主义条件下弱势群体的存在是对这种正义理想的反动，他希望在不改变社会制度的前提下，即在保持私有制和市场经济不变的前提下，政府采取更多的积极政策，以救助弱势群体，实现社会公平正义。罗尔斯强调平等的自由原则优先于差别原则，平等的自由原则是为了使每个人都能充分发展自身的潜力，差别原则是对客观存在的天赋差别、社会地位差别的矫正。就其本质而言，社会自由主义仍然属于自由主义的理论谱系，但在政治光谱上偏左，意图修正古典自由主义自由放任的政策倾向，它在当代一些西方发达国家得到实践，是西方社会对于自由理念理解的一大重要产物，对当代的新自由主义也具有启发意义。

总体来说，自古至今西方自由学说的主流始终建立在形而上学的基础之上，在古代这种形而上学表现为自然法，在近现代表现为自然权利。需要承认的是，西方社会在关于自由问题的讨论与实践中逐步发展出法制、平等、权利、市场经济等现代理念，自由也曾作为资产阶级的旗帜，竖立在反对封建主义的斗争的前线，这无疑都具有积极意义。在现代社会，随着资本主义生产关系占据统治地位和资本主义国际秩序向全球的扩张，“自由”被资本主义国家的政客包装为“普世价值”向全世界兜售，企图在全球建立资本主义的思想文化霸权，这种“自由”理念具有虚伪性、反动性。就其经济本质而言，作为“普世价值”的“自由”没有脱离资本主义的地基，“自由”首先是资产阶级的自由，是资本扩张的自由，广大人民群众拥有的只是选择被谁剥削的自由。在政治领域，公民的权利在表面受到了保护，公民能够对政治人物发表意见，能够投票选举议员或者国家元首，但这种看似自由的权利行使也受到引导和操纵，批评的声音即使存在也难以影响政府决策，政策的最终原则还是保障资产阶级整体的利益。

三、社会主义自由价值理念的核心要义

自由不仅是标志个体存在状态的范畴，而且是标志社会状态的范畴。自由绝不是资本主义社会的专利，而是人类政治文明发展的有益成果，是社会主义追求的价值目标。不同社会所倡导的自由具有不同内容。资本主义的“自由”仅限于在政治和法律上保障公民基本权利不受干涉的消极形式自由；而社会主义的自由不仅包括政治权利和自由，而且包括使人人都有自我发展、自我实现的权利和机会，它是一种积极的实质自由。自由为科学社会主义所传承，是全面的、完整的、真实的人类自由的象征，是引领社会发展进步的精神旗帜。

（一）社会主义核心价值观的自由价值理念体现了社会主义的本质要求

自由不是资本主义的“特产”，社会主义也有自由，而且社会主义的自由是建立在新的更高的生产关系之上的更为发展的自由。社会主义核心价值观明确将自由作为社会层面“第一位”的价值理念，是对在社会主义社会发展自由的再明确，体现了社会主义的本质要求。自由始终是共产主义者追求的主题，马克思恩格斯在《共产党宣言》中昭示了未来共产主义社会的根本特征：“代替那存在着阶级和阶级对立的资产阶级旧社会的，将是这样一个联合体，在那里，每个人的自由发展是一切人的自由发展的条件。”[1]个人是社会存在的生物学前提，是社会的最小单位。自阶级社会产生以来，某些个人自由的获得是以其他更多个人的自由被剥夺为前提的，因而全社会的自由在阶级社会里只是一个抽象的神话。只有在共产主义社会，人类摆脱自然经济条件下的“人的依赖性”，也摆脱了商品经济条件下的“物的依赖性”，每个人才能依照自身的天赋、兴趣、能力选择自己的生活方式，实现人的“自由个性”的发展。这是一个长期的历史过程，是人类社会发展的必然结果。

共产主义将自由写在自己的旗帜上，是作为共产主义社会第一阶段的社

1《马克思恩格斯文集》第 2 卷，人民出版社，2009，第 53 页。

会主义社会的鲜明价值追求。1917 年，俄国十月革命建立了人类历史上第一个社会主义国家，在长期艰难的探索过程中，苏联建立了社会主义的基本制度，社会主义自由从理论成为现实。然而，苏联错误认识了自由民主在社会主义社会中的定位与含义，不断滑向极权主义和大国沙文主义的深渊，最终导致了自身的解体。高放教授提出："人民大众对于社会主义自由与民主的渴求如果长期得不到满足，他们势必抛弃极权社会主义，宁可在资本主义自由与民主条件下，再去重新探索社会主义新路。这样，社会的发展就要走一段大弯路，人民大众也要为此付出沉重的代价。"[1] 由此可见，自由是社会主义的本质要求，试图以违背自由的方式建设社会主义是注定不可能成功的。与苏联的例子相反，新中国成立伊始，就将发展人民民主和保障人民自由作为社会主义制度建设的重要一环。虽然"文化大革命"等事件对民主和自由造成了巨大破坏，但中国共产党领导下的人民民主政权始终保持着强大的纠错能力。改革开放以来，中国特色社会主义政治体制不断完善，人民群众的权利得到了更全面的保障，自由内涵日益丰富。对此，习近平指出："我们的方向就是让每个人获得发展自我和奉献社会的机会，共同享有人生出彩的机会，共同享有梦想成真的机会，保证人民平等参与、平等发展权利，维护社会公平正义，使发展成果更多更公平惠及全体人民，朝着共同富裕方向稳步前进。"[2]

（二）社会主义核心价值观的自由价值理念建立在社会主义的生产关系之上

作为上层建筑的自由理念决定于它所存在的社会的经济基础。因而，自由的内涵绝不是一成不变的，不同的时代有着不同的自由观念。自由的实现绝不是千篇一律的，不同的国家为实现人民自由有着不同的制度安排。我

---

1 高放：《没有自由就没有社会主义——关于自由与社会主义的学术通信》，《江苏行政学院学报》2005 年第 1 期，第 80 页。

2 中共中央文献研究室编：《习近平关于全面深化改革论述摘编》，中央文献出版社，2014，第 102 页。

们要看到，尽管资本主义强国企图将它们理解的自由包装为“普世价值”兜售给世界其他各国，但这种自由实际上是资本主义的自由、是一国一地的自由，不具有永恒的和绝对的真理性。资本主义的生产关系是以阶级对立和压迫为特征的。资产阶级占有生产资料，购买无产阶级的劳动力并无偿占有其剩余产品以实现资本增殖；无产阶级自由地一无所有，只能向资产阶级出售自身的劳动力以换取使自身和家庭得以再生产的生活资料。在资本主义的生产方式下，阶级对立生产出价值，也生产出自由的观念。资产阶级拥有真实的自由，还到处宣称自己经营企业如履薄冰；无产阶级拥有虚假的“自由”，被资本主义的意识形态裹挟而行。

社会主义所提倡的自由建立在社会主义的生产关系之上，只有社会主义的生产关系才能保证最大多数人民享有真实的自由。党的十九届四中全会明确了公有制为主体、多种所有制经济共同发展，按劳分配为主体、多种分配方式并存，社会主义市场经济体制等社会主义基本经济制度，这为我国人民群众自由的实现奠定了基础。党的二十大进一步提出：“坚持和完善社会主义基本经济制度，毫不动摇巩固和发展公有制经济，毫不动摇鼓励、支持、引导非公有制经济发展，充分发挥市场在资源配置中的决定性作用，更好发挥政府作用。”[1]公有制和按劳分配的主体地位是实现人民自由最根本的保障，公有制经济是生产资料归全体人民或部分劳动群众共同所有的经济形式，公有制经济内部的分配以按劳分配为原则进行，这从根本上消灭了剥削，是人民群众为自己而劳动、为集体而劳动，在劳动中实现自身的自由发展。鼓励、支持、引导非公有制经济发展，采取多种分配方式，发展社会主义市场经济，是我国在当前条件下进一步解放生产力、发展生产力而必须经历的过程。历史证明，如果教条主义地在全社会搞“大锅饭”，违背生产力发展的

1　习近平：《高举中国特色社会主义伟大旗帜　为全面建设社会主义现代化国家而团结奋斗——在中国共产党第二十次全国代表大会上的报告》，人民出版社，2022，第 29 页。

客观规律，不仅不能保障人民自由，还会使人民自由受到损害。

（三）社会主义所提倡的自由是基于必然性认识的真实的自由

恩格斯指出：“自由不在于幻想中摆脱自然规律而独立，而在于认识这些规律，从而能够有计划地使自然规律为一定的目的服务。”[1]毛泽东说：“人们为着要在社会上得到自由，就要用社会科学来了解社会，改造社会，进行社会革命。人们为着要在自然界里得到自由，就要用自然科学来了解自然，克服自然和改造自然，从自然里得到自由。”[2]自由的表面含义是按照自己的意愿做事，但就其本质而言，这是片面的。人们有佯装对规律视而不见的权利，但此时他们的所作所为不仅会失败，而且这种失败还是无意义的、荒谬的，其本身作为人的存在也因此而失去了意义和价值。因此，自由的主观方面是人的自由意志，客观方面是具有必然性的规律，失去了前者则人无法选择，失去了后者则人无法循其行事。只有将主客观方面结合起来，认识规律、利用规律，依据规律设定目的、按照规律正确作为，才能实现自身的自由。

对必然性的认识包括真、善、美三个方面。对“何为真”的理解属于知性的范畴，真知是符合客观事实的知识，人类在不断地认识自然、改造自然和认识社会、改造社会的过程中，认知能力得以不断提高和进步，创造出了更高级的认知工具和生产工具，采取了更先进的思维方式和组织方式，这使人们对自然界、人类社会和人的思维的认识不断加深，不断地拓展知性的边界。对“何为善”的理解属于道德的范畴，道德不是一成不变的，阶级社会的道德具有阶级性，社会主义道德的立足点是全体人民的共同利益，因此为全体人民的共同利益付出是社会主义社会中善的终极目的。如果有人凭借自身知识去做危害人民利益的不义之事，那么他便是逆道德要求而动，最终必

1《马克思恩格斯文集》第 9 卷，人民出版社，2009，第 120 页。

2《毛泽东文集》第 2 卷，人民出版社，1993，第 269 页。

定会被社会抛弃。对“何为美”的理解属于审美的范畴，美的感受根植于人们生活的经验事实，事物并不具有所谓的“美的性质”，我们之所以认为某物是美的，一方面反映了人们的真实境况，另一方面采用了适合于内容的恰当形式。尽管美具有非理性的成分，但它并不是“玄而又玄”的领域，它存在于人的生活中，与人对世界的认知、社会的道德判断密切相关，是人实现自身自由的重要方面。一个对社会缺乏美的感受的人，一定不是全面发展的人，因而也一定不是自由发展的人。因此，要反对将真、善、美割裂开来的形而上学观点，坚持从真、善、美相统一的观点出发认识必然性，在此基础上实现自由发展。

（四）社会主义所提倡的自由是社会主义民主政治制度内的具体的自由

人天生是政治的动物。当今世界，每一个人都不可避免地具有国家公民的身份，这种身份的失去往往意味着生存权利被严重损害。我国是社会主义国家，我国公民拥有广泛而真实的民主权利以及与之对应的义务，这是实现自由的条件，也是行使自由的边界。正如马克思在《论犹太人问题》中所说的那样，“自由是可以做和可以从事任何不损害他人的事情的权利。每个人能够**不损害**他人而进行活动的界限是由法律规定的，正像两块田地之间的界限是由界桩确定的一样”[1]。我国公民的权利和义务是由宪法规定的，习近平指出：“公民的基本权利和义务是宪法的核心内容，宪法是每个公民享有权利、履行义务的根本保证。”[2]社会主义的宪法和法律是人民意志的表现，为保证人民民主和人民群众的自由提供了基本遵循，以自由之名违法乱纪之人不仅不会拥有自由，相反终会受到法律的严惩，失去原本拥有的自由。

人民代表大会制度是我国的根本政治制度，这是社会主义自由得以实现的最根本的政治保障。在我国，人民是国家和社会的主人，人民代表大会制

1《马克思恩格斯文集》第1卷，人民出版社，2009，第40页。
2《习近平谈治国理政》第1卷，外文出版社，2018，第140页。

度是实现这一原则的根本制度安排。民主是自由的政治保障，实践证明，人民代表大会制度是符合我国国情的好制度，有利于保障和发展人民民主。习近平在庆祝全国人民代表大会成立60周年大会上指出："人民代表大会制度之所以具有强大生命力和显著优越性，关键在于它深深植根于人民之中。"[1]人民代表大会是人民集体行使权力的机关，人民群众的自由发展是人民代表大会的使命，人民群众的自由发展也会促进人民代表大会制度的不断完善。中国共产党领导的多党合作和政治协商制度、民族区域自治制度、基层群众自治制度作为我国的基本政治制度，同样是我们人民民主和自由的重要保证，它们和人民代表大会制度一起构成了我国社会主义民主政治的制度框架。在此制度框架内，中国人民具有广泛、丰富、真实的自由。在中国共产党的领导下，中国人民正万众一心创造更加美好的生活，朝着更加全面、更加自由的发展的理想境界迈进。

第二节　社会主义平等价值理念的内涵与要求

"平等"是全人类共同追求的价值理念。在不同的历史时期，不同的文化、地域中，不同的民族同样追求平等。处在不同的历史、地域、民族背景下的学者，对于平等的价值理念有着不同的理解。中华优秀传统文化为社会主义核心价值观的形成与发展提供了文化沃土。社会主义核心价值观中的"平等"价值理念，植根于中华优秀传统文化之中，是对中国传统平等思想的传承与转化。"平等"在西方是长盛不衰的热点议题，西方思想家所主张的"人人生而平等"的理念，在思想领域乃至经济、政治、社会领域追求"平等"，在历史上曾起到了积极作用。但在西方资本主义社会中，建立在资本主义基础之上的"平等"是虚幻而具有迷惑性的。社会主义平等价值理

1 习近平：《在庆祝全国人民代表大会成立60周年大会上的讲话》，人民出版社，2014，第12页。

念，是对具有数千年历史的中华优秀传统文化中平等思想的创造性转化和创新性发展，是对西方国家“平等”思想的有益借鉴，也是中国特色社会主义光辉历程的必然产物，更是马克思主义平等观的伟大实践成果。

一、对中国传统平等价值理念的传承转化

“平等”在我国传统文化中有着重要体现，古人用“均”来表达“平等”的思想。在《说文解字》中，“均”是“平”的意思。《诗经》中有“大夫不均，我从事独贤”[1]。《礼记》中有“乃均土地”“土均”[2]。在春秋战国时期，“均”出场更多。《老子》中说：“天地相合，以降甘露，民莫之令而自均。”[3]孔子则提出“不患贫而患不均”[4]的思想。这些都是古代平等思想的体现。

（一）公平结合、平得于公

在中华传统文化中，中国古代的“平等”与“公正”出于对社会共同体的维护，常将“平”与“公”结合在一起。《战国策·秦》将“公”与“平”联系在一起，提出商鞅治秦，厉行法治，公平无私。

《管子》中提到“天公平而无私，故美恶莫不覆；地公平而无私，故小大莫不载”[5]。因为上天是公正平等而没有偏私的，所以美好和罪恶都被苍天覆盖。由于大地正义平等毫无偏私，所以万事万物不管形态大小，整个大地均可以承载。这就强调了公正、平等的重要性。

《吕氏春秋》中提到“昔先圣王之治天下也，必先公。公则天下平矣，平得于公”[6]。这正是强调，治理一个国家、一个社会，必须用公正无私的原则，明确“公”的价值标准，才能使天下安定。

公正与平等，一直是古代人民孜孜以求的价值理念。社会秩序建立在公

1《诗经·小雅·北山》。
2《礼记·小司徒》。
3《老子·三十二章》。
4《论语·季氏》。
5《管子·形势解》。
6《吕氏春秋·贵公》。

平的基础上，天地才清明，民众才安居乐业。统治者维护公正的社会秩序，才能进一步巩固自身政权。

在我国传统文化中，“公平”“公正”也蕴含在“天下为公”里。西汉时期的戴圣曾提出：“大道之行也，天下为公。选贤与能，讲信修睦。”[1]东汉时期经学家郑玄认为，“天地为公”的“公”是指“共”。明清时期，王夫之曾提出“以天人论者，必循天下之公，天下非夷狄盗贼逆之所可尸，而抑非一姓之私也”[2]。他认为世界并不是一个人所私有的，而是天下之人共有的。中国历代思想家主张“天下为公”，“公”主要指的是：公共、公正、公平。天下为公，人人的权利都是公平的。在天下为公的前提下，世界本来就是共有的、公有的，而人们的权利才是公平的、平等的。

（二）平等均富、财富共有

我国传统文化中的平等观念，不仅体现在政治领域的追求权利平等，也体现在经济领域的追求财富平等、共有。《周易》中“君子以裒多益寡，称物平施”[3]，认为应该根据财物的多寡来公平地分配财物。《论语》中讲：“丘也闻有国有家者，不患贫而患不均，不患寡而患不安。盖均无贫，和无寡，安无倾。”[4]孔子指出，无论是诸侯还是大夫，都不是担心财产不多，而是担心在财产上的分配不能平衡，如果财产分配均衡，则无所谓财富上的贫穷。这是早期的平等观念在社会经济领域、物质财富分配上的表现。墨子反驳：“腐朽余财，不以相分。”[5]他提出：“有力者疾以助人，有财者勉以分人，有道者劝以教人”[6]，“天之意……欲人之有力相营，有道相教，有财相分也”[7]。

1《礼记·礼运》。
2《读通鉴论》。
3《周易·谦》。
4《论语·季氏》。
5《墨子·尚同上》。
6《墨子·尚贤下》。
7《墨子·天志中》。

墨子主张有财相分的财富平等观。

在中国古代，土地兼并是一个严重的社会问题，导致严重的社会不公，危及统治阶级的统治基础。西汉董仲舒看到“富者田连阡陌，贫者无立锥之地”的社会状况，主张“调均”，“限民名田”。北魏孝文帝改革，施行均田令，依据人口分给农民耕地。王安石针对当时地主豪强隐漏田税的情况，实行方田均税法。诚然，如上主张在当时的社会条件下有其实现的限度，但在一定程度上蕴含着调节贫富的追求与探索。

古代传统的“均富”“均平”的思想，建立在小农经济的基础之上，一方面表现了农民在土地分配中对于财富平等的追求，另一方面也体现了古代统治者为了维护社会稳定和自身统治，实施一系列措施来避免由于贫富差距过大而导致的社会矛盾激化。中国古代“均平”的观念与追求也对近代以来仁人志士探索平等思想产生了重要影响。例如，孙中山提出，“民生主义是对于贫富争平等的，不许全国男女有大富人和大穷人的分别，要人人都能够做事，人人都有饭吃”[1]。这同样是对于土地平均、社会财富平等的追求，带有平均主义的色彩。

（三）仁爱平等、博爱众生

儒家所提倡的“仁”包含了平等的思想。“仁”指的是仁爱，要具有仁爱之心，就要克制自己的私心。孔子推崇传统的封建礼制，崇尚长幼尊卑，“辨君臣上下长幼之位……别男女父子兄弟之亲”[2]，又将“仁”引入“礼”，创立了“仁”“礼”统一的封建传统伦理模式。一方面，社会关系必须从“仁”出发，由“礼”规范，制约着古代平等思想的发展。另一方面，在这种制约中，同样存在着人们对于平等理念的追求。孟子说：“君之视臣如手足，则臣视君如腹心；君之视臣如犬马，则臣视君如国人；君之视臣如土

1《孙中山选集》下卷，人民出版社，2011，第 937 页。

2《礼记·哀公问》。

芥，则臣视君如寇雠。”[1] 在尊卑等级秩序之下，同样有着对于平等的追求。而这种平等的体现，能更好地维护不平等的等级秩序。尽管这种追求平等的出发点依然是维护不平等，但仍具有一定的进步意义。

《论语》中提到“孝弟也者，其为仁之本与”[2]。“仁”的本质是孝悌。孝悌也就是爱亲，爱护自己的亲属，要孝敬父母、尊敬兄长、关爱弟妹。儒家“仁爱”思想的根本为“孝悌”，但并不局限于“孝悌”爱亲。孔子将家庭中的爱亲，推广至社会中的“爱人”“泛爱众”。《孟子》中提到“老吾老以及人之老，幼吾幼以及人之幼”[3]，不仅要关心、照料与你有血缘关系的老年人、小孩，还要关心、照料与你毫无血缘关系的老年人、小孩。不仅要爱与你有血缘关系的人，还要爱一切人，博爱众生。仁爱是广博的，这种思想在一定程度上也蕴含着平等。《礼记》中提到“故人不独亲其亲，不独子其子，使老有所终，壮有所用，幼有所长，矜寡孤独废疾者，皆有所养。男有分，女有归”[4]，这是说人不仅要关怀、照顾自己的亲人和孩子，还要关怀、照顾所有人。如果每个人都爱一切人，社会最终就能实现真正美好的“大同”。

墨子提出“兼相爱，交相利”[5]，主张不分亲疏、高低、贵贱，一视同仁地爱任何人。他提倡“爱无等差”，描述了“天下之人皆相爱，强不执弱，众不劫寡，富不侮贫，贵不敖贱，诈不欺愚。凡天下祸篡怨恨，可使毋起者，以相爱生也”[6]的美好社会。墨子希望天下的人们都能相爱，不因为人多、富有、尊贵、狡诈而强迫、欺辱弱势、贫穷、卑贱、愚笨之人。大家都能相爱，世间就能达到另一种意义上的平等与和谐。“文王之兼爱天下之博

1《孟子·离娄下》。
2《论语·学而》。
3《孟子·梁惠王上》。
4《礼记·礼运》。
5《墨子·兼爱中》。
6《墨子·兼爱中》。

大也，譬之日月，兼照天下之无有私也”[1]，不是因为能获取私利，而是真正像日月光辉一般普照世间万物的博爱，表达了墨子希望人们博爱、平等爱人的美好愿望。

（四）万物齐一、众生平等

道家追溯到每个人产生的根源，认为每个人的来源都是一样的。老子提出“天之道”与“人之道”，“天之道，损有余而补不足；人之道，则不然，损不足以奉有余”[2]。他提出“天之道”与“人之道”两种存在模式，否定了当时封建等级秩序所存在的自然基础，从“道”的视角来阐释人与世界万物的相同性。庄子批评了儒家所提倡的封建礼乐制，也批判了对于社会阶级与贵贱的划分。《庄子》中提到：“自其异者视之，肝胆楚越也；自其同者视之，万物皆一也。”[3]庄子追溯到了万事万物的源头。万事万物虽然从表面上看，表现形式和样貌千差万别，但在根源上都是一样的，都是平等的。庄子从“道”的普遍性，指向万物的齐同性。在道家所推崇的理想状态中，人们不追名逐利，人与自然平等，人与人平等，达到一种众生平等的境界。张仲景在《伤寒论》中提出：“天布五行，以运万类，人禀五常，以有五藏。”[4]万事万物在规律运行上是平等的，没有任何不同。

儒家思想家孟子同样认为人性在最初是平等的。《孟子》中提到：“圣人与我同类者也。”[5]孟子认为众人在人格上是平等的，无高低贵贱之分。孟子主张性善论，认为“恻隐之心，仁之端也；羞恶之心，义之端也；辞让之心，礼之端也；是非之心，智之端也”[6]。同情心、羞耻心、辞让心、是非心，仁、义、礼、智，这些善良的天性和良好的道德品质，都是每个人天生具

1《墨子·兼爱下》。
2《老子·七十七章》。
3《庄子·德充符》。
4《伤寒论·序》。
5《孟子·告子上》。
6《孟子·公孙丑上》。

有的、与生俱来的，如果每个人都不断发展自己的“四端”，那么每个人都可以成为圣人。他提出“圣人之于民，亦类也”[1]。他在性善论的基础上，否定了人们出身上的不平等，主张人们人格道义上的平等。“人皆可以为尧、舜”[2]，人们若都向善，则都能有所作为。

东汉时期，佛教由印度传到了中国。在中国的传统中，“平等”一词出自佛教，因为佛教主张宇宙的本性同一，宇宙间一切众生万物都没有区别，都是平等的。佛教中的慈悲观念推崇“众生平等”。按照佛教的缘起理论，三世界，六道众生经历轮回，在根本上是一致的、平等的，没有任何高低贵贱之分。佛教提出“慈悲为怀”“众生平等”，“王子舍身饲虎”的故事正是体现了佛教“众生平等”的慈悲观。

（五）法治平等、列德尚贤

法家的典型代表人物商鞅提到“壹刑者，刑无等级，自卿相、将军以至大夫、庶人，有不从王令、犯国禁、乱上制者，罪死不赦”[3]，无论是诸侯、卿大夫还是庶人百姓，一旦触犯法律，都会受到惩罚。法家主张“刑无等级”，对于众人的刑罚，不因等级而有所不同，君主和平民若犯了同样的错误，将受到同样的刑罚。任何触犯法律的人都必须受到法律的惩罚。北宋范仲淹认为“法乃不私，民则无枉”[4]，强调法律不可有偏私，这样人民才不会受到冤屈。以上这些观点与现代社会中的“法律面前人人平等”的思想具有相似之处。

虽然古代封建等级秩序森严，但墨子主张“列德而尚贤”[5]，平民能够通过自身美好的德行与优秀的才能来提高自身的社会地位，追求自身的平

1《孟子·公孙丑上》。
2《孟子·告子下》。
3《商君书·赏刑》。
4《治体·答手诏条陈十事》。
5《墨子·尚贤上》。

等与自由。孔子提出“有教无类”[1]，主张人人都应该享有平等的受教育权。《荀子》中提到：“虽王公士大夫之子孙也，不能属于礼义，则归之于庶人。虽庶人之子孙也，积文学，正身行，能属于礼义，则归之卿相士大夫。”[2]所以，就算是帝王或公侯士大夫们的后代，不符合礼义廉耻就会成为平民；就算是平民百姓的后代，通过学习符合礼义廉耻，就能归之于卿相士大夫。《墨子》中提出：“故官无常贵，而民无终贱。有能则举之，无能则下之。”[3]墨子倡导“尚贤”的社会平等思想，反对封建贵族世袭官职，认为不论出身贵贱，都应该以德行贤能作为选拔标准，推举真正有德行有才能的人。

人们对于平等的渴望与追求，同样驱使着人们努力、奋斗，希望能通过提高自身社会地位，来实现更多的平等和自由。在我国古代传统封建制度下，在我国传统文化中，平等观念无疑是备受压抑的。个人的自我意识、人的个性遭到了巨大的抑制。秦朝末年的陈胜、吴广领导农民起义，高呼“王侯将相，宁有种乎？”难道具有权势的人，生下来就比普通百姓来得高贵吗？农民同样可以通过自己的努力，改变自己的命运。历史上的农民起义同样体现着底层人民对于平等的渴望与追求。

在中国古代，的确萌生了平等意识，但这种平等意识始终产生于古代封建等级社会之中，始终建立在社会“礼”的基础之上。在大部分情况下，人们仅仅是在自觉遵守封建等级制度的基础上，对“平等”产生追求与心理认同，这种“平等”由于历史条件的限制，是不完整的，缺乏充分发展的客观条件。虽然底层人民由于受到地主阶级的压迫和剥削，由于贫富差异过大而呼吁“平等”，但这种平等多带有平均主义色彩，也多为封建主义与专制主义所影响，难以与人权、与自由联系起来。中国古代历朝历代的平等思想未能形成理论体系，也缺乏思想的连续性。

1《论语 · 卫灵公》。
2《荀子 · 王制》。
3《墨子 · 尚贤上》。

二、对西方平等价值理念的有益借鉴

平等作为西方社会建构理想社会的基本价值取向和原则，从古希腊时期特权者的“平等”到近代“人人生而平等”，从“比值平等”到“法律面前人人平等”乃至“权利平等”，经历了不同的历史阶段，伴随着西方社会走过了漫长的历程，是人类文明成果的重要组成部分。

（一）公民平等

古希腊是西方平等思想的发源地。古希腊雅典执政官伯里克利在演讲时提到关于“平等”的理解：“我们的制度之所以被称为民主政治，因为政权是在全体公民手中，而不是在少数人手中。解决私人争执的时候，每个人在法律上都是平等的；让一个人负担公职优先于他人的时候，所考虑的不是某一个特殊阶级的成员，而是他们有的真正才能。任何人，只要他能够对国家有所贡献，绝对不会因为贫穷而在政治上湮没无闻。”[1] 当时的雅典实行民主政治制度，以公民大会为最高权力机关，城邦内的一切事务均由公民大会作出决议。城邦内的全体公民都能通过公民大会，从而拥有平等的国家政治参与权，共同决定城邦内的事务。在希腊的雅典，城邦里的公民必须通过公民大会，行使自己的政治权利，在政治上达到公民平等。

古希腊思想家亚里士多德认为“政治家所治理的人是自由人”[2]，主张自由的人与人之间是平等的。他将平等与正义联系在一起，提出矫正正义与分配正义的概念。“简而言之，正义包含两个因素——事物和应该接受事物的人；大家认为相等的人就该配给到相等的事物。”[3] 在公民政治权利均衡方面，亚里士多德主张比值平等观，根据每个公民的个人价值和所作出的社会贡献来进行公民的政治权利分摊，“所谓平等有两类，一类为其数相等，另一类为比值相等。‘数量相等’的意义是你所得的相同事物在数目和容量上与他

1〔古希腊〕修昔底德：《伯罗奔尼撒战争史》上册，谢德风译，商务印书馆，2017，第 147 页。

2〔古希腊〕亚里士多德：《政治学》，吴寿彭译，商务印书馆，2017，第 19 页。

3〔古希腊〕亚里士多德：《政治学》，吴寿彭译，商务印书馆，2017，第 152 页。

人所得者相等；‘比值相等’的意义是根据各人的真价值，按比例分配与之相衡称的事物”[1]。

在古希腊时期，西方已经出现了关于平等的学说和论述。受到地理位置的影响，古希腊人重视商品经济，发展航海贸易。商品经济中商品交换所必不可缺的“平等”价值理念，同样影响着古希腊人在政治上的平等理念。这种“平等”存在着局限性。平等的主体仅仅包括城邦内的公民，而外邦人与奴隶都没有资格得到平等的对待。平等的主体只是少数公民，而不是多数人。平等的范围仅仅局限于政治方面，城邦内的公民拥有政治权利参与城邦内的事务从而获得政治上的平等，但却没有涉及其他方面。这种古希腊的早期平等思想，是一种城邦制下的狭隘的“公民平等”。

（二）自然法平等

从自然法的层面研究平等，强调人的平等权利是由自然赋予的，除了智慧上的差异，无论高低贵贱、贫富差距，人人都是生而平等的。斯多葛学派将平等拓展到了一般意义上的人的平等，而不局限于公民之间的平等。斯多葛学派认为，“自然法是神圣的，拥有命令人正确行动并禁止人错误行动的力量”[2]，人的一切行动都必须受到宇宙理性的安排，人类是一个整体，所有人都服从理性基础上的自然法的安排。斯多葛学派否定了城邦公民与奴隶、外族人之间的差异，更广泛地讨论一般意义上的人之间的平等。

斯多葛学派把平等和理性结合起来，主张人和人之间的公平是由自然力量带来的，这是宇宙间最大的美善和正义。由于大自然赋予了一个人平等的地位，每个人都有追求幸福、自然、财富的自然的权利。无论是公民还是奴隶，都同属于一个物种，人人都受到理性与普遍的自然法则的安排，所以人与人之间是平等的，是没有差异的。斯多葛学派把世界平等理念的基础归于

1〔古希腊〕亚里士多德：《政治学》，吴寿彭译，商务印书馆，2017，第 238—239 页。

2 王乐理：《西方政治思想史》第 1 卷，天津人民出版社，2005，第 370 页。

人类理性，相信人的内心和外在具有统一性，并由此提出了“世界大同”的理想追求。马可·奥勒留说：“对有理性的动物而言，遵循理性以及神圣的城邦和政府的法律便是我们的目标。”[1]

西塞罗继承发扬了斯多葛学派的人人平等思想，认为人人平等的主要原因是每个人都具有尊严。他同样将人人平等的基础归结为普遍、永远的自然法则。并且，西塞罗将平等的主体范围拓宽，认为“人与人之间没有类的差别；因为如果有，一个定义就不能用于所有的人”[2]，平等不仅存在于公民中，也同样存在于奴隶中，存在于被罗马征服地区的各民族人民中。

恩格斯评价斯多葛学派的平等观：“一切人，或至少是一个国家的一切公民，或一个社会的一切成员，都应当有平等的政治地位和社会地位。要从这种相对平等的原始观念中得出国家和社会中的平等权利的结论，要使这个结论甚至能够成为某种自然而然的、不言而喻的东西，必然要经过而且确实已经经过几千年。”[3] 斯多葛学派超越了古希腊城邦内局限的政治层面的“公民平等”，在自然法的基础上，提出了“人生而平等”的观念，对于当时西方许多国家都产生了巨大而深远的影响。与现代社会所倡导的平等理念有共通之处，具有标志性历史意义。

（三）神学平等

基督教最早产生于罗马帝国时期。当时，基督教为了壮大自身力量，取得民众信任，提出“平等”的口号。根据基督教的基本理念，每个人都是公平的，公平的地位是上天给予每个人的特权。耶和华是创世主，耶和华创造了世上众生，而每个人都有耶和华所赋予的神性。基督教宣扬“人人生而平等”“上帝面前人人平等”的教义，认为个人是超越特殊群体的一种普遍的存在。不同于斯多葛学派将人的平等视为自然赋予的，基督教将人的平等归

1〔古罗马〕马可·奥勒留：《沉思录》，李娟、杨志译，译林出版社，2011，第 15 页。
2〔古罗马〕西塞罗：《国家篇　法律篇》，沈书平、苏力译，商务印书馆，2011，第 166 页。
3《马克思恩格斯文集》第 9 卷，人民出版社，2009，第 109 页。

为上帝，把上帝作为高于人的神圣存在，每个人都是上帝的子民，而上帝也爱世人。

基督教认为，所有人先天都是具有罪恶的，人的罪恶来自人的始祖——亚当与夏娃。人天生带着罪恶而存在，只有信仰耶稣，才能从罪恶中得到救赎。这种原罪说更加强化了平等的观念，对等级社会造成极大冲击。由于每个人生下来就是有罪的，所以每个人就是一样的，没有高贵与卑贱的差别，同样都带着罪恶而存在。古希腊时期的思想家并不将奴隶与外族人列入享有平等资格的范围，他们从不将身份低微的奴隶与具有城邦合法身份的公民同等对待，但基督教甚至将那些身份低微的人民放于更高的位置。基督教宣称：那些被压迫的、贫穷的、受苦受难的、受到病痛残疾折磨的人，甚至犯罪的人，比那些具有较高社会地位的、生活富裕的上层人士，由于不幸与苦难，更加接近上帝，更有资格升入天堂。

基督教所宣扬的神学平等，在一定程度上加强了人们对于平等的认同，极大地传播了平等思想，具有超越性。但基督教创造出凌驾于所有人之上的客体——上帝，并宣称教会是唯一能够沟通上帝与人类的纽带组织，从而让教会取得极大权力。人们由于信仰上帝，故而必须依附于教会组织，人们的思想因此受到教会的控制，难以形成个人的思想与意志。16世纪，宗教改革运动兴起，强调“因信称义”，信徒无须以教会作为中介，可以直接与上帝相通。此后教会的作用被大大削弱，个人的意志在一定程度上得到凸显。神学平等本质上建立在宗教的基础之上，是教会为了巩固自己的地位，对人们进行思想控制的工具，具有虚假性和迷惑性。但从积极意义上看，神学平等的宣扬，进一步传播了平等思想，平等价值理念逐渐被人们接受与信仰，为此后平等观念继续发展奠定了基础。

（四）权利平等

西方近代以来权利平等思想经历了三次主要的发展阶段：应然阶段、实然阶段、将然阶段。应然阶段处于欧洲文艺复兴和启蒙运动时期。伴随着欧洲文艺复兴、宗教改革等运动的开展，人们逐渐意识到自我的主体身份，认识到属于人自身的权利和自由，人人平等的思想逐渐深入人心。

托马斯·霍布斯在哲学上对平等观作出了系统表达。他假设，在国家还未成立的状态下，人人都是平等存在的。“自然使人在身心两方面的能力都十分相等”[1]，相较于古代将自然法作为平等的基础，神学观将对上帝的信仰作为平等的基础，霍布斯则将个人利益作为平等的基础。霍布斯认为，自然法不是客观上必须遵守的法则，自然法是“理性所发现的戒条或一般法则。这种戒条或一般法则禁止人们去做损毁自己的生命或剥夺保全自己的生命的手段的事情，并禁止人们不去做自己认为最有利于生命保全的事情”[2]。他认为，自然法并不是超越人的意志的最高理性，而是为人的意志服务的。霍布斯将人置于自然法之上，将平等的基础归为人类自身。这样一来，人的平等无须通过遵循自然法来获得，也不需要通过信仰上帝来获得，人的平等源于人自身的意志，源于人自身的利益需要。人平等的基础，由其他高于人的存在转变为人自身。人之所以平等，就在于每个人都平等地拥有服从自身意志、基于自身利益需求的自由。每个人的自身意志都是自由的，都是绝对的，每个人都拥有保卫自身自然权利的自由。

资产阶级启蒙思想家进一步阐述了“天赋人权”理论。个人的权力是天生的，而且是与生俱来的、无法剥夺的。洛克还把社会平等的范畴扩大到经济方面，他在《政府论》中指出，“人们既生来就享有完全自由的权利，并和世界上其他任何人或许多人相等，不受控制地享受自然法的一切权利和利益，他就自然享有一种权力，不但可以保有他的所有物——即他的生命、自由和财产——不受其他人的损害和侵犯”[3]。卢梭在“天赋人权”的平等观的

1〔英〕霍布斯:《利维坦》，黎思复、黎廷弼译，商务印书馆，1985，第 92 页。
2〔英〕霍布斯:《利维坦》，黎思复、黎廷弼译，商务印书馆，1985，第 98 页。
3〔英〕洛克:《政府论》下篇，叶启芳、瞿菊农译，商务印书馆，1964，第 53 页。

基础上提出了契约理论，“以道德的和法律的平等来代替自然所造成（的）人与人之间的身体上的不平等，因而，虽然人与人之间在体力和智力上不相等，但由于公约和权利的保证，他们人人都是平等的”[1]。人，都是生而自由、平等的。虽然在社会发展过程中，人在能力与智慧上都可能面临着不公平，但还是能够透过建立社会契约来产生对人的制约，进而再次实现人的自由、平等。孟德斯鸠认为，“在民主政体中，爱共和国就是爱民主政体，爱民主政体就是爱平等……既然人人享有同样的幸福和好处，那就应该享有同样的愉悦，怀有同样的希望”[2]。

资产阶级启蒙思想家将平等建立在人本身与生俱来的自然权利之上，这种平等是不需要依靠其他外在客体的，是人类天生具有的，从人自身出发，建构了西方现代平等观的基础。最初启蒙思想家关于平等的要求只是反映于政治领域，但伴随资产阶级力量的日益强大，以及革命斗争形势的变化，平等权利的内涵也就逐步涵盖社会各个领域，并被纳入法律规章之中。法国通过《人权宣言》，首次使人的权利平等成为国家最基础的立法原则，载入法律文书。美国《独立宣言》中提出：“我们认为下面这些真理是不言而喻的：人人生而平等，造物者赋予他们若干不可剥夺的权利，其中包括生命权、自由权和追求幸福的权利。”[3] 随着资本主义的发展，文明的进步，平等权利逐渐从政治的平等过渡到经济等社会各个领域的权利平等。

（五）法律平等

针对社会上存在的不平等现象，西方思想家们主张通过立法来消除不平等，实现人与人之间的平等。雅典人梭伦提出，可以通过立法来解决不平等现象。“我制定法律，无贵无贱，一视同仁，直道而行，人人各得其所。”[4]

1〔法〕卢梭：《社会契约论》，李平沤译，商务印书馆，2017，第27—28页。

2〔法〕孟德斯鸠：《论法的精神》上卷，许明龙译，商务印书馆，2017，第56页。

3〔美〕托马斯·潘恩：《常识》，何实译，华夏出版社，2003，第129页。

4〔古希腊〕亚里士多德：《雅典政制》，日知、力野译，商务印书馆，2017，第17页。

古罗马人将平等观念写入法律条文，付诸法律之中。罗马法中，许多法条都蕴含了平等的思想内涵。《法学总论》（*The Institutes of Justinian*）的序言中指出："皇帝的威严光荣不但依靠兵器，而且须用法律来巩固"[1]。古罗马人重视法律的重要性，同样主张法律面前人人平等，制定了一系列法律原则与制度来规范、约束个人行为。

霍布斯认为，人的平等权利是与生俱来的，人们可以依据自身利益需求，享有绝对的平等。但是，他又认识到这样与生俱来的、基于人们利益需求的平等，无益于整个社会的公共秩序稳定与生命财产安全。人们可以在法律约束的范围内做合乎自己利益需求的事情。霍布斯反对超越法律界限的特权，主张任何公民在法律面前一律平等，而政府的权威是保障法律效力、确保法律得以顺利实施的强制性力量。

洛克认为，法律是自然法在社会领域中的必然要求。法律能够保障公民与生俱来的平等、自由与财产权。洛克强调财产权在人的众多权利中的重要性。他说："人们参加社会的理由在于保护他们的财产；他们选择一个立法机关并授以权力的目的，是希望由此可以制定法律、树立准则，以保卫一切成员的财产。"[2]孟德斯鸠同样强调法律的重要性。他认为，法律是让人们更好地获得自由的理性原则。"在原始状态下，人生而平等，但是，人不可能长期处于原始状态中。社会使人失去平等，只有通过法律才能重新实现平等。"[3]卢梭认为，尽管人与人之间可能存在着智力和力量上的差距，但是可以通过制定社会契约来实现人与人之间的平等，他同样提倡用立法来消除人与人之间的不平等现象。立法并非代表君主或某个人或某一部分群体的意愿，而是代表全体民众的意愿，代表全体民众的权益。在形成这种社会契约的时候，必须假定所有公民都是平等的，所有人的意志都具有同样大的作

1〔古罗马〕查士丁尼：《法学总论：法学阶梯》，张企泰译，商务印书馆，2017，第1页。
2〔英〕洛克：《政府论》下篇，叶启芳、瞿菊农译，商务印书馆，1964，第133页。
3〔法〕孟德斯鸠：《论法的精神》上卷，许明龙译，商务印书馆，2017，第136页。

用。在这种公共的、集体的共同意志确立之前，大家的身份都是平等的。同样地，在这种公共的、集体的共同意志确立之后，每个人，无论身份地位高低，无论财富多少，都是公共的、集体的共同意志的奴隶，都是公共的、集体的共同意志的维护者和被动执行者。卢梭的思想中同样包含了法律面前人人平等的内涵。在法律条文颁布之后，每个人都必须受到法律的制约。而每个人受到法律约束的效力又是平等的，这种平等的约束，不会因为个人的身份地位高低、财富多少而改变。

平等思想在西方的发展，经历了一个由浅入深、不断传承发展的阶段。平等价值观念深入人心，一定程度上对西方政府的权力起到了制约作用。而西方的法律、政治制度也在不断修订、完善，进一步保障公民的平等权利。西方对于平等价值理念的重视与发展，在推翻封建统治、反对教会控制的过程中具有积极意义。但西方的平等始终是不充分的、虚假的平等。虽然西方国家也极力倡导平等，但它们所谓的平等仅仅是少数人的平等，是资产阶级内部的公平。资本主义经济发展的主要目的，正是最优化地寻求经济利益。在此前提下，资本主义社会所说的平等仅仅是用来迷惑大众的工具，是为了更好地榨取剩余价值，是发展资本主义的幌子，并不是真正的平等。

三、社会主义平等价值理念的核心要义

平等是社会主义的本质要求，社会主义制度为实现平等奠定了制度基础，提供了有利条件。社会主义社会比资本主义社会更高地举起平等的旗帜，将平等作为自己的价值目标和价值追求。平等不是一蹴而就的，平等目标的实现具有长期性。今天我们倡导平等，既不是绝对平均主义，也不是照搬西方资本主义社会的“平等”，而是要倡导与中国特色社会主义伟大事业相适应的平等价值观。

（一）经济平等

“平等应当不仅仅是表面的，不仅仅在国家的领域中实行，它还应当是

实际的，还应当在社会的、经济的领域中实行。”[1]我国社会主义平等思想坚持马克思主义平等观，以唯物史观为基础。平等价值的实现程度、平等价值的达成程度，与社会生产力的发展水平、与社会物质资料分配方式息息相关。我国社会主义核心价值观中的平等价值理念，绝不是虚幻的，绝不是仅仅从意识层面出发的平等，而是真实存在于经济领域的经济平等。

经济领域的平等，体现为发展过程中的规则平等、发展机会平等。在社会主义市场经济中，各个市场主体地位平等，合法进行竞争。“市场经济的基本要求就是平等竞争”[2]。我国坚持社会主义市场经济，是为了在最大程度发展经济、更快实现共同富裕的基础上，维护各个市场主体的经济地位平等。我国加强对市场的监管，营造良好市场环境，保证各个市场主体的起点、发展机会平等。“改善和加强对市场的管理和监督。建立正常的市场进入、市场竞争和市场交易秩序，保证公平交易，平等竞争，保护经营者和消费者的合法权益。”[3]我国的基本经济制度是公有制为主体、多种所有制经济共同发展。物质生产资料属于全体人民群众，而不是归为某个阶级私有，这才能充分保障平等的实现。同时，我国鼓励、支持、引导非公有制经济共同发展，“坚持平等保护物权，形成各种所有制经济平等竞争、相互促进新格局”[4]。习近平多次强调对非公有制经济的重视，指出“坚持权利平等、机会平等、规则平等，废除对非公有制经济各种形式的不合理规定，消除各种隐性壁垒”[5]。

经济领域的平等，还体现为经济发展结果的平等。一方面，为了实现经济领域更好的平等，我国大力发展经济，“把蛋糕做大”。只有在生产力发展、经济繁荣的基础上，平等才能得到更好的落实。另一方面，我们要“分好蛋

1《马克思恩格斯文集》第 9 卷，人民出版社，2009，第 112 页。
2 中共中央文献研究室编:《十四大以来重要文献选编》上册，人民出版社，1996，第 357 页。
3 中共中央文献研究室编:《十四大以来重要文献选编》上册，人民出版社，1996，第 529 页。
4 中共中央文献研究室编:《十七大以来重要文献选编》上册，中央文献出版社，2009，第 20 页。
5《习近平谈治国理政》第 2 卷，外文出版社，2017，第 259 页。

糕”，在经济发展结果分配上，我国基本分配制度充分保障人民在经济领域的平等。在成果分配上，我国贯彻“以按劳分配为主体、多种分配方式并存”的分配制度，鼓励先富带后富，主张效率优先、兼顾公平。在经济充分发展的基础上，进行二次分配来调节贫富差距，逐步实现共同富裕。“共同富裕”是我国在经济发展成果上的平等。“社会主义的本质，是解放生产力，发展生产力，消灭剥削，消除两极分化，最终达到共同富裕。”[1]共同富裕是社会主义平等思想在经济领域的集中体现。“社会主义最大的优越性就是共同富裕，这是体现社会主义本质的一个东西。”[2]在社会主义初级阶段，邓小平在马克思“一部分人先富”的理论基础上，结合当时中国实际情况，提出了“一部分地区有条件先发展起来，一部分地区发展慢点，先发展起来的地区带动后发展的地区，最终达到共同富裕”[3]的观点。共产主义社会生活中的平等的现实，建立在社会生产力高度发达的基石上。在社会主义市场经济领域，一方面，我们要进一步提高生产力发展水平，推动整个社会经济发展；另一方面，我们也要贯彻国家和社会经济地位平等的基本原则。中国共产党将领导全国各族人民，继续贯彻以社会主义经济建设为中心的指导原则，大力发展国民经济，为平等打好坚实的经济基础。

（二）政治平等

“一切人，或至少是一个国家的一切公民，或一个社会的一切成员，都应当有平等的政治地位和社会地位。”[4]社会主义核心价值观中的平等理念，同样体现在社会主义政治层面。社会主义核心价值观中的“平等”，在政治领域表现为政治权利、义务平等，政治身份平等，法律面前人人平等。

1949 年，中国共产党领导国内被压迫、被剥削的人民群众，成立了人

1《邓小平文选》第 3 卷，人民出版社，1993，第 373 页。
2《邓小平文选》第 3 卷，人民出版社，1993，第 364 页。
3《邓小平文选》第 3 卷，人民出版社，1993，第 374 页。
4《马克思恩格斯文集》第 9 卷，人民出版社，2009，第 109 页。

民民主专政的新中国，人民从此变成了国家的主人。在资本主义社会中，“平等”仅仅是虚假的口号。与此不同，在社会主义社会中，人民可以真正行使政治权利，参与国家政治生活，做国家的主人。马克思指出：“权利决不能超出社会的经济结构以及由经济结构制约的社会的文化发展。”[1]在1871年为国际工人协会起草的《国际工人协会共同章程》中，马克思指出：“**没有无义务的权利，也没有无权利的义务**。”[2]恩格斯同样强调“义务”的重要性，指出：“**平等义务**，对我们来说，是对资产阶级民主的**平等权利**的一个特别重要的补充，而且使平等权利失去道地资产阶级的含义。”[3]在政治领域中，政治平等要求平等权利与平等义务相一致。人们的平等权利与平等义务相统一，不仅行使平等的权利，而且要履行平等的义务。任何人都不拥有绝对的、无条件的自由，人们行使权利，必须在法律允许的范围内，“法律面前人人平等”。法律必须从制度、从法条规范上明确保障人民拥有平等的权利，履行平等的义务。1978年实施改革开放后，中国逐步完善和建立了中国特色社会主义法律体系，在总体上解决了“有法可依”的问题，但是在法律实施过程中，依然存在很多可以优化和改进的地方。中国特色社会主义制度是客观公正的制度，人们在制度面前一律平等，没有政治特权可言。2012年12月4日，习近平在首都各界纪念现行宪法公布施行30周年大会上指出：“任何组织或者个人，都不得有超越宪法和法律的特权。一切违反宪法和法律的行为，都必须予以追究。”[4]

中国共产党是我国的执政党，是社会主义现代化建设事业的领导核心。中国共产党员与人民群众，虽然政治身份上有差异性，但没有高低之分，都是平等的。党员与群众之间，没有任何一方压榨、奴役另一方的关系。广大

1《马克思恩格斯文集》第3卷，人民出版社，2009，第435页。
2《马克思恩格斯文集》第3卷，人民出版社，2009，第227页。
3《马克思恩格斯文集》第4卷，人民出版社，2009，第411页。
4《习近平谈治国理政》第1卷，外文出版社，2018，第138页。

党员永远是群众的公仆，永远秉承“为人民服务”的理念，永远保存着同群众的紧密血肉联系。“所有共产党员都不得谋求任何私利和特权”[1]，党员不可以权谋私，不可有自己的私人利益，必须始终站在最广大人民群众的立场上为人民谋福祉。

（三）文化平等

随着生产力水平的进一步提高，人民在精神文化方面的要求也在日益增长。社会主义平等的价值要求，不仅体现在经济、政治领域，也体现在文化领域，其强调人民在获取文化资源、陶冶文化情操的机会上是平等的。

1956 年，毛泽东提出“百花齐放，百家争鸣”的方针，鼓励各个流派自由、平等地表达与创造。“百花齐放，百家争鸣”的方针，体现了国家对于文化发展的重视，也是对于实现文化平等的践行。江泽民提出“三个代表”重要思想，其中“始终代表中国先进文化的前进方向”同样也是对于文化领域平等的重视与维护。习近平指出：“满足人民日益增长的精神文化需求，必须抓好文化建设，增加社会的精神文化财富。”[2]我国评判文化创造的标准，根本是人民群众，“能不能搞出优秀作品，最根本的决定于是否能为人民抒写、为人民抒情、为人民抒怀”[3]，“把人民作为文艺审美的鉴赏家和评判者，把为人民服务作为文艺工作者的天职”[4]。文化创造的出发点必须是为了最广大人民群众，文化创造的根本评价标准在于是否满足人民精神文化需求、丰富人民精神世界。

每个人享受文化发展的成果是平等的。我国发展文化事业、文化产业，推进社会主义精神文明建设的文化发展成果，是惠及所有人的。我国全体人民充分、平等地享受文化发展成果。习近平指出：“制定国家公共文化服务

1《习近平谈治国理政》第 1 卷，外文出版社，2018，第 388 页。
2《习近平谈治国理政》第 2 卷，外文出版社，2017，第 315 页。
3《习近平谈治国理政》第 2 卷，外文出版社，2017，第 316 页。
4《习近平谈治国理政》第 2 卷，外文出版社，2017，第 314—315 页。

标准和指标体系，促进基本公共文化服务标准化、均等化。继续实施文化惠民工程，推进基层公共文化设施共建共享，鼓励社会力量和资本参与公共文化服务体系建设。”[1] 基本公共文化均等化发展，就是突出文化领域发展的平等。发展文化事业与文化产业，绝不是为少数人服务的。我国文化事业、文化产业的发展成果由全体人民共同享有，同时积极引导国家文化资源向发展相对滞后、边远地区倾斜，并注重文化资源的合理配置，切实维护民众的基本文化权利。

（四）社会平等

社会领域的平等，主要体现在男女平等、民族平等两个方面。由于中国几千年来封建礼制“男尊女卑”观念的影响，妇女一直在社会中处于从属地位，被局限在家庭等私人领域。随着社会的不断发展，妇女的平等意识得到增强，妇女逐渐走出家庭，走向社会，其社会地位逐渐上升。资产阶级声称男女平等，“各民主共和国都宣布了平等，但是在民法中，在规定妇女的家庭地位和离婚权利的法律中，妇女到处都处于不平等的地位”[2]。中国社会所倡导的男女平等，真正提高了妇女的地位，让妇女真正拥有平等的社会地位，进行平等的发展。

1939 年，在延安纪念“三八”妇女节大会上的讲话中，毛泽东指出：“女子有办事之权，开会之权，讲话之权，没有这些权利，就谈不上自由平等”[3]。在实现中华民族伟大复兴中国梦的征程中，中国共产党重视妇女解放事业，注重发挥妇女“半边天”的作用，支持妇女享有“人生出彩和梦想成真的机会”[4]。新时代以来，习近平强调：“要坚定不移走中国特色社会主义妇

---

1 中共中央文献研究室编：《习近平关于社会主义文化建设论述摘编》，中央文献出版社，2017，第 188 页。

2《列宁全集》第 37 卷，人民出版社，1986，第 191 页。

3《毛泽东文集》第 2 卷，人民出版社，1993，第 171 页。

4 习近平：《促妇女全面发展　共建共享美好世界——在全球妇女峰会上的讲话》，《人民日报》2015 年 9 月 28 日。

女发展道路，这是实现妇女平等依法行使民主权利、平等参与经济社会发展、平等享有改革发展成果的正确道路”[1]。这一重要论述提出了妇女“三个平等”的战略目标，从权利、机会、结果三个方面推进男女平等事业，支持妇女平等参与社会生活，平等发展自我。

我国是多民族国家，民族问题是我国社会长期存在且复杂的问题。列宁批判资产阶级的民族平等思想。资产阶级表面上声称民族平等，实际上却通过压迫、掠夺其他民族的方式来壮大本民族。列宁坚持马克思主义民族平等观，认为“各民族一律平等，反对某个民族或某些民族享有任何特权”[2]。在1935年，在《中华苏维埃中央政府对内蒙古人民宣言》中，毛泽东提出：“一切民族都是平等的。”[3] 1949年9月，《共同纲领》第六章民族政策中提出，“各少数民族聚居的地区，应实行民族的区域自治，按照民族聚居的人口多少和区域大小，分别建立各种民族自治机关”[4]。经过长期探索，以毛泽东同志为主要代表的中国共产党人创造性地提出了民族区域自治制度，并不断结合时代要求对其进行巩固与发展，保障了少数民族地区人民的合法权益。新时代以来，我国始终坚持民族平等的重要原则。在经济上，我国重视少数民族地区经济发展，主张其利用自身资源上的优势与文化上的独特性发展当地经济。正如习近平所强调的，“支持各民族发展经济、改善民生，实现共同发展、共同富裕”[5]。在政治上，各民族人民的政治地位是平等的，都是国家的主人。少数民族平等地享受政治权利，履行政治义务，参与政治生活。习近平多次强调，要巩固和发展“平等团结互助和谐的社会主义民族

1《习近平在同全国妇联新一届领导班子集体谈话时强调：坚持男女平等基本国策　发挥我国妇女伟大作用》，《人民日报》2013年11月1日。

2《列宁全集》第23卷，人民出版社，1990，第331页。

3 中共中央统战部编：《民族问题文献汇编》，中共中央党校出版社，1991，第323页。

4 中共中央文献研究室编：《建国以来重要文献选编》第1册，中央文献出版社，1992，第12页。

5《习近平谈治国理政》第4卷，外文出版社，2022，第244页。

关系”[1]。

（五）国家平等

社会主义核心价值观所提倡的平等，不仅是一国范围内的平等，同时也体现为国际关系上的平等。国际关系上的平等主要体现在：国际交流互动过程中各国具有平等地位、得到平等发展，发展成果由世界人民共同、平等享有。

国际社会中各个国家之间的平等，首先体现为主权平等。随着经济全球化进程的不断推进，世界逐渐连为一个整体。国家之间的交流、合作与竞争、冲突并存，这是各国发展的机遇，也是各国发展的挑战。各国之间交流、联系，必须建立在各国处于平等地位、都具有国家主权的基础之上。习近平指出，各国主权平等表现为所有国家“都有权自主选择社会制度和发展道路”，都能“平等参与决策”[2]。各主权国家都拥有国家独立主权，无论国家大小、实力强弱，各国都必须尊重他国主权，不能干涉他国内政。“鞋子合不合脚，自己穿了才知道”[3]。我国不依据我国自身经验和成果，来随意评价他国社会发展道路和社会运行模式。我国同样不干涉各主权国家选择自己发展道路的权利和自由。习近平提出：“各国和国际司法机构应该确保国际法平等统一适用，不能搞双重标准”[4]。在国际社会中，国际规则是对所有国际主体的共同、平等的约束，任何国家、国际组织都不能搞“特殊化”。各国之间进行贸易往来、文化交流等活动，必须严格遵守国际法，各国在国际法面前具有平等的地位，遵守共同的国际秩序与国际规则。

习近平提出构建人类命运共同体，真正从全人类的切身利益考虑，追求全人类的共同价值。世界逐渐发展为一个整体，各国人们之间的发展命运，

1《习近平谈治国理政》第 2 卷，外文出版社，2017，第 300 页。
2《习近平谈治国理政》第 2 卷，外文出版社，2017，第 539 页。
3《习近平谈治国理政》第 1 卷，外文出版社，2018，第 273 页。
4《习近平谈治国理政》第 2 卷，外文出版社，2017，第 540 页。

不可割裂开来看。人类命运共同体追求全人类共同利益的“最大公约数”，致力于全人类的共同发展。习近平在二十国集团领导人杭州峰会开幕式上提出：“减少全球发展不平等和不平衡，使各国人民共享世界经济增长成果”[1]。世界经济增长成果并不是单个国家、地区单独享受的，而是全世界人民共同拥有的。在发展过程中，国家不可因为国力强盛、具有较强发展优势而挤压他国发展空间。在发展成果上，国家不可因为自身优势而包揽多数成果。世界的发展成果，是由世界范围内的所有国家共同、平等享有的。全人类的根本利益是一致的，全世界人民有着共同的利益诉求，所以国家间得以构建人类命运共同体，平等地共享国际发展成果。

马克思恩格斯指出：“在考察历史进程时，如果把统治阶级的思想和统治阶级本身分割开来……也就是说，如果完全不考虑这些思想的基础——个人和历史环境，那就可以这样说……在资产阶级统治时期占统治地位的概念则是自由、平等，等等。”[2]在资产阶级掌权时期，资产阶级将“自由、平等”的概念放在十分重要的位置，并高举“自由、平等”的旗帜来推翻封建统治，在一定时期内发挥了积极的、推动社会进步的作用。不过，资产阶级所主张的“平等”，并不是多数人的平等，资产阶级的“平等”仅存在于资产阶级内部，并不涉及全体无产阶级的平等诉求。资本主义社会所宣扬的“平等”，只是用以迷惑人民群众，从而诱骗工人更加心甘情愿地出卖自身劳动，更加心甘情愿地被奴役、被榨取剩余价值。资本主义要求“平等”，是从资产阶级利益角度考虑的，为的是维护在实质上不平等的无产阶级和资产阶级之间的差距现状，以便资产阶级更好地奴役、压榨无产阶级。资本主义的平等思想，是虚假的平等思想。我国传统文化中的平等理念，在一定程度上代表着社会民众对平等机会的追求。受到历史条件影响，我国传统文化中的平

1《习近平谈治国理政》第2卷，外文出版社，2017，第473页。

2《马克思恩格斯文集》第1卷，人民出版社，2009，第552页。

等理念带有封建主义与平均主义的色彩，是不充分的、没有实践基础和条件的平等思想，这些“平等”思想都不是真正意义上的平等。

只有从最广大人民的共同利益出发，只有在消灭剥削与压迫的基础上，全人类才能真正得到解放，最终才能达到每个人真实的平等。马克思主义平等观，代表着无产阶级的平等诉求，是对历史上任何一种平等思想的超越，是真正解放全人类的平等思想。社会主义核心价值观中的平等价值理念，坚持马克思主义平等观，真正从最广大人民群众的切身利益出发，是惠及最广大人民群众的平等。

第三节　社会主义公正价值理念的内涵与要求

公正作为人类社会的一种久远的价值理念，就字面意思而言，是公平正直，没有偏私。公者为众，正者为中，只有涉及群体时，才会有公正之认识与追求。这种价值最为核心的便是利益的分配，从经济角度看是财富的分配，从政治角度看是权力的分配、是法律上权利与义务的配置，从文化角度看体现为思想文化资源的分配，社会公正就是要在各种资源上实现合理、科学的分配。作为社会主义核心价值观的基本理念，公正是建设社会主义现代化国家的重要前提，是社会主义制度优越性的集中体现，更是充分调动人民群众的积极性、主动性、创造性，最大限度地集中全社会全民族的智慧和力量，实现好、维护好、发展好最广大人民根本利益的基本要求和价值遵循。

一、对中国传统公正价值理念的传承转化

公正是人类文明进步的重要标准，是人类社会秩序的价值规范。中国古代很早就有关于公正的思想，这源于“天下为公”的理念。在中华传统文化中，公正价值理念随处可见，并且构成了系统完备的理论学说，不仅成为社

会治理的重要准则，也成为维系社会稳定、秩序和谐的基本精神支柱和价值要求。

（一）理想社会的品质体现

中国古人将公正视为个人最为重要的品质之一，认为这种品质是与天地运行、日月更替、四时循环这样的自然规律相契合的。春秋战国时期，诸子百家大多是从外在自然现象、规律来把握道德的。公正是道德体系中的重要范畴，故研究路径亦不例外。

《礼记》中记载，子夏向孔子请教“何谓三无私”，孔子回答说：“天无私覆，地无私载，日月无私照。奉斯三者以劳天下，此之谓三无私。”[1]言下之意是，天地日月均有公正、无私的品性，凭此方能治理和安定天下。《吕氏春秋》中是如此评述“公正”：“天无私覆也，地无私载也，日月无私烛也，四时无私行也。”[2]

道家合乎逻辑地秉持公正为“天德”，推崇公正与天道合一。《老子》记载：“知常容，容乃公，公乃全，全乃天，天乃道，道乃久，没身不殆。”[3]《庄子》记载：“天地虽大，其化均也；万物虽多，其治一也；人卒虽众，其主君也。君原于德而成于天，故曰：玄古之君天下，无为也，天德而已矣。”[4]言下之意是，君王得以居于高位，不为其他，而是因为其具备这种“天德”——公正。“夫明白于天地之德者，此之谓大本大宗，与天和者也；所以均调天下，与人和者也。”[5]公正无私乃“天地之德”，它与天道遥相呼应，以此来“均调天下”，才能相符于人伦纲常。

（二）发掘现实的公正表现

若以今日之标准衡量中国古代的“公正”，从根源上讲，中国古代的社

1《礼记·孔子闲居》。
2《吕氏春秋·去私》。
3《老子·十六章》。
4《庄子·天地》。
5《庄子·天道》。

会是断然不可能真正实现“社会公正”这一目标的。但是在体现“共有”以及“各得其所”等方面，依旧存在大量值得思考的有益思路。如在教育、就业等方面，古代思想家就探讨与阐发了公正思想。其中，最为著名的就是孔子所提倡的“有教无类”[1]。所谓“有教”，即是教育；而“无类”，则是强调不分种类、不作区分。无论出身高低贵贱、富贵贫穷、聪明愚钝、性善性恶，都无差别地享有受教育的权利，这毫无疑问是公正的极佳阐释。事实上，孔子作为一位教育家，身体力行地诠释了这一价值观。孔子门下弟子三千，出身、资质、性格各异，故孔子对弟子进行了区分，因材施教，感而化之。在孔子的七十二高徒中，如颜渊、子贡、子路、曾子等，孔子没有因为弟子本身的不同而有所歧视或者区别对待，也没有僵化地要求弟子达到统一的标准，而是因个体的不同将其培养成最符合其自身特点的人才。这样的处理方式才是公正的体现，从外在形式来看，孔子的教育方式保障了每一个弟子受教育的权利；从实质来看，又为弟子成为合格的人才打下了基础，使教育在每个人身上体现着公平的价值。

在中国古代，儒家思想是占据统治地位的意识形态，身份与等级是儒家思想的核心秩序，礼是儒家思想体系中调整秩序的重要制度。面对礼崩乐坏的时代，儒生奔走呼号，只为恢复礼的秩序。礼是对于社会权利义务的一种分配方式，个人因为身份的不同而被分配不同的守礼义务。但是礼本质上是差异化的制度格局，因身份而定义行为，是对于本质相同的人在外部形式上不同的划分，士大夫有士大夫的礼，普通人有普通人的礼，因此难以成为社会所接受的、恒久的公平制度。

道家讲究万法自然，不讲制度、不分等级，只重视与自然和宇宙的和谐。面对民生凋敝的社会景象，统治者采纳休养生息政策，进而达到恢复社会生产的目的，极大地促进了国力的恢复。统治者的无为之治在于对天道和

1《论语·卫灵公》。

自然的遵循。道家认为，任何政策的制定和执行都是统治者个人意志衍生出的结果，而这样的政策与人为干涉是不符合天道的，统治者个人的喜好会导致政策的制定中出现厚此薄彼的情况，政策的偏好便是不公正的来源。道家崇尚小国寡民，人们老死不相往来，互不干涉，维持自己的生活，认为只要人与人之间没有互相干涉和侵害，社会便不会有矛盾，社会维持最初的和谐状态，对于每个人都是公正的。因此，在道家思想中，无为、顺应天意、自在而为即是公正。

法家主张“缘法而治”“法不阿贵”“刑无等级”，国民统一服从君主制定的法律，因法律而断定行为的后果即是公正。社会治理必须由君主依法进行，法律是不分贫富贵贱的，是统一适用的，是社会一切人的行为准则。无论贵贱，违反了法律都要受到严厉的制裁，社会生活的方方面面都要受到法律的规制，此种大规模无差别地适用法律体现了公正的观念。法律的适用也冲击了世代不变的身份，为普通人以功绩提升地位开辟了门路，也是付出和所得之间的公正之体现。在商鞅变法中，法律保障普通人可以通过耕战获得爵位，此种政策促进了社会公平，激发了全国的积极性与创造力，对于国家的迅速强大起到了作用。但是法家的法过于严苛，对于犯小罪者，动辄去手削足，也体现了法律内容本身的不公正。此外，法律是君主个人意志的产物，不可能做到法律适用过程中的完全公正。

总体而言，儒、道、法三家对于实现公正的构想，都要通过一定的政策和法律来实现，只是三者的侧重各有不同，儒家重身份，道家重“自性”，法家讲统一的法的适用，三者都希望在一定的标准下确立公平的社会秩序，但三者的构想都从根本上服从、服务于封建君主专制制度，不可能成为真正公正的制度构建。

（三）治国安邦的金科玉律

中国古代思想家习惯于将“公正”与政治原则联系起来，秉持“公正”

作为一种核心的执政理念与纲要的观点。其中，《尚书》中提到："无偏无陂，遵王之义；无有作好，遵王之道；无有作恶，遵王之路。无偏无党，王道荡荡；无党无偏，王道平平；无反无侧，王道正直。"[1]王道何以坦荡发展，自然是要强调公正无偏私，远离结党营私，不纵欲滥道，遵从先王的王道。正所谓"其身正，不令而行；其身不正，虽令不从"[2]。"政者，正也"[3]，所强调的是治国之道，不只是对领导者提出"正身"而做表率的要求，还要兼顾对国家政策、相关法令的公平要求，以此来体现"天道公正"。同样，管子倡导的"毋以私好恶害公正"[4]，荀子提倡的"上公正则下易直矣"[5]，体现的也是这个道理。道家的代表人物老子提出"道法自然"、"道"生万物、"道常无为而无不为"的公正观，认为只有以"道"来统治国家，才是最为公正的。老子说："我无为，而民自化；我好静，而民自正；我无事，而民自富；我无欲，而民自朴。"[6]可见，老子将"无为"当作最好的治国原则。所以，老子向往的是田园诗式的"小国寡民"的和谐农耕社会。庄子对儒家以"礼"治天下的政治局面极为不满，向往民风淳朴、天下安宁的"至德之世"，虽然有消极颓废的一面，但同时也倾注了对现实贵贱有别的不满情绪。

宋代及其后的思想家更是将公正看作重要的治国理念。朱熹明确指出：治国理政"惟公然后能正"[7]，"公"是"体"，"正"是"公"之"用"。"公是个广大无私意"[8]，唯持公心，处事才能做到无偏无颇，才能当于理、得之理。如果"正而不公"，那么所谓"正"就只是技术性的操作而已，不可能真心实意地去实现"正"。因此，"公"是实现"正"的前提，"正"是"公"

1《尚书·洪范》。
2《论语·子路》。
3《论语·颜渊》。
4《管子·桓公问》。
5《荀子·正论》。
6《老子·五十七章》。
7《朱子语类》卷26。
8《朱子语类》卷26。

所要达到的目标和结果。“能通天下之志，莫大乎至公”[1]，唯有出于公心处事，才能无偏私，才能有公道和共同的意志，才能“设诽谤之木，容狂狷之士，任公而去私，内恕而无忌”[2]，真正广开言路，招贤纳士，达至包容天下、政治清明的“公天下”局面。明末清初的经学家黄宗羲认为，“公天下”才是治国理政的价值目标。在他那里，“公正”的意蕴中进一步增加了对专制主义的反叛，具有明显的历史进步意义。他认为“天下为主，君为客”，认为“天下利害之权皆出于我，我以天下之利尽归于己，以天下之害尽归于人”“以我之大私为天下之大公”[3]的君主是昏君。可见，在这里，“公正”理念已将矛头直接对准专制主义的统治，这是中国两千多年来政治价值观念的一大奇变。

（四）言行举止的价值导向

公正是主体的一种行为准则。从儒家的仁、义、礼中就能明显看出这一点。首先，“仁”是中国古代一种含义极广的、规范人们行为的道德准则。“仁”，本指人与人之间相互亲爱。孔子首先给“仁”赋予公正的含义。“樊迟问仁，子曰：‘爱人。’”[4]又：“克己复礼为仁。一日克己复礼，天下归仁焉。”孔子把“仁”作为最高的道德原则、道德标准和道德境界，把整体的道德规范集于一体，形成了以“仁”为核心的伦理思想体系，包括孝、悌、忠、恕、礼、知、勇、恭、宽、信、敏、惠等内容。他提出，“仁”作为处理人际关系的最高准则，就是要为“仁”的实现而献身，即“杀身以成仁”[5]。这一观点对后世产生很大的影响。荀子明确把“仁”理解为公正，他指出，君子、仁人、圣人正因为公正无私，“能以公义胜私欲”[6]，才成为君子、

1《傅子·通志》。
2《傅子·通志》。
3《明夷待访录·原君》。
4《论语·颜渊》。
5《论语·卫灵公》。
6《荀子·修身》。

仁人、圣人。程颢和程颐认为，“天理无私”[1]，“仁”就是“公”字。朱熹指出，“公而无私便是仁”[2]。他们都将“仁”作为人思想的最高道德境界、行为的最高道德原则和标准。

“义”也是规范人们行为的重要道德准则。“义”在儒家思想中本指公正、合理而应当做的。孔子把“义”与“仁”一起作为人的行为准则。“君子之于天下也，无适也，无莫也，义之与比”；“君子喻于义，小人喻于利”[3]。孟子进一步指出，“义”是实现“仁”的基本途径，是处理社会关系的道德准则。“大人者，言不必信，行不必果，惟义所在。”[4]孟子还特别强调：“生，亦我所欲也；义，亦我所欲也。二者不可得兼，舍身而取义也。”[5]他认为，为了实现社会公正，就是牺牲生命也在所不惜。后来，宋朝的张载认为：“义，公天下之利。”[6]程颐认为：“人皆知趋利而避害。圣人则更不论利害，惟看义当为与不当为”[7]。这里的“义”就是公正、公平的意思。朱熹明确把“公”解释为仁义。

“礼”在儒家思想中具有重要位置，是人们行为的具体规则，其实质是仁义道德。“道德仁义，非礼不成”。[8]这强调“礼”之于道德的重要性。荀子认为，“礼”有三个来源，即“礼有三本：天地者，生之本也；先祖者，类之本也；君师者，治之本也”[9]。荀子还认为，“礼”是社会规范的自然法，是不成文的道德法典，“绳者直之至，衡者平之至，规矩者方圆之至，礼者人道之极也”[10]。他的这一思想在中国法律体系中有重要地位。荀子还提出，

1《二程遗书》卷22。
2《朱子语类》卷6。
3《论语·里仁》。
4《孟子·离娄下》。
5《孟子·告子上》。
6《正蒙·大易》。
7 李敖主编：《周子通书·张载集·二程集》，天津古籍出版社，2016，第300页。
8《礼记·曲礼》。
9《荀子·礼论》。
10《荀子·礼论》。

“贵公正而贱鄙争”[1],“公道达而私门塞矣，公义明而私事息矣”[2]。如果说在儒家思想中，孔孟之道推崇道德伦理而轻视政治法律，那么荀子则强调以“礼”为核心，这使得法律也成为公正的主要内容。

法家更是从法的角度强调公正的行为准则功能。法家的代表人物商鞅认为：“法者，国之权衡也。”[3]用现代人的话来说，法就是一种标准和规矩。这种规矩是怎么产生的呢？《商君书》中说：“先王县权衡，立尺寸，而至今法之，其分明也。”[4]“法”实际就是公开发表的君主命令。“壹刑者，刑无等级，自卿相、将军以至大夫、庶人，有不从王令、犯国禁、乱上制者，罪死不赦。”[5]由此可见，法是判断是非功过的唯一标准，君主以法为准绳来行使权力，百姓要知法守法，依法办事。韩非子继承了法家前辈的思想，构建了一套法、术、势结合并用的政治学说。他认为，法的基本特征是“公”和“正”，“公”即公开、透明、无私，“正”即不偏不倚、恰好适中。在法面前，要做到“不别亲疏，不殊贵贱，一断于法”[6]，主张在法面前人人平等，“法不阿贵，绳不挠曲。法之所加，智者弗能辞，勇者弗敢争。刑过不避大臣，赏善不遗匹夫”[7]。这直接是对儒家宗法等级制公正观的鞭笞。

二、对西方公正价值理念的有益借鉴

西方人对于公正的思考有着悠久的历史，可以追溯到古希腊时期的梭伦、柏拉图等人。当时西方人开始认识到，对于一个理想的政治国家而言，公正是一种重要的德性。资产阶级革命后，民主制度成为西方的基本政治制度，社会对于公正的认识给予了更高的关注。公正在现代社会已经成为现代政权

1《荀子·正名》。
2《荀子·君道》。
3《商君书·修权》。
4《商君书·修权》。
5《商君书·赏刑》。
6《史记·太史公自序》。
7《韩非子·有度》。

的基础价值，于治理者而言，制度、政策的公正性直接关乎秩序稳定，进而影响到政权的合法性和正当性；于公民而言，公正是安心生活和生产的基础，只有体会到公正，才会觉得自身的权利得到了真正的落实和保障。

（一）古希腊时期的德性公正论

恩格斯曾说：“在希腊哲学的多种多样的形式中，差不多可以找到以后各种观点的胚胎、萌芽。因此，如果理论自然科学想要追溯自己今天的一般原理发生和发展的历史，它也不得不回到希腊人那里去。”[1] 探寻公正的思想火花，我们可以从最具代表性的梭伦、苏格拉底、柏拉图、亚里士多德等人入手。

所谓“德性公正观”，就是将公正视作最高层面的美德。雅典著名的改革家梭伦首创性地提出公正问题，并将其代入规范性层面思考。鉴于当时雅典城内贵族与平民之间的激烈斗争，梭伦认为对任何一边的倾向都无法解决正义与和平问题，改革也会失败，只能在贵族与平民之间保持不偏不倚，而这就是梭伦认为的公正。从城邦意义上讲，与之相关，梭伦还强调节制、平等和秩序。关于公正问题，“苏格拉底说他一辈子除了考虑什么是正义，什么是非正义，并且实行正义和避免非正义以外，任何别的事情都没有做”[2]。对于什么是正义，苏格拉底认为：“不愿行不义的事就足以证明其为正义。……守法就是正义”[3]。苏格拉底并没有从社会视角入手把握公正问题，相反他强调个人内心的遵从，如果每个人都严格遵守法律，不做不义之事，那么这就是所谓的正义，而公正即是内心的正义。基于这样一种思路，公正则不可避免地同个人素质产生联系。同样，从语义上讲，柏拉图也将公正理解为正义，柏拉图在《理想国》中借苏格拉底之口提出：“正义是心灵的德

1《马克思恩格斯全集》第 20 卷，人民出版社，1971，第 386 页。
2〔古希腊〕色诺芬：《回忆苏格拉底》，吴永泉译，商务印书馆，2017，第 187 页。
3〔古希腊〕色诺芬：《回忆苏格拉底》，吴永泉译，商务印书馆，2017，第 165 页。

性，不正义是心灵的邪恶。”[1]但柏拉图与他的老师苏格拉底不同的是，柏拉图将公正问题纳入了社会视角，与之相关的则是回答公正何以实现的问题。所谓公正的实现，并非只依靠人们的自律，还同国家的和谐、社会的分工密不可分，此外良好的社会氛围也能为公正的实现创造条件。亚里士多德对公正进行了多方面有益的阐发，就概念本身而言，他依旧秉持公正与德性相关的态度，认为“（公正）品质使一个人倾向于做正确的事情，使他做事公正，并愿意做公正的人”[2]，“我们把违法的人和贪得的、不平等的人，称为不公正的。所以显然，我们是把守法的、公平的人称为公正的”[3]。同时，他也从整体性的角度强调德性的重要性，认为一个人只有在所有方面均具有良好的德性，才算得上公正。从政治学角度而言，亚里士多德将“善”等同于“正义”，“正义”就是合理保障公共利益（在这一层面而言，“正义”也有平等的感受）。亚里士多德对德性论公正观最重要的贡献是对公正进行了分类。他把公正按内容分为相对公正和绝对公正，按形式分为普遍公正和特殊公正。亚里士多德的公正思想内涵丰富，涉及分配、法律、秩序等核心问题，且创造性地提出并强调“分配公正”与“矫正公正”，无疑将公正与平等联系了起来，用平等视角考察判断公正的尺度，影响深远。

梭伦、苏格拉底、柏拉图和亚里士多德等人都秉持德性公正论的基本观点，注重人的内在修养，相较于原始的野蛮时代，无疑是莫大的进步。这些公正思想对城邦的发展、社会秩序的稳定发挥了作用。但不可否认，在这一时期，公正很少作为一种独立的思想概念反映在哲学家们的视野中，相反公正往往总是依托于正义甚至平等而出现。就思想史研究的视角而言，这样的处理是不完整的。再者，对于公正问题的思考，古希腊先贤们基本停留在较为朴素、直观的简单归纳上，往往是对日常生产生活的具体行为再现，在理

1〔古希腊〕柏拉图：《理想国》，郭斌和、张竹明译，商务印书馆，2019，第 42 页。
2〔古希腊〕亚里士多德：《尼各马可伦理学》，廖申白译注，商务印书馆，2003，第 126—127 页。
3〔古希腊〕亚里士多德：《尼各马可伦理学》，廖申白译注，商务印书馆，2003，第 131 页。

论深度上略显欠缺。当然，形成这些观点毫无疑问同他们所处的现实条件密不可分。

（二）近代西方对于公正研究的深入

就西方历史而言，近代的跨度大致是从 14 世纪文艺复兴开始到 18 世纪的工业革命结束。在此期间，反对封建专制制度的资产阶级革命是主旋律，对自由、民主与平等的追求，又将公正问题抛给了西方近代的思想家们。在新的人际关系基础上，思想家们开始用全新的视角研究相关问题，不同于古希腊时期所强调的德性公正论，这一时期思想家们更愿意将公正的实现诉诸一个客观的衡量标准，最常见的就是法律。

英国著名的哲学家、自然法学说的主要代表人物霍布斯提倡一种契约论公正之说。所谓“契约公正”，即是在订立契约之后，失约或者违约则成为非正义。对于任何存在的事物而言，只存在正义与非正义两种可能。霍布斯的公正观主要依托于“三个自然法”理论展开，而所谓“三个自然法”理论则是基于人类争斗的三种主要内因，即“好竞争”“好猜疑”“好荣誉”。所谓“第一自然法”，就是每个人只要有获得和平的希望，就应当力求和平；在不能得到和平时，就可以寻求并利用战争的一切有利条件和助力。所谓“第二自然法”，即“为了和平与自卫而认为有必要时”，“在理性的驱使下”，人们相互缔结社会契约，甘愿放弃原来享有的自然权利，并把它“托付给某一个人或一个能通过多数的意见把大家的意志化为一个意志的多人组成的集体”[1]。所谓“第三自然法”，是“所订契约必须履行”。霍布斯说，没有“第三自然法”，契约就会徒具虚文，而所有的人对一切事物的权利就仍然存在，人们也就仍然处在战争状态。爱尔维修强调法律对于公正秩序形成的作用：“正义以既立的法律为前提。尊重正义以公民之间势均力敌为前提。保持这

1〔英〕霍布斯：《利维坦》，黎思复、黎廷弼译，商务印书馆，1985，第 131 页。

种平衡，是科学和立法的主要工作。”[1]威廉·葛德文（William Godwin）认为，“正义的原则，引用一句名言来说，就是：‘一视同仁。’……正义是从一个有知觉的人和另一个有知觉的人的联系中产生的一种行为准则”[2]。弗里德里希·包尔生（Friedrich Paulsen）也有关于正义的表述：“权利制度就使这个法律社会的成员们的生活和行为在一定程度上具有了客观的正义性或合法性，并且维护着这种客观的正义性或合法性。”[3]

著名思想家康德认为意志自由是人与生俱来的，“只有一种天赋的权利，即与生俱来的自由”[4]。康德认为，自由不是后天他人赋予的，而是每个人出生以后都具有的权利，所有人都有享受意志自由。既然每个人都与生俱来具有自由的权利，那么不可避免地就会发生自由意志之间的冲突。康德基于义务的角度展开对公正的追问，其公正观的核心是对功利主义的反对。康德推崇个人意志的自由运用，公正是一种外在的行为表现，需要行动，也要恪守对他人的尊重。“一种公正的宪法应当力图使不同个体的自由能够相融合。它与功利最大化没有关系，后者‘绝不能干涉’基本权利的规定。”[5]公正就是在保证自身自由的前提下，不影响他人的自由。在此基础上，康德认为公正的实现路径就是社会契约。全体人民是基于个人的理性意志签署社会契约。法律的公正与否，在于法律是否得到全体人民的同意：若是，则法律是公正的；若否，则法律是不公正的。社会公正的实现必须有法律保证，而这种法律是所有理性的人基于社会契约一定会同意的法律，所有人都遵守法律，社会方能实现公正，以此保证所有理性的人之自由的实现。

与此同时，在结成与公正相关的社会契约方面，休谟与康德有着一定

1 北京大学哲学系外国哲学史教研室编译：《十八世纪法国哲学》，商务印书馆，1963，第 505 页。

2〔英〕威廉·葛德文：《政治正义论》第 1 卷，何慕李译，商务印书馆，1980，第 84—85 页。

3〔德〕弗里德里希·包尔生：《伦理学体系》，何怀宏、廖申白译，中国社会科学出版社，1988，第 522 页。

4〔德〕康德：《法的形而上学原理——权利的科学》，沈叔平译，商务印书馆，2017，第 53 页。

5〔美〕迈克尔·桑德尔：《公正：该如何做是好？》，朱慧玲译，中信出版社，2012，第 154 页。

的理论共识。其中存在着一种思路，即必须要有一个高于所有人的权利的权力，才能保证法令执行以及秩序稳定。“在一个较大规模的社会里，如果没有政府之类的机构，任何赏罚的公正都难以得到始终一贯的实施。在一个具有明确结构的社会里，公正才能得以实施。”[1] 当然，需要注意的是，不同于康德从义务出发的阐释，功利是休谟立论的出发点。休谟指出：“正义对社会是有用的，因此至少正义的一部分优点必定是由于有用的缘故得来……我们说公共效用是正义的唯一来源，把这种德性的有利的效果，看成是这种德性的优点的唯一基础。”[2]

总而言之，这一时期的思想家们将启蒙精神与人文关怀注入理论思考，对公正的探索更为深入。美中不足的是，没有基于本体论层面的研究视角，很难对公正问题进行整体性研究，在规范性意义上的叙述难逃理想化、经院化色彩。

（三）现代西方的公正论窥探

进入 20 世纪，西方对公正问题的研究逐渐系统化。伴随着社会与科技的不断进步，对公正问题的相关衍生研究业已相对成型。其中，以罗尔斯、诺齐克两人的学说最具代表性。

罗尔斯所著《正义论》，堪称当今西方世界公正理论的翘楚。其关于公正的学说是基于遵守一定的社会资源平等分配的基本原则而来，原因在于按照功利主义对效益的考量，在进行“跨个人”积累时，不可避免会出现对少数人权益的牺牲。“所有社会价值——自由和机会、收入和财富、自尊的社会基础——都要平等地分配，除非对其中一种价值或所有价值的一种不平等分配合乎每一个人的利益。”[3] 罗尔斯提出了正义的两个原则，第一个原则是指“每个人对与所有人所拥有的最广泛的基本自由体系相容的类似自由体系

1 程立显：《大卫·休谟论公正》，《道德与文明》2000 年第 5 期，第 38 页。

2 周辅成编：《西方伦理学名著选辑》下卷，商务印书馆，1987，第 166 页。

3〔美〕罗尔斯：《正义论》，何怀宏、何包钢、廖申白译，中国社会科学出版社，2009，第 48 页。

都应有一种平等的权利”[1]，第二个原则是指“社会和经济的不平等地位应该这样安排，使它们：①在与正义的储存原则一致的情况下，适合于最少受惠者的最大利益；并且②依系于在机会公平平等的条件下职务和地位向所有人开放”[2]。不难看出其公正观对平等的兼顾与强调，同时也是基于“无知之幕”的预设来否认功利主义分析的前提。

诺齐克的公正思想系统体现为其“分配正义”或“持有正义”理论。“持有正义”理论的基本内容是：“如果一个人按获取或转让的正义原则，或者按矫正不正义的原则（这种不正义是由前两个原则确认的）对其持有是有权利的，那么，他的持有就是正义的。如果每个人的持有都是正义的，那么持有的总体（分配）就是正义的。为了把这些纲要转变成一个具体的理论，我们必须规定这三个持有的正义原则，即持有的获取原则、持有的转让原则和矫正对前两个原则的侵犯的原则的细节。”[3]简单地讲，想要认定一个人对所持有的权利是正义的，其持有就必须按照获取或转让的正义原则，或者按照矫正不正义的原则进行。若社会中每个人的持有都是正义的，那么持有的整体便是正义。根据持有的获取原则，持有的获取通过合理分配而来，持有的转让原则是个人对于自己所持有的物品的自由处置权。“按其所择给出，按其所选给予。”[4]矫正原则是对于有损前两个正义原则的情况的解决。诺齐克对自由的看重高于罗尔斯。在诺齐克的视域中，尽管平等也应在公正的原则中扮演重要角色，但明显他将重心更多地放在了自由上。而在市场经济的大背景下，人们通常过分强调自由而忽视平等。诺齐克在强调个人自由的同时，忽略了个人应当承担的社会责任与义务。

1〔美〕罗尔斯：《正义论》，何怀宏、何包钢、廖申白译，中国社会科学出版社，2009，第267页。

2〔美〕罗尔斯：《正义论》，何怀宏、何包钢、廖申白译，中国社会科学出版社，2009，第267页。

3〔美〕罗伯特·诺齐克：《无政府、国家与乌托邦》，何怀宏等译，中国社会科学出版社，1991，第159页。

4〔美〕罗伯特·诺齐克：《无政府、国家与乌托邦》，何怀宏等译，中国社会科学出版社，1991，第166页。

罗尔斯对社会公正的论述有着严密的自我逻辑体系，产生了深远的影响，但是罗尔斯正义理论的起点是没有现实依据的，即“无知之幕”这一起点并不能成为可靠的基础，因此基于此的逻辑推断无疑会弱化现实因素对公正的实质的影响。再者，罗尔斯在一定程度上将公正与自由、平等等同起来，带有了一定的平均主义色彩。

从古希腊到现代，社会公正思想在西方经历了千年的发展，跨越千年的对于人类正义之路的探索与追寻，体现了人类对于一个公正社会的向往与追求，在此过程中，公正的内涵逐渐丰富，虽然有一定的不足，但是对于公正理论的进一步演化和前进有着重要的借鉴作用。中国特色社会主义的公正理念在汲取其合理之处的基础上，根据中国的具体实践，衍生出中国特色社会主义公正理念。

三、社会主义公正价值理念的核心要义

公正作为社会主义核心价值观基本价值理念，其根本立场是人民性，并在实在性、道义性等方面实现了对资本主义公正价值理念的扬弃与超越。实际上，资产阶级的公正观建立在私有制基础之上，在资产阶级标榜正义的社会里，不仅没有消除有产者和无产者之间的实际不平等，反而使其更加尖锐化、常态化，值得深刻反思。相反，社会主义公正价值理念具有深刻的理论基础、丰富的现实来源与深远的理论价值。

（一）社会主义公正价值理念具有深厚的理论基础

在社会主义核心价值观中，公正无疑是具有代表性意义的价值理念，具有深厚的理论基础。事实上，从马克思恩格斯等早期马克思主义经典作家著作，再到马克思主义中国化成果——毛泽东思想、邓小平理论、“三个代表”重要思想、科学发展观、习近平新时代中国特色社会主义思想，都能找到对公正理念的生动诠释。

尽管马克思恩格斯的著作中少见直接使用“公正”二字，但这并不代表

两人的理论视域中没有涉及公正话题，相反，对公平正义的价值审视与系统批判是马克思恩格斯思想的重要组成部分。可以说，对公正相关问题的分析与研究，是源于对资本主义社会批判的现实需求。马克思恩格斯在空想社会主义作家、小资产阶级理论家理论的基础上，准确地介入阶级分析，重点批判了对公正问题的形而上学判断以及相关调和论思想。马克思恩格斯指出："从封建社会的灭亡中产生出来的现代资产阶级社会并没有消灭阶级对立。它只是用新的阶级、新的压迫条件、新的斗争形式代替了旧的。"[1] 概言之，欧洲人民仅是沉浸在短暂的资产阶级对封建社会的革命胜利中，以为彻底告别了过往的一切剥削与压迫，却浑然不知陷入了另一种更为隐蔽且严酷的压迫，人民合理的诉求并未得到真正的满足。诚然，资产阶级革命的胜利为欧洲大陆带来了政治形式上的初步解放，但离马克思恩格斯所设想追求的完全解放还相差甚远。在公正问题上，马克思恩格斯所强调的是全方位、全覆盖的公正。在马克思恩格斯对共产主义的建构中，当社会生产力高度发达，集体的财富得到充分发展，"各尽所能，按需分配"就成为现实。由此而来，社会的进步、人类文明高度发达、"三大差别"的消失奠定了社会公平正义问题解决的根本前提。

毛泽东非常重视公正问题，认为只有民族独立、国家富强，才能真正实现公平、公正。在大革命时期，毛泽东就提倡彻底破除传统封建社会的等级观念，用革命打碎不平等、不公正的社会现实，打造出真正能够实现每个人利益诉求的新社会。在社会主义建设时期，毛泽东清醒地认识到与人民相关的公平、正义问题存在于社会生活的方方面面，对此应该进行系统性思考并加以解决。毛泽东善于结合中国具体实际和国情，研判公正相关问题，继承并发扬了马克思主义的公正思想，初步构建了社会主义公正格局。

邓小平关于社会公正的思想是邓小平理论的重要组成部分，其中蕴含

1《马克思恩格斯文集》第 2 卷，人民出版社，2009，第 32 页。

着对中国特色社会主义公正的实效性追求，包括内容公正、程序公正、制度公正等多维度内涵。邓小平着眼于探求社会主义公正的实现路径，多次强调“两手抓”思想。社会主义社会不仅在生产关系上优越于资本主义社会，能够进一步推动科技创新与生产力进步，而且更加注重相关社会问题的解决，切实推动人民群众的生活生产条件的改善。改革开放之初，邓小平高度重视相应的政治体制改革与法制化建设，努力从制度上保证人民民主，从而推动社会公正得到更好的实现。

江泽民强调，我们党和国家一切工作的出发点与落脚点都是满足中国广大人民群众的根本利益，为大多数人民谋求公正是促进社会稳定发展的着力点，要高度重视社会公正这一民生问题，在推进改革大力发展生产力的同时，也要注重对社会公正等民生问题的考虑，强调要通过出台完善政策方针确保公正的推进，把社会公正问题作为涉及全社会的重要战略问题加以解决。以江泽民同志为核心的党的第三代领导集体着力从改革开放的现实进程出发，随着市场经济的发展推进分配制度的完善和创新，坚持按劳分配和按生产要素分配相结合，效率优先、兼顾公平。

胡锦涛认为，公正就是社会各方面的利益关系得到妥善协调，人民内部矛盾和其他社会矛盾得到正确处理，社会公平正义得到切实维护与实现。在深刻理解公正内涵的基础上，胡锦涛提出了多种促进社会公正的措施，尤其指出建立公正的社会保障体系、切实推进“三农”问题的解决是维护社会公平正义的重要方向。

进入新时代，党的十八大报告鲜明地把“必须坚持维护社会公平正义”视为在新的历史条件下夺取中国特色社会主义新胜利必须牢牢把握的重要原则，实现公平正义更是全党全国各族人民的坚定信念和不懈追求。习近平从伟大事业的现实需求出发，以深厚的理论造诣构建了系统的公正观，是马克思主义公平正义观的传承、发展、提升和创新，是我们党和人民的价值追求及崇高理想的集中，具有切合中国国情、扎根中国大地、入住人民心坎等鲜明的理论特质。习近平指出，人民美好生活需要日益广泛，这不仅对物质文化生活提出了更高要求，而且在民主、法治、公平、正义、安全、环境等方面的要求也日益增多。习近平关于“让国家变得更加富强，让社会变得更加公平正义，让人民生活变得更加美好”的重要论述[1]，从国家、社会、公民三者的关系上丰富和拓展了公正理念的价值意涵，强调了公平正义在国家、社会、公民三者中的价值定位和相互关系。从实践的意义来看，践行公平正义的价值意涵，就要着力解决发展不平衡不充分问题和人民群众急难愁盼问题，推动“人的全面发展、全体人民共同富裕取得更为明显的实质性进展”[2]。

（二）社会主义公正价值理念具有丰富的现实来源

习近平指出：“问题是时代的声音，回答并指导解决问题是理论的根本任务。”[3]习近平对公正价值理念的阐释具有强烈的现实性，直接面向重大社会问题。在运用科学的理论“解释世界”的同时，更矢志不渝地坚守初心、践行理念来“改造世界”。诚如习近平所言：“我们中国共产党人干革命、搞建设、抓改革，从来都是为了解决中国的现实问题。”[4]新时代，社会主义公正价值理念的发展与完善直面现实问题，更加注重结合新时代新征程我国发展的具体实际。

改革开放以来，我国取得了举世瞩目的发展成就，这为社会公平正义的实现打下了坚实的物质基础。在新时代，我们所面临问题的复杂程度、解

1　习近平：《出席第三届核安全峰会并访问欧洲四国和联合国教科文组织总部、欧盟总部时的演讲》，人民出版社，2014，第 56 页。

2　习近平：《高举中国特色社会主义伟大旗帜　为全面建设社会主义现代化国家而团结奋斗——在中国共产党第二十次全国代表大会上的报告》，人民出版社，2022，第 24 页。

3　习近平：《高举中国特色社会主义伟大旗帜　为全面建设社会主义现代化国家而团结奋斗——在中国共产党第二十次全国代表大会上的报告》，人民出版社，2022，第 20 页。

4　中共中央文献研究室编：《十八大以来重要文献选编》上册，中央文献出版社，2014，第 497 页。

决问题的艰巨程度明显加大，给理论创新提出了全新要求。习近平清醒地认识到，“在我国现有发展水平上，社会上还存在大量有违公平正义的现象”[1]。物质生活得到稳定保障且逐步完善的同时，人民群众对于精神生活的追求和权利意识的加强等，对新时代的社会公正问题提出了新的要求与挑战。习近平运用系统的观点，强调对于社情、民情的整体性把握，以此为基础完善与发展公正价值理念。新时代，随着人民群众文化素养的不断提高、个人意识的增强，大家对于社会不公问题更为敏感。在这种情绪的酝酿下，偶发性事件通过社交媒体的宣传、发酵与放大，极易导致现象级舆情的产生，直接影响到国家的长治久安与社会的和谐稳定。可见，社会公平正义问题的解决与否，事关社会的长期安全与稳定，事关人民对中国特色社会主义事业的信心。因此，应坚持问题导向、增强问题意识，把实现人民对美好生活的向往作为现代化建设的出发点和落脚点，聚焦于实践遇到的新问题、改革发展稳定存在的深层次问题、人民群众急难愁盼问题，不断提出真正解决问题的新理念新思路新办法，着力维护和促进社会公平正义。

（三）共同富裕是社会主义公正价值理念的重要体现

社会主义的特点不是穷，而是富，但这种富绝非少数人的私有，而是属于全体人民的共同富裕。共同富裕是中国特色社会主义的本质要求，是中国式现代化的重要特征。改革开放初期，邓小平就指出：“共同致富，我们从改革一开始就讲，将来总有一天要成为中心课题。”[2]习近平明确强调，要扎实推进共同富裕，到 2035 年“全体人民共同富裕取得更为明显的实质性进展”[3]。党的二十大报告提出：“中国式现代化是全体人民共同富裕的现代化。”[4]毋庸置疑，当下共同富裕已成为一个社会热点话题。公正其实也蕴含

1 中共中央文献研究室编：《十八大以来重要文献选编》上册，中央文献出版社，2014，第 552 页。

2《邓小平文选》第 3 卷，人民出版社，1993，第 364 页。

3《习近平谈治国理政》第 4 卷，外文出版社，2022，第 142 页。

4 习近平：《高举中国特色社会主义伟大旗帜　为全面建设社会主义现代化国家而团结奋斗——在中国共产党第二十次全国代表大会上的报告》，人民出版社，2022，第 22 页。

着共同富裕的追求，问题在于如何理解共同富裕。

共同富裕不是均等富裕，更不是要“均贫富”。目前，中国经济得到长足发展，人民生活水平大幅提高，但满足人民对美好生活的向往还要进行长期艰苦的努力。习近平说：“中国要实现共同富裕，但不是搞平均主义”[1]。共同富裕并不是建立在一种平均主义的预设之上，相反是在承认客观存在的差异性的前提下进行发展与分配。市场运行规律决定了我们实现共同富裕绝不能走平均主义的老路，更不能走“劫富济贫”的邪路，而应先把“蛋糕”做大，然后通过合理的制度安排把“蛋糕”分好，水涨船高、各得其所，让发展成果更多更公平惠及全体人民，推动人的全面发展、全体人民共同富裕取得更为明显的实质性进展。

共同富裕不是同时富裕、同步富裕，也不可能做到同时富裕、同步富裕。实现共同富裕并非一蹴而就，而是一个持续不断的进程。习近平指出：“我国正处于并将长期处于社会主义初级阶段，我们不能做超越阶段的事情，但也不是说在逐步实现共同富裕方面就无所作为，而是要根据现有条件把能做的事情尽量做起来，积小胜为大胜，不断朝着全体人民共同富裕的目标前进。”[2]实现14亿多人共同富裕，必须脚踏实地、久久为功。我们既要反对逃避现实问题的空想，主观臆断共同富裕的阶段与任务，同时也要反对急于冒进、形式主义的指挥。在具体的政策实施过程中，要保持古今中外的视角，充分汲取其他国家在经济发展与社会治理方面的有益经验；要按照经济社会发展规律循序渐进，进行因地制宜的探索，总结经验，逐步推开；要坚持问题导向，着力解决好人民群众急难愁盼问题，既量力而行，又尽力而为。要把共同富裕纳入全面建设社会主义现代化国家的发展规划，分阶段促进共同富裕。

1 习近平：《坚定信心　勇毅前行　共创后疫情时代美好世界——在2022年世界经济论坛视频会议的演讲》，人民出版社，2022，第9页。

2《习近平谈治国理政》第2卷，外文出版社，2017，第214—215页。

（四）让人民群众在法治建设中感受到公平正义

全面依法治国是国家治理的一场深刻革命，关系党执政兴国，关系人民幸福安康，关系党和国家长治久安。必须更好发挥法治固根本、稳预期、利长远的保障作用，在法治轨道上全面保障公平正义的实现。围绕保障和促进社会公平正义，坚持依法治国、依法执政、依法行政共同推进，坚持法治国家、法治政府、法治社会一体建设，全面推进科学立法、严格执法、公正司法、全民守法，全面推进国家各方面工作法治化。

让人民群众在法治建设中感受到公平正义，应完善以宪法为核心的中国特色社会主义法律体系，更好发挥宪法在治国理政中的重要作用，维护宪法权威。加强重点领域、新兴领域、涉外领域立法，统筹推进国内法治和涉外法治，以良法促进发展、保障善治。扎实推进依法行政，转变政府职能，优化政府职责体系和组织结构，推进机构、职能、权限、程序、责任法定化，提高行政效率和公信力。深化行政执法体制改革，全面推进严格规范公正文明执法，加大关系群众切身利益的重点领域执法力度，完善行政执法程序，健全行政裁量基准，完善基层综合执法体制机制。严格公正司法，深化司法体制综合配套改革，全面准确落实司法责任制，加快建设公正高效权威的社会主义司法制度，努力让人民群众在每一个司法案件中感受到公平正义，筑牢维护社会公平正义的最后一道防线。

（五）公正理念推动人类命运共同体的构建

新时代以习近平同志为核心的党中央进一步推动构建公平正义的新型国际关系，为世界和平与发展贡献了中国智慧和中国方案。人类命运共同体的理念是习近平着眼于国内外形势，顺应国际潮流和需要，从双赢甚至多赢的立场出发，应对全球性发展议题而提出的。习近平在出席第七十届联合国大会一般性辩论时指出："世界各国一律平等，不能以大压小、以强凌弱、以富欺贫……大国之间相处，要不冲突、不对抗、相互尊重、合作共赢。”[1]当前，世界命运应该由各国共同掌握，国际规则应该由各国共同制定，国际社会应携手同行，积极推动更加公平有效的国际秩序与治理体系构建，加强南北对话与区域经济合作，切实构建相互尊重、公平正义、合作共赢的新型国际关系，扩大利益汇合点，画出最大同心圆。

致力于推动构建人类命运共同体，应坚定奉行独立自主的和平外交政策，始终根据事情本身的是非曲直决定自己的立场和政策，维护国际关系基本准则，维护国际公平正义。坚持国家不分大小、强弱、贫富一律平等，尊重各国人民自主选择的发展道路和社会制度，坚决反对一切形式的霸权主义和强权政治。坚持在和平共处五项原则基础上同各国发展友好合作，推动构建新型国际关系，深化拓展平等、开放、合作的全球伙伴关系，致力于扩大同各国利益的汇合点。促进大国协调和良性互动，推动构建和平共处、总体稳定、均衡发展的大国关系格局。坚持亲诚惠容和与邻为善、以邻为伴周边外交方针，深化同周边国家友好互信和利益融合。秉持真实亲诚理念和正确义利观加强同发展中国家团结合作，维护发展中国家共同利益。坚持对外开放的基本国策，推动建设开放型世界经济，更好惠及各国人民。推动贸易和投资自由化便利化，推进双边、区域和多边合作，促进国际宏观经济政策协调，反对保护主义，反对“筑墙设垒”“脱钩断链”，反对单边制裁、极限施压。坚持真正的多边主义，反对一切形式的单边主义，反对搞针对特定国家的阵营化和排他性小圈子，推进国际关系民主化，推动全球治理朝着更加公正合理的方向发展。[2]

1《习近平谈治国理政》第 2 卷，外文出版社，2017，第 523 页。

2 习近平：《高举中国特色社会主义伟大旗帜　为全面建设社会主义现代化国家而团结奋斗——在中国共产党第二十次全国代表大会上的报告》，人民出版社，2022，第 60—62 页。

第四节　社会主义法治价值理念的内涵与要求

法治是人类政治文明的重要成果，是现代社会的一个基本框架。“法治”一词，在西方最为通常的表达方式是“rule of law”，即“法律的统治”。在我国古代，也有近似于“法治”含义的词语，多见于春秋战国时期法家学派代表人物的著作之中，法家思想的集大成者韩非曾经有过“治民无常，唯治为法”[1]的论断，由此可见，中国传统意义上的“法治”应该是一种“依法而治”的表达，其词义上更接近于西方语境中的“rule by law”。“法治”是一个历史性概念，随着时代的发展变化，不断吸纳新的内涵。今天的“法治”一词，应该是一个包含依法而治、权力制约、权利保障、法律遵守、法治信仰和良法善治的综合性动态概念。社会主义法治价值理念的根本目的在于实现好、维护好、发展好最广大人民的根本利益，以公平正义为价值导向，以执法为民为本质要求，将法治与民主政治统一起来，真正实现运用人民赋予的权力来为人民谋利益。它是对中国几千年法治优秀传统的传承转化，是对西方法治文明的有益借鉴，是中国特色社会主义建设伟大实践的必然产物。培育和践行社会主义法治理念，把社会主义核心价值观融入法治建设全过程、各领域、各方面，有助于推进社会主义政治文明建设，有助于促进社会公平正义，对于建设富强民主文明和谐美丽的社会主义现代化强国、实现中华民族伟大复兴有着重要而深远的意义。

一、对中国传统法治价值理念的传承转化

中华法治文明历史悠久、底蕴深厚，具有伟大的创造力和影响力。“民惟邦本，本固邦宁”[2]的民本理念，出礼于刑、隆礼重法的治理策略，明德慎罚、德主刑辅的慎刑主张，法不阿贵、绳不挠曲的价值追求等，这些思想作

1《韩非子·心度》。

2《尚书·五子之歌》。

用于国家制度、运用于国家治理，在历朝历代治乱兴衰中不断积淀和演化，在漫长的历史进程中不断充实和发展，为社会主义法治价值理念提供了有益的历史借鉴。

（一）依法而治、法令一统

依法律统治国家的思想是春秋战国时期法家学派的主要思想。春秋战国时期是社会剧烈变革的时期。在这一时期，原有的等级秩序体系已经进入崩溃期，原本作为规范国家政治秩序和人民生活的“礼法”已经不能调整日益复杂的社会关系。在新的秩序体系建立的过程中，为了降低“礼法”对新兴地主阶级的束缚，打破原来的世卿世禄制度，主张“依法而治”的法家学派正式登上历史舞台。管仲是法家学派的早期代表，在任齐国相国时期，提出了用法调整社会关系的主张，赋予了“法”明确的含义，“尺寸也，绳墨也，规矩也，衡石也，斗斛也，角量也，谓之法”[1]，并提出了依法治理国家政务的主张，“法律政令者，吏民规矩绳墨也”[2]。

战国后期，法家进一步明确了法律在国家治理中的地位，即万事万物都应该在法律的框架内，“万物百事，非在法之中者，不能动也。故法者，天下之至道也，圣君之实用也”[3]。君主用以差使群臣、处理政事的唯一依据便是法，“故明主使其群臣，不游意于法之外，不为惠于法之内，动无非法”[4]，“人主虽使人，必以度量准之，以刑名参之。以事遇于法则行，不遇于法则止”[5]。晋代律学家刘颂提出“律法断罪，皆当以法律令正文，若无正文，依附名例断之，其正文、名例所不及，皆勿论”[6]。审案断狱的唯一依据便是律法，这是罪行法定思想在古代中国最早的提法，是中国古代先进“法治”思

1《管子·七法》。
2《管子·七臣七主》。
3《管子·任法》。
4《韩非子·有度》。
5《韩非子·难二》。
6《晋书·刑法志》。

想的体现。

法家在“法治”思想上的另一重大贡献便是法令一统，全国范围内皆由中央统一制定国家法律。此举对维护国家的团结稳定和大一统的延续作出了重要贡献。法令的统一，并不是绝对模式化地执行同一法律。一般来说，律是统一制定、全国颁行的，但在实践中遇到具体地区的具体困难时，皇帝会随时颁发具有法律效力的“令”或“诏”来规定具体的地区问题。这些“令”或“诏”会在一定时间内经过汇编，成为正式的法律。法律形式的多样性保证了法律的灵活性，得以更好地治理国家。

（二）礼法结合、综合为治

“礼治”还是“法治”，是春秋战国时期儒家与法家争论的焦点问题。礼也被人们称为“礼法”，是一种以教化为主要手段使人们服从的社会规范形式，但礼是一种阶级分化的产物，不同阶级的人有不同的礼。在春秋战国时期，随着生产力的发展，打破阶级固化的藩篱成为迫在眉睫的任务。“法治”便成为当时各国变法强国的选择，并最后由信奉“法治”的秦国完成了大一统。但是，依法崛起并完成大一统的秦国二世而亡，让人们认识到，“礼”或“法”的单一使用并不能很好地维持国家长久繁荣与稳定。自汉武帝“罢黜百家，独尊儒术”后，法在国家社会生活、政治生活中便以一种新的方式存在。自此，中国进入了“以礼入法，礼法结合”的治世时代。

以礼入法，便是用儒家的“礼治”精神指导法律的具体运行，把“礼治”的部分要求融入法律条文。秦时期的法律条文为法家思想家所制定，汉代秦后，秦国的律法被汉丞相萧何予以整理，重新利用，所以秦汉时期的立法从本质上说仍是法家精神的体现。自汉武帝确立了儒家的统治地位之后，以儒家学派为信仰的官吏们开始使用法律处理政事，并开始参与新的法律的制定。自此，中国的“法治”呈现了礼学思想，甚至吸纳了部分“礼治”条文的特征，“恢自陷刑网，罪当大辟，但以其父年老而有一子，以为恻可悯之”[1]。

礼法结合，一方面用法律制裁犯罪，另一方面又用“礼治”教化民众。中国古代社会既提倡对违法行为的法律制裁，又提倡德行对人们的教化作用，所谓“明刑弼教”从根本上说便是以礼入法。“礼之所去，刑之所取，失礼则入刑，相为表里者也。”[2]“教化所恃以为治也，刑法所以助治也。”[3]“礼节民心，乐和民声，政以行之，刑以防之。礼、乐、政、刑，四达而不悖，则王道备矣。”[4]古代的法律更多偏向于一种制裁方式，“法”为社会划定了底线，儒家的“礼”作为规范社会生活的一种方式，涵盖各方面的要求，上至天地自然，下至生活琐事，其中有更多的道德要求，“礼”更能引导人们走向一种和谐良好的生活状态。礼法结合，从其精神内涵来看，为社会注入了更多的人文关怀，利于社会的和谐稳定；从其实施效果来看，更好地提高了人们的道德水准，利于国家的长治久安。

（三）法尚公平、执法原情

“法”者，平之如水也。法的最初含义便包含公平之义。法家提倡“依法而治”，法家的“法”不同于儒家的“礼”，具有平等适用性、无等级差别性的优点。法家主张“不别亲疏，不殊贵贱，一断于法”[5]，将法律作为治理国家的基本方式，打破古代“刑不上大夫”的壁垒，将法律作为治理的唯一依据，摒弃原来的依身份而各论的礼治观念。“法之所加，智者弗能辞，勇者弗敢争。刑过不避大臣，赏善不遗匹夫。”[6]法律的公平性有利于激发社会生产力，激发底层人民积极参与耕战，为国家创造更多的财富。秦国从一个边陲弱国，短短几十年间便成为最强大的国家，法治起到了巨大的推动作

1（清）沈家本：《历代刑法考》。
2《后汉书·陈宠传》。
3《汉书·礼乐志》。
4《礼记·乐记》。
5《韩非子·有度》。
6《韩非子·有度》。

用。但是生成于斯者毁于斯，秦国由于法律的过分严苛，造成了百姓的反对，最终轰然崩塌于农民起义的浪潮之中。

随着法律的儒家化，法官在处理案件时也会参照儒家的“礼”。对于一些符合纲常伦理的犯罪情节，会根据实际情况，予以处理。反之，对于严重违反纲常伦理的行为，即使触犯法律较轻，也会被处以重的刑罚。“春秋决狱”是以儒家的思想来指导司法活动。官吏在运用法律处理案件时必须参照儒家经典《公羊春秋》，把其中的具体事例融入审判中。“春秋决狱”提倡“本事原志”，即在处理案件的过程中，兼顾案件发生的事实和动机。对于确有隐情的，可以在处罚时予以部分的宽待。但是，因为儒家经典不具有法的确定性和规范性，以及判官的水平参差不齐，所以“春秋决狱”造成了一定程度上的司法腐败和擅断。

崇尚公平是法家的宝贵思想，但是在封建王权的时代，王公贵族在法律上享有巨大的特权，甚至可以擅断生死而不被治罪。因此，虽然其精神上是崇尚和追求公平的，但是在后世的执行过程中，特别是在儒家的等级“礼法”融入法律条文后，这种公平更加难以得到切实的实现。根据犯罪者的心理和动机来定罪量刑，体现了古代传统法治的人文关怀。但是，这种过于主观的判断，加重了刑罚的任意性，为权贵逃脱制裁开辟了门路，造成了严重的司法腐败。

（四）民本主义、恤民恤弱

“民惟邦本，本固邦宁。”[1]古代中国的统治者很早就认识到，民众对于国家稳定的决定性作用，因此十分重视民众的生活安定。统治者尽可能维护民众的生活稳定和利益，“使诸有大俸禄，亦皆不得兼小利，与民争利业”[2]。“百姓足，君孰与不足？百姓不足，君孰与足？”[3]在法律条文制定过程中，对于

1《尚书·五子之歌》。
2《春秋繁露·度制》。
3《论语·颜渊》。

民众私产和生命的保护是十分严格的。商鞅曾经作过形象的说明："一兔走，百人逐之，非以兔可分以为百也。由名分未定也。夫卖兔者满市，而盗不敢取，由名分已定也。"[1]但是，这种保护是打击其他人对于民众权利的损害，如打击偷、盗等行为，不能防止官府对于百姓无度的盘剥。随着私有经济的发展，土地兼并日盛，为了维持民众的稳定，官府出台法令禁止土地兼并，甚至唐朝还推行"均田制"以护佑百姓。发展生产、维系民众的社会生活一直是中国古代法律的重要追求，体现了浓厚的民本价值理念。

宽宥制度是古代一项重要的制度，对老、幼、妇、疾四类人在处理时予以宽宥。西周有"三宥三赦"之法："一赦曰幼弱，二赦曰老耄，三赦曰蠢愚。"[2]对弱势群体在法律上予以照顾，是古代重民思想的重要体现。《礼记》记载："八十、九十曰耄，七十年曰悼。悼与耄，虽有死罪，不加刑焉。"[3]在后来的朝代，对于老幼犯罪皆会予以宽宥处理，体现了我国古代的民本政策。秦朝开始产生了刑事责任能力的概念，秦朝的划分依据是以身高为基准进行的，秦《仓律》："隶臣、城旦高不盈六尺五寸，隶妾、舂高不盈六尺二寸，皆为小。"[4]明确人成年与否，再根据具体情况定罪量刑，是对民众保护的体现。死刑复奏制度，自晋代出现以来，至后世不断发展，发展到"三复奏""五复奏"，都体现了对民众的体恤。

秋冬行刑是中国古代根据董仲舒的天人感应理论所确立的一套刑罚执行制度，春夏是万物育生的季节，秋冬则是肃杀蛰藏的季节，世界万事万物都应该遵守此规律，法律活动亦是如此。顺应天时成为古代法律执行的一个重要要求，体现了古代在刑罚上的宽仁政策。秋冬行刑顺应了农作生产的现实需要，对于农民生产生活起到了巨大的照顾作用，对于保民保产有着积极意

1《商君书·定分》。
2《周礼·司刺》。
3《礼记·曲礼》。
4《睡虎地秦墓竹简·秦律十八种·仓律》。

义，是民本价值理念的具体体现。

（五）“无讼”是求、以和为贵

“无讼”是在中国传统的礼治秩序下形成的。“长期的教育已把外在的规则化成了内在的习惯。维持礼俗的力量不在身外的权力，而是在身内的良心。所以这种秩序注重修身，注重克己。”[1] 从其本质上讲，礼也是一种社会规范，人们的行为合乎礼便是对的。从这个意义上讲，礼与法别无二致。但二者的维系是不一样的，法的维系是靠国家权力，而礼的维系是靠传统。世世代代的传承教化，使人对于尊长的教诲有一种敬畏之感，数代人的传承让“服礼”成为一种主动的习惯。因此，注重维系家族稳定与村落和谐的古代中国，其社会治理追求的便是“无讼”，达到社会的和谐状态，尽力在协商调解的范围内解决纠纷，并以“官司诉讼”为耻。明朝时期，依《大明律》设立了申明亭制度，即在乡里之间，通过族内有威望的尊长调解小的纠纷、矛盾，尽量不使同族同村之人将矛盾激化到对簿公堂之境地。不过，有不服从调节制度的人还是要受到法律的制裁。

“一个法官并不考虑道德问题、伦理观念，他并不在教化人。刑罚的用意已经不复‘以儆效尤’，而是在保护个人的权利和社会的安全。尤其在民法范围里，他并不是在分辨是非，而是在厘定权利。”[2] 这是中国传统法治体系解体的民国时代的一个特征，在变革的时代，很容易对传统的东西进行全盘的抛弃。我们承认，维护私人权利是从封建走向近代的一个进步表现。但是，西方的权利观念成长的环境中并没有中国这样的家族伦理与和谐思想的土壤。争讼虽然在保护个人权利方面有了积极作用，但是在一定程度上加剧了人与人之间关系的紧张程度，对追求和谐的社会产生了一定的消极作用。

法治作为一种社会治理方式，其根本目的在于服务人们的社会生活，打

1 费孝通:《乡土中国》，人民出版社，2008，第68页。
2 费孝通:《乡土中国》，人民出版社，2008，第70页。

造和谐美好的社会。因此，法律无论通过正面的保护还是通过反面的制裁，都在为创设一个美好的社会服务。中国古代社会是以家族为本位的，所以为了维系家族和谐进而维系社会稳定，对于直接对簿公堂进行诉讼是十分不提倡的。“无讼”即是和谐，从其本质上说是施行法律达到的最佳效果，是一种极高的价值追求。

二、对西方法治价值理念的有益借鉴

西方法治理念是西方社会文明的产物，是人类思想的凝结物。法治并非西方所专有，西方的法治理论与实践远非完美，但其合理成分可以为中国特色社会主义法治国家建设提供思想借鉴。

（一）法律至上

西方近代意义上的“法治”概念由英国法学家戴雪（Dicey）第一次明确提出，他认为法治应该包含排除专断、法律至上、各个阶层在法律上一律平等等原则。虽然戴雪第一次明确提出法律至上的说法，但是法律至上的思想却贯穿了西方整个的法治发展过程。法治的内涵在西方随时代的不同而有所变化，但是各个时期都认同法律应该是统治人间的最高准则。在古罗马时期，自然法学派主张自然法作为统治人类社会的最高法则，应该得到尊重、认可与施行，法学家普遍认为自然理性所形成的法律应该为包括君主在内的一切人、动物所遵守。古罗马法学家西塞罗曾说：“既然法律统治长官，长官统治人民，因此确实可以说，长官是能言善辩的法律，而法律是沉默寡言的长官”，“我们是法律的仆人，以便我们可以获得自由”[1]。

在神权居于统治地位的中世纪，法学家阿奎那提出了法的四分理论，他把法分为四类，分别是永恒法、自然法、神法和人法。永恒法是上帝用以统治宇宙而制定的规则，人是不能参透的，自然法是人的理性能力认识的部分

1 张文显:《法学基本范畴研究》，中国政法大学出版社，1993，第 280 页。

永恒法的内容。阿奎那作为神学法学家，敬畏和服从上帝，认为世俗的君主应该服从上帝带给人间的法律，他说："统治者不能够凌驾于法律之上，就像他们在君主制下那样，在那里，'隐秘的法律存在于他们自己心中'。"[1] 阿奎那的思想深受自然法思想影响，与古罗马时代的自然法思想一脉相承，只是在基督教框架下引入了上帝法的概念，仍旧主张将君主纳入法律的框架之内。西方经过文艺复兴和启蒙运动，进入资产阶级时代之后，"法律至上"的观念更为深入人心。自由主义思想家指出，法治国家是"法律的王国，而不是人的王国"[2]。

法治与人治是相对而言的，法治在西方代表着法律的至高无上地位，君主也应该受制于法律，尽管在不同时期法律有着不同的表现形式，但是法律至上的观念是有着深厚的思想渊源的。这些观念虽然有其阶级和历史的局限性，但作为人类智慧的文明成果，至今仍然闪烁着思想光辉。

（二）人民主权

近代以来，人们对于国家主权的认识经历了长达几个世纪的争论。在资产阶级革命以前，人们普遍认同君主主权。在这一时期，人们对于主权的认识是国家的最终权力归属于君主，君主是代表国家的最高象征。马基雅维利是鼓吹君主绝对权力之人，他认为君主是国家一切权力的所有者。资产阶级革命以后，随着资产阶级的掌权，资产阶级为了摆脱封建君主的压迫，逐步设立了议会，议会作为代行全国人民意志的机构，成为国家的权力核心，由此人们对于国家主权的判断也正式进入了议会主权的时代，这一时期是以英国为代表的。但是，英国早期的议会只是最先崛起的少数资产阶级和成功转型的旧贵族的俱乐部，议会的代表性十分有限。随着资本主义经济的发展，各阶层的民众对于议会与国家权力的认识逐步深化，资产阶级共和国逐步进

1〔美〕弗里德里希：《超验正义——宪政的宗教之维》，周勇、王丽芝译，三联书店，1997，第23页。

2〔英〕哈林顿：《大洋国》，何新译，商务印书馆，1963，第21页。

入了国民主权的时代，这一时期的典型代表是美国。美国的立国之战，正是因为殖民地不满足于英国所施加的税款和殖民地在议会中的失语。人民享有主权是现代国家区别于封建国家的最重要的标志。

人民主权有三个方面的内涵：第一，国家权力来自全体人民的让渡；第二，人民行使国家权力，行使的方式可以是直接的，也可以是间接的；第三，人民监督国家权力的运行，并在不满意时重新组织国家权力。但主权不能被每个公民直接实施，因此西方法学家提出了社会契约理论，人们让渡一部分权力给国家，并让国家制定法律来统治自己，而所制定的法律应该符合人们的公意。“一个合法的政治应当基于被统治者的同意，这种同意应在人们为建立政府而达成的社会契约中反映出来。通常这种社会契约采取宪法的形式。‘通过立宪性契约，人们同意受统治。’”[1]

主权是一种最高权力，是一种创制性权力，也是一种距离人民最远的权力。但是主权在民之观念的形成是一切其他权利得以主张的前提和基础。正如美国《弗吉尼亚权利宣言》所主张的，“一切权利属于人民，因之来自人民，执行法律的一切官吏都是人民的受托人和仆人，在任何时候均应服从人民”[2]。

（三）保护人权

法律面前人人平等具有以下深刻内涵：所有人的法律人格是平等的；所有公民具有平等的法律地位；法律平等地对待同样的行为。法律面前人人平等的理念，把人类社会推向了一个新的时代，因为人格上的平等排除了以往的一切特权阶层。虽然这一理念并没有在资本主义时代得到真正的实现，但是其展示出来的追求是有着恒久价值的，人人生而平等成为人们的共识，推动了人们为了捍卫自身尊严所进行的各种活动。法律面前人人平等成为共

1 马宝成：《政治合法性研究》，中国社会出版社，2003，第 82 页。
2 董云虎编著：《人权基本文献要览》，辽宁人民出版社，1994，第 6 页。

识，也让人们对于自身其他合法权利的主张具有了实现的可能性。

权利本位是现代法治社会的重要共识。虽然公民肩负着法律赋予的义务，但权利是处于主要地位的，并非和义务并列。权利本位是资本主义法律的最大特征，在这一认识的引导下，法律赋予了民众无数的权利。在众多权利中，民众所享有的最重要的权利便是民主与自由。民主是公民的权利，同时民主也是对公权力最大的制约。民主制度是权力主体和权力执行方式的改变。民主制度的确立意味着，一国之内，各项决策都应该经过民主程序，经过少数服从多数的程序，作出最能保障社会个人权益的决策。民主可以提升政策的合理性，同时也可以降低政策的随意性和偏好性，从而保护每个人的权利。民主与法治是相辅相成的，民主是法治的前提，只有在民主国家才有可能实现法治。而想要保障民主的长久良好运行，法治是必需的手段。自由是资产阶级法学家在反对封建统治的过程中提出的最为重要的权利呼吁。洛克宣称："法律的目的不是废除或限制自由，而是保护和扩大自由。"[1]卢梭疾呼："人生来是自由的，但却无处不身戴枷锁。"[2]自由是一切其他权利的基础。法律所确立的是一切民众的自由，不是单个人或者几个人的自由；法律划定了自由的界限，同时也对其他人进行了要求，进而保障每个人的自由不受他人的不法侵犯。

除了价值层面的权利得以保障，实体层面的权利也是资产阶级法律保护的重点，例如财产、福利等。法律始终保护每个人的合法权益，从最开始的财产，再到后来的一系列社会权益，都在保护之列，这种保护是排除他人不法干涉的，同时也是排除公权力的干涉的。公民的私有财产不可侵犯，追求幸福的权利不受侵犯，并且政府负有保护公民权利的义务。

1〔英〕洛克：《政府论》下篇，叶启芳、瞿菊农译，商务印书馆，1964，第 36 页。

2〔法〕卢梭：《社会契约论》，李平沤译，商务印书馆，2017，第 3 页。

（四）权力制约

权力制约，是指对公权力的制约。英国自13世纪开始，民众为了限制国王的权力便开展了一次又一次的革命斗争，并促使王室签订一系列“宪法性”文件来制约王室权力。这便是权力的宪政制约，权力的宪政制约有四点含义：宪法明确肯定公民的基本权利并予以保障；宪法通过权力配置限制公权力；设立宪法监督制度，保证宪法实施落实；宪法统摄其他法律法规。

在资产阶级共和国建立过程中，为了保护民众自身的合法权利，对公权力的配置进行法律规定也是权力制约的重要手段。三权分立理论是由孟德斯鸠正式提出的，他把国家权力分为司法权、行政权、立法权三个部分，分别由不同的主体掌握。三权分立的政治设想在美国落地，并在后续很长时间内被公认为是“最优”的政体。国家的政治体制用三权分立的方法进行建构，并在三个机构之间进行了严格的权力配置，使得政令、法律的出台和确立都有严格的制约程序，由此最大程度地保障公民权利，保障公权力的合理行使。孟德斯鸠在论述分权制约的重要意义时指出：“立法权和行政权如果集中在一个人或一个机构的手中，自由便不复存在。因为人们担心君主或议会可能会制定一些暴虐的法律并暴虐地执行”[1]；“司法权如果不与立法权和行政权分置，自由也就不复存在。司法权如果与立法权合并，公民的生命和自由就将由专断的权力处置，因为法官就是立法者。司法权如果与行政权合并，法官就将拥有压迫者的力量”[2]。

在制约公权力的过程中，西方发展了正当程序原则来制约、规范国家公权力的运行。国家机关在行使权力时，应当按照合法的程序采取公正的方法。这一原则最早起源于英国，再后来，美国的宪法修正案正式规定了这一原则。正当程序原则起源于古老的“自然正义”概念，任何人都不能审理与

1〔法〕孟德斯鸠：《论法的精神》上卷，许明龙译，商务印书馆，2017，第186页。
2〔法〕孟德斯鸠：《论法的精神》上卷，许明龙译，商务印书馆，2017，第187页。

自己利害相关的案件，案件双方的诉词都要被听取。美国宪法修正案规定：未经正当法律程序，不得剥夺任何人的生命、自由或财产。公权力的执行过程中，通过对程序规则的修订，把整个公权力的行使过程都纳入合法轨道，是对公权力最大的制约，同时也是对公民权利最有力的保障。

（五）良法之治

亚里士多德在《政治学》一书中说："法治应该包含两重意义：已成立的法律获得普遍的服从，而大家所服从的法律又应该本身是制定得良好的法律。"[1]亚里士多德关于"良法之治"的设想是在分析最优的政治体制时作出的，他认为良好的法律应该出自社会上最具有知识和道德的人之手，但是这只是一种理想化的政治构想，"良法之治"并没有在古代西方成为现实。西塞罗认为，相信一国之内所有的法律全是正义的，这种想法是愚蠢的，暴君所制定的法律不应该算作正义的。近代以来，秉持人类理性至上的古典自然法学派认为，法律是人的理性的体现，所以所有的法律都应该是好的，而那些非善的法律不应该成为法律。但是随着私人权利的过度泛滥，现实主义法学派和实证主义法学派则主张"恶法亦法"，国家的一切法律都应该被人民遵守。"法律实证主义者认为，法律是在社会发展的过程中由统治者制定的。这种观点认为，法律仅仅是统治者所命令的东西，从而基于这种条件，统治者所命令的任何东西也就是法律。"[2]"正义感并不能指导法律，相反，正义感是由法律指导的。"[3]二者主张去除法律中的道德因素，只是集中于纯粹的法条研究。对于这一点，朗·富勒（Lon Fuller）对二者的批评恰如其分："法律实证主义所隐含的基础通常来讲是这样一种信念，即人可以有效地描述法

1〔古希腊〕亚里士多德：《政治学》，吴寿彭译，商务印书馆，2017，第 202 页。

2〔美〕博登海默：《法理学：法律哲学与法律方法》，邓正来译，中国政法大学出版社，2017，第 130 页。

3〔美〕博登海默：《法理学：法律哲学与法律方法》，邓正来译，中国政法大学出版社，2017，第 179 页。

律是什么，但却不能根据个人的倾向去谈论法律应当是什么。”[1]

遵守法律是实现法治社会的必备要素，但是好的法律才应该遵守。英国法学家戴雪认为，“良善法律何为？即是以增进一国的幸福及安乐者是。这种法律在他们本身上自有可取，因之，在社会上最为需要”[2]。功利主义法学家边沁认为，“法律的所有功能可以被归结在这四项之下：提供生计、产生富裕、促进平等、保证安全”[3]。法律的存在不仅是维持秩序、执行政令，更应该保障人类社会公平、正义、自由的实现。因此，当评价一部法律是不是良法时，应当参照法律的价值标准，不能仅仅从立法者身份是否合法的角度进行判断。那些违背人类理性，和法律应有的价值追求相违背的立法，不应该成为国家的法律。

尽管西方的法律思想有着很深的内涵和感召力，但是资产阶级主导下的法律体制，并不可能真正地实现法律面前人人平等，对资本家的权利有着额外的保障，特权阶级、特权事件仍然屡见不鲜。虽然标榜追求人民的共同幸福、追求自由与平等，但是作为阶级利益的产物，资产阶级法律不能实现其主张的追求，更多地成了一句空洞的口号。

三、社会主义法治价值理念的核心要义

社会主义法治价值理念，是在以马克思主义为指导，充分吸收与借鉴古今中外法治思想精髓和人类法治文明的优秀成果，并深刻总结我国社会主义法治实践经验及充分考虑我国基本国情的基础上提出来的，具有其他社会的法治价值理念无法比拟的优越性。从其内涵上讲，社会主义法治价值理念包含党的领导，依法治国、执法为民、公平正义、服务大局、良法善治等价值要求。

1〔美〕博登海默：《法理学：法律哲学与法律方法》，邓正来译，中国政法大学出版社，2017，第207页。

2〔英〕戴雪：《英宪精义》，雷宾南译，中国法制出版社，2001，第42页。

3〔英〕边沁：《立法理论》，李贵方等译，中国人民公安大学出版社，2004，第120页。

（一）中国共产党的领导

法治建设是中国特色社会主义事业的重要一环，中国特色社会主义最本质的特征是中国共产党领导，中国特色社会主义制度最大的优势是中国共产党领导，因此法治建设必须在党的领导下进行。江泽民论述了依法治国与党的领导之间的密不可分的关系："依法治国把坚持党的领导、发扬人民民主和严格依法办事统一起来，从制度和法律上保证党的基本路线和基本方针的贯彻实施，保证党始终发挥总揽全局、协调各方的领导核心作用。"[1] 习近平在 2020 年中央全面依法治国工作会议上明确指出，党的领导是全面依法治国的根本保证。党的二十大进一步要求"坚持党的领导、人民当家作主、依法治国有机统一"[2]。

党的领导与依法治国是统一的。"党大还是法大"是一个政治陷阱，是一个伪命题。"党和法、党的领导和依法治国不是对立的，而是高度统一的。我国法律充分体现了党和人民意志，我们党依法办事，这个关系是相互统一的关系。"[3] 法治建设是在党的支持和领导下进行的，党带领人民制定符合人民意志和保护人民切身利益的法律，没有中国共产党就不会有法律的建设，更不会有法律的人民立场。在法治建设上，党是带头人、领导者，党自身的管理也必须严格依照法律程序，坚持依法执政，通过法律实施执政理念，用法律保障方针政策路线的有效实施。因此，党的领导与依法治国是统一的。

在党的领导下，法治中国建设必须走中国特色社会主义法治道路。中国特色社会主义法治道路"本质上是中国特色社会主义道路在法治领域的具

1《江泽民文选》第 2 卷，人民出版社，2006，第 29 页。

2 习近平：《高举中国特色社会主义伟大旗帜　为全面建设社会主义现代化国家而团结奋斗——在中国共产党第二十次全国代表大会上的报告》，人民出版社，2022，第 37 页。

3 中共中央宣传部、中央全面依法治国委员会办公室编：《习近平法治思想学习纲要》，人民出版社、学习出版社，2021，第 15 页。

体体现”[1]，是中国共产党带领全国人民在中国特色社会主义伟大实践中，走出的符合中国国情、彰显高度人民性的实践指向。中国特色社会主义法治建设，决不能改旗易帜，走西方的宪政、分权、司法独立之路，必须植根于我国国体和政体，坚持中国共产党的领导，坚持人民的主体地位，走出适合我国国情的法治建设道路。

（二）依法治国

重视法治建设是中国共产党的优良传统，法治建设贯穿于党发展的各个历史时期。党的二十大报告强调：“全面依法治国是国家治理的一场深刻革命，关系党执政兴国，关系人民幸福安康，关系党和国家长治久安。必须更好发挥法治固根本、稳预期、利长远的保障作用，在法治轨道上全面建设社会主义现代化国家。”[2]坚持依法治国、依法执政、依法行政共同推进，坚持法治国家、法治政府、法治社会一体化建设，是新时代全面推进依法治国战略布局的应有之义。依法治国是党领导人民治理国家的基本方略，在实践层面，首先要抓住依宪治国、依宪执政这一重点。宪法是我国的根本大法，是治国安邦的总章程，是其他法律的基础。全面依法治国必须树立宪法权威，使宪法成为法治建设过程中的鲜活力量。执政党依法执政是全面推进依法治国、建设社会主义法治国家的关键。“不断改革和完善党的领导方式和执政方式，坚持依法治国的基本方略，把依法执政作为党治国理政的一个基本方式，坚持在宪法和法律范围内活动，严格依法办事，善于运用国家政权处理国家事务”[3]。中国共产党要运用法治思维和法治方式进行治国理政，领导立法机关进行科学立法、民主立法、依法立法，保证行政机关严格规范公正文明执法，司法机关公正司法；带领全社会遵守法律；要求党的机关和党员干

1 中共中央宣传部、中央全面依法治国委员会办公室编：《习近平法治思想学习纲要》，人民出版社、学习出版社，2021，第 38 页。

2 习近平：《高举中国特色社会主义伟大旗帜　为全面建设社会主义现代化国家而团结奋斗——在中国共产党第二十次全国代表大会上的报告》，人民出版社，2022，第 40 页。

3 中共中央文献研究室编：《十六大以来重要文献选编》中册，中央文献出版社，2006，第 226 页。

部合法运用权力。法治政府建设是全面依法治国的重点任务和主体工程。各级政府要在党的领导下依法行政，即依据宪法和法律处理政治事务，其权力由法律授予，权力的运行依照法律程序，接受法律监督，承担法律责任。

法治国家、法治政府、法治社会是依法治国在三个不同层次上的建设目标，三者相互联系、相互支撑、相辅相成，是法治中国建设的三根支柱。法治国家是全面依法治国的目标追求，即国家实现法治，法律权威得以树立，权力制约、人权保障、注重程序、良法善治得以实现。法治国家是法治政府、法治社会建设的目标，法治政府、法治社会建设，要紧紧围绕建设社会主义法治国家的目标进行顶层设计、完善体制机制、明确工作重点、作出部署安排。法治政府是法治国家建设的主体和重点，是法治社会建设的先导和示范。法治政府包含以下几个要求：政府的地位合法，即政府部门的存在有明确的宪法和法律依据；政府的权力严格受法律的限制，政府权力的行使严格依照法定程序进行；政府必须承担行政责任。法治社会是法治国家、法治政府建设的基础和依托，法治国家、法治政府建设必须筑牢法治社会根基。应弘扬社会主义法治精神，传承中华优秀传统法律文化，深入开展法治宣传教育，引导全体人民做社会主义法治的忠实崇尚者、自觉遵守者、坚定捍卫者，建设覆盖城乡的现代公共法律服务体系，推进多层次多领域依法治理，提升社会治理法治化水平，努力使尊法学法守法用法在全社会蔚然成风。

（三）执法为民、公平正义

“你们的观念本身是资产阶级的生产关系和所有制关系的产物，正像你们的法不过是被奉为法律的你们这个阶级的意志一样，而这种意志的内容是由你们这个阶级的物质生活条件来决定的。”[1]资产阶级法学家鼓吹法律是超越阶级意志且适用于所有人的存在。但是马克思从经济生产条件出发，明确指出法律是统治阶级共同意志的条文化表达。资产阶级法学所谓的人民性仅

1《马克思恩格斯文集》第2卷，人民出版社，2009，第48页。

仅指资产阶级本身，并不包括广大人民群众。马克思深刻揭示了法的本质：统治阶级取得国家政权后，必须把统治阶级意志上升为国家意志，用以维护阶级利益，这种上升为国家意志的阶级意志便是法律。人民性与阶级性是一对相互衍生的概念。马克思主义法学站在了无产阶级劳动群众的立场上，揭露、批判资产阶级法律的虚伪的人民性，从而便具有了真实的人民性。

中国特色社会主义法治价值理念坚持“以人民为中心”，法治工作推进的目的在于为人民创造一个好的生活、工作环境，让人民切实感受到身边的公平正义。胡锦涛提出了和谐法治观：“我们所要建设的社会主义和谐社会，应该是民主法治、公平正义、诚信友爱、充满活力、安定有序、人与自然和谐相处的社会”[1]。中国特色社会主义进入新时代，我们党时刻铭记法治工作依靠人民，为了人民，造福人民。“树立辩证思维和全局观念，系统研究谋划和解决法治领域人民群众反映强烈的突出问题，不断增强人民群众获得感、幸福感、安全感，用法治保障人民安居乐业”[2]。进行社会主义事业建设、推进法治领域改革，其根本目的都是为人民群众谋幸福、谋安康。鲜明的人民立场，彰显了社会主义法治价值理念的优越性。

“推进全面依法治国，法治政府建设是重点任务和主体工程，对法治国家、法治社会建设具有示范带动作用”[3]。政府是国家权力的首要执行者，法治建设要求权力的运行必须严格依照法律进行，因此必须促使政府的行政执法行为严格合法。应转变政府职能，优化政府职责体系和组织结构，推进机构、职能、权限、程序、责任法定化，提高行政效率和公信力。此外，政府是离人民群众最近的部门，想要提升人民群众对法治建设的认同和支持，必须保证政府在行政执法过程中严格依法办事，深化行政执法体制改革，全面

1《胡锦涛文选》第 2 卷，人民出版社，2016，第 285 页。

2 中共中央宣传部、中央全面依法治国委员会办公室编：《习近平法治思想学习纲要》，人民出版社、学习出版社，2021，第 29 页。

3 中共中央宣传部、中央全面依法治国委员会办公室编：《习近平法治思想学习纲要》，人民出版社、学习出版社，2021，第 101 页。

推进严格规范公正文明执法，加大关系群众切身利益的重点领域执法力度，"让执法既有力度又有温度"[1]，推进法治政府建设，切实让人民群众感受到法治的力量，让人民群众产生对法律的信仰和尊重。

（四）服务大局

社会主义政治文明建设要求推进全面依法治国，全面推进依法治国关系党执政兴国，关系人民幸福安康，关系党和国家长治久安。马克思主义法学观告诉我们，脱离了社会的政治、经济环境谈法律是不现实的。因此，必须把法治建设融入中国特色社会主义建设事业的整体中去考察。

法治建设要服务于新时代的经济建设。党的二十大报告指出："发展是党执政兴国的第一要务。没有坚实的物质技术基础，就不可能全面建成社会主义现代化强国。必须完整、准确、全面贯彻新发展理念，坚持社会主义市场经济改革方向，坚持高水平对外开放，加快构建以国内大循环为主体、国内国际双循环相互促进的新发展格局。"[2]创新、协调、绿色、开放、共享的新发展理念是指导新时代加快构建新发展格局、着力推动高质量发展的基本遵循，法治在完整、准确、全面贯彻新发展理念中具有重要作用，应深入理解新发展理念对法治建设提出的新要求，深入分析贯彻落实新发展理念在法治领域遇到的突出问题，有针对性地采取对策措施，"运用法治思维和法治方式贯彻落实新发展理念"[3]。特别是在立法工作中要加强重点领域、新兴领域、涉外领域立法，统筹推进国内法治和涉外法治，以良法为全面贯彻落实新发展理念提供法治保障。

在推进中国特色社会主义伟大事业的进程中开展法治建设。中国特色社

1 中共中央宣传部、中央全面依法治国委员会办公室编：《习近平法治思想学习纲要》，人民出版社、学习出版社，2021，第109页。

2 习近平：《高举中国特色社会主义伟大旗帜　为全面建设社会主义现代化国家而团结奋斗——在中国共产党第二十次全国代表大会上的报告》，人民出版社，2022，第28页。

3 习近平：《在省部级主要领导干部学习贯彻党的十八届五中全会精神专题研讨班上的讲话》，人民出版社，2016，第39页。

会主义法治建设是服务于中国特色社会主义现代化建设实践的，我们进行法治建设，必须从我国目前经济社会的发展现实出发，解决在社会发展中遇到的现实问题，预防可能出现的发展风险，为现代化建设保驾护航。“基本实现国家治理体系和治理能力现代化，全过程人民民主制度更加健全，基本建成法治国家、法治政府、法治社会”[1]，这是党的二十大对2035年我国法治建设的目标要求。我国社会发展的每一步都有着整体的规划进程，法治领域达不到目标，便会影响整个社会主义事业的进程。法治建设是服务于现实需要的，必须有针对性地运用法律破除发展中遇到的障碍，“坚持依法应对重大挑战、抵御重大风险、克服重大阻力、解决重大矛盾”[2]，以“更好发挥法治固根本、稳预期、利长远的重要作用”[3]。

（五）良法善治

坚持建设中国特色社会主义法治体系，是全面推进依法治国的发展目标和总抓手。中国特色社会主义法治体系涵盖从立法到守法在内的全部要求，为社会主义法治的发展指明了努力方向，具有提纲挈领的作用，有利于在实践中将工作落到实处。于立法角度，要坚持科学民主立法，加快完备法律规范体系，使法律规范足以调整日益复杂的社会关系；于执法角度，要推动新型政府建设，提升法律实施的效率与效能；于司法角度，要推进司法体制改革，保证司法公平公正与司法效率；于法律的保障和监督角度，要健全法律执行的保障机制，深化法治监督，保障法律的运行效果；于党内法规角度，要健全党内法规，约束党员行为，树立党员的规则和法律意识。此外，要坚持依法治国和以德治国相结合，让德治成为法治的有益补充，使二者在中国

1 习近平：《高举中国特色社会主义伟大旗帜　为全面建设社会主义现代化国家而团结奋斗——在中国共产党第二十次全国代表大会上的报告》，人民出版社，2022，第24页。

2 中共中央宣传部、中央全面依法治国委员会办公室编：《习近平法治思想学习纲要》，人民出版社、学习出版社，2021，第64页。

3 中共中央宣传部、中央全面依法治国委员会办公室编：《习近平法治思想学习纲要》，人民出版社、学习出版社，2021，第63页。

特色社会主义法治建设中相得益彰。

良法是善治的前提，坚持在法治轨道上推进国家治理体系和治理能力现代化，是实现良法善治的必由之路。国家治理体系现代化，要求国家治理的各项制度实现体系化、科学化、合理化、制度化，是各项制度成为一个有机整体、互相关联并综合作用于国家治理的过程。国家治理能力现代化，要求施政者综合调动国家各项制度，统筹管理社会事务，合理调配资源，达到最佳的治理状态。想要实现国家治理体系和治理能力现代化，必须依照宪法和法律所确立的各项法律制度来规范国家的发展道路。法律本身的科学性是实现国家治理体系和治理能力现代化的前提条件，当国家治理体系和治理能力现代化实现时，法治也将得到实现。

“徒法不足以自行”[1]，人是实施法律的主体，良法能否达到善治的效果，还需依仗法治实施过程中的每一个人。全面推进依法治国，实现社会主义法治，要求我们必须打造一支德才兼备的法治工作队伍，从政府执法者到司法工作者再到法律服务者，必须要具备良好的法律素养和道德品质。“要抓住领导干部这个‘关键少数’。把宪法教育作为党员干部教育的重要内容，使各级领导干部和国家机关工作人员掌握宪法的基本知识。”[2]领导干部的每一个决策都关乎人民的切身利益。想要实现真正的法治，各级领导干部要起到模范带头作用，认真学习党中央关于依法治国的战略规划，自觉运用法治思维化解社会矛盾、维护社会稳定，依法推进改革，提高应对风险的能力，形成法治信仰。领导干部要发挥示范引领作用，让人民群众看到权力运行具有深厚的法律支撑，提升人民群众对法律的认同。

1《孟子·离娄上》。

2 中共中央宣传部、中央全面依法治国委员会办公室编：《习近平法治思想学习纲要》，人民出版社、学习出版社，2021，第59页。

第八章 个人层面社会主义核心价值观基本理念的内涵与要求

社会主义核心价值观公民层面的价值要求是爱国、敬业、诚信、友善，它集中体现了社会主义国家公民的基本价值追求和道德准则要求。加强对全体公民的价值观教育是一项长期而紧迫的任务，尤其是在当前社会经济成分和分配方式多样化、人民群众的精神文化需求不断增长、世界范围内各种思想文化相互激荡的背景下，如何形成社会的主流价值观、如何把公民价值观教育提高到一个新水平，成为摆在全党和全国人民面前的一个重大课题。爱国、敬业、诚信、友善集中体现了中华民族传统美德、中国共产党人革命道德和社会主义道德的精华，是中国共产党人对马克思主义价值观、道德观的新发展，是公民必须恪守的基本道德准则，也是评价公民道德行为选择的基本价值标准。

第一节 社会主义爱国价值理念的内涵与要求

爱国是社会主义核心价值观中个人层面的第一个价值理念，足见其地位之重要。爱国体现了人们对自己祖国的深厚感情，反映了个人对祖国的依存关系，是人们对自己的家园、民族和文化的归属感、认同感、尊严感与荣誉感的统一。站在中华民族伟大复兴的新征程上，我们要进一步探索培育和践行爱国价值理念的新途径，以强化爱国主义教育，弘扬中国精神，凝聚中国力量，使每个公民都自觉履行爱国责任，践行爱国情怀，把个人的梦想与中国梦紧密结合起来，聚集全民共同智慧，把国家建设好，把民族发展好，最终实现中华民族伟大复兴。

一、对中国传统爱国价值理念的传承转化

“为什么中华民族能够在几千年的历史长河中顽强生存和不断发展呢？很重要的一个原因，是我们民族有一脉相承的精神追求、精神特质、精神脉络。”[1] 爱国主义是中华民族的民族心、民族魂，是中华民族最重要的精神财富。从古至今，爱国价值理念一直流淌在中华儿女的血液中，世代相传，铸就了斩不断的民族血脉，维系着中华大地上各个民族的团结统一，激励着一代又一代中华儿女为祖国发展繁荣而自强不息、不懈奋斗。传统爱国价值理念经过中国共产党的批判性继承与创新性发展，其内涵得到了丰富与升华，是社会主义核心价值观中爱国基本价值理念不可或缺的内容。

（一）传统爱国价值理念是以民为重、德配其位的治理追求

民本价值理念是古代中国爱国价值理念的重要内容。民是邦之本，国家不只是君主一人的所有物，而是无数民众组成的集合体，民是国家的基础。“作为一种治国方略和执政理念的民本思想，在具体的政治实践中，强调国家的根本是民，所以在协调和处理统治者与民众的关系时的基本思路侧重于民。”[2] 民本价值理念为具体的政治实践指明了方向，当君主意志和民众思想发生冲突时，应该重点考虑人民利益和意志。“水则载舟，亦则覆舟”[3]，这种对民本价值理念的深刻认识造就了古代的一批明君与清官。

1《习近平谈治国理政》第 1 卷，外文出版社，2018，第 181 页。

2 诸凤娟：《古代民本思想的当代价值探析》，《北京大学学报（哲学社会科学版）》2012 年第 1 期，第 123 页。

3《荀子 · 王制》。

在民本价值理念得到认可的基础上，中华传统文化对君主提出了更为严格的德配其位的要求。自西周代商以来，对于君主的道德要求便在中国人的认识中深深扎根，君主值得拥护和爱戴的前提是君主能够体恤百姓，一旦君主违背道义、鱼肉百姓，百姓揭竿而起、以有道伐无道便是符合大道的正义之举。自汉武帝“罢黜百家，独尊儒术”后，儒家伦理对于君主的道德制约便更为明显。“德”对于君主提出了两个方面的要求：一是要体恤百姓；二是要增强个人能力，君主的治理能力对其是否受民众拥护有着关键影响。

（二）传统爱国价值理念是天下为公、敢为人先的使命担当

传统爱国价值理念包含着对国家事务的责任意识和对民族文化的认同与守护。曾子曰：“士不可以不弘毅，任重而道远。仁以为己任，不亦重乎？死而后已，不亦远乎？”[1]这集中展现出中国古代“士当以天下为己任”的精神。我们知道，“天下”从广义来说包括宇宙间的所有事物，是比国家更为广大的概念，集中体现了中国人的担当精神。“先天下之忧而忧，后天下之乐而乐”“苟利国家生死以，岂因祸福避趋之”等，都反映出中华传统文化的一个重要特点，那就是强调天下为公、重义轻利。在事关天下与民生之时，中华传统文化主张不计较个人的功名利禄，国家和民众的利益是仁人志士最重要的关切。中国人的爱国传统始终蕴含着忧国忧民的天下意识，个人能力的培养不是以获得更高的社会地位和更多的个人利益为目的，而是为了完成更高的使命和更大的责任。

传统爱国价值理念还深刻体现了对民族文化的守护和伦理道德的尊重。明末清初，面临文化凋敝、道德崩塌、民不聊生的乱局，顾炎武疾呼：“易姓改号，谓之亡国，仁义充塞，而至于率兽食人，人将相食，谓之亡天下”，[2]“士大夫之无耻，谓之国耻”[3]。在君主专制的背景下，他提出了亡天下

1《论语·泰伯》。

2《日知录·正始》。

3《日知录·廉耻》。

才是最可怕的论断，国家的灭亡不只是土地与人口的失去，还包含着土地与政权背后的文化传统的没落、道德伦理的丧失。由此可见，传统爱国价值理念已经不局限于国家政权的存续和君主的安危，还有更为深层次的对于自身文化的认同和归属感以及强烈的珍惜感。

正是这种以天下为己任的担当意识和对文化与传统的深深认同，才使得中华文化在近代面临亡国灭种的危局之时，仍然可以保持本色而重获新生，使得中华民族的每一次前行都不乏领路者、引领者和奉献者。在今日，这样的献身精神在中国人身上得到继承并彰显。疫情之下的最美逆行者，参与抗洪抢险的党员干部、官兵、志愿者，无数的个体在爱国主义情感的感召下，用自己的行动诠释了爱国价值理念的伟大与深沉。在面对灾难之时，很少有国家可以做到像中国这样，无数人奋勇向前、勇于担当，用臂膀扛起如山的责任。

（三）传统爱国价值理念是为国捐躯、视死如归的英雄气魄

舍身许国是传统爱国价值理念中最深沉的一部分，同时也是最重要的一部分。“亦余心之所善兮，虽九死其犹未悔”[1]，“何须马革裹尸还”[2]，“我自横刀向天笑，去留肝胆两昆仑”[3]，在国家危难时刻，为国捐躯、慷慨赴义的观念深深镌刻在中国人的基因中，每当国家出现危机之时，总有义勇之士将国家责任扛在肩头，虽死无悔。为国捐躯展现了中华儿女对国家最深沉的情感，是发自内心的责任自觉与民族自豪感的充分展现。数千年的历史与文化传承让这种精神在中国人的血脉中越扎越深，至近代，面对亡国灭种的千年未有之大变局，无数中华儿女舍生取义，只为民族觉醒与独立。

中国共产党人继承了传统爱国价值理念中这种视死如归的献身精神，并将其融入对马克思主义的信仰中。在抗日战争中、在解放战争中、在抗美援

1（战国）屈原：《离骚》。
2（清）徐锡麟：《出塞》。
3（清）谭嗣同：《狱中题壁》。

朝战争中，狼牙山五壮士、左权、邱少云……无数革命英烈在面临国家危亡之时，选择了以身许国。中国共产党人拓展了为国捐躯的革命精神的内涵，将这种敢于献身的牺牲精神升华为大无畏的革命英雄主义精神。为国捐躯不再是对一个政权、一个君主的殉道，而是对民族、人民、历史的深深热爱，体现了更高的真理性和道义性。当下中国，虽然褪去了革命的战火纷飞，处在和平建设时期，但前进的道路仍然崎岖不平。面对西方的制裁、关键技术的封锁，仍然需要中华儿女在关键时刻勇敢奋斗、不怕牺牲；面对可能出现的危机，如洪水、疫情等，仍然需要中华儿女敢于担当、奋不顾身。倒在甲板上的沈飞工程师罗阳、因病在第一线献身的南怀仁、倒在抗疫前线的无数民警，中国人的视死如归精神已深入骨髓，构筑起了民族的脊梁。一代又一代中国人在这种爱国价值理念的感召下，用自己的青春和生命续写了民族的壮丽史诗，不断开辟中华民族的新天地。

（四）传统爱国价值理念是兼收并蓄、开放包容的和谐观念

“中华民族是由多个民族经过接触、混杂、联结和融合而形成的，中华民族的文化也吸纳了许多不同气质的文化元素。”[1] 作为一个统一的多民族国家，中华文化样态是经过多次的民族融合而形成的，中华文化的生命力便体现在其巨大的包容性之中。“百姓昭明，协和万邦”[2]，中华文化的巨大包容性使定居在中华大地上的每一个群体都会产生强烈的归属感，开放与和谐的民族观念使这片土地上的各个民族都有自己的安居乐业之所，不同的民族不断融入中华文化核心圈，扩展了爱国价值理念的内涵。在民族融合的过程中，爱国价值理念起到了巨大的弥合作用，使原本的汉族群体可以接纳少数民族群体的融入，新融入的少数民族群体也对统一的文化圈有着更高的认同感。正是因为爱国价值理念在本质上就包含着对于文化、民族、血统的包容

1 温静：《论爱国主义在中华民族精神中的核心地位》，《马克思主义研究》2016 年第 2 期，第 38 页。
2《尚书 · 尧典》。

和兼收并蓄，才让中华大地的统一成为常态，即便在分裂的状态下，追求统一也是全体人民的追求。

中国人的爱国价值理念区别于西方的狭隘民族主义观念，是对天下大同、美美与共的追求。自古以来，中国人的爱国观念极具包容性。“文明差异不应该成为世界冲突的根源，而应该成为人类文明进步的动力。每种文明都有其独特魅力和深厚底蕴，都是人类的精神瑰宝。不同文明要取长补短、共同进步，让文明交流互鉴成为推动人类社会进步的动力、维护世界和平的纽带。”[1]中国传统的文化基因决定了中华文化样态是包容和兼收并蓄的，乐于接受各民族群体的观念与文化。拥有开放包容的文化和民族观念，即使当下面对全球的各种挑战，中国人仍有胸襟和气度敞开胸怀，承担世界责任，自觉弘扬和平、发展、公平、正义、民主、自由的全人类共同价值，致力于促进各国人民相知相亲，推动构建人类命运共同体，尊重世界文明多样性，以文明交流超越文明隔阂、文明互鉴超越文明冲突、文明共存超越文明优越，促进世界和平与发展。

二、对西方爱国价值理念的有益借鉴

工业革命后，民主制度在西方逐步确立，民主制度的根本在于限制公权力、保障私人主体地位，因此西方爱国价值理念开始脱离对政府和宗教的服从，转向对民主制度的深刻认同，对作为民主制度基础的公民精神的培育，对共同价值的构建，对公民爱国主义教育的普遍开展。

（一）西方爱国价值理念的核心是对民主制度的深刻认同

民主是与专制相对的概念。在资产阶级崛起的过程中，为了保护私有财产的安全和财富攫取的自由，英法资产阶级与王权展开了持久的斗争，并最终将王权逐出历史舞台，确立了资产阶级民主制。美国通过独立战争摆脱了

1《习近平谈治国理政》第 2 卷，外文出版社，2017，第 544 页。

附属地的身份，走上了资本主义道路。为避免权力的集中和滥用，西方人构筑了分权制衡的体制模式，设立宪法作为最高约束，对公权力特别是行政权力进行制约，西方人的爱国价值理念不再只是对政权的认同，更是对政权之上的国家组织建构的认同。“分权制衡和多数决定，分别构成了现代西方资本主义国家政权组织构建和政权运行所遵循的基本法则。”[1] 此种权力运作模式实现了资产阶级最为核心的利益——私有财产不受侵犯，维持了资本主义制度的稳定。从西方民主制度构建的历史来看，其爱国价值理念不再是对政府和国王的热爱，而是对限制公权力的民主制度本身的热爱。

西方爱国价值理念将公权力的执行者和国家进行了区分，国家和政府的分离是西方爱国价值理念走向现代化的一大标志。民主制度确立后，政府作为公权力的代表，需要对权力的运行进行规范和监督，宪法制约、分权制衡都体现了对政府权力的制约。西方人的爱国是对民主制度和宪法本身的拥护与爱戴，他们可以反对政府，与自己的政府持相反的意见，但是他们对自己的制度框架本身有着深深的确信。在冷战结束后，甚至部分学者提出了制度终结论，认为西方民主制度是人类历史上最为优越的制度，是人类制度的终极形态，由此可见西方人对资产阶级代议制民主制度的自信与拥护，其对自身制度的高度认同构成了西方爱国价值理念的重要内容。

在民主制度确立过程中，西方人逐步完成了主权观念的转化，从君主主权到议会主权再到主权在民。主权是国家的最高权力，主权观念的不断变化，体现了西方人的主体地位在不断发生变化。在王权当道的时代，个体只是国王的附属品；随着民主制度的确立，作为个体的人在社会中的地位与作用发生了变化，个人不再是国王的附属品，而是成为独立的个人。现代的西方爱国价值理念不再是对一个具体的人的服从，而是演变为对给个体权利带来保障的民主制度的深深拥护。

---

1 房宁、冯钺：《西方民主的起源及相关问题》，《政治学研究》2006 年第 4 期，第 15 页。

（二）西方爱国价值理念以公民精神为社会基础

“公民精神是民主政治重要的思想基础和非制度性资源，两者是互为依存的关系。”[1]民主制度将政治权利分配到每个公民手上，公民权利的运用事关民主制度的生死存亡，由此必须调动公民积极行使自身的政治权利，注重培育公民精神，将其作为民主制度的底层大厦。英国学者哈特（Hart）在研究西方公民精神时，对西方的公民精神作出了如下定义：一是能够理解一国的政策与法律，并进行判断；二是必须坚信美国政体的价值；三是承担个人的道德责任；四是具有容忍与宽容的道德操守。[2]可以从两个层面解读这个定义：其一，履行公民作为国家政治权利所有者的责任意识；其二，坚定对民主制度的政治信仰和自身的道德确信。

公民精神是一种主人翁精神，是一种担当精神。爱国体现在每个人行使其权利和履行其社会责任的过程中。民主社会对公民责任的要求比专制社会更高。专制体制下，责任的履行主体为精英阶层；而民主制度下，责任的履行主体包括了所有政治参与者。因此，公民的责任意识是民主制度是否稳定和发挥作用的重要基础。“乡镇生活可以说每时每刻都在使人感到与自己休戚相关，每天每日都在通过履行一项义务或行使一次权利而实现。”[3]当社会出现乱象时，每一个公民会在法律框架内，尽力去完善当下的制度；而当法律出现问题时，公民责任感促使他们参与推动法律的修改。从宏观着眼，公民精神是对国家整体的一种责任意识，是在自己的权利范围内，对国家制度、宏观决策的一种关心；从微观来看，公民精神是对自己所处职业和社会环境的主体意识，认识到自己的所处和所做是社会的一部分，自己的一言一行关系到他人的幸福。

---

1 董敏志：《论公民精神与民主政治》，《探索与争鸣》2007 年第 12 期，第 19 页。

2 David K. Hart, “The Virtuous Citizen, the Honorable Bureaucrat and ‘Public’ Administration” . *Public Administration Review*, 44(S1): 111–120.

3〔法〕托克维尔：《论美国的民主》上卷，董果良译，商务印书馆，2017，第 85 页。

弘扬公民精神，体现出西方对于培育爱国价值理念的整体制度建构。西方的民主制度为公民履行自己的责任提供了制度基础。公民精神是西方爱国价值理念个人层面的基础，只有社会培育了一批有责任意识、有主人翁担当的良好公民，社会才会有效运转，在国家面临危机时才会有人主动站出来，平抑社会乱局，维持社会的基本常态。公民精神产生的效果是双向的，于个体而言，积极行使权利、勇于担当责任会提升自己对制度的认同与对国家的热爱；于国家而言，积极推进公民担当责任、行使权利，使国家得以有效运转，在此过程中，完成了对公民爱国价值理念的灌输。

但是对于公民精神的美好期待，在实际的公共政策管理过程中会出现与现实的巨大差异。“公共行政不仅是理论的，也是实践的，这种强调价值的规范主义理论在现实主义主导的实践中难免会曲高和寡。”[1]学者的理想设定并不能在现实中起到巨大的作用，对于很可能成为公共管理者的部分公民而言，对其提出的过高道德要求在实践中是难以实现的，公民精神很难在西方的政治和社会生活中得到理想的落实，最终所谓公民权利的运用成了少数人的个人利益取得方式。

（三）西方爱国价值理念体现了国家和个人价值的有机结合

“现代国家的政治认同很大程度上是经由爱国主义来加以形塑的。”[2]现代西方国家需要将无数自由而独立的个体通过价值纽带凝聚在一起，夯实国家认同的基础。由此，将个人命运与国家关联起来的“国家梦”诞生了，历史上出现了英国梦、俄国梦、美国梦，其中，美国梦产生的影响最大。“美国梦的核心观念是，‘只要努力，一切皆有可能’，认为美国提供了人人都能成功的机会，成功取决于自己的才能和努力而不是家世和背景；人人都拥有平

1　谢治菊：《公共性、社会公平与公民精神——评析〈公共行政的精神〉》，《理论月刊》2011 年第 9 期，第 91 页。

2　于京东：《“祖国”的前世今生——西方现代国家成长中的爱国主义历史叙事与政治文化》，《江海学刊》2020 年第 2 期，第 141 页。

等的权利，人人都有信仰的自由。”[1]

作为一个移民国家，美国在独立战争之后摆脱了英国政府的控制，其建立之初便称美利坚的土地为大家提供了一片净土，在这里每个人都可以通过自己的奋斗实现自由与富足；随着南北战争结束，美国走上了工业化的快车道，一批工业主快速崛起；在经济危机之后，以罗斯福总统为代表的政界精英崭露头角，无数平民的崛起让其他美国人深深相信，在社会的巨大包容性之下，命运掌握在自己手中，只要通过自己的努力就能实现社会阶层的流动和上升。美国梦的巨大感召也让无数的外国人来到美国实现个人价值，为美国的繁荣带来了巨大的人才宝库和坚实的人口基础。美国梦以创造财富、追求自由、实现个人价值为号召，在个人价值和能力得到最大发挥的同时，让个人的行动从属于国家的整体行为，为国家的认同奠定个人确信，激发个体对国家的热爱。

美国梦对当今世界仍然有巨大的启示作用。爱国价值理念想要发挥作用，终归要回到个人价值的实现上。在失去了以王权和宗教进行国家价值聚合时，以个人价值实现为本位的国家层面的宏观目标起到了价值共识的基础性作用。美国梦的出发点是鼓励个人通过奋斗实现其价值，而国家则是实现个人价值的环境创造者和依托。美国梦建构了美国的精神基础，让爱国成了有实质期盼和实质内容的形式，使爱国与个人的命运联系起来，极大地激发了美国人的爱国热情。美国梦成了身在美国的人奋斗的共同精神基础。

（四）西方爱国价值理念以完整的爱国教育体系为支撑

爱国主义作为一种意识形态形式，其形成需要有意识地培养与塑造。“美国的爱国主义教育密切联系社会实际，根据美国政治、经济、文化条件的变化，不断调整内容、方式、理论等，以满足社会的需要。”[2]美国虽然建国只

1 程美东、张学成:《当前“中国梦”研究评述》,《中国特色社会主义研究》2013 年第 2 期，第 61 页。
2 唐霞:《中美爱国主义教育现状比较研究》，博士学位论文，中共中央党校，2011，第 45 页。

有短短的两百多年，但是其爱国主义教育的形式一直随着社会的发展而改变，激发了一批又一批美国人对自己国家偏执而激进的热爱。

爱国既是内心最深沉的确信，也应该是最直接、最自信的外部表达。西方的爱国体现在各种形式的生活日常中，悬挂国旗，在身上贴满象征自己国家的标志物，是西方人日常表达自己对国家的热爱的方式。这样的表达一方面根植于西方的外向型文化，另一方面也与西方人受到的爱国主义教育密不可分。西方的爱国主义教育是十分严格和完整的，自一个孩子进入学习阶段开始，热爱自己的国家便是他人生的第一课和贯穿一生的学习内容。爱国主义教育使西方的国家观念和制度深入公民心中。

西方爱国价值理念与其宗教历史传统是密不可分的。西方宗教信仰在本质上是一种罪文化，每个人生来即是有罪的，需要服从宗教的指引进行赎罪。因此，西方人对于国家和教会的号召有着盲动的服从倾向。西方爱国价值理念隐藏着极端民族主义的倾向。在大航海时代，西方人的脚步开始遍及全世界，但西方人带给世界的是殖民、奴役、屠杀甚至种族灭绝，直到今日，非洲的发展仍然处在一片狼藉之中，仍然难以摆脱殖民的阴影。西方人在爱国主义的驱使下，崇尚将本国文化与制度带到世界，对于自身制度的偏执使得西方人具有盲目的征服倾向。西方人热衷于推行其民主制度，丧失了对文明差异的尊重、对其他国家的合理关切与科学认识。西方爱国价值理念更是经常成为资产阶级用以煽动群众情绪和维护自己利益的工具。在政治家们挑起的无数场战争中，走上战场的都是普通人。此外，资本家利用民众的爱国热情进行煽动，以获得在内部政权斗争中的优势地位。西方爱国价值理念是流氓的最后居所地，他们把对秩序的破坏和对其他无辜者、政见相异者的攻击称为爱国，给对方扣上违背爱国主义的罪名。这都是西方爱国价值理念的局限性，这些局限性使得西方爱国价值理念的“普世性”成为谎言。

三、社会主义爱国价值理念的核心要义

中国共产党是社会主义爱国价值理念最坚定的弘扬者和实践者，百年来，中国共产党团结带领全国各族人民进行的革命、建设、改革实践是社会主义爱国价值理念的伟大实践，谱写了中华民族爱国主义精神的辉煌篇章。党的十八大以来，以习近平同志为核心的党中央高度重视社会主义爱国价值理念的培育和弘扬，固本培元、凝心铸魂，作出一系列重要部署，推动爱国主义教育取得显著成效。当前，中国特色社会主义进入新时代，中华民族伟大复兴正处于关键时期，切实培育和弘扬爱国价值理念，对于振奋民族精神、凝聚全民族力量，全面建成社会主义现代化强国、实现第二个百年奋斗目标，以中国式现代化全面推进中华民族伟大复兴，具有重大而深远的意义。

（一）以实现中华民族伟大复兴为鲜明主题

实现中华民族伟大复兴的中国梦，是近代以来中华儿女最伟大的追求，是中国特色社会主义爱国价值理念的主题。中国梦的实质是“实现国家富强、民族振兴、人民幸福”[1]。中国梦的追求是多维度的，从国家实力的角度来看，中国梦追求实现社会主义现代化，追求祖国统一；从文明发展的进程来看，中国梦致力于中华文明又一次蓬勃发展；从个体来看，中国梦致力于实现每一个个体的幸福，致力于实现每个人的自由全面的发展。中国梦是具体的，对于每个层次的主体都提出了明确的要求，以此实现国家、社会和个人的有机结合。“爱国主义是中华民族精神的核心，是动员和凝聚全民族为振兴中华而奋斗的强大精神力量”[2]。在追求中华民族伟大复兴的征程中，爱国价值理念发挥着凝聚和激发人民群众力量的作用，为实现中华民族伟大复兴的中国梦提供了精神支撑。

中国梦实现了“集体梦”和“个体梦”的有机结合。一方面，中国梦在

1《习近平谈治国理政》第 1 卷，外文出版社，2018，第 39 页。

2 中共中央文献研究室编：《十七大以来重要文献选编》下卷，中央文献出版社，2013，第 527 页。

为国家和民族的发展方向提出明确要求的同时，也为个人价值的实现创设空间，将个人价值的追求与个人幸福的实现汇聚到集体追求的轨道之中。另一方面，以集体主义为依托的个人价值追求，具有无限的活力，无数个体的梦想共同汇聚、支撑中国梦的整体实现。

“伟大的事业需要并将产生崇高的精神，崇高的精神支撑和推动着伟大的事业。没有坚强精神的民族，是没有前途的。”[1]中国梦是国家的梦、民族的梦，更是人民的梦。中国梦，从国家和集体角度讲是实现中华民族伟大复兴，从个人角度看是实现个人幸福和全面发展。中国梦的图景不是规划来的，而是需要在奋斗中实现的；以爱国价值理念为指引，中华民族会在实现中国梦的奋斗中激发出更为强大的精神力量，全体中华儿女会勠力同心，为早日实现中华民族伟大复兴而努力奋斗。

（二）坚持爱国和爱党、爱社会主义高度统一

“只有坚持爱国和爱党、爱社会主义相统一，爱国主义才是鲜活的、真实的，这是当代中国爱国主义精神最重要的体现。今天我们讲爱国主义，这个道理要经常讲、反复讲。”[2]社会主义爱国价值理念的形成是在社会主义土壤上汇流而成的，爱国、爱党、爱社会主义的高度统一有着必然的历史逻辑和实践基础。

鸦片战争以后，中国人开始了救亡图存的改革与革命运动，从洋务运动到辛亥革命，无数仁人志士致力于带领中国走出危局，但都以失败而告终。直到马克思主义传入中国、以马克思主义为指导思想的中国共产党诞生，中国革命焕然一新。中国共产党带领中国人民完成了反帝反封建的历史任务，成立了新中国，中国人民自此站起来了，在全国范围内确立社会主义制度，真正实现人民当家作主。“社会主义才能救中国”和“中国共产党才能救中

1《江泽民文选》第 3 卷，人民出版社，2006，第 196 页。

2《习近平在中共中央政治局第二十九次集体学习时强调：大力弘扬伟大爱国主义精神　为实现中国梦提供精神支柱》，《人民日报》2015 年 12 月 31 日。

国”，正是爱国与爱党和爱社会主义有机统一的历史逻辑的最好表达。“中国共产党为什么能，中国特色社会主义为什么好，归根到底是因为马克思主义行！”[1]社会主义制度是中国强大的保证，中国只有走社会主义道路，才能维护独立自主的地位，实现中华民族伟大复兴。在社会主义建设时期，我国建立起独立的比较完整的工业体系和国民经济体系，农业生产条件显著改善，教育、科学、文化、卫生、体育事业有很大发展；改革开放之后，确立了党在社会主义初级阶段的基本路线，坚定不移推进改革开放，战胜来自各方面的风险、挑战，开创、坚持、捍卫、发展中国特色社会主义，实现了从高度集中的计划经济体制到充满活力的社会主义市场经济体制、从封闭半封闭到全方位开放的历史性转变，实现了从生产力相对落后的状况到经济总量跃居世界第二的历史性突破，为实现中华民族伟大复兴提供了充满新的活力的体制保证和快速发展的物质条件。中国特色社会主义进入新时代，以习近平同志为核心的党中央领导全党全军全国各族人民砥砺前行，完成脱贫攻坚、全面建成小康社会的历史任务，党和国家事业取得历史性成就、发生历史性变革，彰显了中国特色社会主义的强大生机活力，党心军心民心空前凝聚振奋，为实现中华民族伟大复兴提供了更为完善的制度保证、更为坚实的物质基础、更为主动的精神力量，中华民族迎来了从站起来、富起来到强起来的伟大飞跃。七十多年来，党领导下的社会主义中国实现了经济、政治、文化等方方面面的跨越式发展，走完了西方国家用两百多年时间才完成的现代化进程；面临金融危机、自然灾害、新冠疫情等各种突发情况，社会主义制度展示出了充分的优越性。历史和实践表明，社会主义爱国价值理念坚持爱国、爱党、爱社会主义的高度统一是必然的。

（三）实现祖国统一是社会主义爱国价值理念的应有之义

爱国主义当然包括对于祖国领土主权完整的坚定维护。党的二十大报告

1《习近平谈治国理政》第4卷，外文出版社，2022，第10页。

指出："解决台湾问题、实现祖国完全统一，是党矢志不渝的历史任务，是全体中华儿女的共同愿望，是实现中华民族伟大复兴的必然要求。"[1]台湾问题是中国内政问题，"台湾问题因民族弱乱而产生，必将随着民族复兴而解决"[2]。从历史来看，台湾自古以来便是中国不可分割的领土，但是近代内忧外患，受制于列强入侵、帝国主义势力干涉、民族飘零的时况，没有实现祖国的完全统一。目前，中国已经不再是任人宰割的弱国，中国具备了解决台湾问题的实力。从价值归属上讲，两岸在根本追求上是一致的。在纪念辛亥革命110周年的讲话中，习近平指出："中华民族具有反分裂、维护统一的光荣传统……实现中华民族伟大复兴是全体中华儿女的共同光荣，也是全体中华儿女的共同使命。"[3]岛内的"台独"势力受到西方的蛊惑，日益猖獗，其行为否定了台湾的历史，违背了中华儿女追求民族独立和解放的历史真实意愿，注定会被钉在历史耻辱柱上。

"解决台湾问题、实现祖国完全统一，是中国共产党矢志不渝的历史任务，是全体中华儿女的共同愿望。"[4]祖国统一是百川入海、大势所趋，是每一个中华儿女内心的期盼。推动祖国统一，是新时代中华儿女的使命与担当，是不可回避的责任。我国宪法序言中明确表明："台湾是中华人民共和国的神圣领土的一部分。完成统一祖国的大业是包括台湾同胞在内的全中国人民的神圣职责。"[5]国家统一、民族复兴的历史车轮滚滚向前，祖国完全统一一定要实现，也一定能够实现。每一个中华儿女都应自觉弘扬爱国价值理念，与国家站在一起，与党站在一起，与人民站在一起，与历史站在一起，反对分裂势力，积极推动早日实现国家统一。

---

1 习近平：《高举中国特色社会主义伟大旗帜　为全面建设社会主义现代化国家而团结奋斗——在中国共产党第二十次全国代表大会上的报告》，人民出版社，2022，第58页。

2《习近平谈治国理政》第4卷，外文出版社，2022，第410页。

3 习近平：《在纪念辛亥革命110周年大会上的讲话》，人民出版社，2021，第11—12页。

4《习近平谈治国理政》第4卷，外文出版社，2022，第14页。

5《中华人民共和国宪法》，人民出版社，2018，第5页。

（四）社会主义爱国价值理念具有全球视野和国际担当

马克思在宣扬其共产主义理论的过程中，大力提倡和弘扬国际主义精神，发动全世界无产阶级联合起来，共同推翻资产阶级的奴役统治，建立无国界、无压迫的新世界。列宁在面对第一次世界大战过程中的非正义战争时，批判了第二国际狭隘的爱国主义观念，并斥责其爱国主义与资产阶级的爱国主义没有区别，论述了社会主义爱国主义的基本内涵。“任何一个马克思主义者，如果不愿违背马克思主义和整个社会主义的原则，那就不能否认，社会主义的利益高于民族自决权的利益。”[1]在抗日战争时期，毛泽东在危局之下仍然坚持爱国主义的国际立场，“因此，中国共产党人必须将爱国主义和国际主义结合起来。我们是国际主义者，我们又是爱国主义者，我们的口号是为保卫祖国反对侵略者而战”[2]。

由此可见，无产阶级的爱国主义是有着深厚的国际主义立场的，是以全人类的解放和不受压迫为追求的。新时代的社会主义爱国价值理念，同样是具备国际视野和人类关怀的爱国主义。“弘扬爱国主义精神，必须坚持立足民族又面向世界”[3]。我们在建设社会主义现代化国家的过程中，致力于人类命运共同体的构建，中国反复阐释了和平、发展、公平、正义、民主、自由的全人类共同价值，向世界传递了中国声音。当前，世界之变、时代之变、历史之变正以前所未有的方式展开。一方面，和平、发展、合作、共赢的历史潮流不可阻挡，人心所向、大势所趋决定了人类前途终归光明。另一方面，恃强凌弱、巧取豪夺、零和博弈等霸权霸道霸凌行径危害深重，和平赤字、发展赤字、安全赤字、治理赤字加重，人类社会面临前所未有的挑战，中国在国际舞台上的地位和作用也日益凸显，这样的时代要求赋予了社

1《列宁全集》第 33 卷，人民出版社，2017，第 258 页。

2《毛泽东选集》第 2 卷，人民出版社，1991，第 520 页。

3《习近平在中共中央政治局第二十九次集体学习时强调：大力弘扬伟大爱国主义精神 为实现中国梦提供精神支柱》，《人民日报》2015 年 12 月 31 日。

会主义爱国价值理念更丰富的内涵、更深刻的人类关怀。习近平指出："人类已经成为你中有我、我中有你的命运共同体，利益高度融合，彼此相互依存。"[1]新时代的社会主义爱国价值理念是具有国际关怀和人类担当的价值理念，相比于西方资本主义国家带来的掠夺和屠杀，社会主义中国的崛起带着中国传统的天下大同、美美与共的精神走向全世界，带给世界的是和平与希望、是新的治理模式与治理理念。

第二节　社会主义敬业价值理念的内涵与要求

爱岗敬业体现的是公民热爱、珍视自己的工作和职业，勤勉努力，尽职尽责的道德操守。任何一个社会的存续和发展，都是以其成员勤奋工作、创造价值为前提的。一个社会只有将敬业作为核心价值理念加以强调，将之作为对其成员的基本道德要求，才能保持正常运行，创造出生机蓬勃的社会局面。作为社会主义核心价值观的"敬业"，是公民个人层面的一个价值目标，是对公民职业行为准则的价值评价，要求公民爱党报国、甘于奉献，忠于职守、克己奉公，服务人民、服务社会，充分体现了社会主义职业精神，不论对个人还是对社会、国家都有极其重要的意义，是实现中华民族伟大复兴不可或缺的精神支撑。

一、对中国传统敬业价值理念的传承转化

敬业，自古以来就是我国传统文化中的一个重要价值观念。《礼记》中提到，"三年视敬业乐群"[2]。《论语》中记载孔子有言："敬事而信"[3]，"言忠信，行笃敬"[4]。《朱子语类》中强调，敬乃"圣门第一义"[5]。敬业的精神品

1《习近平谈治国理政》第 2 卷，外文出版社，2017，第 481 页。
2《礼记 · 学记》。
3《论语 · 学而》。
4《论语 · 卫灵公》。
5《朱子语类》卷 12。

格，早已深深熔铸在中华传统文化的血脉里。在中国漫长的历史进程中，各行各业都涌现出无数敬业的典范人物，正因为有无数敬业的劳动者贡献了智慧和汗水，我们的祖先才创造出灿烂的中华文明，并不断延续。

（一）敬业即乐业好业、献身于天下

“敬业”一词最早出现于《礼记》：“古之教者，家有塾，党有庠，术有序，国有学。比年入学，中年考校。一年视离经辨志，三年视敬业乐群，五年视博习亲师，七年视论学取友，谓之小成。九年知类通达，强立而不反，谓之大成。”[1] 在这里，“敬业乐群”指的是古代学校对学生考核的一个必要阶段。从此，“敬业”一词出现在文化长河中，其内涵不断演变并转化。春秋战国时期，各大学派在整体思想与为人处世态度上虽有不同，但都表达了对敬业思想的肯定。敬业原指专于学业，后作为一种精神品格、道德修养成为各行各业的职业操守。老子将“道”视为万物自身的规律，对于“业”的想法，老子认为应无为而治，尊重自然规律，按照自然规律办事，对于从业者与治业者而言，应做到“上善若水。水善利万物而不争，处众人之所恶，故几于道”[2]，具有较高的品格，甘居低处，接近于“道”的本质。

从敬业的本质上讲，老子认为敬业即乐业，“甘其食，美其服，安其居，乐其俗。邻国相望，鸡犬之声相闻，民至老死不相往来”[3]。能拥有极盛的太平之世，百姓可以安定地居住，便乐于经营自己的事业，以至于老死也不相往来。只有乐于从业，才能做到现实意义上的敬业。“民之从事，常于几成而败之。慎终如始，则无败事。”[4] 老子认为人们从事的工作常常在剩余几成时失败，若能以慎重的态度如一而终，则万事都能成功。在古代，“慎”即为“敬”，老子强调了敬业要有慎重、谨慎的态度，对从业者提出了较高的

1《礼记 · 学记》。
2《老子 · 八章》。
3《老子 · 八十章》。
4《老子 · 六十四章》。

要求。而从敬业深层次的内涵上看，老子提出："故贵以身为天下，若可寄天下；爱以身为天下，若可托天下。"[1]这是说，受尊重的人，是献身于天下的人，能像珍惜自己一样珍惜天下的人，才可以把天下寄托给他；能像爱惜自己 样爱惜天下的人，才可以把天下托付给他。这里老子从献身精神的角度谈论敬业，老子认为敬业就应有献身天下的勇气与美德，这是从道德精神角度领悟敬业的根本所在。

（二）敬业即技艺超绝、出类拔萃

庄子作为道家学派的代表，提出了道家的理想人格，即"至人无己，神人无功，圣人无名"[2]，讲述其认为人格的最高境界就是能够顺应自然变化，不凭自己的意志行事；深识万物，不渴望任何名位。《庄子》中有一些关于古代匠人事迹的相关记载，例如"梓庆削木为鐻""庖丁解牛""痀偻丈人承蜩""工倕旋指画圆""匠石斫垩""大马锤钩""吕梁丈夫游泳""津人操舟若神"，等等。这些工匠都有着相同或类似的特点，他们都专注于从事一类具体的技艺活动，而且对所从事的工作得心应手、登峰造极，在各自领域中技艺超绝、出类拔萃。庄子对这些人物表达了极高的评价与赞美，并映射出他对敬业的基本要求。他将其道家思想融入对从业者的寄托中，认为从业者应该建立起一套独特的职业规范，并制定相关的行业标准。

以庄子讲述的经典寓言"轮扁斫轮"为例："臣也以臣之事观之。斫轮，徐则甘而不固，疾则苦而不入，不徐不疾，得之于手而应于心，口不能言，有数存焉于其间。臣不能以喻臣之子，臣之子亦不能受之于臣，是以行年七十而老斫轮。"[3]制造车轮的工匠用亲身经历向齐桓公生动介绍了"敬业"一词的内涵，他砍削木材制作轮子，如果做得过于宽缓，轮子就会松动而不牢固，反之则滞涩而难以进入，但他可以做到不宽不紧，因为他心中已存有

1《老子·十三章》。
2《庄子·逍遥游》。
3《庄子·天道》。

摸索出的规律，并积累下不便言传的“斫轮”经验。这正是庄子所认为的敬业的内涵，即专注于自身的工作且不断修炼，最终达到技艺精湛甚至出神入化的境界。在道家看来，合乎自然之“道”，顺应天然之理这一根本的、内在的标准，才是衡量、判断是否敬业的终极依据，但掌握纯熟的技能是道家对敬业最基本的要求，将二者有效融合是道家所认为的从业者的最高理想。因此，只有掌握这样的“技”并与做人的生命意义关联起来，才是敬业的终极境界，才是值得大力弘扬的价值理念。

（三）敬业即忠心尽责、崇敬热爱

儒家思想在文化史上一直占有重要地位，影响颇深，孔子以“仁”为核心留下了许多经典著作，《论语》中对敬业的诸多描述体现了儒家对敬业精神的推崇，从孔子与其弟子的交谈中可以看出孔子对敬业的理解大致分为四个方面。

第一，敬业的基础是提升自身的修养和才能。“子曰：‘不患无位，患所以立。不患莫己知，求为可知也。’”[1]孔子认为，世间并不缺少职位，只是缺少可以胜任职位的本领，不应担心他人是否知道自己，而应增强自身的本领从而让他人认识自己。作为从业者，应该打好自身的基础，踏实认真地提升自身的本领。第二，要做到忠心负责。“子曰：‘道千乘之国，敬事而信，节用而爱人，使民以时。’”[2]对于治理有千辆兵车的国家，君主应该认真负责地对待工作，节约开支，爱护百姓，其中“敬事而信”就体现了孔子对君主的希望，希望君主忠于职守，严肃认真地对待工作。不仅如此，孔子还提到要“居之无倦，行之以忠”[3]，在位时千万不能懈怠、玩忽职守，要忠心对待自己的岗位，忠心对待自己所行使的权力，从而达到敬业的要求与标准。第三，要尽职尽责，勇敢勤劳。“曾子曰：‘士不可以不弘毅，任重而道远。仁

1《论语·里仁》。
2《论语·学而》。
3《论语·颜渊》。

以为己任，不亦重乎？死而后已，不亦远乎？'"[1]有志之士不仅要付出十足的辛劳，还要有毅力。一切从业者都要充分发挥自身的主观能动性，更要以天下为己任，尽职尽责地对待自己的工作，更要明白"士而怀居，不足以为士矣"[2]的道理。在这里，敬业的要求体现为不一味地贪图享乐、留恋安逸，而要勤劳奋斗、勇往直前。孔子对敬业的诸多描述最终都回归到了"仁"这一思想核心上，不敬业即不仁，因此孔子十分重视敬业、爱业的职业道德情操。

（四）敬业即增强实践、坚持不懈

同样作为儒家代表人物的荀子继承了孔子较多的思想观念，他以"天人相分"为基础，建构自己的"人道"学说，其中"制天命而用之"的思想较为突出。"君子敬其在己者，而不慕其在天者，是以日进也"[3]。在荀子看来，君子应该重视自身的努力，利用自然规律为人服务，而不是迷信天的权威、指望上天的恩赐，认识天道是为了能够支配天道谋求为人的发展，可见荀子十分重视"敬其在己者"的重要作用。荀子认为，在天道面前，人应该时刻发挥自己的主观能动性，"因物而多之，孰与骋能而化之"[4]，与其顺从物的自然情况让它去繁殖，不如发挥人的能力促使它变化增多。而且，荀子曾讲述了敬业的重要作用，"凡百事之成也，必在敬之；其败也，必在慢之"[5]，他认为但凡在大事上取得成功的人，一定非常敬业，成在敬、败在慢。在此思想基础上，荀子对敬业作出了最基本的立意，他强调了人的作用，若要达到敬业的标准，就要以人自身主观能动性的发挥为切入点进行广泛的学习与训练。

荀子将敬业的内涵大致概括为三个方面。第一，"不闻不若闻之，闻之

1《论语·泰伯》。
2《论语·宪问》。
3《荀子·天论》。
4《荀子·天论》。
5《荀子·议兵》。

不若见之，见之不若知之，知之不若行之，学至于行之而止矣”[1]，在学习中，听到比不听要好，见到比听到要好，了解比见到要好，实践比了解要好，学习的最终目的就是实践。荀子在这里直接阐明了学习与从事事业的密切关系，学习了知识若不去实践，知识虽多却毫无意义。第二，“故不积跬步，无以至千里；不积小流，无以成江海”[2]。荀子认为，没有一步登天的成功，敬业就是要在前期一点一滴地积累，将所学不断地运用，累积经验。第三，锲而舍之，朽木不折；锲而不舍，金石可镂”[3]。如果不坚持，朽木也无法刻断；如果坚持不懈，金石也会被镂穿。荀子通过鲜明的事例讲述了敬业的基础就是有恒心，只有坚持不懈、持之以恒、日积月累，才能达成真正的“敬业”，取得较大的成就。

（五）敬业即辛勤劳动、永不言弃

墨家在思想上具有独具一格的特点，其创始人墨子根据当时的具体国情提出了“兼爱”“非攻”“尚贤”“尚同”等观点，影响重大。墨子站在百姓的立场上思考问题，他说：“民有三患：饥者不得食，寒者不得衣，劳者不得息。三者，民之巨患也。”[4]他认为，百姓的三个根本问题即饥饿、寒冷与无休如果得不到解决，百姓与“敬业”二字就相离甚远。若要做到敬业，除了满足最基本的要求，治理者还要从民众角度多做考虑，坚决反对战争，倡导和平，只有战争减少，百姓才愿意投入到农业生产与社会建设中，才能为敬业创造良好的现实环境。

对于敬业的核心内涵，墨子认为“赖其力者生，不赖其力者不生。君子不强听治，即刑政乱；贱人不强从事，即财用不足”[5]。就是说，只有依靠辛勤劳动才能不断拓展事业，君子如果不努力听狱治国，刑罚政令就会混

1《荀子·儒效》。
2《荀子·劝学》。
3《荀子·劝学》。
4《墨子·非乐上》。
5《墨子·非乐上》。

乱；百姓如果不努力生产，财用就会不足。在墨子看来，懒惰是前进路上的最大阻碍，也是取得事业成功的绊脚石，更是敬业的对立面。业精于勤荒于嬉，做到敬业关键要“勤”，只有不断努力，辛勤劳作，才能达到敬业的最高境界。

儒、道、墨三大学派的思想各有不同，对敬业所持观点也不一，但都对敬业观表达了肯定，从古流传至今的敬业态度与敬业精神，成为中华儿女学习的准则。

二、对西方敬业价值理念的有益借鉴

敬业是人类文明发展中的一种优秀精神品格，西方国家的经济发展进程中同样体现着西方国家广大劳动者的辛勤劳动与敬业精神。社会主义制度是在汲取资本主义制度所取得的一切肯定成果后建立的社会制度，本质上是对资本主义制度的历史性超越。因此，西方敬业价值理念的一些合理成分也对我国培育社会主义敬业价值理念具有一定的启示意义。但需要指出的是，由于基本政治经济制度的不同，我国倡导的社会主义敬业价值观与西方敬业价值观存在着本质的不同，其借鉴作用是有限度的。

（一）古希腊敬业观即判断德行的标准

对于西方而言，敬业更多是从个体的角度出发，对本职工作从热爱到投入并愿意为之奉献终身的精神。在古希腊罗马时期，敬业被视为美德，由于当时生产力的限制，人们从自然分工逐步演化为社会分工，形成了诸多职业形态。人们在从事手工业、农业、畜牧业等的过程中，逐渐发现从事职业不仅是为了谋生，更是为了拥有获得感和满足感。亚里士多德认为，“技艺是灵魂的理智部分的获得真或确定性的五种方式之一”，“每种技艺与研究，同样地，人的某种实践与选择，都以某种善为目的”[1]。此时的职业对于大多数

1〔古希腊〕亚里士多德：《尼各马可伦理学》，廖申白译注，商务印书馆，2003，第3页。

从业者来说是展示个人技艺水准和德行从而获取他人信任与赏识的重要方式，职业也成了个体职业化与社会职能化的统一体。

在这种观念的影响下，个体职业的发展与个人德行产生了巨大的关联，“只要每个人在恰当的时候干适合他性格的工作，放弃其他的事情，专搞一行，这样就会每种东西生产得又多又好”[1]。在柏拉图看来，一个人只能专职于一种擅长的工作，在职业分化的过程中每个人都找到自己适合的职业，就能极大地提高社会的生产效率。并且，人们从事的工作是由先天具备的德行决定的，如果人们并没有选择自身适合的职业，那么社会就会变得不正义。显然，柏拉图的设想是较为理想主义的，社会职能的分化远不止于此，但在当时，二者理所当然地被认为是统一的。每个人也要靠自己在社会中承担的角色来判定自己应从事什么职业，而一个人是否具有德行就是看他是否妥善完成了他在社会中应承担的角色，因此在古典时期敬业是一项美德，更是衡量人是否具有德行的重要准则。

（二）中世纪敬业观被赋予神圣的光环

随着基督教的兴起，上帝成为人们崇高的信仰，整个社会对“德行”的定义发生了质的变化，人们逐渐不再重视社会共同体的意义，而是愈发注重个人的灵魂如何获得拯救。自然而然，个人的德行不再是判断的标准，转而上帝成了敬业的中心。中世纪对于善的理解就是上帝的律令，服从律令即为善，不服从即为恶，这一观念在某种程度上直接改变了人们对于劳动的态度。“我们不是靠业行而得救的，因为我们的业行没有一件在任何方面是善的，业行都是罪孽深重的欲望的产物。”[2] 在此观点下，职业是上帝惩罚人的一种手段，极大地阻碍了社会生产力的发展。这种情况直到宗教改革运动后期才得到明显的改善。随着天职观逐渐确立，西方的敬业精神发生了崭新的

1〔古希腊〕柏拉图：《理想国》，郭斌和、张竹明译，商务印书馆，1986，第 60 页。

2〔美〕麦金太尔：《伦理学简史》，龚群译，商务印书馆，2003，第 171 页。

变化。马丁・路德认为，职业具有双重含义，一方面指向世俗意义上的一种身份，另一方面更多地指向上帝对人的召唤和灵魂救赎，使个人拥有了在社会中的专属责任与身份，敬业因此被赋予了神圣的光环。

由此，所有的职业不分种类都变成了上帝的安排，所有的职业不再有高低贵贱之分，在上帝面前都具有相同的地位和价值。在这种观念的影响下，人们都尽心尽力地完成本职工作，并试图做得更加出色从而得到上帝的认可与赏识。“上帝应许的唯一生存方式，不是要人们以苦修的禁欲主义超越世俗道德，而是要人完成个人在现世里所处地位赋予他的责任和义务。这是他的天职。”[1]可见，天职观提高了职业在整个社会中的地位和价值，推动了西方敬业精神的发展。但是，尽管如此，马丁・路德的天职观依然从传统意义上的上帝角度来解释职业的来源，认为“个人应当永远安守上帝给他安排的身份、地位和职业，把自己的世俗活动限制在生活中既定的职业范围内”[2]。他依然认为职业是人们服从上帝命令的一种方式，而不是主动地去接近上帝的途径，这在某种程度上并不能较好地与敬业直接归为一类，背离了起初有别于过去的敬业观的渴望。

（三）美国敬业观与实用主义

随着天职观的逐渐演进，西方各国的职业观与敬业的内涵开始根据具体国情产生了明显的区别。在美国，敬业即“信仰上帝一样信仰职业”[3]，“热爱生命一样热爱工作”[4]。谈及这种敬业观，要追溯到美国建国初期的“美国精神”。“美国精神”在某种意义上依然是清教思想的延续，早期的美国人开辟疆土、创业建国，培养了开拓进取、积极向上、勇敢拼搏的精神，并在短时

1〔德〕马克斯・韦伯:《新教伦理与资本主义精神》，于晓、陈维纲等译，陕西师范大学出版社，2006，第34页。

2〔德〕马克斯・韦伯:《新教伦理与资本主义精神》，于晓、陈维纲等译，陕西师范大学出版社，2006，第37页。

3〔美〕詹姆斯・H. 罗宾斯:《敬业》，曼丽译，世界图书出版公司北京公司，2004，第1页。

4〔美〕詹姆斯・H. 罗宾斯:《敬业》，曼丽译，世界图书出版公司北京公司，2004，第17页。

间内将美国从荒野蛮地变为初具规模和体系的国度。之后，随着资本主义的发展，工业在经济发展中逐渐占据主要地位，对于当时的美国人民而言，愈加需要一种与传统“美国精神”一脉相承又适应社会发展的思想，实用主义因此应运而生。实用主义在美国被同等于“生活哲学”“效用哲学”“行动哲学”。作为“生活哲学”的实用主义，它主张面向生活世界，将现实生活视为研究对象，并在研究的基础上积极主动地改造世界；作为“效用哲学”的实用主义，它主张“有用即真理”的做事原则，将是否有效作为判定行为善恶的唯一标准，是否具有真正的意义从对个人与社会的影响就可以判断出来；作为“行动哲学”的实用主义，它热爱和崇敬实践，行动派认为人的本质是行动，因此他们反对永恒不变的机械决定论，认为人应该在不断的行动中实现自身的价值，寻找存在的意义。

总而言之，尽管各种实用主义具有不同的含义，但它们具有一个共同的特征，即“开动脑筋想问题，然后根据其结果对之作出评价”[1]。实用主义用行动求生存，以效果定优劣，根据不同的情境选择最为合适的行动方案，并以最有效的方式实现目标。尽管实用主义并不是与“美国精神”同时代的产物，但它们显然是一脉相承的。“美国精神”孕育了实用主义，实用主义升华了“美国精神”，二者相辅相成、共同构成美国社会发展的精神支柱，造就了典型的美国敬业观，影响着每一个美国人对待职业的基本态度。美国通过此种敬业观在各行业各领域建立起一套较为完整的规范体系，并配有相应的法律法规进行保障。大多数美国人深受此种敬业观的影响，在其引导下兢兢业业地完成自己的工作，甚至毫无保留地将全部生命奉献给工作与国家。

（四）德国敬业观与理性主义

德国是具有深刻文化传统的国家。引人深思的是，德国在发展过程中既具有浪漫主义与理性主义的文化根基，也具有以“德国制造”为代表的工

1〔美〕康马杰:《美国精神》，杨静予、崔妙英、王绍仁等译，光明日报出版社，1998，第140页。

业经济体系的现实根基。与此同时，德国人民严谨踏实、精益求精的职业观在其中发挥着极为重要的推动作用，德国也因此种敬业观获得了“职业社会”“工业王国”的称号。追溯德国发展的起源，可以发现德国的职业观与理性主义有着千丝万缕的联系，理性主义也成了德国敬业观的内涵核心。理性主义从定义上指的是理性而非感性是人类知识合法性的唯一来源，理性不仅能将人们从自然的支配中解放出来，还能帮助人们通过控制社会中异己的力量来解决矛盾与冲突，从而于危难中解救自身。通过理性的发挥，人类社会将“有一个我们可以达到历史变迁的终极目的，一个明天、明年或者下一个千年就要达到的完美状态，一个某种形态的良好社会，一个公正的、在一些或所有想象到的方面都没有冲突的社会……是一个有着完美秩序，人人、事事都各得其所，没有任何不得其宜的东西能存留下来，没有任何一个位置值得怀疑的社会”[1]。

在此种理性主义的引导下，德国人对原则与秩序产生了极高的信仰和忠诚，这在职业观中有着较为明显的展现。从原则的角度看，在德国，忠于原则甚至可以成为用来为个人一切行为进行辩护的根本理由。只要在工作中违背了原则，哪怕是善意的、符合要求的，也不被允许；恰恰相反，尽管有些工作中的行为被普遍认为是卑鄙无耻的，但只要符合原则，那就是合理的。可以说，只要个人工作行为的初衷是为了遵守原则，那它就是被社会无限包容的。从这一点也能看出，此种“德国式的刻板”正是对原则与秩序的无限制偏爱。从秩序的角度看，德国人认为秩序是主宰世界万物的灵魂，存在于世界上的万物都是有秩序的，人只有在按照秩序进行正常生活与工作时，工作才能有成效，世界才能稳定和谐。因此，在这种原则与秩序双重主导的社会背景下，大多数人都在专心致志地做好自己的本职工作，也逐渐形成了遵

1〔英〕齐格蒙特·鲍曼:《流动的现代性》，欧阳景根译，中国人民大学出版社，2017，第66—67页。

循规则、符合秩序、刻苦严谨的敬业观，推动了德国的快速发展。但从反面来看，此种敬业观极大程度地否定了个人的主观能动性作用，使个人变成了德国发展的棋子，同时造就了德国人保守刻板、不知变通的形象。

（五）日本敬业观与企业集团主义

从近代日本发展历程来看，日本的迅速崛起具有许多值得人们深入探究的原因，现如今得到广泛关注的就是现代资本主义市场经济体制、民主政治观念与日本敬业观。不得不提到，现代日本“坚持不懈、不知疲倦”的敬业精神与日本的企业集团主义是不可分割的。日本社会学家中根千枝认为：“日本社会中，潜在的集团意识是根深蒂固的，其要素源于日本人传统的普遍存在的‘家’的观念。这种观念无所不在，几乎遍及整个日本社会。”[1]这种“家”观念具有一些较为典型的特征：第一，家庭成员要以家庭利益为核心，个人须无条件地为家庭服务并为之付出终生；第二，在家庭中，家长是这一共同体的权威力量，家庭成员要服从和遵守家长的要求与命令；第三，在家庭中每位成员付出的劳动与获得的地位是成正比的，家庭成员的奉献程度比血缘更为重要。因此，后来经过发展而衍生出来的“集团”意识并不是独立于家庭观念的另一个思想体系，而是上述家庭观念的另一种展现形式，即企业集团主义。

企业集团主义是“以所在的企业为中心，将自己的人际关系（社会性内容）和个人奋斗、自我实现（个体性内容）全部限定在企业内，像看待自己的东西一样对企业的名誉和发展承担责任，全身心地投入到企业的工作之中的价值取向和行为模式”[2]。在这种企业集团主义的深厚影响下，日本人将企业视为第一，将个人视为第二，并且认为只有个人所属的企业才对个人有着重要作用。日本通过在管理制度上实行终生雇佣制，使企业既能拥有一定

1〔日〕中根千枝：《日本社会》，许真、宋峻岭译，天津人民出版社，1982，第4页。
2 李萍：《论日本的企业集团主义》，《中国人民大学学报》2002年第6期，第44页。

数量的员工，又能培养员工对企业的忠诚感，使员工不必时刻担心失业的风险，将更多的精力投入到自身的工作中，从而培养了日本人内外有别的区分意识与对企业绝对忠诚、无私奉献的敬业观。此种敬业观营造出了表面上日本全体职员都在兢兢业业地奉献的局面，但实际上从深层次抹杀了职员的个人主体性，也阻碍了职员积极性的发挥，致使职员成为日本企业集团运作发展中的工作机器。

三、社会主义敬业价值理念的核心要义

我们的社会主义事业是需要全国各族人民共同为之奋斗的历史伟业，每个人都在自己特定的岗位上通过特定的职业活动来为这一伟业服务。在当代，中华民族要实现伟大复兴的梦想，同样需要艰苦奋斗，需要勤奋敬业，需要拼搏奉献。在传承中华优秀传统文化几千年敬业思想的基础上，新时代对敬业这一价值理念有了新的解读。敬业作为社会主义核心价值观基本价值理念，包含了为人民服务的根本宗旨、劳动至上的价值原则、无私奉献的精神品格、精益求精的工作态度、勇攀高峰的创新观念等核心内容，体现着爱岗敬业、恪尽职守、无私奉献等精神品格，展现着舍小我为大家的“孺子牛”“拓荒牛”“老黄牛”的“三牛”精神。党的二十大报告提出，在全社会弘扬劳动精神、奋斗精神、奉献精神、创造精神、勤俭节约精神，培育时代新风新貌[1]，鼓励新时代奋斗者脚踏实地、勤劳苦干，全身心投入于社会主义事业建设的伟大实践。

（一）坚持为人民服务的根本宗旨

唯物史观认为人民群众具有重要的力量，是推动社会矛盾运动与阶级斗争发展的重要动力，马克思曾说：“其实，正是**人**，现实的、活生生的人在

1　习近平：《高举中国特色社会主义伟大旗帜　为全国建设社会主义现代化国家而团结奋斗——在中国共产党第二十次全国代表大会上的报告》，人民出版社，2022，第44—45页。

创造这一切，拥有这一切并且进行战斗。”[1]人民群众是物质财富和精神财富的创造者，群众路线始终是中国共产党一切工作的根本路线，因此为人民服务是敬业的根本宗旨。习近平也曾强调：“人民是历史的创造者，是决定党和国家前途命运的根本力量。必须坚持人民主体地位，坚持立党为公、执政为民，践行全心全意为人民服务的根本宗旨……把人民对美好生活的向往作为奋斗目标，依靠人民创造历史伟业。”[2]从业者应将职业作为生命信仰，将为人民服务作为从业最深层次的动力，在工作中站稳人民立场、饱含人民情怀，实现从事职业与服务人民的有机统一。

在从业过程中践行为人民服务的价值理念，可以有效提高人民的获得感与幸福感，逐渐满足人民日益增长的美好生活需要。为人民服务不仅需要社会与个人共同践行，尤其需要各党政机关共同努力，习近平指出：“要坚持以人民为中心的发展思想，这是马克思主义政治经济学的根本立场。要坚持把增进人民福祉、促进人的全面发展、朝着共同富裕方向稳步前进作为经济发展的出发点和落脚点，部署经济工作、制定经济政策、推动经济发展都要牢牢坚持这个根本立场。”[3]各党政机关在工作中要牢牢把握为人民服务的原则制定方针政策，从人民的视角看待和解决问题，坚持在发展中保障和改善民生，鼓励人民共同奋斗创造美好生活，不断实现人民对美好生活的向往；深入群众、深入基层，采取更多惠民生、暖民心举措，着力解决好人民群众急难愁盼问题，健全基本公共服务体系，提高公共服务水平，增强均衡性和可及性，真正做到一切工作以人民为中心，一切工作为了人民。

（二）坚持劳动至上的价值原则

恩格斯十分重视劳动的重要价值，在研究人类起源时，他创造性地指出

1《马克思恩格斯文集》第 1 卷，人民出版社，2009，第 295 页。

2《习近平谈治国理政》第 3 卷，外文出版社，2020，第 16—17 页。

3《习近平在中共中央政治局第二十八次集体学习时强调：立足我国国情和我国发展实践　发展当代中国马克思主义政治经济学》，《人民日报》2015 年 11 月 25 日。

“劳动创造了人本身”[1]，揭示了人与动物的本质区别。1949年9月，具有临时宪法性质的《共同纲领》提出，“提倡爱祖国、爱人民、爱劳动、爱科学、爱护公共财物为中华人民共和国全体国民的公德”[2]。这是从国民公德的角度对“爱劳动”的道德要求进行了强调。习近平揭示了劳动在人类社会发展进程中的重要作用，他指出：“人类是劳动创造的，社会是劳动创造的。”[3]敬业价值理念最基本的要求是，公民个人在工作中首先要对职业的价值和意义有着高度的认同，认可本职业为社会创造的价值并热爱本职业，可以说热爱劳动、坚持劳动至上是敬业的基础。

劳动能展现个人价值，更能带来美好生活。习近平曾指出劳动与幸福生活的重要关系，他说：“人世间的美好梦想，只有通过诚实劳动才能实现；发展中的各种难题，只有通过诚实劳动才能破解；生命里的一切辉煌，只有通过诚实劳动才能铸就。”[4]积极的劳动通过与生产资料的有效结合能不断创造出丰富的物质财富，公民个人在自身所处的职业领域积极劳动，勇于克服懒惰、攻克艰难，发扬敬业精神，才能更好地展现自身价值、创造更多的财富、迎接美好的幸福生活。只有全社会的公民对自身职业都投入辛勤的劳动，社会各行各业才能健康、积极地运转起来，才能推动社会生产力的发展与进步，实现个人价值与社会价值的双赢。个人如此，国家与民族亦是如此。为早日实现中华民族伟大复兴的中国梦，我们“必须牢固树立劳动最光荣、劳动最崇高、劳动最伟大、劳动最美丽的观念，让全体人民进一步焕发劳动热情、释放创造潜能，通过劳动创造更加美好的生活”[5]。

（三）坚持无私奉献的精神品格

习近平曾在回答意大利众议长菲科提问时深刻阐发了关于敬业的想法，

1《马克思恩格斯文集》第9卷，人民出版社，2009，第550页。
2 中共中央文献研究室编：《建国以来重要文献选编》第1册，中央文献出版社，1992，第11页。
3 习近平：《在知识分子、劳动模范、青年代表座谈会上的讲话》，人民出版社，第9页。
4《习近平谈治国理政》第1卷，外文出版社，2018，第46页。
5《习近平谈治国理政》第1卷，外文出版社，2018，第46页。

“我将无我，不负人民。我愿意做到一个‘无我’的状态，为中国的发展奉献自己”[1]。从习近平的表述中可以看出，甘于奉献、无私奉献是敬业精神的宝贵品格，也是敬业精神的本质要求。无私奉献的精神品格要求为国家、民族、社会献出自身的精力与体力，不求回报地将自己毕生所学、所拥有的技能无私地投入到社会主义现代化建设中。我国在长期发展中不乏这样无私奉献的有志人士。在革命战争年代，“边区工人一面旗帜”赵占魁、“兵工事业开拓者”吴运铎、“新劳动运动旗手”甄荣典等劳动模范，以“新的劳动态度对待新的劳动”，积极参加义务劳动，全力支援前线斗争，带动广大群众投身中国共产党领导的人民解放事业。新中国成立后，“高炉卫士”孟泰、“铁人”王进喜、“两弹元勋”邓稼先、“知识分子的杰出代表”蒋筑英、“宁肯一人脏，换来万人净”的时传祥等一大批先进模范，响应党的号召，带动广大群众自力更生、奋发图强。王进喜以“宁肯少活 20 年，拼命也要拿下大油田”的气概，带领石油工人为我国石油工业发展顽强拼搏，“铁人精神”“大庆精神”成为激励各族人民意气风发投身社会主义建设的强大精神力量。在改革开放历史新时期，“蓝领专家”孔祥瑞、“金牌工人”窦铁成、“新时期铁人”王启明、“新时代雷锋”徐虎、“知识工人”邓建军、“马班邮路”王顺友、“白衣圣人”吴登云、“中国航空发动机之父”吴大观等一大批劳动模范和先进工作者，干一行、爱一行，专一行、精一行，带动广大群众锐意进取、积极投身改革开放和社会主义现代化建设，为国家和人民建立了杰出功勋。

从上述奉献者的实例中可以看出，这种无私奉献精神来自人们对自身职业崇高的信仰，这种信仰推动着人们将自身职业化为一生的追求，并甘愿为其奉献一生。红船精神、井冈山精神、长征精神、抗美援朝精神、北大荒精神、抗震救灾精神、“两弹一星”精神等，无不生动体现出前人们鞠躬尽瘁、

1《习近平谈治国理政》第 3 卷，外文出版社，2020，第 144 页。

无私忘我的奉献精神，他们对自身职业拥有着崇高的信仰，将其转化为强大的精神动力，为国家、民族、社会的光明未来无私奉献。习近平在2019年的新年贺词中特别提到守岛卫国32年的王继才同志，为保护实验平台挺身而出、壮烈牺牲的黄群、宋月才、姜开斌同志，对他们为祖国和人民无私忘我的坚守和付出致意。[1] 新时代的敬业价值理念有着新的展现方式，敬业奉献、“我将无我”的精神应是人们在辛勤劳动中内在的价值追求，也是人们在实现中华民族伟大复兴这一共同目标的奋斗进程中的精神保障和动力之源。

（四）坚持精益求精的工作态度

精益求精的工作态度是对敬业价值理念的又一层升华，它代表着从业者对于所从事职业展现出的凝心聚力、追求完美的品质，这与新时代大力弘扬的工匠精神不谋而合。习近平在对第45届世界技能大赛上取得的佳绩作出的重要指示中讲道：“劳动者素质对一个国家、一个民族发展至关重要。技术工人队伍是支撑中国制造、中国创造的重要基础，对推动经济高质量发展具有重要作用。要健全技能人才培养、使用、评价、激励制度，大力发展技工教育，大规模开展职业技能培训，加快培养大批高素质劳动者和技术技能人才。要在全社会弘扬精益求精的工匠精神，激励广大青年走技能成才、技能报国之路。”[2] 习近平指出了精益求精的工匠精神对于国家和个人都具有重要的意义，国家各行各业只有不断精益求精、追求卓越，国家整体实力才会随之上升；个人只有不断提升自身技能水平，才能在行业中脱颖而出，为国家和民族作出更多贡献。

各行各业的从业者不分高低、不分职业，都能通过发挥精益求精的精神享受到奋斗带来的丰硕成果。习近平指出：“当老师，就要心无旁骛，甘守

1《国家主席习近平发表二〇一九年新年贺词》，《人民日报》2019年1月1日。

2《习近平对我国选手在世界技能大赛取得佳绩作出重要指示强调：弘扬精益求精的工匠精神　激励广大青年走技能成才技能报国之路》，《人民日报》2019年9月24日。

三尺讲台，‘春蚕到死丝方尽，蜡炬成灰泪始干’。做研究，就要甘于寂寞，或是皓首穷经，或是扎根实验室，‘板凳要坐十年冷，文章不写一句空’。搞创作，就要坚持以人民为中心的创作思想，深入实践、深入群众、深入生活，努力创作出人民群众喜爱的精品力作”[1]。通过不断努力、钻研、奋进，在精益求精的工匠精神中实现理想，正如习近平所说：“一切劳动者，只要肯学肯干肯钻研，练就一身真本领，掌握一手好技术，就能立足岗位成长成才，就都能在劳动中发现广阔的天地，在劳动中体现价值、展现风采、感受快乐。”[2]

（五）坚持勇攀高峰的创新观念

敬业不仅需要从业者具有严谨负责、积极向上的工作态度，更需要从业者在工作中不断追求创新，在继承以往工作的基础上，尽可能地避免因循守旧与墨守成规，以创新的精神从事自身职业，开创新的局面。“创新是一个民族进步的灵魂，是一个国家兴旺发达的不竭动力，也是中华民族最深沉的民族禀赋。在激烈的国际竞争中，惟创新者进，惟创新者强，惟创新者胜。”[3]习近平的论述深刻体现了创新精神是沉浸在中华民族血脉中的灵魂和特质，从业者只有以勇攀高峰的创新精神从事工作，才能更好地发掘自身才能，推动产业繁荣发展。可以说，弘扬创新精神对于推动科技进步、增强国家综合实力与建设社会主义现代化强国具有重要作用。

我国在发展过程中依靠着创新突破了重重的阻碍，各行各业攀登了一座座高峰，尤其是在经济全球化的背景下，创新能力的高低决定了国家在全球化竞争中是否具有话语权，“要着力实施创新驱动发展战略，抓住了创新，就抓住了牵动经济社会发展全局的‘牛鼻子’。抓创新就是抓发展，谋创新就是谋未来。我们必须把发展基点放在创新上，通过创新培育发展新动力、

1 习近平：《在知识分子、劳动模范、青年代表座谈会上的讲话》，《人民日报》2016 年 4 月 30 日。

2 习近平：《在庆祝“五一”国际劳动节暨表彰全国劳动模范和先进工作者大会上的讲话》，《人民日报》2015 年 4 月 29 日。

3《习近平谈治国理政》第 1 卷，外文出版社，2018，第 59 页。

塑造更多发挥先发优势的引领型发展，做到人有我有、人有我强、人强我优”[1]。创新精神为实施创新驱动发展战略提供了不竭的精神动力和价值支撑，创新驱动发展战略的实施引领了现代化工业和先进制造业的蓬勃发展，并鼓励了科研工作者坚持面向世界科技前沿、面向经济主战场、面向国家重大需求、面向人民生命健康，不断突破瓶颈、勇攀高峰，从而实现习近平所强调的“创新是引领发展的第一动力，是建设现代化经济体系的战略支撑”[2]。因此，在中华民族伟大复兴的征程中，要不断创新，用勇攀高峰的创新观念为中国制造、中国创造注入灵魂，让创新成为新时代社会建设和经济发展中最亮的底色。

第三节　社会主义诚信价值理念的内涵与要求

在一般意义上，“诚”即诚实诚恳，主要指主体真诚的内在道德品质；“信”即信用信任，主要指主体“内诚”的外化。“诚”更多地指“内诚于心”，“信”则侧重于“外信于人”。“诚”与“信”组合起来，就形成了一个内外兼备、具有丰富内涵的词汇，其基本含义就是诚实无欺，讲求信用。诚信既是做人做事的道德底线，也是社会运行的基本条件，更成为社会主义核心价值观的道德基石。

一、对中国传统诚信价值理念的传承转化

中华优秀文化源远流长，诚信思想始终居于主流，具有永不褪色的历史价值。中华文化强调“言必信，行必果”[3],“人而无信，不知其可也”[4]，无论

1《习近平在省部级主要领导干部学习贯彻十八届五中全会精神专题研讨班开班式上发表重要讲话强调：聚焦发力贯彻五中全会精神　确保如期全面建成小康社会》,《人民日报》2016 年 1 月 19 日。

2《习近平谈治国理政》第 3 卷，外文出版社，2020，第 24 页。

3《论语·子路》。

4《论语·为政》。

过去还是现在，诚信价值理念都具有鲜明的民族特色，具有极其重要的时代价值。诚信，作为新时代社会主义核心价值观基本理念，体现了对守诚信优秀传统文化的创造性继承和转化。因此，需要深入挖掘和阐发守诚信的时代价值，涵养社会主义核心价值观。

（一）诚信即诚实守信

诚信自古以来都被视为治国的根本，从夏商周时期开始就已经产生了诚信思想的萌芽。诚信起源于对神灵的态度，有“忠诚、虔诚”之义，伴随社会分工与私有制的确立，诚信逐渐成为美德，朴素的诚信思想就此确立，为后续诚信价值理念的演化打下了较好的基础。进入春秋战国时期，各学派皆认识到诚信思想的重要作用，纷纷对诚信思想进行系统化、理论化的深入探索，逐渐使之成熟，最终上升为一种意识形态。从一般情况来讲，“诚”是诚实诚恳，是个人内在的道德品质；“信”是信任信用，是个人诚信的外化。老子曰：“道之为物，惟恍惟惚。惚兮恍兮，其中有象；恍兮惚兮，其中有物；窈兮冥兮，其中有精，其精甚真，其中有信。”[1]老子十分注重“信”的作用，因为他认为“信”是道的本质属性之一，并且他将“信”与美学思想关联起来，提出“信言不美，美言不信”[2]的思想，向世人介绍诚信的重要性，只有注重“信”，才能弘扬大道之美。在此基础上，老子又展开了深入探究，对社会各阶级都提出了具体的要求，他认为一个国家的君主、官吏与百姓等要做到“居善地，心善渊，与善仁，言善信，政善治，事善能，动善时”[3]。

作为一名英明的君主，管理国家的时候要柔和有序。老子将君主分为四类，“太上，不知有之；其次，亲而誉之；其次，畏之；其次，侮之。信不

1《老子·二十一章》。
2《老子·八十一章》。
3《老子·八章》。

足焉，有不信焉”[1]，最差的君主欺骗百姓、愚弄百姓，自身不诚实守信，百姓从而不拥护爱戴也不相信君主，这样的君主无法治理好天下。作为平民百姓，要做到言语平实且有信用。老子说：“夫轻诺必寡信，多易必多难。”[2]他认为轻易许下诺言的人没有深刻意识到守信的真正含义，故而容易失信，因此他强调做人要真诚无欺、遵守诺言。老子的论述深刻体现了举国上下都应该重视诚信的重要性。老子对培养诚信也有着自己独特的观念，他说：“信者，吾信之；不信者，吾亦信之，德信。”[3]他认为既要信任诚信的人，也要信任不诚信的人，这样不诚信的人就会逐渐变得诚信，最终人人守信，天下也会和谐美好。老子将诚信与道家思想牢牢结合在一起，人既要有道也要有诚信，若要拥有理想的幸福生活，就应该回到最质朴的状态，实现二者的有机统一。

（二）诚信即重视信用

不同于道家思想，儒家思想将诚信提升到天道的高度，认为“诚者，天之道也；诚之者，人之道也”[4]。儒家认为真诚是上天赋予的美德，追求真诚是做人的原则，而且特别强调诚信是人心向善的重要条件。“唯天下至诚，为能尽其性；能尽其性，则能尽人之性”[5]，只有天下最真诚的人，才能发挥自己的天赋本性。与此同时，“信”也是君子的重要品德之一，“人而无信，不知其可也”[6]，孔子认为一个人如果没有诚信，就无法成事，在社会中就没有立足之处。由此，在儒家的伦理思想中，诚信被视为圣贤们修身的行为准则与社会伦理规范和道德标准，也是君主治国理政的根本。对于个人而言，孔子认为诚信是个人成长历程中需要严格遵守的信条。“言忠信，行笃敬，

1《老子·十七章》。
2《老子·六十三章》。
3《老子·四十九章》。
4《中庸》。
5《中庸》。
6《论语·为政》。

虽蛮貊之邦，行矣”[1]，言语忠实诚信，行为笃厚恭敬，即使到了陌生的地方，也可以行得通，可见诚信的人身处任何环境都可以得到发展。孔子还提出“与朋友交，言而有信”[2]，将友情建立在诚信的基础之上，立身处世、与朋友交往时牢记诚实守信，才能加深友情，获得更多的朋友。

诚信对于国家的治理也非常重要，不论是对于社会的良序发展还是对于君主威信的树立都具有重要意义。诚信是良好、和谐社会存在的基础，也是关乎国家存亡的重要道德因素。“子贡问政。子曰：‘足食，足兵，民信之矣。’子贡曰：‘必不得已而去，于斯三者何先？’曰：‘去兵。’子贡曰：‘必不得已而去，于斯二者何先？’曰：‘去食。自古皆有死，民无信不立。’”[3]孔子认为，如果百姓对君主不信任，那这个国家就无法延续，治国安邦要以诚信为本，可见孔子认为“信”对于一个国家的生存来讲比“兵”与“食”更为重要，国家靠人民来保障，同时靠诚信来维系。君主在治理国家时更要做到诚信原则。“道千乘之国，敬事而信，节用而爱人，使民以时”[4]，在子贡向孔子询问如何治理国家时，孔子认为治理大国，首先是君主要恭敬地处理政事，并在处理政事时讲究信用，君主只有恪守信用才能得到百姓的拥护和爱戴，国家才能稳定发展。由此可见，诚信对于社会发展和国家治理都极为重要，必须重视诚信对集体和个人发展的积极作用，用诚信推动社会发展。

（三）诚信即守信无欺

孟子作为儒家思想的继承者，对孔子的诚信思想作了一些延伸与扩充。孟子说：“是故诚者，天之道也。思诚者，人之道也。至诚而不动者，未之有也。不诚，未有能动者也。”[5]可见，孟子主张把诚信作为人们的道德追求。

1《论语 · 卫灵公》。
2《论语 · 学而》。
3《论语 · 颜渊》。
4《论语 · 学而》。
5《孟子 · 离娄上》。

与孔子一样，孟子也认为守信是符合自然规律的做法，做人要追求真诚，有了真诚的心意就会感动他人。在“诚”的基础上，孟子也逐步确立了“信”的地位，他认为“信”是处理好人与人之间复杂关系的必要条件，因此要将二者统一起来，以达到诚信的最高境界。在孔子的影响下，孟子依然认为诚信具有较高的地位：在个人发展过程中，诚信是理想人格发展的重要组成部分，每个人都需要具备诚信的品格；在经济交易中，孟子将诚信视为买卖双方的道德约束，“从许子之道，则市贾不贰，国中无伪”[1]，在市场交易中不能弄虚作假，时刻要记得诚信交易。对于君主治理国家而言，孟子继承了孔子“上好信，则民莫敢不用情”[2]的思想，同样认为君主应将诚信作为为政之道，统治者自身做好榜样为百姓树立基本的诚信原则，恪守诚信才能得到百姓的拥护和支持，才能治理好国家。

在孟子看来，即使向世人阐释了诚信的重要性，要真正做到诚信仍非易事。孟子讲：“君子不亮，恶乎执？”[3]君子如果不讲诚信，怎么会有操守呢？再次强调了诚信的重要性。“言语必信，非以正行也”[4]，孟子对此表达了三层含义：第一，说真话并不是为了让他人看到，而是人性使然，顺应人性与天性就可以做到诚信；第二，不要为了任何利益而假装诚信，这样很容易导致见利忘义，得不偿失；第三，坚守诚信不是在他人逼迫下做到的，而应该是自发性的、主动做到的，在这里孟子所言的“信”是信守承诺，守信无欺。孟子强调诚信的判断标准是言行一致。“恶利口，恐其乱信也”[5]，孟子认为信口开河、夸夸其谈会削弱语言的真实性且对事物的发展起阻碍作用，因此一定不要逞口舌之快，而应重视在实践中培育和践行诚信价值理念。不仅如此，孟子还认为“有为者辟若掘井，掘井九轫而不及泉，犹为

1《孟子 · 滕文公上》。
2《论语 · 子路》。
3《孟子 · 告子下》。
4《孟子 · 尽心下》。
5《孟子 · 尽心下》。

弃井也”[1]。意思是，践行诚信、遵守承诺更是要像挖井一样，需要持之以恒，绝不能中途放弃，如果突然放弃，哪怕已经实践了很久，也会前功尽弃，背弃承诺。

（四）诚信即真诚以待

荀子在继承以往诚信思想的基础上，吸收了多家学派的思想，形成了较为系统的诚信观。荀子的诚信思想建立在朴素唯物主义的哲学基础之上，继承了孟子关于“诚”的观念，认为“天不言而人推其高焉，地不言而人推其厚焉，四时不言而百姓期焉。夫此有常，以至其诚者也”[2]。荀子认为自然界之所以不停地、有规律地运转，就是因为“诚”的存在，而君子是有着更高道德修养的人，应该顺应“诚”从而达到更高的境界，君子修身养性最重要的就是“诚”，守诚信是君子修身养性的最好方式。“夫诚者，君子之所守也，而政事之本也”，“圣人为知矣，不诚则不能化万民”[3]，荀子不仅强调君子要守诚信，也强调君主要守诚信，他认为君主如果待人不真诚、不守诚信，就不能感化万民，从而难以治理好国家。在荀子看来，“诚”不是天然存在于人们心中的，而是实践积累的产物，因此提醒世人要时刻注重在实践中培养诚信的品格。

孔孟的诚信思想建立在“人性本善”之上，而荀子的诚信思想则是基于“人性本恶”。荀子认为，“若夫目好色、耳好声、口好味、心好利、骨体肤理好愉佚，是皆生于人之性情者也”[4]。人的感官欲望是与生俱来的，人心贪婪、欲求不满，会不断向外探索来满足自己内心的渴望与需求，这也正是诚信缺失的重要原因。在此基础上，荀子从三个层面剖析了守诚信。第一，诚信是面向全民的，没有高低贵贱之分，由于诚信这一概念涉及个人、行业、

1《孟子·尽心上》。
2《荀子·不苟》。
3《荀子·不苟》。
4《荀子·性恶》。

政治、军事等社会各方面的问题，因此上到天子，下到百姓都应该遵守诚信，这是对社会各阶级共同的要求，也是全体社会成员都应该遵守的原则；第二，遵守诚信，个人要做到主体自律，首先要从内心认可诚信的重要性，约束规范自身的言行，其次通过外部力量接受诚信教育，履行诚信规范，实现自律与他律的统一；第三，荀子认为外部的约束力量除了来自教师、长辈的教导之外，还应该有法的强制规范，由于人性本恶，人是很难通过内心的良知去自觉维持的，“不教而诛，则刑繁而邪不胜；教而不诛，则奸民不惩”[1]，因此通过将法的力量与教育引导结合起来，才能实现真正的诚信。

（五）诚信即顺应天理

朱熹作为复兴儒学的代表，继承了《大学》《中庸》的思想，在理学的基础上形成了自己的思想，将“诚”提到了新的高度。朱熹在对《大学》进行深入挖掘后解释为：“诚者，真实无妄之谓，天理之本然也。诚之者，未能真实无妄，而欲其真实无妄之谓，人事之当然也。”[2]朱熹将“诚”视为一种天理，而它代表的就是真诚无妄，将天理与“诚”这一道德观念紧密联系在一起，将“诚”变成了个人需要承担的责任与义务，不“诚”就是违背天理。“信”作为儒家始终看重的哲学范畴，被放在核心位置，朱熹在回答仁、义、礼、智与信的关系时讲：“信是诚实此四者，实有是仁，实有是义，礼智皆然……信是信实，表里如一。”[3]朱熹从“诚”的角度来讨论“信”，认为“诚”是道德主体，是天理的本然；“信”则是人之道，对此人们要将“信”内化于心，外化于行，看作仁、义、礼、智的核心基础，在此基础上生成的“诚”与“信”是体与用的关系，二者相辅相成，统一在人们的生活中，在个人人生发展中起到强大的铺垫作用，也成为一种宝贵的精神力量。

朱熹认为，人要学会“思诚”，“思诚”可以达到天人合一、心理合一

1《荀子·富国》。

2《四书章句集注·中庸章句》。

3 张立文主编：《朱熹大辞典》，上海辞书出版社，2013，第252页。

的境界。对于经济发展而言，诚信的贯彻有利于经济秩序的良性运行，例如徽商就是深受诚信思想影响，形成了“仁义至上”“以义取利”的经商观念，也形成了诚信不欺的商业伦理。在市场交易中，只有人人都守诚信，交易才会公平，经济才会发展，社会才能进步，国家才会发展；而在治理国家时，政府官吏要注重诚信治理，提高公信力，明白“诚”的真实含义，为百姓服务、为民生考虑，在践行诚信思想的过程中约束好自身，让百姓信服。朱熹将本体论、修养论、价值论等思想融会贯通，使其诚信观发生了根本性的思想变革，将“理”与诚信思想环环相扣，赋予了其深厚的文化底蕴与强大的现实内涵，从而使社会各阶层的思想上都产生了深刻变化。

二、对西方诚信价值理念的有益借鉴

作为一个古老的道德价值范畴，诚信体现于社会生活的各个方面，在人类社会中发挥着极其重要的作用，是任何一个国家、社会健康运行的基础。

（一）诚信是为人的内在要求

诚信思想可以追溯到亚里士多德的德性论，亚里士多德的诚信思想包含以下两个方面的内容：第一，诚信是介于自夸与自贬之间的一种德行，他说：“自夸的人是表现得自己具有某些受人称赞的品质，实际上却并不具或具有得不那么多；自贬的人是表现得自己不具有他实际上具有的品质，或者贬低他具有的程度；有适度品质的人则是诚实的，对于自己，他在语言上、行为上都实事求是，既不夸大也不缩小。”[1]这里亚里士多德从人内在的品质出发，提出了对诚实的要求以及具体表现。第二，诚信是公正德性的一部分，也是一种道德原则，他说：“我们要说的，不是守约的或涉及公正与不公正的那些事务上的诚实（因为适用于这些事务的是另外一种德性）。”[2]在这里，诚信即判断事情是否公正的标准，在经济交易中也同样适用，公平交易

1〔古希腊〕亚里士多德：《尼各马可伦理学》，廖申白译注，商务印书馆，2003，第 119 页。

2〔古希腊〕亚里士多德：《尼各马可伦理学》，廖申白译注，商务印书馆，2003，第 119—120 页。

要遵守诚信原则，按照对应的比例进行。由此可见，亚里士多德对诚信的理解已经较为深刻。

麦金太尔也建立了自己的德性论，他将诚信看作德性的一部分，认为“德性是一种获得性品质，这种德性的拥有和践行使我们能够获得对实践而言的内在利益，缺乏这种德性，就无从获得这些利益”[1]。在麦金太尔看来，诚信只有变成一种美德，甚至说是美德层面的诚信，普罗大众才可能在生活中常常做到诚实守信，并使之成为行为习惯。而随着市场经济的日益发展，社会经济体制发生了根本性的转变，普罗大众的思想、行为与生活方式相应也产生了巨大的变化。在市场的作用与影响日益扩大的同时，麦金太尔的德性论与市场经济开始出现矛盾、冲突，这时诚信作为为人的内在要求，其重要性与强大的道德约束力量日益凸显，在市场经济中得到了普遍认可。不过，对于麦金太尔而言，诚信也仅仅是一种道德要求，不足以成为具有约束力量的原则，但显而易见的是，亚里士多德与麦金太尔的德性论并不适用于市场经济的迅速扩展。

（二）诚信是社会关系运行的必要工具

功利主义的诚信观是西方诚信观的又一典型代表。功利主义者普遍认为，道德行为之所以具有普遍的正当性是因为要实现善，因此他们更注重结果的实现程度而忽视行为目的的善恶以及实现途径的好坏，只要能实现善，在道德上就属于好的范围。早期功利主义的诚信观念是在否定原有的神学诚信观之上形成的，马克思恩格斯曾指出：“资产阶级在它已经取得了统治的地方把一切封建的、宗法的和田园诗般的关系都破坏了。它无情地斩断了把人们束缚于天然尊长的形形色色的封建羁绊，它使人和人之间除了赤裸裸的利害关系，除了冷酷无情的‘现金交易’，就再也没有任何别的联系了。”[2]从

1〔美〕麦金太尔：《德性之后》，龚群译，中国社会科学出版社，1995，第 241 页。

2《马克思恩格斯文集》第 2 卷，人民出版社，2009，第 33—34 页。

这里可以看出，早期资本主义的发展面临着严重的诚信缺失问题，也体现了功利主义的较多弊端。功利主义的诚信思想分为两大派别，一种是以边沁等为代表的行为功利主义，认为诚信的重要性主要体现在能够换来利益，“许诺是人们的协议，协议创造出了新的动机来，因为经验教导我们，如果我们制定一些符号或标志，借以互相担保我们在任何特殊事情中的行为，那么人事的进行将会调整得对彼此都有利益”[1]。在这一派别看来，诚信首先是为了利益，其次才是一种道德原则。

另一种是以亚当·斯密为代表的准则功利主义，认为单纯的利己主义者是不利于社会整体运行的，要重视原则的重要性，“行善犹如美化建筑物的装饰品，而不是支撑建筑物的地基，因此作出劝诫已经足够，没有必要强加于人。相反，正义犹如支撑整个大厦的主要支柱。如果这根柱子松动的话，那么人类社会这个雄伟而巨大的建筑必然会在顷刻之间土崩瓦解”[2]。可以说，如果希望市场发挥它的真实作用，就要遵守诚信的交易原则，否则将不利于社会的发展。准则功利主义更加重视诚信原则的正当性，更加重视诚信作为具有约束力量的普遍原则的重要地位。与之相反，行为功利主义将功利原则视为最重要的原则，认为只要能够带来巨大的利益，哪怕违反诚信原则也无可厚非。诚信原则是一个国家和社会关系运行的基石，是一种制度性的原则且其力量不可低估，由此可见准则功利主义更加适合实现社会功利的最大化。总体而言，功利主义的诚信思想是片面的，是以利益为导向的思想。

（三）诚信的本质是一种契约诚信

西方契约思想起源较早，由于社会生产水平的逐渐提高，商品交换模式的逐渐确立，依靠契约维护交易的经济关系逐渐占据整个市场，最后扩展到社会的各个领域。伊壁鸠鲁的契约解释法是契约论思想的起源。柏拉图在契

1〔英〕休谟：《人性论》，关文运译，商务印书馆，2017，第558页。

2〔英〕亚当·斯密：《道德情操论》，蒋自强、钦北愚、朱钟棣、沈凯璋译，商务印书馆，2017，第107页。

约的基础上认为诚信是买卖交易应遵守的重要原则，“货物的交换在固定的地方进行，不能赊欠；交换时不能掺假，掺假是一种虚假和欺骗”[1]，柏拉图将诚信引入商品交换行为，希望交换双方做到诚信无欺，从而形成良好的社会风气。在此基础上，罗马帝国的商品经济将诚信原则落实得淋漓尽致。由于罗马帝国商品经济发展迅速，并达到了空前的规模，如果不通过相关法律及准则进行约束，就会有很多人钻其中的漏洞，商品交换就不再公平，商品经济就会迅速衰败没落。因此，罗马法学家将诚信引入罗马法律，规定了诚信条约与诚信诉讼，进行商品交换的双方都应该本着诚信的原则履行契约。在这里，诚信已经作为道德原则被用来补充法律、条约等的不完善之处，从而确保商品交换得以顺利进行，商品经济得到良性发展。

启蒙运动时期，西方思想家们将自然法作为契约的基础。康德认为诚信是一种利己行为，是为了约束主体、处理人际关系从而强加在人们身上的道德规范，究其根本是不道德的。休谟则认为人性本恶，建立诚信是因为人们自私、自利的本性，是为了保障人们的权益不受损害以及尽可能地保障人们之间的信任，也是为了全社会守信所带来的社会效用以及对公共利益的认可。可以说，在契约论诚信观看来，诚信的本质是一种契约诚信，具有较强的强制性与功利性，没有任何精神底蕴来支撑，缺乏内心的自律性，因此这种诚信是难以维系以及延续的。

三、社会主义诚信价值理念的核心要义

诚信是人类社会千百年来传承下来的道德传统，也是我国当代道德体系的基础和根本价值取向，更成为社会主义核心价值观的道德基石。具体而言，社会主义诚信价值理念强调诚实劳动、恪守承诺、诚恳待人和求真务实。

1 陈村富、庞学铨、王晓朝等编著：《古希腊名著精要》，浙江人民出版社，1989，第 144 页。

（一）具有诚实劳动的实践品格

劳动是人类全部社会关系形成和发展的基础，是推动人类向前发展的不竭动力，不仅影响着人们的物质生活，更影响着人们的精神生活，而将劳动与诚信价值理念相融合则是社会主义劳动观的重要突破。所谓“诚实劳动”，指的就是人们在认识和改造客观世界的过程中，诚信待人、恪守承诺，尊重客观事实，避免弄虚作假。邓小平强调了经济运行中要通过诚实劳动让部分人先富起来，江泽民提出“用诚实劳动争取美好生活”[1]的论述，要求在奋斗过程中拒绝弄虚作假，以真诚努力的态度投入到劳动中。在此基础上，2013年4月28日，习近平在同全国劳动模范代表座谈时进一步指出：“劳动是财富的源泉，也是幸福的源泉。人世间的美好梦想，只有通过诚实劳动才能实现；发展中的各种难题，只有通过诚实劳动才能破解；生命里的一切辉煌，只有通过诚实劳动才能铸就。”[2]

作为诚信价值理念的实践基础，诚信劳动在当今社会占据着十分重要的地位。在市场经济发展过程中，部分商家出于获取利益的目的，在生产过程中不顾人民的安全，制造伪劣、高仿商品，良莠不齐、鱼目混珠的现象层出不穷，社会的诚信危机越来越严重，人们彼此之间的信任感越来越少，对社会整体发展进程起到了阻碍作用。为此，我们党提出：“要大力推进政务诚信、商务诚信、社会诚信和司法公信建设，抓紧建立健全覆盖全社会的征信系统，加大对失信行为惩戒力度。”[3]搭起中国特色社会主义伟大事业的“高楼大厦”，唯有靠诚实劳动才能实现。唯有诚实劳动，才能赢得人民群众点赞；唯有诚实劳动，才能干出无愧于时代的业绩；唯有诚实劳动，才能真正挑起时代重任，在岗位上发挥作用、贡献正能量。因此，我们应大力倡导诚

---

1 中共中央文献研究室编：《十四大以来重要文献选编》上册，人民出版社，1996，第656页。

2《习近平谈治国理政》第1卷，外文出版社，2018，第46页。

3《中共中央关于深化文化体制改革推动社会主义文化大发展大繁荣若干重大问题的决定》，人民出版社，2011，第60页。

实劳动，筑牢全社会诚信观念的根基，以全民诚实劳动托起民族复兴的希望，向着民族复兴的光辉彼岸奋勇前进。

（二）坚持恪守承诺的传统美德

守信是中华民族的传统美德。对于君子而言，守信是一条重要的道德标准，常言道“君子一言，驷马难追”，“商鞅立木”“魏文侯重诺”“曾子杀猪”等佳话被世人传颂至今。在当今社会，公民个人层面应当努力做到恪守承诺，这不仅是社会主义核心价值观对公民个人的要求，也是社会主义现代化持续推进的需要。人与人之间要慎重许诺并坚定地履行诺言，如果经常失信于人，就会失去彼此之间的信任，从而影响双方的利益，长此以往将会损害全社会、民族和国家的整体利益。因此，为了国家的整体利益不受损害，为了国家和个人都能拥有美好的发展，每位公民都应牢记自己所做的承诺，对自身的言行负责。

坚持恪守承诺的传统美德，共产党员和领导干部应做好表率。2014 年 1 月 14 日，习近平在第十八届中央纪律检查委员会第三次全体会议上着重强调：“各级领导班子和领导干部都要严格执行请示报告制度。要切实加强组织管理，引导党员、干部正确对待组织的问题，言行一致、表里如一，讲真话，讲实话，讲心里话，接受党组织教育和监督。”[1]领导干部只有真心对待人民群众，真正做到“取信于民”，才能得到人民群众的拥护和支持。2015 年 12 月 29 日，习近平在中共中央政治局专题民主生活会上对“三严三实”作出了进一步的要求，再次强调“必须对党忠诚，知行合一，言行一致，表里如一，政治品质优秀，道德情操高尚，脱离一切低级趣味，时时处处以榜样力量感召干部群众”[2]。只有共产党员和领导干部带头做到恪守承诺，人民群众才会学习，才能在全社会形成恪守承诺的风气。

1《习近平谈治国理政》第 1 卷，外文出版社，2018，第 396 页。

2《中共中央政治局召开专题民主生活会：对照检查践行“三严三实”情况　讨论研究加强党风廉政建设措施》，《人民日报》2015 年 12 月 30 日。

（三）包含诚恳待人的价值取向

马克思曾说：“我们现在假定**人**就是**人**，而人对世界的关系是一种人的关系，那么你就只能用爱来交换爱，只能用信任来交换信任，等等。如果你想得到艺术的享受，那你就必须是一个有艺术修养的人。如果你想感化别人，那你就必须是一个实际上能鼓舞和推动别人前进的人。”[1]马克思指出，在现实生活中，若希望被人以诚相待，则要做到以诚待人；若希望感受到爱与温暖，则要做到与人为善；若希望拥有美好灿烂的未来，则要用美好的眼光来看待世界。

人与人之间的关系如此，国与国之间的关系亦是如此。中国作为负责任的大国，将“亲、诚、惠、容”作为大国外交的基本理念，始终在国与国的交往中以“诚”相待。习近平在多次讲话中倡导国家之间应努力建立诚信友好的关系。2013 年 3 月 25 日，他在坦桑尼亚尼雷尔国际会议中心的演讲中提到：“解决合作中的问题，我们讲一个‘诚’字。中国和非洲都处在快速发展过程中，相互认知需要不断与时俱进。”[2] 2015 年 4 月 21 日，他在巴基斯坦议会上的演讲中提到：“巴基斯坦认为‘诚信比财富更有用’，中国认为‘人而无信，不知其可也’，两国传统文化理念契合相通。”[3]中国提出的“一带一路”倡议、筹建的亚洲基础设施投资银行，都是从对象国的角度出发，诚心诚意为广大发展中国家谋发展。新时代我们应坚持国家不分大小、强弱、贫富一律平等，在和平共处五项原则的基础上全面发展同周边国家的关系，诚心诚意地对待周边国家，争取更多朋友和伙伴，使周边国家对我国更友善、更亲近、更认同、更支持，用实际行动展现以诚待人、以信待人的大国形象，走出一条中国特色大国外交之路。

（四）蕴含求真务实的科学精神

诚信本质上就是要坚持求真务实、实事求是的科学精神。求真务实一直

1《马克思恩格斯文集》第 1 卷，人民出版社，2009，第 247 页。

2《习近平谈治国理政》第 1 卷，外文出版社，2018，第 309 页。

3 习近平：《构建中巴命运共同体　开辟合作共赢新征程》，《人民日报》2015 年 4 月 22 日。

以来都是中国共产党思想路线的基本特征，是我们由胜利走向新的胜利的重要保证。求真务实，从其定义上说，是指人与人交往时要符合客观事实，不欺骗不隐瞒，不歪曲事实。从我国的历史发展进程可以看出，求真务实发挥了巨大作用。毛泽东早在延安时期就提出要“当老实人，说老实话，做老实事”[1]，并反对不实事求是、铺张夸功的工作做法。无论环境如何，邓小平都始终坚持注重实际、一切从实际出发、实事求是的工作方式与求真务实的工作作风。一如他后来所说：“比较正确地说，我是实事求是派”[2]。胡锦涛将求真务实的科学精神提到了新的高度，强调要“在全党大力弘扬求真务实精神、大兴求真务实之风”[3]。

中国特色社会主义进入新时代，求真务实依然是习近平新时代中国特色社会主义思想的基本价值取向。党的二十大报告提出：“我们必须坚持解放思想、实事求是、与时俱进、求真务实，一切从实际出发，着眼解决新时代改革开放和社会主义现代化建设的实际问题，不断回答中国之问、世界之问、人民之问、时代之问，作出符合中国实际和时代要求的正确回答，得出符合客观规律的科学认识，形成与时俱进的理论成果，更好指导中国实践。”[4]“党的百年奋斗成功道路是党领导人民独立自主探索开辟出来的，马克思主义的中国篇章是中国共产党人依靠自身力量实践出来的，贯穿其中的一个基本点就是中国的问题必须从中国基本国情出发，由中国人自己来解答。”[5]求真务实更是党员修养的重要内容和价值要求，2014 年 3 月 9 日，习近平在参加第十二届全国人民代表大会第二次会议安徽代表团审议时，提出

1 中共中央文献研究室编：《毛泽东著作专题摘编》上卷，中央文献出版社，2003，第 249 页。

2《邓小平文选》第 3 卷，人民出版社，1993，第 209 页。

3 中共中央文献研究室编：《十六大以来重要文献选编》上册，中央文献出版社，2005，第 724 页。

4 习近平：《高举中国特色社会主义伟大旗帜　为全面建设社会主义现代化国家而团结奋斗——在中国共产党第二十次全国代表大会上的报告》，人民出版社，2022，第 17—18 页。

5 习近平：《高举中国特色社会主义伟大旗帜　为全面建设社会主义现代化国家而团结奋斗——在中国共产党第二十次全国代表大会上的报告》，人民出版社，2022，第 19 页。

“既严以修身、严以用权、严以律己，又谋事要实、创业要实、做人要实”[1]，对党员干部提出了新的要求。从习近平的论述中可以体会到，谋事业、做工作都应该符合实际情况、符合客观规律，不能好高骛远，也不能脱离实际，要脚踏实地地为人民谋利益，真抓实干地为国家谋发展。当然人民群众也需要坚持求真务实的工作精神，勤恳工作，努力参与到国家建设中去。可以说，党员干部与人民群众都需要坚持求真务实的科学精神，尊重科学、尊重实践、尊重规律，勤勤恳恳工作、努力进取创造、任劳任怨奉献，共同为中华民族伟大复兴贡献力量。

第四节　社会主义友善价值理念的内涵与要求

友善包含善待亲友、他人、自然的意义。善待亲人可以形成和谐的家庭关系，善待他人可以形成和谐的人际关系，善待自然可以形成和谐的生态关系。能否以友善的态度为人处世，不但体现着一个人的道德水平，也体现着社会的和谐程度。社会主义友善价值理念反映人与自身、人与他人、人与共同体、人与自然、共同体与共同体之间的友善关系，是对人类以往友善理念的继承和发展，是社会主义条件下处理人际关系的基本价值准则，能够有效化解社会生活中的冲突与矛盾，从而创建良好的社会环境，在社会生活中发挥着不可替代的“润滑”作用，是建设和谐家园、实现民族梦想的重要精神条件与价值支撑。

一、对中国传统友善价值理念的传承转化

中华上下五千年的历史造就了博大精深的中华传统文化，中华传统文化经历了漫长的孕育、形成和发展过程，形成了儒家、墨家、道家、佛教等多

1《习近平谈治国理政》第 1 卷，外文出版社，2018，第 381 页。

条源流脉络，每条脉络形成了各具特色的友善价值理念。

（一）以“仁者爱人”为核心的儒家友善价值理念

儒家友善价值理念在中华传统友善价值理念中居于核心地位，这与儒家在中华传统文化中的核心地位是一致的。儒家友善价值理念论述丰富、影响深远，已经成为中国人内心的价值标准和道德规范。

儒家友善价值理念以仁为核心。这是儒家友善价值理念最为根本的特点。儒家思想的创始人孔子把“仁”的问题放在人伦关系中看待，强调人与人之间应具有“仁”的友善关系。孟子进一步弘扬仁爱精神，他提到“君子以仁存心，以礼存心。仁者爱人，有礼者敬人。爱人者人恒爱之，敬人者人恒敬之”[1]，“故君子莫大乎与人为善”[2]。唐代韩愈也强调“仁”，他讲“博爱之谓仁”[3]。到了宋代，周敦颐认为“圣人定之以中正仁义而主静”[4]。张载认为“以爱己之心爱人，则尽仁”[5]，并在此基础上进一步提出“民胞物与”的思想。程颢指出，“万物之生意最可观，此元者善之长也，斯所谓仁也”[6]。朱熹著《仁说》来弘扬阐释“仁”，强调“盖仁之为道，乃天地物之心”。明代心学家王阳明也指出，“大人之能以天地万物为一体也，非意之也，其心之仁本若是，其与天地万物而为一也”[7]。纵观历史进程，虽然“仁”的含义在不断发展，但其中爱与善的精神本质没有改变，儒家始终以“仁”为核心对其友善价值理念进行论述，这也是儒家友善价值理念一以贯之的精神内核。

儒家友善价值理念以差等之爱为基础。《论语》载：“孝弟也者，其为仁之本与！”[8]儒家把体现父母与子女之间的“孝”和兄弟姐妹之间的“悌”，

1《孟子·离娄下》。
2《孟子·公孙丑上》。
3《原道》。
4《太极图说》。
5《正蒙·中正》。
6《二程遗书》卷11。
7《大学问》。
8《论语·学而》。

作为“仁”的根本。“仁”是儒家人伦关系的最高价值体现，其根本为“孝”“悌”。“孝”“悌”是血缘关系的行为准则，在孔子看来，血缘关系是最为亲近的、情感最深的关系，“仁”应从“爱亲”开始，逐渐做到“泛爱众而亲仁”[1]。孔子推行的“仁爱”从“爱亲”开始，是差等之爱，是“己所不欲勿施于人”的“推己及人”之“爱”，与费孝通在《乡土中国》中所说的我国传统社会的“差序格局”[2]相一致。到了孟子，等差之爱得到进一步深化，他指出：“亲亲而仁民，仁民而爱物也。”[3]从爱“亲”，到爱“民”，再到爱“物”，这种“爱”的自然情感由深变浅。汉代董仲舒提出“三纲”——“君为臣纲，父为子纲，夫为妻纲”，将儒家差等之爱极端化，打上了不平等的等级观念。至此，儒家差等之爱不再仅仅是自然情感的深浅问题，更体现了封建社会的等级观念。宋代张载、程颢、朱熹等理学家将“天地”解释为尊卑等级关系，宇宙万物也都有尊卑等级，如天冠地屦、星空列阵、大雁成行、羊羔跪乳等都反映着尊卑等级，然后依据“天人合一”论证三纲五常符合自然之理，最后造成了“以理杀人”的社会现象。朱熹特别强调严格的等级之爱，他说：“人之有爱，本由亲立；推而及物，自有等级。”[4]朱熹从“‘理一分殊’的根本原则讲仁爱，故义理高于仁爱，仁爱被纳入义理的贵贱等级秩序之中”[5]。明代王阳明提出“爱有薄厚”的观点，“惟是道理，自有厚薄……《大学》所谓厚薄，是良知上自然的条理，不可逾越。此便谓之义”[6]。综上，体现友善精神的儒家仁爱思想无论如何发展、演变，基于差等的友善之情都贯穿其始终，这是由封建等级制度决定的。

儒家友善价值理念以博施济众为追求。在《论语》中，孔子特别推崇

1《论语·学而》。

2 费孝通：《乡土中国》，人民出版社，2008，第 29—30 页。

3《孟子·尽心上》。

4《朱子语类》卷 55。

5 张世英：《儒家与道德》，《社会科学战线》2006 年第 1 期，第 25 页。

6《传习录·黄省曾录》。

子贡的“博施于民而能济众”[1]的思想。儒家历代思想家不断追求这种“博施济众”精神，对友善客体和友善内涵不断进行拓展与深化。孔子在提出“孝弟也者，其为仁之本与”[2]的基础上，又提出“己欲立而立人，己欲达而达人”[3]的观点，这反映出孔子所认为的“仁”的客体不仅包含亲人，也要向外扩展到他人，这与孟子从“亲亲”到“仁民”的扩展相一致的；不同的是，孟子从“人”进一步扩展到了“物”，即从“仁民”到“爱物”。汉代董仲舒将“天、地、阴、阳、木、火、土、金、水”与“人”组合起来，形成了“天”，认为“人之居天地之间，其犹鱼之离水，一也”，体现了人与万物为一体的思想。[4]到了唐代，韩愈提出了“博爱”观点。到了宋代，张载提出了“民胞物与”思想；程颢提出了“仁者，与天地万物为一体”，“故‘博施济众’，乃圣之功用”[5]等观点；朱熹提出了“理一分殊”思想。到了明代，王阳明指出，“大人者，以天地万物为一体者也”[6]，“夫圣人之心，以天地万物为一体，其视天下之人，无外内远近”[7]。这些历代大儒从本体论的视角，将人、天、地、万物看作一体，日益丰富着友善客体，把“天人合一”“万物一体”的思想渗透进友善价值理念中，在规定人际友善关系的同时，不断追求对天地万物的友善。

（二）以“兼相爱”为重点的墨家友善价值理念

墨子创立了墨家学派，在当时与孔子创立的儒家学派一道都有较大影响，被称为“孔墨显学”。虽然墨家学派在西汉之后逐渐销声匿迹，但墨家也形成了自己学派的友善价值理念。

1《论语·雍也》。
2《论语·学而》。
3《论语·雍也》。
4《春秋繁露·天地阴阳》。
5《二程遗书》卷2。
6《大学问》。
7《传习录·答顾东桥书》。

墨家友善价值理念的兼相爱思想。墨子认为，“诸侯相爱，则不野战，家主相爱，则不相篡；人与人相爱，则不相贼；君臣相爱，则惠忠；父子相爱，则慈孝；兄弟相爱，则和调；天下之人皆相爱，强不执弱，众不劫寡，富不侮贫，贵不敖贱，诈不欺愚。凡天下祸篡怨恨，可使毋起者，以相爱生也，是以仁者誉之”[1]。墨子的“兼相爱”是一种普遍的、无差别的泛爱，倡导爱人如爱己，人们相亲相爱，以达到天下太平。“夫爱人者，人必从而爱之；利人者，人必从而利之；恶人者，人必从而恶之；害人者，人必从而害之。”[2] 兼相爱充分体现了墨家友善价值理念，从本质上说，兼相爱就是以友善精神来处理人与人、家与家、国与国之间的交往关系，实现人与人、家与家、国与国之间的和谐、和睦、和平。

墨家友善价值理念的交相利思想。墨子指出：“欲天下之治而恶其乱，当兼相爱，交相利。此圣王之法，天下之治道也。不可不务为也。”[3] 其中，“交相利”是指，在兼相爱的大原则下，利是相互的，我诚心给他人以“利”，他人也诚心给我以“利”。这种互利不是以私利为前提，而是以友善的公利为前提，是倡导“兼相爱”而形成的结果。可以说，墨家友善价值理念不是以功利、自利为目的的私利思想，而是一种公利主义思想，真正体现了友善的价值遵循。墨家的“利”强调的是公共利益，是社会、国家和万民的利益。“仁之事者，必务求兴天下之利，除天下之害，将以为法乎天下，利人乎即为，不利人乎即止。”[4] 墨子在“仁”与“利”之间建立了密切联系，认为仁的目标是“兴天下之利，除天下之害”。同时，他也提到“义者正也”[5]，“义，利也”[6]。也就是说，最大的“义”就是“兴天下之利，除天

1《墨子 · 兼爱中》。
2《墨子 · 兼爱中》。
3《墨子 · 兼爱中》。
4《墨子 · 非乐上》。
5《墨子 · 天志下》。
6《墨子 · 经上》。

下之害”。可见，墨子将“仁”“义”“利”有机统一起来了，形成了友善价值理念的基础架构。

墨家友善价值理念的孝慈论。墨子强调的“兼相爱”以家庭成员之间的友善与和睦为基础，其根基是父子相爱、孝慈兼备。“父子相爱，则慈孝。”[1]孝是指子对父的关系，慈是指父对子的关系。墨子提倡孝道，他说：“子者之不孝也，此又天下之害也。”[2]他也指出了孝的途径，即“孝，利亲也”[3]。对父母长辈的孝顺，应该给父母长辈实惠和切身利益，满足他们的实际需要，既包括物质方面的，也包括精神方面的。同时，墨子认为：“父自爱也，不爱子，故亏子而自利。”[4]他强调父母对儿女要慈。父母对儿女的慈爱以及儿女对父母的孝顺，是友善价值理念的又一映现。

墨家友善价值理念的非攻论。墨家处理国家关系的原则也体现了友善的价值追求。墨子认为，战争使得“涂道之修远，粮食辍绝而不继，百姓死者，不可胜数也”，“国家发政，夺民之用，废民之利，若此甚众”[5]。战争的危害极大，是天下的“大害”。在反对战争的同时，墨子也提出了“尚同”“尚贤”等国家治理的政治思想，破立结合，阐述了国与国之间应该遵循和平友善的交往原则。

墨家友善价值理念的择友论。墨子不仅重视修身，也强调周围朋友和环境对个人的影响。“非独国有染也，士亦有染。其友皆好仁义，淳谨畏令，则家日益，身日安，名日荣，处官得其理矣。”[6]墨子倡导要谨慎地选择朋友，有些朋友不可交往，比如：“据财不能以分人者，不足与友。”[7]所以，在墨子

1《墨子·兼爱中》。
2《墨子·兼爱下》。
3《墨子·大取》。
4《墨子·兼爱上》。
5《墨子·非攻中》。
6《墨子·所染》。
7《墨子·修身》。

看来，选择朋友要有标准和原则，不可为交朋友而交朋友，从而去迎合、取悦他人。墨家强调的友善并不是对朋友无条件地包容和宽泛的爱，而是有原则的友善处理人与人之间的关系。

（三）以“道法自然”为遵循的道家友善价值理念

“道法自然”是道家友善价值理念的根本遵循，内含着无为、无欲、不争等友善之意，反映了人与自然、与人、与己要建立友善关系的观点。

道家友善价值理念的天人合一思想。“人法地，地法天，天法道，道法自然。”[1]道家认为，“道”是最高范畴，从本体论上讲，它是产生宇宙万物的总根源。在“道法自然”的根本遵循下，人与自然构成了一个和谐共生的整体，构建了道家“天人合一”的理论基础，推动形成了人与自然之间的友善关系，这是道家友善价值理念的核心内容。

道家友善价值理念的上善若水思想。老子认为，为人处世要具有水的性能，主张柔弱不争的处世态度，即“上善若水。水善利万物而不争，处众人之所恶，故几于道。……夫唯不争，故无尤”[2]。这种不争的背后潜藏着一种对他人的善意和宽容，告诉人们要学会真诚地帮助他人，不争名利，做到尽心于无私的奉献中，默默耕耘。[3]“上善若水”将“善”比作“水”，突出了与人为善的要义，劝告人们要尊重、帮助、宽容他人，为人与人之间建立友善关系提供了理论支撑。

道家友善价值理念的贵生持身思想。《吕氏春秋》中有云：“圣人深虑天下，莫贵于生”，“道之真以持身，其绪馀以为国家”，“全生为上，亏生次之，死次之，迫生为下”[4]。这些论述表达了道家认为“道的实质是保全生命和身体”的思想，这是道家非常看重的。对自己生命和身体负责，是对自己友善

1《老子·二十五章》。

2《老子·八章》。

3 李家晔主编:《道家文化》，时事出版社，2013，第 176 页。

4《吕氏春秋·贵生》。

的重要体现。

（四）以“普度众生”为追求的佛教友善价值理念

佛教作为世界三大宗教之一，在中华传统文化和中国伦理的发展过程中发挥着重要的历史性作用，其优秀的伦理思想资源有助于和谐、和睦、和平环境的建立，这些都蕴含着友善价值理念。

佛教友善价值理念的去恶行善思想。“诸恶莫作，诸善奉行，自净其意，是诸佛教。”[1] 这句偈代表了佛教的去恶行善观点。佛教是一种善道，教人为善。在中国古代，儒释之间影响很大，在发展过程中，儒释之道逐渐相通。佛教学者在极力劝人行善，如明代弃官后信奉佛法的袁了凡的《阴骘录》是劝人为善的代表著作；明代高僧祩宏撰写的《自知录》中，就佛教伦理的目的分类和善恶功过的评价进行了详细论述。佛教所讲的善恶，除了特定含义外，也有普遍指导意义，对促进对人友善、人心向善是有积极作用的。

佛教友善价值理念的平等慈悲思想。平等是指对他人、对外物给予地位上的尊重；慈悲是指对他人、对外物给予情感上的关怀。平等不仅是指佛、法、僧“三宝”和心、佛、众生“三法”的平等无差别，更为重要的是，强调众生都具有佛性而一律平等，在佛性面前并无高低之别，对众生要有普遍的无差别的爱心。在中国，佛教十分注重宣扬其平等思想。就“慈悲”而言，就是“与乐拔苦”，慈是慈爱、关爱众生并给予快乐，悲是悲悯众生并拔除其痛苦。慈悲本质上是怜悯、同情他人的意思，也就是爱人之意。在中国，佛教十分注重宣扬慈悲精神，唐初僧人道世在《法苑珠林》中说：“菩萨兴行救济为先，诸佛出世大悲为本。”[2] 中国佛教奉菩萨为理想人格的化身，以普度众生为最高价值，所以慈悲也被中国佛教视为最主要的伦理原则。佛教的平等慈悲是一种博爱，不仅限于人本身，而且也涉及全体生物，以普度

1《法句经·述佛品》。

2 李明岩：《汉传佛教在加拿大的传播》，《公共外交季刊》2015 年第 1 期，第 43 页。

众生同得解脱为最高目标，与儒家张载所提出的“民胞物与”思想类似。

佛教友善价值理念的度己度人思想。度己，是指为自己的解脱而精进修行，自得其利所生善果，是人与自我关系的体现；度人，是指普度众生，所生善果对他人他物有利。大乘佛教教义要求，把自利与利他结合起来，以达到圆满的涅槃境地；个人与他人是互相融合的，而不是互相对立的，个人的解脱与他人的解脱是无法分开的；还提倡“自他相换”，即把自己当成他人，把他人看成自己，自己固然要成佛，但使他人成佛也是至关重要的。因此，大乘佛教以是否对他人有利作为区别大善大恶的标准：对个人对他人都有利是善，对个人不利而对他人有利是大善；对个人对他人都不利是恶，对个人有利而对他人不利是大恶。

佛教友善价值理念的布施忍辱思想。佛教中的道德规范和实践准则主要体现在其完备的戒律体系上，主要涉及“五戒”“十善”“四摄”“六度”四个方面。其中，“五戒”“十善”是从思想、言语和行为三个方面明确规定不应当想什么、说什么、做什么，属于社会公德范畴，要求对他人要有友好、善意的意愿；“四摄”“六度”是指佛教徒对社会应履行的道德义务，布施和忍辱是“四摄”“六度”最重要的修行要求。布施是要求佛教徒以个人的财力、体力和智力去救助帮扶他人，是第一位的友善行为；而忍辱包括生忍和法忍，生忍是指对众生要做到人嗔我不嗔、人恼我不恼；法忍是指内心不为外物所动。从社会学的观点来看，提倡“四摄”“六度”，突出布施、忍辱，反映了佛教对人际关系的重视，这是佛教为缓解人际矛盾所提供的一种行为策略。[1]

二、对西方友善价值理念的有益借鉴

古希腊罗马时期、中世纪基督教时期、近代时期，是西方文化发展中的

1 方立天：《中国佛教伦理思想论纲》，《中国社会科学》1996 年第 2 期，第 110 页。

三大重要阶段，每个历史时期的伦理思想无不阐释着对友善的认识和理解，形成了西方文化中的友善价值理念，为社会主义友善价值理念提供了西方文明的思想资源。

（一）以“友爱”为核心的古希腊罗马时期友善价值理念

在古希腊罗马时期，思想家们对人与人之间的友善关系进行了深入的思考和阐释，形成了这一时期的友善价值理念，成为西方传统友善价值理念的开端。从荷马、苏格拉底、柏拉图到亚里士多德、伊壁鸠鲁、西塞罗等这一时期的思想家，几乎都涉及对友谊、亲情等友爱情感和道德的思考，总的来看，这一时期的友善价值理念是围绕友爱展开的。古希腊罗马时期的友爱主要应用于人际关系问题。亚里士多德曾指出，“友爱又似乎更在于去爱”[1]。这种爱体现为人与人之间的那种相互善意、相互吸引的主动情感，包括与朋友之间的友情、与家人之间的亲情和与爱人之间的爱情，这些情感都反映了人与人之间的爱。

古希腊罗马时期友善价值理念体现为对友人的爱。朋友之间的友情是友爱的一部分，也是最为重要的部分。朋友在希腊语中是 Philos，早在荷马史诗里就出现过。在《伊利亚特》篇章中，阿喀琉斯和帕多罗克洛斯是战友，他们之间的战友之情非常深厚。为了给帕多罗克洛斯报仇，阿喀琉斯义无反顾重归战场而自我牺牲，充分展现了二人之间伟大的友情。德谟克利特认为，“连一个高尚朋友都没有的人，是不值得活着的”[2]。柏拉图的《吕西斯》中记述了苏格拉底关于友爱的对话和思考，这是古希腊第一部相对系统的论述友爱的著作。苏格拉底认为两个人之间只有彼此都爱着对方才能成为朋友、产生友爱[3]；他又通过论辩对相似者之间、相反者之间、好人之间能够成为朋友进行了否定，提出“既不好也不坏者就是美与善美〈the good〉的朋

1〔古希腊〕亚里士多德：《尼各马可伦理学》，廖申白译注，商务印书馆，2003，第 244 页。

2 北京大学哲学系外国哲学史教研室编译：《古希腊罗马哲学》，商务印书馆，1982，第 111 页。

3 包利民主编：《〈吕西斯〉译疏》，陈郑双译，华夏出版社，2014，第 29 页。

友”[1]，这是产生友爱的原因。在《理想国》中，柏拉图认为，为城邦立法的目的在于“运用说服或强制，使全体公民彼此协调和谐，使他们把各自能向集体提供的利益让大家分享。而它在城邦里造就这样的人，其目的就在于让他们不致各行其是，把他们团结成为一个不可分的城邦公民集体”[2]。这一城邦的集体便是友爱的集体。

在亚里士多德看来，有三种可爱的事物，即“善的、令人愉悦的和有用的事物”[3]。朋友之间的友爱也可划分为三类：有用的友爱、令人愉悦的友爱和善的友爱。有用的友爱，是相互因对方对自己有用、有益而发生的，双方并不是为了对方的善，而只是为了从对方那里得到好处才成为朋友的。一旦他们觉得对方不能再给自己带来任何好处，彼此之间的友爱和友情就会很快消失。快乐的友爱，则是因双方能够从友爱中感受到快乐而产生，双方是为了得到快乐而交朋友。“这两种友爱是偶性的。因为，那个朋友不是因他自身之故，而是因能提供某种好处或快乐，才被爱的。所以，一旦哪一方有所变化，这样的友爱就容易破裂。因为，如果相互间不再使人愉悦或有用，他们也就不再互爱。”[4]亚里士多德认为，“只有相互都抱有善意才是友爱”[5]，善的友爱使得“他们相互间都因对方自身之故而希望他好，而他们自身也都是好人。那些因朋友自身之故而希望他好的人才是真正的朋友”[6]，才能产生真正的友爱，“爱似乎就是朋友的德性”[7]。

伊壁鸠鲁认为友爱是产生快乐的原因，友爱是因自身而被向往，可以给人带来快乐，是值得追求的[8]；友谊是获得幸福的重要途径，“在智慧提供给

1 包利民主编：《〈吕西斯〉译疏》，陈郑双译，华夏出版社，2014，第 41 页。
2〔古希腊〕柏拉图：《理想国》，郭斌和、张竹明译，商务印书馆，1986，第 279 页。
3〔古希腊〕亚里士多德：《尼各马可伦理学》，廖申白译注，商务印书馆，2003，第 230 页。
4〔古希腊〕亚里士多德：《尼各马可伦理学》，廖申白译注，商务印书馆，2003，第 232 页。
5〔古希腊〕亚里士多德：《尼各马可伦理学》，廖申白译注，商务印书馆，2003，第 231 页。
6〔古希腊〕亚里士多德：《尼各马可伦理学》，廖申白译注，商务印书馆，2003，第 233 页。
7〔古希腊〕亚里士多德：《尼各马可伦理学》，廖申白译注，商务印书馆，2003，第 244 页。
8 宋希仁：《西方伦理思想史》，中国人民大学出版社，2010，第 89 页。

整个人生的一切幸福之中，以获得友谊为最重要”[1]。为了获得友谊，友人间必须相互扶助。[2]伊壁鸠鲁主义的理想之人应该是一个受理性控制的人，既关心自我的真正利益，也关心他人的利益，并追求自然人格完善的高尚思想。[3]西塞罗在《论友谊》中指出，“友谊这个字源自‘爱’，而‘爱’是导致人们彼此友善的最首要的因素”[4]。他提出友谊的原则：朋友之间应该彼此做高尚的事情，要随时效力，敢于坦诚地提出忠告，应该请求朋友做高尚的事情[5]……这些都体现了“因朋友自身之故而希望他好”的观点。

古希腊罗马时期友善价值理念体现为对子女的爱。古希腊时期，人们对有血缘关系的亲人的友爱之情给予重视、有所思考。荷马曾把宙斯之神称为父亲，寻求父亲的关心和保护。在《斐多》中，在生死诀别之际，苏格拉底提起了对自己的家人尽责任，给自己的儿子作了种种指示，之后再没有遗憾，这位“最善良、最有智慧、最正直的人”[6]便喝下毒药。这表现出苏格拉底对亲人的挚爱之情。在《吕西斯》中，苏格拉底探讨了吕西斯父母对吕西斯的爱，以及父母与子女对幸福的认识和理解等问题，揭示了父母与子女之间的友爱原则。[7]亚里士多德深刻阐述了父母与子女之间、兄与弟之间的友爱之情，他认为，有血缘关系的亲人之间的友爱是天然的，“父母从孩子一出生就爱他们”[8]，这是因为“孩子是双方共同的善”[9]，“父母爱孩子，是把他们当作自身……孩子爱父母，则是把他们当作自身的来源。兄弟间互爱，则是由于有共同的生命来源”[10]。这种天然的友爱之情是超越时空、超越国度的。

1 北京大学哲学系外国哲学史教研室编译：《古希腊罗马哲学》，商务印书馆，1982，第346页。
2 宋希仁：《西方伦理思想史》，中国人民大学出版社，2010，第89页。
3〔美〕弗农·布尔克：《西方伦理学史》，黄慰愿译，华东师范大学出版社，2016，第41页。
4〔古罗马〕西塞罗：《论老年　论友谊》，王焕生译，上海人民出版社，2011，第147页。
5〔古罗马〕西塞罗：《论老年　论友谊》，王焕生译，上海人民出版社，2011，第167页。
6〔古希腊〕柏拉图：《斐多》，杨绛译，中国国际广播出版社，2012，第98页。
7 包利民主编：《〈吕西斯〉译疏》，陈郑双译，华夏出版社，2014，第13—25页。
8〔古希腊〕亚里士多德：《尼各马可伦理学》，廖申白译注，商务印书馆，2003，第252页。
9〔古希腊〕亚里士多德：《尼各马可伦理学》，廖申白译注，商务印书馆，2003，第253页。
10〔古希腊〕亚里士多德：《尼各马可伦理学》，廖申白译注，商务印书馆，2003，第252页。

而一切有血缘关系的亲人之间的友爱之情“都是从父母同子女的友爱派生的”[1]，其中“父母所给予的恩惠是最大的”[2]。亚里士多德认为，兄弟之情高于伙伴之情，由于兄弟会从小在同一父母抚养下共同成长，相似度高，友爱之情更为持久、牢固。他也谈到了其他亲属之间的友爱，“友善的程度也都同关系的远近成比例”[3]。可见，具有血缘关系的亲人之间的友爱之情是古希腊时期人际友善的重要内容。

古希腊罗马时期友善价值理念体现为对伴侣的爱。柏拉图在《会饮》《斐德罗》《吕西斯》等著作中也讨论了爱情，这种友爱情感是人们的欲望天性，互爱是其基本要求，“那些真正的而非虚情假意的爱人，就必然会被他所爱的人爱着了”[4]。此外，在古希腊罗马时期，人们认为同性之爱往往比异性之爱高尚，因为精神之爱高于肉体之欲，这不仅能够带来愉悦感，更重要的是，异性之爱是出于对城邦人口繁衍生息而建立的，而同性之爱则是帮助年轻男子变得高尚，这是出于德性要求的。正如亚里士多德所认为的，这种友爱（爱情）既有用又有快乐，并且还是德性的。[5]通过爱情男女组建了家庭，而“家庭先于城邦且更为必需”[6]，这不仅是生育的需要，更是生活的需要。

（二）以“博爱”为核心的中世纪基督教友善价值理念

中世纪时期，基督教思想成为欧洲社会占统治地位的意识形态。根据奥古斯丁的观点，爱、信、望是基督教的三主德，其中“爱”是指“博爱”，是三主德之首。按照基督教教义的规定，这一时期的友善价值理念必然是以博爱为核心，充分体现了基于信仰上帝的基督教精神。

1〔古希腊〕亚里士多德：《尼各马可伦理学》，廖申白译注，商务印书馆，2003，第 251 页。
2〔古希腊〕亚里士多德：《尼各马可伦理学》，廖申白译注，商务印书馆，2003，第 252 页。
3〔古希腊〕亚里士多德：《尼各马可伦理学》，廖申白译注，商务印书馆，2003，第 252 页。
4 包利民主编：《〈吕西斯〉译疏》，陈郑双译，华夏出版社，2014，第 59 页。
5〔古希腊〕亚里士多德：《尼各马可伦理学》，廖申白译注，商务印书馆，2003，第 253 页。
6〔古希腊〕亚里士多德：《尼各马可伦理学》，廖申白译注，商务印书馆，2003，第 253 页。

中世纪基督教友善价值理念体现了以上帝为中心。基督教宣扬人对上帝的爱、上帝对人的爱、人与人之间的爱，这些爱都来源于对上帝的信仰，其核心是对上帝的爱。上帝是世界的缔造者，以上帝为中心是基督教的基本特征，必然成为基督教友善价值理念的主要特点。以上帝为中心的基本要求是，世人的所言所行都要以上帝为典范，以上帝的诫命为遵循，顺服上帝旨意，这是最高的德性，是“至善”。同时，以上帝为中心的最高境界是“神人合一”：从上帝角度看，上帝不仅是遥不可及的神，也是世人身边的楷模，这样世人才能按照上帝旨意行事，否则如果上帝高不可攀，没有亲和力，基督教也就失去了信仰的民间基础；从世人角度看，个人听从上帝安排，服从上帝旨意，都是为了与上帝心意相通，享有至高的神性，实现人性与神性的统一。因此，以上帝为中心与“神人合一”是内在统一的，更加突出强调了“神”的核心地位。

中世纪基督教友善价值理念体现了以平等为旨归。基督教主张“上帝面前人人平等”。平等是基督教的价值旨归，这种平等是无差等的、绝对意义上的平等，体现在两个方面：一方面是上帝对世人的爱的平等性，正如奥古斯丁所说：“你（主）照顾着每一个人，仿佛只照顾一个人，你照顾全人类，犹如照顾一人。”[1]因为每一名信徒都能得到上帝平等的爱，这使得基督教的受众具有广泛性的特点。另一方面是人与人之间的爱的平等性，“凡遵行我天父旨意的人，就是我的弟兄、姐妹和母亲了”[2]。基督教主张，无论是对亲人还是对邻居，无论是对朋友还是对仇敌，人们施予的爱都是同等的，衡量的尺度是“爱人如己”。基督教的这种平等性具有一定的进步意义，能够帮助缩小人与人之间的等级差异和阶级地位。理念虽好，但在现实中是抽象的，这种抽象性导致了所谓的“平等”只能是“看上去很美”。

中世纪基督教友善价值理念体现了以虚幻为本质。基督教主张的“爱”

1〔古罗马〕奥古斯丁：《忏悔录》，周士良译，商务印书馆，1987，第49页。

2《新约·马太福音》。

是来源于上帝的爱，由于上帝是虚幻的，不是真实存在的，故而基督教的爱也是虚幻的，导致其友善价值理念也是虚幻的。基督教是中世纪封建社会统治者麻痹被统治阶级的“精神鸦片”，通过教义给被统治阶级以虚幻的希望。“基督教是在死后的彼岸生活中，在天国寻求这种解脱”，可以说是虚无缥缈的，只是在人们精神世界中想象出来的，这与社会主义“在社会改造中寻求这种解脱”[1]的真实方式形成鲜明的对比。阿奎那也曾指出，“神学的德性则是超自然的”[2]，因此，基督教友善价值理念天然地具有虚幻的性质，更多只是思想中的、口头上的，而不是真实的、现实层面的，更不可能在中世纪那个以剥削、压迫、虚伪为鲜明特色的历史时期实现。

（三）以“自爱”为核心的近代西方资本主义友善价值理念

经过上千年中世纪的黑暗时期，随着科学技术和社会生产力的发展，14世纪以后，欧洲封建制度逐渐瓦解，资本主义生产关系日益形成，意识形态领域也随着经济基础的变化而发展，形成了近代西方资本主义友善价值理念。随着思想的解放和文化的复兴，在近代，英国、法国、德国等欧洲国家涌现了一大批资产阶级思想家，他们对人类、社会、对世界之间的关系有着深刻的思考，在其中日益形成了多元化的友善价值理念。

首先，近代西方资本主义友善价值理念蕴含着人生而自由的思想。长达上千年的中世纪欧洲是封建专制统治下的“神本位”社会，随着资本主义生产关系萌芽的出现，思想文化领域开始萌动，文艺复兴时代来临，宣告人们开始向基督教神学发动总攻，“人本位”即将代替“神本位”，人本主义或人本精神是反对神权主义的强大武器。人本主义强调人的存在，以人为中心，强调人的思想、个性和身体的自由与解放。诗人但丁宣称：“当人类最自由

1《马克思恩格斯全集》第 22 卷，人民出版社，1965，第 525 页。
2 周辅成编：《西方伦理学名著选辑》上卷，商务印书馆，1964，第 382 页。

的时候，就是它被安排得最好的时候。”[1]笛卡尔提出“我思故我在”的著名论断，强调人的存在。斯宾诺莎也提出“一个人的幸福就在于他能够保持其自己的存在”的“理性命令”。霍布斯将人的“生命保全”作为第一条自然法予以突出强调。这些近代西方思想家引领人们把目光由神转向人自身、解放自己的内心世界，这是人对自己最为重要的友善，使自己挣脱了意识的桎梏，重新看到自己作为人的现实的自由的存在。

体现人对自身友善的自爱，除了关心自身存在外，人在私有制条件下更多关心的还是自身利益。爱尔维修、霍尔巴赫对此有深刻的认识，“自爱（或对自己的爱）无非是铭刻在我们心内的感情，这种感情，鼓动人的各种爱好和欲望，可以在每一个人的身上转化为恶习”[2]，“自爱是一种非常不幸的倾向，由于这种倾向，堕落了的人类才厚颜无耻地爱自己，希望保全自己的生命和追求自己的幸福”[3]。在他们看来，趋乐避苦的自爱是人的本性，自爱是为了追求个人的利益，但他们也认为，损害他人利益来追求个人利益是行不通的，只有结合实现他人利益，才能实现个人幸福，落脚点还是个人利益。“对于别人的爱，在人身上也只不过是爱自己的结果”[4]，“爱别人，就是爱那些使我们自己幸福的手段”[5]。爱尔维修、霍尔巴赫论述的这种“自爱”，需要对他人的友善来支撑，这样，对己友善与对人友善便被结合起来。

其次，近代西方资本主义友善价值理念内含人生而平等。中世纪的欧洲实行着封建专制制度，森严的等级制度阻碍着社会生产力的发展，造成人与人之间关系的冷漠与恶化，因此，新兴资产阶级和普通国民对平等有着强烈的要求。在霍布斯提出的自然法中，第九自然法指出“每一个人都应当承

1 周辅成编：《从文艺复兴到十九世纪资产阶级哲学家政治思想家有关人道主义人性论言论选辑》，商务印书馆，1966，第19页。

2 周辅成编：《西方伦理学名著选辑》下卷，商务印书馆，1987，第52页。

3〔法〕霍尔巴赫：《袖珍神学》，单志澄、周以宁译，商务印书馆，1972，第116页。

4 周辅成编：《西方伦理学名著选辑》下卷，商务印书馆，1987，第66页。

5 北京大学哲学系外国哲学史教研室编译：《十八世纪法国哲学》，商务印书馆，1963，第650页。

认他人与自己生而平等”[1]，将平等纳入自然法体系予以固化，对人们起到约束作用。他在提出人与人平等的原则下，就人际友善提出了具体要求，他的第八自然法中提到，“任何人都不得以行为、言语、表情、姿态表示仇恨或蔑视他人”[2]。洛克也曾对平等条件下的人际友善关系作出规定，指出：“人们既然都是平等和独立的，任何人就不得侵害他人的生命、健康、自由或财产。”[3]法国启蒙思想家伏尔泰认为，“在每个人的心中，都有权利要求得到平等的待遇”[4]。卢梭认为全体最大的幸福是自由和平等。[5]法国的《人权宣言》第6条明确规定：“在法律面前，人人平等”[6]。这与中世纪时期的“上帝面前人人平等”形成了鲜明对比，“法律面前人人平等”至今仍是世界各国重要的政治价值取向之一。

平等是一种天然的友善状态，在此基础上，一些近代西方思想家对人际友善的内涵进行了论述。哈奇森认为，“一切在事实上是十分有用的行为，假使它们并非出于对他人的和善的用心的话，这也没有道德之美的。如果一行为出于强烈的仁爱心，那么即使在和善上或促进公共利益上并未达到圆满成功，这也将和出自强烈仁爱心而能获得最大成功的行为一样令人可爱”[7]。亚当·斯密认为，“慷慨、仁慈、善良、怜悯、彼此间的友谊和尊重，以及所有友好和仁慈的友爱，当它们在某人的音容笑貌和言谈举止中表现出来时，甚至是对那些同我们没有特殊关系的人表现出来时，几乎在所有的场合都会博得中立的旁观者的好感”[8]。休谟提出的“直接使他人愉快的品质”是“慷慨、仁爱、怜悯、感恩、友谊、忠贞、热忱、无私、好施和构成一个仁

1〔英〕霍布斯：《利维坦》，黎思复、黎廷弼译，商务印书馆，1985，第117页。
2〔英〕霍布斯：《利维坦》，黎思复、黎廷弼译，商务印书馆，1985，第116页。
3〔英〕洛克：《政府论》下篇，叶启芳、瞿菊农译，商务印书馆，1964，第6页。
4〔法〕伏尔泰：《哲学辞典》，续建国编译，北京出版社，2008，第110页。
5〔法〕卢梭：《社会契约论》，何兆武译，商务印书馆，1980，第66页。
6 王德禄、蒋世和编：《人权宣言》，求实出版社，1989，第15页。
7 周辅成编：《西方伦理学名著选辑》上卷，商务印书馆，1964，第801页。
8〔英〕亚当·斯密：《道德情操论》，赵康英译，华夏出版社，2014，第41页。

善与慈善的性格的其他一切性”[1]。克鲁泡特金把互助作为生物的本能，他认为互助法则是包括人类在内的一切生物的进化法则，互助则是其友善观的关键词。此外，爱则是家庭友善关系的应有之义。伏尔泰认为，“应当爱，而且亲切地爱人类；应当爱自己的国家、自己的老婆、自己的父亲、自己的孩子们；应当那么样爱他们，以至上帝使我们不由自主地爱上他们了”[2]。黑格尔指出，“作为精神的直接实体性的家庭，以爱为其规定，爱是精神对自身统一的感觉”[3]。因此，近代西方思想家们对人际友善的理解是，在平等基础之上形成的人与人之间的友好亲密关系状态。

最后，近代西方资本主义友善价值理念蕴含着公共福祉是个体幸福的源泉。中世纪基督教教义可以理解为一种契约，是人与神的契约，信徒要遵守教义的规定和原则。到了近代，契约思想来源于自然法理论，霍布斯指出，“权利的相互转让就是人们所谓的契约”[4]。他认为人性本恶，“只要每个人都保有凭自己想好做任何事情的权利，所有的人就永远处在战争状态中”[5]。因此，霍布斯主张人们之间要通过订立信约，形成联合起来的力量，建立利维坦“有利于大家的和平与共同防卫的方式运用全体的力量和手段”[6]。这样，通过契约形式建立国家以保护每个人，构成国家对人的友善关系。与霍布斯类似，洛克认为，自然状态“是一种平等的状态。在这种状态中，一切权力和管辖权都是相互的，没有一个人享有多于别人的权力”[7]。在这种状态下，人人都享有执行法律的权力，由于人们的利己思维会导致社会无秩序并发生混乱，因此，“公民政府是针对自然状态下的种种不方便情况而设置的正

1〔英〕休谟：《人性论》，关文运译，商务印书馆，2017，第643页。
2〔法〕伏尔泰：《哲学通信》，高达观、徐仲年、王燕生等译，上海人民出版社，2014，第145页。
3〔德〕黑格尔：《法哲学原理》，范扬、张企泰译，商务印书馆，1961，第175页。
4〔英〕霍布斯：《利维坦》，黎思复、黎廷弼译，商务印书馆，1985，第100页。
5〔英〕霍布斯：《利维坦》，黎思复、黎廷弼译，商务印书馆，1985，第98页。
6〔英〕霍布斯：《利维坦》，黎思复、黎廷弼译，商务印书馆，1985，第132页。
7〔英〕洛克：《政府论》下篇，叶启芳、瞿菊农译，商务印书馆，1964，第3页。

当救济办法”[1]。这就要求人们放弃自己的一部分权力给社会，形成有限政府，以保障人民的和平、安全和公众福利。可见，公民放弃自己的部分权利让渡给社会，实质上体现了人们对于国家、社会的信任友善关系，而政府、社会对公民的保护和约束实质上体现了国家、社会对人的爱护友善关系。

卢梭是契约论的集大成者，他认为“人的最原始的感情就是对自己生存的感情；最原始的关怀就是对自我保存的关怀”[2]。从这个维度出发，个人幸福就是保证个人生存和实现个人利益。人类活动的目的在于追求幸福。如何实现幸福？卢梭认为，“人类既不能产生新的力量，而只能是结合并运用自己的力量，所以人类便没有别的办法可以自存，除非是集合起来形成一种力量的总和才能够克服这种阻力，由一个唯一的动力把它们发动起来，并使它们共同协作”[3]。人们之间“结合成群”或者“结合成某种自由的团体”[4]，以共同力量来保障每个结合者的人身和财富安全，正是社会契约要解决的根本问题。[5]在社会契约下，“我们每个人都以其自身及其全部的力量共同置于公意的最高指导之下，并且我们在共同体中接纳每一个成员作为全体之不可分割的一部分”[6]。这里面的共同体“就以这同一个行为获得了它的统一性、它的公共的大我、它的生命和它的意志”[7]。这样，个人的权力转让给共同体，个人与共同体之间就是休戚与共的紧密关系，只有相互友好支持，才能实现个人的幸福和共同体的“公意”。

三、社会主义友善价值理念的核心要义

作为社会主义核心价值观基本理念的友善，从战略高度对全社会乃至全

1〔英〕洛克：《政府论》下篇，叶启芳、瞿菊农译，商务印书馆，1964，第 8 页。
2〔法〕卢梭：《论人类不平等的起源和基础》，李常山译，商务印书馆，1962，第 112 页。
3〔法〕卢梭：《社会契约论》，何兆武译，商务印书馆，1980，第 22 页。
4〔法〕卢梭：《论人类不平等的起源和基础》，李常山译，商务印书馆，1962，第 114 页。
5〔法〕卢梭：《社会契约论》，何兆武译，商务印书馆，1980，第 23 页。
6〔法〕卢梭：《社会契约论》，何兆武译，商务印书馆，1980，第 24—25 页。
7〔法〕卢梭：《社会契约论》，何兆武译，商务印书馆，1980，第 25 页。

人类在处理主体间关系方面给予指引，即在中国特色社会主义时代背景下，建立人与自我、人与他人、人与共同体、人与自然、共同体与共同体之间的友善关系。无论身处哪个阶层、从事哪个行业，友善都是公民应当积极倡导的基础性价值理念，是维系良好人际关系和社会关系的基本道德规范。特别是在市场经济建设过程中，竞争压力不可避免带来人际关系的紧张，各种社会矛盾凸显，培育和践行社会主义友善价值理念，是缓解社会矛盾、维护社会秩序、促进社会和谐的坚实基础。

（一）社会主义人与自我友善关系的实践要求

“人要善待自我”是社会主义友善价值理念对人性回归的价值判断，人对外界友善以对自己友善为逻辑起点，因此，人与自我的友善关系是必须深入研究的领域。习近平在 2017 年五四青年节前夕考察中国政法大学时指出：“广大青年人人都是一块玉，要时常用真善美来雕琢自己，不断培养高洁的操行和纯朴的情感，努力使自己成为高尚的人。”[1] 这不仅是针对青年而言，也是对社会主义全体人民提出的要求，其中阐明了友善是人的内在属性的基本要求。对此可从以下两个方面进行理解：

一方面，社会主义人与自我友善关系要求善待生命。要用“善”来雕琢自己，使自己成为彰显“善”的玉，使“善”成为人成长发展的内在属性，善待自己、善待生命必然是其中应有之义，这是个体生存的基本要求，也是人“自由”生存和发展的价值前提。马克思指出：“一个种的整体特性、种的类特性就在于生命活动的性质，而自由的有意识的活动恰恰就是人的类特性。”[2] 由此看来，“自由”是“生命活动的性质”，是内心所知与外在所行的结合，由此可以将“自由发展”理解为人的身心完善。当今时代竞争激烈，人们普遍反映压力很大，身心健康问题成为人们关注的热点。身心健康是身

1《习近平在中国政法大学考察时强调：立德树人德法兼修抓好法治人才培养　励志勤学刻苦磨炼促进青年成长进步》，《人民日报》2017 年 5 月 4 日。

2《马克思恩格斯文集》第 1 卷，人民出版社，2009，第 162 页。

心完善的重要表现，身体与心理是相辅相成的，身体健康往往心理状态好，身体不健康则心理状态一定不好；反之，亦然。由于压力增大，人们会出现积劳成疾、心态失衡，甚至产生自杀意图，这些严重阻碍了人的身心完善和自由发展，因此，要重视自我身心调节，养成理性平和的心态，尊重自我，善待生命，在身心方面实现人对自我的友善，这是人的发展的基础和前提。

另一方面，社会主义人与自我友善关系要求以真、善、美来实现自我的全面发展。从自我的自由发展跃升为自我的全面发展，实现了从个体生存向社会生活的转变，对己友善的要求必然从个体生存的善扩展为社会生活的真、善、美。这反映了对人友善与对己友善是辩证统一的，对己友善是对人友善的前提和基础，自私自利的行为不是对己友善的要求；而实现对己友善又必须以对人友善为宗旨，这需要人们通过求真、求善、求美来使自己成为高尚而友善的人，成为全面发展的人。求真、求善、求美与自我的全面发展是相辅相成的，前者既是后者实现的路径，又是后者实现的价值目标。自我求真是与人的理论实践是分不开的，人们在认识世界、改造世界的过程中首先要掌握科学真理，以真知识、真科学、真方法来实现真认识、真改造，这要求人们正确认识自我，丰富知识结构，提高个人素质，使自己获得劳动能力、生存本领等物质力量，以真本事实现个人价值，达到个人价值与社会价值的统一，以实现对自己的友善。自我求善与善己（友善对待自己）的关系不言而喻。自我求美与自我求善往往交织在一起，与人的道德实践紧密联系，可以说，善是一种内在美，美也是一种外在善。美可划分为“美己”（使自己美）与“美人”（使他人美），“美己”是“善己”的体现，而“美人”则可以通过他人的感恩或自己心灵的满足来达到“善己”。因此，自我求善、求美将使个人较好地与社会相契合，在社会中得到支撑、丰富自我的精神力量。综上，求真、求善、求美使个人获得了实现自我全面发展的精神力量，促成了人与自我之间友善关系的确立。

（二）社会主义人与他人友善关系的实践要求

人们之间的友善关系是以平等为前提的，可以说，友善关系的政治地位和社会情感是平等的。但这与现实中因血缘亲情而形成的自然情感的差等状态是不矛盾的，这种友善的自然情感的差等状态要服从人们平等的政治地位和社会情感要求。因此，在友善的自然情感的差等状态下，不同人际关系层面的人情和规则往往是不相同的，要把握好“度”。具体而言，以从陌生人到亲人层面的顺序来看，柔性的人情程度逐渐增加，硬性的规则约束逐渐减少。但无论是哪个层面或者圈子，在政治地位和社会情感平等的前提下，合人情、合规则是社会主义友善价值理念指导社会主义人际关系的基本要求。

第一，尊重：“轻人情、重规则”的陌生人层面的友善要求。陌生人是指彼此偶然相遇但并不认识的人，与陌生人的联系具有短暂性和随机性，甚至可以说是一次性的，联系之前双方并未认识或见过，联系之后很有可能不会再联系或者再有联系也不会记起，故而可以说是遇见但并未认识。人们在乘坐交通工具、观看文化演出等日常生活中会遇到大量陌生人。“现代社会是个陌生人组成的社会”[1]，根据“轻人情、讲规则”的特点，在社会主义社会中，陌生人之间最为首要的友善要求是尊重，彼此尊重是陌生人友善关系建立的标识。这需要树立规则意识，通过法律、道德等规范制度，维系陌生人之间互不伤害、彼此尊重、平等待人这一底线要求；在底线基础上，通过激励、教育等机制，培育人们团结友爱的优秀品质，这也是中国特色社会主义社会公民所要具备的公德品质。此外，社会主义社会不存在剥削阶级，人民群众之间无阶级差别，同属于无产阶级，故而即便彼此之间是陌生人关系，也应有阶级感情，有实现中国梦的共同奋斗目标，这也要求彼此之间要建立体现尊重为先的友善关系。

第二，诚信：“有人情、重规则”的相识人层面的友善要求。孟子说：

---

1 费孝通：《乡土中国》，人民出版社，2008，第 7 页。

“人之相识，贵在相知；人之相知，贵在知心。”[1]相识之人，即相互认识之人，指那些仅仅是打过交道但不熟悉、无近距离了解的人，可以说，有联系但频率不高，有交往但程度不深，即“点头之交”。在现代社会，很多人在学习、工作、生活、社交等环境和关系下，会遇到很多“相识人”，彼此之间并无深入了解，是互惠互利关系，是规则化、理性化的交往关系。在社会主义社会中，相识人之间的首要友善要求是诚信。相识人之间的关系往往是通过工作、服务、商务等交往方式形成的，在这些交往中由于彼此了解不深入，人们看重的是“按规则办事”，要求讲诚信，这是相识人之间友善关系确立的重要标识。然而，在现实生活中，手机、网络的电信诈骗等层出不穷，导致了很多悲剧，都是相识人之间缺乏诚信造成的，因此，诚信是相识人之间建立友善关系的第一步。通过诚信相识人之间建立形式上的信任后，将会为更进一步的合作、接触、联系打开大门，有助于提升彼此之间联系的频率和深度，进一步增进人际关系的和谐友善。

第三，互助：“有人情、有规则”的熟人层面的友善要求。人与人之间建立了相识人层面的形式上的信任后，通过加强联系、深入交流，逐渐从“点头之交”发展为“熟人”。社会主义社会的“熟人关系”可以理解为“同志关系”，人们彼此之间往往是靠学习、工作等推动而形成了“人情”，进而变得熟悉起来。可见，熟人的友善标识是互助。互助模式下的熟人人际关系，对于促进人际友善关系的形成具有重要作用。互助与信任密切相关，由于形式上的信任会导致人们彼此之间的相互求助，进而形成互助，通过互助的联系，人们之间的信任由“形式上的”转变为“心理上的”。“形式上的信任”往往是契约式的，需要外在约束作为保证；而“心理上的信任”则不需要外在约束的保证。由于中国特色社会主义社会是追求公平正义的社会，所以互助与信任是在遵纪守法而非徇私枉法的情况下建立的。熟人之间维系友

1《孟子·万章下》。

善除了“人情”外，也要遵守社会规则和道德规范，脱离规则和规范的友善关系是伪友善，也无法真正建立起人与人之间健康的关系，比如，腐败利益集团内的熟人，在共同违法时彼此互助、信任、团结，但利益不均时又迅速分化为“仇家”，友善关系荡然无存。因此，熟人之间的友善关系需要注意对法律制度和规则规范的遵守。总的来说，熟人层面的友善仍然是不牢固的，具有动态性，向下可转化为“相识人”层面，向上可转化为“友人”层面。

第四，友情：“重人情、有规则”的友人层面的友善要求。友人即彼此之间建立友谊的人，友人之间通过长期、深度的“私人性”交往积累了较多的“人情”，在彼此交往联系过程中往往“讲人情”大于“讲规则”。不置可否，友人层面的友善要求和标识是友情。友人之间的友情是人生不可缺少的，友善关系是友人之间的必然存在，这种存在促成了人与人之间这种亲密友好关系的形成。如果友善关系处理不好，友人也会转为熟人、相识人和陌生人；如果友善关系处理得当，友人可能比亲人还要亲密。马克思、恩格斯之间的伟大友谊为人们所传颂，他们的友谊建立在共同的共产主义信仰、解放全人类事业之上；毛泽东、周恩来、朱德等中国共产党人因解放全中国、建设社会主义中国的崇高事业，结下了深厚的友情，这些都体现了友人之间应有共同的价值目标，比如事业、理想、信念、兴趣、爱好等。当前，社会主义友善价值理念对于友人关系的要求，从中国传统、西方文化、马克思主义理论和中国革命事业中能够汲取丰厚有益的营养。特别需要指出的是，在发展社会主义市场经济的今天，友人之间的友善要求应建立在纯粹友情基础之上，而不是建立在经济利益基础之上，否则他们之间的友善就是虚伪的。

第五，爱：“重人情、轻规则”的亲人层面的友善要求。亲人关系是指由于血缘和亲缘而建立的关系，在普遍意义上说，亲人关系最为紧密，特别是近亲属之间。毋庸置疑，亲人之间友善的要求和标识是“爱”，在家庭中晚辈尊敬孝敬长辈、长辈爱护教育晚辈、同辈之间相亲相爱正是爱的体现，这种爱是健康之爱、友善之爱，主要体现在良好的家风中。“良好家风和家庭美德正是社会主义核心价值观在现实生活中的直观体现。”[1]以爱为基础的友善是良好家风的要求。习近平十分重视良好家风的培育，他指出，“不论时代发生多大变化，不论生活格局发生多大变化，我们都要重视家庭建设，注重家庭、注重家教、注重家风”，“领导干部的家风，不是个人小事、家庭私事，而是领导干部作风的重要表现”[2]。培育友善家风，要把友善融入家庭成员的日常言行中，融入家训中，融入家庭美德中，融入家庭管理中。老一辈革命家毛泽东、周恩来、宋平、习仲勋等都是树立良好家风的典范，作为“关键少数”的领导干部要“廉洁齐家，自觉带头树立良好家风”[3]。家庭是社会的最小细胞和缩影，因此，友善应从家庭出发，才能走向社会。

（三）社会主义人与共同体友善关系的实践要求

共同体是一个社会学概念，即人群共同体。马克思恩格斯指出：“只有在共同体中，个人才能获得全面发展其才能的手段，也就是说，只有在共同体中才可能有个人自由。”[4]在社会主义条件下，共同体是指“真实的共同体”，人与“真实的共同体”之间是紧密联系的，正如习近平所指出的，中国梦“凝聚了几代中国人的夙愿，体现了中华民族和中国人民的整体利益，是每一个中华儿女的共同期盼。历史告诉我们，每个人的前途命运都与国家和民族的前途命运紧密相连”[5]。因此，要从双向角度来处理人与国家、社会等共同体的关系，即一方面要求个人服从共同体的整体利益，另一方面要求

1 李智勇：《做培育良好家风的表率——深入学习贯彻习近平同志关于家风建设的重要论述》，《人民日报》2016 年 7 月 25 日。

2 李智勇：《做培育良好家风的表率——深入学习贯彻习近平同志关于家风建设的重要论述》，《人民日报》2016 年 7 月 25 日。

3《中国共产党廉洁自律准则　中国共产党纪律处分条例》，人民出版社，2015，第 6 页。

4《马克思恩格斯文集》第 1 卷，人民出版社，2009，第 571 页。

5《习近平谈治国理政》第 1 卷，外文出版社，2018，第 36 页。

共同体保障个人利益。

一方面，社会主义人与共同体友善关系要求个人服从共同体的整体利益。有着特定目的的人们组成了共同体，因此，共同体的利益目标与共同体成员的整体利益目标在方向上是一致的，共同体利益不是共同体成员利益的简单相加，而是成员利益的有机结合，在更高层次上代表了全体成员的利益，这是社会主义“真实的共同体”的本质所在，代表了共同体中全部成员的利益。在资本主义社会中，共同体是“完全虚幻的共同体”，代表了少数人的利益。社会主义社会的共同体代表了多数人的集体利益，作为共同体成员的个人要坚持集体利益高于个人利益的社会主义道德建设要求，也就是说，共同体利益高于共同体成员的个人利益。虽然总的来说共同体利益与成员的个人利益在方向上是一致的，但共同体成员因人而异，有些时候个人的暂时利益会与共同体的长远利益发生矛盾，这时就要发扬社会主义的集体主义精神，共同体成员的个人利益应服从共同体利益，这一“服从”是共同体成员对共同体最大的“友善”。依靠这种“友善”能够帮助解决共同体中“自转”与“公转”、“小我”与“大我”的问题，这样共同体才能向着全体成员的整体目标前进。

另一方面，社会主义人与共同体友善关系要求共同体保障个人利益。既然共同体代表了共同体成员的整体利益，那么，共同体就有责任、有义务最大限度地为成员实现个人正当利益提供支持。集体主义的内涵也包括两个方面：一是个人利益服从集体利益，二是集体保障个人正当利益得以满足。这两个方面缺一不可，共同组成了完整的集体主义。在马克思看来，共同体问题的重点是为个人的自由发展提供了怎样的条件，他是着眼于不同共同体条件下人的发展来理解共同体的。[1]因此，共同体利益的实现，要以最大限

1 秦龙：《马克思对“共同体”的探索历程及其内在旨趣》，《中国浦东干部学院学报》2010 年第 6 期，第 48 页。

度地实现成员正当的个人利益为基础，这是共同体对共同体成员施予友善的体现。

可以说，在社会主义社会中，“真实的共同体”与其成员之间的友善关系是相辅相成、相互促进的。共同体与成员之间需要确立双向友善关系，实现共同体的稳步发展，从而维护共同体的整体利益，同时有助于促进成员个人的健康发展；成员正当的个人利益得到满足，身体和精神充满了生机、活力与创造劲头，也会促进了共同体的进步与发展，实现共同体的整体利益。

（四）社会主义人与自然友善关系的实践要求

大自然是人类赖以生存与发展的基本条件。尊重自然、顺应自然、保护自然，是全面建设社会主义现代化强国的内在要求。习近平多次强调：“人类发展活动必须尊重自然、顺应自然、保护自然，否则就会遭到大自然的报复。这个规律谁也无法抗拒。人因自然而生，人与自然是一种共生关系，对自然的伤害最终会伤及人类自身。只有尊重自然规律，才能有效防止在开发利用自然上走弯路。”[1]他也辩证地指出：“我们既要绿水青山，也要金山银山。宁要绿水青山，不要金山银山，而且绿水青山就是金山银山。”[2]“金山银山”与“绿水青山”的辩证关系恰恰体现了“人与自然的共生关系”，社会主义友善价值理念为处理这一关系提供了答案：人与自然之间要相互友善，既要实现人对自然的友善，也要实现自然对人的友善。

一方面，社会主义人与自然友善关系要求人类还自然以“青山绿水”。自然界是人类生存的基础，在地球上人和自然共同组成了地球生态系统，以系统论观点来看，人和自然是地球生态系统中的有机组成部分，二者的相互联系、相互作用共同促成了地球生态系统的平衡。马克思曾指出：“所谓人的肉体生活和精神生活同自然界相联系，也就等于说自然界同自身相联系，

1《习近平谈治国理政》第2卷，外文出版社，2017，第394页。

2 中共中央宣传部编：《习近平总书记系列重要讲话读本》，学习出版社、人民出版社，2016，第230页。

因为人是自然界的一部分。”[1]人类为了发展，需要对自然有所认识和改造，在这个过程中人类是主动的，自然界是被动的。因此，建立人与自然之间的友善关系最为重要的方面是人类要友好地对待自然界。党的十八大以来，生态文明建设成为“五位一体”总体布局的一个重要领域，“绿色发展”成为我国经济社会发展的基本发展理念。习近平指出：“要像保护眼睛一样保护生态环境，像对待生命一样对待生态环境，把不损害生态环境作为发展的底线。”[2]保护好自然，秉持绿色发展理念，看似牺牲了暂时的、眼前的经济利益，实则对人类的永续发展、对造福子孙后代具有十分重要的意义。新时代，我们应牢固树立和践行绿水青山就是金山银山的理念，全面推进美丽中国建设，坚持山水林田湖草沙一体化保护和修复治理，统筹产业结构调整、污染治理、生态保护、应对气候变化，协同推进降碳、减污、扩绿、增长，推进生态优先、节约集约、绿色低碳发展。

另一方面，社会主义人与自然友善关系要求自然要给人类带来“金山银山”。辩证唯物主义告诉我们，人与自然是相辅相成、对立统一的关系，需要全面而非片面地看待这一问题。人需要爱护自然，但同时不能因为爱护自然而放弃认识和改造自然的行为。这里是一个“度”的问题，掌握好这个“度”，既能认识和改造自然造福人类，又不会威胁到生态安全、跨越生态红线。马克思曾强调，人们不仅要认识世界，也要改造世界。这里的“世界”包括“自然”。因此，人们在合理、有序地认识和改造自然的过程中所获得的发展成果，正是自然对人类施予友善的体现。这种友善不是自然通过神的力量来实现的，而是人们通过对自然的合理开发利用创造出来的。比如，通过经济结构调整，利用优美的自然环境开发旅游事业，在保护环境的同时，也为经济发展提供了新的增长点，带来了“金山银山”。习近平曾深

1《马克思恩格斯全集》第42卷，人民出版社，1979，第95页。

2 中共中央宣传部编：《习近平总书记系列重要讲话读本》，学习出版社、人民出版社，2016，第233页。

刻指出："推动形成绿色发展方式和生活方式，是发展观的一场深刻革命。"[1]这一重要论述为自然给人类带来"金山银山"指明了正确方向。党的二十大报告指出："推动经济社会发展绿色化、低碳化是实现高质量发展的关键环节。加快推动产业结构、能源结构、交通运输结构等调整优化。实施全面节约战略，推进各类资源节约集约利用，加快构建废弃物循环利用体系。完善支持绿色发展的财税、金融、投资、价格政策和标准体系，发展绿色低碳产业，健全资源环境要素市场化配置体系，加快节能降碳先进技术研发和推广应用，倡导绿色消费，推动形成绿色低碳的生产方式和生活方式。"[2]总的说来，就是不断推进绿色低碳发展，促进人与自然和谐共生。

1《习近平谈治国理政》第2卷，外文出版社，2017，第395页。

2 习近平：《高举中国特色社会主义伟大旗帜 为全面建设社会主义现代化国家而团结奋斗——在中国共产党第二十次全国代表大会上的报告》，人民出版社，2022，第50页。

第九章
社会主义核心价值观基本理念创新发展的未来展望

社会主义核心价值观作为当代中国精神的集中体现，是在社会主义核心价值体系建设过程中提出的重大理论问题，是为了加强社会主义核心价值体系教育及其大众化而提出的。从内容上讲，社会主义核心价值观就是对社会主义核心价值体系四个方面基本内容的高度凝练和集中表达；从形式上讲，社会主义核心价值观是社会主义基本价值理念的集合体。正是这种形式与内容的统一，才构成社会主义核心价值观的整体。因此，对社会主义核心价值观基本理念创新发展的未来展望，应当采取历史与逻辑、理论与实践、现实与未来相结合的视角，既要与时俱进，关切社会主义核心价值观基本理念的丰富拓展，也要不断深化，关切社会主义核心价值观基本理念的对外传播、法治融入与广泛践行等关键问题。

第一节　关切社会主义核心价值观基本理念的丰富拓展

任何社会都有自己的核心价值观。社会主义核心价值观的“三个倡导”，正是党中央在广泛调研的基础上，吸纳社会方方面面的意见和建议，融会哲学社会科学诸多学科的理论智慧，从国家目标层面、社会制度层面与公民个人行为层面概括出的基本理念，是新时代社会主义核心价值体系建设的理论创新成果。“三个倡导”是对社会主义核心价值观基本理念具体内容的开放性表述，新时代如何坚持以中国式现代化全面推进中华民族伟大复兴作为实践标准，与时俱进地凝练涵容更加全面丰富、表述更加简明稳定的社会主义核心价值观，是社会主义核心价值观基本理念创新发展的首要课题。

一、在抽象凝练上，深入探索社会主义核心价值观的“最大公约数”

党的十八大提出的“三个倡导”是全体中国人价值观的“最大公约数”，是我国社会主义核心价值观研究领域的重大理论成果，但它还不是社会主义核心价值观的成熟形态，凝练更加简明、更加博雅的社会主义核心价值观，仍然是我国理论界面临的重大课题。所谓抽象凝练，就是要进一步厘清“12个理念”“24个字”中更根本更重要的内容，通过理论研究为社会主义核心价值观基本理念的深化奠定学理基础。

（一）社会主义核心价值观基本理念再凝练的方法论原则

“思想、观念、意识的生产最初是直接与人们的物质活动，与人们的物质交往，与现实生活的语言交织在一起的。人们的想象、思维、精神交往在这里还是人们物质行动的直接产物。表现在某一民族的政治、法律、道德、宗教、形而上学等的语言中的精神生产也是这样。”[1]这里提及了两种生产，一种是“思想、观念、意识的生产”，另一种是“精神生产”，二者既有区别也有联系。前者是人们对外部世界的主观认识，属于人的主观精神范畴；后者指涉已经被人们普遍接受的客观精神，即“某一民族的政治、法律、道德、宗教、形而上学等”。我们或许可以将“思想、观念、意识”理解为“精神生产”的必要准备，而将“精神生产”看作“思想、观念、意识”的提升。作为当代中国精神的集中体现，社会主义核心价值观基本理念恰是

1《马克思恩格斯文集》第1卷，人民出版社，2009，第524页。

"精神生产"的结晶，其凝聚着每一个个体的"思想、观念、意识的生产"的价值追求。基于此，社会主义核心价值观基本理念的再凝练必然要以人们的物质交往以及在此之上不断变化的"思想、观念、意识"为基本参照。

第一，实践原则。实践原则具有马克思主义哲学本体论的意蕴，所谓实践是指事物得以产生、存在和发展的源泉。正如毛泽东所讲："无产阶级和革命人民改造世界的斗争，包括实现下述的任务：改造客观世界，也改造自己的主观世界——改造自己的认识能力，改造主观世界同客观世界的关系。"[1]凝练社会主义核心价值观基本理念，就是人们改造自己主观世界的一种实践活动，其总是对一定历史条件下的社会实践特别是道德实践的抽象概括。从横向看，资本主义社会与社会主义社会的价值观念各有不同，都源自所处时代的实践要求；从纵向看，即便在同一社会，不同历史时期也有其相应的主导价值理念。因此，进一步凝练新时代的社会主义核心价值观基本理念，无论采用怎样的形式、方式，一条总的原则是必须从新时代中国特色社会主义的具体实践出发，坚决摒弃本本主义、教条主义与主观主义。从根本上讲，任何一种价值理念作为价值追求的具体体现，都只能来源于社会实践，反哺于实践，并接受实践的检验，在不断扬弃的辩证过程中更好地推动自身的发展与完善。"全部社会生活在本质上是**实践的**。凡是把理论引向神秘主义的神秘东西，都能在人的实践中以及对这种实践的理解中得到合理的解决。"[2]在这个意义上，我们不难理解马克思主义为什么强调道德是一种"实践精神"。社会主义核心价值观作为国家的德、社会的德、个人的德，当然隶属于"实践精神"；中国特色社会主义道路、理论、制度、文化的生动实践，是这种"实践精神"的动力源泉、检验标准与归宿，也是凝练社会主义核心价值观的核心方法论原则。

1《毛泽东选集》第 1 卷，人民出版社，1991，第 296 页。
2《马克思恩格斯文集》第 1 卷，人民出版社，2009，第 501 页。

第二，主体性原则。主体性原则与实践原则在马克思主义哲学中具有内在一致性。马克思在《关于费尔巴哈的提纲》中开宗明义地说："从前的一切唯物主义（包括费尔巴哈的唯物主义）的主要缺点是：对对象、现实、感性，只是从**客体**的**或者直观**的形式去理解，而不是把它们当做**感性的人的活动**，当做**实践**去理解，不是从主体方面去理解。"[1] 在马克思看来，实践是人的本质活动与存在方式，"当做实践去理解"实际上是"从主体方面去理解"社会活动中产生的诸多社会现象。"但是一旦人已经存在，人，作为人类历史的经常前提，也是人类历史的经常的产物和结果，而人只有作为自己本身的产物和结果才成为**前提**。"[2] 也就是说，人是通过个体的实践活动而发展自身、塑造自我的产物和结果。实践作为人的主体性活动，体现着人的内在尺度，这一尺度涵容着人的自我实现诉求及其栖居社会的现实期待。核心价值观作为一个民族赖以维系的精神纽带，一个国家共同的思想道德基础，不仅蕴含着特定社会实践中思想道德方面现存的规定，更包含着人自身的主体性尺度以及对所处现实社会的超越性尺度。主体性原则要求我们在凝练社会主义核心价值观基本理念时，从把握人的需求与发展的内在规律出发，强调从"**感性的人的活动**"去理解国家、社会与个人的关系，将人当成自身历史的剧中人与剧作者，将时代进步的需要与人的全面发展需要有机结合起来，形成一个更为直观、更易接受、更加成熟的逻辑整体。

第三，真理与价值相统一的原则。在人们的行动与观念中，真理原则与价值原则是人类活动所特有的两个普遍原则。人的实践活动的根本要求，即是在社会实践的基础上实现真理与价值的统一，最终达成真、善、美的统一。离开了真理原则的价值原则是虚假的原则，离开了价值原则的真理原则是没有主体意义的原则。真理与价值反映着实践结构的三种基本关系：一是

1《马克思恩格斯文集》第1卷，人民出版社，2009，第499页。

2《马克思恩格斯全集》第35卷，人民出版社，2013，第350—351页。

实践是以“激情的存在物”即主体所要达及的目的为动力因素；二是这个主体需要遵循一定的客观规定性和规律性从事改造世界的实践；三是价值是为人的，是人的认识所应把握的特定的关系，主体与客体相互一致是支撑实践得以继续的基本条件。真理的发展总是趋向于一定的价值，而价值目标的提出和实现又总是基于人对客观世界的新的正确认识。社会主义核心价值观基本理念的再凝练，要对社会发展规律、人自身发展规律及其统一有清晰的认识，既不能仅仅凭借主体的空想与热情，盲目追求高大全式的价值覆盖，也不能寄希望寻找凝固不变、一劳永逸的价值理念，因为真理从被发现到逐步具体化、完善化，是朝着更深刻、更全面理解人的生活条件和自身价值的方向前进的。此外，社会主义核心价值观的具体理念是一种抽象的价值形式，只有赋予理念特定的时代要求，理念才能转换为可以改造现实社会的价值力量。基于此，对社会主义核心价值观基本理念的再凝练，要特别注意辨析我们与其他国家共同的价值关切，着重在内容表达与阐释中突出中国特色、中国风格和中国气派。

（二）社会主义核心价值观基本理念再凝练的现实依据

党的二十大报告指出：“社会主义核心价值观是凝聚人心、汇聚民力的强大力量。”[1]“人心”“民力”是社会主义核心价值观再凝练的现实起点。怎样进一步概括出能够得到广泛社会认同，能够有效转化为更为普遍的情感认同的社会主义核心价值观基本理念，是社会主义核心价值观基本理念再凝练的现实课题。这就需要回到中国特色社会主义实践的具体场域，结合新时代社会发展的具体实际与人民群众日常生活的普遍关切，提炼出高度精练的价值理念。当然，这种再凝练绝不是主观意愿上的感性调整，而是有其特定的现实依据和主要遵循。

1 习近平：《高举中国特色社会主义伟大旗帜　为全面建设社会主义现代化国家而团结奋斗——在中国共产党第二十次全国代表大会上的报告》，人民出版社，2022，第 44 页。

第一，集中体现社会主义核心价值体系的本质要求。中共中央办公厅印发的《关于培育和践行社会主义核心价值观的意见》指出："社会主义核心价值观是社会主义核心价值体系的内核，体现社会主义核心价值体系的根本性质和基本特征，反映社会主义核心价值体系的丰富内涵和实践要求，是社会主义核心价值体系的高度凝练和集中表达。"[1]这些论述是对社会主义核心价值观本质属性的权威解读。党的十九大对社会主义核心价值观的本质规定又有新的提法，强调社会主义核心价值观是当代中国精神的集中体现，但这并不表示窄化或弱化了社会主义核心价值观的基本内涵，而是对党的十八大以来培育和践行社会主义核心价值观实践的科学概括，也是对社会主义核心价值体系认识的升华。在社会主义核心价值体系所包含的四个方面的基本内容中，中国精神居于重要地位，具有纽结作用，它是以爱国主义为核心的民族精神和以改革创新为核心的时代精神的统一，是实现中国特色社会主义共同理想的精神动力。同时，这一论断更加清晰、精辟地概括了社会主义核心价值观与社会主义核心价值体系的关系。基于此，对社会主义核心价值观基本理念的再凝练过程，首先应当从社会主义核心价值观与社会主义核心价值体系的关系中去把握，着眼于同社会主义核心价值体系的建设结合起来，依据社会主义核心价值观在社会主义核心价值体系建设中的地位、功能和作用来把握社会主义核心价值观的本质特征。党的十九大把坚持社会主义核心价值体系提升为党的"十四个坚持"基本方略之一，党的二十大将社会主义核心价值观作为推进文化自信自强的重要内容，这些论述表明：社会主义核心价值体系体现社会主义意识形态的本质属性，是社会主义文化建设之魂，是凝聚人心、汇聚民力的强国之魂。

第二，反映新时代中国特色社会主义建设的实践要求。时代是思想之母，实践是理论之源。"一定社会的核心价值观是在一定社会的长期实践中

---

1 中共中央文献研究室编：《十八大以来重要文献选编》上册，中央文献出版社，2014，第578页。

孕育形成的，离不开一定社会的生产方式、生活方式及其对社会意识形态及思想道德层面的基本要求。”[1]从根本上讲，任何一种核心价值观念都是对其所处特定时代、道路制度与意识形态的集中反映，体现着这个国家某一发展阶段的核心价值诉求。当人们把从属于一定阶级、一定社会形态的核心价值观作为当然如此的价值遵循时，统治阶级的思想就成为具有社会广泛认同的主流思想。“这种隐性的价值共识，成为人们日常生活的准则，并由以培育生活方式；成为人们判断善恶、是非、美丑的内在尺度，并在重大关口左右着主流民意。”[2]中国特色社会主义新时代也是如此，只有反映中国特色社会主义道路、理论、制度、文化内在要求与基本精神的核心价值观，才能被凝练成为新时代人们普遍遵循、长期持守的价值准则。因此，社会主义核心价值观基本理念的再凝练，既是为新时代中国特色社会主义建设“铸魂”，也是标举中国特色社会主义发展道路的“旗帜”。作为区别社会主义现代化与资本主义现代化的价值标识，社会主义核心价值观基本理念体现着我国独具的文化传统、独特的历史命运和独有的基本国情。因此，“从这样的意义上说，社会主义核心价值观无论怎样凝练，都应当与其本来意义上的内涵相吻合，这是社会主义最具有根本性的价值属性”[3]。

第三，扬弃和超越资本主义核心价值体系的内容旨向。意识形态决定文化的前进方向和发展道路。党的二十大报告指出：“意识形态工作是为国家立心、为民族立魂的工作。牢牢掌握党对意识形态工作领导权，全面落实意识形态工作责任制，巩固壮大奋进新时代的主流思想舆论。”[4]社会主义核心价值观具有意识形态的功能，是中国化的马克思主义理论在价值观层面的高度浓缩。因此，对社会主义核心价值观基本理念的再凝练，需要特别关注

1 包心鉴：《社会主义核心价值观的凝练与建构》，《光明日报》2012 年 1 月 14 日。

2 侯惠勤：《关于提炼社会主义核心价值观的几个问题》，《中国社会科学报》2012 年 5 月 7 日。

3 高建生：《凝练核心价值观的三重选择》，《光明日报》2012 年 4 月 28 日。

4 习近平：《高举中国特色社会主义伟大旗帜　为全面建设社会主义现代化国家而团结奋斗——在中国共产党第二十次全国代表大会上的报告》，人民出版社，2022，第 43 页。

我们与其他国家共同的一些价值理念，如在社会层面与个人层面的自由、平等、公正、诚信、友善等。其中，诚信、友善等内容是较易理解的，但是自由、平等、公正等价值理念作为改革开放以来对国外优秀文明成果的借鉴，在阐释中往往受到西方叙事的影响。西方发达资本主义国家较早地把自由、平等、公正作为核心价值理念，并伴随全球化进程在国际社会中产生了较为广泛的影响。如何在意识形态的交流交往交锋中彰显社会主义核心价值观的独特优势，这不仅需要我们在凝练中扬弃西方价值理念的所指，还要使其能够超越西方的价值系统，显示中国特色社会主义制度的优越性。正如一台电脑只有输入系统才能活起来，美国的“价值观电脑”有自己的输入系统，我国的“价值观电脑”也要有自己的输入系统，能够扬弃与超越资本主义的核心价值观，形成具有强大凝聚力和引领力的社会主义意识形态。

二、在具体拓展上，深入擘画社会主义核心价值观的“最大同心圆”

社会主义核心价值观基本理念是基于广泛的社会调研与严谨的科学论证而产生的，它来源于不断发展变化的社会实践。同样，人们对价值理念的认同也会随着时代的发展而变化。我们有必要因势而为、因时而新、因事而进，根据实现中华民族伟大复兴的时代要求尝试凝练现有理念以外的新的价值理念。在开启全面建设社会主义现代化国家的新征程上，与新的奋斗目标同频共振是社会主义核心价值观基本理念创新发展的必然旨向。

（一）及时吸收新内容，与新时代党的具体奋斗目标同频

马克思在《〈科隆日报〉第179号的社论》中这样谈道：“任何真正的哲学都是自己时代的精神上的精华，因此，必然会出现这样的时代：那时哲学不仅在内部通过自己的内容，而且在外部通过自己的表现，同自己时代的现实世界接触并相互作用。”[1]党的十九大所提出的“社会主义核心价值观是当

1《马克思恩格斯全集》第1卷，人民出版社，1995，第220页。

代中国精神的集中体现”这一重要论断，同样来自时代的声音，来自人民的实践创造，是同自己所处的新时代的现实世界接触并相互作用的结果。基于此，社会主义核心价值观基本理念绝不是一成不变的，其必然要结合新时代中国特色社会主义的新要求、新变化、新情况，与时迁化，应物而新。

第一，在新时代中国特色社会主义的战略安排中寻求价值理念拓展。党的二十大指出：“从现在起，中国共产党的中心任务就是团结带领全国各族人民全面建成社会主义现代化强国、实现第二个百年奋斗目标，以中国式现代化全面推进中华民族伟大复兴。”[1]党的二十大擘画了全面建成社会主义现代化强国“两步走”的战略安排：从 2020 年到 2035 年，基本实现社会主义现代化；从 2035 年到 21 世纪中叶，把我国建成富强民主文明和谐美丽的社会主义现代化强国。社会主义现代化的奋斗目标表述从十八大的“富强民主文明和谐”深化拓展为“富强民主文明和谐美丽”，“美丽”一维的增加，将“五位一体”总体布局与社会主义现代化建设目标科学对接，能够有力凸显新时代加快生态文明体制改革、建设美丽中国的发展愿景，不断满足人民对美好生活的向往，彰显着我们党对生态文明建设的高度重视，反映出“美丽中国”既是关系党的使命宗旨的重要政治问题，也是关系民生的重大社会问题。党的十九大提出、党的二十大强调的“美丽”这一价值理念，是新时代对社会主义核心价值观基本理念进行拓展研究的最新成果，也为社会主义核心价值观基本理念的丰富拓展提出了新的要求。将“美丽”这一价值理念有机融入社会主义核心价值观基本理念，能够全面呈现社会主义核心价值观在“人与自然、人与人、人与社会”等多个面向的广泛涵容，是社会主义核心价值观基本理念具体拓展的应有之义。

第二，在新时代我国社会主要矛盾的变化中寻求价值理念拓展。抓住

1 习近平：《高举中国特色社会主义伟大旗帜　为全面建设社会主义现代化国家而团结奋斗——在中国共产党第二十次全国代表大会上的报告》，人民出版社，2022，第 21 页。

主要矛盾进而带动全局工作，是唯物辩证法的基本要求，也是我们党一贯坚持和倡导的重要方法。“中国特色社会主义进入新时代，我国社会主要矛盾已经转化为人民日益增长的美好生活需要和不平衡不充分的发展之间的矛盾。”[1]这一重要论断，是对马克思主义关于社会基本矛盾理论的丰富发展，指明了解决当代中国发展问题的根本着力点，是推动党和国家事业不断发展的关键所在。从党的十一届六中全会提出的我国社会主要矛盾为“人民日益增长的物质文化需要同落后的社会生产之间的矛盾”，到新时代我国社会主要矛盾为“人民日益增长的美好生活需要和不平衡不充分的发展之间的矛盾”的认识，“物质文化需要”向“美好生活需要”的转化，揭示了人民日益广泛的美好生活诉求，不仅对物质文化需要提出了从量到质的更高要求，而且在民主、法治、公平、正义、安全、环境等方面的美好向往日益增长。在需要的具体层次上，人民群众对美好生活的期待进一步提升，新时代人民的生活需要不断向更高层次、更广领域、更好愿景发展，符合事物发展的一般规律。“美好生活需要”内在蕴含物质性需要、社会性需要和心理性需要，“美好”这一价值理念包含着对物质与精神的双重追求，是满足人的全面发展的内在涵容，这对社会主义核心价值观基本理念的丰富拓展提出了要求。如何将人民对美好生活的向往合理融入社会主义核心价值观基本理念，是社会主义核心价值观基本理念深度拓展的重要向度。

第三，在新时代“中国之治”的最新论断中寻求价值理念拓展。党的十九届四中全会首次以党的中央全会专门研究我国国家制度和国家治理问题，并通过了《中共中央关于坚持和完善中国特色社会主义制度　推进国家治理体系和治理能力现代化若干重大问题的决定》，从制度形态上科学回答了新时代坚持和发展什么样的中国特色社会主义、怎样坚持和发展中国特色社会主义的根本问题，明确了新时代制度建设和治理能力建设的时间表与路

1《习近平谈治国理政》第3卷，外文出版社，2020，第9页。

线图，向世界宣示了“中国之治”的历史成就、显著优势与发展远景。从新时代党和国家事业全局出发，会议把中国特色社会主义制度中起“四梁八柱”作用的制度明确为根本制度、基本制度和重要制度，并首次把坚持马克思主义在意识形态领域指导地位作为一项根本制度明确提出和全面部署。坚持马克思主义在意识形态领域指导地位的根本制度，是保证我国文化建设正确方向、更好担负起新时代使命任务的必然要求，也是新时代社会主义核心价值观基本理念深度拓展的主要依据。怎样在新时代“中国之治”的新论断、新理念、新境界中，探寻社会主义核心价值观基本理念的丰富拓展，是新时代社会主义核心价值观创新发展的重要任务。

（二）适时汲取新理念，与新时代国家的新发展理念共振

“历史从哪里开始，思想进程也应当从哪里开始，而思想进程的进一步发展不过是历史过程在抽象的、理论上前后一贯的形式上的反映；这种反映是经过修正的，然而是按照现实的历史过程本身的规律修正的，这时，每一个要素可以在它完全成熟而具有典型性的发展点上加以考察。”[1] 同样，社会主义核心价值观基本理念也要按照现实的历史过程本身的规律不断丰富。中国特色社会主义进入新时代，发展仍然是解决我国一切问题的基础和关键。“发展理念是发展行动的先导，是发展思路、发展方向、发展着力点的集中体现。发展理念是否对头，从根本上决定着发展成效乃至成败。”[2] 党的二十大报告强调指出：“必须完整、准确、全面贯彻新发展理念”[3]。创新、协调、绿色、开放、共享的新发展理念是在深刻总结发展经验教训和世界发展大势的基础上形成的，关系到我国发展全局的深刻变革，为社会主义核心价值观具体内容的再凝练提供了宝贵资源，开拓了社会主义核心价值观基本理念创

1《马克思恩格斯文集》第 2 卷，人民出版社，2009，第 603 页。

2 中共中央宣传部编：《习近平新时代中国特色社会主义思想学习纲要》，学习出版社、人民出版社，2019，第 109 页。

3 习近平：《高举中国特色社会主义伟大旗帜　为全面建设社会主义现代化国家而团结奋斗——在中国共产党第二十次全国代表大会上的报告》，人民出版社，2022，第 28 页。

新发展的实践视野。

第一，新发展理念直接提取为社会主义核心价值观基本理念。新发展理念是对中国特色社会主义政治经济学的丰富与拓展，其坚持以人民为中心的发展思想，实际上回答了新时代要实现什么样的发展、怎样实现发展的问题。其中，创新发展注重的是解决发展动力问题，协调发展注重的是解决发展不平衡问题，绿色发展注重的是解决人与自然和谐共生问题，开放发展注重的是解决发展内外联动问题，共享发展注重的是解决社会公平正义问题。新发展理念对社会主义核心价值观基本理念的丰富拓展有其特定价值。例如，“共享”理念反映的是中国特色社会主义的本质要求，全民共享、全面共享、共建共享、渐进共享是其中应有之义，最终指向不断推进全体人民共同富裕。将“共享”理念直接提取为社会主义核心价值观基本理念，既是对社会主义核心价值观“三个倡导”的基本内容的充实丰富，也是对中国特色社会主义本质特征的直观凸显。再如，“开放”理念反映的是国家实现繁荣发展的必由之路，是准确把握世界与中国发展大势的先进理念，其引领了“一带一路”“人类命运共同体”等具有划时代意义的中国方案的构建，是拓展实现中华民族伟大复兴中国梦的道路空间的必然选择。在这个意义上，“开放”理念推拓了社会主义核心价值观既有“三个倡导”基本内容的时空广度。

第二，新发展理念总体凝练为社会主义核心价值观基本理念。创新、协调、绿色、开放、共享的新发展理念之间不是孤立的理念存在，而是具有内在联系的集合体。创新发展对其他发展理念起着基础性的推动作用，协调发展是增强发展系统性的重要依托，绿色发展是实现高质量发展的理念依据，开放发展是践行其他发展理念的必需路径，共享发展是其他发展理念的出发点和落脚点，为其他发展理念提供治理动力和伦理支撑。五大发展理念是缺一不可的有机整体，是解决新时代我国发展突出矛盾和实际问题的关键一招，标示着社会主义现代化国家的价值诉求。怎样把新发展理念这一立意高远的顶层设计和统筹兼顾的战略布局转化为人们的思想动能，探索将其总体凝练为社会主义核心价值观基本理念是题中应有之义。这是因为，培育和践行社会主义核心价值观，能够成为凝聚方方面面力量的精神纽带，发挥其强大的感召力、凝聚力和引导力，将人们的思想行为统一到社会主义价值目标上来，在全社会形成巨大的价值共识和思想共鸣，为确保社会主义现代化建设事业的协调发展、全面进步提供精神力量和智慧支持。

第三，新发展理念整合转化为社会主义核心价值观基本理念。新发展理念作为新时代社会主义核心价值观基本理念具体拓展的重要资源，与新时代社会主要矛盾、第二个百年奋斗目标之间在价值诉求上具有深层联系，在价值表达上存有诸多共通之处。基于此，创新、协调、绿色、开放、共享的新发展理念转化为社会主义核心价值观基本理念，需要从战略思维的全局角度，对具有共同价值诉求的价值表达取其“最大公约数”。例如，“美丽中国”中的“美丽”这一价值理念与新发展理念中的“绿色”理念都指向生态文明建设，分别标示了生态文明建设的目标愿景和实现路径，均是对可持续发展的最新研究成果。二者以“绿水青山就是金山银山”作为根本遵循，是新时代追求生态财富、经济财富和社会财富的生态价值观。再如，“共享”发展理念与我国社会主要矛盾即“人民日益增长的美好生活需要和不平衡不充分的发展之间的矛盾”关联密切，“共享”发展理念实质上是对社会主要矛盾的回应，通过打造共建共治共享的社会治理格局，面向于解决不平衡不充分的发展问题，致力于实现人民对美好生活的向往。“共享”发展理念还兼容“三个倡导”中社会层面的“平等”“公正”，先在地含有社会分配正义、发展机会公平、文化服务均衡等意蕴。需要指出的是，“共享”发展理念还具有深刻的世界意义和国际价值，“共享”发展理念日渐融入和平与发展这一全球议题的破解中，并通过构建“人类命运共同体”这一兼具中国特色和全球适用的方案向世界彰显共同发展、普遍发展、均衡发展的共享意蕴，指向“各美其美，美人之美，美美与共，天下大同”的美学境界。这也提示我们要在国际交流交往与融合发展的实践过程中，注重社会主义核心价值观基本理念国际视野的丰富与拓展，着力提炼与凸显更有利于全人类永续发展的价值理念。因此，探索新发展理念整合转化为社会主义核心价值观基本理念，为今后社会主义核心价值观基本理念的拓展提出了新的要求。

第二节 聚焦社会主义核心价值观基本理念的对外传播

意识形态决定文化的前进方向和发展道路，往往事关一个民族的凝聚力与向心力，事关一个国家的前途命运与长治久安。社会主义核心价值观是社会主义意识形态的核心部分，社会主义核心价值观的影响效能直接决定着社会主义意识形态在国际竞争中的成败。新时代社会主义核心价值观的对外传播，是我国在国际意识形态竞争中取得优势地位、维护意识形态安全的必然要求。目前，社会主义核心价值观的对内传播在理论研究与实践方法上，均积累了大量的研究成果和运行经验，形成了社会主义核心价值观日常化、具体化、形象化、生活化等四种主要培育方式。与此形成鲜明对照的是，社会主义核心价值观的对外传播仍然属于薄弱环节，这既体现为理论研究在质与量上的匮乏，也体现为实践方式上效与度的单一。如何在新时代有力推进社会主义核心价值观的对外传播，提升社会主义核心价值观的国际传播力与影响力，是社会主义核心价值观基本理念创新发展的主要课题。

一、在理论层面，为对外传播提供更加系统、深层的学理支撑

习近平在纪念马克思诞辰200周年大会上的讲话中指出：“恩格斯说过：‘一个民族要想站在科学的最高峰，就一刻也不能没有理论思维。’中

华民族要实现伟大复兴，也同样一刻不能没有理论思维。”[1]社会主义核心价值观不是照搬或移植任何国家的既成经验，而是中国特色社会主义实践的价值凝结，是在世界文化激荡中挺起民族精神脊梁的思想支撑。在对外传播过程中，怎样充分挖掘马克思主义学科资源，促使中国特色社会主义实践中形成的科学的价值理念得到国际认可，在理论研究层面仍有许多值得商榷探讨之处。

（一）社会主义核心价值观对外传播理论研究的基本状况

纵观目前社会主义核心价值观对外传播相关研究，从量上看仍处于起步阶段，社会主义核心价值观对外传播的理论呈现相对不足。从中国知网检索结果来看，党的十八大以来社会主义核心价值观“对外传播”或“国际传播”相关主题的文章（含相关硕士博士学位论文）不足300篇。其中，以社会主义核心价值观“对外传播”或“国际传播”为篇名的理论研究文章不足30篇，且作者多为传播学、管理学背景。可以看出，社会主义核心价值观对外传播的研究，特别是以马克思主义学科立场展开的研究仍待深入。

第一，既有理论研究的基本贡献。全盘、辩证地把握既有研究是更好地开展社会主义核心价值观对外传播研究的经验前提。虽然社会主义核心价值观对外传播的研究总量较少，但从“为什么”意义上阐释社会主义核心价值观对外传播问题的研究成果颇丰，并较为全面地反映了研究的必要性和紧迫性问题。党的十八大以来，以习近平同志为核心的党中央高度重视社会主义核心价值观对外宣传问题。2013年8月19日，习近平在全国宣传思想工作会议上指出：“要精心做好对外宣传工作，创新对外宣传方式，着力打造融通中外的新概念新范畴新表述，讲好中国故事，传播好中国声音。”[2]这是从战略高度强调了新时代在国际上讲好中国故事与发出中国声音的重要意

1 习近平：《在纪念马克思诞辰200周年大会上的讲话》，人民出版社，2018，第15页。
2《习近平谈治国理政》第1卷，外文出版社，2018，第156页。

义。同时，对于中国声音与中国故事要承载什么样的价值观念，习近平在主持十八届中央政治局第十二次集体学习时专门指出："提高国家文化软实力，要努力传播当代中国价值观念。当代中国价值观念，就是中国特色社会主义价值观念，代表了中国先进文化的前进方向。"[1]这为社会主义核心价值观对外传播的意义研究提供了出发点与着力点。学术界也从提升国家软实力[2]、树立中国良好国际形象[3]、制衡西方文化霸权[4]、维护意识形态安全[5]、构建人类命运共同体[6]、丰富全球治理理念[7]等方面展开了对社会主义核心价值观对外传播意义的研究。

概括来看，大致可分为以下三个方面：一是提高国家文化软实力，树立中国国际形象的现实需要。党的二十大报告指出："加强国际传播能力建设，全面提升国际传播效能，形成同我国综合国力和国际地位相匹配的国际话语权。"[8]冷战结束以来，国家文化软实力的竞争成为综合国力竞争的焦点，而社会主义核心价值观作为我国文化软实力的内核所在，标示着中国特色社会主义经济、政治、文化的发展方向，代表着"和平的、可亲的、文明的狮子"这一生动的现代中国形象，更是展示负责任大国和社会主义大国形象的文化窗口。二是对冲西方文化霸权，抵制资本主义核心价值观渗透的迫切需

1《习近平谈治国理政》第 1 卷，外文出版社，2018，第 161 页。

2 蔡惠福、刘大勇：《建设社会主义文化强国须搞好核心价值观的对外传播》，《红旗文稿》2012 年第 5 期，第 12—15 页。

3 王安忠：《论新时代社会主义核心价值观的对外传播》，《世界社会主义研究》2018 年第 8 期，第 14—21 页。

4 周勇：《文化冲突态势下的社会主义核心价值观的确立》，《求索》2015 年第 10 期，第 9—14 页。

5 吴潜涛：《培育和践行社会主义核心价值观重要意义的几点思考》，《思想教育研究》2015 年第 2 期，第 7—9 页。

6 朱霁：《论社会主义核心价值观的对外传播及其实践路径》，《马克思主义研究》2016 年第 8 期，第 102—107 页。

7 赵丽涛：《全球化背景下社会主义核心价值观的对外传播》，《中国特色社会主义研究》2014 年第 3 期，第 75—79 页。

8 习近平：《高举中国特色社会主义伟大旗帜　为全面建设社会主义现代化国家而团结奋斗——在中国共产党第二十次全国代表大会上的报告》，人民出版社，2022，第 46 页。

要。在逆全球化思潮抬头，我国改革发展稳定面临不少深层次矛盾的当下，西方敌对势力乘机加紧对我国实施价值理念渗透演变战略，企图把他们的政治理念和价值观念推销、扩张到中国。他们把“自由”“民主”“人权”等资本主义核心价值观基本理念美其名曰“普世价值”，竭力在中国“布道”，妄图策动“颜色革命”。在这个意义上，社会主义核心价值观基本理念的对外传播，是应对西方国家对我国实施价值理念渗透演变战略的迫切需要。三是丰富全球治理理念，推动构建人类命运共同体的应有之义。党的二十大报告指出：“构建人类命运共同体是世界各国人民前途所在。万物并育而不相害，道并行而不相悖。”[1] 全球化的进程成为不可逆转的历史大势，面对正以前所未有的方式展开的世界之变、时代之变、历史之变，既有治理理念的资本惯性已然乏力，建设一个持久和平、普遍安全、共同繁荣、开放包容、清洁美丽的人类命运共同体，弘扬和平、发展、公平、正义、民主、自由的全人类共同价值，应当成为人类的共同诉求。全人类共同价值理念不仅是国际治理格局和治理秩序的新理念，更是社会主义核心价值观对外传播的重要承载。

第二，既有理论研究的不足之处。简要分析既有研究成果，总体特征呈现为理论研究总量较少，且多为不同学科视角的零散研究或重大意义的单一探索，缺少对外传播困境与挑战、对外传播经典案例分析以及社会主义核心价值观全球共享性的相关研究。具体来看，理论研究的不足大致可概括为“三个待深入”。一是全球多元价值观冲突视野下的社会主义核心价值观对外传播的机遇与挑战研究待深入。分析社会主义核心价值观对外传播问题，一个基本的研究前提是实事求是，这个“事”就是价值观对外传播的特定时空背景，而要寻找到对外传播的“是”亦即规律、方法等，就需要通过对世界范围内的价值观冲突特别是东西方价值观可能存在的差异予以科学的研

1 习近平：《高举中国特色社会主义伟大旗帜　为全面建设社会主义现代化国家而团结奋斗——在中国共产党第二十次全国代表大会上的报告》，人民出版社，2022，第 62 页。

判，明确具有鲜明文化特性、制度属性与地域特征的社会主义核心价值观可能遭遇的挑战。二是植根于马克思主义学科立场的社会主义核心价值观对外传播研究待深入。社会主义核心价值观对外传播需要坚实的学理支撑，怎样从马克思主义理论中寻找学术滋养，从中获得理论基础、科学方法与实践启迪，是未来学人们需要不断关注与发力的研究方向。目前，学界虽有跨学科研究的端倪，但并未形成立足于马克思主义学科视域，介入多学科视角的交叉研究自觉，甚至有部分研究采取“拿来主义”的方法，嫁接移植西方传播理论，这实际上制约着社会主义核心价值观话语体系的构建，是社会主义核心价值观对外传播研究亟须规避之处。三是立足国际视野的社会主义核心价值观对外传播相关论述待深入。社会主义核心价值观对外传播研究容易陷入“隔岸研究”的尴尬境地，如：一般的研究者由于缺乏海外实地生活经验与英文媒体阅读环境，较易忽视社会主义核心价值观对外传播实践中的问题分析；又由于缺少对西方当下社会主义核心价值观对外传播接受状况的定量分析，容易陷入闭门造车、主观猜想与自说自话等研究窠臼。怎样在关注、追踪、调研海外中国价值观研究的基础上，及时发现、分析、回应海外研究的主要议题、偏颇误区与现实根源，借助重要国际研究团体与顶级权威期刊等平台，自信地阐释社会主义核心价值观研究观点，积极地展开国际学术交流的对话争锋，是社会主义核心价值观对外传播研究需要破解的问题。

（二）社会主义核心价值观对外传播理论研究的应然趋势

纵览既往研究，社会主义核心价值观对外传播研究在量与质上仍有较大的提升空间。新时代中国特色社会主义核心价值观基本理念的对外传播需要探索科学理论的有力支撑，更需要在研究中抓住矛盾的主要方面，有的放矢地聚焦于现实需求。如何以全球视野与系统思维来着眼于新时代中国话语体系的全球传播，着力破解“我国哲学社会科学在国际上的声音还比较小，还处于有理说不出、说了传不开的境地”这一实际问题，积极“打造易于为国际社会所理解和接受的新概念、新范畴、新表述，引导国际学术界展开研究和讨论”[1]，应是社会主义核心价值观对外传播研究的未来致思。

第一，强化在“中国文化走出去”研究中对价值理念对外传播的聚焦。自党的十七届六中全会提出“实施文化走出去工程”以来，学术界就如何参与国际文化市场竞争、拓展我国文化发展空间与提高国家文化软实力等问题展开了大量的研究，并形成了可观的研究成果。值得注意的是，多数研究从文化学的宏观视域关切中国文化国际传播问题，较少从微观角度审视社会主义核心价值观对外传播相关问题。如何立足于“中国文化走出去”既有研究经验，以“接着谈”的方式进一步聚焦于核心价值观对外传播，既是“中国文化走出去”研究的必然旨向，也是社会主义核心价值观对外传播研究的应然趋势。在“中国文化走出去”研究中应当关注双重内涵：一是直接意义上的，通过对外传播使不同国家的人们认识、知晓中国文化，孔子学院、书籍传译、讲学团体或者访问交流等均是中国文化走向世界的基本载体方式；二是价值意义上的，通过更为深层的文化交往，使其他国家的人们熟悉、理解并且接纳中国文化。任何文化的核心都指向某种价值观念，文化交往实质上是不同价值观念的互动与交往，对某种价值观念的充分理解与接纳，同时也在一定程度上标志着对这一价值观念的文化认同。当直接意义上的“中国文化走出去”并不必然带来价值意义上的“中国文化走出去”时，新时代“中国文化走出去”研究不应囿于传统意义上中国文化传播的宏大叙事，应当将关切重点转移到价值意义上的“中国文化走出去”。因而，研究应侧重聚焦于社会主义核心价值观在新时代怎样能够得到他者的理解与认可，怎样能够通过对外传播有效彰显中国特色社会主义的制度优势。

在“中国文化走出去”研究中聚焦于价值理念对外传播，还涉及价值认同与价值存异两个问题。社会主义核心价值观就其传播空间而言，包括对

1《习近平谈治国理政》第 2 卷，外文出版社，2017，第 346 页。

外传播与对内传播。在对内传播方面，无条件取得价值认同是传播的实质目标；但在对外传播方面，也就是在“中国文化走出去”方面，则隐含着价值认同与价值存异两个问题。研究的应然关切在于如何取得价值认同，即促使其他文化背景中的人们赞同并认可社会主义核心价值观基本理念，并转而将其融入自身的文化视野中。但是，在实然意义上，“中国文化走出去”研究首先应当解决的是“价值存异”问题，即其他文化语境下的人们在熟悉认识社会主义核心价值观所代表的文化系统后，虽然并不能完全接受并内化其所承载的特定价值理念，但基于一定的历史条件和具体实际，能够理解、尊重这一价值理念形成的理据，承认、包容并支持这一价值理念存在的合理性。相较于“价值认同”，获得“价值存异”应是现阶段社会主义核心价值观基本理念对外传播的主要议题。

第二，关切社会主义核心价值观对外传播意识形态功能研究。“在不同的财产形式上，在社会生存条件上，耸立着由各种不同的，表现独特的情感、幻想、思想方式和人生观构成的整个上层建筑。整个阶级在其物质条件和相应的社会关系的基础上创造和构成这一切。通过传统和教育承受了这些情感和观点的个人，会以为这些情感和观点就是他的行为的真实动机和出发点。”[1] 马克思的论断点明了不同财产形式和社会生存条件下均有其所遵循的价值观念。不同民族国家都具有独特的以国家意识形态为核心的“上层建筑”，即在国家这一政治共同体内全体人民共同持守的价值观念。20 世纪以来，民族国家之间不同价值观念的争锋日趋激烈，在资本主义生产方式基础上形成的“普世价值”，成为西方国家对其他持不同价值观念的国家进行“和平演变”的重要工具。作为一种虚假的资本主义意识形态，“普世价值”从抽象人性论出发，将人看作无差别的价值符号，并不遗余力地大肆宣扬全盘西化才是人类社会唯一前途的谬论，暗含着一种“顺我者昌，逆我者亡”

1《马克思恩格斯文集》第 2 卷，人民出版社，2009，第 498 页。

的沙文逻辑。冷战结束以来，东欧、中东和北非等地区，任由西方资本主义价值体系剪裁自身的发展模式，致使国家战火连绵、四分五裂，便是对“普世价值”盲目尊奉、亦步亦趋的恶果。

21 世纪以来，价值观的较量与冲突日益成为意识形态斗争的高地和焦点。2013 年 8 月 19 日，习近平在全国宣传思想工作会议上指出：“经济建设是党的中心工作，意识形态工作是党的一项极端重要的工作。”[1] 2015 年 12 月 11 日，习近平在全国党校工作会议上再次强调：“国内外各种敌对势力，总是企图让我们党改旗易帜、改名换姓，其要害就是企图让我们丢掉对马克思主义的信仰，丢掉对社会主义、共产主义的信念。”[2] 2020年，在新型冠状肺炎疫情全球大流行的背景下，美国发布了新的长达 16 页的《美国对中国战略方针》（*United States Strategic Approach to The People's Republic of China*），声称美国自 1979 年与中国建交以来的对华政策已经失败，并无理指责中国正在经济、价值观与国家安全等方面对美国发起挑战，蓄意歪曲中国的政治制度和战略意图，大肆渲染“中国威胁论”。在因疫情而亟须国际合作的时代背景下，美国依然秉持冷战思维和意识形态偏见，这要求我们在更加不稳定不确定的世界中维护好、捍卫好意识形态安全，主动破除西方“普世价值”的话语垄断，积极抵制“普世价值”的思想侵袭，着力加强对社会主义核心价值观对外传播中意识形态作用与路径的研究，回应社会主义核心价值观对外传播的时代需要，增进社会主义核心价值观对外传播的全球效应。

第三，注重社会主义核心价值观的制度属性与全球共享性之间关系的研究。有学者指出，社会主义核心价值观具有鲜明的制度属性，中国特色社会

1《习近平谈治国理政》第 1 卷，外文出版社，2018，第 153 页。
2《习近平谈治国理政》第 2 卷，外文出版社，2017，第 327 页。

主义是社会主义核心价值观的本质规定。[1]作为国家意识形态的内核，社会主义核心价值观根植于中国特色社会主义实践，是中华优秀传统文化基因与现代社会适应协调的精神彰显，集中体现着中国立场、中国智慧、中国价值的理念主张，并能够在应对中国与世界发展进程中所面临的重大问题时提供科学的精神指引。毛泽东在1944年同英国记者斯坦因的谈话中指出："我们的态度是批判地接受我们自己的历史遗产和外国的思想。我们既反对盲目接收任何思想也反对盲目抵制任何思想。我们中国人必须用我们自己的头脑进行思考，并决定什么东西能在我们自己的土壤里生长起来。"[2]社会主义核心价值观正是以中国特色社会主义发展实际为实践起点提出的具有主体性、原创性的价值理念，其诞生于中国特色社会主义实践的土壤之中，具有鲜明的制度属性。中国共产党领导是中国特色社会主义最本质的特征，规定并赋予社会主义核心价值观最为根本的制度属性特征，充分体现着当代中国人民正在进行的伟大实践与亟须解决的实际问题。在坚持社会主义核心价值观制度属性基本点不变的同时，也要看到新时代不仅意味着近代以来历经磨难的中华民族迎来了从站起来、富起来到强起来的伟大飞跃，也意味着科学社会主义在21世纪的中国焕发出强大生机活力，更意味着中国特色社会主义道路、理论、制度、文化的不断发展，拓展了发展中国家走向现代化的途径，为解决人类发展问题贡献了中国方案。这为新时代社会主义核心价值观对外传播的研究提供了新的视角：一方面，在宏观上以更具国际影响力的理论论证好中国特色社会主义道路的特殊性与普遍性之间的关系；另一方面，在微观上关注社会主义核心价值观对外传播中价值观的制度属性与全球共享性之间的关系。

此外，在制度属性与全球共享性的互动研究中需要特别关注社会主义核心价值观基本理念的丰富。从价值观形成与发展的基本逻辑来看，社会主义

---

1 包心鉴：《习近平新时代中国特色社会主义思想的鲜明特质和社会主义核心价值观的本质规定》，《学校党建与思想教育》2018年第1期，第4页。

2《毛泽东文集》第3卷，人民出版社，1996，第192页。

核心价值观走出去的过程实质上是其不断在与他者的互动碰撞中获得完善的过程。传统意义上，我们将社会主义核心价值观基本理念的凝练与拓展仅仅放置于国内视野中，往往忽视了在跨文化交流交锋交融过程中社会主义核心价值观基本理念的深度发展问题。在对外传播过程中，注重对社会主义核心价值观的制度属性与全球共享性之间关系的研究，不仅能够有效规避关起门来进行社会主义核心价值观宣传教育的实践局限，满足社会主义核心价值观自身丰富与发展的需要，而且能够合理汲取借鉴其他文化中的有益因子，在碰撞融合中不断锤炼社会主义核心价值观的道义力量与实践品格。

二、在实践层面，为对外传播提供更加完善、立体的实现方式

习近平在全国党校工作会议上的讲话中指出："落后就要挨打，贫穷就要挨饿，失语就要挨骂。形象地讲，长期以来，我们党带领人民就是要不断解决'挨打'、'挨饿'、'挨骂'这三大问题。经过几代人不懈奋斗，前两个问题基本得到解决，但'挨骂'问题还没有得到根本解决。争取国际话语权是我们必须解决好的一个重大问题。"[1]怎样解决"挨骂"问题，依靠什么争取国际话语权，从根本上讲要靠坚持和发展中国特色社会主义。社会主义核心价值观体现中国特色社会主义的本质要求，社会主义核心价值观对外传播的实践旨向在于彰显社会主义意识形态的优越性，为解决"挨骂"问题提供实际助力。依靠中国特色社会主义制度所表现出的制度优势和发展活力争取国际话语权，社会主义核心价值观对外传播在实践上需要完成两个转变：一是要在总体策略上变"送出去"为"走出去"；二是要在具体方法上变"传不开"为"叫得响"。

（一）从"送出去"到"走出去"，对外传播的实践策略需不断优化

时代是思想之母，实践是理论之源。强化社会主义核心价值观对外传播

1 习近平：《在全国党校工作会议上的讲话》，人民出版社，2016，第20页。

基础理论研究的目的在于更好地指导“走出去”的实践，其中传播意义、传播内容、传播形式、传播规律与传播效能是亟须重点探索的研究领域。就目前理论与实践互动的实际来看，社会主义核心价值观对外传播的实践在整体上尚处于人、事、物“送出去”向思想、观点、理念“走出去”过渡的中间态。这一方面折射出社会主义核心价值观对外传播相关基础研究整体上滞后于实践的需要；另一方面也反映着社会主义核心价值观对外传播在实践策略方面仍有较大优化空间。所谓“一念起关山”，怎样实现从“送出去”到“走出去”在量与质、度与效等方面的多重转变，首先需要转换思维，重新审视社会主义核心价值观对外传播的实践策略问题。

第一，应势而谋，充分把握社会主义核心价值观对外传播的国际机遇。这里的“势”即国际机遇，包含内外两个层面：对内，要反观中国的发展方位，认识到中国处于近代以来最好的发展时期；对外，要考察世界发展大势，认识到世界处于百年未有之大变局。因此，把握国际机遇首先要把握住资本主义经济危机为社会主义核心价值观对外传播所提供的时代契机。“在全球化进程中，国家综合实力的竞争由经济领域向政治和文化领域推进，并聚焦为文化软实力的竞争。”[1]伴随不可逆转的经济全球化与世界多极化的历史大势，原有单一“硬实力”对抗已不适应于新的时代条件，价值观外交成长为新的对抗模式，文化软实力日趋成为大国角逐的重要砝码。改革开放以来，中国全面拥抱全球化，虽然处于社会主义初级阶段的基本国情没有变，但作为后发的“赶超型”国家，仍然取得了举世瞩目的发展奇迹。与此同时，21 世纪以来西方资本主义国家经济发展增速瓶颈却日益凸显，2008 年由西方世界次贷危机引发的全球金融海啸，更是促使资本主义国家经济发展步履维艰，全球新冠疫情的大流行进一步加速了资本主义国家经济的

1 周琪：《全球化境遇下中国文化软实力建设的路径选择》，《哲学研究》2012 第 6 期，第 121 页。

衰落。事实上，“经济危机和秩序破溃的背后，其实是文化的焦虑和困顿”[1]，也在一定意义上反映出资本主义长期存在的基本矛盾，印证着资本主义精神伦理“普世价值”的抽象与虚伪。冷战结束后西方学者福山所提出的“历史终结论”与“美国政治衰败论”，虽然在本质上皆是为西方的自由、民主背书辩护，但其后来出版的《政治秩序与政治衰败：从工业革命到民主全球化》（*Political Order and Political Decay: From the Industrial Revolution to the Globalization of Democracy*）一书仍然非本意地道出了美国政治衰败的客观现实及其所鼓吹的自由民主制的摇摇欲坠。21 世纪以来，资本主义经济危机所引发的持续性社会矛盾在事实上证明了资本主义不可避免的衰落，“颜色革命”“阿拉伯之春”等西方价值观强行输出的阴谋纷纷宣告破产，这些“和平演变”的手段不仅彻底摧毁了北非和中东国家的和平秩序，也留下了无法忽视的难民和动乱问题，再一次以无可辩驳的事实印证了“普世价值”的倒行逆施。在西方核心价值观呈现出显著现实困境的时代背景下，更具道义力量、更适应历史潮流、更符合世界发展大势的社会主义核心价值观对外传播恰逢其时。

与此同时，中国式现代化所彰显出的优越性与道义性为社会主义核心价值观对外传播提供了有力的物质支撑。改革开放以来，中国创造了经济快速发展的世界奇迹，当世界经济深陷亚洲金融危机、欧美债务危机时，中国仍然能够保持较快的经济增速，并一跃成为世界经济发展的全新引擎。中国特色社会主义进入新时代以来更是取得了世界瞩目的跨越式发展，经济总量稳居世界第二，对世界经济增长的贡献率超过 30%，并在 2020 年国内生产总值首次超过100万亿元。[2]中国道路的成功向世界彰显了中国智慧、中国方案、中国理念的可行性与先进性，显示了中国特色社会主义价值理念在新时代所

1 田旭明：《全球文化价值重心东移与社会主义核心价值观的国际定位》，《学术论坛》2014 年第 2 期，第 36 页。

2 中华人民共和国国务院新闻办公室：《中国的全面小康》，《人民日报》2021 年 9 月 29 日。

焕发出的生机活力，中国经济的持续发展与中国社会的长期稳定使中国越来越受到世界关注。中华民族伟大复兴进入了不可逆转的历史进程，这是讲好中国故事、传播好中国声音、全面展现真实中国的实践源泉，为社会主义核心价值观对外传播提供了坚强有力的事实支持与物质保障。

第二，因时而进，精心构建社会主义核心价值观对外传播的话语体系。话语体系是特定经济社会发展与历史文化传统的综合表达，总是随着社会存在的变迁而焕新。表层来看，话语体系是在人类交往活动中由具体的语言符号编织的传达与接受、阐释与理解、评价与认同等多重关系；深入来看，话语体系往往受到经济发展程度与政治文化特征的制约，是民族传统文化与时代精神风貌的外在表达。习近平曾指出："提高国家文化软实力，要努力提高国际话语权。要加强国际传播能力建设，精心构建对外话语体系"[1]。创造力、公信力与感召力是对外话语能力的内在涵容。

从总体上构建社会主义核心价值观对外传播的话语体系，将"始、中、终"三个基本维度作为构建支点，以整体思维从根本上扩大社会主义核心价值观的世界影响。所谓"始"，主要指向社会主义核心价值观对外传播的深层底蕴，即中华优秀传统文化的创造性转化与创新性发展，这为增强对外话语的创造力提供源源不断的内生动力。中华优秀传统文化承载着中华民族的精神命脉和深厚的文化伟力，中国走向国际舞台需要文化自信，相较于道路自信、理论自信与制度自信，文化自信是国家和民族发展中更基本、更深沉、更持久的力量。习近平曾指出："要推动中华文明创造性转化、创新性发展，激活其生命力，让中华文明同各国人民创造的多彩文明一道，为人类提供正确精神指引。"[2]基于此，要植根于中华优秀传统文化的沃土，构建能够打动文化他者、引发人类集体无意识共鸣的话语体系。

1《习近平谈治国理政》第1卷，外文出版社，2018，第162页。
2《习近平谈治国理政》第2卷，外文出版社，2017，第340页。

所谓“中”，主要指向社会主义核心价值观对外传播的现实品格，即正在进行着的生动的中国特色社会主义实践，这为增强对外话语的公信力提供鲜活生动的现实支撑。面对波谲云诡的全球发展态势，新时代中国特色社会主义实践彰显出强大的制度优势，同时也引发了世界范围内的广泛关注。正如习近平所强调的：“国际社会对中国的关注度越来越高，他们想了解中国，想知道中国人的世界观、人生观、价值观，想知道中国人对自然、对世界、对历史、对未来的看法，想知道中国人的喜怒哀乐，想知道中国历史传承、风俗习惯、民族特性，等等。”[1]在中国特色社会主义实践发展进程中，逐渐形成了以人民为中心、人的全面发展、美丽中国以及共同富裕等当代中国话语体系的特有范畴，“社会主义市场经济”“全过程人民民主”“中国特色社会主义法治体系”“人类命运共同体”“全人类共同价值”“‘一带一路’建设”“总体国家安全观”“生态文明建设”等，都是从中国特色社会主义实践中不断总结提出的具有原创性的话语表达，也是社会主义核心价值观的战略彰显。这些极具中国特色的话语表达，集中反映着当代中国人的世界观、人生观、价值观，也恰恰体现着社会主义核心价值观对外传播话语体系极富生命力的现实品格。

所谓“终”，主要指向社会主义核心价值观对外传播话语体系对人类发展方向的未来观照，即聚焦于关切人类前途命运的重大问题，这为增强对外话语的感召力提供真实可靠的人文关怀。社会主义核心价值观对外传播的要义在于，取得世界各国人民的理解和认同，从而更好地掌握国际话语权和舆论主导权，并在此基础上为更多国家提供可行的中国方案。因此，凝练出能够被全球理解的话语表达，是建构社会主义核心价值观对外传播话语体系的基本准备。循此逻辑，我们要采取世界眼光，充分挖掘社会主义核心价值观民族性与世界性相统一的重要特性，有意识地将其置于人类共同价值体系

1《习近平谈治国理政》第 2 卷，外文出版社，2017，第 315 页。

中，在全人类共同价值的框架内科学阐释社会主义核心价值观所彰显的中国特色，着力阐发其符合全人类共同价值追求的思想，深入阐明社会主义核心价值观所具有的世界意义及未来价值。

第三，随事而制，着力塑造社会主义核心价值观对外传播的主体格局。把握社会主义核心价值观对外传播的窗口期，找准社会主义核心价值观对外传播的话语模式，是社会主义核心价值观对外传播理念意义上的策略，而形成具有全局视野、实施顺畅、行之有效的社会主义核心价值观对外传播主体格局，则是社会主义核心价值观对外传播实体意义上的策略。总体来看，一个核心的问题是要明确“谁来传播”的问题，也就是说应当着力打造由政府主导实施、多元主体参与的对外传播格局。

首先，政府主导实施的关键在于发挥官方对外联络组织、官方对外品牌载体、官方媒体传播队伍的综合传播效力，怎样顺势因时传播是致思的要旨。文学理论家与批评家萨义德曾转引马克思的此番言说：“他们不能代表自己，一定要别人来代表他们。他们的代表一定要同时是他们的主宰，是高高站在他们上面的权威……”[1]，用以表征东方主义的真实意蕴，即西方对东方文化的藐视以及任意虚构“东方文化”的一种偏见性观念。社会主义核心价值观对外传播的主体格局的建构，要着眼于如何打破可能存在的对社会主义核心价值观“东方主义”式的偏见，而政府有组织、分层次对外传播体系的建构，能够凭借其权威性、科学性、精准性，更为深层地发出中国声音、展示中国力量。要在实质上击破“东方主义”的标签，政府主导实施需要把握随事而制的原则，就今天中国与世界的互动实际而言，“人类命运共同体”“‘一带一路’建设”等就是社会主义核心价值观对外传播搭载的“时”与“势”，这是改变原有社会主义核心价值观在人、事、物等方面简单“送出去”尴尬困境的关键动力。“人类命运共同体是建立在人类利益共同体基

1《马克思恩格斯文集》第 2 卷，人民出版社，2009，第 567 页。

础之上的，命运共同体与利益共同体紧密相联、存亡攸关，而构建人类利益共同体又是以构建经济利益共同体为基石的。”[1]这是“天下为公”“和衷共济”等中华优秀传统文化的时代结晶，也是符合世界发展大势、解决世界问题、满足各国人民实际利益需要的中国方案。政府作为社会主义核心价值观对外传播的主体，应当有步骤地在推进“人类命运共同体”理念全球化的过程中，渐进实现社会主义核心价值观真正“走出去”。

其中，“一带一路”作为构建“人类命运共同体”的具体实践，是对西方所谓的“金德尔伯格陷阱”的有力回击，以生动的实践充分展现了一个负责任的大国的担当。“一带一路”倡议肇始于中国，但机遇与成果却为世界人民所享有，这在源头上塑造了社会主义核心价值观对外传播的载体优势。政府应在社会主义核心价值观基本理念对外传播的过程中，着力搭乘政策、设施、贸易、资金“四通”的实践，达成社会主义核心价值观对外传播“民心相通”的实际效果，真正在实现“五通”联动中有理、有利、有节地传播社会主义核心价值观基本理念。

其次，在着重发挥政府主导作用的同时，也要采用全面、发展的眼光，盘活在社会主义核心价值观对外传播过程中多元主体的效能。从传播规律的角度看，社会主义核心价值观对外传播实际是一种跨文化传播，传播受众来自不同社会制度与文化传统，因而有其独特的文化接受阈限，单一意义上“以我为主”的对外传播方式已经不能适应和满足对外传播的要求。社会主义核心价值观对外传播需要打造更为多元的传播主体，既包括传统意义上的专家学者、社会团体、学校企业、商业媒体与其他国内民间传播力量等，也应当越来越广泛地吸纳外籍学者、国际组织、海外媒体、华人华侨等来自不同国家的境外传播力量，以期能够更为精准地对接受众的立场需求，规避由原有宗教信仰、思维惯性以及路径依赖所带来的传播壁垒，打破对外传播主

1 滕文生：《构建人类命运共同体是世界发展的历史必然》，《人民日报》2019 年 1 月 11 日。

体“人”的时空界限，将“自己讲”与“他人讲”有机衔接起来，更好地完成社会主义核心价值观对外传播主体由“送出去”到“走出去”的转变。

（二）从“传不开”到“叫得响”，对外传播的实践方法需不断改进

党的十八大以来，构建对外传播话语体系、增强国际话语权日益成为我国对外宣传领域的工作要务，并专门提出要将对外话语体系同对内对外兼顾的话语体系区分开来。根据对外传播的特定受众、独特规律与现实问题，以一切从实际出发的态度不断探索对外传播的新方法。当前，就总的对外宣传工作而言，仍然面临着有理说不清、说了传不开的现实困境。怎样解决“传不开”“叫不响”的问题，除了常规意义上根治用西方的“履”硬套中国的“脚”的这一话语弊病外，更重要的是树立一种反向思维，在方法论意义上思考“传不开”的主要原因。需要注意的是，社会主义核心价值观自身具有鲜明的历史底蕴、现实依据和道义力量，其对外传播“传不开”的原因在于“有理说不出”，并非“无理叫不响”，这是分析社会主义核心价值观为什么“传不开”的最大前提。毛泽东在《关心群众生活，注意工作方法》一文中指出：“我们不但要提出任务，而且要解决完成任务的方法问题。我们的任务是过河，但是没有桥或没有船就不能过。不解决桥或船的问题，过河就是一句空话。不解决方法问题，任务也只是瞎说一顿。”[1]显然，“传不开”是在成效或结果意义上对社会主义核心价值观对外传播进行的定性分析，从现实的结果表现来反推，这远未达成我们争取国际话语权的“过河”任务。要有效解决“传不开”的尴尬境地，达成“叫得响”的传播任务，先要致力解决社会主义核心价值观对外传播的“桥”或“船”的问题，也就是对外传播的实践方法问题。

第一，定位社会主义核心价值观对外传播的受众，把握重点人群，实现分众传播。任何时代的政治基础都在于人，以未来的眼光来看政治基础，青

1《毛泽东选集》第1卷，人民出版社，1991，第139页。

少年是基础的基础。第 51 次《中国互联网络发展状况统计报告》显示，截至 2022 年 12 月，我国网民规模为 10.67 亿，互联网普及率达 75.6%。其中，10 岁以下网民占比 4.4%，10～19 岁网民占比 14.3%，20～29 岁网民占比 14.2%，30～39 岁网民占比 19.6%，40～49 岁网民占比 16.7%，50～59 岁网民占比 16.5%，60 岁及以上网民占比 14.3%。[1] 此外，互联网对低龄群体的渗透能力持续增强。透视两组数据参照及互联网的发展规律，可以发现：一方面，社会主义核心价值观对外传播的载体实质将越来越趋向于社会主义核心价值观对外网络传播；另一方面，世界各国 44 岁以下的青年应当是现阶段社会主义核心价值观对外传播的靶向受众。换言之，社会主义核心价值观对外传播的重点群体应当是受互联网深度影响的青年，而深度参与社会生活及决策管理的 45 岁至 59 岁的中年人则为主要群体，在接受外来文化及新鲜事物方面较为保守的 60 岁及以上的老年人则为一般群体。

首先，应以发展的眼光看问题，将社会主义核心价值观对外传播的重点对象定位为青年群体。按照我国当下的说法，这一人群主要为 80 后、90 后及 00 后，作为网络信息技术迅猛发展的核心接受者，网络业已成为他们的第二个“大脑”与第三只“手”。基于此，一要不断强化新媒体技术的推广应用能力，打造出更多在全球有着广泛影响力的网络传播载体，如抖音的国际版（TikTok）等，其不仅彰显着中国的网络创意文化，同时在让短视频成为世界语言的过程中，自然而然地将中国历史传统与文化艺术以流行元素的方式呈现给世界。在合理对冲由西方发达国家把持的既有网络用户信源的基础上，以更为客观、公允与自主的载体讲好中国故事、宣传中国文化、发出中国声音。二要增强兼具展现中国文化精华与吸引海外青年注意双重特性的内容供给能力，充分利用油管（YouTube）、脸书（Facebook）、推

1 中国互联网络信息中心：《第 51 次中国互联网络发展状况统计报告》，第 31 页。https://www.cnnic.net.cn/n4/2023/0303/c88_10757.html。

特（Twitter）等载体的用户黏性，有针对性地逐步挖掘、支持和培育包括网络头部大V等自媒体意见领袖在内的多元主体，制作更易被青年接受、读取和喜爱的文化样式。以东亚邻国日本与韩国为例，日本的动漫、韩国的流行音乐（K-POP）等作为国家品牌日益展现出持久多样的文化吸引力，通过网络对外传播越来越受到包括亚太、欧美等世界各地青年群体的普遍追捧，同时更是积极发挥了国家文化名片的作用，吸引数以万计的游客来到日、韩观光，感受异国发展实际。

其次，在进一步增强对青年群体的对外传播的精度与广度的基础上，也要同步强化对45岁以上中老年人的对外传播的力度与效度。冷战结束以来，西方国家借助传统媒体在技术应用与国际传播等方面的优势，几乎左右着全球90%以上的信息，且在当代愈发展现出其“后真相”的传播特征，即价值理性不断缺位、工具理性日渐风起。美国在线（America Online）、维亚康姆（Viacom）等传媒公司掌握了国际传媒市场，“美联社、合众国际社、路透社、法新社等四大通讯社更成为亚非拉发展中国家媒体的主要信源”[1]。需要指出的是，中老年人的信源获取方式存在一定的路径依赖，更多人倾向于通过传统媒体获取新闻。对于中老年群体进行社会主义核心价值观的对外传播，一要逐步加强国际出版发行与对外译介能力，不断提高传统媒体的海外市场份额及传播水平，“要向世界宣传推介我国优秀文化艺术，让国外民众在审美过程中感受魅力，加深对中华文化的认识和理解”[2]；二要充分关照中老年受众的利益诉求，正如马克思恩格斯在《神圣家族》中所指出的：“根据以往的**非批判的**历史，即不是按照绝对批判的意愿编纂的历史，应该严格地分清：**群众**对目的究竟‘**关注**’到什么程度，群众对这些目的究竟**怀有**多大‘**热情**’。‘**思想**’一旦离开‘**利益**’，就一定会使自己出丑。”[3]因此，应

1 孟威：《改进对外传播构建“中国话语体系”》，《新闻战线》2014年第7期，第82页。
2《习近平谈治国理政》第2卷，外文出版社，2017，第316页。
3《马克思恩格斯文集》第1卷，人民出版社，2009，第286页。

最大化依靠我国进一步对外开放的各项利好政策，把握中国企业、中国基建、中国科技、中国智造等“走出去”与中国国际进口博览会等“引进来”的契机，全面展现中国智慧、中国力量与中国文化在促进人的全面发展以及解决人类共同面临的发展课题中所起到的作用。在打破部分受众既定偏见的同时，不断在提炼与阐释中有效传播中国的核心价值观，力求能够通过直观可见与实践可感的方式让更多受众真正理解中国制度、中国方案与中国理念的真实性、道义性和优越性，能够在中国崛起的现实中感受中国价值的世界意义。

第二，明确社会主义核心价值观对外传播的路径，注重协调致用，凸显合力效应。对外传播路径研究是社会主义核心价值观相关研究的共同关切，多数既有研究纷纷将目光投向相对零散的以网络载体为代表的虚拟路径研究，往往忽略了国家扩大对外开放战略中能够深度影响社会主义核心价值观对外传播效能的实体路径。需要正视的是，只有清醒认识到社会主义核心价值观对外传播的艰巨性与复杂性，认识到社会主义核心价值观对外传播目标的系统性与层次性，认识到社会主义核心价值观对外传播总是要经历从获得国际认知到取得国际影响再到争取国际话语权的发展阶段，才能全面探索社会主义核心价值观对外传播的合理路径。从国际认知—国际认可—国际认同目标层次的变化可以看出，整体化的目标体系要求形成一体化的对外传播路径。社会主义核心价值观对外传播路径不应是点式聚集的形式，而应当是兼具线上线下与实体虚拟一体化的路径体系。

首先，最大化发挥社会主义核心价值观对外传播实体路径的传播效能。习近平曾指出：“一个民族、一个国家的核心价值观必须同这个民族、这个国家的历史文化相契合，同这个民族、这个国家的人民正在进行的奋斗相结合，同这个民族、这个国家需要解决的时代问题相适应。”[1] 这是社会主义核

1《习近平谈治国理政》第 1 卷，外文出版社，2018，第 171 页。

心价值观基本理念形成与再提炼的主要参照。其中，“契合”与“结合”辩证地阐释了社会主义核心价值观对外传播的一体两面，阐明了社会主义核心价值观究竟要“传播什么、怎样传播”的基本问题，既规定了社会主义核心价值观对外传播的主要内容，也标示出社会主义核心价值观对外传播的实体路径。所谓实体路径，就是在充分挖掘我国独特历史文化的基础上，结合我们这个民族、这个国家正在进行的奋斗实践，结合我们这个民族、这个国家需要解决的国家局部与人类整体的时代问题，在具体的“事”上下足功夫。

实体路径可以表现为许多形式：一类是政府外交部门在社会主义核心价值观对外传播中的组织宣传作用，如中国文化周、中国文化月、中国文化年以及对外文化展览等中国文化传播活动的常态开展，再如国际友好城市、国际友好组织、国际友好合作高校等国际文化交流活动的广泛推行；一类是品牌载体传播在社会主义核心价值观对外传播中的吸引集聚作用，如孔子学院、“汉语桥”世界大学生中文大赛的开办，中国美食、中国京剧、中国功夫等中国国粹元素海外传播活动，再如中国古典文学、中国当代文艺的海外译介活动等。诸上传统实体路径，虽然取得了一定的传播效果，但总体上，无论在受众覆盖面、吸引力方面，还是在传播的实效性与影响力方面，均存在着瓶颈，探索与之协同发力且能够发挥持久感召力的实体路径成为迫切要务。党的十八大以来，党中央顺应世界发展潮流，先后推出一系列重大对外开放新举措。正如习近平所指出的：“实践证明，过去 40 年中国经济发展是在开放条件下取得的，未来中国经济实现高质量发展也必须在更加开放条件下进行。这是中国基于发展需要作出的战略抉择，同时也是在以实际行动推动经济全球化造福世界各国人民。”[1] 扩大对外开放战略部署兼具中国特色与全球视野，这既是社会主义核心价值观基本理念的实践彰显，同时也是社会主义核心价值观对外传播的核心契机。“引进来”与“走出去”是新时代

1《习近平谈治国理政》第 3 卷，外文出版社，2020，第 194 页。

扩大对外开放的两翼，主动扩大进口如中国国际进口博览会的举办，稳步放宽市场准入如精简外商准入负面清单，营造一流营商环境如健全外商投资法规，打造对外开放新高地如海南自由贸易试验区的建立等，均是“引进来”的重要举措，这些皆是在经济上“引进来”中推进中国价值理念“走出去”的实体路径。与此同时，“一带一路”的持续推进、中非合作“八大行动”的创新发展、《区域全面经济伙伴关系协定》（RCEP）等国际合作平台的成熟化与未来性，以及二十国集团（G20）、亚太经济合作组织（APEC）、上海合作组织（SCO）与金砖国家（BRICS）等机制的常态化，都为社会主义核心价值观对外传播提供了前所未有的实体路径。怎样在全球经济一体化的大势中抓住契机，在展现中国改革开放40多年来所累积的“硬实力”的同时，让更多国家、更多人民看到支撑新时代中国社会发展与扩大对外开放的“软实力”，这既是社会主义核心价值观对外传播的广阔实体路径，也是对外传播未来发展必须面对的实践课题。

其次，在充分激活社会主义核心价值观对外传播实体路径的基础上，还应当充分发挥社会主义核心价值观对外传播虚拟路径的作用。所谓虚拟路径，主要指基于互联网新技术而展开的全媒体对外传播路径，其作用范围之广、辐射人群之众、意见影响之深，往往超过了其他传统传播路径。人们通常认为，依托于以各式各类不断焕新的新媒体为主的网络传播能够达成润物细无声的效果，体现出“好的宣传就是要做得不像宣传”的传播诉求。但是，作为社会主义核心价值观对外传播的虚拟路径，多元形式的网络载体先天具有双重路径指向。一是对外宣传功能，利用快速更新、实时更迭的多样新媒体平台，或通过具有艺术性、可观性以及流行性的多彩内容，或通过对具有引导性、思辨性以及实效性的时事的回应，及时宣传、展示、表达合理的中国意见，传达中国的价值理念。二是意见对冲功能，自美国前总统奥巴马2016年签署《波特曼－墨菲反宣传法案》（Portman-Murphy Counter-

Propaganda Bill）以来，美国互联网自由战略进入了3.0阶段，在更全面、更积极地打赢思想战这一问题上，采取了更为强硬的态度，不仅声称中俄两国在网络空间针对美国意识形态的敌意宣传已经超越恐怖主义，同时也为在目标国境内实施互联网“和平演变”涂上了某种孤芳自赏式的“道义色彩”。因此，基于互联网路径积极开展社会主义核心价值观对外传播，一个十分迫切的任务在于激浊扬清，即合理利用网络平台的快、时、新特征，建设互联网对外传播集官方政府、社会团体与民间力量于一体的立体宣传渠道，打造全覆盖、有侧重的对外宣传阵地，形成议题设置、舆论引导与合理争锋等点面结合的宣传路径，以历史、现实与未来相结合的全局观来回应涉外事件与国际热点，着力以能够生动体现社会主义核心价值观的中国发展故事作为来消解国际上具有攻击性、侵略性甚至吞噬性的传播叙事，宣传好中国价值的美美与共，进而在甚嚣尘上的网络空间中彰显社会主义核心价值观的道义力量。

第三，廓清社会主义核心价值观的对外传播层次，高效精准发力，提升传播效果。社会主义核心价值观传播在总体上应当坚持“内外有别、外外有别”的原则。同样，社会主义核心价值观对外传播也应因域制宜、因语施策、因境布局，以增强社会主义核心价值观对外传播的针对性与有效性。坚持社会主义核心价值观对外传播“外外有别”的方法论原则，实际上是以中国对外开放正在做的事情为思考起点，针对来自不同地理区位、具有不同文化的国家分区域开展系统性的价值观传播活动。新冠疫情暴发以来，全球局势发展动向已经超越了固有“灰犀牛”（已知之已知）或“黑天鹅”（已知之未知）的思考范畴，形成了深度不确定不稳定的发展格局，全球各地围绕制度优势、治理绩效及其背后的价值观念所暴发的各类冲突与对抗日益加深。要达成社会主义核心价值观对外传播的预期效果，在对外传播中全面展现中国理念的价值理性与工具理性，需要我们采用历史唯物主义的立场，有区分、有重点地利用中国对外开放中所释放和展示出的强大经济动能，在合作共赢中竭力推动不同国家和地区对社会主义核心价值观的认知上的理解、认可上的尊重与认同上的共享。当然，社会主义核心价值观对外传播的效果预设也要因时因地制宜，分层次地进行传播是题中之义。换言之，我们很难在短时期内求取社会主义核心价值观在不同国家的均衡传播，但至少可以依托国家对外开放战略的生动实践在一些国家和地区取得全面的共识，进而不断辐射和影响更多国家和地区，取得国际话语权，为人类社会的可持续发展提供更多可行的智慧与方案。就社会主义核心价值观对外传播的应然层次来看，立足于对外传播的力度与效度，或可分成三个层次。

首先，在“一带一路”沿线国家，应着力在打造政治互信、经济融合与文化包容的利益共同体的同时，取得社会主义核心价值观对外传播的可观成效。“丝绸之路经济带”与“21 世纪海上丝绸之路”是古代文化符号在新时代的创新性发展。自 2013 年中国提出“一带一路”倡议以来，其以极具开放性、包容性、普惠性的合作理念，受到了沿线国家及辐射地区的广泛支持。截至 2022 年底，我国已与 150 个国家、32 个国际组织签署了 200 多份“一带一路”合作文件。[1] 2022 年，中国与“一带一路”沿线国家贸易规模创历史新高，货物贸易额达 13.8 万亿元，同比增长 19.4%，高于整体增速 11.7 个百分点。[2] 在新冠疫情大流行的影响下，这一数据体现了“一带一路”的牢固性与未来性。“一带一路”沿线国家日益成为经济、命运与责任三维共同体，其摒弃了西方国家主导的地缘博弈惯性，力主以共同繁荣超越一国优先，讲求文明交流超越文明隔阂、文明对话超越文明冲突、文明互鉴超越文明优越，为全球治理与文明共赢带来了中国发展的特色方案和中国的核心

1 国家发展和改革委员会：《关于 2022 年国民经济和社会发展计划执行情况与 2023 年国民经济和社会发展计划草案的报告——2023 年 3 月 5 日在第十四届全国人民代表大会第一次会议上》，《人民日报》2023 年 3 月 16 日。

2《去年商务运行总体实现稳中有进》，《人民日报》2023 年 2 月 3 日。

价值理念。基于此，社会主义核心价值观对外传播应精准定位“一带一路”沿线国家，充分把握这一历史契机，着力克服沿线国家和地区对中国文化的陌生感，注重增强中国历史文化与中国现实发展的传播和介绍，将社会主义核心价值观体现于“一带一路”相关倡议与文件的制定过程中，在这条以促进各国经济繁荣与共享发展为底色的纽带上充分彰显新时代中国特色社会主义核心价值观的道义魅力，从而在合作实践中获得沿线国家和地区人民的理解、尊重与认同。

其次，以达成共识的“中非合作发展”与积极推进的《区域全面经济伙伴关系协定》建设为推手，推动社会主义核心价值观在非洲地区以及亚太地区的传播力度，促使这些国家和地区的人民能够深层次地识读、理解并认同社会主义核心价值观。新时代中非合作发展日渐步入稳定成熟期，中非合作论坛达成了双方在政治上平等互信、经济上合作共赢、文化上交流互鉴、安全上守望相助、国际事务中团结协作“五大支柱”，以及“十大合作计划”“八大行动”等标志性合作共识，中非号列车正驶入新的发展轨道。中非“十大合作计划”推进以来，中国成为非洲最大贸易伙伴国和基础设施建设的最大融资国，而2020年在新冠疫情背景下达成的《中非团结抗疫特别峰会联合声明》，昭示着中非命运共同体的光明前景。中非合作中所秉持的“非洲提出、非洲同意、非洲主导”原则以及取得的阶段性发展成果，全方位彰显了新时代“文明大国形象”“东方大国形象”“负责任大国形象”“社会主义大国形象”的中国形象。在可预见的中非长期持久的合作关系中，公路、工业、学校、医院、机场、港口的合作共建计划与具体落成实际的背后，是相互尊重的中国理念与共享发展的中国价值的深刻体现。“虽有智慧，不如乘势。”[1] 社会主义核心价值观基本理念的对非传播需要借势而为，在强化经济合作的同时，加强能够展现中华优秀传统文化、中国革命文化与社会

1《孟子·公孙丑上》。

主义先进文化等文化形态的作品译介，让更多非洲国家和地区的人民从经济、政治、文化、社会、生态等多方面了解中国的发展成果，这是社会主义核心价值观在非传播的要务所在。

“青山一道同云雨，明月何曾是两乡。”[1]亚太国家特别是日本、韩国与中国一衣带水，在文化传统、生活习惯与社会习俗等诸多方面存有共通之处，在文化接受与理解方面，较其他地区障碍更小。但是，由于20世纪以来民族国家的独立与战争遗留下的诸多问题，国与国之间并不会因相近的文化濡养而对各国当下的核心价值观报以直接的理解。离开经济全球化与多边合作的推动和促进，东亚三国也无法真正实现对彼此现代价值观念的全面认同。因此，社会主义核心价值观在亚太区域的传播，一个重要的方式是在《区域全面经济伙伴关系协定》的框架内推进中日韩自贸区建设，增进东亚三国的价值融合，并借力经贸、商务、文化与技术等多方面的紧密往来，不断疏解可能存在的历史隔膜，使更多亚太国家和地区的人民在深入合作交流中深刻认识到中国传统价值理念的创新性发展与创造性转化所释放的巨大价值动能。

最后，对广义上的欧美国家，社会主义核心价值观对外传播的主要目标在于打破陌生化、标签化带来的误读与偏见，力求取得这些国家和地区的人民对社会主义核心价值观的了解与尊重。客观分析社会主义核心价值观对外传播的实际困境，来自一些西方国家对社会主义核心价值观的误解与攻讦是我们必须正视和解决的主要问题。在北美、西欧、澳洲与南美部分国家中开展社会主义核心价值观的传播，因美西方国家谋取地缘政治影响的霸权思维遭遇到了人为的阻滞。西方中心论幻觉以“普世价值”的形式大肆在世界范围内传播，并在冷战结束后迅速攻占了学术高地，如福山的“历史终结论”、亨廷顿的“西方文明优势论”以及被重新标举的韦伯的“资本主义精神”

1（唐）王昌龄：《送柴侍御》。

等，具有一定的东方主义价值倾向。“普世价值”思维也直接导致近年来海外学者在解读社会主义核心价值观时，往往难以超越固有意识形态壁垒，对社会主义核心价值观的内涵存在不同程度的误读、误解。其中，将“普世价值”与社会主义核心价值观混为一谈者甚众，他们着力以与西方价值观念“趋同化”的方式来解读社会主义核心价值观，通过刻意遮蔽社会主义核心价值观所蕴含的社会主义意识形态的道义力量，否定中国道路与中国制度。此外，西方国家还积极将虚假的“普世价值”通过各种消费主义的资本路径强加给第三世界国家，在一定程度上掣肘了社会主义核心价值观在世界范围内的传播。

在欧美国家，受政治宣传的影响，社会主义核心价值观所具有的超越性道义力量并不能不言自明，这就需要在这些国家和地区推进社会主义核心价值观传播实践时，通过突出宣传“对话而不对抗、结伴而不结盟”等国与国交往的基本原则，注重以全方位、多角度、立体化的方式讲清楚中华优秀传统文化的世界精神、中国改革发展的振奋故事以及中国与世界的深度交织和守望相助，讲清楚中国的崛起是从“参与式崛起—融入式崛起—建设性崛起”的超越战争形式的和平进程，进而破除“金德尔伯格陷阱”与“修昔底德陷阱”的构陷，力争使这些国家和地区的人民能够重新认识和平崛起、和平发展并致力于构建“人类命运共同体”的中国。

第三节　深化社会主义核心价值观基本理念的法治融入

社会主义核心价值观基本理念的丰富拓展是立足于社会发展需求于再凝练意义上的向内探索，社会主义核心价值观基本理念的对外传播是契合世界发展大势于话语权意义上的向外延伸。与以上二者不同的是，社会主义核心价值观基本理念融入法治建设的着眼点与落脚点在于培育和践行。社会主义核心价值观融入法治建设涉及两个基本问题：一是入法入规层面，社会主义核心价值观对中国特色社会主义法治建设的引领作用；二是入心入行层面，中国特色社会主义法治建设对践行社会主义核心价值观的激励作用，以及二者之间的互动转化问题。入法入规是确保入心入行的前提，而入心入行又是入法入规的价值所系。习近平曾指出："培育和弘扬社会主义核心价值观，不仅要靠思想教育、实践养成，而且要用体制机制来保障。西方国家在这方面是很下功夫的，虽然执政的党派不断更换，各领风骚四五年，但他们的价值理念保持着一定的稳定性和持续性，其中一个重要原因就是他们的制度设计、政策法规制定、司法行政行为等都置于核心价值理念的统摄之下。……要把社会主义核心价值观的要求转化为具有刚性约束力的法律规定，用法律来推动核心价值观建设。"[1]党的十八大以来，培育和践行社会主义核心价值观的实践充分表明，宣传教育类的方法所取得的成效存在一定的阈限，虽然在广泛取得人们的普遍情感认同方面发挥了重要作用，但在将社会主义核心价值观转化成人们的行为习惯方面略显乏力。因此，要真正将社会主义核心价值观转化为人们普遍的情感认同和行为习惯，就必须在优化宣传教育作用的同时，有效夯实制度保障与实践养成，其中最为重要的是发挥法治的规训与激励作用。

一、在入法入规层面，强化社会主义核心价值观对法治建设的引领作用

法治价值理念是社会主义核心价值观的内在构成，其贯穿、渗透于不同层次的价值理念之中，既是国家层面的价值取向、社会层面的价值遵循，也是公民层面的价值准则，在社会主义核心价值观中具有独特地位。如何实现法治理念在社会主义核心价值观建设过程中独有的价值规范作用，首要任务是推动社会主义核心价值观入法入规，这既是坚持依法治国和以德治国相结

1 中共中央文献研究室编：《习近平关于社会主义文化建设论述摘编》，中央文献出版社，2017，第111页。

合的必然选择，也是实现良法善治的必由之路。2014 年，党的十八届四中全会审议通过了《中共中央关于全面推进依法治国若干重大问题的决定》，明确提出全面推进依法治国的总目标是“建设中国特色社会主义法治体系，建设社会主义法治国家”，阐明了法治体系建设的五大基石，即“形成完备的法律规范体系、高效的法治实施体系、严密的法治监督体系、有力的法治保障体系，形成完善的党内法规体系”[1]，并指出“坚持依法治国和以德治国相结合”[2]是实现依法治国总目标的原则之一，强调“国家和社会治理需要法律和道德共同发挥作用。必须坚持一手抓法治、一手抓德治，大力弘扬社会主义核心价值观……以法治体现道德理念、强化法律对道德建设的促进作用”[3]。党的十八届四中全会阐明了社会主义核心价值观融入法治建设的必要性、重要性与紧迫性，而强化发挥社会主义核心价值观在法治建设中的引领作用，推动社会主义核心价值观的具体要求转化为法律政策、法律宗旨与法律规则，既是社会主义核心价值观入法入规的三重表现，也是社会主义核心价值观在静态意义上融入中国特色社会主义法律体系的三个基本问题。

（一）介入立法指导，制定完善的社会主义核心价值观相关法律政策文件

社会主义核心价值观的立法转化是一个循序渐进的系统工程，在党和国家层面对社会主义核心价值观入法入规提供充分的政策指导是不可忽视的前提条件。2016 年 7 月 1 日，习近平在庆祝中国共产党成立 95 周年大会上的讲话中明确指出：“中国特色社会主义最本质的特征是中国共产党领导，中国特色社会主义制度的最大优势是中国共产党领导。”[4]党的领导是中国特色

1 本书编写组编著：《〈中共中央关于全面推进依法治国若干重大问题的决定〉辅导读本》，人民出版社，2014，第 4 页。

2 本书编写组编著：《〈中共中央关于全面推进依法治国若干重大问题的决定〉辅导读本》，人民出版社，2014，第 7 页。

3 本书编写组编著：《〈中共中央关于全面推进依法治国若干重大问题的决定〉辅导读本》，人民出版社，2014，第 7 页。

4《习近平谈治国理政》第 2 卷，外文出版社，2017，第 43 页。

社会主义法治之魂。《中共中央关于加强党领导立法工作的意见》明确提出党领导立法工作的具体要求，及时将党的路线方针政策和重大决策部署落实到立法中成为全国人民代表大会及其常务委员会的重要职责。基于此，以社会主义核心价值观引领法治建设，推动社会主义核心价值观入法入规，权威的法律政策文件是重要准备。

党的十八大以来，党中央高度重视社会主义核心价值观融入法治建设，出台了一系列相互补充、不断深化的相关政策文件，为社会主义核心价值观的立法转化提供了政策保障。在既有的中央相关政策文件中，基本形成了社会主义核心价值观融入法治建设在政策层面的“四梁八柱”。2013 年中共中央办公厅印发的《关于培育和践行社会主义核心价值观的意见》，2014 年党的十八届四中全会审议通过的《中共中央关于全面推进依法治国若干重大问题的决定》，2016 年中共中央办公厅、国务院办公厅印发的《关于进一步把社会主义核心价值观融入法治建设的指导意见》，2018 年中共中央印发的《社会主义核心价值观融入法治建设立法修法规划》，2021 年中央宣发部、中央政法委、全国人大常委会办公厅、司法部印发的《关于建立社会主义核心价值观入法入规协调机制的意见（试行）》等，集中论述了社会主义核心价值观融入法治建设的总体要求、中心任务与具体安排。其中，2013 年中共中央办公厅印发的《关于培育和践行社会主义核心价值观的意见》明确提出，“法律法规是推广社会主流价值的重要保证。要把社会主义核心价值观贯彻到依法治国、依法执政、依法行政实践中，落实到立法、执法、司法、普法和依法治理各个方面，用法律的权威来增强人们培育和践行社会主义核心价值观的自觉性”[1]；2014年党的十八届四中全会审议通过的《中共中央关于全面推进依法治国若干重大问题的决定》明确提出“要恪守以民为本、立法为民理念，贯彻社会主义核心价值观，使每一项立法都符合宪法精神、反

1 中共中央文献研究室编:《十八大以来重要文献选编》上册，中央文献出版社，2014，第 581 页。

映人民意志、得到人民拥护”[1]，确认将贯彻社会主义核心价值观作为立法的基本要求；2016年中共中央办公厅、国务院办公厅印发的《关于进一步把社会主义核心价值观融入法治建设的指导意见》，首次以专门性文件强调指出，“把社会主义核心价值观融入法治国家、法治政府、法治社会建设全过程，融入科学立法、严格执法、公正司法、全民守法各环节”，“把社会主义核心价值观的要求体现到宪法法律、法规规章和公共政策之中，转化为具有刚性约束力的法律规定”，“以法治体现道德理念、强化法律对道德建设的促进作用，推动社会主义核心价值观更加深入人心，为实现‘两个一百年’奋斗目标、实现中华民族伟大复兴的中国梦提供强大价值引导力、文化凝聚力和精神推动力”[2]，并多维度提出了社会主义核心价值观融入法治建设的具体要求与执行方式；2018年以来印发的相关政策文件，不仅强调要以习近平新时代中国特色社会主义思想为指导，着力将社会主义核心价值观融入法律法规的立改废释全过程，而且首次从市场经济、民主政治、文化建设、民生利益、生态文明、道德领域突出问题六个方面全方位明确提出社会主义核心价值观引领立法修法的主要任务，并为推进社会主义核心价值观融入中国特色社会主义法律体系规划了5年至10年的时间线。

2020年5月28日，第十三届全国人民代表大会第三次会议高票通过了《中华人民共和国民法典》，这是一个超大人口规模国家颁布的民法典，也是在社会主义核心价值观相关立法政策文件指导下制定法律法规的最新成果。《社会主义核心价值观融入法治建设立法修法规划》中明确指出，要以社会主义核心价值观塑造与引领民法典精神，推动民事主体自觉践行社会主义核心价值观等作为主要任务。[3]《中华人民共和国民法典》出台后，从“弘扬社

1 中共中央文献研究室编：《十八大以来重要文献选编》中册，中央文献出版社，2016，第160页。

2《中办国办印发〈关于进一步把社会主义核心价值观融入法治建设的指导意见〉》，《人民日报》2016年12月26日。

3《中共中央印发〈社会主义核心价值观融入法治建设立法修法规划〉》，《人民日报》2018年5月8日。

会主义核心价值观”的宏观立法目的到对比现行法 300 余处发生实质性修改的具体条文，民法典的外在规范体系与内在价值体系都高度体现了社会主义核心价值观的本质要求。值得注意的是，中央先后出台的系列政策文件明确了社会主义核心价值观入法入规的基本要求，为社会主义核心价值观科学融入法治建设提供了行动遵循。《中华人民共和国民法典》的问世，也充分说明了这些政策文件在实际立法中的指导价值和推动作用。

但是，在推进社会主义核心价值观“全方位贯穿与深层次融入”法治建设的过程中，仍然需要采取与时俱进的方法论原则，围绕以下三个方面持续建立更为完善的社会主义核心价值观融入法治建设的相关指导性文件。其一，要在社会主义核心价值观基本理念丰富与拓展的动态凝练过程中，随势而制，推动制定与之相应的立法政策文件，将标示国家价值旨向、社会价值取向、公民价值导向的新范畴、新理念与新要求系统全面地融入中国特色社会主义法治体系建设；其二，要结合中国特色社会主义法治体系建设的要求，在既有社会主义核心价值观融入法治建设立法修法专项规划的基础上，围绕法治实施体系、法治监督体系、法治保障体系以及党内法规体系等方面，分别建立社会主义核心价值观融入相应体系建设的具体规划；其三，围绕中国特色社会主义的总体布局与战略布局，将社会主义核心价值观相关新任务、新目标、新要求写入相关政策文件。党的十九届四中全会通过的《中共中央关于坚持和完善中国特色社会主义制度　推进国家治理体系和治理能力现代化若干重大问题的决定》中，专门提出了坚持以社会主义核心价值观引领文化建设，应当适时就社会主义核心价值观融入国民教育、精神文明创建、文化产品创作生产等相关问题出台相应的立法文件。

（二）引入立法宗旨，设立鲜明的社会主义核心价值观相关立法目的与立法原则

在《法律的道德性》（*The Morality of Law*）一书中，美国学者富勒在解

释法律作为有目的的事业时谈及“一部制定法显然是一件有目的的东西，服务于某一目标或一系列相关目标”[1]，并进一步解释说：“我所认为的法律制度的目的是一种很有分寸的、理智的目的，那就是：使人类行为服从于一般性规则的指导和控制。”[2]立法目的与立法原则是法律立改废释的根本宗旨，作为一种适切的、理智的目的，对理解和适用法律意义重大。中国特色社会主义法律体系建设作为“有目的的事业”，前述立法政策文件中明确提出的“将社会主义核心价值观全面融入中国特色社会主义法律体系”的立法主张，为这一事业提供了目的与原则的智慧来源。换言之，以社会主义核心价值观引领法治建设的重要步骤是落实核心价值观入法入规的立法政策文件；而将立法政策文件中的主张确定为中国特色社会主义法律体系的立法宗旨，并转化为相应的立法目的与原则，则是落实立法政策文件的应有之义。德国法学名家耶林（Jhering）认为：“法律乃人类意志的产物，有一定目的，受目的律支配，与以因果律为基础，因而有必然因果关系的自然法则截然不同。”[3]从法理学上讲，法律目的大致有三种存在方式：“法律目的，有于法律中予以明定者；有虽于法律中未规定，唯可直接从法律名称中，觅其目的者；有法律未明目的，亦无从于法律名称中觅其目的者，则必以‘逆推法’予以探求。”[4]由此可见，法律目的可以通过不同方式或显或隐地呈现在法律文本中，对整个法律条文的价值旨归起着支配作用，并在源头上决定着良法善治的实现可能。在法律中明确宣告社会主义核心价值观作为立法目的与立法原则，或以“逆推法”的形式可溯源社会主义核心价值观为立法目的与立法原则，是将社会主义核心价值观引入立法宗旨的两种基本表现。在已将社会主义核心价值观作为立法宗旨的法律法规中，对“弘扬社会主义核心价值观”予以

1〔美〕富勒：《法律的道德性》，郑戈译，商务印书馆，2017，第146页。
2〔美〕富勒：《法律的道德性》，郑戈译，商务印书馆，2017，第146—147页。
3 梁慧星：《民法解释学》，中国政法大学出版社，1995，第226页。
4 杨仁寿：《法学方法论》，中国政法大学出版社，1999，第127页。

明定的一般体现为立法目的，而“逆推法”形式可溯源为以“社会主义核心价值观”为依据的一般体现为立法原则。

在立法目的方面，许多法律明确宣示将弘扬社会主义核心价值观作为立法目的。社会主义核心价值观作为立法目的入宪入法，对于在社会主义核心价值观引领下制定更为具体的法律规则，并在具体法律解释与适用中体现社会主义核心价值观具有重要的示范意义。例如，《中华人民共和国宪法》序言规定，“把我国建设成为富强民主文明和谐美丽的社会主义现代化强国，实现中华民族伟大复兴”[1]，是将社会主义核心价值观的具体内容与理念写入法律文本；《中华人民共和国宪法》总纲第二十四条明确规定，“国家倡导社会主义核心价值观，提倡爱祖国、爱人民、爱劳动、爱科学、爱社会主义的公德，在人民中进行爱国主义、集体主义和国际主义、共产主义的教育，进行辩证唯物主义和历史唯物主义的教育，反对资本主义的、封建主义的和其他的腐朽思想”[2]，这既是从国家的根本大法层面确立了社会主义核心价值观具有最高法律地位，也为其他法律法规提供了将社会主义核心价值观作为立法目的的法理保障。再如，《中华人民共和国民法典》第一编总则第一条开宗明义：“为了保护民事主体的合法权益，调整民事关系，维护社会和经济秩序，适应中国特色社会主义发展要求，弘扬社会主义核心价值观，根据宪法，制定本法。”[3]《中华人民共和国国歌法》第一条明确规定：“为了维护国歌的尊严，规范国歌的奏唱、播放和使用，增强公民的国家观念，弘扬爱国主义精神，培育和践行社会主义核心价值观，根据宪法，制定本法。”[4]《中华人民共和国英雄烈士保护法》第一条规定：“为了加强对英雄烈士的保护，维护社会公共利益，传承和弘扬英雄烈士精神、爱国主义精神，培育和践行

---

1 全国人大常委会办公厅供稿：《中华人民共和国宪法》，中国民主法制出版社，2018，第72页。
2 全国人大常委会办公厅供稿：《中华人民共和国宪法》，中国民主法制出版社，2018，第80页。
3 全国人大常委会办公厅供稿：《中华人民共和国民法典》，中国民主法制出版社，2021，第6-7页。
4 全国人大常委会办公厅供稿：《中华人民共和国国歌法》，中国民主法制出版社，2017，第1页。

社会主义核心价值观，激发实现中华民族伟大复兴中国梦的强大精神力量，根据宪法，制定本法。”[1]中国特色社会主义进入新时代以来，弘扬社会主义核心价值观作为立法目的充分体现在宪法修正案以及最新制定、修改的法律法规中，社会主义核心价值观融入中国特色社会主义法律体系不断取得新的成果。

在立法原则方面，社会主义核心价值观作为法律原则常常不以明确的概念表达出现，往往可推溯地隐含在法律文本中。这里有必要对立法目的与法律原则进行简要区别：广义上讲，立法目的可以作为法律原则的一种，但实际上相较于多以直观表述出现的简短而抽象的立法目的，法律原则通常表现得更加间接而具体。在社会主义核心价值观融入中国特色社会主义法律体系的全过程中，将弘扬社会主义核心价值观贯彻体现为相应的法律原则，既是对法律规则进行司法解释的重要依据，也是后续复杂司法裁判的主要参照。法律原则的涵摄比较丰富、宽泛，通常又不给出明确的行为指涉。特别是“当各个原则互相交叉的时候……要解决这一冲突，就必须考虑有关原则分量的强弱”[2]。在这一点上，立法时将弘扬社会主义核心价值观作为法律原则，无疑能够合理规避不同法律原则之间可能产生的冲突，对法律规则制定与法律适用问题发挥科学的导向作用。

在将弘扬社会主义核心价值观作为法律原则的立法实践中，《中华人民共和国民法典》提供了范本。第十二届全国人民代表大会第五次会议对《中华人民共和国民法总则》草案进行解读时，就开门见山地将社会主义核心价值观融入立法全过程作为民法典编纂工作的基本原则。随后，2020 年 5 月通过的《中华人民共和国民法典》将弘扬社会主义核心价值观作为立法宗旨，在第一编总则相关法律文本中得到充分彰显。第一编总则第四条规定：

1 全国人大常委会办公厅供稿：《中华人民共和国英雄烈士保护法》，中国民主法制出版社，2018，第 1 页。

2〔美〕德沃金：《认真对待权利》，信春鹰、吴玉章译，中国大百科全书出版社，1998，第 46 页。

“民事主体在民事活动中的法律地位一律平等”；第五条规定：“民事主体从事民事活动，应当遵循自愿原则……”；第六条规定：“民事主体从事民事活动，应当遵循公平原则……”；第七条规定：“民事主体从事民事活动，应当遵循诚信原则……”；第八条规定：“民事主体从事民事活动……不得违背公序良俗”；第九条规定：“民事主体从事民事活动，应当有利于节约资源、保护生态环境”[1]。可见，第一编总则着重以弘扬社会主义核心价值观作为立法原则来奠定私法精神，在民法典诸多法律原则中具有导向性作用。在条文表述中，民法典将“平等、自愿、公平、诚信、公序良俗、绿色”作为六大基本原则，集中体现了社会主义核心价值观基本理念。立法目的与立法原则是法律适用的基本前提，较之此前的立法，将弘扬社会主义核心价值观作为立法目的与立法原则，旨在更好地回应人民对美好生活向往的现实关切，更好地契合新时代社会现实的纷繁问题，同时能够填补立法者理性局限与社会快速变迁所要面对的规范解释和裁判漏洞。例如：首次确立绿色原则，就是与时俱进地适应建设美丽中国这一时代要求的立法回应；将公序良俗作为法律原则，并使其成为具有兜底性质的强制性规定，在一定程度上明确了私法自治的消极界限，同时确立了习惯的法源地位。

由此可见，将弘扬社会主义核心价值观转化为立法目的与立法原则，不是简单粗暴的“立法依赖”，任何形式主义、生搬硬套等非实质性融入的方式都是不可取的。结合《中华人民共和国民法典》的融入实例，在将弘扬社会主义核心价值观进一步写入立法目的与立法原则时，大体不可背离三个基本要求：一是坚持求真求实的精神，尊重和体现立法规律，将社会主义核心价值观适时转化为立法宗旨。社会主义核心价值观写入立法宗旨，必须坚持问题导向、讲求法理、切实管用，真正能够反映并且反哺于现实关切，能够切实提高法律的针对性与协调性，能够增强法律的可操作性与可执行性。二

1 全国人大常委会办公厅供稿：《中华人民共和国民法典》，中国民主法制出版社，2021，第7页。

是注重发挥对社会规范的评价功能，特别是对习惯习俗、市民公约、居民公约、村规民约、俗成惯例等公序的评判功能。在社会生活中，由于地缘、亲缘、业缘关系而形成了诸多特定的习惯与风俗，这些习惯与习俗往往良莠不齐，区别检验良俗与陋俗、认识判断美德与恶习，是将弘扬社会主义核心价值观作为立法宗旨的重要功能。三是善于以开放的视角确立具体的立法原则，科学把握社会主义核心价值观的立法融入。社会主义核心价值观基本理念不是一成不变的，其总是随着社会发展需求和人民切实诉求不断丰富与深化。“绿色”等立法原则虽然不是社会主义核心价值观既有的基本理念，但却是从社会主义核心价值观的本质来把握立法宗旨的，较好地体现了立法宗旨的时代性、科学性与前瞻性。

（三）写入法律规则，订立直观的社会主义核心价值观相关立法条文条款

社会主义核心价值观入法入规，首先要将社会主义核心价值观融入中国特色社会主义法律体系。在这样一个静态的法律体系融入过程中，无论是中央层面出台的立法修法规划的政策保障，还是在成文法中将弘扬社会主义核心价值观确认为立法宗旨，均能对法律法规遵循社会主义核心价值观的内在要求进行立改废释起到一定的指导作用。但我们也必须认识到法律政策的指导性与立法宗旨的统筹性均是或宏观或中观意义上的内容，难以规制社会生活中千头万绪的具体行为，这就需要以兼具微观指导性、确定性程度较高与可参照性较强等特点的法律规则来保障社会主义核心价值观的引领作用。在司法裁判实践中，立法目的与立法原则所构成的立法宗旨，不能取代具体可考的法律规则，在后者存在某些实践漏洞时，前者对后者具有补充作用，后者可以更为科学地保障立法权威与法治原则。从概念界定上看，“法律规则是规定法律上的权利、义务、责任的准则、标准，或是赋予某种事实状态以法律意义的指示、规定”[1]。法律规则凭借其明白清晰的规范内涵与准确严谨

1 张文显主编：《法理学》，高等教育出版社，2018，第117页。

的法律表述，更为行之有效地支撑法律适用与司法实践，更为全面细致地体现社会主义核心价值观的内在要求。

需要明确的是，将社会主义核心价值观的基本要求写入可见的法律条文，实际上是将一种自律性质的道德要求转化为他律性质的法律规范，这转化过程不是纯粹的形式逻辑，而要依托现实生活世界的经验。正如霍姆斯（Holmes）在《普通法》（*Common Law*）中所提及的法律名言：“法律的生命不是逻辑，而是经验。”[1]法律规则的文本表述和概念使用绝非无中生有的抽象表达，法律规则之所以能够具有相对固定和明确的内涵指向，并能够涵摄现实社会生活，是因为法律规则的制定不仅依据法律政策与法律宗旨的方向性指导，同时立足于感性经验的社会现实。作为成文法国家，我国的法律规则表面上看是概念、逻辑、内容协调的统一体系，且制定过程中一般使用总括分述、参照援引与抽象概括等立法技术，往往使人产生法律规则是在立法目的与立法原则上的推理演绎。但事实却并非如此，法律规则的制定所采用的不是思辨意义上的理论建构，而是从社会生活中不断产生并变化着的实际问题出发确立其匡正对象、文本表达和规范方式。在社会主义核心价值观融入具体法律规则这一问题上更是如此，因为具有道德属性的社会主义核心价值观并不是从抽象的思辨中获得的，其形成土壤正是中国特色社会主义的具体实践。基于此，以社会主义核心价值观为引领而确定法律规则，必然基于社会生活实际，并应当着力在确定规范对象、统筹调整方式等方面下足功夫。

一是在规范对象上，社会主义核心价值观基本理念内涵十分丰富，同时作为一种“大德”“公德”“私德”，所牵涉的范围较为广泛，不可能将所有内在要求均转化为法律规则，这在理论与实践上均不具备可操作性。由此可见，结合实际确立应当的规范对象是写入法律规则的前提条件。这里的“应当”主要体现为对突出社会问题与社会现象的聚焦。《社会主义核心价值观

1〔美〕霍姆斯：《普通法》，冉昊、姚中秋译，中国政法大学出版社，2006，第 1 页。

融入法治建设立法修法规划》指出："加强道德领域突出问题专项立法，把一些基本道德要求及时上升为法律规范"[1]。在具体的法律规则制定过程中，立法考虑的焦点应当是调整公民在践行社会主义核心价值观过程中所产生的突出问题，特别是那些对培育与弘扬社会主义核心价值观可能产生重大负面影响的领域的突出问题。

《中华人民共和国民法典》作为当代中国社会生活的权利宣言书，充分彰显了法律规则对社会现实生活中重大问题和重要领域的回应与关切，也为社会主义核心价值观立法融入提供了拟制法律规则的参考范本。按照各分编的顺序，以社会主义核心价值观为引领，民法典在实质性修改中着眼于处理社会生活焦点、热点、难点问题而制定的法律规则示例如下：总则编中对于监护制度的完善及对因突发事件等紧急情况而产生的监护人无法履责情况的补充，针对多年社会热点"扶不扶"问题而确立的见义勇为责任豁免规则，以及侵害英雄烈士权益承担民事责任的条款；物权编中对业主的建筑物区分所有权的相关规定，以及新增设居住权这一用益物权的条款；合同编中结合新冠疫情实际，情势变更不再强调"非不可抗力"，针对引发社会高度关注的"校园贷""套路贷"等现象制定的高利贷等违法放贷行为的约束规则，以及针对霸座行为而增加的保障旅客权利的条款；人格权编中针对科技伦理问题而制定的从事人体基因、人体胚胎等有关医学科研活动的立法约束，以及禁止性骚扰、禁止非法搜身的条款；婚姻家庭编中适用于协议离婚的离婚冷静期制度，以及关于夫妻共同债务的界定、收养关系的成立等的条款；继承编中对继承规则宽宥制度的规定、法定遗嘱形式的增设，以及扩大法定继承人范围的条款；侵权责任编中对于高空抛物坠物责任规则的完善，以及明确生态破坏责任的条款。可见，《中华人民共和国民法典》法律规则特别是新增设的以及作出实质性修改的条款，均是基于当代中国社会人们普遍关切

1《中共中央印发〈社会主义核心价值观融入法治建设立法修法规划〉》，《人民日报》2018年5月8日。

的实际问题作出的立法回应，处处体现着社会主义核心价值观之于民法典的内在体系功能。

二是在统筹调整方式上，应当根据现实生活中行为的特定情形，统筹社会主义核心价值观在纵向法律体系不同层级与横向法律部门不同法律规则中的立法融入。从纵向来看，以宪法为统帅，以行政法规、地方性法规为重要组成部分，由宪法相关法、民法商法、行政法、经济法、社会法、刑法、诉讼与非诉讼程序法等多个法律部门组成的中国特色社会主义法律体系不断完善，社会主义核心价值观基本理念逐步根植于各个法律层级中；从横向来看，就社会主义核心价值观引领作用的发挥而言，民法作为复杂社会关系的重要调整规范方式，其法律规则充分体现了社会主义核心价值观的基本要求，特别是在《中华人民共和国民法典》中社会主义核心价值观基本理念贯穿于针对疏解各类现实社会生活问题而制定的法律规则中。虽然《刑法修正案（十一）》中将侮辱、诽谤英雄烈士的行为明确规定为犯罪，并将危及公共安全“高空抛物”“抢夺公交车方向盘”等入刑，标志着社会主义核心价值观基本理念转化为刑法规则的重大飞跃，但是从总体上看，在刑法等法律部门中社会主义核心价值观仍存有一定的融入空间，一般表现为激励性、支撑性、约束力与引导力不足等情况，类似于性侵害未成年人犯罪、正当防卫、紧急避险、疑罪从无等问题常常存在裁判争议、引发舆论批评并造成不良社会影响。“法律规则中规定人们可以作为、应该作为、不得作为的行为方式”[1]，并在具体的“规则中指示可能的法律结果或法律反应的部分”[2]，类似问题均有必要以社会主义核心价值观的内在要求为引领，适时转化为不同法律部门中法律规则规定特定行为的法律后果，以期达到综合引导行为主体在特定情形下作为或不作为进而维护社会秩序的立法目的。

1 张文显主编：《法理学》，高等教育出版社，2018，第 116 页。

2 张文显主编：《法理学》，高等教育出版社，2018，第 115 页。

此外，除了立法上注重将社会主义核心价值观基本理念转化为法律条文，还应当在法律解释和法律废止方面逐步加强社会主义核心价值观的融入。例如：在第十二届全国人民代表大会常务委员会第六次会议上通过的《全国人民代表大会常务委员会关于废止有关劳动教养法律规定的决定》，就较好地体现了维护公平正义等社会主义核心价值观的基本理念；在第十二届全国人民代表大会常务委员会第二十四次会议上通过的《全国人民代表大会常务委员会〈关于中华人民共和国香港特别行政区基本法〉第一百零四条的解释》，维护了国家尊严与安全，充分体现了社会主义核心价值观的本质要求。

二、在入心入行层面，发挥法治对践行社会主义核心价值观的激励作用

任何一种核心价值观在一个社会的牢固确立，都要经历思想教育与社会孕育互相促进的复杂过程，具体的运行方式则常常表现为内化与外化的相辅相成。作为核心价值观内化与外化互动的主要场域，社会孕育的一个重要方面就是发挥法治的“压舱石”作用，不断推进核心价值观的制度化、法律化与规范化，进而筑牢主流意识形态的主导权、话语权与支配权的“防火墙”。“压舱石”与“防火墙”体现出社会主义核心价值观融入法治建设实质上是一个一体两面的问题。一方面，在于发挥社会主义核心价值观对法治建设的引领作用，主要涉及在前述入法入规维度上，着力从法律政策、立法宗旨与立法原则等方面融入中国特色社会主义法律体系；另一方面，在于发挥好法治对践行社会主义核心价值观的激励作用，主要涉及在入心入行维度上，着重聚焦于实现筑底保障功能、加强法治宣传教育与关注德法深层转化等三个方面。社会主义核心价值观入法入规，目的在于运用法律规则的力量向社会传递正确的导向，为国家、社会和公民的发展提供有效的价值指针与信仰支撑。“徒法不足以自行”[1]，融入法治建设的关键一招在于充分唤醒人的主观能

1《孟子·离娄上》。

动性，使法治建设能够在培育和践行社会主义核心价值观的过程中发挥其应有的激励作用。激励作用是保障作用的延长线，既应当包含执法、司法、普法、守法层面的法治宣传教育，也应当包含社会主义核心价值观与法治之间在德法意义上的相互转化问题。

（一）优化筑底保障功能，推动社会主义核心价值观融入执法司法活动

法律的生命在于实施，法律的权威也在于实施。社会主义核心价值观作为中国特色社会主义法治建设的价值内核，为法治建设确立了基本的价值取向和评判标准。社会主义核心价值观融入法治建设先在地具有方法论属性，“融入”凸显了社会主义核心价值观之于法治建设的必要性与牵引性，其不是硬着陆式地推行，而是力求探索出符合法治规律与法治思维的接入方式。前述入法入规是“融入”的第一步，仅能提供规范化与制度化的文本遵照，无法从根本上满足社会主义核心价值观融入法治建设的常态化需要。因此，实现法治建设对培育和践行社会主义核心价值观的保障功能，一个重要的“融入”方法在于推动表述为静态法律规则的价值遵循应用到严格执法与公正司法的全过程中，通过法律适用为践行社会主义核心价值观提供具有激励意义的筑底保障。

首先，致力将社会主义核心价值观的内容要求贯穿于严格执法全过程。有法不依等于无法。在法律实施过程中，严格执法对社会生活的覆盖最为广泛，影响最为深刻。但在实际执法实践中，往往因单向度的执法方式，产生行政主体与行政相对人之间的对立。要营造硬性规制与软性引导相结合的和谐执法氛围，就应当在执法过程中遵循社会主义核心价值观基本理念。一是因为严格执法不是“为执法而执法”的机械化操作过程，其是维持社会生活秩序的手段而非目的。天下之事，不难于立法，而难于法之必行。由于千丝万缕、纷繁复杂的法律实践总是超出立法设定的调整范围，法之必行内在要求执法突破形式化的要求，理性审视行政主体与行政相对人之间对立统一的

关系，积极关注行政相对人的具体诉求，考虑、分析行政相对人的实际情况，在执法过程中以社会主义核心价值观作为价值遵循，重视执法工具在一般情况下的执行弹性，规避过度执法、任意执法、消极执法与人情执法等问题。执法活动不似司法实践的“不告不理”，执法活动由于其在法律实施中所涉范围较广，容易引发公私对立的矛盾，执法过程与执法结果往往会对公众的价值偏向和社会认知形成较大影响。因此，评价执法成败所应遵循的首要标准不是法律是否执行，形式惩罚是否施行，而是执法过程与执法结果是否受到行政相对人和人民群众的普遍认可。社会认可度是对“看得见的正义”的道德反馈，也是通过严格执法强化社会主义核心价值观认同的评价标准。二是因为严格执法是“由执法而普法”的有机渗透过程，不是短时、近视、局限的单一执法活动。严格执法既是对立法的最大尊重，也是行之有效的普法方法。早在2017年，中共中央办公厅、国务院办公厅印发了《关于实行国家机关“谁执法谁普法”普法责任制的意见》，明确提出：“行政执法人员在行政执法过程中，要结合案情进行充分释法说理，并将行政执法相关的法律依据、救济途径等告知行政相对人。”[1]这意味着执法者在执法过程中开展实时普法、精准普法成为执法活动的应有之义。执法者应当杜绝法条主义的解释态度，力求以直观生动的方式将支撑法治的价值理念讲清楚，让行政相对人和人民群众真正理解法律法规背后的法治温度，自觉履行法律义务，在执法实践中理解法治精神、树立法治思维。在实际执法过程中，执法人员应当运用不同表达载体主动告知行政相对人与利害关系人开展执法的法定依据、法律后果以及救济方式，完整准确地解答行政相对人的疑惑，使其充分理解法律规定的价值蕴含。在处理全社会广泛关注且存在争议分歧的事件时，需要从立法目的与立法原则等方面作出体系性的普法解释。无论是

1《中共中央办公厅国务院办公厅印发意见〈实行国家机关“谁执法谁普法”普法责任制〉》，《人民日报》，2017年5月18日。

主动告知式、答疑解惑式等问题导向型普法，还是释法说理式、行政约谈式等解释导向型普法，都能够有效避免执法过程中“要求公民如何做”这种单向度规制带来的矛盾，进而从“明示公民为什么应当这样做”的角度让行政相对人和人民群众全面理解执法的社会意义。因此，不断改进和完善执法方式，在充分尊重行政相对人合法权益的基础上，准确把握适用标准，实现执法效果与社会效果的统一，既是社会主义核心价值观基本理念融入执法全过程的基本要求，也是促进人们自觉践行社会主义核心价值观的有力支撑。

其次，致力将社会主义核心价值观的内容要求贯穿于公正司法全过程。社会主义核心价值观“融入”法治建设的核心环节是融入司法实践，司法过程能否有理、有利、有节地践行社会主义核心价值观，是检验司法裁判社会认同度的试金石，也是增进社会主义核心价值观认同与共识的基础性保障。法理学家德沃金曾指出：“法律上的行为（action at law）不可避免地包含着道德性维度，从而始终存在着产生特殊形式公共不正义（public injustice）的风险。法官不但必须判定谁应当得到什么，而且必须判定谁行为得当，谁尽到了公民责任，谁因蓄意、贪婪或浑噩而忽略了自己对他人的责任，或者夸大了他人对自己的责任。倘若法官判决不公，社会就对其中的一个成员造成了道德上的伤害，因为不公的判决在某种程度或某个维度上给他打上了违法者的烙印。”[1]任何司法案件特别是牵涉大量道德因素的案件，关于它的司法解释与司法裁判均能产生“蝴蝶效应”，引发全社会大规模关注、讨论的“舆论海啸”，并导致关于法律与道德的激烈争议。例如：人工智能算法、家庭暴力、网络暴力等直接触及伦理道德问题的案件，关于它们的司法裁判的最终结果总是能在事实上影响人们的价值判断与道德选择。公正司法所能产生的社会引导力、规约力是其他法律实施活动不能替代的，能够引发社会争议的司法案件往往牵引着人们的道德神经，也常常成为培育社会主义核心价

1〔美〕德沃金：《法律帝国》，许杨勇译，上海三联书店，2016，第1页。

值观最为生动、直观、有效的教材。从“纸面上的法”到“行动上的法”，司法对公正、诚信、友善等社会主义核心价值观基本理念具有无可替代的引领与保障作用。社会主义核心价值观在司法实践中的融入仍然存在一定的改进空间，如：裁判文本上存在浮于表面、生硬铺陈的现象，常常表现为泛泛引用社会主义核心价值观的某些基本理念；在法律规则适用中存在“过”与“不及”的极端现象，或是过度追求道德泛化的“能动司法”，或是过分强调回避价值的“机械司法”；在易引起普遍价值分歧的疑难案件的处理上，存在着对社会主义核心价值观僵化、简单适用的问题。因此，亟须探索社会主义核心价值观真正有效融入司法裁判的方法，“准确把握法律精神和法律原则，适应社会主义核心价值观建设的实践要求，发挥司法解释功能，正确解释法律”[1]。一方面，在司法解释上，应当力求传递法律背后的道德价值，这就要求法官能够把握法条背后的价值理念与道义力量，克服、规避司法裁判与常情常识抵牾的现象，把个案的公平正义与社会的价值追求结合起来；另一方面，在存有道德争议的“疑难案件”中，司法裁判应当采取“向前看”的态度，能够合理、合情、合法地以社会主义核心价值观作为重要的裁判依据，将解决内部事实纠纷与注重外部结果效应有机结合起来，通过一系列关注度高的案件向社会传达鲜明的裁判价值取向，从而增强对全社会自觉践行社会主义核心价值观的激励效果。

（二）加强法治信仰教育，推动社会主义核心价值观走进守法普法课堂

社会主义核心价值观融入严格执法与公正司法全过程，是“融入”由文本表达升华为具体实践的过程。与此同时，这一过程对核心价值理念科学合理的汲取致用，又能有效激励人们自觉践行社会主义核心价值观。但是，执法司法行为具有较强的他律色彩，所辐射人群与影响对象也存在一定局限。

1《中办国办印发〈关于进一步把社会主义核心价值观融入法治建设的指导意见〉》，《人民日报》2016年12月26日。

因此，必须从全民守法普法这个基础性环节入手，在普法过程中增强人们的法律信仰。“法律要发挥作用，需要全社会信仰法律。卢梭说，一切法律中最重要的法律，既不是刻在大理石上，也不是刻在铜表上，而是铭刻在公民的内心里。我国是个人情社会，人们的社会联系广泛，上下级、亲戚朋友、老战友、老同事、老同学关系比较融洽，逢事喜欢讲个熟门熟道，但如果人情介入了法律和权力领域，就会带来问题，甚至带来严重问题。”[1]全社会信仰法律是法治精神的真谛所在，公众对法律的信仰代表着公众对法治的自愿依归与自觉认同，既是法律实施最为根本的信念支持，也是实现德治与法治平衡的基本要求。法治信仰是一种兼具工具理性与价值理性的科学信仰。如何让科学信仰成为公众日用而不觉的习惯遵循，一个最为基本的环节是增强法治信仰教育，在总揽普法工作全局与聚焦普法重点领域双线深耕，全面推进社会主义核心价值观走进守法普法课堂。

首先，总揽普法全局，探索全民普法进程中不断深化普法内涵的科学方法。改革开放以来，从 1986 年“一五”普法到 2021 年“八五”普法开局，历时 35 载的普法工作，从最初多针对领导干部与工人农民的扫盲式法律常识启蒙教育，到“六五”普法从“刀制”走向“水治”这一具有飞跃性的法治宣传教育，再到始于 2016 年“七五”普法的国家机关“谁执法谁普法”的普法责任制度，标志着全民普法工作从“大水漫灌”到“精准滴灌”的创新发展，普法方式与普法理念均发生了深刻改变。在“八五”普法的新起点上，应当进一步探索让执法活动成为生动普法课堂的有效方式，探索法治乡村建设的高效推进方式，同时坚持抓住领导干部这一“关键少数”、坚持法治宣传教育落实到“每一名青少年”。在此基础上，结合《新时代爱国主义教育实施纲要》《新时代公民道德建设实施纲要》的最新要求和主要任务，以《中华人

1 中共中央文献研究室编：《习近平关于全面依法治国论述摘编》，中央文献出版社，2015，第 88—89 页。

民共和国民法典》为主要普法内容，探索将社会主义核心价值观融入普法工作的科学路径。一方面，充实“以案普法”的科学内涵，着重在行政执法公示、执法过程记录等执法带普法的活动中，在各级各类专项法律宣传日、周、月活动中，有意识地融入社会主义核心价值观基本理念，坚持以案普法与以理普法相结合，讲清楚案件背后的法律事实依据与主要价值参照；另一方面，制定“德法并行”的普法规划，着眼新时代我国社会主要矛盾的变化，把脉时代呼声与突出问题，在加强普法队伍专业能力建设、用好“智慧普法”网络平台、体现普法依法服务大局作用等方面聚合发力，实现从普法者到普法平台再到普法服务大局等重要普法环节对社会主义核心价值观的有序衔接。

其次，把握重点领域，探究民法典融入大中小学思政课一体化的有效方法。全民普法是开展法治信仰教育的重要途径，把握关键少数与重点人群向来是不同时期普法工作的基本要求。《中华人民共和国民法典》是我国现有法律体系中调整社会关系范围最广的法律。民法典的调整对象兼具民事关系与商事关系，是一部涵容当代国人应当遵循的价值理念、道德要求与法律规则的社会生活百科全书。习近平曾指出：“要广泛开展民法典普法工作，将其作为‘十四五’时期普法工作的重点来抓，引导群众认识到民法典既是保护自身权益的法典，也是全体社会成员都必须遵循的规范……要把民法典纳入国民教育体系，加强对青少年民法典教育。”[1]这既集中阐述了民法典在普法工作中的重要地位，也阐明了民法典普法工作的重点人群。与此同时，习近平还就民法典普法要点提出了三个“阐释”，即“阐释好民法典关于民事活动平等、自愿、公平、诚信等基本原则，阐释好民法典关于坚持主体平等、保护财产权利、便利交易流转、维护人格尊严、促进家庭和谐、追究侵权责任等基本要求，阐释好民法典一系列新规定新概念新精神”[2]。三个“阐

1《习近平谈治国理政》第4卷，外文出版社，2022，第284页。
2《习近平谈治国理政》第4卷，外文出版社，2022，第284—285页。

释”充分彰显了民法典普法工作的要点在于宣明其背后的基本价值遵循，所提及的公平、诚信、和谐以及一系列新规定新概念新精神均涉及社会主义核心价值观基本理念。因此，将民法典融入大中小学思政课一体化的课程体系，既是对民法典普法工作以及普法重点人群全面关照的路径回应，也是社会主义核心价值观走进普法课堂的主要途径。“将民法典纳入国民教育体系”为民法典融入思政课教学提供了政策支持，而“加强对青少年民法典教育”则要求与教育部、司法部、全国普法办 2016 年联合印发的《青少年法治教育大纲》相衔接。在具体操作层面，一是要在思政课体系中分学段加大法治内容的占比，总结借鉴现有宪法教育的基本经验，结合各学段教育对象的成长规律，采用循序渐进的方式因时制宜地融入民法典相关法律知识，拾级而上筑牢青少年对民法典的价值理念、立法目的以及法律规则的认识；二是要在思政课教学体系中建构道德教育与法治教育相结合的体系化教学模式，形成结构合理、层次递进、螺旋式上升的教学教育模式。不同学段的思政课教师应树立道德与法治的整体意识，变传统的分割式教学为融合式教学，围绕青少年的身心特点和成长规律，在道德教育内容中融入鲜活法治案例以增强道德的教益作用，在法治教育中融入社会主义核心价值观的道德指引以形塑教育对象的法治信仰。

（三）关注德法深层转化，推动社会主义核心价值观真正实现入脑入心

考察法治建设对培育和践行社会主义核心价值观的激励作用，除了在严格执法、公正司法、全民守法等法律运行层面进行深入探讨外，还应当特别关注社会主义核心价值观与法治建设之间客观存在的转化关系。习近平曾指出：“核心价值观，其实就是一种德，既是个人的德，也是一种大德，就是国家的德、社会的德。国无德不兴，人无德不立。”[1]社会主义核心价值观作为一种道德，就必然牵涉到社会主义核心价值观与法律之间隐藏的“德法转

1《习近平谈治国理政》第 1 卷，外文出版社，2018，第 168 页。

化”这一不可忽略的根本性问题。传统意义上，研究者似乎将更大的热情投入到了“社会主义核心价值观基本要求转化为法律”的探索中，也就是投入到了对“道德进入法律”这一基础性问题的研究中。如果说社会主义核心价值观融入法治建设实质上是一种德法转化关系，按照辩证唯物主义的基本观点，就不可能仅仅存在道德转化为法律，而法律不再向道德转化的现象。基于此，关切社会主义核心价值观的法治融入问题，就必然要关注道德与法律的深层转化，这是由道德与法律各自阈限所决定的，也是实现二者实践互济所要正视的问题。

一方面，道德作为千百年来人类调整形形色色社会关系的规范性要求，具有强烈的自律属性和自为倾向，但社会事件的发生场景是极其复杂的，人们的道德水平亦是参差不齐的，仅凭道德内在的力量不足以解决千丝万缕的社会问题。因此，道德的现实困境与治理局限倒逼其求助法律的方式，将原有抽象的道德规范形式转化为法律规范形式，进而形成一种符合社会价值诉求的法治精神；另一方面，正如马克思在《论犹太人问题》中指出的：“每个人能够**不损害**他人而进行活动的界限是由法律规定的，正像两块田地之间的界限是由界桩确定的一样。”[1]正是由于法律规则的“不损害他人”界限十分明确，即使法律能够与时俯仰不断完善，也难以成为维护社会秩序的主要手段，法律规则的过度强化和明确还会导致与保护公民权利的初衷渐行渐远。基于此，道德与法律之间存在互济关系是由各自局限所决定的，良性、合理的互济应当是双方不断相互转化、相互促进的螺旋式上升过程，即一种道德规范因无法自行实现某种规约诉求，从而转化为较具强制性的法律规则，而由于这种规约诉求随着经济社会的发展渐渐融为人们日用而不觉的习惯，又转而被塑造成了一种常识型的道德规范。要达成互济的理想状态，应当在社会主义核心价值观融入法治建设的实践中注意如下两个方面。

1《马克思恩格斯文集》第 1 卷，人民出版社，2009，第 40 页。

其一，应以与时俱进的态度不断加强基本道德规范向法律的全面转化，促使社会主义核心价值观所涵容的道德要求以必要和可行的方式转化为法律规则。社会主义核心价值观作为一种道德意义上的规范，有自身特有的弹性与张力，即鲜明的层次性。正如富勒所伸张的："如果说愿望的道德是以人类所能达致的最高境界作为出发点的话，那么，义务的道德则是从最低点出发。"[1] 显然，"最低点"即维持社会发展所必须遵循的道德与"最高点"即塑造美好社会所崇尚的道德正是道德分层的体现，"最低点"低层次道德与"最高点"高层次道德之间分野的关键在于维持社会运行基本秩序的紧要程度。低层次道德或者说基本道德与高层次道德或者说美德之于维护社会秩序的必要程度不同，但二者均是实现现阶段人民对美好生活的向往不可或缺的规范体系。社会主义核心价值观的道德蕴含丰富，在道德要求上是先进性要求与广泛性要求的统一体，但在向法律转化的过程中则并非如此，这就涉及道德要求转化为法律规则的必要性与可行性问题。德法转化的必要性集中体现为全力实现基本道德要求的法律强制，基本道德"这根柱子松动的话，那么人类社会这个雄伟而巨大的建筑必然会在顷刻之间土崩瓦解"[2]。法律恰恰是这根道德基柱的浇铸者，因其"规定了一个社会中成员间的相互关系，宣布什么样的活动是被允许的，什么样的活动超出规则之外，以便至少维护社会内个人和集团的活动之间的最低限度的统一"[3]。就社会主义核心价值观内在道德要求转化为法律规划而言，确保个人与社会最低限度统一的基本道德实现全面入法应是理所当然之事，这类基本层次的道德与法律往往构成了"并列的、促成社会繁荣所需要的合作方式和程度的方法"[4]。只有公众从应然与实

1〔美〕富勒：《法律的道德性》，郑戈译，商务印书馆，2017，第 8 页。

2〔美〕亚当·斯密：《道德情操论》，蒋自强、钦北愚、朱钟棣、沈凯璋译，商务印书馆，2017，第 107 页。

3〔美〕埃德蒙斯·霍贝尔：《原始人的法：法律的动态比较研究》，严存生译，法律出版社，2012，第 220 页。

4〔美〕理查德·A.波斯纳：《道德和法律理论的疑问》，苏力译，中国政法大学出版社，2001，第126页。

然上均应共同持守的基本道德要求确定了强制依据，才能有效地保障进而激励社会主义核心价值观基本价值导向的入脑入心。

此外，还要进一步探索高层次道德或社会所广泛赞扬的美德的入法形式，这里首先涉及入法的可行性问题。高层次道德所持守的具有不完全义务色彩的牺牲精神与崇高理性并非维持社会基本秩序的根本所系，此类“愿望的道德”的法律转化首先应当规避入法强制。那么，在社会主义核心价值观融入法治的具体实践中，其所涵容的高层次道德是否需要立法转化呢？例如：一心为公、先人后己、先公后私、见义勇为、拾金不昧等高层次道德要求与热爱祖国、顾全大局、遵纪守法、诚实劳动等基本道德要求相比较，在社会主义初级阶段这一基本国情的背景下，一心为公等高层次道德要求更多面向共产党员、先进分子或者具备较高社会主义道德觉悟的人，在道德规范的适用上具有鲜明的倡导性色彩。因此，如果以法律强制的方式推行高层次道德，就有可能因当前的生产力发展水平所限而产生初衷与实际、应然与实然、目的与效果背道而驰的情况。显然，高层次道德入法需要采取更为谨慎的态度，有必要就其可行性作出充分的考察，这种可行性有两个前提：一是某种高层次道德随社会发展存在渐变为基本道德的趋势，这时应当就其约束力问题探讨为其立法的可行性；二是回避禁止性规范形式，结合社会实际问题尝试在授权性规范与倡导性规范上探讨入法的可行性，如民法典“好人条款”“报酬请求权条款”“居住权条款”对“见义勇为”“拾金不昧”“人文关怀”等大众普遍关心的道德问题的法律回应，法条中通常采用“可以”“有权”等促进型立法表述，往往能够较好借助法律的力量激励并保障人们践履高层次道德的自主性与积极性。

其二，坚持辩证唯物主义的立场，探究法律向道德转化的基本规律，着力构建社会主义核心价值观融入法治建设的双向互动体系。社会主义核心价值观建设是一个久久为功的过程，这也意味着社会主义核心价值观融入法治是一个变动不居的渐进过程。二者互动体系可以大略注解为“道德上升为法律”与“法律转化为道德”，就社会主义核心价值观的丰富道德涵容而言，“道德上升为法律”的要义在于对授权性规范与义务性规范的探讨，如什么类型的道德应当入法、什么类型的道德可以入法。但是，法律中“应当”所规范的行为与“可以”所赋予的权利并不意味着“道德上升为法律”的终结，而是新的转化即法律转化为道德的始点与前提。社会主义核心价值观入法入规与入脑入心作为一体两面，具有强制色彩的入法入规是前提与保障，公民恪守法律的最终目的是激励人们自觉践行社会主义核心价值观，而这一自觉过程正是入脑入心的实践追求。因此，从理论研究与实践操作层面探讨“法律转化为道德”的相关问题，是社会主义核心价值观融入法治建设需要充分关切的方面。一是社会主义核心价值观基本道德要求转化为法律规则后，随着社会经济的发展与文明程度的提高，加之法律的强制性规训作用，原本法律规则中的道德内容已经成为大众所普遍持守的生活习惯，这些规则是否应当适时从法律中移除，如有必要移除，又应当以怎样具有社会影响力的方式移除；二是高层次道德规范以授权性规范进行法律转化后，通过告知公民“可以做什么”进而为权利主体的行为选择提供法律保全。也就是说，“如果法律规定一个奖赏，并将其作为某种行为的刺激因素，那么，事实上，对那些依此规定而行为的人来说，这是授予了一项权利，而非设定了一项义务”[1]。这项权利的法律授予，能够为现实生活中的道德转化提供强有力的客观支持。《中华人民共和国民法典》写入了一系列以弘扬社会主义核心价值观为宗旨的授权性规范，这些法律规则在坚持好人思维的同时，力求从原有立法中的坏人思维转变为常人思维。例如：“绿色原则”“无因管理”“保护他人受损可补偿”“救助他人致害可免责”等集中体现了对义举美德的保障

1〔英〕约翰·奥斯丁：《法理学的范围》，〔英〕罗伯特·坎贝尔修订编辑，刘星译，北京大学出版社，2013，第25页。

与激励，有针对性地疏解了积累多年的以“扶不扶”“帮不帮”等为议题的社会道德困境。类似授权性立法着力为美德行为免除后顾之忧，虽然不意味着公民必须践履高层次道德，也不意味着公民必须在社会生活中作出高层次道德选择，但此类立法却是激励公众作出更多善举义事的强力牵引，也是法律以权利赋予的形式将高层次道德转化为基本道德的可能路径。

第四节　推动社会主义核心价值观基本理念的广泛践行

习近平在党的二十大报告中提出“广泛践行社会主义核心价值观”的重要课题[1]，深刻阐述了新时代新征程社会主义核心价值观建设的着力点。广泛践行社会主义核心价值观，是推动社会主义核心价值观基本理念深入人心、外化于行的时代举措，是一项顺应新时代要求、适应新征程特点提出的系统工程。社会主义核心价值观基本理念从价值原则上看是抽象的、一般的，从实践要求上看是具体的、历史的。社会主义核心价值观基本理念的广泛践行，是从“抽象”到“具体”、从“原则规范”到“行动遵循”的转化过程，必须要明确育人导向与实践导向，使之充分发挥铸魂育人的功能，服务于新征程中国式现代化的实践，并以此为基础进一步推动社会主义核心价值观基本理念的创新发展。

一、在铸魂育人上，强化大中小学思想政治教育一体化建设的价值导向

大中小学思想政治教育一体化建设，是新时代思想政治教育发展的重要课题。习近平在党的二十大报告中提出，要“用社会主义核心价值观铸魂育人，完善思想政治工作体系，推进大中小学思想政治教育一体化建设”[2]。这

1 习近平：《高举中国特色社会主义伟大旗帜　为全面建设社会主义现代化国家而团结奋斗——在中国共产党第二十次全国代表大会上的报告》，人民出版社，2022，第 44 页。

2 习近平：《高举中国特色社会主义伟大旗帜　为全面建设社会主义现代化国家而团结奋斗——在中国共产党第二十次全国代表大会上的报告》，人民出版社，2022，第 44 页。

是将大中小学思想政治教育一体化建设，置于广泛践行社会主义核心价值观基本理念的有机整体中加以认识和推进。社会主义核心价值观基本理念作为“育人之魂”，能够从价值理念的维度推动大中小学思想政治教育一体化建设，推动思想政治教育形态的新时代发展。

（一）社会主义核心价值观基本理念融入大中小学思想政治教育目标的一体化

推进大中小学思想政治教育一体化建设，首先必须确立共同的目标导向、实践导向。我们知道，大中小学不同学段思想政治教育的具体要求与实践规律是不同的，这是由不同学段学生的思想行为特点决定的。但是，思想政治教育作为跨越不同学段的教育实践活动，其目标在不同学段是根本一致、相互衔接与内在统一的，都旨在培养担当民族复兴大任的时代新人，帮助学生成长为德智体美劳全面发展的社会主义建设者和接班人。将广泛践行社会主义核心价值观基本理念融入大中小学思想政治教育目标的一体化建设，就是要在不同学段旗帜鲜明地贯彻育人的价值导向，发挥强大的价值引领功能。

正确引导大中小学不同学段的学生扣好人生的“第一粒扣子”，是思想政治教育一体化建设的价值遵循。价值观的形成与定型是一个过程，伴随着青少年的整个成长历程。广泛践行社会主义核心价值观基本理念，作为新时代思想政治教育的重要目标，必须具体化到教育教学的实践中，起到更好地帮助学生树立正确世界观、人生观、价值观的良好成效。例如，广泛践行社会主义爱国价值理念作为思想政治教育的目标，必须贯穿于大中小学不同学段的思想政治教育中：小学阶段侧重于从情感与形象维度认识国家、国土、国民，初步形成爱国意识；中学阶段侧重于从认知与认同层面深化对爱国价值理念的理解与把握，将爱国的价值追求内化于心；大学阶段侧重于从行为与实践层面践行爱国价值理念，在专业领域和实习实践中将爱国落到实处。

（二）社会主义核心价值观基本理念融入大中小学思想政治教育内容的一体化

社会主义核心价值观基本理念是思想政治教育的核心内容，将国家的价值目标、社会的价值取向、公民的价值准则传递给广大的教育对象。推进大中小学思想政治教育一体化建设，必须全面把握社会主义核心价值观基本理念的核心要义、理论内涵与实践要求。此处，我们从课程育人的视角，对社会主义核心价值观基本理念有机融入大中小学思想政治教育一体化建设予以分析。

一方面，社会主义核心价值观教育有机融入大中小学思政课程的内容建设。小学和初中阶段的"道德与法治"，高中阶段的"思想政治"，大学阶段的"思想政治理论课"，从不同层面切入对社会主义核心价值观基本理念的分析解读，实现循序渐进与螺旋式上升的效果。具体看来，"道德与法治"学习阶段，侧重于对社会主义核心价值观基本理念的识记与初步理解，从内容上看要通过章节的设置，以必要的篇幅推动学生牢记社会主义核心价值观基本理念；"思想政治"学习阶段，侧重于对社会主义核心价值观基本理念的深化理解，从内容上看要解释 12 个价值理念的具体内涵与实践要求；"思想政治理论课"学习阶段，侧重于社会主义核心价值观理念的理论运用与实践运用，提升运用社会主义核心价值观基本理念进行价值分析、价值判断、价值选择的能力，从内容上看要选取案例、事例进行分析，深层次阐释社会主义核心价值观基本理念的道理、学理、哲理。

另一方面，社会主义核心价值观教育有机融入大中小学课程思政的内容建设。在中小学阶段，语文、历史、地理、外语等科目应当结合课程的定位与特点，将社会主义核心价值观基本理念的精髓要义有机融入教材编写与教育教学中。例如，语文课程可以选取诠释、彰显社会主义核心价值观基本理念的名作名篇，历史课程可以结合历史人物、历史事件中彰显的价值追求对社会主义核心价值观基本理念进行解读，等等。在大学阶段，不同学科的专业课要结合自身的课程定位与教学特点，将社会主义核心价值观基本理念融入专业课教学中，凝聚起不同专业和学科领域的人才共同推动国家建设、社会发展、自我实现的价值共识。例如，将社会主义核心价值观基本理念融入理工科课程思政课的建设中，可以将理工科的“科学理性”“技术理性”思维与社会主义核心价值观基本理念的“价值理性”思维结合起来，使科学技术更好地服务于人民需要与国家建设。

（三）社会主义核心价值观基本理念融入大中小学思想政治教育方法的一体化

推进大中小学思想政治教育一体化建设，必须采用科学合理的方法。其中，知识传授与价值塑造相统一的方法，是贯穿不同学段思想政治教育所应当采用的方法。知识传授与价值塑造是不可分离的关系，“知识是载体，价值是目的，要寓价值观引导于知识传授之中”[1]。从思想政治教育的实际效果来看，“只有空洞的价值观说教，没有科学的知识作支撑，价值观教育的效果也会大打折扣”[2]。推进大中小学思想政治教育一体化，必须在效果上发力，解决过去存在的教学效果不佳的“老大难”问题。这就要求我们必须把握好知识传授与价值塑造之间的联系，在教育教学实践中将教育的知识性面向与价值性面向更好地统一起来，在提升学生的科学文化素养的同时，也推动学生树立正确的价值追求，帮助学生掌握分析问题、解决问题的科学价值依据。

实现知识传授与价值塑造相统一，必须把握好如下基本要求：第一，让有信仰的人讲信仰，大中小学不同学段的教育工作者要率先垂范，做社会主义核心价值观的忠实信奉者与坚定践行者。倘若教育工作者自身都不相信我

1 习近平：《思政课是落实立德树人根本任务的关键课程》，人民出版社，2020，第 19 页。
2 习近平：《思政课是落实立德树人根本任务的关键课程》，人民出版社，2020，第 18 页。

们全社会共同的价值取向，知识传授也就缺少了方向性的价值引导，学生也难以自觉吸收与内化价值追求，思想政治教育的效果便无法达到。第二，要在具体落实的方法上下大功夫、硬功夫。知识传授与价值塑造的实现，需要讲方法、讲策略，既不能“生硬”结合、“强行”结合，也不能“过度”结合。对此，要结合大中小学不同学段学生的需要，把握学生成长成才的规律，结合教育教学的具体情境，将价值理念与鲜活实践结合起来，将价值塑造融入知识传授中，使社会主义核心价值观基本理念转化为教育对象学习知识、掌握知识、运用知识的鲜明价值取向。

二、在建设实践上，以社会主义核心价值观基本理念引领中国式现代化

中国式现代化作为人类通往现代化的崭新道路，具有不同于以往现代化道路的中国特色、本质要求与价值诉求。社会主义核心价值观以基本理念的形式，从国家、社会、个体三个层面，阐述了国家现代化、社会现代化与人的现代化的价值追求，深刻展现出中国式现代化在价值层面的深刻变革与历史意义。推动社会主义核心价值观基本理念的广泛践行，要把握好价值理念与现代化实践之间的有机统一关系，用正确的价值导向引领中国式现代化的历史实践。

（一）社会主义核心价值观基本理念与中国式现代化的国家维度

实现国家现代化是近代以来无数仁人志士孜孜以求的价值目标。在长期的实践探索中，中国共产党人将国家现代化实践探索中形成的价值理念，凝练概括为富强、民主、文明、和谐，组成了社会主义核心价值观国家层面的价值理念。

发挥社会主义核心价值观基本理念对中国式现代化的价值引领作用，推动社会主义核心价值观基本理念在不同现代化建设领域的广泛践行。从经济领域来看，中国式现代化的经济实践要追求“富强”价值理念，既追求国家的繁荣、富饶、强盛，又追求全体人民共同富裕，实现国强与民富的有机统

一。从政治领域来看，中国式现代化的政治实践要追求“民主”价值理念，坚持民主与集中的有机统一，推动全过程人民民主的伟大实践，使人民充分享有民主权利，真正实现人民当家作主。从文化领域来看，中国式现代化的文化实践要追求“文明”价值理念，不断致力于提高全民族的科学文化素质与思想道德素质，坚守社会主义先进文化的前行方向。从社会领域来看，中国式现代化的社会实践要追求“和谐”价值理念，推动社会治理的共建共治共享，营造团结、安宁、和谐的社会氛围。从生态领域来看，中国式现代化的生态实践要追求“美丽”价值理念，实现人与自然的和谐共生，践行“绿水青山就是金山银山”的原则。需要注意的是，“美丽”价值理念尚未被纳入社会主义核心价值观，如何把握其在社会主义核心价值观有机整体中的地位，是推动社会主义核心价值观基本理念创新发展应当思考的理论问题。

（二）社会主义核心价值观基本理念与中国式现代化的社会维度

推进社会现代化，是中国式现代化发展进程中的一个难点问题。我们所要建设的社会，不同于西方的“公民社会”或“市民社会”，因而必然要求明确社会建设的价值导向，建设出符合中国具体实际的现代社会。自由、平等、公正、法治，是对我国社会建设价值取向的概括，凝结着广大人民群众对于建设什么样的社会的期待与希冀，反映出社会主义社会建设的价值诉求与崭新面貌。

具体看来，以社会层面价值理念引领中国式现代化的社会建设，必须把握如下四个方面的原则与要求：第一，我们所要建设的现代社会，是人民充分享有自由的社会。不同于资本主义以个人主义为本位的自由观，社会主义自由立足于集体主义的价值立场，实现个人自由与集体自由的有机统一，强调个人在共同体中获得自由全面发展的手段。推动我国的社会建设，必须着眼于推动人的自由全面发展，展现出社会主义社会的蓬勃生机。第二，我们所要建设的现代社会，是人人平等的社会。基于此，在不断推动生产力解放与发展的基础上，实现权利平等、规则平等、机会平等，让每一个人在中国式现代化的生动实践中有施展才华的平等机会与舞台。第三，我们所要建设的现代社会，是公平正义的社会。在发展中国式现代化的过程中，要扎实推动全体人民共同富裕，实现形式公正与实质公正、社会公正与个体公正的有机统一，使现代化建设的成果更广泛、更公平地惠及全体人民。第四，我们所要建设的现代社会，是法治社会。中国走出了独特的通往法治社会的现代化道路，形成了建设法治社会的中国方案。对此，要更好地发挥法治在中国式现代化实践中固根本、稳预期、利长远的功能与作用，推动全社会厉行法治、尊崇法治、捍卫法治，不断推动社会治理法治化、现代化。

（三）社会主义核心价值观基本理念与中国式现代化的个体维度

现代化的本质是人的现代化。发展中国式现代化，归根到底就是要发展服务于人的现代化。爱国、敬业、诚信、友善，社会主义核心价值观个人层面的基本理念，凝结着中国式现代化实践对于人的现代化问题的价值探索，是对培养什么样的现代公民问题的价值诠释与价值解答。

第一，实现人的现代化，必须践行爱国价值理念。爱国主义是思想情感系统、行为准则体系、民族精神核心的有机统一体，体现出鲜明的价值诉求。中国式现代化所取得的历史性成就告诉我们，必须坚持爱国与爱党、爱社会主义的有机统一，增强对于国家的认知与认同，在国家这一共同体中实现自我发展。

第二，实现人的现代化，必须践行敬业价值理念。发展中国式现代化，需要依靠每一个中国人的拼搏奋斗。敬业价值理念所蕴含的爱岗奉献、吃苦耐劳、精益求精等原则与要求，能够更好地将人的劳动力量对象化到实践中，既服务于中国式现代化实践的发展，又是个体实现自我发展的重要支撑。

第三，实现人的现代化，必须践行诚信价值理念。发展中国式现代化，推动社会主义市场经济发展，必须弘扬诚信价值理念、培育诚信价值文化，建立起人与人之间的信任纽带。在现代社会，诚信依旧是人的立身之本，是积极的待人之道、处世之道，对于实现人的发展有着不容小觑的重要意义。

第四，实现人的现代化，必须践行友善价值理念。发展中国式现代化，必须协调好人与人之间的关系，友善价值理念就是旨在协调现代化进程中的人与人之间的关系。实现人的现代化，离不开共同体的支持，离不开他人的帮助。友善价值理念体现出社会主义人际关系的价值要求，能够引导个体更好地发挥自身的本质力量，推动社会更加和谐。

三、在践行要素上，将价值理念与精神谱系、道德观念、理想信念紧密结合在一起

广泛践行社会主义核心价值观基本理念是一项系统工程，其广泛性还体现在践行要素的全面性、系统性与广泛性之上。社会主义核心价值观基本理念同中国共产党人精神谱系、社会主义道德观念、共产主义与中国特色社会主义的理想信念等是紧密联系在一起的，共同形成了强大的育人合力。推动社会主义核心价值观基本理念的广泛践行，要深入把握践行价值理念与弘扬精神谱系、树立道德观念、践行理想信念之间的内在联系，拓宽践行的视野，超越就价值观谈价值观的思维局限，推动广大人民群众用实际行动将中国特色社会主义的价值诉求转化到实践中。

（一）将践行价值理念与弘扬精神谱系紧密结合在一起

弘扬以伟大建党精神为源头的中国共产党人精神谱系，能够以崇高的精神追求、先进的精神品格、广阔的精神世界、强大的精神动力，为广泛践行社会主义核心价值观基本理念提供深厚的精神支撑。第一，中国共产党人精神谱系所蕴含的崇高精神追求，能够为广泛践行社会主义核心价值观基本理念提供内容层面的精神支持。伟大建党精神作为中国共产党人精神谱系之源，最为本质、最为本源、最为集中地概括出这一精神谱系的精神追求，那

就是坚持真理、坚守理想，践行初心、担当使命，不怕牺牲、英勇斗争，对党忠诚、不负人民。这种精神追求，能够为社会主义核心价值观基本理念提供深厚的精神资源，进行精神层面的印证，确证社会主义核心价值观基本理念的科学性、民族性、人民性、实践性。第二，中国共产党人精神谱系所彰显的先进精神品格，能够为广泛践行社会主义核心价值观基本理念提供人格化的精神支持。中国共产党人精神谱系中的许多伟大精神是以英雄人物的姓名来命名的，凝结着这些英雄人物所展现出的崇高精神品质，具有现实的精神引领功能，能够以人格化的榜样力量推动社会主义核心价值观基本理念的广泛践行。第三，中国共产党人精神谱系所展现的广阔精神世界，能够为广泛践行社会主义核心价值观基本理念提供精神生活领域的有益支持。推动全体人民精神生活共同富裕，需要依靠中国共产党人精神谱系的精神力量，也需要依靠社会主义核心价值观基本理念的价值力量，二者是相互支持、有机统一的，服务于构筑起当代中国人的精神世界。第四，中国共产党人精神谱系所释放的强大精神动力，能够为广泛践行社会主义核心价值观基本理念提供力量层面的精神支持。中国共产党人精神谱系蕴含着强大的精神力量，能够转化为改变世界的实践力量、物质力量，与广泛践行社会主义核心价值观基本理念形成实践上的“合力”，赋予社会主义核心价值观建设深厚的精神力量。

（二）将践行价值理念与树立道德观念紧密结合在一起

社会公德、职业道德、家庭美德、个人品德建设，是新时代公民道德建设的着力点，与广泛践行社会主义核心价值观基本理念的实践要求相契合，将践行价值理念与树立道德观念有机统一起来。首先，从社会公德的视角看，《新时代公民道德建设实施纲要》将社会公德的主要内容概括为“文明礼貌、助人为乐、爱护公物、保护环境、遵纪守法”[1]，这与社会主义核心价

1《新时代公民道德建设实施纲要》，人民出版社，2019，第5—6页。

值观中的文明价值理念、法治价值理念、友善价值理念等有着紧密的联系。其次，从职业道德的视角看，职业道德的主要内容为“爱岗敬业、诚实守信、办事公道、热情服务、奉献社会”[1]，这与社会主义核心价值观中的敬业价值理念、诚信价值理念等有着紧密的联系。再次，从家庭美德的视角看，家庭美德的主要内容为“尊老爱幼、男女平等、夫妻和睦、勤俭持家、邻里互助”[2]，这与社会主义核心价值观中的平等价值理念、和谐价值理念等有着紧密的联系。最后，从个人品德的视角看，个人品德的主要内容为“爱国奉献、明礼遵规、勤劳善良、宽厚正直、自强自律”[3]，这与社会主义核心价值观中的爱国价值理念等有着紧密的联系。可见，不同道德建设领域蕴含的道德原则与道德规范，都在不同程度上印证着、阐释着社会主义核心价值观基本理念。

总的看来，推动社会主义核心价值观基本理念的广泛践行，必须把握好践行价值理念与树立道德观念之间的有机统一关系，在推进新时代公民道德建设的过程中，从社会生活、职业工作、家庭生活、个人生活等领域入手，将中国特色社会主义的价值诉求有机融入其中。

（三）将践行价值理念与坚定理想信念紧密结合在一起

广泛践行社会主义核心价值观基本理念，必须推动这些价值理念上升到理想信念的高度，才能更好地达到“广泛践行”的实践目标。推进社会主义核心价值观建设，不仅要让广大人民群众“知”这些价值理念，更要让广大人民群众“信”这些价值理念，才能将其真正转化为“行”的价值依据与价值遵循，实现“知”“情”“意”“信”“行”的有机统一。基于此，将践行价值理念与践行理想信念紧密结合在一起，实现二者相互结合、相互促进的教育效果，乃是广泛践行社会主义核心价值观基本理念的应有之义。

1《新时代公民道德建设实施纲要》，人民出版社，2019，第 6 页。

2《新时代公民道德建设实施纲要》，人民出版社，2019，第 6 页。

3《新时代公民道德建设实施纲要》，人民出版社，2019，第 6 页。

社会主义核心价值观基本理念丰富了对理想信念的认识与理解，拓宽了理想信念教育的理论视野与实践视野。从一般意义上看，理想信念包含两个层面的内涵，分别是共产主义远大理想与中国特色社会主义共同理想。一方面，共产主义既是高于社会主义的特定历史阶段，也是现实的运动，又是崇高的价值追求。在全社会范围内弘扬共产主义的价值理想，有助于深化人们对社会主义核心价值观基本理念“应然”状态与“未来”向度的理解，更好地指引人们践行价值理念的行动，更好地把握共产主义的价值追求与当代要求。另一方面，社会主义核心价值观基本理念，从价值层面深化阐释了中国特色社会主义共同理想，丰富了共同理想的价值意涵。我们所说的共同理想包含三个层面的含义，分别是坚定对中国共产党的信任，坚定走中国特色社会主义道路，坚定实现中华民族伟大复兴。社会主义核心价值观基本理念，是中国共产党带领中国人民在实践中形成的价值结晶，是中国特色社会主义道路的价值表达，是实现中华民族伟大复兴的价值引领，与共同理想有着内在的契合性。将广泛践行社会主义核心价值观基本理念融入坚定中国特色社会主义共同理想的教育实践中，能够赋予理想信念教育深厚的价值载体，为共同理想提供必要的价值支撑，使理想信念教育更广泛、更深入、更有影响力。

参考文献

经典文献

《马克思恩格斯文集》第 1—10 卷，人民出版社，2009。

《列宁专题文集：论资本主义》，人民出版社，2009。

《列宁专题文集：论社会主义》，人民出版社，2009。

《列宁专题文集：论马克思主义》，人民出版社，2009。

《列宁专题文集：论辩证唯物主义和历史唯物主义》，人民出版社，2009。

《列宁专题文集：论无产阶级政党》，人民出版社，2009。

《毛泽东选集》第 1—4 卷，人民出版社，1991。

《毛泽东文集》第 1—2 卷，人民出版社，1993。

《毛泽东文集》第 3—5 卷，人民出版社，1996。

《毛泽东文集》第 6—8 卷，人民出版社，1999。

《邓小平文选》第 1—2 卷，人民出版社，1994。

《邓小平文选》第 3 卷，人民出版社，1993。

《江泽民文选》第 1—3 卷，人民出版社，2006。

《胡锦涛文选》第 1—3 卷，人民出版社，2016。

《习近平谈治国理政》第 1 卷，外文出版社，2018。

《习近平谈治国理政》第 2 卷，外文出版社，2017。

《习近平谈治国理政》第 3 卷，外文出版社，2020。

《习近平谈治国理政》第4卷，外文出版社，2022。

习近平：《高举中国特色社会主义伟大旗帜　为全面建设社会主义现代化国家而团结奋斗——在中国共产党第二十次全国代表大会上的报告》，人民出版社，2022。

习近平：《青年要自觉践行社会主义核心价值观——在北京大学师生座谈会上的讲话》，人民出版社，2014。

中共中央文献研究室、中央档案馆编：《建党以来重要文献选编（一九二一——一九四九）》第1—26册，中央文献出版社，2011。

中共中央文献研究室编：《建国以来重要文献选编》第1—20册，中央文献出版社，2011。

中共中央文献研究室编：《毛泽东邓小平江泽民论世界观人生观价值观》，人民出版社，1997。

中共中央宣传部编：《中国共产党的历史使命与行动价值》，人民出版社，2021。

《关于培育和践行社会主义核心价值观的意见》，人民出版社，2013。

《新时代爱国主义教育实施纲要》，人民出版社，2019。

《新时代公民道德建设实施纲要》，人民出版社，2019。

中文专著

罗国杰主编：《伦理学（修订本）》，人民出版社，2014。

罗国杰主编：《马克思主义价值观研究》，人民出版社，2013。

吴潜涛：《思想政治教育主阵地的守望与探究》，人民出版社，2020。

吴潜涛等：《中国化马克思主义伦理思想研究》，中国人民大学出版社，2015。

吴潜涛等：《社会主义荣辱观研究》，中国人民大学出版社，2014。

吴潜涛：《日本伦理思想与日本现代化》，中国人民大学出版社，1994。

李德顺:《价值论》，中国人民大学出版社，2013。

袁贵仁:《价值学引论》，北京师范大学出版社，1991。

张岱年:《文化与价值》，新华出版社，2004。

王伟光:《利益论》，人民出版社，2001。

杨耕、吴向东主编:《社会主义核心价值观：理论与方法》上册，四川人民出版社，2016。

韩震:《社会主义核心价值观新论》，中国人民大学出版社，2014。

韩震、章伟文等:《中国的价值观》，中国社会科学出版社，2018。

邹广文:《当代文化哲学》，人民出版社，2007。

马德普:《社会主义基本价值论》，中央编译出版社，1997。

戴木才:《中国特色核心价值观的传统、现实与前景》，广西人民出版社，2011。

戴木才主编:《中国人的美德与核心价值观》，中国人民大学出版社，2015。

郭建宁主编:《社会主义核心价值观基本内容释义》，人民出版社，2014。

陈新汉、冯溪屏主编:《现代化与价值冲突》，上海人民出版社，2003。

艾四林主编:《社会主义核心价值观与大学生思想政治教育研究》，中国文史出版社，2015。

李斌雄:《中国共产党的价值观研究》，中国社会科学出版社，2003。

冯秀军:《社会变革时期中国大学生道德价值观调查》，教育科学出版社，2013。

邱仁富:《价值的力量：新时代社会主义核心价值体系研究》，上海人民出版社，2019。

冯颜利、廖小明:《问题 · 旨趣 · 路径——社会主义核心价值观新探究》，人民出版社，2014。

江畅：《论当代中国价值观》，科学出版社，2016。

田海舰、邹卫：《社会主义核心价值观论纲》，人民出版社，2010。

田鹏颖：《社会主义核心价值观七论》，社会科学文献出版社，2015。

梅荣政、杨军：《社会主义核心价值体系与社会思潮析评》，中国社会科学出版社，2010。

沈壮海主编：《兴国之魂——社会主义核心价值体系释讲》，湖北教育出版社，2015。

译著

〔古希腊〕柏拉图：《理想国》，郭斌和、张竹明译，商务印书馆，1986。

〔古希腊〕亚里士多德：《尼各马可伦理学》，廖申白译注，商务印书馆，2003。

〔古希腊〕亚里士多德：《政治学》，吴寿彭译，商务印书馆，2017。

〔法〕孟德斯鸠：《论法的精神》上卷，许明龙译，商务印书馆，2017。

〔法〕孟德斯鸠：《罗马盛衰原因论》，婉玲译，商务印书馆，2017。

〔英〕洛克：《教育漫话》，徐诚、杨汉麟译，河北人民出版社，1998。

〔英〕洛克：《人类理解论》上、下册，关文运译，商务印书馆，2009。

〔德〕康德：《历史理性批判文集》，何兆武译，商务印书馆，2009。

〔德〕康德：《道德形而上学原理》，苗力田译，上海人民出版社，2012。

〔德〕黑格尔：《法哲学原理》，范扬、张企泰译，商务印书馆，1961。

〔德〕黑格尔：《历史哲学》，王造时译，上海书店出版社，2001。

〔美〕詹姆士：《实用主义》，陈羽纶、孙瑞禾译，商务印书馆，1979。

〔美〕柯尔伯格：《道德教育的哲学》，魏贤超、柯森等译，浙江教育出版社，2000。

〔美〕马斯洛：《自我实现的人》，许金声、刘锋等译，三联书店，1987。

〔美〕罗尔斯:《正义论》，何怀宏、何包钢、廖申白译，中国社会科学出版社，2009。

〔德〕舍勒:《资本主义的未来》，罗悌伦等译，三联书店，1997。

〔德〕韦伯:《新教伦理与资本主义精神》，丁晓、陈维纲等译，陕西师范大学出版社，2006。

〔美〕马尔库塞:《单向度的人》，刘继译，上海译文出版社，2006。

〔美〕丹尼尔·贝尔:《资本主义文化矛盾》，赵一凡、蒲隆、任晓晋译，三联书店，1989。

〔美〕杜威:《人的问题》，傅统先、邱椿译，上海人民出版社，2006。

〔美〕杜威:《民主主义与教育》，王承绪译，人民教育出版社，2001。

中文论文

罗国杰:《关于社会主义公正原则的几个问题》,《道德与文明》2012 年第 5 期，第 5—8 页。

罗国杰:《关于集体主义原则的几个问题》,《思想理论教育导刊》2012 年第 6 期，第 36—39 页。

罗国杰:《论中华民族传统道德的“精华”与“糟粕”》,《道德与文明》2012 年第 1 期，第 5—9 页。

吴潜涛:《价值观多样化势态与坚持社会主义集体主义价值观导向》,《道德与文明》1999 年第 4 期，第 3—6 页。

吴潜涛、潘一坡:《广泛践行社会主义核心价值观的逻辑依据》,《中国电化教育》2023 年第 1 期，第 92—95 页。

吴潜涛:《深化社会主义核心价值观研究的几点思考——社会主义核心价值观协同创新昆明峰会学术总结发言》,《社会主义核心价值观研究》2019 年第 1 期，第 5—8 页。

吴潜涛:《社会主义核心价值体系的科学内涵》,《道德与文明》2007 年第 1 期，第 4—7 页。

吴潜涛：《培育和践行社会主义核心价值观的时代反思》，《北京社会科学》2021 年第 6 期，第 15—18 页。

本刊记者：《培育和践行社会主义核心价值观的几个理论前沿问题——访清华大学文科资深教授吴潜涛》，《马克思主义研究》2020 年第 12 期，第 15—22 页。

陈先达：《论核心价值的社会制度本质》，《中国特色社会主义研究》2012 第 5 期，第 75—80 页。

彭林：《中华传统文化的核心意蕴及对世界文明的贡献》，《社会主义核心价值观研究》2017 年第 1 期，第 39—45 页。

万俊人：《核心价值作为中华现代文明的精神标识》，《湖北大学学报（哲学社会科学版）》2018 年第 6 期，第 1—4 页。

杨耕：《价值、价值观与核心价值观》，《北京师范大学学报（社会科学版）》2015 年第 1 期，第 16—22 页。

邓纯东：《红色精神是中国共产党百年奋斗创造辉煌的巨大力量》，《社会主义核心价值观研究》2022 年第 2 期，第 5—20 页。

刘建军、赵姗：《新发展阶段培育和弘扬社会主义核心价值观的新形势与新要求》，《社会主义核心价值观研究》2021 年第 4 期，第 18—24 页。

刘建军：《以弹性思维把握社会主义核心价值观》，《社会主义核心价值观研究》2015 年第 1 期，第 47—52 页。

郑永廷：《社会主义核心价值观主导与多样价值追求协调新常态研究》，《社会主义核心价值观研究》2015 年第 1 期，第 27—32 页。

黄蓉生、白显良：《社会主义核心价值观的提炼与表达》，《高校理论战线》2011 年第 11 期，第 4—8 页。

黄蓉生、崔健：《社会主义核心价值观鲜明特色研究》，《社会主义核心价值观研究》2015 年第 1 期，第 33—39 页。

黄蓉生：《社会主义核心价值观的文化视域思考》，《中国高校社会科学》2015 年第 1 期，第 30—41+156—157 页。

王炳林、郝清杰：《努力践行社会主义核心价值观》，《社会主义核心价值观研究》2015 年第 1 期，第 67—73 页。

靳诺：《坚持把培育和践行社会主义核心价值观作为高校立德树人的中心工作》，《社会主义核心价值观研究》2016 年第 6 期，第 5—11 页。

包心鉴、吴俊：《弘扬人的主体价值和实现人的全面发展是社会主义核心价值观的核心价值取向——访济南大学政法学院包心鉴教授》，《社会主义核心价值观研究》2017 年第 1 期，第 15—23 页。

杨金海：《从纵横两个方面深化社会主义核心价值观研究》，《社会主义核心价值观研究》2021 年第 1 期，第 9—10 页。

袁银传、白云华：《论社会主义核心价值观的内在规定、基本特征和功能定位》，《社会主义核心价值观研究》2020 年第 1 期，第 15—23 页。

张文显：《社会主义核心价值观与法治建设》，《中国人大》2019 年第 19 期，第 49—54 页。

戴木才：《论坚定社会主义核心价值观自信》，《马克思主义研究》2018 年第 8 期，第 72—80+160 页。

戴木才：《培养担当民族复兴大任的时代新人——党的十九大报告关于社会主义核心价值观的重要论述》，《道德与文明》2017 年第 6 期，第 5—7 页。

戴木才：《论社会主义核心价值观与核心价值体系的辩证关系——中国特色社会主义核心价值观探索之一》，《南昌航空大学学报（社会科学版）》2011 年第 2 期，第 1—8 页。

冯刚：《在坚定文化自信中培育和践行社会主义核心价值观》，《社会主义核心价值观研究》2017 年第 6 期，第 12—18 页。

项久雨、雷洲：《当代中国价值观国际传播的多向进路》，《社会主义核心价值观研究》2021 年第 6 期，第 32—41 页。

石书臣、蒋翠婷：《雷锋精神与友善价值观的内在契合性》，《社会主义核心价值观研究》2017 年第 6 期，第 64—71 页。

万美容、孙禄：《立德树人视域下的大学生社会主义核心价值观教育》，《社会主义核心价值观研究》2017 年第 5 期，第 69—75 页。

冯玉军：《把社会主义核心价值观融入法治建设的要义和途径》，《当代世界与社会主义》2017 年第 4 期，第 11—18 页。

陈金钊：《“社会主义核心价值观融入法治建设”的方法论诠释》，《当代世界与社会主义》2017 年第 4 期，第 19—27 页。

韩庆祥、王炳林、郭湛、丰子义、姜恩来、宫敬才、王树荫、刘建军、王恒礼、吴潜涛：《人类命运共同体与共同价值》，《社会主义核心价值观研究》2017 年第 4 期，第 5—14 页。

肖贵清、武传鹏：《社会主义核心价值观融入高校思想政治理论课的重要意义及其路径》，《思想教育研究》2017 年第 3 期，第 73—77 页。

肖贵清：《中华优秀传统文化与社会主义核心价值观的内在联系——学习习近平系列重要讲话精神》，《南京师大学报（社会科学版）》2015 年第 6 期，第 5—12 页。

庞立生：《价值观建设的实践论视野》，《社会主义核心价值观研究》2021 年第 3 期，第 24—26 页。

徐柏才、邓纯余：《话语亲和力视角下的社会主义核心价值观传播》，《社会主义核心价值观研究》2017 年第 1 期，第 63—68 页。

杨威：《西方国家核心价值观培育的多主体系统及其协作——以美国、英国、澳大利亚为主要分析对象》，《社会主义核心价值观研究》2016 年第 5

期，第 58—66 页。

柳礼泉、陈方芳：《社会主义核心价值观融入日常生活的机制和着力点探析》，《社会主义核心价值观研究》2016 年第 5 期，第 35—41 页。

陈来：《守望传统的价值》，《社会主义核心价值观研究》2016 年第 4 期，第 5—10 页。

杨峻岭、武淑梅：《大学生社会主义核心价值观认同状况调查与分析——基于北京市部分高校调研数据》，《社会主义核心价值观研究》2018 年第 4 期，第 70—87 页。

周琪：《论社会主义核心价值观的图像化构建》，《社会主义核心价值观研究》2016 年第 4 期，第 35—40 页。

刘书林：《社会主义核心价值观的由来和发展趋势》，《社会主义核心价值观研究》2016 年第 1 期，第 3—11 页。

刘书林：《论社会主义核心价值观的几个重要关系》，《思想理论教育导刊》2014 年第 9 期，第 60—67 页。

钱广荣：《论弘扬社会主义核心价值观与传承中华优秀传统文化的辩证统一关系》，《社会主义核心价值观研究》2016 年第 1 期，第 21—26 页。

沈壮海：《构筑社会治理创新的价值基础——当代中国的社会主义核心价值观建设》，《社会主义核心价值观研究》2016 年第 1 期，第 51—57 页。

王泽应：《论承继中华优秀传统文化与践行社会主义核心价值观》，《伦理学研究》2015 年第 1 期，第 6—10 页。

龙静云：《践行社会主义核心价值观要以知行合一为进路——学习习近平关于社会主义核心价值观的重要论述》，《社会主义核心价值观研究》2016 年第 1 期，第 90—96 页。

邹绍清：《论大数据嵌入青年社会主义核心价值观培育的战略契合及思维变革》，《马克思主义研究》2015 年第 6 期，第 84—92 页。

田鹏颖：《社会主义核心价值观的存在形态》，《社会主义核心价值观研究》2021 年第 3 期，第 19—22 页。

郑永扣、钟科代：《加强农村社会主义核心价值观建设是实施乡村振兴战略的重要任务》，《社会主义核心价值观研究》2021 年第 4 期，第 74—85 页。

刘先春、柳宝军：《家训家风：培育和涵养社会主义核心价值观的道德根基与有效载体》，《思想教育研究》2016 年第 1 期，第 30—34 页。

张耀灿：《构建社会主义核心价值观养成教育长效机制的思考》，《社会主义核心价值观研究》2015 年第 1 期，第 53—57 页。

佘双好：《以文化人与社会主义核心价值观践行培育的方法研究》，《思想教育研究》2015 年第 12 期，第 17—19+23 页。

李健：《社会主义核心价值观与西方"普世"价值的四大区别》，《思想理论教育导刊》2015 年第 3 期，第 63—67 页。

李忠军：《坚持用社会主义核心价值观引领文化强国建设》，《社会主义核心价值观研究》2020 年第 6 期，第 8—9 页。

宇文利：《社会主义核心价值观与中华民族复兴》，《社会主义核心价值观研究》2020 年第 2 期，第 26—35 页。

吴向东：《社会主义核心价值观的若干重大问题》，《北京师范大学学报（社会科学版）》2015 年第 1 期，第 33—40 页。

孙兰英、卢婉婷：《家风家教是培育和践行社会主义核心价值观的基础》，《思想教育研究》2014 年第 12 期，第 80—83 页。

陈大勇、刘清才：《增强大学生社会主义核心价值观教育的实效性研究》，《思想理论教育导刊》2014 年第 11 期，第 114—117 页。

江畅：《培育和践行社会主义核心价值观与中国价值观构建》，《思想理论教育》2014 年第 4 期，第 4—9 页。

辛世俊:《论社会主义核心价值观教育融入生活》,《社会主义核心价值观研究》2017年第2期，第28—34页。

王维国:《新时代加强社会公德建设与治理的战略意义探析》,《社会主义核心价值观研究》2021年第2期，第71—79页。

李志强、王晓宁:《论社会主义核心价值观视域下的德法互彰》,《社会主义核心价值观研究》2017年第6期，第41—47页。

黄明理、顾建红:《论“友善”核心价值观之内涵、特征及基本要求》,《社会主义核心价值观研究》2017年第2期，第64—71页。

陈晋:《从家风看社会主义核心价值观的培育》,《思想政治工作研究》2014年第4期，第6—7页。

刘云山:《着力培育和践行社会主义核心价值观》,《求是》2014年第2期，第3—6页。

袁久红、甘文华:《社会主义核心价值观与“中国精神”的新生》,《东南大学学报（哲学社会科学版）》2013年第5期，第5—16+134页。

李辽宁:《美国价值观的发展演变、影响与启示》,《社会主义核心价值观研究》2019年第4期，第54—65页。

黄建军:《巩固社会主义核心价值观认同的道德基础》,《社会主义核心价值观研究》2019年第1期，第71—77页。

李健、吴波:《当代西方主流价值观的三重特性》,《社会主义核心价值观研究》2018年第5期，第29—35页。

钟明华、刘小龙:《论社会主义核心价值观整体性的发生逻辑》,《社会主义核心价值观研究》2016年第2期，第22—29页。

钟明华、黄荟:《社会主义核心价值观内涵解析》,《山东社会科学》2009年第12期，第14—18页。

郑小九:《〈论语〉中的富强观及其启示》,《社会主义核心价值观研究》

2017 年第 1 期，第 46—54 页。

顾钰民：《深化社会主义核心价值观研究的几个问题》，《中国特色社会主义研究》2013 年第 4 期，第 51—55 页。

温静、王树荫：《弘扬民族精神以培育社会主义核心价值观》，《中国特色社会主义研究》2013 年第 2 期，第 66—70 页。

冯留建：《社会主义核心价值观培育的路径探析》，《北京师范大学学报（社会科学版）》2013 年第 2 期，第 13—18 页。

欧阳军喜、崔春雪：《中国传统文化与社会主义核心价值观的培育》，《山东社会科学》2013 年第 3 期，第 11—15 页。

王永贵：《社会主义核心价值观培育的目标指向和实现路径》，《思想理论教育》2013 年第 3 期，第 8—14 页。

陈秉公：《论支撑中华民族伟大复兴的铸魂工程——解读十八大报告提出的“积极培育和践行社会主义核心价值观”》，《中国高等教育》2013 年第 2 期，第 22—26 页。

肖群忠：《传统家训价值的传承与现代转化——以〈钱氏家训〉为主要分析对象》，《社会主义核心价值观研究》2016 年第 3 期，第 43—49 页。

虞崇胜、张建军：《社会主义核心价值观生成的一般规律、基本原则和基本要素》，《东南学术》2013 年第 1 期，第 13—21 页。

孙婷婷、骆郁廷：《论社会主义核心价值观的形象化》，《社会主义核心价值观研究》2017 年第 2 期，第 42—48 页。

冯刚：《着力培育大学生社会主义核心价值观》，《高校理论战线》2012 年第 9 期，第 4—8 页。

侯惠勤：《在社会主义核心价值观的概括上如何取得共识？》，《红旗文稿》2012 年第 8 期，第 9—13 页。

韩震：《“民主、公正、和谐”体现了社会主义的核心价值追求——兼论社会主义核心价值观的凝练及其原则》,《红旗文稿》2012 年第 6 期，第 8—12 页。

韩震:《中国文化上自强必须有引领世界潮流的先进的核心价值观——再论社会主义核心价值观念的内涵》,《道德与文明》2011 年第 3 期，第 5—8 页。

柯缇祖:《社会主义核心价值观研究》,《红旗文稿》2012 年第 2 期，第 4—7 页。

田心铭:《中国社会主义核心价值观：以人为本，实事求是，独立自主》,《马克思主义研究》2011 年第 11 期，第 35—42 页。

刘峥、刘新庚:《社会主义核心价值观实现路径探索》,《求索》2011 年第 9 期，第 122—123+135 页。

孙其昂、侯勇:《论社会主义核心价值观建设的现代性境遇与超越》,《中国特色社会主义研究》2011 年第 2 期，第 58—63 页。

方爱东:《社会主义核心价值观论纲》,《马克思主义研究》2010 年第 12 期，第 127—135 页。

吴倬:《关于社会主义核心价值观问题的理论思考》,《教学与研究》2008 年第 6 期，第 92—96 页。

高国希:《马克思人的自由全面发展理论与社会主义核心价值观》,《中州学刊》2007 年第 6 期，第 139—141 页。

王泽应:《社会主义核心价值观之本质规定性及路径选择》,《湖南师范大学社会科学学报》2007 年第 5 期，第 42—45 页。

李德顺:《关于社会主义核心价值观的几个问题》,《上海党史与党建》2007 年第 7 期，第 9—11 页。

索　引

后　记

呈现在读者面前的《社会主义核心价值观基本理念研究》这部学术专著，是在吴潜涛教授作为首席专家主持完成的教育部哲学社会科学重大课题攻关项目“社会主义核心价值观基本理念研究”的基础上修订而成的。值此付梓之际，非常感谢北京师范大学杨耕教授、中共中央党校（国家行政学院）韩庆祥教授、清华大学韩冬雪教授等，他们为课题的申报贡献了自己的智慧；衷心感谢《国家哲学社会科学成果文库》的诸位评审专家，他们为本书提出了宝贵的意见和建议；诚挚感谢中国人民大学出版社的杨宗元编审和罗晶编辑，她们为本书的出版付出了辛勤劳动。

吴潜涛教授负责本书的框架结构设计、章节安排和修订统稿工作。各章的撰写分工如下：

第一章：吴潜涛、清华大学博士生沈茹毅和潘一坡；

第二章：吴潜涛、潘一坡；

第三章：河南理工大学郑小九教授；

第四章：中国政法大学李志强教授；

第五章：中国地质大学杨峻岭教授、李征教授、刘函池讲师；

第六、七、八章：中国社会科学院大学王维国副教授；

第九章：吴潜涛、上海交通大学李瑞奇助理教授。

此外，清华大学博士生郭灏、张俊华、张磊、陈越、常晓璐、沈茹毅、陈好敏、潘一坡、张志恒、王怡文、赵政鑫、高杨、秦依依、马常宁、杜思睿等，参与了资料收集与注释校对工作。因水平有限，书中难免有误，望各位读者海涵并予以斧正。